JPT® 기출 650+

JPT 기출 650+

발행인	권오찬
발행처	와이비엠홀딩스
기획	고성희
마케팅	정연철, 박천산, 고영노, 박찬경, 김동진, 김윤하
디자인	박도순, 박성희
초판 인쇄	2024년 8월 1일
초판 발행	2024년 8월 7일
신고일자	2012년 4월 12일
신고번호	제2012-000060호
주소	서울시 종로구 종로 104
전화	(02)2000-0154
팩스	(02)2271-0172
홈페이지	www.ybmbooks.com

ISBN 978-89-6348-188-3

출제기관이 만든
점수대별 단기 완성 전략서!

JPT 기출문제로 완성된 단기 완성 전략서

JPT 기출문제들로 구성된 고품질 전략서입니다. 목표 점수 달성에 필요한 핵심 내용만 수록하여 학습 부담을 최소화하였고, 각 파트별로 체계적인 공략법을 제시하였습니다.

정기시험과 동일한 성우 음성

JPT 정기시험 성우가 실제 시험과 동일한 속도와 발음으로 직접 녹음하였으므로, 실전에 완벽하게 대비할 수 있습니다.

최종평가 핵심문제풀이 동영상 10강

최종평가 200문항 중 수험자가 가장 어려워하는 'PART 2 질의응답', 'PART 6 오문정정', 'PART 7 공란메우기'에서 핵심문제만을 엄선하여 담았습니다. JPT 전문강사의 상세한 문제풀이를 통해 더욱 효과적인 학습을 할 수 있습니다.

기출 포인트에 초점을 맞춘 명쾌한 해설

이 책의 모든 문제는 JPT 출제 경향을 완벽하게 분석하고 반영하여 고득점을 달성하게 해 줄 해법을 낱낱이 제시하였습니다.

무료 제공 학습자료 사용 방법

1. 청해 고득점을 위한 정기시험 성우의 음원

- 교재 속 QR코드 스캔
- YBM 홈페이지(www.ybmbooks.com)에서 음원 다운로드

음원 | 동영상

2. 최종평가 핵심문제풀이 무료 동영상 10강

- 'PART 2 질의응답', 'PART 6 오문정정', 'PART 7 공란메우기' 중 핵심문제를 엄선하여 JPT 전문강사가 풀어 드립니다.
- 교재 속 QR코드를 스캔하면 학습 동영상으로 바로 연결됩니다.
- YBM 홈페이지(www.ybmbooks.com) 혹은 유튜브에서 'YBM Books'나 'JPT 기출 650⁺ 30일 완성' 검색 후 시청하세요.

청해

이 책의 특징 및 무료 제공 학습자료 사용 방법 / JPT 구성 및 수험 정보 / JPT 파트별 전략 / 학습 플랜 / 점수 환산표

독해

1. JPT란

JPT日本語能力試驗(Japanese Proficiency Test)은 국내의 대표적인 일본어 능력 평가 시험으로, TOEIC 시험을 주관하는 YBM이 주관하고 시행·관리하고 있습니다. 학문적인 지식의 정도를 측정하기 위한 시험이 아니라, 언어 본래의 기능인 커뮤니케이션 능력을 측정하는 것을 목적으로 합니다. 급수 없이 하나의 TEST에 각 PART별로 난이도를 초급부터 고급까지 일정한 비율로 배분하여 출제함으로써 모든 수험자가 자신의 정확한 능력을 측정할 수 있게 한 국내 최초의 일본어 능력 평가 시험입니다.

2. 구성

구성	PART	PART별 내용	문항 수		시간	배점
청해	1	사진묘사	20	100	약 45분	495점
	2	질의응답	30			
	3	회화문	30			
	4	설명문	20			
독해	5	정답찾기	20	100	약 50분	495점
	6	오문정정	20			
	7	공란메우기	30			
	8	독해	30			
Total		8 PARTS	200		약 95분	990점

3. 접수

인터넷 접수: JPT 공식 홈페이지(https://www.jpt.co.kr)를 통해 접수
모바일 접수: YBM 공식 어플리케이션 또는 모바일 웹사이트(https://m.jpt.co.kr)를 통해 접수

4. 준비물

신분증 : 규정 신분증만 가능(주민등록증, 운전면허증, 공무원증, 기간 만료 전의 여권 등)
필기구 : 연필, 지우개 ※볼펜 및 사인펜 사용 불가

5. 진행 일정

시간	내용
09:20	입실(09:50 정각 이후에는 절대 입실 불가)
09:30~09:45	답안지 작성에 관한 오리엔테이션
09:45~09:50	수험자 휴식 시간
09:50~10:05	신분 확인 및 휴대폰 제출 ※방송 점검 실시
10:05~10:10	문제지 배부 및 파본 확인
10:10~10:55	청해(듣기 평가)
10:55~11:45	독해(읽기 평가)

※시험 진행 일정은 시험 당일 고사장 사정에 따라 실제 진행 시간과 다를 수 있습니다.

6. 성적 확인

1) JPT 성적은 JPT 홈페이지에 안내된 일자에 인터넷과 어플리케이션을 통해 확인 가능합니다.
2) 성적표 수령 방법(수험자 선택)
   ①우편 수령: 성적 발표 후 일괄적으로 출력해서 우편으로 발송. 약 7~10 영업일 소요
    ※JPT 성적표 수령 주소 변경은 시험 시행일로부터 4일 이내까지 가능합니다.
   ②온라인 수령: 인터넷 출력을 통해 성적 유효기간 내 1회 무료로 발급
    ※성적표 수령 방법은 회원, 비회원 모두 선택 가능하나, 온라인 출력의 경우는 회원만 가능합니다.

7. 新JLPT 대비 JPT 권장점수

JPT와 新JLPT 시험은 점수 채점 · 급수 합격 방식과 시험 체계 및 구성상의 차이점은 존재하나, JPT 활용에 객관적인 자료 제공을 목적으로 상관관계 분석 결과를 안내해 드립니다.

新JLPT	JPT 권장점수
N1	660점 이상
N2	525점 이상
N3	430점 이상
N4	375점 이상
N5	315점 이상

PART 1 사진묘사 (1~20번)

학습 전략 ❯ 사진에 대한 묘사로 적절한 설명을 고르는 문제로, 청취력과 더불어 순간적인 판단력이 요구되는 파트입니다. 사진묘사는 크게 1인 등장 사진, 2인 이상 등장 사진, 사물 및 동물 등장 사진, 풍경 및 상황 묘사 사진의 4개의 유형으로 나눌 수 있는데, 인물 등장 사진이 가장 많이 출제되므로 자동사와 타동사별로 진행이나 상태를 나타내는 문법 정리가 필요합니다. 이 파트는 어휘나 표현의 숙지 여부에 따라 점수에 큰 차이가 나므로 문법 공부보다는 유형별로 빈출 어휘나 표현을 정리해 두어야 고득점이 가능합니다.

PART 2 질의응답 (21~50번)

학습 전략 ❯ 질문에 대한 적절한 응답을 찾는 문제로, 문제와 선택지 모두 문제지에 인쇄가 되어 있지 않습니다. 따라서 오로지 방송에서 나오는 일본인의 음성만 듣고 풀어야 하기 때문에 응시자가 청해 파트 중 가장 어려워하는 파트입니다. 주요 출제 유형으로는 의문사형 질문, 예/아니요형 질문, 인사 표현 및 정해진 문구, 일상생활 표현, 업무 및 비즈니스 표현 등 5개 유형을 들 수 있는데, 주로 40번 문제 이후에 출제되는 업무 및 비즈니스 표현은 평소 접해 보지 못한 어휘나 관용표현이 많이 출제되므로 고득점을 위해서는 이 부분에 대한 집중적인 학습이 필요합니다.

PART 3 회화문 (51~80번)

학습 전략 ❯ 남녀 간의 대화를 듣고 문제지에 수록된 문제를 읽고 푸는 형식으로, 짧은 대화를 듣고 바로 문제지에 있는 문제를 읽고 풀어야 하므로 속독 능력이 필요한 파트입니다. 초반부에는 숫자 청취 및 인물 설명이, 중반부에는 성별에 따른 의견 및 행동 구분이나 대화 내용에 대한 이해를, 후반부에는 업무 및 비즈니스 표현을 묻는 문제가 출제됩니다. 문제지에 모든 문제가 인쇄되어 있으므로 문제를 미리 읽어 두면 절대적으로 유리한 파트입니다. 따라서 파본 검사나 문제와 문제 사이의 시간을 잘 활용해 문제를 미리 읽어서 질문할 내용을 기억하면서 들으면 좀 더 쉽게 정답을 찾을 수 있습니다. 그리고 남녀의 대화는 기본적으로 4문장으로 구성되어 있는데, 앞의 두 대화보다 뒤의 두 대화에서 정답과 관련된 내용이 많이 등장하므로 뒷부분의 대화에 집중해서 듣도록 합니다.

PART 4 설명문 (81~100번)

학습 전략 ❯ 30초 내외의 지문을 듣고 3문항 또는 4문항에 답하는 형식으로, 4문항짜리 지문이 2개, 3문항짜리 지문이 4개로 총 6개의 지문이 출제됩니다. 주요 출제 유형으로는 인물 소개 및 일상생활, 공지·안내 및 소개, 뉴스·기사 및 이슈 문제의 3개 유형을 들 수 있는데, 다른 파트와 마찬가지로 뒷부분으로 갈수록 난이도가 높아집니다. 설명문은 약 30초 내외의 지문을 듣고 한 번에 3문제에서 4문제를 풀어야 하기 때문에 집중력 유지가 고득점의 관건입니다. 그리고 PART 3 회화문과 마찬가지로 문제지에 문제가 인쇄되어 있으므로 미리 문제를 읽어 두고 들으면 절대적으로 유리한 파트입니다. 따라서 문제를 미리 읽어 두고 지문에서 문제에 해당하는 내용이 들리면 지문 청취와 동시에 문제를 풀 수 있도록 합니다.

PART 5 **정답찾기**(101~120번)

학습 전략 ○ 한자 및 표기 능력에 대한 이해와 전반적인 문법, 어휘를 통한 일본어 문장 작성의 기초적인 능력을 평가하는 파트입니다. 주요 출제 유형으로는 발음 및 한자 찾기, 대체 표현 찾기, 의미 및 용법 구분의 3개 유형을 들 수 있는데 5분 정도 이내에 문제를 풀고 다음 파트로 넘어가야 합니다. 발음이나 한자를 찾는 문제는 동음이의어 관련 문제 이외에는 밑줄 부분만 보고 정답을 찾고 빠르게 넘어가야 시간을 단축할 수 있습니다. 대체 표현 찾기는 정답을 잘 모를 경우 선택지의 내용을 밑줄 부분에 하나씩 넣어서 해석해 보고 가장 자연스러운 표현을 고르면 정답인 경우가 많습니다. 마지막으로 의미 및 용법 구분은 보통 형태가 동일한 선택지를 고르면 대부분 정답인 경우가 많으므로, 문제 문장을 해석하려고 하지 말고 일단은 형태가 동일한 선택지가 있는지를 찾는 것이 급선무입니다.

PART 6 **오문정정**(121~140번)

학습 전략 ○ 4개의 선택지 중 틀린 곳이나 문장의 흐름상 어색한 부분을 찾는 문제로, 독해 파트 중 응시자가 가장 어려워하는 파트입니다. 출제 유형은 크게 문법 오용과 어휘 오용으로 나눌 수 있는데, 20문항 중 15문항 이상이 문법 관련 문제이므로 무엇보다도 문법 정리가 필요한 파트라고 할 수 있습니다. 문법표현 오용 문제는 JLPT N1이나 N2의 문법표현을 완벽하게 숙지하고 있어야 정답을 찾아낼 수 있으므로 단기간에 고득점이 필요한 학습자는 일단 이 문법표현부터 암기해 두어야 합니다.

PART 7 **공란메우기**(141~170번)

학습 전략 ○ 공란에 들어갈 적절한 표현이나 어휘를 찾는 형식으로, 표현력과 문법, 그리고 작문 능력을 간접적으로 평가하는 파트라 할 수 있습니다. 문법 관련 문제로는 품사별 활용 및 접속 형태, 문법표현 찾기 등이 있고, 어휘 관련 문제로는 명사와 부사, 동사 찾기가 있습니다. 그 외 기타 접속사나 의성어 · 의태어, 관용표현 등도 출제되고 있으므로 평소 의성어 · 의태어 · 관용표현이 나올 때마다 잘 체크하여 익혀 두어야 합니다.

PART 8 **독해**(171~200번)

학습 전략 ○ 장문의 글을 읽고 3문항 또는 4문항에 답하는 형식으로, 실제 시험에서는 난이도보다 시간 배분 실패로 다 풀지 못하는 경우가 많으므로 앞선 파트의 시간 배분에 신경을 써야 제시간에 풀 수 있습니다. 주요 출제 유형으로는 밑줄 문제, 공란 문제, 내용 일치 문제의 3개 유형을 들 수 있는데, 내용으로는 인물 소개 및 일상생활, 설명문 및 기사 · 이슈 등으로 나눌 수 있습니다. 특히 최근 시험에서는 일본에서 이슈가 되고 있는 내용들이 자주 출제되고 있으므로 평소에 일본 관련 뉴스나 기사 등을 꾸준히 접하는 것이 중요합니다.

30일 완성 플랜

짧은 기간 차근차근 고득점을 달성하고자 하는 수험생을 위한 30일 완성 플랜

DAY 1	DAY 2	DAY 3	DAY 4	DAY 5
PART 1 UNIT 01	PART 1 UNIT 02	PART 1 UNIT 03	PART 1 UNIT 04	PART 2 UNIT 01
DAY 6	**DAY 7**	**DAY 8**	**DAY 9**	**DAY 10**
PART 2 UNIT 02	PART 2 UNIT 03	PART 2 UNIT 04	PART 2 UNIT 05	PART 3 UNIT 01
DAY 11	**DAY 12**	**DAY 13**	**DAY 14**	**DAY 15**
PART 3 UNIT 02	PART 3 UNIT 03	PART 3 UNIT 04	PART 4 UNIT 01	PART 4 UNIT 02
DAY 16	**DAY 17**	**DAY 18**	**DAY 19**	**DAY 20**
PART 4 UNIT 03	PART 5 UNIT 01	PART 5 UNIT 02	PART 5 UNIT 03	PART 5 UNIT 04
DAY 21	**DAY 22**	**DAY 23**	**DAY 24**	**DAY 25**
PART 6 UNIT 01	PART 6 UNIT 02	PART 6 UNIT 03	PART 6 UNIT 04	PART 7 UNIT 01
DAY 26	**DAY 27**	**DAY 28**	**DAY 29**	**DAY 30**
PART 7 UNIT 02	PART 7 UNIT 03	PART 7 UNIT 04	PART 8 UNIT 01&02	**최종평가**

15일 완성 플랜

초단기에 고득점을 달성하고자 하는 수험생을 위한 15일 완성 플랜

DAY 1	DAY 2	DAY 3	DAY 4	DAY 5
PART 1 UNIT 01&02	PART 1 UNIT 03&04	PART 2 UNIT 01&02	PART 2 UNIT 03&04&05	PART 3 UNIT 01&02
DAY 6	**DAY 7**	**DAY 8**	**DAY 9**	**DAY 10**
PART 3 UNIT 03&04	PART 4 UNIT 01&02&03	PART 5 UNIT 01&02	PART 5 UNIT 03&04	PART 6 UNIT 01&02
DAY 11	**DAY 12**	**DAY 13**	**DAY 14**	**DAY 15**
PART 6 UNIT 03&04	PART 7 UNIT 01&02	PART 7 UNIT 03&04	PART8 UNIT 01&02	**최종평가**

JPT 점수는 청해 점수와 독해 점수를 합한 점수가 되며 각 부분의 점수는 각각 최저 점수가 5점, 최고 점수가 495점으로, 총점은 최저 10점에서 최고 990점이 됩니다. 실제 JPT 시험에서는 총 정답 수로 채점되는 것이 아니라, 특정한 통계처리에 의해 상대평가 방식으로 채점됩니다. 그러나 총 정답 수를 기준으로 점수 환산표를 통해 대략적인 점수를 알아볼수는 있습니다.

1. 자신의 답안을 교재에 수록된 정답과 대조하여 채점한 후, 청해 파트와 독해 파트의 정답 수를 세어 각각의 총 정답 수를 아래의 표에 기입합니다.
2. 총 정답 수를 근거로, 점수 환산표를 이용하여 청해와 독해의 환산 점수대를 각각 알아봅니다.
3. 청해 환산 점수대와 독해 환산 점수대를 합산하여 총 환산 점수대를 산출합니다.

청해		독해	
총 정답 수	환산 점수대	총 정답 수	환산 점수대
96~100	480~495	96~100	480~495
91~95	450~475	91~95	450~475
86~90	420~445	86~90	420~445
81~85	390~415	81~85	390~415
76~80	360~385	76~80	360~385
71~75	330~355	71~75	330~355
66~70	300~325	66~70	300~325
61~65	270~295	61~65	270~295
56~60	240~265	56~60	240~265
51~55	220~235	51~55	220~235
46~50	190~215	46~50	190~215
41~45	160~185	41~45	160~185
36~40	130~155	36~40	130~155
31~35	110~125	31~35	110~125
26~30	90~105	26~30	90~105
21~25	70~85	21~25	70~85
16~20	50~65	16~20	50~65
11~15	30~45	11~15	30~45
6~10	10~25	6~10	10~25
1~5	5	1~5	5
0	5	0	5

JPT®

기출

30일 완성

650+

PART 1-8

PART 1

사진
묘사

1. 문항 수	– 20개(1~20번)
2. 문제 형식	– 사진을 보고 들려주는 4개의 선택지 중 사진을 가장 잘 묘사한 것을 고르는 형식 – 문제지에는 사진만 보임
3. 주요 문제 유형	– 1인 등장 사진 – 2인 이상 등장 사진 – 사물 및 동물 등장 사진 – 풍경 및 상황 묘사 사진
4. 최근 출제 경향	– 인물 등장 사진은 10문항 내외로 출제되는데, 1인 등장 사진의 경우 주로 인물의 동작이나 상태, 자세, 복장 등을 묻는다. – 2인 이상 등장 사진은 인물들의 공통점이나 차이점에 주목해야 하고, 일부 사람 또는 개별 1인의 동작이나 상태를 묻는 패턴으로 출제된다. – 사물 및 동물 등장 사진은 위치나 모양, 상태 등에 주목해야 한다. – 풍경 및 상황 묘사 사진은 가장 먼저 눈에 들어오는 전체적인 풍경이나 상황에 주목해야 한다.

01 1인 등장 사진

STEP 1 ▶ 인물 중심 사진에서는 인물의 동작이나 상태를 나타내는 동사를 잘 듣는 것이 중요합니다. 핵심 기출 어휘와 표현을 먼저 익히세요.

핵심 기출 어휘 및 표현

음원 1

▶ **인물의 동작 및 자세**

- 立^たっている 서 있다
- 下^おりている (아래로) 내려오고 있다
- 作業^{さぎょう}をしている 작업을 하고 있다
- 運^{はこ}んでいる 옮기고 있다
- ピースサインをしている 피스 사인[V자 사인]을 하고 있다

▶ **인물의 상태**

- 笑^{わら}っている 웃고 있다
- 着^きている (옷을) 입고 있다
- 手袋^{てぶくろ}をしている 장갑을 끼고 있다
- 腕^{うで}を組^くんでいる 팔짱을 끼고 있다
- 眼鏡^{めがね}をかけている 안경을 쓰고 있다

빈출 사진과 정답 문장

음원 2

STEP 2 시험에 자주 나오는 사진 상황과 정답으로 제시될 수 있는 문장들을 익혀 보세요.

1 팔짱을 끼고 서 있는 남성

❶ 男の人はワイシャツを着ています。
남자는 와이셔츠를 입고 있습니다.

❷ 男の人はネクタイを締めています。
남자는 넥타이를 매고 있습니다.

❸ 男の人は腕を組んでいます。
남자는 팔짱을 끼고 있습니다.

2 계단을 내려오고 있는 여성

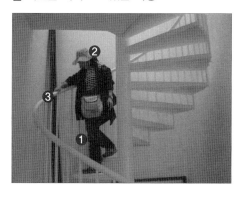

❶ 下を向いて階段を下りています。
아래를 향해 계단을 내려오고 있습니다.

❷ 写真の人は帽子を被っています。
사진의 사람은 모자를 쓰고 있습니다.

❸ 右手で手すりを握っています。
오른손으로 난간을 잡고 있습니다.

3 전철 안에서 자고 있는 여성

❶ 電車の中で寝ています。
전철 안에서 자고 있습니다.

❷ かばんは寝ている人の右側に置いてあります。
가방은 자고 있는 사람의 오른쪽에 놓여 있습니다.

❸ 寝ている人の隣の席は空いています。
자고 있는 사람의 옆자리는 비어 있습니다.

4 서서 피스 사인[V자 사인]을 하고 있는 여성

❶ 女の人は立っています。
여자는 서 있습니다.

❷ 女の人はかばんを肩から下げています。
여자는 가방을 어깨에서부터 늘어뜨리고 있습니다.

❸ 女の人は両手でピースサインをしています。
여자는 양손으로 피스 사인[V자 사인]을 하고 있습니다.

JPT 기출문제 풀이 전략

음원 3

STEP 3 사진에 한 사람만 있는 경우, 다음 포인트를 중심으로 사진을 분석하세요.

Point 1 장소와 주요 사물	어디에서 어떤 사물을 가지고 있는지에 주목! 川 강　道路 도로　建物 건물　高層ビル 고층 빌딩　カメラ 카메라　釣りざお 낚싯대
Point 2 인물의 시선/ 손·발동작/자세	무엇을 보고, 손과 발은 어떻게 사용하며, 어떤 자세로 있는지에 주목! 持つ 가지다, 들다　読む 읽다　置く 놓다, 두다　押さえる (위에서) 누르다 釣りをする 낚시를 하다
Point 3 복장 및 착용 상태	착용하는 동작이 아닌, 이미 착용한 상태가 어떤지에 주목! スーツ 슈트, 정장　手袋 장갑　帽子 모자　アクセサリー 액세서리

| CHECK UP |

Point 1 장소와 주요 사물

▶ 川に入って釣りざおで 강에 들어가서 낚싯대로

Point 2 인물의 시선/손·발동작/자세

▶ 釣りをしています。 낚시를 하고 있습니다.

JPT 기출문제로 훈련하기

음원 4

STEP 4 다음 기출문제를 기출문제 풀이 전략을 적용해서 풀어 보세요.

1

(A) パソコンを運んでいます。
컴퓨터를 옮기고 있습니다.

(B) モニターを拭いています。
모니터를 닦고 있습니다.

(C) パソコンを組み立てています。
컴퓨터를 조립하고 있습니다.

✓(D) 立ったままパソコンを使っています。
선 채로 컴퓨터를 사용하고 있습니다.

- 여자의 행동에 주목해야 한다. 여자는 의자에 앉지 않고 선 채로 컴퓨터를 사용하고 있으므로, 정답은 (D)가 된다. 여자는 컴퓨터를 옮기거나 조립하고 있는 것이 아니므로, (A)와 (C)는 부적절. 또한 여자는 한 손에는 가방을, 다른 한 손으로는 마우스를 조작하고 있으므로, 모니터를 닦고 있다고 한 (B)도 틀린 설명이다.

- パソコン (개인용) 컴퓨터 *「パーソナルコンピューター」(퍼스널 컴퓨터)의 준말 運(はこ)ぶ 나르다, 옮기다, 운반하다
  モニター 모니터 拭(ふ)く 닦다, 훔치다 組(く)み立(た)てる 조립하다 立(た)つ 서다
  동사의 た형+まま ~한 채, ~상태로 使(つか)う 쓰다, 사용하다

2

(A) ガソリンの価格を見比べています。
휘발유 가격을 비교하고 있습니다.

✓(B) 右手でガソリンを入れています。
오른손으로 휘발유를 넣고 있습니다.

(C) しゃがんで作業をしています。
쭈그리고 앉아서 작업을 하고 있습니다.

(D) ガソリンスタンドで車が吊るされています。
주유소에서 자동차가 매달려 있습니다.

- 주유소에서 남자가 차의 주유구를 열고 기름을 넣고 있으므로, 정답은 (B)가 된다. (A)와 (D)는 「ガソリン」(가솔린, 휘발유)이라는 어휘를 응용한 오답이고, 남자는 꼿꼿하게 서 있으므로 쭈그리고 앉아 작업 중이라고 한 (C)도 틀린 설명이다.

- 価格(かかく) 가격 見比(みくら)べる (두 개 이상을) 비교하다, 비교해 보다 右手(みぎて) 오른손
  入(い)れる 넣다 しゃがむ 쭈그리고 앉다 作業(さぎょう) 작업 ガソリンスタンド 주유소 車(くるま) 자동차, 차
  吊(つ)るす 매달다

빈출 어휘로 실력 다지기

□ 座る
女の人がベンチに座っています。

앉다

여자가 벤치에 **앉아** 있습니다.

□ 乗る
この人は自転車に乗っています。

(탈것에) 타다

이 사람은 자전거를 **타고** 있습니다.

□ 降りる
車から降りようとする人が見えます。

(탈것에서) 내리다

자동차에서 **내리려고** 하는 사람이 보입니다.

□ たばこを吸う
男の人はたばこを吸っています。

담배를 피우다

남자는 **담배를 피우고** 있습니다.

□ 万歳をする
男の人が立って万歳をしています。

만세를 부르다

남자가 서서 **만세를 부르고** 있습니다.

□ 拭く
男の人が窓ガラスを拭いています。

닦다, 훔치다

남자가 창유리를 **닦고** 있습니다.

□ 横になる
ベンチの上に横になっている人がいます。

눕다

벤치 위에 **누워** 있는 사람이 있습니다.

□ 掃く
大きなほうきで道を掃いている人がいます。

쓸다

큰 빗자루로 길을 **쓸고** 있는 사람이 있습니다.

□ 釣りをする
岩の上に立って釣りをしている人がいます。

낚시를 하다

바위 위에 서서 **낚시를 하고** 있는 사람이 있습니다.

□ 握る
赤ちゃんは手に何かを握っています。

(손에) 쥐다, 잡다

아기는 손에 뭔가를 **쥐고** 있습니다.

□ 手を当てる
この人は立って腰に手を当てています。

손을 대다

이 사람은 서서 허리에 **손을 대고** 있습니다.

□ 取り出す
自動販売機から飲み物を取り出しています。

꺼내다

자동판매기에서 음료를 **꺼내고** 있습니다.

음원 6

STEP 5 사진을 가장 잘 묘사한 문장을 골라 보세요.

1

(A) _____ (○ · ×)

(B) _____ (○ · ×)

(C) _____ (○ · ×)

(D) _____ (○ · ×)

2

(A) _____ (○ · ×)

(B) _____ (○ · ×)

(C) _____ (○ · ×)

(D) _____ (○ · ×)

3

(A) _____ (○ · ×)

(B) _____ (○ · ×)

(C) _____ (○ · ×)

(D) _____ (○ · ×)

4

(A) _____ (○ · ×)

(B) _____ (○ · ×)

(C) _____ (○ · ×)

(D) _____ (○ · ×)

5

(A) _____ (○ · ×)

(B) _____ (○ · ×)

(C) _____ (○ · ×)

(D) _____ (○ · ×)

6

(A) _____ (○ · ×)

(B) _____ (○ · ×)

(C) _____ (○ · ×)

(D) _____ (○ · ×)

7

(A) _____ (○ · ×)

(B) _____ (○ · ×)

(C) _____ (○ · ×)

(D) _____ (○ · ×)

8

(A) _____ (○ · ×)

(B) _____ (○ · ×)

(C) _____ (○ · ×)

(D) _____ (○ · ×)

1

(A) かばんから新聞を出しています。
(B) 座って新聞を読んでいます。
(C) 電車の中で人が寝ています。
(D) 椅子に新聞が置いてあります。

(A) 가방에서 신문을 꺼내고 있습니다.
(B) 앉아서 신문을 읽고 있습니다.
(C) 전철 안에서 사람이 자고 있습니다.
(D) 의자에 신문이 놓여 있습니다.

해설 | 인물의 행동을 파악하는 것이 포인트. 이 사람은 전철 안에 앉아 신문을 펼쳐 읽고 있으므로, 정답은 (B)가 된다. (A)는 아직 신문을 펼치기 전의 상황이고, (C)는 「電車(でんしゃ)の中(なか)」(전철 안)라는 사진의 장소를 응용한 오답이다. (D)는 인물과는 무관하게 신문이 의자 위에 놓여 있는 상태를 가리키므로 역시 틀린 설명이다.

어휘 | かばん 가방 新聞(しんぶん) 신문 出(だ)す 꺼내다 座(すわ)る 앉다 読(よ)む 읽다 電車(でんしゃ) 전철 中(なか) 안, 속 人(ひと) 사람 寝(ね)る 자다 椅子(いす) 의자 置(お)く 놓다, 두다 타동사+てある ~해져 있다 *상태표현

2

(A) おもちゃで遊んでいます。
(B) 床を拭いています。
(C) 事務室を掃いています。
(D) タオルを畳んでいます。

(A) 장난감으로 놀고 있습니다.
(B) 마루를 닦고 있습니다.
(C) 사무실을 쓸고 있습니다.
(D) 수건을 개고 있습니다.

해설 | 동사의 정확한 의미와 발음을 구별하는 문제. 여자는 걸레로 마루를 닦고 있으므로, 정답은 '닦다, 훔치다'라는 의미의 동사 「拭(ふ)く」를 쓴 (B)가 된다. (C)의 「掃(は)く」는 '쓸다', (D)의 「畳(たた)む」는 '개다, 개키다'라는 뜻으로, 모두 사진에 대한 설명으로는 어울리지 않는다.

어휘 | おもちゃ 장난감 遊(あそ)ぶ 놀다 床(ゆか) 마루 事務室(じむしつ) 사무실 タオル 타월, 수건

3

(A) 手で口を拭いています。
(B) 水を飲み終わったところです。
(C) 水道の水を止めています。
(D) 手を使わずに、水を飲んでいます。

(A) 손으로 입을 닦고 있습니다.
(B) 물을 막 다 마신 참입니다.
(C) 수돗물을 잠그고 있습니다.
(D) 손을 사용하지 않고 물을 마시고 있습니다.

해설 | 아이의 동작에 주목해야 한다. 아이는 물이 솟구쳐 오르는 음수대에 입을 대고 있으므로, 정답은 손을 사용하지 않고 물을 마시고 있다고 한 (D)가 된다. 아이는 두 손으로 음수대에 몸을 기댄 상태로 물을 마시고 있으므로, 손으로 입을 닦고 있다고 한 (A)나 「동사의 た형+ところだ」(막 ~한 참이다, ~한 지 얼마 안 되다)라는 완료표현을 쓴 (B), 수돗물을 잠그고 있다는 의미의 (C)는 모두 틀린 설명이다.

어휘 | 手(て) 손 口(くち) 입 拭(ふ)く 닦다, 훔치다 水(みず) 물 飲(の)む 마시다 동사의 ます형+終(お)わる 다 ~하다 水道(すいどう) 수도 止(と)める (TV 등을) 끄다, 잠그다 使(つか)う 쓰다, 사용하다 ~ずに ~하지 않고[말고]

4

(A) アクセサリーを付けています。
(B) 万歳をしています。
(C) 手袋をしています。
(D) 両方の手に指輪をしています。

(A) 액세서리를 달고 있습니다.
(B) 만세를 부르고 있습니다.
(C) 장갑을 끼고 있습니다.
(D) 양손에 반지를 끼고 있습니다.

해설 | 여자는 손등이 보이도록 양손을 치켜들고 있는데, 왼손 약지에 반지를 끼고 있는 것이 눈에 띈다. 정답은 (A)로, 「指輪(ゆびわ)」(반지)를 「アクセサリー」(액세서리)로 바꿔 쓴 점에 주의한다. (B)의 「万歳(ばんざい)」(만세)는 두 손을 높이 치켜든 상태를 말하므로, 사진 속 여자의 자세와는 거리가 멀다. 또한 여자는 장갑을 끼지 않은 맨손이고, 반지는 양손이 아니라 왼손에만 끼고 있으므로 (C)와 (D)도 틀린 설명이다.

어휘 | 付(つ)ける 착용하다, 달다 万歳(ばんざい)をする 만세를 부르다 手袋(てぶくろ)をする 장갑을 끼다
両方(りょうほう) 양쪽 手(て) 손 指輪(ゆびわ)をする 반지를 끼다

5

(A) 女の人がポスターを壁に貼っています。
(B) 壁のポスターを指差しています。
(C) ポスターに何か書き込んでいます。
(D) 女の人はポスターの前で何か見ています。

(A) 여자가 포스터를 벽에 붙이고 있습니다.
(B) 벽의 포스터를 손가락으로 가리키고 있습니다.
(C) 포스터에 뭔가 써넣고 있습니다.
(D) 여자는 포스터 앞에서 뭔가 보고 있습니다.

해설 | 선택지에는 모두 「ポスター」(포스터)라는 단어가 나오지만, 정작 포인트가 되는 것은 여자의 행동이다. 여자는 포스터 앞에 서서 손에 든 뭔가를 보고 있으므로, 정답은 (D)가 된다. 여자는 포스터 앞에 서 있기는 하지만, 그와 관련된 어떠한 행동도 하고 있지 않으므로 나머지 선택지는 답이 될 수 없다.

어휘 | ポスター 포스터 壁(かべ) 벽 貼(は)る 붙이다 指差(ゆびさ)す (손가락으로) 가리키다 書(か)き込(こ)む 써넣다, 기입하다
前(まえ) (공간적인) 앞 見(み)る 보다

6

(A) 模様の描かれた風船を手にしています。
(B) 空中に浮いた風船を掴もうとしています。
(C) 両目をつぶって風船を押さえています。
(D) 両手で風船を持って膨らませています。

(A) 무늬가 그려진 풍선을 손에 들고 있습니다.
(B) 공중에 뜬 풍선을 붙잡으려고 하고 있습니다.
(C) 두 눈을 감고 풍선을 누르고 있습니다.
(D) 양손으로 풍선을 들고 부풀리고 있습니다.

해설 | 「膨(ふく)らませる」(부풀게 하다, 부풀리다)라는 동사를 알아듣는 것이 포인트. 여자는 양손으로 풍선을 붙잡은 채 입김을 불어넣고 있으므로, 정답은 (D)가 된다. 풍선은 아무 무늬도 없는 단색이고, 여자는 눈을 뜬 채로 풍선을 불고 있으므로 (A)와 (C)는 틀린 설명이다. (B) 또한 풍선이 공중에 떠 있다는 의미이므로 답이 될 수 없다.

어휘 | 模様(もよう) 무늬, 모양 描(か)く (그림을) 그리다 風船(ふうせん) 풍선 手(て)にする 손에 들다
空中(くうちゅう) 공중 浮(う)く 뜨다 掴(つか)む 붙잡다, 잡다 両目(りょうめ) 양눈, 두 눈 つぶる (눈을) 감다
押(お)さえる (위에서) 누르다 両手(りょうて) 양손, 두 손 持(も)つ 가지다, 들다

7

(A) 紙に記入しているところです。
(B) 両手で書類を差し出しています。
(C) 腰掛けて読書中です。
(D) 書物のページをめくっています。

(A) 종이에 기입하고 있는 중입니다.
(B) 양손으로 서류를 내밀고 있습니다.
(C) 걸터앉아서 독서 중입니다.
(D) 책의 페이지를 넘기고 있습니다.

해설 | 「記入(きにゅう)」(기입)라는 단어를 알아듣는 것이 포인트. 남자는 구부정하게 선 자세로 종이에 뭔가를 적고 있는 중이다. 정답은 (A)로, 「동사의 진행형+ところだ」는 '~하고 있는 중이다'라는 뜻으로 현재 어떤 동작이 진행 중임을 나타내는 표현이다. (B)는 누군가에게 서류를 제출하고 있다는 뜻이므로 부적절하고, (C)와 (D)는 사진에 등장하지 않는 '책'과 관련된 내용이다.

어휘 | 紙(かみ) 종이 両手(りょうて) 양손, 두 손 書類(しょるい) 서류 差(さ)し出(だ)す (앞으로) 내밀다
腰掛(こしか)ける 걸터앉다 読書(どくしょ) 독서 ~中(ちゅう) ~중 書物(しょもつ) 책, 서적 ページ 페이지
めくる 넘기다, 젖히다

8

(A) 女性がそびえ立つ高層ビルを見上げています。
(B) 女性は振り返って高層の建築物を見ています。
(C) 女性が高いビルの上の看板を見つめています。
(D) 女性は屋上から地上を見下ろしています。

(A) 여성이 우뚝 솟은 고층 빌딩을 올려다보고 있습니다.
(B) 여성은 돌아서서 고층 건축물을 보고 있습니다.
(C) 여성이 높은 빌딩 위의 간판을 응시하고 있습니다.
(D) 여성은 옥상에서 지상을 내려다보고 있습니다.

해설 | 「見上(みあ)げる」(올려다보다, (위를) 쳐다보다)라는 동사를 알아듣는 것이 포인트. 여자는 아래쪽에서 까마득하게 높은 고층 빌딩을 올려다보고 있으므로, 정답은 (A)가 된다. (B)는 「振(ふ)り返(かえ)って」(돌아서서) 부분이 잘못되었고, 빌딩에 간판도 보이지 않으므로 (C) 또한 답이 될 수 없다. (D)의 「見下(みお)ろす」(높은 곳에서 아래쪽을 보다, 내려다보다)는 사진과는 반대로 건물 꼭대기에서 아래를 내려다본다는 의미이므로 역시 틀린 설명이다.

어휘 | 女性(じょせい) 여성 そびえ立(た)つ (산·건물 따위가 두드러지게) 우뚝 서다 高層(こうそう) 고층
ビル 빌딩 *「ビルディング」의 준말 振(ふ)り返(かえ)る 뒤돌아보다, 뒤쪽을 돌아보다 建築物(けんちくぶつ) 건축물
高(たか)い (높이가) 높다 看板(かんばん) 간판 見(み)つめる 응시하다, 주시하다 屋上(おくじょう) 옥상
地上(ちじょう) 지상, 땅 위

주요 어휘 및 표현 정리 20

한자	읽기	의미
☐ 締める	しめる	매다
☐ 帽子を被る	ぼうしをかぶる	모자를 쓰다
☐ 手すり	てすり	난간
☐ 空く	あく	(자리·방 따위가) 나다, 비다
☐ 肩	かた	어깨
☐ 組み立てる	くみたてる	조립하다
☐ 価格	かかく	가격
☐ 見比べる	みくらべる	(두 개 이상을) 비교하다
☐ 吊るす	つるす	매달다
☐ 床	ゆか	마루
☐ 畳む	たたむ	개다, 개키다
☐ 水道	すいどう	수도
☐ アクセサリー	·	액세서리
☐ 指輪をする	ゆびわをする	반지를 끼다
☐ 壁	かべ	벽
☐ 貼る	はる	붙이다
☐ 指差す	ゆびさす	(손가락으로) 가리키다
☐ 風船	ふうせん	풍선
☐ つぶる	·	(눈을) 감다
☐ 看板	かんばん	간판

02 2인 이상 등장 사진

STEP 1 인물 중심 사진에서는 인물의 동작이나 상태를 나타내는 동사를 잘 듣는 것이 중요합니다. 핵심 기출 어휘
와 표현을 먼저 익히세요.

음원 7

핵심 기출 어휘 및 표현

▶ **인물의 동작 및 자세**
- 上のぼっている 올라가고 있다
- 抱だいている (팔·가슴에) 안고 있다
- 腰こし掛かけている 걸터앉아 있다
- 横よこ切ぎっている 횡단하고 있다
- しゃがんでいる 쭈그리고 앉아 있다

▶ **인물의 상태**
- 手て を繋つないでいる 손을 잡고 있다
- 肩かた車ぐるまをしている 목말을 태우고 있다
- 乾かん杯ぱいをしている 건배를 하고 있다
- ポーズを取とっている 포즈를 취하고 있다
- マフラーを巻まいている 목도리를 두르고 있다

빈출 사진과 정답 문장

음원 8

STEP 2 시험에 자주 나오는 사진 상황과 정답으로 제시될 수 있는 문장들을 익혀 보세요.

1 길을 걷고 있는 사람들

❶ 日傘を差している人も見えます。
양산을 쓰고 있는 사람도 보입니다.

❷ 肩に子供を乗せている人がいます。
어깨에 아이를 태우고 있는 사람이 있습니다.

❸ 子供が男の人に肩車をしてもらっています。
남자가 아이에게 목말을 태워 주고 있습니다.

2 아이와 계단을 올라가고 있는 사람들

❶ 子供と階段を上っています。
아이와 계단을 올라가고 있습니다.

❷ 右側の人は手に何かを持っています。
오른쪽 사람은 손에 뭔가를 들고 있습니다.

❸ 二人の女性は子供と手を繋いでいます。
두 여성은 아이와 손을 잡고 있습니다.

31

3 연못 앞에 모여 있는 사람들

❶ 池の中を覗き込んでいる子供がいます。
연못 안을 들여다보고 있는 아이가 있습니다.

❷ しゃがんで網を持っている子供がいます。
쭈그리고 앉아서 그물을 들고 있는 아이가 있습니다.

❸ 立っている人もいればしゃがんでいる人もいます。
서 있는 사람도 있고[있거니와] 쭈그리고 앉아 있는 사람도 있습니다.

4 건배를 하고 있는 사람들

❶ みんなで乾杯をしています。
다 같이 건배를 하고 있습니다.

❷ 眼鏡をかけている人もいます。
안경을 쓰고 있는 사람도 있습니다.

❸ 満面に笑みを浮かべている人がいます。
만면에 미소를 띠고 있는 사람이 있습니다.

JPT 기출문제 풀이 전략

음원 9

STEP 3 사진에 여러 사람이 있는 경우, 다음 포인트를 중심으로 사진을 분석하세요.

Point 1
공통적인
동작이나
자세, 상태

인물 중 같은 동작 또는 자세를 취하고 있거나 교복이나 유니폼 등을 착용하고 있는 사람에 주목!
一列 일렬, 한 줄   整列 정렬   並ぶ (나란히) 늘어서다. (줄을) 서다   腰を下ろす 앉다

Point 2
개별적인
동작이나
자세, 상태

인물 중 혼자만 다른 동작을 하거나 다른 것을 착용하고 있는 사람에 주목!
〜だけ 〜만, 〜뿐   帽子を被る 모자를 쓰다   足を組む 다리를 꼬다

| CHECK UP |

Point 1 공통적인 동작이나 자세, 상태

⊙ 植木の前に腰を下ろしています。
정원수 앞에 걸터앉아 있습니다.

Point 2 개별적인 동작이나 자세, 상태

⊙ 男の人は右手に扇子を持っています。
남자는 오른손에 쥘부채를 들고 있습니다.

JPT 기출문제로 훈련하기

STEP 4 다음 기출문제를 기출문제 풀이 전략을 적용해서 풀어 보세요.

1

✓(A) ピアノの演奏に合わせて歌を歌っています。
피아노 연주에 맞춰 노래를 부르고 있습니다.

(B) 様々な楽器が置かれています。
여러 가지 악기가 놓여 있습니다.

(C) オーケストラの演奏が行われています。
오케스트라 연주가 행해지고 있습니다.

(D) 複数の人がピアノを弾いています。
복수의 사람이 피아노를 치고 있습니다.

- 사진 속 상황을 파악하는 것이 포인트. 한 사람은 무대 왼편에서 피아노를 연주하고 있고, 중앙의 여자는 마이크를 들고 있다. 선택지 중 이에 대한 설명으로 적절한 것은 피아노 연주에 맞춰 노래를 하고 있다고 한 (A)뿐이다. 피아노를 치고 있는 것은 여자 한 명뿐이고, 무대 위에는 피아노 외에 어떤 악기도 찾아볼 수 없으므로 나머지 선택지는 모두 틀린 설명이다.

- ピアノ 피아노 演奏(えんそう) 연주 合(あ)わせる 맞추다 歌(うた) 노래 歌(うた)う (노래를) 부르다
様々(さまざま)だ 다양하다, 여러 가지다 楽器(がっき) 악기 置(お)く 놓다, 두다 オーケストラ 오케스트라
行(おこな)う 하다, 행하다, 실시하다 複数(ふくすう) 복수, 둘 이상의 수 弾(ひ)く (악기를) 연주하다, 켜다, 치다, 타다

2

✓(A) 男の人はスーツケースの取っ手を握っています。
남자는 여행용 가방의 손잡이를 잡고 있습니다.

(B) 横断歩道でタクシーを待っている女性が見えます。
횡단보도에서 택시를 기다리고 있는 여성이 보입니다.

(C) 男の人はスーツケースを抱いています。
남자는 여행용 가방을 안고 있습니다.

(D) 停留所でバスが客を乗せています。
정류소에서 버스가 손님을 태우고 있습니다.

- 사진 속 왼쪽 남자의 차림새에 주목해야 한다. 왼쪽 남자는 등에는 배낭을 메고 오른손으로는 여행용 가방의 손잡이를 잡고 있으므로, 정답은 (A)가 된다. (B)는 「横断歩道(おうだんほどう)」(횡단보도)라는 장소를 응용한 오답이고, 두 사람 모두 가방은 등이나 어깨에 메거나 바닥에 내려놓은 상태이므로, (C)도 틀린 설명이다.

- スーツケース 슈트 케이스, 여행용 가방 取(と)っ手(て) 손잡이 握(にぎ)る 쥐다, 잡다 タクシー 택시 待(ま)つ 기다리다
女性(じょせい) 여성 見(み)える 보이다 抱(だ)く (팔·가슴에) 안다 停留所(ていりゅうじょ) 정류소 バス 버스
客(きゃく) 손님 乗(の)せる 태우다

빈출 어휘로 실력 다지기

음원 11

PART 1

사진묘사

☐ スカートをはく
左の女性だけスカートをはいています。

치마를 입다

왼쪽 여성만 **치마를 입고** 있습니다.

☐ 並ぶ
みんな一列に並んでいます。

(나란히) 늘어서다, (줄을) 서다

모두 일렬로 **서** 있습니다.

☐ 席に着く
みんな席に着いています。

자리에 앉다

모두 **자리에 앉아** 있습니다.

☐ 渡る
大勢の人が横断歩道を渡っています。

(길을) 지나다, 건너다

많은 사람이 횡단보도를 **건너고** 있습니다.

☐ 顔をしかめる
子供は顔をしかめています。

얼굴을 찡그리다

아이는 **얼굴을 찡그리고** 있습니다.

☐ 手を振る
車の窓から手を振っている人がいます。

손을 흔들다

자동차 창문에서 **손을 흔들고** 있는 사람이 있습니다.

☐ 投げる
ボールを投げようとしています。

던지다

공을 **던지려고** 하고 있습니다.

☐ 載せる
女の人が赤ちゃんを膝の上に載せています。

얹다, 올려놓다

여자가 아기를 무릎 위에 **올려놓고** 있습니다.

☐ 握手をする
二人は握手をしています。

악수를 하다

두 사람은 **악수를 하고** 있습니다.

☐ 肩を組む
二人は肩を組んでいます。

어깨동무를 하다

두 사람은 **어깨동무를 하고** 있습니다.

☐ 足を伸ばす
みんな足を伸ばしています。

다리를 뻗다

모두 **다리를 뻗고** 있습니다.

☐ 注射を打ってもらう
男の人が注射を打ってもらっています。

주사를 맞다

남자가 **주사를 맞고** 있습니다.

35

STEP 5 사진을 가장 잘 묘사한 문장을 골라 보세요.

1

(A) _____ (○ • ×)

(B) _____ (○ • ×)

(C) _____ (○ • ×)

(D) _____ (○ • ×)

2

(A) _____ (○ • ×)

(B) _____ (○ • ×)

(C) _____ (○ • ×)

(D) _____ (○ • ×)

3

(A) _____ (○ · ×)

(B) _____ (○ · ×)

(C) _____ (○ · ×)

(D) _____ (○ · ×)

4

(A) _____ (○ · ×)

(B) _____ (○ · ×)

(C) _____ (○ · ×)

(D) _____ (○ · ×)

5

(A) _____ (○ • ×)

(B) _____ (○ • ×)

(C) _____ (○ • ×)

(D) _____ (○ • ×)

6

(A) _____ (○ • ×)

(B) _____ (○ • ×)

(C) _____ (○ • ×)

(D) _____ (○ • ×)

7

(A) _____ (○ · ×)

(B) _____ (○ · ×)

(C) _____ (○ · ×)

(D) _____ (○ · ×)

8

(A) _____ (○ · ×)

(B) _____ (○ · ×)

(C) _____ (○ · ×)

(D) _____ (○ · ×)

1

(A) ホームで電車を待っています。
(B) 止まったバスから降りるところです。
(C) バス停のベンチに座っています。
(D) 駅の改札口を通っています。

(A) 플랫폼에서 전철을 기다리고 있습니다.
(B) 멈춘 버스에서 막 내리려던 참입니다.
(C) 버스 정류장의 벤치에 앉아 있습니다.
(D) 역의 개찰구를 통과하고 있습니다.

해설 | 사진 속 두 사람은 벤치에 앉아 있으므로, 버스에서 막 내리려던 참이라는 (B)와 역의 개찰구를 통과하고 있다고 한 (D)는 우선 제외. (A)의 「ホーム」(플랫폼, 기차나 전철의 승강장) 역시 사진의 장소와는 거리가 멀다. 정답은 (C)로, 두 사람이 앉아 있는 오른편에 버스 정류장임을 나타내는 표지판에 세워져 있다.

어휘 | ホーム 플랫폼 *「プラットホーム」의 준말 電車(でんしゃ) 전철 待(ま)つ 기다리다 止(と)まる 멈추다, 서다 バス 버스
降(お)りる (탈것에서) 내리다 동사의 기본형+ところだ 막 ~하려던 참이다 バス停(てい) 버스 정류장 ベンチ 벤치
座(すわ)る 앉다 駅(えき) 역 改札口(かいさつぐち) 개찰구 通(とお)る 통과하다, 지나가다

2

(A) 受付で話しています。
(B) 事務所で会議をしています。
(C) 応接室に案内しています。
(D) 入り口で挨拶しています。

(A) 접수처에서 이야기하고 있습니다.
(B) 사무소에서 회의를 하고 있습니다.
(C) 응접실로 안내하고 있습니다.
(D) 입구에서 인사하고 있습니다.

해설 | 사진의 장소와 인물의 행동에 주목해야 한다. 두 사람이 서 있는 곳은 접수처나 사무소, 응접실이 아니라 건물의 입구이고, 두 사람은 회의나 안내를 하고 있는 것이 아니라 서로 마주보며 인사를 나누고 있으므로, 정답은 (D)가 된다.

어휘 | 受付(うけつけ) 접수(처) 話(はな)す 말하다, 이야기하다 事務所(じむしょ) 사무소 会議(かいぎ) 회의
応接室(おうせつしつ) 응접실 案内(あんない) 안내 入(い)り口(ぐち) 입구 挨拶(あいさつ) 인사

3

(A) バスケットボールの選手たちです。
(B) 林の中をハイキングしています。
(C) 濡れた体を拭いています。
(D) 海岸でバレーボールをしています。

(A) 농구 선수들입니다.
(B) 숲속을 하이킹하고 있습니다.
(C) 젖은 몸을 닦고 있습니다.
(D) 해변에서 배구를 하고 있습니다.

해설 | 「バレーボール」(배구)라는 말을 알아듣는 것이 포인트. 해변에서 배구를 즐기고 있는 모습이므로, 정답은 (D)가 된다. 사람들이 하고 있는 운동은 농구가 아니라 배구이고, 장소도 숲속이 아니라 해변이므로, (A)와 (B)는 부적절. 또한 사진에서 젖은 몸을 닦고 있는 사람의 모습은 찾아볼 수 없으므로, (C)도 틀린 설명이다.

어휘 | バスケットボール 농구 選手(せんしゅ) 선수 ~たち (사람이나 생물을 나타내는 말에 붙어) ~들 林(はやし) 숲, 수풀
ハイキング 하이킹 濡(ぬ)れる 젖다 体(からだ) 몸, 신체 拭(ふ)く 닦다, 훔치다 海岸(かいがん) 해안, 해변

4

(A) 荷物を預けています。
(B) かばんを修理しています。
(C) お土産を選んでいます。
(D) バッグを探しています。

(A) 짐을 맡기고 있습니다.
(B) 가방을 수선하고 있습니다.
(C) 선물을 고르고 있습니다.
(D) 가방을 찾고 있습니다.

 해설 | 사진의 장소를 파악하는 것이 포인트. 이곳은 공항 항공사의 카운터로 남자는 수하물을 보내기 위해 수속을 밟고 있다. 정답은 (A)로, (B)는「かばん」(가방)이라는 단어를 응용한 오답이고, (C)와 (D) 또한 사진의 상황과는 거리가 먼 설명이다.

어휘 | 荷物(にもつ) 짐 預(あず)ける 맡기다 修理(しゅうり) 수리, 수선
お土産(みやげ) 선물, (외출·여행지 등에서) 가족이나 친지를 위해 사가는 특산품 選(えら)ぶ 고르다, 선택하다 バッグ 백, 가방
探(さが)す 찾다

5

(A) 手を繋いでいます。
(B) 抱き上げています。
(C) 追い掛けています。
(D) 頭を撫でています。

(A) 손을 잡고 있습니다.
(B) 안아 올리고 있습니다.
(C) 뒤쫓고 있습니다.
(D) 머리를 쓰다듬고 있습니다.

해설 | 동사의 의미를 파악하는 것이 포인트. 어른이 아이의 손을 잡고 나란히 걷고 있으므로, 정답은「手(て)を繋(つな)ぐ」(손을 잡다)라는 표현을 쓴 (A)가 된다. (B)의「抱(だ)き上(あ)げる」는 '안아 올리다', (C)의「追(お)い掛(か)ける」는 '쫓다, 뒤쫓다', (D)의「頭(あたま)を撫(な)でる」는 '머리를 쓰다듬다'라는 뜻으로, 모두 사진의 모습과는 거리가 먼 설명이다.

6

(A) 商品を見比べています。
(B) レポートを提出しています。
(C) 窓口で預金をしています。
(D) 現金で支払っています。

(A) 상품을 비교해 보고 있습니다.
(B) 보고서를 제출하고 있습니다.
(C) 창구에서 예금을 하고 있습니다.
(D) 현금으로 지불하고 있습니다.

 해설 | 상점 계산대에서 손님이 점원에게 돈을 지불하고 있다. (A)는 계산을 치르기 전의 상황에 대한 설명이고, (B)의 '보고서 제출'도 사진과는 무관한 내용이다. (C) 또한 계산대가 아니라 은행 창구에 대한 설명이므로 답이 될 수 없다. 정답은 (D)로, 왼쪽 여자는 지폐, 즉, 현금으로 물건값을 치르고 있다.

어휘 | 商品(しょうひん) 상품 見比(みくら)べる (두 개 이상을) 비교하다, 비교해 보다 レポート 리포트, 보고서
提出(ていしゅつ) 제출 窓口(まどぐち) 창구 預金(よきん) 예금 現金(げんきん) 현금 支払(しはら)う 지불하다

7

(A) カメラをばらばらに分解しています。
(B) 両手でカメラを持って撮影しています。
(C) 写真の現像をしている人がいます。
(D) カメラマンがフィルムを交換しています。

(A) 카메라를 낱낱이 분해하고 있습니다.
(B) 양손으로 카메라를 들고 촬영하고 있습니다.
(C) 사진 현상을 하고 있는 사람이 있습니다.
(D) 카메라맨이 필름을 교환하고 있습니다.

해설 | 「撮影(さつえい)」(촬영)라는 단어를 알아듣는 것이 포인트. 사진 속의 가운데 여자는 양손으로 카메라를 들고 뭔가를 촬영하고 있으므로, 정답은 (B)가 된다. 나머지 선택지는 모두 「カメラ」(카메라), 「写真(しゃしん)」(사진)이라는 어휘를 응용한 오답이다.

어휘 | ばらばら 뿔뿔이, 조각조각 *하나로 된 것이 따로따로 흩어지는 모양 分解(ぶんかい) 분해 両手(りょうて) 양손, 두 손
持(も)つ 가지다, 들다 現像(げんぞう) 현상, 노출된 필름이나 인화지를 약품으로 처리하여 상이 나타나도록 함
カメラマン 카메라맨 フィルム 필름 交換(こうかん) 교환

8

(A) 地面の穴にコンクリートを流し入れています。
(B) 並木の枝の手入れをしています。
(C) 道具を使い、足元の土を掘っています。
(D) 地面の穴に腕を突っ込んでいます。

(A) 지면의 구멍에 콘크리트를 부어 넣고 있습니다.
(B) 가로수의 가지를 손질하고 있습니다.
(C) 도구를 사용하여 발밑의 땅을 파고 있습니다.
(D) 지면의 구멍에 팔을 질러 넣고 있습니다.

해설 | 오른쪽의 두 아이는 모종삽을, 왼쪽의 어른은 삽을 들고 땅을 파고 있다. 선택지 중 이에 대한 설명으로 적절한 것은 (C)로, '모종삽과 삽'을 「道具(どうぐ)」(도구)로 바꿔 표현했다. (A)와 (B)의 '도로 공사'나 '가지 손질'은 사진과는 거리가 먼 설명이고, (D)는 도구 없이 맨손으로 흙을 파고 있다는 의미가 되므로 역시 답이 될 수 없다.

어휘 | 地面(じめん) 지면, 땅바닥 穴(あな) 구멍 コンクリート 콘크리트 流(なが)し入(い)れる 흘러 들어가도록 부어 넣다
並木(なみき) 가로수 枝(えだ) 가지 手入(てい)れ 손질 使(つか)う 쓰다, 사용하다 足元(あしもと) 발밑 土(つち) 땅
掘(ほ)る (땅을) 파다 腕(うで) 팔 突(つ)っ込(こ)む (힘주어) 처넣다

주요 어휘 및 표현 정리 20

한자	읽기	의미
☐ 日傘を差す	ひがさをさす	양산을 쓰다
☐ 乗せる	のせる	태우다
☐ 覗き込む	のぞきこむ	들여다보다
☐ しゃがむ	・	쭈그리고 앉다
☐ 乾杯	かんぱい	건배
☐ 満面	まんめん	만면, 얼굴 전체
☐ 笑みを浮かべる	えみをうかべる	미소를 띠다
☐ 植木	うえき	정원수
☐ 扇子	せんす	쥘부채
☐ 楽器	がっき	악기
☐ 弾く	ひく	(악기를) 연주하다, 켜다, 치다, 타다
☐ 取っ手	とって	손잡이
☐ 抱く	だく	(팔·가슴에) 안다
☐ 降りる	おりる	(탈것에서) 내리다
☐ バス停	バスてい	버스 정류장
☐ 入り口	いりぐち	입구
☐ 濡れる	ぬれる	젖다
☐ 預ける	あずける	맡기다
☐ 修理	しゅうり	수리, 수선
☐ 分解	ぶんかい	분해

03 사물 및 동물 등장 사진

STEP 1 사물 및 동물 중심 사진에서는 모양이나 상황, 위치 관계를 나타내는 어휘를 잘 듣는 것이 중요합니다. 핵심 기출 어휘와 표현을 먼저 익히세요.

핵심 기출 어휘 및 표현

음원 13

▶ 사물 및 동물의 모양이나 상황

- 三角 (さんかく) 삼각
- 四角い (しかくい) 네모지다, 네모나다
- 開いている (ひらいている) 펴져 있다
- 伸びている (のびている) 뻗어 있다
- 細長い (ほそながい) 가늘고 길다

▶ 사물 및 동물의 위치 관계

- 前 (まえ) 앞 / 後ろ (うしろ) 뒤
- 上 (うえ) 위 / 下 (した) 아래
- 真ん中 (まなか) 한가운데
- 前向き (まえむき) 앞을 향함
- 逆様 (さかさま) 거꾸로 됨, 반대임

빈출 사진과 정답 문장

STEP 2 시험에 자주 나오는 사진 상황과 정답으로 제시될 수 있는 문장들을 익혀 보세요.

1 글자

❶ 道路に大きな字が書かれています。
도로에 큰 글자가 쓰여 있습니다.

❷ 道路は一直線に伸びています。
도로는 일직선으로 뻗어 있습니다.

❸ これは四つ角の前で撮った写真です。
이것은 네거리 앞에서 찍은 사진입니다.

2 수첩과 펜

❶ 手帳の上にペンがあります。
수첩 위에 펜이 있습니다.

❷ 手帳は開いてあります。
수첩은 펴져 있습니다.

❸ 手帳には何も書かれていません。
수첩에는 아무것도 적혀 있지 않습니다.

3 욕실

❶ シャワー器が掛けられています。
샤워기가 걸려 있습니다.

❷ 四角い形の鏡が見えます。
네모난 모양의 거울이 보입니다.

❸ 鏡の前に容器が二つ置かれています。
거울 앞에 용기가 두 개 놓여 있습니다.

4 마구간

❶ 馬屋に数頭の馬がいます。
마구간에 몇 마리의 말이 있습니다.

❷ 男の人は馬の足を拭いています。
남자는 말의 다리를 닦고 있습니다.

❸ 馬の前にしゃがんでいる人が見えます。
말 앞에 쭈그리고 앉아 있는 사람이 보입니다.

JPT 기출문제 풀이 전략

음원 15

STEP 3 사진에 사물 및 동물이 등장하는 경우, 다음 포인트를 중심으로 사진을 분석하세요.

Point 1 사물 및 동물의 모양이나 상황	사진에 등장하는 사물 및 동물이 어떤 모양을 하고 있고 상황은 어떤지에 주목! 煙突 굴뚝 屋上 옥상 棚 선반 掲示板 게시판 犬 개 散歩 산책 結ぶ 매다, 묶다 破れる 찢어지다
Point 2 사물 및 동물의 위치 관계	사진 속에 복수의 사물이나 동물이 등장할 경우, 전후좌우 및 상하 위치 관계를 정확하게 파악! 斜面 사면, 경사면 斜め 비스듬함 正面 정면 真後ろ 바로 뒤 高め 조금 높음

| CHECK UP |

Point 1 사물 및 동물의 모양이나 상황

◯ 犬と散歩をしています。
개와 산책을 하고 있습니다.

Point 2 사물 및 동물의 위치 관계

◯ 犬は人の斜め後ろを歩いています。
개는 사람의 비스듬히 뒤를 걷고 있습니다.

STEP 4 다음 기출문제를 기출문제 풀이 전략을 적용해서 풀어 보세요.

1

(A) 味噌汁が鍋に入っています。
된장국이 냄비에 들어 있습니다.

(B) やかんが集めてあります。
주전자가 모아져 있습니다.

(C) 台所でご飯の用意をしています。
부엌에서 식사 준비를 하고 있습니다.

✓ (D) 色々なお弁当が売られています。
여러 가지 도시락이 팔리고 있습니다.

- 다양한 종류의 도시락이 진열되어 있는데, 각 도시락마다 가격표가 붙여져 있다. 즉, 이 도시락들은 모두 판매용이라는 것을 알 수 있으므로, 정답은 (D)가 된다. (A)와 (B)의 냄비와 주전자는 보이지 않으며, 도시락은 이미 완성된 상태이므로 (C)도 틀린 설명 이다.

- 味噌汁(みそしる) 된장국 鍋(なべ) 냄비 入(はい)る 들다 やかん 주전자 集(あつ)める 모으다 타동사+てある ~해져 있다 *상태표현 台所(だいどころ) 부엌 ご飯(はん) 밥, 식사 用意(ようい) 준비 色々(いろいろ)だ 여러 가지다, 다양하다 お弁当(べんとう) 도시락 売(う)る 팔다

2

✓ (A) 椅子の上にかばんが置かれています。
의자 위에 가방이 놓여 있습니다.

(B) 棚に小包が並べられています。
선반에 소포가 나란히 놓여 있습니다.

(C) 会議室で会議をしています。
회의실에서 회의를 하고 있습니다.

(D) 引き出しに書類が入っています。
서랍에 서류가 들어 있습니다.

- 테이블 옆 의자 위에 가방이 놓여 있는 사진이므로, 정답은 (A)가 된다. (B)의 선반이나 (D)의 서류가 들어 있는 서랍은 찾아볼 수 없고, (C)의 회의의 주체가 되는 사람도 보이지 않는다.

- 椅子(いす) 의자 上(うえ) 위 かばん 가방 置(お)く 놓다, 두다 棚(たな) 선반 小包(こづつみ) 소포 並(なら)べる (물건 등을) 늘어놓다, 나란히 놓다 会議室(かいぎしつ) 회의실 会議(かいぎ) 회의 引(ひ)き出(だ)し 서랍 書類(しょるい) 서류 入(はい)る 들다

□ 置く
　テーブルの上に文房具が**置かれて**います。

놓다, 두다

테이블 위에 문구가 **놓여** 있습니다.

□ 展示
　色々な形の器が**展示**されています。

전시

여러 가지 모양의 그릇이 **전시**되어 있습니다.

□ 正方形
　建物の窓は**正方形**の形をしています。

정사각형

건물의 창문은 **정사각형** 모양을 하고 있습니다.

□ 長方形
　長方形の細長いドアが見えます。

직사각형

직사각형의 가늘고 긴 문이 보입니다.

□ 捨てる
　道端に空き缶が**捨てて**あります。

버리다

길가에 빈 캔이 **버려져** 있습니다.

□ 曲がる
　上の部分が**曲がって**いるアンテナが見えます。

구부러지다

윗부분이 **구부러져** 있는 안테나가 보입니다.

□ 飾る
　テーブルの上は小物で**飾られて**います。

꾸미다, 장식하다

테이블 위는 소품으로 **장식되어** 있습니다.

□ 畳む
　布団は全部**畳まれて**います。

개다, 개키다

이불은 전부 **개어져** 있습니다.

□ 折れる
　枝が**折れて**いる木があります。

부러지다, 꺾어지다

가지가 **부러져** 있는 나무가 있습니다.

□ 植える
　庭に草花が**植えられて**います。

심다

정원에 화초가 **심어져** 있습니다.

□ 倒れる
　自転車が数台**倒れて**います。

쓰러지다, 넘어지다

자전거가 몇 대 **넘어져** 있습니다.

□ 丸める
　数枚の紙が**丸めて**あります。

둥글게 하다, 뭉치다

몇 장의 종이가 **뭉쳐져** 있습니다.

사물 및 동물 등장 사진 | 기출 확인 문제

음원 18

STEP 5 사진을 가장 잘 묘사한 문장을 골라 보세요.

1

(A) _____ (○ · ×)

(B) _____ (○ · ×)

(C) _____ (○ · ×)

(D) _____ (○ · ×)

2

(A) _____ (○ · ×)

(B) _____ (○ · ×)

(C) _____ (○ · ×)

(D) _____ (○ · ×)

3

(A) _____ (○ · ×)

(B) _____ (○ · ×)

(C) _____ (○ · ×)

(D) _____ (○ · ×)

4

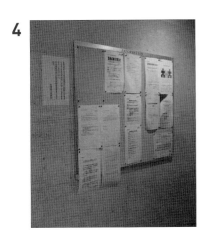

(A) _____ (○ · ×)

(B) _____ (○ · ×)

(C) _____ (○ · ×)

(D) _____ (○ · ×)

5

(A) _____ (○・×)

(B) _____ (○・×)

(C) _____ (○・×)

(D) _____ (○・×)

6

月極(つきぎめ)有料(ゆうりょう)契約(けいやく)駐車場(ちゅうしゃじょう)
契約(けいやく)車両(しゃりょう)以外(いがい)
立入(たちいり)禁止(きんし)

(A) _____ (○・×)

(B) _____ (○・×)

(C) _____ (○・×)

(D) _____ (○・×)

7

(A) _____ (○ · ×)

(B) _____ (○ · ×)

(C) _____ (○ · ×)

(D) _____ (○ · ×)

8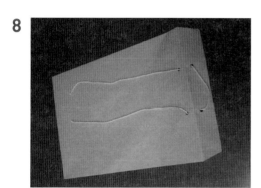

(A) _____ (○ · ×)

(B) _____ (○ · ×)

(C) _____ (○ · ×)

(D) _____ (○ · ×)

1

(A) ネックレスが飾ってあります。
(B) ネックレスが落ちています。
(C) イヤリングを付けています。
(D) イヤリングを包んでいます。

(A) 목걸이가 장식되어 있습니다.
(B) 목걸이가 떨어져 있습니다.
(C) 귀걸이를 달고 있습니다.
(D) 귀걸이를 포장하고 있습니다.

해설 | 가타카나어 청취와 동사의 의미를 동시에 파악해야 하는 문제. 진열대에 다양한 모양의 목걸이가 전시되어 있으므로, '귀걸이'에 대해 설명하고 있는 (C)와 (D)는 일단 제외. 정답은 (A)로, 「飾(かざ)る」는 '꾸미다, 장식하다'라는 뜻의 동사이다. (B)의 「落(お)ちる」는 '떨어지다' 라는 뜻의 동사로, 목걸이가 보기 좋게 장식되어 있는 것이 아니라 바닥에 떨어져 있는 상태를 말하므로 사진에 대한 설명으로는 부적절하다.

어휘 | ネックレス 목걸이 타동사+てある ～해져 있다 *상태표현 イヤリング 귀걸이 付(つ)ける 착용하다, 달다
包(つつ)む 싸다, 포장하다

2

(A) ワイシャツが畳んであります。
(B) 洗濯物が干してあります。
(C) 服を着替えています。
(D) 長袖のワイシャツが壁に掛けてあります。

(A) 와이셔츠가 개어져 있습니다.
(B) 세탁물이 널려 있습니다.
(C) 옷을 갈아입고 있습니다.
(D) 긴소매의 와이셔츠가 벽에 걸려 있습니다.

해설 | 벽과 벽 사이에 설치된 봉에 옷걸이와 세탁 건조대가 걸려 있고, 거기에 와이셔츠와 양말이 널려 있다. 정답은 세탁물이 널려 있다고 한 (B)로, (A)는 와이셔츠가 옷걸이에 걸려 있는 것이 아니라 개어져 있다고 했으므로 답이 될 수 없고, 옷을 갈아 입고 있는 사람의 모습도 보이지 않으므로 (C) 또한 잘못된 설명이다. (D)의 경우 「長袖(ながそで)のワイシャツ」(긴소매의 와이셔츠)라는 설명은 사진과 일치하지 만, 뒤에 나오는 「壁(かべ)に掛(か)けてあります」(벽에 걸려 있습니다) 부분이 잘못되었다.

어휘 | ワイシャツ 와이셔츠 畳(たた)む 개다, 개키다 타동사+て[で]ある ～해져 있다 *상태표현 洗濯物(せんたくもの) 세탁물
干(ほ)す 말리다, 널다 服(ふく) 옷 着替(きが)える (옷을) 갈아입다 長袖(ながそで) 긴소매 壁(かべ) 벽 掛(か)ける 걸다, 달다

3

(A) 鍋でスープを作っています。
(B) 皿に置かれたなすです。
(C) 二つに割られたすいかです。
(D) 野菜とハムのサラダです。

(A) 냄비로 국을 만들고 있습니다.
(B) 접시에 놓인 가지입니다.
(C) 두 개로 쪼개진 수박입니다.
(D) 채소와 햄 샐러드입니다.

해설 | 사물의 명칭을 파악하는 것이 포인트. 접시 위에 가지 두 개가 놓여 있는데, 일본어로 '가지'는 「なす」라고 하므로, 정답은 (B)가 된다. 나머지 선택지의 냄비나 수박, 샐러드는 모두 사진과는 거리가 먼 설명이다.

어휘 | 鍋(なべ) 냄비 ～で ～으로 *수단 スープ 수프, 국 作(つく)る 만들다 皿(さら) 접시 置(お)く 놓다, 두다 二(ふた)つ 두 개
割(わ)る 나누다, 쪼개다 すいか 수박 野菜(やさい) 야채, 채소 ハム 햄 サラダ 샐러드

4

(A) 黒板（こくばん）に字（じ）が書（か）かれています。
(B) 掲示板（けいじばん）に紙（かみ）が貼（は）られています。
(C) 床（ゆか）に地図（ちず）が広（ひろ）げてあります。
(D) 絵葉書（えはがき）が何枚（なんまい）も飾（かざ）ってあります。

(A) 칠판에 글자가 쓰여 있습니다.
(B) 게시판에 종이가 붙여져 있습니다.
(C) 바닥에 지도가 펼쳐져 있습니다.
(D) 그림엽서가 여러 장 장식되어 있습니다.

해설ㅣ「貼（は）る」（붙이다）라는 동사를 알아듣는 것이 포인트. 벽에 마련된 게시판 위에 여러 장의 종이가 붙여져 있으므로, 정답은 (B)가 된다. (A)는 칠판 위에 직접 글자를 썼다는 뜻이므로 부적절. (C)는 '바닥'이라는 위치 자체가 잘못되었으며, 게시판에서 붙여진 것은 모두 일정한 크기의 종이이므로, 「絵葉書（えはがき）」（그림엽서）가 장식되어 있다고 한 (D)도 틀린 설명이다.

어휘ㅣ黒板（こくばん）흑판, 칠판 字（じ）글자, 글씨 書（か）く（글씨・글을）쓰다 掲示板（けいじばん）게시판 紙（かみ）종이 床（ゆか）바닥 地図（ちず）지도 広（ひろ）げる 펴다, 펼치다 자동사＋てある ~해져 있다 *상태표현 絵葉書（えはがき）그림엽서 何枚（なんまい）も 몇 장이나, 여러 장 *「~枚（まい）」-~장 飾（かざ）る 꾸미다, 장식하다

5

(A) 袋（ふくろ）が破（やぶ）れています。
(B) 茶碗（ちゃわん）が割（わ）れています。
(C) 歯（は）ブラシが折（お）れています。
(D) 缶（かん）が倒（たお）れています。

(A) 봉지가 찢어져 있습니다.
(B) 밥공기가 깨져 있습니다.
(C) 칫솔이 부러져 있습니다.
(D) 캔이 넘어져 있습니다.

해설ㅣ사물이 여러 개 등장하므로, 각 사물의 특징에 주의하며 들어야 한다. 바닥에 캔과 칫솔, 깨진 그릇과 종이 봉투가 나란히 놓여 있다. 선택지 중 이에 대한 설명으로 적절한 것은 밥공기가 깨져 있다고 한 (B)뿐이다. 종이 봉지와 칫솔은 멀쩡한 상태이고, 캔은 똑바로 세워져 있으므로, 나머지 선택지는 모두 틀린 설명이다.

어휘ㅣ袋（ふくろ）봉지 破（やぶ）れる 찢어지다 茶碗（ちゃわん）밥공기 歯（は）ブラシ 칫솔 折（お）れる 부러지다, 꺾어지다 缶（かん）캔 倒（たお）れる 쓰러지다, 넘어지다

6

(A) 様々（さまざま）な模様（もよう）が描（か）かれています。
(B) アルファベットで書（か）かれています。
(C) 矢印（やじるし）で指（さ）し示（しめ）しています。
(D) 振（ふ）り仮名（がな）が振（ふ）られています。

(A) 여러 가지 모양이 그려져 있습니다.
(B) 알파벳으로 쓰여 있습니다.
(C) 화살표로 가리키고 있습니다.
(D) 후리가나가 달려 있습니다.

해설ㅣ「振（ふ）り仮名（がな）を振（ふ）る」（후리가나를 달다）라는 표현을 알아듣는 것이 포인트. 「振（ふ）り仮名（がな）」（후리가나）란 '한자에 읽는 법을 나타내기 위해 붙이는 가나'를 말한다. 안내판에는 「月極（つきぎめ）有料（ゆうりょう）契約（けいやく）駐車場（ちゅうしゃじょう）」（월정 유료 계약 주차장）, 「契約（けいやく）車両（しゃりょう）以外（いがい）」（계약 차량 이외）, 「立入禁止（たちいりきんし）」（출입금지）라는 한자어가 쓰여 있고 그 옆에 읽는 법이 달려 있으므로, 정답은 (D)가 된다. 안내판에서 한자 외의 모양이나 알파벳, 화살표는 찾아볼 수 없으므로 나머지 선택지는 모두 틀린 설명이다.

어휘ㅣ様々（さまざま）だ 다양하다, 여러 가지다 模様（もよう）모양 描（か）く（그림을）그리다 アルファベット 알파벳 書（か）く（글씨・글을）쓰다 矢印（やじるし）화살표 指（さ）し示（しめ）す（손가락으로）가리키다

7

(A) グラスが逆様にしてあります。

(B) 平たい皿が何枚も重ねてあります。

(C) どの段にも食器がぎっしり入れてあります。

(D) グラスとやかんが交互に置かれています。

(A) 유리컵이 거꾸로 놓여 있습니다.

(B) 평평한 접시가 여러 장 포개어져 있습니다.

(C) 어느 단에도 식기가 가득 넣어져 있습니다.

(D) 유리컵과 주전자가 번갈아 놓여 있습니다.

해설 | 「逆様(さかさま)」(거꾸로 됨, 반대임)라는 단어를 알아듣는 것이 포인트. 선반은 총 네 단으로 되어 있는데, 아래 두 단에는 여러 종류의 컵이 뒤집어진 채 놓여 있고, 그 위의 두 단은 다른 종류의 식기들이 드문드문 놓여 있다. 선택지 중 이 조건에 맞는 설명은 유리컵이 거꾸로 놓여 있다고 한 (A)뿐이다. 많은 그릇 중에서 (B)처럼 여러 장 포개진 평평한 접시는 찾아볼 수 없고, 위의 두 단은 아직 여유 공간이 많은 상태이므로 (C)도 틀린 설명이다. 또한 사진에서 주전자도 보이지 않으므로 (D)도 답이 될 수 없다.

어휘 | グラス 유리컵 타동사+てある ~해져 있다 *상태표현 平(ひら)たい 평평하다 皿(さら) 접시
何枚(なんまい)も 몇 장이나, 여러 장 *「~枚(まい)」- ~장 重(かさ)ねる 포개다, 쌓아 올리다, 겹치다 どの 어느 段(だん) 단
食器(しょっき) 식기 ぎっしり 가득, 잔뜩 入(い)れる 넣다 やかん 주전자 交互(こうご) 번갈아 함 置(お)く 놓다, 두다

8

(A) 穴に紐が通してあります。

(B) 封がしてある封筒です。

(C) 紐が結んであります。

(D) あちこちに穴が空いています。

(A) 구멍에 끈이 꿰어져 있습니다.

(B) 봉인이 되어 있는 봉투입니다.

(C) 끈이 묶여 있습니다.

(D) 여기저기에 구멍이 뚫려 있습니다.

해설 | 사각 봉투의 상단부에 네 개의 구멍이 뚫려 있고, 그 구멍에 하얀 끈이 끼워져 있는 것이 보인다. 따라서 정답은 구멍에 끈이 꿰어져 있다고 한 (A)가 된다. 봉투는 개봉되어 있고, 끈은 매듭을 짓지 않은 채 길게 늘어져 있는 상태이므로, (B)와 (C)는 틀린 설명이다. (D)의 「あちこち」(여기저기)는 불규칙한 모양으로 여러 군데에 구멍이 뚫려 있는 상태를 말하므로, 역시 사진의 모습과는 거리가 멀다.

어휘 | 穴(あな) 구멍 紐(ひも) 끈 通(とお)す 통하게 하다, 꿰다 타동사+て[で]ある ~해져 있다 *상태표현 封(ふう) 봉인
封筒(ふうとう) 봉투 結(むす)ぶ 매다, 묶다 空(あ)く 나다, 뚫리다

주요 어휘 및 표현 정리 20

한자	읽기	의미
☐ 一直線	いっちょくせん	일직선
☐ 四つ角	よつかど	네거리
☐ 手帳	てちょう	수첩
☐ 鏡	かがみ	거울
☐ 容器	ようき	용기, 그릇
☐ 馬屋	うまや	마구간
☐ 台所	だいどころ	부엌
☐ 小包	こづつみ	소포
☐ 並べる	ならべる	(물건 등을) 늘어놓다, 나란히 놓다
☐ 落ちる	おちる	떨어지다
☐ 包む	つつむ	싸다, 포장하다
☐ 干す	ほす	말리다, 널다
☐ 長袖	ながそで	긴소매
☐ 壁	かべ	벽
☐ 割る	わる	나누다, 쪼개다
☐ 掲示板	けいじばん	게시판
☐ 袋	ふくろ	봉지
☐ 破れる	やぶれる	찢어지다
☐ 矢印	やじるし	화살표
☐ 交互	こうご	번갈아 함

04 풍경 및 상황 묘사 사진

STEP 1 풍경 및 상황 묘사 사진에서는 풍경이나 상황을 나타내는 어휘와 동사를 잘 듣는 것이 중요합니다. 핵심 기출 어휘와 표현을 먼저 익히세요.

핵심 기출 어휘 및 표현

음원 19

▶ **풍경 묘사**

- 線路_{せんろ} 선로
- 交差点_{こうさてん} 교차로
- 踏み切り_{ふきり} (철로의) 건널목
- 突っついている_つ 쪼고 있다
- カーブしている 굽어 있다

▶ **상황 묘사**

- 行列_{ぎょうれつ} 행렬
- 渡る_{わた} (길을) 지나다, 건너다
- 込み合う_{こあ} 붐비다, 혼잡하다
- 走る_{はし} (탈것이) 달리다
- 동사의 *た*형+*ところだ* 막 ~한 참이다, ~한 지 얼마 안 되다

빈출 사진과 정답 문장

STEP 2 시험에 자주 나오는 사진 상황과 정답으로 제시될 수 있는 문장들을 익혀 보세요.

1 풍경 묘사

❶ 鳥が集まっています。
새가 모여 있습니다.

❷ ベンチに座っている人が見えます。
벤치에 앉아 있는 사람이 보입니다.

❸ 多くの鳥が地面を突っついている風景です。
많은 새가 땅바닥을 쪼고 있는 풍경입니다.

2 상황 묘사

❶ 長蛇の列ができています。
장사진을 이루고 있습니다.

❷ 行列を作っている人々の服装は様々です。
행렬을 만들고 있는 사람들의 복장은 다양합니다.

❸ 何かを待っている人たちで込み合っています。
뭔가를 기다리고 있는 사람들로 붐비고 있습니다.

3 상황 묘사

❶ ここはスクランブル交差点です。
여기는 스크램블 교차로입니다.

❷ 大勢の人が交差点を渡っています。
많은 사람이 교차로를 건너고 있습니다.

❸ 日傘を差している人も見えます。
양산을 쓰고 있는 사람도 보입니다.

4 풍경 묘사

❶ 線路を走っている列車が見えます。
선로를 달리고 있는 열차가 보입니다.

❷ 線路すれすれに建っている住宅が見えます。
선로에 닿을락 말락 하게 서 있는 주택이 보입니다.

❸ 線路は右の方にカーブしています。
선로는 오른쪽으로 굽어 있습니다.

음원 21

JPT 기출문제 풀이 전략

STEP 3 사진의 풍경이나 상황을 묻는 경우, 다음 포인트를 중심으로 사진을 분석하세요.

Point 1 가장 눈에 띄는 풍경이나 상황	사진에서 가장 먼저 눈에 들어오는 전체적인 풍경이나 상황에 주목! 道路 도로　風景 풍경　景色 경치　野原 들판　湖 호수　坂道 비탈길, 언덕길 丘 언덕　広場 광장　建物 건물　乗客 승객　電信柱 전신주, 전봇대
Point 2 주변 풍경이나 상황	주변 풍경이나 상황 중 두드러지게 눈에 띄는 것에 주목! 挟む 끼(우)다, 사이에 두다　重なる 포개지다. 겹치다　散らばる 흩어지다 立ち並ぶ 늘어서다　積もる 쌓이다

| CHECK UP |

Point 1 가장 눈에 띄는 풍경이나 상황

➡ 道路を挟んで両側に建物があります。
도로를 사이에 두고 양쪽에 건물이 있습니다.

Point 2 주변 풍경이나 상황

➡ 電信柱の横にはバイクが止めてあります。
전신주 옆에는 오토바이가 세워져 있습니다.

STEP 4 ▶ 다음 기출문제를 기출문제 풀이 전략을 적용해서 풀어 보세요.

1

(A) 交差点で信号が変わるのを待っています。
교차로에서 신호가 바뀌는 것을 기다리고 있습니다.

(B) 電車がホームに入ってきたところです。
전철이 플랫폼에 막 들어온 참입니다.

✓(C) 踏み切りを電車が通っています。
건널목을 전철이 통과하고 있습니다.

(D) 廊下でおもちゃの電車を走らせています。
복도에서 장난감 전철을 달리게 하고 있습니다.

■ 「踏(ふ)み切(き)り」((철로의) 건널목)라는 단어를 알아듣는 것이 포인트. 전철이 건널목을 통과하고 있는 가운데, 사람들은 차단기 앞에서 신호가 바뀌는 것을 기다리고 있으므로 정답은 (C)가 된다. (A)의 「交差点(こうさてん)」(교차로)은 철로의 건널목이 아니라 차가 다니는 도로를 뜻하므로 답이 될 수 없다. (B)는 전철 승강장에 대한 설명이고, (D)는 「電車(でんしゃ)」(전철)라는 어휘를 응용한 오답이다.

■ 信号(しんごう) (교통기관의) 신호 変(か)わる 바뀌다 待(ま)つ 기다리다 電車(でんしゃ) 전철
ホーム 플랫폼 *「プラットホーム」의 준말 入(はい)る 들어오다
동사의 た형+ところだ 막 ~한 참이다, ~한 지 얼마 안 되다 通(とお)る 통과하다 廊下(ろうか) 복도 おもちゃ 장난감
走(はし)らせる (탈것을) 달리게 하다

2

✓(A) 様々な大きさの石が敷かれ、通路になっています。
다양한 크기의 돌이 깔려 통로가 되어 있습니다.

(B) 落ち葉が通りの両端に掃き集められています。
낙엽이 통로의 양쪽 끝에 쓸어 모아져 있습니다.

(C) 広々とした芝生の丘に、人の姿はありません。
널찍한 잔디 언덕에 사람의 모습은 없습니다.

(D) 大きさがばらばらの岩が積み上げられています。
크기가 각각 다른 바위가 쌓아 올려져 있습니다.

■ 신사 경내의 풍경으로, 바닥에는 통로를 따라 다양한 크기의 돌들을 깔아 놓았다. 정답은 (A)로. 통로의 양쪽 끝은 깨끗하게 정돈된 상태이고, 이곳은 잔디 언덕도 아니므로 (B)와 (C)는 부적절. (D)의 「積(つ)み上(あ)げる」(쌓아 올리다)는 바닥에 넓게 펼쳐진 모양이 아니라, 위로 높게 쌓여 있다는 뜻이므로 역시 틀린 설명이다.

■ 様々(さまざま)だ 다양하다, 여러 가지다 大(おお)きさ 크기 石(いし) 돌 敷(し)く 깔다 通路(つうろ) 통로
落(お)ち葉(ば) 낙엽 通(とお)り 통로 両端(りょうはし) 양쪽 끝 掃(は)き集(あつ)める 쓸어 모으다
広々(ひろびろ)とした 널찍한 芝生(しばふ) 잔디밭 丘(おか) 언덕 人(ひと) 사람 姿(すがた) 모습
ばらばら 제각기 다른 모양 岩(いわ) 바위

빈출 어휘로 실력 다지기

□ 동사의 た형+まま
引き出しが開いたままです。

~한 채, ~상태로
서랍이 열린 **채**입니다.

□ トンネル
木の枝や葉がトンネルのようになっています。

터널
나뭇가지랑 잎이 **터널**처럼 되어 있습니다.

□ 通過
電車が踏み切りを通過しているところです。

통과
전철이 건널목을 **통과**하고 있는 중입니다.

□ 看板
道に大きな看板がずらりと並んでいます。

간판
길에 큰 **간판**이 죽 늘어서 있습니다.

□ 表示
電光掲示板には到着便の案内が表示されています。

표시
전광 게시판에는 도착편 안내가 **표시**되어 있습니다.

□ 停泊
船が岸壁に停泊しています。

정박
배가 부두에 **정박**해 있습니다.

□ 売り切れ
棚の商品は全部売り切れです。

품절, 다 팔림
선반의 상품은 전부 **품절**입니다.

□ 切符売り場
切符売り場の前に人が立っています。

매표소
매표소 앞에 사람이 서 있습니다.

□ 積む
倉庫の隅に段ボールが積んであります。

쌓다
창고 구석에 골판지 상자가 **쌓여** 있습니다.

□ 広がる
家の前に田んぼが広がっています。

펼쳐지다
집 앞에 논이 **펼쳐져** 있습니다.

□ 行う
スタジアムで試合が行われています。

하다, 행하다, 실시하다
경기장에서 시합이 **행해지고** 있습니다.

□ 囲む
みんなテーブルを囲んで座っています。

둘러싸다, 에워싸다
모두 테이블을 **둘러싸고** 앉아 있습니다.

STEP 5 사진을 가장 잘 묘사한 문장을 골라 보세요.

1

(A) _____ (○ · ×)

(B) _____ (○ · ×)

(C) _____ (○ · ×)

(D) _____ (○ · ×)

2

(A) _____ (○ · ×)

(B) _____ (○ · ×)

(C) _____ (○ · ×)

(D) _____ (○ · ×)

3

(A) _____ (○ · ×)

(B) _____ (○ · ×)

(C) _____ (○ · ×)

(D) _____ (○ · ×)

4

(A) _____ (○ · ×)

(B) _____ (○ · ×)

(C) _____ (○ · ×)

(D) _____ (○ · ×)

5

(A) _____ (◯ • ✕)

(B) _____ (◯ • ✕)

(C) _____ (◯ • ✕)

(D) _____ (◯ • ✕)

6

(A) _____ (◯ • ✕)

(B) _____ (◯ • ✕)

(C) _____ (◯ • ✕)

(D) _____ (◯ • ✕)

7

(A) _____ (○ · ×)

(B) _____ (○ · ×)

(C) _____ (○ · ×)

(D) _____ (○ · ×)

8

(A) _____ (○ · ×)

(B) _____ (○ · ×)

(C) _____ (○ · ×)

(D) _____ (○ · ×)

1

(A) みんな長袖の服を着ています。
(B) スーツを着た人が運転しています。
(C) 男の人たちがネクタイを選んでいます。
(D) スーツを着て踊っています。

(A) 모두 긴소매의 옷을 입고 있습니다.
(B) 정장을 입은 사람이 운전하고 있습니다.
(C) 남자들이 넥타이를 고르고 있습니다.
(D) 정장을 입고 춤추고 있습니다.

해설 | 세 명의 남자가 횡단보도를 건너고 있다. 세 사람은 모두 긴소매의 정장 차림이므로, 정답은 (A)가 된다. (B)와 (D)의 경우 「スーツ」(슈트, 정장)라는 말만 들으면 정답이라고 생각할 수도 있지만, 뒤에 이어지는 「運転(うんてん)しています」(운전하고 있습니다), 「踊(おど)っています」(춤추고 있습니다) 부분이 잘못되었다. (C) 역시 횡단보도를 건너고 있는 상황과는 거리가 먼 설명이다.

어휘 | みんな 모두 長袖(ながそで) 긴소매 服(ふく) 옷 着(き)る (옷을) 입다 運転(うんてん) 운전
~たち (사람이나 생물을 나타내는 말에 붙어) ~들 ネクタイ 넥타이 選(えら)ぶ 고르다, 선택하다 踊(おど)る 춤추다

2

(A) テーブルの後ろにソファーが置かれています。
(B) 窓の向こうは隣のビルの壁です。
(C) 椅子と椅子の間にテーブルがあります。
(D) テーブルは四角い形をしています。

(A) 테이블 뒤에 소파가 놓여 있습니다.
(B) 창문 맞은편은 옆 빌딩의 벽입니다.
(C) 의자와 의자 사이에 테이블이 있습니다.
(D) 테이블은 네모난 모양을 하고 있습니다.

해설 | 의자와 테이블의 위치 관계를 파악하는 것이 포인트. 테이블은 두 개의 의자 사이에 놓여 있으므로, 정답은 (C)가 된다. 창문 너머로는 멀리 서 있는 건물들이 보이므로 옆 빌딩의 벽과 맞닿아 있다고 한 (B)는 틀린 설명이다. 또한 의자 사이에 놓인 테이블은 둥근 모양이므로 (D)도 답이 될 수 없다.

어휘 | テーブル 테이블 後(うし)ろ 뒤 ソファー 소파 置(お)く 놓다, 두다 窓(まど) 창문 向(む)こう 맞은편 隣(となり) 옆
ビル 빌딩 *「ビルディング」의 준말 壁(かべ) 벽 椅子(いす) 의자 間(あいだ) (공간적인) 사이 四角(しかく)い 네모지다, 네모나다
形(かたち) 모양, 형태

3

(A) 地面に何かを敷いて腰を下ろしています。
(B) 木の下で寝転んでいます。
(C) 砂浜で海水浴をしています。
(D) 野原で日光浴をしています。

(A) 땅바닥에 뭔가를 깔고 앉아 있습니다.
(B) 나무 아래에서 드러누워 있습니다.
(C) 모래사장에서 해수욕을 하고 있습니다.
(D) 들판에서 일광욕을 하고 있습니다.

해설 | 두 여자가 땅바닥에 돗자리를 깔고 그 위에 앉아 피크닉을 즐기고 있다. 선택지 중 사진과 일치하는 내용은 (A)뿐이다. 두 사람은 모두 앉아 있으며, 뒤편에 여러 그루의 나무가 심어져 있는 것으로 볼 때 이곳은 해변이나 들판도 아니므로, 나머지 선택지는 모두 틀린 설명이다.

어휘 | 地面(じめん) 지면, 땅바닥 何(なに)か 무엇인가, 뭔가 敷(し)く 깔다 腰(こし)を下(お)ろす 앉다 木(き) 나무
下(した) 아래, 밑 寝転(ねころ)ぶ 아무렇게나 드러눕다 砂浜(すなはま) 모래사장 海水浴(かいすいよく) 해수욕
野原(のはら) 들판 日光浴(にっこうよく) 일광욕

4

(A) テーブルにカバーがしてあります。
(B) テーブルが積んであります。
(C) 椅子が縛ってあります。
(D) 椅子が重ねてあります。

(A) 테이블에 커버가 씌워져 있습니다.
(B) 테이블이 쌓여 있습니다.
(C) 의자가 묶여 있습니다.
(D) 의자가 포개져 있습니다.

해설 | 「重(かさ)ねる」(포개다, 쌓아 올리다, 겹치다)라는 동사를 알아듣는 것이 포인트. 건물 앞에 여러 개의 의자와 테이블이 놓여 있는데, 앞쪽의 의자는 여러 개를 포개 쌓아 놓았으므로, 정답은 (D)가 된다. 두 개의 테이블은 커버가 씌워져 있지 않은 채 나란히 놓여 있으므로, (A)와 (B)는 부적절. (C)의 경우 의자를 끈 따위로 묶어 놓았다는 의미가 되므로 역시 틀린 설명이다.

어휘 | テーブル 테이블 カバー 커버 타동사+て[で]ある ~해져 있다 *상태표현 積(つ)む 쌓다 椅子(いす) 의자 縛(しば)る 묶다

5

(A) グラウンドで整列しています。
(B) 校庭を行進しています。
(C) 綱引きの真っ最中です。
(D) 自由に駆け回っています。

(A) 운동장에서 정렬해 있습니다.
(B) 교정을 행진하고 있습니다.
(C) 줄다리기가 한창입니다.
(D) 자유롭게 뛰어다니고 있습니다.

해설 | 「綱引(つなひ)き」(줄다리기)라는 단어를 알아듣는 것이 포인트. 사람들이 줄을 잡고 힘껏 잡아당기고 있으므로, 정답은 (C)가 된다. (A)의「整列(せいれつ)」(정렬)는 사람들이 나란히 늘어서 있는 모습을 가리키는 표현이므로 부적절. (B)의「行進(こうしん)」(행진) 역시 사진 속 사람들의 모습과는 거리가 멀다. 또한 사진에서 보이는 것은 줄다리기를 하는 사람들과 그런 상황을 지켜보는 사람들뿐이므로, (D)도 답이 될 수 없다.

어휘 | グラウンド 그라운드, 운동장 校庭(こうてい) 교정 真(ま)っ最中(さいちゅう) 한창때 自由(じゆう)だ 자유롭다 駆(か)け回(まわ)る 뛰어다니다

6

(A) ヨットが浮かんでいます。
(B) 小型の船が岸に繋いであります。
(C) 三角形の岩がそびえ立っています。
(D) 4隻の貨物船が見えます。

(A) 요트가 떠 있습니다.
(B) 소형 배가 물가에 매어져 있습니다.
(C) 삼각형의 바위가 우뚝 솟아 있습니다.
(D) 네 척의 화물선이 보입니다.

해설 | 물 위에 네 척의 요트가 떠 있는 것이 보인다. 정답은 (A)로, 요트는 모두 물에 떠 있는 상태이므로, 물가에 묶여 있다고 한 (B)는 틀린 설명이다. 요트가 떠 있는 뒤쪽으로는 여러 채의 건물들이 늘어서 있으므로 바위가 우뚝 솟아 있다고 한 (C)도 부적절. 또한 물 위에 떠 있는 것은 '화물선'이 아니라 '요트'이므로, (D)도 답이 될 수 없다.

어휘 | ヨット 요트 浮(う)かぶ (물에) 뜨다 小型(こがた) 소형 船(ふね) 배 岸(きし) 물가 繋(つな)ぐ (끈이나 밧줄로) 매다 타동사+て[で]ある ~해져 있다 *상태표현 三角形(さんかくけい) 삼각형 岩(いわ) 바위 そびえ立(た)つ 우뚝 솟다 ~隻(せき) ~척 *배를 세는 단위 貨物船(かもつせん) 화물선 見(み)える 보이다

7

(A) 広場のあちこちに人の姿が見られます。
(B) 広場は人が動けないほど混雑している状態です。
(C) 広場は所々電灯で照らされています。
(D) 広場はデモ行進が行われています。

(A) 광장 여기저기에 사람의 모습이 보입니다.
(B) 광장은 사람이 움직일 수 없을 만큼 혼잡한 상태입니다.
(C) 광장은 군데군데 전등으로 밝혀져 있습니다.
(D) 광장은 시위 행진이 이루어지고 있습니다.

해설 | 한가로운 한낮의 광장을 찍은 사진이므로, 전등으로 밝혀져 있다고 한 (C)는 일단 제외. (B)는 광장에 사람이 너무 많아서 매우 혼잡하다는 의미가 되므로 부적절하고, 사람들은 자유롭게 오가거나 삼삼오오 모여 앉아 있으므로 시위 행진을 하고 있다고 한 (D)도 틀린 설명이다. 정답은 (A)로, 여기저기에 사람들의 모습이 보인다.

어휘 | 広場(ひろば) 광장 あちこち 여기저기 姿(すがた) 모습 見(み)る 보다 動(うご)く 움직이다 ～ほど ～정도, ～만큼
混雑(こんざつ) 혼잡 状態(じょうたい) 상태 所々(ところどころ) 군데군데, 여기저기 電灯(でんとう) 전등
照(て)らす (빛을) 비추다, 밝히다 デモ 데모, 시위 *「デモンストレーション」의 준말 行進(こうしん) 행진
行(おこな)う 하다, 행하다, 실시하다

8

(A) 作業員たちが雪だるまを作っています。
(B) 路面は雪で覆い尽くされています。
(C) 除雪車が雪を掻いて通行しやすくしています。
(D) 一か所に雪を掻き集めています。

(A) 작업자들이 눈사람을 만들고 있습니다.
(B) 노면은 눈으로 다 덮여 있습니다.
(C) 제설차가 눈을 치워서 통행하기 편하게 하고 있습니다.
(D) 한군데로 눈을 그러모으고 있습니다.

해설 | 작업자가 쌓인 눈을 치우고 있는 모습으로, 원활한 작업을 위해 눈을 한군데로 모으고 있다. 이미 노면의 눈은 거의 치워진 상태이므로 (B)는 틀린 설명이고, 제설차가 작업하는 모습 또한 보이지 않으므로 (C)도 답이 될 수 없다. 정답은 (D)로, 「掻(か)き集(あつ)める」는 '(단번에) 그러모으다, 긁어모으다'라는 뜻의 동사이다.

어휘 | 作業員(さぎょういん) 작업자 ～たち (사람이나 생물을 나타내는 말에 붙어) ～들 雪(ゆき)だるま 눈사람 作(つく)る 만들다
路面(ろめん) 노면, 도로의 위[표면] 雪(ゆき) 눈 覆(おお)う 덮다 동사의 ます형+尽(つ)くす 모두 ～해 버리다
除雪車(じょせつしゃ) 제설차 掻(か)く (긁어서) 치우다 通行(つうこう) 통행 동사의 ます형+やすい ～하기 쉽다[편하다]
一(いっ)か所(しょ) 한군데 *「～か所(しょ)」 - ～군데

주요 어휘 및 표현 정리 20

한자	읽기	의미
☐ 地面	じめん	지면, 땅바닥
☐ 長蛇の列	ちょうだのれつ	장사진
☐ 住宅	じゅうたく	주택
☐ 信号	しんごう	(교통기관의) 신호
☐ 敷く	しく	깔다
☐ 芝生	しばふ	잔디밭
☐ 岩	いわ	바위
☐ 着る	きる	(옷을) 입다
☐ 四角い	しかくい	네모지다, 네모나다
☐ 形	かたち	모양, 형태
☐ 腰を下ろす	こしをおろす	앉다
☐ 寝転ぶ	ねころぶ	아무렇게나 드러눕다
☐ 縛る	しばる	묶다
☐ 整列	せいれつ	정렬
☐ 綱引き	つなひき	줄다리기
☐ 繋ぐ	つなぐ	(끈이나 밧줄로) 매다
☐ 貨物船	かもつせん	화물선
☐ 除雪車	じょせつしゃ	제설차
☐ 路面	ろめん	노면, 도로의 위[표면]
☐ 掻く	かく	(긁어서) 치우다

PART 2 질의 응답

1. 문항 수	– 30개(21~50번)
2. 문제 형식	– 질문에 대한 적절한 응답을 고르는 형식
	– 문제지에 문제가 제시되지 않고 오로지 음성만 듣고 푸는 문제
3. 주요 문제 유형	– 의문사형 질문
	– 예/아니요형 질문
	– 인사 표현 및 정해진 문구
	– 일상생활 표현
	– 업무 및 비즈니스 표현
4. 최근 출제 경향	– 의문사형 질문은 시험에 반드시 출제되므로, 의문사의 정확한 의미를 익혀 두고 조사나 시제에 주의하면서 들어야 한다.
	– 예/아니요형 질문은 '예'나 '아니요'가 생략된 선택지에 주의해야 하고, 부정 의문문의 응답 유형을 충분히 연습해 두어야 한다.
	– 인사 표현 및 정해진 문구는 최근 들어 권유, 허가나 승낙, 의뢰, 과거의 경험, 금지 등의 표현이 자주 출제되고 있다.
	– 일상생활 표현은 자주 출제되는 일상생활의 상황에 대해서 충분한 연습을 해 두어야 한다.
	– 업무 및 비즈니스 표현은 어휘나 표현이 항상 까다롭게 출제되므로, 평소에 꾸준히 어휘나 표현을 암기해 두어야 한다.

STEP 1 먼저 핵심 기출 의문사와 필수 예문을 익히세요.

핵심 기출 의문사 및 필수 예문

음원 25

- **いつ** 언제
  예 いつ旅行(りょこう)に行(い)きますか。언제 여행을 가요?

- **どこ** 어디
  예 財布(さいふ)はどこにありましたか。지갑은 어디에 있었어요?

- **何時(なんじ)** 몇 시
  예 昨夜(ゆうべ)は何時(なんじ)に寝(ね)ましたか。어젯밤에는 몇 시에 잤어요?

- **どんな** 어떤
  예 鈴木(すずき)さんはどんな人(ひと)ですか。스즈키 씨는 어떤 사람이에요?

빈출 질문 및 응답 패턴

음원 26

STEP 2 이제 YBM이 엄선한 의문사형 문제를 잘 듣고 풀어 보세요.

1 「いつ」(언제) – 시간 & 때

出張は、いつ出発なさるんですか。
✓(A) 再来週の週末の予定なんだ。
 (B) 今回は1人で行くつもりだよ。
 (C) 一度行ってみたい場所だよね。
 (D) 1か月ぐらいかかるかなあ。

출장은 언제 출발하시는 거예요?
✓(A) 다다음 주 주말 예정이거든.
 (B) 이번에는 혼자서 갈 생각이야.
 (C) 한 번 가 보고 싶은 장소네.
 (D) 한 달 정도 걸리려나?

2 「どこ」(어디) – 장소

これを買った時のレシート、どこにあるの(?)。
 (A) 本当だ。いつ無くなったんだろう。
 (B) あ、買うのを忘れちゃったよ。
✓(C) え、必要なの(?)。捨てちゃったよ。
 (D) わかった。後で書いておくよ。

이걸 샀을 때 받은 영수증, 어디에 있어?
 (A) 정말이네. 언제 없어진 거지?
 (B) 아, 사는 걸 깜빡해 버렸어.
✓(C) 어? 필요한 거야? 버려 버렸어.
 (D) 알았어. 나중에 써 놓을게.

3 「何時」(몇 시) – 시간 & 때

先生は何時頃家へお帰りになりましたか。
 (A) 今日は6時頃帰らせてください。
✓(B) 12時頃だったと思います。
 (C) そろそろ3時になるはずです。
 (D) 先生がここにいらっしゃるのは9時頃です。

선생님은 몇 시쯤 집으로 돌아가셨어요?
 (A) 오늘은 6시쯤 돌아가게 해 주세요.
✓(B) 12시쯤이었던 것 같아요.
 (C) 이제 슬슬 3시가 될 거예요.
 (D) 선생님이 여기에 오시는 것은 9시쯤이에요.

4 「どんな」(어떤) – 인물의 특징

課長、新入社員はどんな人ですか。
 (A) 大学を卒業したら、留学するそうだよ。
 (B) 長い間ここにいたんだから、心配ないよ。
✓(C) 外国での生活が長くて、英語はぺらぺらだよ。
 (D) 真面目で一生懸命な人が選ばれるだろうね。

과장님, 신입사원은 어떤 사람이에요?
 (A) 대학을 졸업하면 유학한대.
 (B) 오랫동안 여기에 있었으니까 걱정 없어.
✓(C) 외국에서의 생활이 길어서 영어는 유창해.
 (D) 성실하고 열심히 하는 사람이 뽑히겠지.

JPT 기출문제 풀이 전략

STEP 3 질문에 나오는 의문사를 정확하게 파악하고, 조사나 시제 등에 주의하면서 선택지를 들어 주세요.

Point 1
의문사를 정확히 파악

질문의 의문사에 따라 응답이 달라지므로, 의문사의 의미에 주목!

Q: 今週の週末には何をしますか。

이번 주 주말에는 뭘 할 거예요?

Point 2
조사나 시제 등에
주의하면서 청취

의문사 다음에 붙는 조사에 주의하고, 문제와 선택지의 시제 일치 여부를 따져 볼 것!

A: (A) 公園に行きました。 공원에 갔어요.

→ 시제 불일치로 오답임.

(B) 田中さんと行きました。 다나카 씨와 갔어요.

→ 질문의 「何を」(무엇을)라는 의문사와 맞지 않으므로 오답임.

(C) 遊園地に行こうと思っています。 유원지에 가려고 생각하고 있어요.

→ 유원지에 가려고 생각하고 있다고 미래 시제로 답했으므로, (C)가 올바른 응답임.

(D) 平日より週末がいいです。 평일보다 주말이 좋아요.

→ 질문의 「何を」(무엇을)라는 의문사와 맞지 않으므로 오답임.

| CHECK UP |

どうしてそんなに缶詰を買ってきたの(?)。
(A) 文房具が安くなっていたんだよ。
✓(B) 腐るものじゃないからね。
(C) 何か飲み物が必要だと思ってね。
(D) 寒くなりそうだから、着てきたんだよ。

어째서 그렇게나 통조림을 사 온 거야?
(A) 문구가 싸져 있었거든.
✓(B) 상하는 게 아니니까 말이야.
(C) 뭔가 음료가 필요하다고 생각해서 말이야.
(D) 추워질 것 같아서 입고 왔거든.

Point 1 의문사의 의미 파악

➡ 「どうして」(어째서, 왜)라는 의문사가 포인트. 통조림을 많이 사 온 이유에 대해 묻고 있으므로, 상하는 게 아니기 때문이라고 한 (B)가 정답임.

Point 2 조사나 시제 등에 주의

➡ 통조림을 사 온 이유를 묻고 있는 것이므로, 문구, 음료, 복장에 대해 언급한 (A), (C), (D)는 응답으로는 부적절함.

STEP 4 다음 기출문제를 기출문제 풀이 전략을 적용해서 풀어 보세요.

1

すみません。ここから一番近い駅はどこで
すか。
실례해요. 여기에서 가장 가까운 역은 어디예요?

(A) あそこにいる方に頼みましょう。
저기에 있는 분께 부탁합시다.

(B) 5分しか待っていませんよ。
5분밖에 기다리지 않았어요.

(C) そこまでは電車に乗って行きます。
거기까지는 전철을 타고 가요.

✓(D) あの角を右に曲がった所にありますよ。
저 모퉁이를 오른쪽으로 돈 곳에 있어요.

- 근처에서 가장 가까운 역이 어딘지 묻고 있다. 이에 대한 응답으로는 가까운 역의 위치나 거기로 가는 길을 가르쳐 주는 내용이 오는 것이 적절하다. 정답은 (D)로, 저 모퉁이를 돌아가면 오른쪽에 역이 있다는 뜻이다. (A)와 (C)는 「あそこ」(저기, 저쪽)와 「そこ」(거기, 그곳)라는 단어만 들었을 때 고를 수 있는 오답이고, (B)는 많이 기다렸냐고 물었을 때 할 수 있는 응답이므로, 역시 답이 될 수 없다.

- すみません 실례합니다 ここ 여기, 이곳 一番(いちばん) 가장, 제일 近(ちか)い 가깝다 駅(えき) 역 方(かた) 분 頼(たの)む 부탁하다 ～ましょう ～합시다 ～分(ふん) ～분 ～しか (부정어 수반)～밖에 待(ま)つ 기다리다 電車(でんしゃ) 전철 乗(の)る (탈것에) 타다 あの 저 角(かど) 모퉁이 右(みぎ) 오른쪽 曲(ま)がる (방향을) 돌다 所(ところ) 곳, 장소, 데

2

この傘はどなたのですか。
이 우산은 어느 분 거예요?

(A) いいですね。きれいな傘を買いましたね。
좋네요. 예쁜 우산을 샀네요.

(B) どなたか傘を貸してください。
누군가 우산을 빌려주세요.

(C) 昨日、電車の中に傘を忘れました。
어제 전철 안에 우산을 두고 내렸어요.

✓(D) それは私が一昨日忘れたものです。
그건 제가 그저께 두고 간 거예요.

- 「どなた」(어느 분, 누구)는 「誰(だれ)」(누구)의 공손한 표현이고, 「～の」는 '～의 것'이라는 뜻이다. 즉, 우산의 주인이 누구인지 묻고 있으므로, 이에 대한 적절한 응답은 그 우산은 자신의 것이라고 밝히고 있는 (D)가 된다. (A)는 상대방이 구입한 우산을 칭찬하는 내용이므로 부적절하고, 우산을 빌려달라고 말하고 있는 (B)나 우산을 전철에 두고 내렸다고 한 (C)도 질문과는 거리가 먼 내용이다.

- 傘(かさ) 우산 きれいだ 예쁘다 買(か)う 사다 貸(か)す 빌려주다 昨日(きのう) 어제 電車(でんしゃ) 전철 中(なか) 안, 속 忘(わす)れる (물건을) 잊고 두고 오다 それ 그것 一昨日(おととい) 그저께 もの(物) (어떤 형태를 갖춘) 것, 물건

77

□ **どこで**

女 それ、**どこで**手に入れたの(?)。

男 家の近くの店で見つけたんだ。

어디에서

여 그거 **어디에서** 손에 넣었어?

남 집 근처 가게에서 발견했어.

□ **何が**

女 吉田さん、プレゼントは**何が**ほしいですか。

男 そうですね。時計がいいです。

무엇이, 뭐가

여 요시다 씨, 선물은 **뭐가** 갖고 싶어요?

남 글쎄요. 시계가 좋아요.

□ **何人で**

女 昨日は**何人で**会議をしましたか。

男 5人でした。

몇 명이서

여 어제는 **몇 명이서** 회의를 했어요?

남 5명이었어요.

□ **いつなら**

女 **いつなら**都合がいいですか。

男 1時までは暇です。

언제라면

여 **언제라면** 시간이 돼요?

남 1시까지는 한가해요.

□ **おいくつ**

女 息子さんは今年**おいくつ**ですか。

男 ちょうど二十歳になります。

몇 살

여 아드님은 올해 **몇 살**이에요?

남 정확히 스무 살이 돼요.

□ **何のために**

女 あなたは**何のために**貯金していますか。

男 素敵な車を買うためです。

무엇을 위해서

여 당신은 **무엇을 위해서** 저금하고 있어요?

남 멋진 차를 사기 위해서요.

□ **どう**

女 昨日故障したコピー機は**どう**なったの(?)。

男 まだ修理中で、使えないんだ。

어떻게

여 어제 고장 난 복사기는 **어떻게** 됐어?

남 아직 수리 중이어서 사용할 수 없어.

□ **どのくらい**

女 ここで**どのくらい**待ちましたか。

男 実は私も着いたばかりです。

어느 정도

여 여기에서 **어느 정도** 기다렸어요?

남 실은 저도 막 도착한 참이에요.

□ **どなた**

女 **どなた**へのプレゼントを買ったんですか。

男 ああ、これですか。妻への誕生日プレゼントです。

어느 분, 누구

여 **어느 분**께 줄 선물을 산 거예요?

남 아ー, 이거요? 아내에게 줄 생일 선물이에요.

의문사형 질문 | 기출 확인 문제

STEP 5 핵심 어휘를 메모하면서 들어 보세요.

1 問 _____

   (A) _____ (○ · ×)

   (B) _____ (○ · ×)

   (C) _____ (○ · ×)

   (D) _____ (○ · ×)

2 問 _____

   (A) _____ (○ · ×)

   (B) _____ (○ · ×)

   (C) _____ (○ · ×)

   (D) _____ (○ · ×)

3 問 _____

   (A) _____ (○ · ×)

   (B) _____ (○ · ×)

   (C) _____ (○ · ×)

   (D) _____ (○ · ×)

4 問 _____

    (A) _____ (○・×)

    (B) _____ (○・×)

    (C) _____ (○・×)

    (D) _____ (○・×)

5 問 _____

    (A) _____ (○・×)

    (B) _____ (○・×)

    (C) _____ (○・×)

    (D) _____ (○・×)

6 問 _____

    (A) _____ (○・×)

    (B) _____ (○・×)

    (C) _____ (○・×)

    (D) _____ (○・×)

7 問 _____

(A) _____ (○・×)

(B) _____ (○・×)

(C) _____ (○・×)

(D) _____ (○・×)

8 問 _____

(A) _____ (○・×)

(B) _____ (○・×)

(C) _____ (○・×)

(D) _____ (○・×)

1 何か嫌いな食べ物がありますか。

(A) はい、鶏肉はあまり好きじゃないです。

(B) はい、飲み物はお茶がいいです。

(C) はい、昼ご飯はきれいな食堂で食べました。

(D) いいえ、ここには食べ物はありません。

뭔가 싫어하는 음식이 있어요?
(A) 예, 닭고기는 별로 좋아하지 않아요.
(B) 예, 음료는 차가 좋아요.
(C) 예, 점심은 깔끔한 식당에서 먹었어요.
(D) 아니요, 여기에는 음식은 없어요.

해설 | 「嫌(きら)いな食(た)べ物(もの)」(싫어하는 음식)라는 표현이 포인트. 싫어하는 음식이 있는지, 있다면 그것이 무엇인지 궁금해하고 있다. 이 경우 (A), (B), (C)처럼 「はい」(예)라는 긍정의 대답 뒤에는 구체적으로 싫어하는 음식을 밝히는 것이 자연스럽다. 정답은 (A)로, 질문의 「嫌(きら)いな」(싫어하는)를 「あまり好(す)きじゃないです」(별로 좋아하지 않아요)로 바꿔 표현했다. (D)는 질문에서 「食(た)べ物(もの)がありますか」(음식이 있어요?) 부분만 들었을 때 고를 수 있는 오답이다.

어휘 | 何(なに)か 무엇인가, 뭔가 嫌(きら)いだ 싫어하다 食(た)べ物(もの) 음식, 먹을 것 鶏肉(とりにく) 닭고기
あまり (부정어 수반) 그다지, 별로 好(す)きだ 좋아하다 飲(の)み物(もの) 음료, 마실 것 昼(ひる)ご飯(はん) 점심(식사)
きれいだ 깨끗하다, 깔끔하다 食堂(しょくどう) 식당 食(た)べる 먹다

2 誰か傘を貸してくださいませんか。

(A) あそこに置いてくださいますか。

(B) 雨はもう降っていません。

(C) 私は2本持っていますから、1本どうぞ。

(D) すみません。明日持って来ます。

누군가 우산을 빌려주시지 않을래요?
(A) 저기에 놓아 주시겠어요?
(B) 비는 이제 내리지 않아요.
(C) 저는 두 개 갖고 있으니까 한 개 쓰세요.
(D) 죄송해요. 내일 가져올게요.

해설 | 「~てくださいませんか」(남이 나에게) ~해 주시지 않겠습니까?)는 부정문의 형태로 써서 남에게 무언가를 정중하게 부탁할 때 쓰는 표현이다. 즉, 누구라도 좋으니 우산을 빌려달라고 부탁하고 있으므로, 정답은 자신이 갖고 있는 두 개 중 하나를 빌려주겠다고 한 (C)가 된다. 이때의 「どうぞ」는 상대에게 무언가를 허락하거나 권할 때 하는 말로, 여기서는 '쓰세요' 정도로 해석하는 것이 자연스럽다. (A)는 질문의 부탁표현만 들었을 때, (B)와 (D)는 「傘(かさ)」(우산)라는 말만 들었을 때 고를 수 있는 오답이다.

어휘 | 誰(だれ)か 누군가 貸(か)す 빌려주다 あそこ 저기, 저쪽 置(お)く 놓다, 두다 雨(あめ) 비 もう 이제
降(ふ)る (비·눈 등이) 내리다, 오다 ~本(ほん) ~자루 *가늘고 긴 것을 세는 말 持(も)つ 가지다, 소유하다 すみません 죄송합니다
明日(あした) 내일

3 東京銀行へはどう行けばいいですか。

(A) この道をまっすぐ行った郵便局の前です。

(B) その角を右に曲がった所にビルが建ちました。

(C) このビルの両脇に大きな木があったんですよ。

(D) 地図で調べて差し上げました。

도쿄은행에는 어떻게 가면 돼요?
(A) 이 길을 곧장 간 우체국 앞이에요.
(B) 그 모퉁이를 오른쪽으로 돈 곳에 빌딩이 섰어요.
(C) 이 빌딩 양옆에 큰 나무가 있었거든요.
(D) 지도에서 알아봐 드렸어요.

해설 | 「どう」(어떻게)라는 의문사가 포인트로, 도쿄은행으로 가는 길을 묻고 있다. 정답은 (A)로, 도쿄은행은 이 길을 곧장 가면 나오는 우체국 앞에 있다는 뜻이다. (B)는 은행이 아니라 빌딩이 선 장소를, (C)는 과거 큰 나무가 있었던 장소에 대한 설명이므로 답이 될 수 없다. (D) 역시 과거형으로 응답하고 있으므로, 질문과는 시제 자체가 맞지 않는다.

어휘 | 銀行(ぎんこう) 은행 行(い)く 가다 ~ば ~하면 道(みち) 길 まっすぐ 곧장, 똑바로 郵便局(ゆうびんきょく) 우체국
前(まえ) (공간적인) 앞 角(かど) 모퉁이 右(みぎ) 오른쪽 曲(ま)がる (방향을) 돌다 所(ところ) 곳, 장소, 데
ビル 빌딩 *「ビルディング」의 준말 建(た)つ (건물이) 서다 両脇(りょうわき) 양옆 大(おお)きな 큰 木(き) 나무
地図(ちず) 지도 調(しら)べる 조사하다, 알아보다
~て差(さ)し上(あ)げる (내가 남에게) ~해 드리다 *「~てあげる」((내가 남에게) ~해 주다)의 겸양표현

4 姪の大学卒業のお祝いに、何をあげればいいかしら。

　(A) バッグとかアクセサリーがいいんじゃないかな。

　(B) 卒業をお祝いして食事に招待してくれるそうだ。

　(C) 姪が革の財布をプレゼントしてくれたよ。

　(D) 大学の卒業祝いにこの時計をもらったんだ。

조카딸 대학 졸업 축하 선물로 뭘 주면 좋을까?
(A) 핸드백이라든지 액세서리가 좋지 않을까?
(B) 졸업을 축하해서 식사에 초대해 준대.
(C) 조카딸이 가죽 지갑을 선물해 줬어.
(D) 대학 졸업 선물로 이 시계를 받았거든.

해설 | 「姪(めい)」는 '(자신의) 조카딸, 질녀'를 뜻하는 말로, 조카딸의 대학 졸업 선물로 무엇을 줄지 고민하고 있는 상황이다. 적절한 응답은 (A)로, 축하 선물로 핸드백이나 액세서리가 어떠냐고 제안하고 있다. (B)는 질문의 「卒業(そつぎょう)のお祝(いわ)い」(졸업 축하 선물)라는 표현을 응용한 오답이고, (C)와 (D)는 응답자 본인이 선물을 받았다는 뜻이 되므로 역시 답이 될 수 없다.

어휘 | 大学(だいがく) 대학(교) 卒業(そつぎょう) 졸업 お祝(いわ)い 축하, 축하 선물(=祝(いわ)い) 何(なに) 무엇
あげる (내가 남에게) 주다 ~ば ~하면 ~かしら ~일까? *의문의 뜻을 나타냄 バッグ 백, 가방, 핸드백 ~とか ~라든지
アクセサリー 액세서리 ~かな ~일까? *가벼운 의문을 나타냄 食事(しょくじ) 식사 招待(しょうたい) 초대
~てくれる (남이 나에게) ~해 주다 품사의 보통형+そうだ ~라고 한다 *전문 革(かわ) 가죽 財布(さいふ) 지갑
プレゼント 프레젠트, 선물 この 이 時計(とけい) 시계 もらう (남에게) 받다

5 明日のパーティーですが、何人ぐらい集まるんでしょうか。

　(A) 初めてお目にかかるから、詳しいことはわからないんだ。

　(B) ちゃんと数えてくれたんだね(?)。どうだった(?)。

　(C) 大体30人ぐらいは来ることになっているよ。

　(D) 20人も欠席したみたいで困ってたよ。

내일 파티 말인데요, 몇 명 정도 모일까요?
(A) 처음 만나 뵙기 때문에 자세한 건 몰라.
(B) 정확히 세 준 거지? 어땠어?
(C) 대략 30명 정도는 오기로 되어 있어.
(D) 20명이나 결석한 것 같아서 곤란했어.

해설 | 내일 열릴 파티에 참석할 인원이 얼마나 될지 궁금해하고 있다. 정답은 (C)로, '대략 30명 정도가 올 예정'이라고 인원수를 어림잡아 말하고 있다. (A)는 누군가의 신상 정보에 대해 물었을 때, (B)와 (D)는 이미 파티가 끝난 후 참석했던 인원수에 대해 언급하고 있으므로 답이 될 수 없다.

어휘 | 明日(あした) 내일 パーティー 파티 何人(なんにん) 몇 명 ~ぐらい ~정도 集(あつ)まる 모이다 ~でしょうか ~일까요?
初(はじ)めて 처음(으로) お目(め)にかかる 만나 뵙다 *「会(あ)う」(만나다)의 겸양어 詳(くわ)しい 자세하다, 상세하다
わかる 알다, 이해하다 ちゃんと 정확히, 확실히 数(かぞ)える 세다, 헤아리다 大体(だいたい) 대개, 대략 ~人(にん) ~명
동사의 보통형+ことになっている ~하기로 되어 있다 ~も ~이나 欠席(けっせき) 결석 ~みたいだ ~인 것 같다
困(こま)る 곤란하다, 난처하다

6 課長の入院は、いつまでかしら。

　(A) 来月には退院できるという話だよ。

　(B) もうすぐ卒業できるんじゃないかな。

　(C) 30分ぐらいしたら席に戻ると思うよ。

　(D) 校長がいなくても授業はできるよ。

과장님의 입원은 언제까지일까?
(A) 다음 달에는 퇴원할 수 있다는 얘기야.
(B) 이제 곧 졸업할 수 있지 않을까?
(C) 30분 정도 지나면 자리에 돌아올 거라고 생각해.
(D) 교장 선생님이 없어도 수업은 할 수 있어.

해설 | 「いつまで」(언제까지)라는 의문사가 포인트. 과장의 입원 기간이 얼마나 될지 궁금해하고 있으므로, 이에 대한 응답으로는 입원 기간 내지는 퇴원 일정에 대한 내용이 오는 것이 적절하다. 정답은 (A)로, 다음 달에 퇴원할 수 있다는 소식을 전하고 있다. (B)와 (C)는 「いつ」(언제)라는 의문사를, (D)는 「課長(かちょう)」(과장)라는 단어를 응용한 오답이다.

어휘 | 課長(かちょう) 과장 入院(にゅういん) 입원 ~かしら ~일까? *의문의 뜻을 나타냄 来月(らいげつ) 다음 달
退院(たいいん) 퇴원 ~という ~라는 話(はなし) 이야기 もうすぐ 이제 곧 卒業(そつぎょう) 졸업 できる 가능하다, 할 수 있다
席(せき) 자리 戻(もど)る (본래의 자리로) 돌아오다 校長(こうちょう) 교장 授業(じゅぎょう) 수업

7 部長はどの書類を書き直せとおっしゃったの(?)。

　(A) 部長の机の上にある書類だよ。

　(B) 書き直した書類はこの引き出しに入れてね。

　(C) 書類を書き続けていると目が疲れるね。

　(D) 書類を机の上に置いたままにするなよ。

부장님은 어느 서류를 다시 쓰라고 말씀하셨어?

(A) 부장님 책상 위에 있는 서류야.

(B) 다시 쓴 서류는 이 서랍에 넣어 줘.

(C) 서류를 계속 쓰고 있으면 눈이 피로해지지.

(D) 서류를 책상 위에 둔 채로 놔 두지 마.

해설 |「どの」는 '어느'라는 뜻으로 불확실한 것을 가리키는 말이고,「書(か)き直(なお)す」는 '고쳐 쓰다. 다시 쓰다'라는 뜻의 복합동사이다. 즉, 부장이 다시 쓰라고 한 서류가 어느 것인지 확인하고 있으므로, 정답은 서류가 있는 위치를 가르쳐 주고 있는 (A)가 된다. (B)는 이미 수정을 완료한 서류를 어디에 둘지 물었을 때 할 수 있는 응답이고, (C)와 (D)는「書類(しょるい)」(서류)라는 단어를 응용한 오답이다.

어휘 | 部長(ぶちょう) 부장　書類(しょるい) 서류　机(つくえ) 책상　上(うえ) 위　引(ひ)き出(だ)し 서랍　入(い)れる 넣다
書(か)く (글씨·글을) 쓰다　동사의 ます형+続(つづ)ける 계속 ~하다　目(め) 눈　疲(つか)れる 지치다, 피로해지다
동사의 た형+まま ~한 채, ~상태로　동사의 기본형+な ~하지 마라 *금지

8 立て替えてもらった分はいくらかしら。

　(A) まだこれから設計する段階です。

　(B) あ、まだ精算していなかったですね。

　(C) 今更謝るわけにはいかないですよ。

　(D) 組み合わせは自由ですよ。

대신 내 준 건 얼마야?

(A) 아직 이제부터 설계하는 단계예요.

(B) 아, 아직 정산하지 않았네요.

(C) 이제 와서 사과할 수는 없어요.

(D) 편성은 자유로워요.

해설 |「立(た)て替(か)える」((대금을) 대신 치르다)라는 동사의 의미를 파악하는 것이 포인트로, 상대방이 자기 대신 지불한 금액이 얼마인 지 묻고 있다. 이에 대한 적절한 응답은 (B)의「精算(せいさん)」(정산, 금액을 정밀하게 계산하는 것)으로, 아직 정확하게 계산해 보지 않아서 모르겠다는 뜻이다. 나머지 선택지의 '설계', '사과', '편성'은 모두 질문과는 거리가 먼 내용이다.

어휘 | ~てもらう (남에게) ~해 받다, (남이) ~해 주다　分(ぶん) 분, 몫　いくら 얼마　~かしら ~일까? *의문의 뜻을 나타냄
まだ 아직　これから 이제부터, 앞으로　設計(せっけい) 설계　段階(だんかい) 단계　今更(いまさら) 이제 와서
謝(あやま)る 사과하다　~わけにはいかない (그렇게 간단히) ~할 수는 없다　組(く)み合(あ)わせ 짜맞춤, 편성
自由(じゆう)だ 자유롭다

주요 어휘 및 표현 정리 20

한자	읽기	의미
☐ 再来週	さらいしゅう	다다음 주
☐ 無くなる	なくなる	없어지다
☐ ぺらぺらだ	・	유창하다
☐ 缶詰	かんづめ	통조림
☐ 腐る	くさる	썩다, 상하다
☐ 曲がる	まがる	(방향을) 돌다
☐ 傘	かさ	우산
☐ 忘れる	わすれる	(물건을) 잊고 두고 오다
☐ 手に入れる	てにいれる	손에 넣다
☐ 都合がいい	つごうがいい	형편[사정]이 좋다, 시간이 되다
☐ 食べ物	たべもの	음식, 먹을 것
☐ 飲み物	のみもの	음료, 마실 것
☐ 両脇	りょうわき	양옆
☐ ～て差し上げる	～てさしあげる	(내가 남에게) ～해 드리다
☐ 姪	めい	조카딸, 질녀
☐ お祝い	おいわい	축하, 축하 선물
☐ 初めて	はじめて	처음(으로)
☐ 数える	かぞえる	세다, 헤아리다
☐ 立て替える	たてかえる	(대금을) 대신 치르다
☐ 今更	いまさら	이제 와서

02 예/아니요형 질문

STEP 1 먼저 핵심 기출 어휘와 필수 예문을 익히세요.

핵심 기출 어휘 및 필수 예문

음원 31

- **高い** (값이) 비싸다

  예 これ、高すぎると思いませんか。 이거, 너무 비싸다고 생각하지 않아요?

- **続く** 이어지다, 계속되다

  예 会議はまだ続いているんですか。 회의는 아직 계속되고 있는 거예요?

- **疲れる** 지치다, 피로해지다

  예 出張が多くて疲れませんか。 출장이 많아서 피곤하지 않아요?

- **申し込む** 신청하다

  예 このボランティアに鈴木さんも申し込みましたか。
  이 자원봉사에 스즈키 씨도 신청했어요?

빈출 질문 및 응답 패턴

음원 32

STEP 2 이제 YBM이 엄선한 예/아니요형 문제를 잘 듣고 풀어 보세요.

1 서류 전달 여부

明日、課長にこの書類渡してくれない(?)。

(A) いいえ、少ししかありません。

(B) いいえ、入場券がありません。

✓(C) はい、明日の朝、渡しておきます。

(D) はい、確かにもう送りました。

내일 과장님께 이 서류 건네주지 않을래?
(A) 아니요, 조금밖에 없어요.
(B) 아니요, 입장권이 없어요.
✓(C) 예, 내일 아침에 건네둘게요.
(D) 예, 확실히 이미 보냈어요.

2 시험 신청 여부

佐藤さんは再来月の試験、申し込まれましたか。

(A) はい、母に止められました。

(B) 復習が必要なようですね。

✓(C) いいえ、時間がなくてまだなんです。

(D) ええ、試験を受けることがあります。

사토 씨는 다다음 달 시험, 신청하셨어요?
(A) 예, 어머니가 말렸어요.
(B) 복습이 필요한 것 같네요.
✓(C) 아니요, 시간이 없어서 아직이에요.
(D) 네, 시험을 보는 경우가 있어요.

3 영화 관람 여부

この映画はもう見ましたか。

✓(A) はい。面白かったですよ。

(B) まだ終わっていません。

(C) 有名な店でしたね。

(D) いいえ、危ないから行けませんでした。

이 영화는 벌써 봤어요?
✓(A) 예, 재미있었어요.
(B) 아직 끝나지 않았어요.
(C) 유명한 가게였군요.
(D) 아니요, 위험해서 갈 수 없었어요.

4 휴강 유무

1時間目の授業は休みなんですか。

(A) はい、今日は銀行はお休みです。

(B) テレビは見ていますが、知りませんでした。

(C) みんなに電話で知らせたんですね(?)。

✓(D) ええ、掲示板に書いてありましたよ。

1교시 수업은 휴강인 거예요?
(A) 예, 오늘은 은행은 쉬어요.
(B) TV는 보고 있는데, 몰랐어요.
(C) 모두에게 전화로 알린 거죠?
✓(D) 네, 게시판에 쓰여 있었어요.

STEP 3 질문의 의미를 정확하게 파악하고, 부정 의문문의 대답 방법에 주의하면서 선택지를 들어 주세요.

Point 1
질문의 의미 파악 및
'예/아니요'의 응답 유형
결정

질문의 정확한 의미를 파악하면서 '예/아니요'의 대답 여부 판단!

Q: 昨日のパーティーには行きませんでしたか。

어제 파티에는 안 갔어요?

Point 2
'예/아니요'의 생략이나
부정 의문문의
응답 유형에 주의!

'예/아니요'가 생략된 경우나 부정 의문문의 응답 유형에 주의!

A: (A) はい、行きました。예, 갔어요.

→ 「いいえ」(아니요)로 답해야 올바른 응답이 됨.

(B) はい、ちょっと用事があって…。예, 좀 볼일이 있어서….

→ 볼일이 있어서 가지 않았다고 했으므로, (B)가 올바른 응답임.

(C) いいえ、行きませんでした。아니요, 안 갔어요.

→ 「はい」(예)로 답해야 올바른 응답이 됨.

(D) いいえ、行こうと思っています。아니요, 가려고 생각하고 있어요.

→ 어제 파티에 가지 않았는지를 물었는데 미래 시제로 답했으므로, 시제가 맞지 않음.

| CHECK UP |

新しい仕事は面白いですか。
(A) はい、去年から習っています。
(B) あまり難しくなかったです。
✓(C) はい、色々できて楽しいです。
(D) はい、まだ慣れていなくて難しいです。

새 일은 재미있어요?
(A) 예, 작년부터 배우고 있어요.
(B) 별로 어렵지 않았어요.
✓(C) 예, 여러 가지 할 수 있어서 즐거워요.
(D) 예, 아직 익숙하지 않아서 어려워요.

Point 1 질문의 의미 파악

➡ 새 일이 재미있는지 물었으므로, 여러 가지 할 수 있어서 즐겁다고 한 (C)가 정답임. (A)와 (B)는 질문과는 거리가 먼 응답임.

Point 2 '예/아니요'에 주의

➡ (D)는 「いいえ」(아니요)로 답해야 올바른 응답이 됨.

JPT 기출문제로 훈련하기

음원 34

STEP 4 ▶ 다음 기출문제를 기출문제 풀이 전략을 적용해서 풀어 보세요.

1

かれ だいがく にゅうがくしけん ごうかく
彼は大学の入学試験に合格したんですか。
그는 대학 입학 시험에 합격한 거예요?

(A) いいえ、彼はまだ入学していません。
　　아니요, 그는 아직 입학하지 않았어요.

(B) はい、彼は去年入学しました。
　　예, 그는 작년에 입학했어요.

✓(C) はい、合格をとても喜んでいました。
　　예, 합격을 매우 기뻐하고 있었어요.

(D) はい、特別に見学を許されたそうです。
　　예, 특별히 견학을 허락받았대요.

- 「合格(ごうかく)」(합격)라는 단어가 포인트로, 대학 입시의 합격 여부를 묻고 있다. (A)는 이미 합격해서 입학을 앞두고 있다는 뜻이고, (B) 또한 합격해서 작년부터 대학에 다니고 있다는 뜻이므로, 질문에 대한 응답으로는 부적절하다. (D)의 「見学(けんがく)」(견학)도 질문과는 거리가 먼 내용이다. 정답은 (C)로, '합격해서 매우 기뻐했다'라는 의미이다.
- 彼(かれ) 그, 그 사람 大学(だいがく) 대학(교) 入学(にゅうがく) 입학 試験(しけん) 시험 まだ 아직
　去年(きょねん) 작년 とても 아주, 매우 喜(よろこ)ぶ 기뻐하다 特別(とくべつ)に 특별히 許(ゆる)す 허락하다
　품사의 보통형+そうだ ~라고 한다 *전문

2

しゃちょう ひこうき しゅっちょう
社長は飛行機で出張されるんですか。
사장님은 비행기로 출장 가시는 건가요?

(A) はい、課長は飛行機で出発しました。
　　예, 과장님은 비행기로 출발했어요.

(B) はい、飛行機で出張したことがあります。
　　예, 비행기로 출장 간 적이 있어요.

(C) いいえ、今度は部長と二人で出張します。
　　아니요, 이번에는 부장님과 둘이서 출장 가요.

✓(D) いいえ、今度は新幹線です。
　　아니요, 이번에는 신칸센이에요.

- 사장이 어떤 교통수단을 이용해서 출장을 가는지 묻고 있다. 비행기로 가는 거냐고 물었으므로, 비행기를 이용할 경우에는 「はい」(예), 그렇지 않은 경우에는 「いいえ」(아니요)라고 답해야 한다. (A)는 사장이 아니라 과장이 이용하는 교통수단을, (B)는 과거의 경험에 대해 말하고 있으므로 부적절. (C) 역시 누구와 출장을 가는지 물었을 때 할 수 있는 응답이므로 답이 될 수 없다. 정답은 (D)로, 비행기가 아니라 신칸센으로 간다는 뜻이다.
- 社長(しゃちょう) 사장 飛行機(ひこうき) 비행기 出張(しゅっちょう) 출장 課長(かちょう) 과장
　동사의 た형+ことがある ~한 적이 있다 今度(こんど) 이번 部長(ぶちょう) 부장 二人(ふたり)で 둘이서
　新幹線(しんかんせん) 신칸센 *일본의 고속 장거리 철도

□ 紹介
しょうかい

女 今、鈴木君を紹介してもかまいませんか。
いま すず き くん しょうかい

男 はい、お願いします。
ねが

소개

여 지금 스즈키 군을 **소개**해도 상관없어요?
남 예, 부탁드려요.

□ 知る
し

女 今度の出張、誰が行くか知っていますか。
こん ど しゅっちょう だれ い し

男 さあ、よくわかりませんね。

알다

여 이번 출장, 누가 가는지 **알고** 있어요?
남 글쎄요. 잘 모르겠네요.

□ 過ごす
す

女 連休は実家で過ごしましたか。
れんきゅう じっ か す

男 いいえ、用事があって家で過ごしました。
よう じ いえ す

(시간을) 보내다, 지내다

여 연휴는 본가에서 **보냈어요**?
남 아니요, 볼일이 있어서 집에서 **보냈**어요.

□ 開ける
あ

女 窓をちょっと開けましょうか。
まど あ

男 ええ、お願いします。ちょっと暑いですね。
ねが あつ

열다

여 창문을 조금 **열**까요?
남 네, 부탁드려요. 조금 덥네요.

□ 眠る
ねむ

女 昨夜はぐっすり眠れましたか。
ゆうべ ねむ

男 はい、おかげ様で熟睡しました。
さま じゅくすい

자다, 잠자다, 잠들다

여 어젯밤에는 푹 **잘 수** 있었어요?
남 예, 덕분에 숙면했어요.

□ 見つかる
み

女 探していた本、見つかりましたか。
さが ほん み

男 いいえ、いくら探してもないですね。
さが

발견되다, 찾게 되다

여 찾고 있던 책, **찾았**어요?
남 아니요, 아무리 찾아도 없네요.

□ 届く
とど

女 注文したものは届きましたか。
ちゅうもん とど

男 いいえ、まだ届いていません。
とど

(보낸 물건이) 도착하다, 닿다

여 주문한 물건은 **도착했**어요?
남 아니요, 아직 **도착하지** 않았어요.

□ 雨が止む
あめ や

女 もう雨は止みましたか。
あめ や

男 はい、もう降っていませんよ。
ふ

비가 그치다

여 이제 **비는 그쳤**어요?
남 예, 이제 내리지 않아요.

□ 暖房を付ける
だんぼう つ

女 ちょっと寒いですね。暖房を付けましょうか。
さむ だんぼう つ

男 そうですね。お願いします。
ねが

난방을 켜다

여 조금 춥네요. **난방을 켤**까요?
남 그렇군요. 부탁드려요.

예/아니요형 질문 | 기출 확인 문제

음원 36

STEP 5 핵심 어휘를 메모하면서 들어 보세요.

1 問 _____

(A) _____ (○ · ×)

(B) _____ (○ · ×)

(C) _____ (○ · ×)

(D) _____ (○ · ×)

2 問 _____

(A) _____ (○ · ×)

(B) _____ (○ · ×)

(C) _____ (○ · ×)

(D) _____ (○ · ×)

3 問 _____

(A) _____ (○ · ×)

(B) _____ (○ · ×)

(C) _____ (○ · ×)

(D) _____ (○ · ×)

4 問 _____

   (A) _____ (○・×)

   (B) _____ (○・×)

   (C) _____ (○・×)

   (D) _____ (○・×)

5 問 _____

   (A) _____ (○・×)

   (B) _____ (○・×)

   (C) _____ (○・×)

   (D) _____ (○・×)

6 問 _____

   (A) _____ (○・×)

   (B) _____ (○・×)

   (C) _____ (○・×)

   (D) _____ (○・×)

7 問 _____

    (A) _____ (○ · ×)

    (B) _____ (○ · ×)

    (C) _____ (○ · ×)

    (D) _____ (○ · ×)

8 問 _____

    (A) _____ (○ · ×)

    (B) _____ (○ · ×)

    (C) _____ (○ · ×)

    (D) _____ (○ · ×)

1 今日、朝ご飯を食べましたか。
　(A) 明日食べましょう。
　(B) 昨日の朝はパンを食べました。
　(C) 今朝は食べませんでした。
　(D) 昼ご飯はまだ食べていません。

오늘 아침을 먹었어요?
(A) 내일 먹읍시다.
(B) 어제 아침에는 빵을 먹었어요.
(C) 오늘 아침에는 먹지 않았어요.
(D) 점심은 아직 먹지 않았어요.

해설 | 「今日(きょう)」(오늘)라는 단어가 포인트. 어제나 내일이 아니라 오늘 아침식사를 했는지 묻고 있으므로, 적절한 응답은 오늘 아침에는 안 먹었다고 한 (C)가 된다. (D)는 아침이 아니라 점심을 먹었냐는 질문에 대해 할 수 있는 응답이다.

어휘 | 朝(あさ)ご飯(はん) 아침(식사)　食(た)べる 먹다　明日(あした) 내일　昨日(きのう) 어제　朝(あさ) 아침　パン 빵
今朝(けさ) 오늘 아침　昼(ひる)ご飯(はん) 점심(식사)　まだ 아직

2 今朝、薬を飲みましたか。
　(A) はい、牛乳はあまり飲みません。
　(B) いいえ、家族と一緒に行きました。
　(C) はい、朝ご飯の後で飲みました。
　(D) いいえ、少し遠かったです。

오늘 아침에 약을 먹었어요?
(A) 예, 우유는 별로 마시지 않아요.
(B) 아니요, 가족과 함께 갔어요.
(C) 예, 아침식사 후에 먹었어요.
(D) 아니요, 조금 멀었어요.

해설 | 「薬(くすり)を飲(の)む」는 '약을 먹다[복용하다]'라는 뜻으로, 이때의 「飲(の)む」는 '(약을) 먹다'라는 의미를 나타낸다. 즉, 오늘 아침에 약을 먹었는지 확인하고 있다. 정답은 (C)로, '아침식사를 한 후에 약을 먹었다'라는 뜻이다. (A)는 문제의 「飲(の)む」(마시다)라는 말만 들었을 때 할 수 있는 오답이고, (B)는 동행한 사람이 누구인지, (D)는 거리를 묻는 질문에 대한 응답이므로 답이 될 수 없다.

어휘 | 今朝(けさ) 오늘 아침　薬(くすり) 약　牛乳(ぎゅうにゅう) 우유　あまり (부정어 수반) 그다지, 별로　家族(かぞく) 가족
一緒(いっしょ)に 함께　朝(あさ)ご飯(はん) 아침(식사)　~後(あと)で ~후에　少(すこ)し 조금　遠(とお)い 멀다

3 探してた書類、見つかった(?)。
　(A) いや、案内してもらったよ。
　(B) いや、掲示板に書いてあったよ。
　(C) うん、右ではなく左だった。
　(D) うん、机の上に置いたままだった。

찾고 있던 서류, 찾았어?
(A) 아니, 안내를 받았어.
(B) 아니, 게시판에 쓰여 있었어.
(C) 응, 오른쪽이 아니라 왼쪽이었어.
(D) 응, 책상 위에 둔 채였어.

해설 | 찾고 있던 서류를 찾았는지 묻고 있다. 이 경우 (A)와 (B)의 「いや」(아니)라는 대답 뒤에는 '아직 찾지 못했다'와 같은 부정표현이, (C)와 (D)의 「うん」(응)이라는 대답 뒤에는 '찾았다'와 같은 긍정표현이 와야 한다. 정답은 (D)로, 찾고 있던 서류를 발견한 곳에 대해 말하고 있다. (C)는 서류가 있는 장소가 아니라 방향을 묻는 질문에 대한 응답이므로 답이 될 수 없다.

어휘 | 探(さが)す 찾다　書類(しょるい) 서류　見(み)つかる 발견되다, 찾게 되다　案内(あんない) 안내
~てもらう (남에게) ~해 받다, (남이) ~해 주다　掲示板(けいじばん) 게시판　書(か)く (글씨·글을) 쓰다
타동사+てある ~해져 있다 *상태표현　右(みぎ) 오른쪽　左(ひだり) 왼쪽　机(つくえ) 책상　上(うえ) 위　置(お)く 놓다, 두다
동사의 た형+まま ~한 채, ~상태로

4 歯医者の予約をしましたか。

   (A) 予約した品物は、再来週には届くはずです。

   (B) 歯磨きをちゃんとするように言われました。

   (C) いいえ、僕の従兄弟は歯医者じゃありません。

   (D) はい、昼過ぎに電話して4時にしました。

(A) 예약한 물건은 다다음 주에는 도착할 거예요.
(B) 양치질을 제대로 하라고 들었어요.
(C) 아니요, 내 사촌은 치과 의사가 아니에요.
(D) 예, 오후에 전화해서 4시에 했어요.

해설 | 치과 예약을 했는지 확인하고 있다. (A)는 주문한 물건의 배송 여부를 묻는 질문에 대한 응답이고, (B)와 (C)는 질문의 「歯医者(はいしゃ)」(치과, 치과 의사)라는 단어를 응용한 오답이다. 정답은 (D)로, 전화로 4시에 예약했다고 말하고 있다.

어휘 | 予約(よやく) 예약 品物(しなもの) 물건, 물품, 상품 再来週(さらいしゅう) 다다음 주
届(とど)く (보낸 물건이) 도착하다, 닿다 ～はずだ (당연히) ～할 것[터]이다 歯磨(はみが)き 양치질 ちゃんと 제대로, 확실히
～ように ～하도록 言(い)う 말하다 僕(ぼく) 나 *남자의 자칭 従兄弟(いとこ) 사촌 昼過(ひるす)ぎ 정오가 조금 지났을 무렵, 오후
電話(でんわ) 전화 ～にする ～로 하다

5 全員、休憩が取れましたか。

   (A) いいえ、取り扱いは簡単なはずです。

   (B) はい、15分ずつ交代で休みました。

   (C) はい、包帯が緩くて外れました。

   (D) いいえ、合格の水準に達しています。

전원 휴식을 취할 수 있었어요?

(A) 아니요, 취급법은 간단할 거예요.
(B) 예, 15분씩 교대로 쉬었어요.
(C) 예, 붕대가 헐거워서 풀어졌어요.
(D) 아니요, 합격 수준에 도달해 있어요.

해설 | 「休憩(きゅうけい)が取(と)れる」는 '휴식을 취할 수 있다'라는 뜻으로, 모두 하던 일을 잠시 멈추고 쉬는 시간을 가졌는지 묻고 있다. 선택지 중 답이 될 수 있는 것은 (B)로, 모두가 15분씩 돌아가면서 쉬었다는 뜻이다. (A)는 '취급법', (C)는 '붕대가 묶인 상태', (D)는 '합격 수준'에 대해 말하고 있으므로 답이 될 수 없다.

어휘 | 全員(ぜんいん) 전원 休憩(きゅうけい) 휴게, 휴식 取(と)る 취하다 取(と)り扱(あつか)い 취급, 다룸, 다루는 법
簡単(かんたん)だ 간단하다 ～はずだ (당연히) ～할 것[터]이다 ～ずつ ～씩 交代(こうたい) 교대 休(やす)む 쉬다
包帯(ほうたい) 붕대 緩(ゆる)い 느슨하다, 헐겁다 外(はず)れる 벗겨지다, 풀어지다 合格(ごうかく) 합격
水準(すいじゅん) 수준 達(たっ)する 이르다, 달하다, 도달하다

6 そろそろ暖房を付けましょうか。

   (A) いや、まだその必要はないと思うよ。

   (B) うん、この頃は、早く暗くなるからね。

   (C) じゃ、扇風機を早めに出しておくよ。

   (D) ガスだから、すぐお湯が沸くよ。

이제 슬슬 난방을 켤까요?

(A) 아니, 아직 그럴 필요는 없다고 생각해.
(B) 응, 요즘은 일찍 어두워지니까 말이야.
(C) 그럼, 선풍기를 일찌감치 꺼내 둘게.
(D) 가스라서 바로 (뜨거운) 물이 끓어.

해설 | 「暖房(だんぼう)を付(つ)ける」는 '난방을 켜다'라는 뜻으로, 이제 슬슬 난방을 켤지 묻고 있다. 적절한 응답은 (A)로, 아직은 난방을 하지 않아도 될 것 같다는 뜻이다. (B)의 「暗(くら)い」(어둡다)는 난방이 아니라 조명을, (C)의 「扇風機(せんぷうき)」(선풍기)는 냉방을 켤지 물었을 때 할 수 있는 응답이므로 부적절. (D)는 문제의 「付(つ)ける」(켜다)라는 동사를 응용한 오답이다.

어휘 | そろそろ 이제 슬슬 必要(ひつよう) 필요 この頃(ごろ) 요즘 早(はや)く 일찍, 빨리 早(はや)めに 빨리, 일찍, 일찌감치
出(だ)す 꺼내다 ～ておく ～해 놓다[두다] すぐ 곧, 바로 お湯(ゆ) 뜨거운 물 沸(わ)く 끓다

7 出席<ruby>出席<rt>しゅっせき</rt></ruby>するかどうか、<ruby>今日<rt>きょう</rt></ruby><ruby>中<rt>じゅう</rt></ruby>に<ruby>返事<rt>へんじ</rt></ruby>しなければいけませんか。

(A) ええ、<ruby>明日<rt>あした</rt></ruby>までに<ruby>必<rt>かなら</rt></ruby>ずお<ruby>願<rt>ねが</rt></ruby>いします。

(B) ええ、<ruby>今週<rt>こんしゅう</rt></ruby><ruby>中<rt>ちゅう</rt></ruby>ならいつでもいいですよ。

(C) ええ、<ruby>今夜<rt>こんや</rt></ruby><ruby>店<rt>みせ</rt></ruby>の<ruby>予約<rt>よやく</rt></ruby>をしなければならないので。

(D) ええ、<ruby>申<rt>もう</rt></ruby>し<ruby>込<rt>こ</rt></ruby>んでおきましたよ。

참석할지 어떨지 오늘 중으로 답변해야 해요?
(A) 네, 내일까지 반드시 부탁드려요.
(B) 네, 이번 주 중이라면 언제든지 괜찮아요.
(C) 네, 오늘 밤에 가게 예약을 해야 해서요.
(D) 네, 신청해 두었어요.

해설 | 「今日中(きょうじゅう)に」(오늘 중으로)라는 표현이 포인트로, 오늘 중으로 참석 여부에 대한 답변을 해야 하는지 확인하고 있다. 선택지는 모두 「ええ」(네)라고 대답하고 있으므로, 뒤에는 오는 내용을 잘 듣고 정답을 찾아야 한다. 정답은 (C)로, 오늘 중으로 답변을 해야 하는 이유에 대해 설명하고 있다. (A)와 (B)는 각각 '내일까지', '이번 주 중'이라는 기한이 잘못되었고, (D)는 신청 여부를 묻는 질문에 대해 할 수 있는 응답이므로 역시 답이 될 수 없다.

어휘 | 出席(しゅっせき) 출석, 참석 ~かどうか ~인지 어떤지, ~일지 어떨지 返事(へんじ) 답변, 대답
~なければいけない ~하지 않으면 안 된다, ~해야 한다 明日(あした) 내일 ~までに ~까지 *최종 기한 必(かなら)ず 반드시
お+동사의 ます형+する ~하다, ~해 드리다 *겸양표현 願(ねが)う 부탁하다 今週(こんしゅう) 이번 주 ~中(ちゅう) ~중
~なら ~라면 いつでも 언제든지 いい 좋다 今夜(こんや) 오늘 밤 店(みせ) 가게 予約(よやく) 예약
~なければならない ~하지 않으면 안 된다, ~해야 한다 申(もう)し込(こ)む 신청하다 ~ておく ~해 놓대[두다]

8 あの2<ruby>人<rt>ふたり</rt></ruby>が<ruby>付<rt>つ</rt></ruby>き<ruby>合<rt>あ</rt></ruby>ってるの、<ruby>気付<rt>きづ</rt></ruby>かなかったの(?)。

(A) うん、<ruby>相手<rt>あいて</rt></ruby>の<ruby>質問<rt>しつもん</rt></ruby>が<ruby>鋭<rt>するど</rt></ruby>くてね。

(B) へえ、とうとう<ruby>別<rt>わか</rt></ruby>れたのか。

(C) うん、<ruby>僕<rt>ぼく</rt></ruby>ってよほど<ruby>鈍<rt>にぶ</rt></ruby>いのかなあ。

(D) いや、<ruby>君<rt>きみ</rt></ruby>ならやりかねないね。

저 두 사람이 사귀고 있는 거 알아차리지 못했어?
(A) 응, 상대의 질문이 예리해서 말이야.
(B) 허, 결국 헤어진 거야?
(C) 응, 난 어지간히 둔한가 봐.
(D) 아니, 너라면 할지도 모르겠네.

해설 | 저 두 사람이 교제하고 있다는 사실을 몰랐는지 묻고 있다. (A)와 (D)는 질문과는 전혀 관련이 없는 응답이고, (B)는 두 사람이 헤어졌다는 소식을 들었을 때 할 수 있는 응답이므로 부적절. 정답은 자신의 둔감함을 탓하고 있는 (C)로, 이때의 「鈍(にぶ)い」는 '둔하다, (감각 등이) 무디다, 예리하지 못하다'라는 뜻을 나타낸다.

어휘 | 2人(ふたり) 두 사람 付(つ)き合(あ)う 사귀다, 교제하다 気付(きづ)く 깨닫다, 알아차리다 相手(あいて) 상대
質問(しつもん) 질문 鋭(するど)い 날카롭다, 예리하다 へえ 허 *감탄하거나 놀랐을 때 내는 소리 とうとう 결국, 마침내
別(わか)れる 헤어지다 僕(ぼく) 나 *남자의 자칭 ~って (서술 제목의) ~이란, ~은 よほど 상당히, 어지간히
やる (어떤 행위를) 하다 동사의 ます형+かねない ~할지도 모른다

주요 어휘 및 표현 정리 20

한자	읽기	의미
☐ 確かに	たしかに	확실히
☐ 止める	とめる	말리다
☐ 知らせる	しらせる	알리다
☐ 用事	ようじ	볼일, 용무
☐ 慣れる	なれる	익숙해지다
☐ 合格	ごうかく	합격
☐ 今朝	けさ	오늘 아침
☐ 牛乳	ぎゅうにゅう	우유
☐ 歯医者	はいしゃ	치과, 치과 의사
☐ 品物	しなもの	물건, 물품, 상품
☐ 昼過ぎ	ひるすぎ	정오가 조금 지났을 무렵, 오후
☐ 取り扱い	とりあつかい	취급, 다룸, 다루는 법
☐ 交代	こうたい	교대
☐ 緩い	ゆるい	느슨하다, 헐겁다
☐ 外れる	はずれる	벗겨지다, 풀어지다
☐ 暖房を付ける	だんぼうをつける	난방을 켜다
☐ 早めに	はやめに	빨리, 일찍, 일찌감치
☐ 今日中	きょうじゅう	오늘 중
☐ 返事	へんじ	답변, 대답
☐ よほど	・	상당히, 어지간히

03 인사 표현 및 정해진 문구

STEP 1 먼저 핵심 기출 어휘와 필수 예문을 익히세요.

핵심 기출 어휘 및 필수 예문

음원 37

- **～ませんか** ~하지 않겠습니까? *권유
  예 明日、「4月の雪」という映画を見に行きませんか。
  내일 '4월의 눈'이라는 영화를 보러 가지 않을래요?

- **～てしまう** ~해 버리다, ~하고 말다
  예 昨夜もつい飲みすぎてしまいました。 어젯밤에도 그만 과음해 버렸어요.

- **품사의 보통형+そうだ** ~라고 한다 *전문
  예 1階の佐々木さんの家に泥棒が入ったそうですよ。
  1층 사사키 씨 집에 도둑이 들었대요.

- **～てもかまわない** ~해도 상관없다
  예 駅から遠くてもかまいません。広い家を探しています。
  역에서 멀어도 상관없어요. 넓은 집을 찾고 있어요.

빈출 질문 및 응답 패턴

음원 38

STEP 2 이제 YBM이 엄선한 인사 표현 및 정해진 문구 문제를 잘 듣고 풀어 보세요.

1 인사 표현 – 식사

どうぞ、召し上がってください。
(A) すぐに持って行きます。
✓(B) それでは、いただきます。
(C) では、急いで伺います。
(D) まだ間に合うと思います。

어서 드세요.
(A) 바로 가져갈게요.
✓(B) 그럼, 잘 먹겠습니다.
(C) 그럼, 서둘러 찾아뵐게요.
(D) 아직 시간에 맞출 수 있을 거라고 생각해요.

2 정해진 문구 – 의뢰나 부탁

明日こちらに来てくださいませんか。
(A) 今週中はできます。
✓(B) わかりました。何時がいいですか。
(C) え(?)、明日になりますよ。
(D) 明日までにやります。

내일 이쪽에 와 주시지 않을래요?
(A) 이번 주 중에는 가능해요.
✓(B) 알았어요. 몇 시가 좋아요?
(C) 네? 내일이 될 거예요.
(D) 내일까지 할게요.

3 정해진 문구 – 동의

冷房で体が冷えてしまいました。
(A) 近所で火事があったようだよ。
✓(B) クーラーの温度が低すぎるよね(?)。
(C) 私も久しぶりに体を動かしたよ。
(D) すぐ氷で冷やした方がいいよ。

냉방으로 몸이 차가워져 버렸어요.
(A) 근처에서 화재가 있었던 것 같아.
✓(B) 에어컨 온도가 너무 낮지?
(C) 나도 오랜만에 몸을 움직였어.
(D) 바로 얼음으로 식히는 편이 좋아.

4 정해진 문구 – 전문

動物園に毎週通っているそうですね(?)。
✓(A) ええ、息子が行きたがるんです。
(B) はい、体の調子が優れないです。
(C) これから話すつもりです。
(D) 大好きな番組なんです。

동물원에 매주 다니고 있다면서요?
✓(A) 네, 아들이 가고 싶어하거든요.
(B) 예, 몸 상태가 좋지 않아요.
(C) 이제부터 이야기할 생각이에요.
(D) 아주 좋아하는 프로그램이에요.

STEP 3 질문의 의미를 정확하게 파악하고, 질문의 단어나 표현을 응용한 오답에 주의하세요.

Point 1
정해진 문구의
질문 유형 파악!

정해진 문구를 유형별로 정리!

Q: じゃ、もう一度乾杯しましょうか。

그럼, 한 번 더 건배할까요?

Point 2
동일 단어의 반복 또는
질문에 등장하는 단어나
표현을 응용한 선택지에
주의!
질문의 단어나 표현을
응용한 오답에 주의!

동일 단어의 반복 또는 질문에 등장하는 단어나 표현을 응용한 선택지에 주의!

A: (A) ええ、そうしましょう。 네, 그렇게 합시다.

　　　→ 그렇게 하자고 했으므로, (A)가 올바른 응답임.

(B) そう言えば、乾杯はまだですね。 그러고 보니 건배는 아직이네요.

　　　→ 「もう一度」(한 번 더)라는 말과 맞지 않는 응답임.

(C) 実は昨日も飲みました。 실은 어제도 마셨어요.

　　　→ 「乾杯」(건배)라는 단어를 응용한 오답임.

(D) お酒はあまり強くありません。 술은 별로 세지 않아요.

　　　→ 「乾杯」(건배)라는 단어를 응용한 오답임.

| CHECK UP |

来週の日曜日、映画を見に行きませんか。

(A) ああ、あの映画は面白かったです。

(B) すみません。今週は忙しいです。

✓(C) いいですよ。何時からですか。

(D) どうもありがとうございました。

다음 주 일요일, 영화를 보러 가지 않을래요?
(A) 아-, 그 영화는 재미있었어요.
(B) 죄송해요. 이번 주는 바빠요.
✓(C) 좋아요. 몇 시부터예요?
(D) 대단히 감사했어요.

Point 1 정해진 문구의 질문 유형 파악

◉ 다음 주 일요일에 영화를 보러 가자고 권유하고 있는 상황이므로, 몇 시부터냐고 영화의 상영 시작 시간을 되묻은 (C)가 정답임.

Point 2 질문의 단어나 표현을 응용한 오답에 주의

◉ (A)는 「映画(えいが)」(영화)라는 단어를 응용한 오답이고, (B)와 (D)는 다음 주의 영화 관람과는 관련이 없는 응답임.

STEP 4 ▶ 다음 기출문제를 기출문제 풀이 전략을 적용해서 풀어 보세요.

1

会議までにこれをコピーしておいてください。
회의까지 이걸 복사해 두세요.

✓(A) はい、何枚でしょうか。
예, 몇 장인가요?

(B) いいえ、そこに置いてください。
아니요, 거기에 두세요.

(C) いいえ、やっていません。
아니요, 하지 않았어요.

(D) いいえ、しておきました。
아니요, 해 두었어요.

- 회의 때까지 복사를 해 두라고 했으므로, 적절한 응답은 몇 장을 복사하면 되는지 확인하고 있는 (A)가 된다. (B)와 (D)는 질문의 「~ておく」(~해 놓대[두다])라는 표현을 응용한 오답이고, (C)는 어떤 행위를 했느냐고 물었을 때 할 수 있는 응답이므로 역시 답이 될 수 없다.

- 会議(かいぎ) 회의 ~までに ~까지 *최종 기한 コピー 복사 ~枚(まい) ~장 *종이 등 얇고 평평한 것을 세는 말
そこ 거기, 그곳 置(お)く 놓다, 두다 やる (어떤 행위를) 하다

2

この書類はどこに届ければいいですか。
이 서류는 어디에 갖다 주면 돼요?

(A) 今朝届いたばかりなんですよ。
오늘 아침에 막 도착한 참이거든요.

(B) 今郵便局に預けて来たところです。
지금 막 우체국에 맡기고 온 참이에요.

(C) もうすぐこちらに着くと思いますよ。
이제 곧 이쪽에 도착할 거라고 생각해요.

✓(D) 3階の会議室に持って行ってくれますか。
3층 회의실에 갖고 가 줄래요?

- 「どこ」(어디)라는 의문사가 포인트로, 서류를 어디에 갖다 주면 되는지 묻고 있는 상황이다. (A)는 문제의 「届(とど)ける」(물건을 전하다, 갖다 주다)라는 동사만 들었을 때 고를 수 있는 오답이고, (B)와 (C)는 이미 서류를 보냈거나, 아직 도착하지 않은 상황을 말하므로 답이 될 수 없다. 정답은 (D)로, 3층 회의실로 갖다 줄 것을 부탁하고 있다.

- 書類(しょるい) 서류 今朝(けさ) 오늘 아침 届(とど)く (보낸 물건이) 도착하다, 닿다
동사의 た형+ばかりだ 막 ~한 참이다, ~한 지 얼마 안 되다 今(いま) 지금 郵便局(ゆうびんきょく) 우체국
預(あず)ける 맡기다 동사의 た형+ところだ 막 ~한 참이다, ~한 지 얼마 안 되다 もうすぐ 이제 곧 こちら 이쪽
着(つ)く 도착하다 会議室(かいぎしつ) 회의실 持(も)つ 가지다, 들다 ~てくれる (남이 나에게) ~해 주다

□ ごちそう様でした

女 ごちそう様でした。

男 いいえ、お粗末様でした。

잘 먹었습니다

여 **잘 먹었습니다.**

남 아니요, 변변치 못했습니다.

□ お疲れ様でした

女 お先に失礼します。

男 お疲れ様でした。

수고하셨습니다

여 먼저 실례하겠습니다[가 보겠습니다].

남 **수고하셨습니다.**

□ お世話になる

女 色々とお世話になりました。

男 いいえ、こちらこそ。

신세를 지다

여 여러모로 **신세를 졌습니다.**

남 아니요, 저야말로.

□ お上がりください

女 どうぞ、お上がりください。

男 はい、お邪魔します。

들어오세요

여 어서 **들어오세요.**

남 예, 실례하겠습니다.

□ お変わりありませんか

女 お久しぶりです。**お変わりありませんか。**

男 はい、おかげ様で元気にしております。

별일 없으세요?

여 오랜만이에요. **별일 없으세요?**

남 예, 덕분에 건강히 잘 지내고 있어요.

□ 동사의 보통형＋ことになる

女 来週の出張は誰が行くことになりましたか。

男 さあ、まだよくわかりませんね。

~하게 되다

여 다음 주 출장은 누가 가**게 됐어요?**

남 글쎄요. 아직 잘 모르겠네요.

□ 동사의 た형＋ことがある

女 田中さんは、海外旅行をしたことがありますか。

男 いいえ、一度もありません。

~한 적이 있다

여 다나카 씨는 해외여행을 **한 적이 있어요?**

남 아니요, 한 번도 없어요.

□ ～ようだ

女 今日は何か疲れているようですね。

男 実は、一晩中赤ちゃんに泣かれて寝られなかっ

たんです。

~인 것 같다

여 오늘은 왠지 피곤**한 것 같**네요.

남 실은 밤새도록 아기가 울어서 못 잤거든요.

□ ～はずがない

女 吉田君がそんなことをするはずがないわ。

男 うん、私もそう思うよ。

~일 리가 없다

여 요시다 군이 그런 일을 할 **리가 없**어.

남 응, 나도 그렇게 생각해.

인사 표현 및 정해진 문구 | 기출 확인 문제

음원 42

STEP 5 핵심 어휘를 메모하면서 들어 보세요.

1 問 _____

(A) _____ (○ · ×)

(B) _____ (○ · ×)

(C) _____ (○ · ×)

(D) _____ (○ · ×)

2 問 _____

(A) _____ (○ · ×)

(B) _____ (○ · ×)

(C) _____ (○ · ×)

(D) _____ (○ · ×)

3 問 _____

(A) _____ (○ · ×)

(B) _____ (○ · ×)

(C) _____ (○ · ×)

(D) _____ (○ · ×)

4 問 _____

(A) _____ (○ · ×)

(B) _____ (○ · ×)

(C) _____ (○ · ×)

(D) _____ (○ · ×)

5 問 _____

(A) _____ (○ · ×)

(B) _____ (○ · ×)

(C) _____ (○ · ×)

(D) _____ (○ · ×)

6 問 _____

(A) _____ (○ · ×)

(B) _____ (○ · ×)

(C) _____ (○ · ×)

(D) _____ (○ · ×)

7 問 _____

    (A) _____ (○ · ×)

    (B) _____ (○ · ×)

    (C) _____ (○ · ×)

    (D) _____ (○ · ×)

8 問 _____

    (A) _____ (○ · ×)

    (B) _____ (○ · ×)

    (C) _____ (○ · ×)

    (D) _____ (○ · ×)

1 コーヒーをもう一杯(いっぱい)いかがですか。

(A) はい、失礼(しつれい)します。

(B) はい、いらっしゃいます。

(C) いいえ、もう結構(けっこう)です。

(D) いいえ、仕方(しかた)がないです。

커피를 한 잔 더 어떠세요?
(A) 예, 실례하겠습니다.
(B) 예, 계십니다.
(C) 아니요, 이제 괜찮습니다.
(D) 아니요, 어쩔 수 없습니다.

해설 | 「いかがですか」(어떠십니까?)는 「どうですか」(어떻습니까?)의 공손한 표현으로, 커피를 한 잔 더 마시라며 권하고 있는 상황이다. 이에 대한 적절한 응답은 괜찮다며 거절하고 있는 (C)로, 「結構(けっこう)だ」는 '(사양의 뜻으로) 괜찮다, 이제 됐다'라는 뜻이다. (A)의 「失礼(しつれい)します」(실례하겠습니다)는 어떤 행동을 취하기에 앞서 하는 인사말이고, (B)는 누군가 있느냐고 물었을 때 할 수 있는 응답이다. (D) 역시 질문과는 무관한 내용이므로 답이 될 수 없다.

어휘 | コーヒー 커피 もう ① 더 ② 이제 一杯(いっぱい) 한 잔 *「~杯(はい)」 – ~잔
いらっしゃる 계시다 *「いる」((사람이) 있다)의 존경어 仕方(しかた)がない 어쩔 수 없다

2 冷(さ)めないうちにどうぞ召(め)し上(あ)がってください。

(A) よく冷(ひ)えていますね。

(B) では、遠慮(えんりょ)なく。

(C) じゃ、お邪魔(じゃま)します。

(D) 美味(おい)しくいただきました。

식기 전에 어서 드세요.
(A) 잘 차가워져 있네요.
(B) 그럼, 사양하지 않고.
(C) 그럼, 실례하겠습니다.
(D) 맛있게 먹었습니다.

해설 | 「~ないうちに」(~하기 전에)라는 표현이 포인트. 문제는 식사 등을 권할 때 자주 쓰는 표현으로, 음식을 차려 놓고 식기 전에 어서 드시라고 권하고 있는 상황이다. 정답은 (B)로, 「遠慮(えんりょ)なく」(사양하지 않고)는 뒤에 「いただきます」(잘 먹겠습니다)가 생략된 형태로 쓰인 것이다. (A)는 문제의 「冷(さ)める」(음식이) 식다, 차가워지다)라는 동사를 응용한 오답이고, (C)는 다른 사람의 집 등을 방문할 때, (D)는 식사를 마친 후에 하는 인사말이므로 역시 답이 될 수 없다.

어휘 | どうぞ (부탁하는 뜻으로) 아무쪼록, 부디, 어서 召(め)し上(あ)がる 드시다 *「飲(の)む」(마시다), 「食(た)べる」(먹다)의 존경어
よく 잘 冷(ひ)える 식다, 차가워지다 では 그럼, 그렇다면 遠慮(えんりょ) 사양
お邪魔(じゃま)します 실례합니다, 실례하겠습니다 *다른 사람의 집 등을 방문할 때 하는 인사말
美味(おい)しい 맛있다 いただく 먹다 *「飲(の)む」(마시다), 「食(た)べる」의 겸양어

3 大学(だいがく)は、海外(かいがい)に行(い)くつもりなんです。

(A) それは残念(ざんねん)だね。あんなに頑張(がんば)ったのに。

(B) へえ、どこの国(くに)から来(き)た学生(がくせい)なの(?)。

(C) そう。それでどこの国(くに)に留学(りゅうがく)するの(?)。

(D) へえ、10(じゅっ)か国(こく)も回(まわ)る旅行(りょこう)じゃ、大変(たいへん)だね。

대학은 해외로 갈 생각이에요.
(A) 그거 유감이네. 그렇게 노력했는데.
(B) 허, 어느 나라에서 온 학생이야?
(C) 그렇구나. 그래서 어느 나라로 유학하는 거야?
(D) 허, 10개국이나 도는 여행이면 힘들겠네.

해설 | 대학은 해외로 갈 생각이라고 말하고 있다. 이에 대한 적절한 응답은 유학할 나라를 묻고 있는 (C)로, 문제의 「大学(だいがく)は、海外(かいがい)に行(い)く」(대학은 해외로 간다)라는 표현을 「留学(りゅうがく)する」(유학하다)로 바꿔 표현했다. (A)는 「大学(だいがく)」(대학(교)), (B)와 (D)는 「海外(かいがい)」(해외)라는 단어를 응용한 오답이다.

어휘 | 동사의 보통형+つもりだ ~할 생각[작정]이다 残念(ざんねん)だ 아쉽다, 유감스럽다 あんなに (서로 알고 있는) 그렇게(나)
へえ 허 *감탄하거나 놀랐을 때 내는 소리 頑張(がんば)る 열심히 하다, 노력하다, 분발하다 ~のに ~는데(도) どこ 어디
国(くに) 국가, 나라 来(く)る 오다 学生(がくせい) 학생, (특히) 대학생 それで 그래서 ~か国(こく) ~개국
回(まわ)る (여기저기) 돌다 旅行(りょこう) 여행 ~じゃ ~은, ~이면 *「~では」의 회화체 표현 大変(たいへん)だ 큰일이다, 힘들다

4 お会いするのは初めてですね。高橋と申します。

(A) 是非またお越しください。

(B) お名前はよく伺っています。

(C) すみません、お顔が思い出せなくて。

(D) いつからお会いしてませんでしたか。

만나 뵙는 건 처음이네요. 다카하시라고 합니다.

(A) 꼭 또 오세요.

(B) 성함은 자주 들었어요.

(C) 죄송해요. 얼굴이 생각나지 않아서.

(D) 언제부터 만나지 않았나요?

해설 | 「お+동사의 ます형+する」는 '~하다, ~해 드리다'라는 뜻의 겸양표현으로, 처음 만나는 자리에서 자기 소개를 하고 있다. (A)와 (C)는 이미 만난 적이 있는 사이에서 할 수 있는 말이므로 부적절. 정답은 (B)로, 얼굴은 처음 보지만 다른 사람을 통해 이름은 들어서 알고 있다는 뜻이다. (D)는 「お会(あ)いする」(만나 뵙다)라는 표현을 응용한 오답이다.

어휘 | 会(あ)う 만나다 初(はじ)めて 처음(으로) ~と申(もう)す ~라고 하다 *자기 소개를 할 때 쓰는 표현으로, 「申(もう)す」(말하다)는 「言(い)う」(말하다)의 겸양어임 是非(ぜひ) 제발, 부디, 꼭 また 또 お越(こ)し 가심, 오심 *「行(い)くこと」(가는 것), 「来(く)ること」(오는 것)의 존경어 お名前(なまえ) 성함 *「名前(なまえ)」- 이름 よく 자주 伺(うかが)う 듣다, 여쭙다 *「聞(き)く」(듣다, 묻다)의 겸양어 顔(かお) 얼굴 思(おも)い出(だ)す (잊고 있던 것을) 생각해 내다, 떠올리다 いつ 언제 ~から 부터

5 佐藤さん、久しぶりですね。いつ帰られましたか。

(A) いつか伺えると思うんですが…。

(B) 初めまして。私が佐藤です。

(C) 先週の木曜日です。

(D) もう時間ですので、そろそろ…。

사토 씨, 오랜만이네요. 언제 돌아오셨어요?

(A) 조만간 찾아뵐 수 있을 것 같은데요….

(B) 처음 뵙겠습니다. 제가 사토입니다.

(C) 지난주 목요일이에요.

(D) 이제 (돌아갈) 시간이니까, 슬슬….

해설 | 「いつ」(언제)라는 의문사가 포인트로, 한동안 떠나 있었던 사람에게 언제 돌아왔는지 묻고 있다. (A)는 앞으로의 방문 일정에 대해 이야기하고 있고, (B)는 처음 만났을 때 나누는 인사말이며, (D)는 만남 등을 마무리하면서 할 수 있는 말이므로 답이 될 수 없다. 정답은 (C)로, 지난주 목요일에 돌아왔다는 뜻이다. 참고로 문제의 「帰(かえ)られる」(돌아오시다)는 「帰(かえ)る」(돌아오다)의 수동형으로, 여기서는 존경의 뜻으로 쓰였다.

어휘 | 久(ひさ)しぶり 오랜만임 いつか (미래의) 언젠가, 조만간 伺(うかが)う 찾아뵙다 *「訪(おとず)れる」(방문하다)의 겸양어 初(はじ)めまして 처음 뵙겠습니다 先週(せんしゅう) 지난주 木曜日(もくようび) 목요일 もう 이제 そろそろ 이제 슬슬

6 台風で電車もバスも止まっているようですよ。

(A) 僕も何か手伝うよ。

(B) バスしか動いていないのか。

(C) どうして止まっているのかわからないの(?)。

(D) 仕事が終わる頃には動き出すかなあ。

태풍으로 전철도 버스도 서 있는 것 같아요.

(A) 나도 뭔가 도울게.

(B) 버스밖에 운행하지 않고 있는 건가?

(C) 어째서 서 있는 건지 모르는 거야?

(D) 일이 끝날 무렵에는 운행하기 시작할까?

해설 | 태풍의 영향으로 전철도 버스도 운행을 멈춘 것 같다는 소식을 전하고 있다. (A)는 천재지변으로 인한 대중교통 운행 중단 상황에는 어울리지 않는 응답이고, 전철과 버스는 모두 운행 중단 상태로 그 이유는 태풍 때문이라고 이미 말한 바 있으므로, (B)와 (C)도 답이 될 수 없다. 정답은 (D)로, 지금은 운행을 멈췄지만 일이 끝날 무렵에는 운행이 재개될지 궁금해하고 있다.

어휘 | 台風(たいふう) 태풍 電車(でんしゃ) 전철 バス 버스 止(と)まる 멈추다, 서다 ~ようだ ~인 것 같다 僕(ぼく) 나 *남자의 자칭 何(なに)か 무엇인가, 뭔가 手伝(てつだ)う 돕다, 도와주다 ~しか (부정어 수반) ~밖에 動(うご)く 움직이다, (기계가) 작동하다 どうして 어째서, 왜 わかる 알다, 이해하다 ~の (의문·질문을 나타내는) ~느냐?, ~니? 仕事(しごと) 일 終(お)わる 끝나다 頃(ころ) 때, 시절, 무렵 동사의 ます형+出(だ)す ~하기 시작하다

7 例の小説、ものすごい人気らしいわね。

(A) 俳優として引っ張りだこだね。

(B) 出版社は笑いが止まらないだろうね。

(C) 空前の大ヒット曲になったね。

(D) ファッション業界では伝説だよね。

그 소설, 굉장한 인기인 것 같네.

(A) 배우로서 인기가 있네.

(B) 출판사는 웃음이 그치지 않겠네.

(C) 공전의 대히트곡이 되었네.

(D) 패션업계에서는 전설이지.

해설 | 「例(れい)の」(예의, 그)는 '이미 잘 알고 있는 바'를 뜻하는 말로, 두 사람이 모두 알고 있는 소설이 굉장한 인기인 것 같다고 했다. 이런 상황에 어울리는 응답은 (B)로, 문제의 「小説(しょうせつ)」(소설)와 「出版社(しゅっぱんしゃ)」(출판사)를 연결하는 것이 포인트. (A)는 영화, (C)는 노래가 인기를 끌고 있다는 말에 대해 고를 수 있는 응답이므로 부적절. (D) 역시 소설과는 무관한 패션에 대해 언급하고 있으므로 답이 될 수 없다.

어휘 | ものすごい 굉장하다, 대단하다   人気(にんき) 인기   ~らしい ~인 것 같다 *객관적 근거에 의한 추측·판단
俳優(はいゆう) 배우   ~として ~로서   引(ひ)っ張(ぱ)りだこ 인기가 있음, 또는 그런 사람이나 물건
笑(わら)いが止(と)まらない 웃음이 그치지 않다 *일이 지극히 잘 진행되어 기뻐서 어찌할 줄 모르는 모습
空前(くうぜん) 공전, 그것보다 이전에는 비교할 만한 예가 없음   大(だい)~ (정도가 심한) 대~   ヒット 히트   曲(きょく) 곡
ファッション 패션   業界(ぎょうかい) 업계   伝説(でんせつ) 전설

8 その資料を拝見させていただけますか。

(A) 見るだけならかまいませんが、コピーは控えてください。

(B) 昨日の件に関しましては、お答えいたしかねます。

(C) わかりました。お引き受けします。

(D) ご要望にお応えできるよう、努めております。

그 자료를 볼 수 있을까요?

(A) 보는 것만이라면 상관없지만 복사는 삼가 주세요.

(B) 어제 건에 관해서는 대답하기 어렵습니다.

(C) 알겠습니다. 맡겠습니다.

(D) 요망에 부응할 수 있도록 노력하고 있습니다.

해설 | 겸양표현에 대한 이해를 필요로 하는 문제. 「~(さ)せていただけますか」는 '~해도 될까요?'라는 뜻으로, 자신을 낮추는 겸양표현인 「~(さ)せていただく」(~(하)다)의 가능 질문형에 해당하는 표현이다. 즉, 자료를 볼 수 있는지 조심스레 묻고 있으므로, 정답은 보는 것은 괜찮지만 복사는 하지 말아 달라고 한 (A)가 된다. (B)는 대답하기 곤란할 때, (C)는 어떤 일을 자진해서 맡을 때 할 수 있는 응답이므로 부적절하고, (D) 역시 자료 열람을 원하는 질문과는 동떨어진 응답이므로 답이 될 수 없다.

어휘 | 資料(しりょう) 자료   拝見(はいけん)する (삼가) 보다 *「見(み)る」(보다)의 겸양어   ~だけ ~만, ~뿐   ~なら ~라면
かまわない 상관없다   コピー 복사   控(ひか)える 자제하다, 삼가다   昨日(きのう) 어제   件(けん) 건
~に関(かん)しましては ~에 관해서는 *「~に関(かん)しては」의 정중한 표현
お+동사의 ます형+いたす[する] ~하다, ~해 드리다 *겸양표현   答(こた)える 대답하다
동사의 ます형+かねる ~하기 어렵다, ~할 수 없다   わかる 알다, 이해하다   引(ひ)き受(う)ける (책임지고) 맡다
要望(ようぼう) 요망   応(こた)える 부응하다   ~よう(に) ~하도록   努(つと)める 노력하다, 힘쓰다
~ておる ~하고 있다 *「~ている」의 겸양표현

주요 어휘 및 표현 정리 20

한자	읽기	의미
☐ 召し上がる	めしあがる	드시다
☐ 急ぐ	いそぐ	서두르다
☐ 近所	きんじょ	근처, 부근
☐ 一晩中	ひとばんじゅう	밤새도록
☐ 結構だ	けっこうだ	(사양하는 뜻으로) 괜찮다, 이제 됐다
☐ 仕方がない	しかたがない	어쩔 수 없다
☐ 冷める	さめる	(음식이) 식다, 차가워지다
☐ 残念だ	ざんねんだ	아쉽다, 유감스럽다
☐ 回る	まわる	(여기저기) 돌다
☐ 大変だ	たいへんだ	큰일이다, 힘들다
☐ 思い出す	おもいだす	(잊고 있던 것을) 생각해 내다, 떠올리다
☐ いつか	・	(미래의) 언젠가, 조만간
☐ そろそろ	・	이제 슬슬
☐ 台風	たいふう	태풍
☐ 手伝う	てつだう	돕다, 도와주다
☐ 例の	れいの	예의, 그
☐ ものすごい	・	굉장하다, 대단하다
☐ 俳優	はいゆう	배우
☐ 笑いが止まらない	わらいがとまらない	웃음이 그치지 않다
☐ 控える	ひかえる	자제하다, 삼가다

STEP 1 먼저 핵심 기출 어휘와 필수 예문을 익히세요.

핵심 기출 어휘 및 필수 예문

음원 43

- 忙^{いそが}しい 바쁘다
  예 最近^{さいきん}、忙^{いそが}しくて本^{ほん}を読^よむ暇^{ひま}もありません。 요즘 바빠서 책을 읽을 틈도 없어요.

- お祝^{いわ}い 축하, 축하 선물
  예 合格^{ごうかく}、おめでとう。何^{なん}かお祝^{いわ}いしなくちゃ。 합격, 축하해. 뭔가 축하 선물 해야겠군.

- 売^うり切^きれ 품절, 다 팔림
  예 せっかく時間^{じかん}を割^さいて行^いったのに、売^うり切^きれだったよ。
    모처럼 시간을 내서 갔는데 품절이었어.

- 汚^{よご}れる 더러워지다
  예 このシャツ、袖^{そで}の部分^{ぶぶん}が汚^{よご}れてるね。洗濯^{せんたく}しなくちゃ。
    이 셔츠, 소매 부분이 더러워져 있네. 세탁해야겠어.

빈출 질문 및 응답 패턴

음원 44

STEP 2 이제 YBM이 엄선한 일상생활 표현 문제를 잘 듣고 풀어 보세요.

1 피곤함

今日は忙しかったですね。

(A) はい、今日から休みですね。

(B) そうですか。易しかったですよ。

(C) ええ、すぐ終わりましたよ。

✓(D) そうですね。疲れましたね。

오늘은 바빴네요.

(A) 예, 오늘부터 휴일이네요.

(B) 그래요? 쉬웠어요.

(C) 네, 바로 끝났어요.

✓(D) 그러게요. 피곤하네요.

2 축하

皆さんからお祝いをたくさんいただきました。

(A) それは苦かっただろうね。

(B) こちらから先に謝った方がいいよ。

✓(C) ちゃんとお礼をしなくちゃいけないね。

(D) 僕はあまり得意じゃないんだ。

모두에게서 축하를 많이 받았어요.

(A) 그건 씁쓸했겠네.

(B) 이쪽에서 먼저 사과하는 편이 좋아.

✓(C) 제대로 감사 인사를 해야겠네.

(D) 난 별로 잘하지 않거든.

3 품절

急いで買いに行ったのに、売り切れだったの。

✓(A) 人気があるから、すぐ無くなっちゃうんだよ。

(B) 時間に間に合ってよかったね。

(C) 少しでも買えたならいいじゃない(?)。

(D) 大抵残ってしまうんだよね。

서둘러서 사러 갔는데 품절이었어.

✓(A) 인기가 있으니까 바로 없어져 버리거든.

(B) 시간에 늦지 않아서 다행이네.

(C) 조금이라도 살 수 있었으면 된 거 아니야?

(D) 대개 남아 버리지.

4 음료 부탁

売店で飲み物を買って来てくれるかしら。

(A) 醤油とソースとどっちがいいのかな。

(B) 売店で千円札に両替してもらうといいよ。

(C) 弁当はもう買ってあるよ。

✓(D) 何がいい(?)。僕は紅茶にするけど。

매점에서 음료를 사 와 주지 않을래?

(A) 간장과 소스 중 어느 쪽이 좋을까?

(B) 매점에서 천 엔짜리 지폐로 바꿔 달라고 하면 돼.

(C) 도시락은 이미 사 두었어.

✓(D) 뭐가 좋아? 난 홍차로 할 건데.

STEP 3 질문의 의미를 정확하게 파악하고, 질문의 단어나 표현을 응용한 오답에 주의하세요.

Point 1
질문의 의미 파악

일상생활에서 흔히 듣게 되는 질문의 정확한 의미를 파악!

Q: 中村さんの家に泥棒が入ったそうよ。

나카무라 씨, 집에 도둑이 들었대.

Point 2
질문의 단어나 표현을
응용한 오답에 주의!

동일 단어의 반복 또는 질문에 등장하는 단어나 표현을 응용한 선택지에 주의!

A: (A) うちも気を付けないといけないね。 우리도 조심해야겠군.

　　　→ 나카무라 씨 집에 도둑이 들었다고 했으므로, 우리도 조심하자고 한 (A)가 올바른 응답임.

　(B) ここはペット、禁止じゃない(?)。 여기는 반려동물 금지 아니야?

　　　→ 「入(はい)る」(들다, 들어오다)라는 단어를 응용한 오답임.

　(C) 火事の時に運ぶものを決めておこうか。 화재 때 옮길 걸 정해 둘까?

　　　→ 질문과는 관련이 없는 응답임.

　(D) それでこの間男の人が挨拶に来たんだ。

　　　그래서 요전에 남자가 인사하러 온 거구나.

　　　→ 「家(いえ)」(집)라는 단어를 응용한 오답임.

| CHECK UP |

あの人、意外と実力があるのよ。

✓(A) へえ、見かけによらないんだね。

　(B) いかにも有能そうに見えるけどね。

　(C) そんなに長く休みを取れるのかな。

　(D) 最近は料理の下手な人が多いね。

저 사람, 의외로 실력이 있다고.

✓(A) 허, 겉보기와는 다르네.

　(B) 정말이지 유능한 듯이 보이는데 말이야.

　(C) 그렇게나 길게 휴가를 받을 수 있는 걸까?

　(D) 최근에는 요리를 잘 못하는 사람이 많지.

Point 1 질문의 의미 파악

⬥ 저 사람이 의외로 실력이 있다고 했으므로, 놀라면서 겉보기와는 다르다고 한 (A)가 정답임.

Point 2 질문의 단어나 표현을 응용한 오답에 주의

⬥ (B)와 (D)는 「実力(じつりょく)」(실력)라는 단어를 응용한 오답이고, (C)는 전혀 관련이 없는 응답임.

STEP 4 ▶ 다음 기출문제를 기출문제 풀이 전략을 적용해서 풀어 보세요.

1

今日(きょう)は久(ひさ)しぶりに遠(とお)くまでドライブしたわ
ね。 오늘은 오랜만에 멀리까지 드라이브했네.

(A) いつも来(き)ている場所(ばしょ)だから、もう慣(な)れた
よ。 항상 오는 곳이라서 이제 익숙해졌어.

(B) こんなに近(ちか)くにあるとは、知(し)らなかった
ね。 이렇게 근처에 있으리라고는 몰랐네.

✓(C) 道(みち)も込(こ)んでなかったし、気持(きも)ちよかった
ね。 길도 붐비지 않았고, 기분 좋았지?

(D) 地下鉄(ちかてつ)でこんな所(ところ)まで来(こ)られるんだね。
지하철로 이런 데까지 올 수 있구나.

- 문제에서 「久(ひさ)しぶりに」(오랜만에)라고 했으므로, 멀리까지 드라이브를 하는 것이 항상 있는 일은 아니라는 것을 알 수 있다. 따라서 항상 오는 곳이라고 한 (A)는 부적절. (B)의 「近(ちか)く」(가까운 곳, 근처)와 (D)의 「地下鉄(ちかてつ)」(지하철)는 차로 멀리까지 드라이브했다는 내용과는 맞지 않으므로 답이 될 수 없다. 정답은 (C)로, 오랜만에 멀리 드라이브를 나갔는데 길도 붐비지 않아서 좋았다는 뜻이다.

- 今日(きょう) 오늘 久(ひさ)しぶり 오랜만임 遠(とお)く 먼 곳, 멀리 ドライブ 드라이브 いつも 늘, 항상 来(く)る 오다 場所(ばしょ) 장소, 곳 もう 이제 慣(な)れる 익숙해지다 こんなに 이렇게(나) 〜とは 〜라고는 知(し)る 알다 道(みち) 길, 도로 込(こ)む 혼잡하다, 붐비다 気持(きも)ちいい 기분(이) 좋다 所(ところ) 곳, 장소, 데

2

彼女(かのじょ)、足(あし)が痛(いた)そうだけど、どうかしたの(?)。
그녀, 다리가 아파 보이는데 어떻게 된 거야?

✓(A) さっき自転車(じてんしゃ)とぶつかったんだって。
조금 전에 자전거와 부딪쳤대.

(B) 車(くるま)は免許証(めんきょしょう)がないと運転(うんてん)できないんだ。
자동차는 면허증이 없으면 운전할 수 없어.

(C) これから入院生活(にゅういんせいかつ)は大変(たいへん)だね。
앞으로 입원 생활은 힘들겠군.

(D) 猫(ねこ)がいなくなったらしいよ。
고양이가 없어진 것 같아.

- 다리가 아파 보이는 이유를 묻고 있으므로, 이에 대한 응답으로는 그 이유에 해당하는 내용이 와야 한다. 정답은 (A)로, 조금 전 자전거와 부딪쳐서 다리를 다친 것 같다는 의미다. (C)는 문제의 「痛(いた)い」(아프다)라는 단어만 들었을 때 고를 수 있는 오답이고, (B)와 (D)도 다리가 아픈 이유와는 거리가 먼 내용이다.

- 足(あし) 다리 痛(いた)い 아프다 い형용사의 어간+そうだ 〜일[할] 것 같다, 〜해 보이다 *양태 さっき 조금 전, 아까 自転車(じてんしゃ) 자전거 ぶつかる 부딪치다 〜って 〜대, 〜래 車(くるま) 자동차, 차 免許証(めんきょしょう) 면허증 運転(うんてん) 운전 これから 이제부터, 앞으로 入院(にゅういん) 입원 生活(せいかつ) 생활 大変(たいへん)だ 큰일이다, 힘들다 猫(ねこ) 고양이 〜らしい 〜인 것 같다 *객관적인 근거에 의한 추측·판단

□ 具合
ぐ あい

女 お体の具合はいかがですか。
からだ ぐ あい

男 おかげ様で、だいぶよくなりました。
さま

(건강) 상태

여 몸 **상태**는 어떠세요?
남 덕분에 많이 좋아졌어요.

□ 間に合う
ま あ

女 今から出発しても間に合うかしら。
いま しゅっぱつ ま あ

男 うん、まだ時間はたくさんあるから、大丈夫だよ。
じ かん だいじょう ぶ

시간에 맞게 대다, 늦지 않다

여 지금부터 출발해도 **시간에 맞출** 수 있을까?
남 응, 아직 시간은 많이 있으니까 괜찮아.

□ 拾う
ひろ

女 この間拾った財布、どうしましたか。
あいだひろ さい ふ

男 近くにいた警官に渡しました。
ちか けいかん わた

줍다, 습득하다

여 요전에 **주운** 지갑, 어떻게 했어요?
남 근처에 있던 경찰관에게 건네줬어요.

□ 言葉遣い
こと ば づか

女 彼の言葉遣いってどうも気に入らないわ。
かれ こと ば づか き い

男 うん、ちょっと生意気だよなあ。
なま い き

말씨, 말투

여 그의 **말투**는 도무지 마음에 안 들어.
남 응, 좀 건방지지?

□ 困る
こま

女 うちの子、遊んでばかりいて困ってるの。
こ あそ こま

男 まだ小学生なんだから、いいんじゃない(?)。
しょうがくせい

곤란하다, 난처하다

여 우리 애, 놀기만 해서 **곤란해**.
남 아직 초등학생이니까 괜찮지 않아?

□ お腹が空く
なか す

女 お腹が空きましたね。
なか す

男 ええ、何か食べに行きましょう。
なに た い

배가 고프다

여 **배가 고프**네요.
남 네, 뭔가 먹으러 갑시다.

□ 詳しい
くわ

女 渡辺さんは本当に経済に詳しいですね。
わたなべ ほんとう けいざい くわ

男 いいえ、そんなことありませんよ。

정통하다, 잘 알고 있다, 밝다

여 와타나베 씨는 정말로 경제에 **밝**네요.
남 아니요, 그렇지 않아요.

□ 迷う
まよ

女 就職するか、それとも進学するかで迷ってるの。
しゅうしょく しんがく まよ

男 そう(?)。僕は就職した方がいいと思うけど。
ぼく しゅうしょく ほう おも

망설이다

여 취직할지 아니면 진학할지로 **망설이고** 있어.
남 그래? 난 취직하는 편이 좋다고 생각하는데.

□ 流行る
はや

女 最近、あの服が流行ってるみたいね。
さいきん ふく はや

男 うん、君にも似合うと思うよ。
きみ に あ おも

유행하다

여 요즘 저 옷이 **유행하고** 있는 것 같네.
남 응, 너한테도 어울릴 것 같은데.

STEP 5 핵심 어휘를 메모하면서 들어 보세요.

1 問 _____

(A) _____ (○ · ×)

(B) _____ (○ · ×)

(C) _____ (○ · ×)

(D) _____ (○ · ×)

2 問 _____

(A) _____ (○ · ×)

(B) _____ (○ · ×)

(C) _____ (○ · ×)

(D) _____ (○ · ×)

3 問 _____

(A) _____ (○ · ×)

(B) _____ (○ · ×)

(C) _____ (○ · ×)

(D) _____ (○ · ×)

4 問 _____

(A) _____ (○ · ×)

(B) _____ (○ · ×)

(C) _____ (○ · ×)

(D) _____ (○ · ×)

5 問 _____

(A) _____ (○ · ×)

(B) _____ (○ · ×)

(C) _____ (○ · ×)

(D) _____ (○ · ×)

6 問 _____

(A) _____ (○ · ×)

(B) _____ (○ · ×)

(C) _____ (○ · ×)

(D) _____ (○ · ×)

7 問 _____

    (A) _____ (○ · ×)

    (B) _____ (○ · ×)

    (C) _____ (○ · ×)

    (D) _____ (○ · ×)

8 問 _____

    (A) _____ (○ · ×)

    (B) _____ (○ · ×)

    (C) _____ (○ · ×)

    (D) _____ (○ · ×)

1 あら、出(で)かける前(まえ)にガスの火(ひ)を消(け)したかしら。
(A) だから、規則(きそく)は大事(だいじ)だって言(い)っただろ(?)。
(B) 心配(しんぱい)だったら、戻(もど)った方(ほう)がいいよ。
(C) 探(さが)したけど、見(み)つからなかったよ。
(D) そう言(い)えば、予約(よやく)してなかったなあ。

어머, 나오기 전에 가스불을 껐나?
(A) 그래서 규칙은 중요하다고 말했잖아?
(B) 걱정스러우면 되돌아가는 편이 좋아.
(C) 찾았지만 못 찾았어.
(D) 그러고 보니 예약하지 않았네.

해설 | 「~かしら」는 '~일까?'라는 뜻으로 의문을 나타낸다. 즉, 외출하기 전에 가스불을 껐는지 기억이 나지 않아서 불안해하고 있는 상황이다. 적절한 응답은 (B)로, 가스불이 걱정스러우면 돌아가서 확인하는 편이 좋다는 의미이다. (A)는 규칙을 어긴 사람을 나무라는 의미에서 하는 말이므로 부적절. (C)와 (D) 역시 원하는 것을 찾지 못했거나 예약을 하지 않은 경우에 보일 수 있는 반응이므로 답이 될 수 없다.

어휘 | あら 어머(나) *여성어로, 감동하거나 놀랐을 때 내는 소리 出(で)かける 나가다, 외출하다
동사의 기본형+前(まえ)に ~하기 전에 ガス 가스 火(ひ) 불 消(け)す 끄다 だから 그러므로, 그러니까, 그래서
規則(きそく) 규칙 大事(だいじ)だ 중요하다 ~って ~라고 心配(しんぱい)だ 걱정스럽다 戻(もど)る 되돌아가다
동사의 た형+方(ほう)がいい ~하는 편[쪽]이 좋다 探(さが)す 찾다 見(み)つかる 발견되다, 찾게 되다
そう言(い)えば 그러고 보니 予約(よやく) 예약

2 ポケットの下(した)が汚(よご)れていますね。
(A) どうして破(やぶ)れてしまったんだろう。
(B) 引(ひ)っ張(ぱ)れば取(と)れるんじゃないかな。
(C) 本当(ほんとう)だ。知(し)らない間(あいだ)に何(なに)か付(つ)けたのかな。
(D) 干(ほ)しておいたから、もう乾(かわ)いているよ。

호주머니 밑이 더러워져 있네요.
(A) 어째서 찢어져 버린 걸까?
(B) 잡아당기면 빠지지 않을까?
(C) 정말이네. 모르는 사이에 뭔가 묻은 걸까?
(D) 널어 둬서 이미 말랐어.

해설 | 「汚(よご)れる」(더러워지다)라는 동사가 포인트. 상대방의 호주머니 아랫부분이 더러워져 있다는 사실을 알려 주고 있다. 이에 대한 적절한 응답은 (C)로, 그런 지적을 받기 전에는 어디서 오물이 묻었는지 몰랐다는 의미다. (A)는 더러워진 것이 아니라 찢어져 있다는 말에 대해, (B)는 뭔가 꽉 끼어 있다는 말에 대해 보일 수 있는 반응이므로 부적절. (D) 역시 젖어 있다는 말을 들었을 때 할 수 있는 응답이므로 답이 될 수 없다.

어휘 | ポケット 호주머니 下(した) 아래, 밑 どうして 어째서, 왜 破(やぶ)れる 찢어지다 引(ひ)っ張(ぱ)る 잡아당기다
取(と)れる (붙어 있던 것이) 떨어지다, 빠지다 本当(ほんとう) 정말, 사실 知(し)る 알다 ~間(あいだ)に ~동안에, ~사이에
付(つ)ける 묻히다 干(ほ)す 말리다, 널다 ~ておく ~해 놓다[두다] もう 이미, 벌써 乾(かわ)く 마르다, 건조하다

3 美味(おい)しそうなお弁当(べんとう)ですね。
(A) こんなお弁当(べんとう)、注文(ちゅうもん)したくないですね。
(B) はい、お弁当(べんとう)を食(た)べました。
(C) 母(はは)が作(つく)ってくれたお弁当(べんとう)なんですよ。
(D) 近(ちか)くのレストランで食(た)べて来(き)ました。

맛있어 보이는 도시락이네요.
(A) 이런 도시락, 주문하고 싶지 않네요.
(B) 예, 도시락을 먹었어요.
(C) 어머니가 만들어 준 도시락이거든요.
(D) 근처 레스토랑에서 먹고 왔어요.

해설 | 「い형용사의 어간+そうだ」는 '~일[할] 것 같다, ~해 보이다'라는 뜻으로, 도시락이 먹음직스러워 보인다며 칭찬하고 있다. 적절한 응답은 어머니가 만들어 준 도시락이라고 자랑스러워하고 있는 (C)로, (A)와 (B)는 문제의 「お弁当(べんとう)」(도시락)라는 단어를 응용한 오답이고, (D)도 먹음직스러워 보이는 도시락과는 무관한 내용이다.

어휘 | 美味(おい)しい 맛있다 こんな 이런, 이와 같은 注文(ちゅうもん) 주문 동사의 ます형+たい ~하고 싶다 食(た)べる 먹다
母(はは) (자신의) 어머니 作(つく)る 만들다 ~てくれる (남이 나에게) ~해 주다 近(ちか)く 가까운 곳, 근처 レストラン 레스토랑

4 最近(さいきん)、食欲(しょくよく)がなくて困(こま)っているの。
(A) それじゃ、誰(だれ)か知(し)っている人(ひと)に聞(き)いてみたら(?)。
(B) 僕(ぼく)のところにはちゃんと来(き)ているよ。
(C) 何(なに)か悩(なや)み事(ごと)でもあるんじゃない(?)。
(D) 彼女(かのじょ)は水(みず)しか飲(の)まないからね。

요즘 식욕이 없어서 애먹고 있어.
(A) 그럼, 누군가 알고 있는 사람에게 물어 보는 게 어때?
(B) 내 집에는 제대로 와 있어.
(C) 뭔가 고민거리라도 있는 거 아니야?
(D) 그녀는 물밖에 마시지 않으니까 말이야.

해설 | 「食欲(しょくよく)」(식욕)라는 단어가 포인트. 요즘 식욕이 없어서 애먹고 있다고 했으므로, 적절한 응답은 뭔가 고민거리가 있어서 그런 것은 아닌지 걱정하고 있는 (C)가 된다. (A)와 (B)는 문제의 「困(こま)る」(어려움을 겪다, 애먹다)라는 동사만 들었을 때 고를 수 있는 오답이고, (D)의 '그녀'는 두 사람이 나누는 대화와는 관련이 없는 인물이다.

어휘 | 最近(さいきん) 최근, 요즘 ～の (문말에 쓰여서) 가벼운 단정을 나타냄 それじゃ 그러면, 그렇다면, 그럼 誰(だれ)か 누군가 知(し)る 알다 聞(き)く 묻다 ～たら ～하는 게 어때? *완곡하게 명령하거나 권고할 때 씀 僕(ぼく) 나 *남자의 자칭 ところ ～네(집) ちゃんと 제대로, 확실히 来(く)る 오다 何(なに)か 무엇인가, 뭔가 悩(なや)み事(ごと) 고민거리 水(みず) 물 ～しか (부정어 수반) ～밖에 飲(の)む 마시다

5 パソコンの購入(こうにゅう)を考(かんが)えているんだけど、どっちのタイプがいいか迷(まよ)ってるんですよ。
(A) これ以上(いじょう)の価格(かかく)の値引(ねび)きには応(おう)じかねますね。
(B) 早速(さっそく)その決定(けってい)に従(したが)って手続(てつづ)きを開始(かいし)いたします。
(C) 最新(さいしん)の技術(ぎじゅつ)に基(もと)づいた、ソフトの開発(かいはつ)を提案(ていあん)いたします。
(D) 価格(かかく)と機能(きのう)の両面(りょうめん)から判断(はんだん)して、こちらをお勧(すす)めします。

컴퓨터 구입을 생각하고 있는데, 어느 타입이 좋을지 망설이고 있거든요.
(A) 이 이상의 가격 할인에는 응하기 어렵네요.
(B) 즉시 그 결정에 따라 수속을 시작하겠습니다.
(C) 최신 기술에 기반한 소프트웨어 개발을 제안드립니다.
(D) 가격과 기능의 양면으로 판단하여 이쪽을 권해 드립니다.

해설 | 컴퓨터를 구입하기에 앞서 어떤 타입이 좋을지 조언을 구하고 있다. (A)는 이미 구입하고자 하는 컴퓨터를 정한 후 가격을 흥정하고 있는 상황이므로 부적절. (B)는 전혀 엉뚱한 대답이고, (C)는 「パソコン」(개인용 컴퓨터)이라는 단어를 응용한 오답이다. 적절한 응답은 (D)로, 가격과 기능을 모두 고려해서 적당한 제품을 추천해 주고 있다.

어휘 | パソコン (개인용) 컴퓨터 *「パーソナルコンピューター」(퍼스널 컴퓨터)의 준말 購入(こうにゅう) 구입 考(かんが)える 생각하다 どっち 어디, 어느 쪽 タイプ 타입 迷(まよ)う 망설이다 これ以上(いじょう) 이 이상 価格(かかく) 가격 値引(ねび)き 할인 応(おう)じる 응하다 동사의 ます형+かねる ～하기 어렵다, ～할 수 없다 早速(さっそく) 당장, 즉시 決定(けってい) 결정 従(したが)う 따르다, 좇다 手続(てつづ)き 수속 開始(かいし) 개시, 시작 いたす 하다 *「する」의 겸양어 最新(さいしん) 최신 技術(ぎじゅつ) 기술 基(もと)づく 기초를 두다, 의거하다, 기인하다 ソフト 소프트웨어 *「ソフトウェア」의 준말 開発(かいはつ) 개발 提案(ていあん) 제안 機能(きのう) 기능 両面(りょうめん) 양면 判断(はんだん) 판단 こちら 이쪽, 이것, 이 물건 お+동사의 ます형+する ～하다, ～해 드리다 *겸양표현 勧(すす)める 권하다, 권유하다

6 演奏会(えんそうかい)、成功(せいこう)してよかったね。
(A) この試合(しあい)では選手(せんしゅ)全員(ぜんいん)の活躍(かつやく)が大(おお)きいよ。
(B) 始(はじ)まるまでは不安(ふあん)でたまらなかったけどね。
(C) あの候補者(こうほしゃ)の演説(えんぜつ)は説得力(せっとくりょく)があったね。
(D) 彼(かれ)だけに責任(せきにん)を押(お)し付(つ)けるのはどうかと思(おも)うね。

연주회, 성공해서 다행이네.
(A) 이 시합에서는 선수 전원의 활약이 커.
(B) 시작될 때까지는 너무 불안했지만 말이야.
(C) 그 후보자의 연설은 설득력이 있었지.
(D) 그에게만 책임을 떠넘기는 건 좀 그래.

해설 | 「～てよかった」는 '～해서 잘됐다[다행이다]'라는 뜻으로, 다소 불안하게 여겼던 일이 바람직한 결과로 이어져서 안도했다는 의미다. 즉, 연주회가 성공적으로 끝나서 다행이라는 뜻이므로, 이에 대한 적절한 응답은 시작될 때까지는 너무 불안했다고 자신의 심정을 토로하고 있는 (B)가 된다. 나머지 선택지의 '시합', '연설', '책임'은 모두 연주회의 성공과는 무관한 내용이다.

어휘 | 演奏会(えんそうかい) 연주회 成功(せいこう) 성공 試合(しあい) 시합 選手(せんしゅ) 선수 全員(ぜんいん) 전원 活躍(かつやく) 활약 大(おお)きい 크다 始(はじ)まる 시작되다 不安(ふあん)だ 불안하다 な형용사의 어간+でたまらない ～해서 견딜 수 없다, 너무 ～하다 あの (서로 알고 있는) 그 候補者(こうほしゃ) 후보자 演説(えんぜつ) 연설 説得力(せっとくりょく) 설득력 ～だけ ～만, ～뿐 責任(せきにん) 책임 押(お)し付(つ)ける 떠맡기다, 강요하다 どうかと思(おも)う 어떨까 싶다, 좋지 않다고 생각하다

7 今度、生まれて初めて海外に行くの。
(A) 久しぶりの海外勤務になるね。
(B) 古い旅館で温泉を楽しむのはいいね。
(C) ひょっとして飛行機も初めて(?)。
(D) 見事な作品だから、きっと感動するよ。

이번에 태어나서 처음 해외에 가거든.
(A) 오랜만의 해외근무가 되겠네.
(B) 오래된 여관에서 온천을 즐기는 건 좋지.
(C) 혹시 비행기도 처음이야?
(D) 멋진 작품이니까 틀림없이 감동할 거야.

해설 | 해외에 가는 것은 이번이 태어나서 처음이라고 말하고 있다. 따라서 오랜만의 해외 근무라고 한 (A)는 일단 제외. (B)의 온천 여관이나 (D)의 멋진 작품에 대한 내용 역시 문제와는 맞지 않는다. 적절한 응답은 (C)로, 해외에 나가는 것이 처음이라고 하자 혹시 비행기도 처음 타는 것인지 되묻고 있다.

어휘 | 今度(こんど) 이번 生(う)まれる 태어나다 初(はじ)めて 처음(으로) 海外(かいがい) 해외 久(ひさ)しぶり 오랜만임 勤務(きんむ) 근무 古(ふる)い 오래다, 오래되다 旅館(りょかん) 여관 温泉(おんせん) 온천 楽(たの)しむ 즐기다 ひょっとして 어쩌가, 만일, 혹시(나) 飛行機(ひこうき) 비행기 見事(みごと)だ 멋지다, 훌륭하다 作品(さくひん) 작품 きっと 분명히, 틀림없이 感動(かんどう) 감동

8 目上の人に対する言葉遣いって難しいんですね。
(A) 若い人には、特に敬語が面倒だろうね。
(B) 全国放送だから、標準語で話さないとね。
(C) そう、現実を素直に認めないのが問題だね。
(D) 漢字の書き順は誰でも苦労すると思うよ。

윗사람에 대한 말투는 어렵네요.
(A) 젊은 사람에게는 특히 경어가 번거롭겠지.
(B) 전국 방송이니까 표준어로 이야기해야지.
(C) 맞아, 현실을 순순히 인정하지 않는 것이 문제지.
(D) 한자 필순은 누구나 고생할 거라고 생각해.

해설 | 「言葉遣(ことばづか)い」(말씨, 말투)라는 단어가 포인트. 윗사람에 대한 말투가 어렵다는 것은, 다시 말해 윗사람에 대한 경어 사용에 어려움을 겪고 있다는 의미이다. 이에 대한 적절한 응답은 (A)로, 젊은 사람들은 일일이 경어를 쓰는 것이 쉽지 않을 것이라고 공감해 주고 있다. (B)와 (D)는 「言葉遣(ことばづか)い」(말투, 말씨)라는 단어를 응용한 오답이고, (C)는 「難(むずか)しい」(어렵다)라는 말만 들었을 때 고를 수 있는 오답이다.

어휘 | 目上(めうえ) 윗사람, 연장자 ~に対(たい)する ~에 대한 *대상 若(わか)い 젊다 特(とく)に 특히 敬語(けいご) 경어 面倒(めんどう)だ 귀찮다, 성가시다, 번거롭다 全国(ぜんこく) 전국 放送(ほうそう) 방송 標準語(ひょうじゅんご) 표준어 話(はな)す 말하다, 이야기하다 現実(げんじつ) 현실 素直(すなお)だ 순순하다, 순진하다, 고분고분하다, 순수하다 認(みと)める 인정하다 問題(もんだい) (나쁜 뜻의) 문제 漢字(かんじ) 한자 書(か)き順(じゅん) 필순, 쓰는 순서 誰(だれ)でも 누구든지, 누구나 苦労(くろう) 고생

주요 어휘 및 표현 정리 20

한자	읽기	의미
☐ 易しい	やさしい	쉽다
☐ 謝る	あやまる	사과하다
☐ 大抵	たいてい	대개, 대부분, 대강
☐ 売店	ばいてん	매점
☐ 気を付ける	きをつける	조심하다, 주의하다
☐ 火事	かじ	화재, 불
☐ 意外と	いがいと	의외로
☐ 見かけによらない	みかけによらない	겉보기와(는) 다르다
☐ いかにも	・	자못, 정말이지, 매우
☐ ぶつかる	・	부딪치다
☐ 免許証	めんきょしょう	면허증
☐ 規則	きそく	규칙
☐ 大事だ	だいじだ	중요하다
☐ そう言えば	そういえば	그러고 보니
☐ 引っ張る	ひっぱる	잡아당기다
☐ 付ける	つける	묻히다
☐ 食欲	しょくよく	식욕
☐ 悩み事	なやみごと	고민거리
☐ 値引き	ねびき	할인
☐ 勧める	すすめる	권하다, 권유하다

STEP 1 먼저 핵심 기출 어휘와 필수 예문을 익히세요.

핵심 기출 어휘 및 필수 예문

음원 49

• 赤字 적자

    예 うちの会社、最近赤字が続いていますね。
    우리 회사, 요즘 적자가 계속되고 있네요.

• ボーナス 보너스

    예 明日は夏のボーナスが出るから、食事でもしようか。
    내일은 여름 보너스가 나오니까 식사라도 할까?

• 慣れる 익숙해지다

    예 新しい仕事はどうですか。もう慣れましたか。
    새 일은 어때요? 이제 익숙해졌어요?

• 伺う 찾아뵙다

    예 それでは、午後3時頃伺います。
    그럼, 오후 3시쯤에 찾아뵙겠습니다.

빈출 질문 및 응답 패턴

음원 50

STEP 2 ▶ 이제 YBM이 엄선한 업무 및 비즈니스 표현 문제를 잘 듣고 풀어 보세요.

1 일 적응

この仕事にもやっと慣れてきたわ。
(A) 聞いただけでも恥ずかしいことだね。
✓(B) もう6か月ぐらい経ったんだからね。
(C) 初めて見たから、びっくりしたよ。
(D) そんなに嫌なら、止めればいいんじゃない(?)。

이 일에도 겨우 익숙해졌어.
(A) 들은 것만으로도 부끄러운 일이네.
✓(B) 벌써 6개월 정도 지났으니까 말이야.
(C) 처음 봐서 깜짝 놀랐어.
(D) 그렇게 싫으면 그만두면 되지 않아?

2 식사 초대

昇進のお祝いに課長が食事に招待してくださったんだって(?)。
(A) 先輩を招待してお祝いをするそうだね(?)。
(B) いや、食事の心配はしなくていいよ。
✓(C) うん、喜んで伺いますと言っておいたよ。
(D) 先輩もお呼びしたけど、断られたんだ。

승진 축하로 과장님이 식사에 초대해 주셨다면서?
(A) 선배를 초대해서 축하를 한다면서?
(B) 아니, 식사 걱정은 하지 않아도 돼.
✓(C) 응, 기꺼이 찾아뵙겠다고 말해 뒀어.
(D) 선배도 불렀지만 거절당했어.

3 보너스의 용도

ボーナスが支給されたら、まず何買いたい(?)。
(A) 今年はボーナスの計算方法が違うらしいね。
✓(B) 真っ先に溜まっている家賃の支払いに充てるよ。
(C) ボーナスを株に投資して大損した同僚がいたよ。
(D) 残業手当が支給されたら、大いに飲むつもりだよ。

보너스가 지급되면 우선 뭐 사고 싶어?
(A) 올해는 보너스 계산 방법이 다른 것 같네.
✓(B) 맨 먼저 밀려 있는 집세 지불에 쓸 거야.
(C) 보너스를 주식에 투자해서 큰 손해를 본 동료가 있었어.
(D) 잔업 수당이 지급되면 실컷 마실 생각이야.

4 작업에 대한 불만

朝からずっと単純な作業ばかりでつまらないわ。
✓(A) 確かに。同じことの繰り返しだと飽きるよな。
(B) それだけだと、家族を養うのは大変だよ。
(C) 体がだるいなら、帰った方がいいんじゃない(?)。
(D) そこまでやると、どうもしつこい感じがするよ。

아침부터 계속 단순한 작업뿐이라 재미없어.
✓(A) 확실히. 같은 일의 반복이면 질리지.
(B) 그것뿐이라면 가족을 부양하는 건 힘들어.
(C) 몸이 나른하면 돌아가는 편이 좋지 않아?
(D) 거기까지 하면 아무래도 집요한 느낌이 들어.

STEP 3 질문의 의미를 정확하게 파악하고, 질문의 단어나 표현을 응용한 오답에 주의하세요.

Point 1
질문의 의미 파악

업무 및 비즈니스 상황에서 자주 듣게 되는 질문의 정확한 의미 파악!

Q: 今度の商品は、高齢者向けに様々な工夫がしてあります。
이번 상품은 고령자용으로 여러 가지 고안이 되어 있어요.

Point 2
질문의 단어나 표현을
응용한 오답에 주의!

동일 단어의 반복 또는 질문에 등장하는 단어나 표현을 응용한 선택지에 주의!

A: (A) これならさぞ操作が楽だろうね。
이거라면 아마 조작이 편하겠군.

→ 질문의 「高齢者(こうれいしゃ)向(む)け」(고령자용)라는 표현이 포인트, 따라서 (A)가 올바른 응답임.

(B) お年寄りの存在は心強いものだ。
노인의 존재는 마음 든든한 법이야.

→ 「高齢者(こうれいしゃ)」(고령자)라는 단어를 응용한 오답임.

(C) 売れているからといって、改善しないのはよくないぞ。
잘 팔리고 있다고 해서 개선하지 않는 건 좋지 않아.

→ 질문과는 관련이 없는 응답임.

(D) 対象となる若者に前以て試してもらおう。
대상이 되는 젊은이에게 미리 시험해 보자.

→ 이번 상품의 대상이 되는 것은 「若者(わかもの)」(젊은이)가 아니라 「高齢者(こうれいしゃ)」(고령자)
이므로 오답임.

| CHECK UP |

会議室は3階ですので、階段をご利用ください。
회의실은 3층이니까 계단을 이용해 주세요.

√(A) すみませんが、エレベーターはありませんか。
(B) もしわかりにくかったら、お連れしますよ。
(C) さあ、そこへは伺ったことがありませんから。
(D) 道に迷ったら、またお聞きください。

회의실은 3층이니까 계단을 이용해 주세요.
√(A) 죄송한데요, 엘리베이터는 없어요?
(B) 만약 알기 힘들면 같이 가 드릴게요.
(C) 글쎄요, 거기에는 방문한 적이 없어서요.
(D) 길을 잃으면 또 물어주세요.

Point 1 질문의 의미 파악

⊙ 회의실은 3층이니까 계단을 이용해 달라고 했으므로, 응답으로는 그렇게 하겠다거나 다른 이동 수단은 없는지를 묻는 응답이 적절하다. 선택지 중에서는 죄송하지만 엘리베이터는 없냐고 물은 (A)가 적절하므로 이것이 정답임.

Point 2 질문의 단어나 표현을 응용한 오답에 주의

⊙ 회의실은 3층이라고 구체적인 장소를 알려 줬으므로 나머지 선택지는 답이 될 수 없음.

JPT 기출문제로 훈련하기

STEP 4 다음 기출문제를 기출문제 풀이 전략을 적용해서 풀어 보세요.

1

夕方(ゆうがた)までにこれを終(お)わらせたいんだけど、手伝(てつだ)ってくれない(?)。

저녁때까지 이걸 끝내고 싶은데 도와주지 않을래?

(A) 助(たす)けてもらえてよかったね。
도움을 받을 수 있어서 잘됐네.

√(B) こんなにたくさんは無理(むり)じゃないかな。
이렇게 많이는 무리가 아닐까?

(C) 明日(あした)までに持(も)って来(く)ればいいの(?)。
내일까지 가져오면 되는 거야?

(D) 思(おも)ったより簡単(かんたん)だったんだね。
생각했던 것보다 간단했네.

- 「手伝(てつだ)う」는 '돕다, 도와주다', 「~てくれない(?)」는 '(남이 나에게) ~해 주지 않을래?'라는 뜻으로, 저녁때까지 일을 끝내기 위해 도움을 요청하고 있는 상황이다. 적절한 응답은 (B)로, 해야 할 일이 너무 많지 않느냐고 의문을 제기하고 있다. (A)와 (D)는 도움을 받고 난 후에 할 수 있는 말이므로 부적절. (C)는 문제의 「~までに」(~까지)라는 최종 기한을 나타내는 표현만 들었을 때 고를 수 있는 오답이다.

- 夕方(ゆうがた) 해질녘, 저녁때 終(お)わる 끝나다 동사의 ます형+たい ~하고 싶다 助(たす)ける 돕다 ~てもらう (남에게) ~해 받다, (남이) ~해 주다 こんなに 이렇게(나) たくさん 많음 無理(むり) 무리 明日(あした) 내일 持(も)つ 가지다, 들다 ~ばいい ~하면 된다 ~の (의문·질문을 나타내는) ~느냐?, ~니? 思(おも)ったより 생각했던 것 보다 簡単(かんたん)だ 간단하다

2

え(?)、ここ狭(せま)くて会議(かいぎ)できないと思(おも)うけど。

뭐? 여기 좁아서 회의할 수 없다고 생각하는데.

(A) このズボンは小(ちい)さくてきついんですよ。
이 바지는 작아서 꽉 끼거든요.

(B) ちょっとうるさいかもしれませんね。
조금 시끄러울지도 모르겠네요.

(C) そうですね。丸(まる)い方(ほう)がいいと思(おも)いますよ。
그러네요. 둥근 편이 좋다고 생각해요.

√(D) もう少(すこ)し大(おお)きい部屋(へや)が空(あ)いているかどうか聞(き)いてきます。
조금 더 큰 방이 비어 있는지 어떤지 물어보고 올게요.

- い형용사의 의미를 구분하는 문제. 「狭(せま)い」(좁다)라는 단어가 포인트로, 여기서 회의를 할 수 없는 이유는 공간이 너무 좁기 때문이다. 따라서 적절한 응답은 조금 더 큰 방이 비어 있는지 알아보겠다고 한 (D)가 된다. (A)의 「きつい」((옷 등이) 꽉 끼다), (B)의 「うるさい」(시끄럽다), (C)의 「丸(まる)い」(둥글다)도 자주 쓰이는 표현이므로 함께 알아 두자.

- ここ 여기, 이곳 会議(かいぎ) 회의 ズボン 바지 小(ちい)さい 작다 ちょっと 조금, 좀 ~かもしれない ~일지도 모른다 もう少(すこ)し 조금 더 大(おお)きい 크다 部屋(へや) 방 空(あ)く (자리·방 따위가) 나다, 비다 ~かどうか ~인지 어떤지, ~일지 어떨지 聞(き)く 묻다

125

□ 影響
えいきょう

女 円安の影響で、売り上げが落ち込んでいますね。
えんやす　えいきょう　　　　う　あ　　　　おち　こ

男 ええ、そうですね。何か手を打たなきゃなりま
　　　　　　　　　　　なに　て　う

せんね。

영향

여 엔저의 **영향**으로 매출이 급감하고 있네요.
남 네, 그러게요. 뭔가 대책을 강구해야겠네요.

□ 通勤
つうきん

女 家から会社まで2時間ぐらいかかるわ。
いえ　　かいしゃ　　　じ　かん

男 そう(?)。毎日の通勤が大変だろうなあ。
　　　　　まいにち　つうきん　たいへん

통근, 출퇴근

여 집에서 회사까지 2시간 정도 걸려.
남 그래? 매일 **출퇴근**이 힘들겠네.

□ 残業
ざんぎょう

女 最近、残業が多いわね。
さいきん　ざんぎょう　おお

男 うん、それで疲れてならないよ。
　　　　　　　つか

잔업, 야근

여 요즘 **잔업**이 많네.
남 응, 그래서 피곤해 죽겠어.

□ インフレ(ーション)

女 インフレが続いていますね。
　　　　　　つづ

男 ええ、その影響でうちの家計も火の車ですよ。
　　　　　　えいきょう　　　　かけい　ひ　くるま

인플레이션

여 **인플레이션**이 계속되고 있네요.
남 네, 그 영향으로 우리 살림도 몹시 쪼들려요.

□ 仕事ができる
しごと

女 今度の新入社員はどうですか。
こんど　しんにゅうしゃいん

男 仕事ができる人が多くて助かっています。
　　しごと　　　　ひと　おお　たす

일을 잘하다

여 이번 신입사원은 어때요?
남 **일을 잘하는** 사람이 많아서 도움이 되고 있어요.

□ 任せる
まか

女 この仕事、渡辺君一人でできるか心配だわ。
　　しごと　わたなべくんひとり　　　　　しんぱい

男 彼を信じて任せてみてよ。
　　かれ　しん　まか

맡기다

여 이 일, 와타나베 군 혼자서 할 수 있을지 걱정스러워.
남 그를 믿고 **맡겨** 봐.

□ 低迷
ていめい

女 日本経済はまだ低迷しているね。
　　にほんけいざい　　　ていめい

男 うん、回復の兆しも何一つ見えないなあ。
　　　　　かいふく　きざ　　なにひと　み

(나쁜 상태에서) 헤어나지 못하여 헤맴, 침체

여 일본 경제는 아직 **침체**되어 있지.
남 응, 회복 조짐도 무엇 하나 보이지 않네.

□ 売れ行き
う　ゆ

女 新製品の売れ行きはどうですか。
　　しんせいひん　う　ゆ

男 おかげ様で、順調に売れています。
　　　　さま　じゅんちょう　う

팔림새, 물건이 팔리는 상태

여 신제품의 **팔림새**는 어때요?
남 덕분에 순조롭게 잘 팔리고 있어요.

□ 乗り切る
の　き

女 資金調達はどうなった(?)。うまくいった(?)。
　　しきんちょうたつ

男 うん。みんなのおかげで、何とか乗り切ったよ。
　　　　　　　　　　　　なん　の　き

뚫고 나아가다, 극복하다

여 자금 조달은 어떻게 됐어? 잘 됐어?
남 응. 모두 덕분에 그럭저럭 **극복했어**.

업무 및 비즈니스 표현 | 기출 확인 문제

음원 54

STEP 5 핵심 어휘를 메모하면서 들어 보세요.

1 問 _____

(A) _____ (○ · ×)

(B) _____ (○ · ×)

(C) _____ (○ · ×)

(D) _____ (○ · ×)

2 問 _____

(A) _____ (○ · ×)

(B) _____ (○ · ×)

(C) _____ (○ · ×)

(D) _____ (○ · ×)

3 問 _____

(A) _____ (○ · ×)

(B) _____ (○ · ×)

(C) _____ (○ · ×)

(D) _____ (○ · ×)

4 問 _____

    (A) _____ (○・×)

    (B) _____ (○・×)

    (C) _____ (○・×)

    (D) _____ (○・×)

5 問 _____

    (A) _____ (○・×)

    (B) _____ (○・×)

    (C) _____ (○・×)

    (D) _____ (○・×)

6 問 _____

    (A) _____ (○・×)

    (B) _____ (○・×)

    (C) _____ (○・×)

    (D) _____ (○・×)

7 問 _____

(A) _____ (○・×)

(B) _____ (○・×)

(C) _____ (○・×)

(D) _____ (○・×)

8 問 _____

(A) _____ (○・×)

(B) _____ (○・×)

(C) _____ (○・×)

(D) _____ (○・×)

1 事務所が来週引っ越しをするのよ。

(A) マンションに移るんですか。

(B) 警察に届けを出した方がいいですよ。

(C) やっぱり先生も替わるんですね。

(D) 通勤は以前より便利になるんですか。

사무소가 다음 주에 이사를 하거든.
(A) (중·고층) 아파트로 옮기는 거예요?
(B) 경찰에 신고서를 내는 편이 좋아요.
(C) 역시 선생님도 바뀌는 거군요.
(D) 통근은 전보다 편리해지는 거예요?

해설 | 사무소가 다음 주에 이사를 한다는 소식을 전하고 있다. (A)의 「マンション」(맨션, (중·고층) 아파트)은 사무소가 아니라 집을 옮긴다는 뜻이 되므로 부적절. (B)의 「警察(けいさつ)」(경찰), (C)의 「先生(せんせい)」(선생님)도 '사무소 이전'과는 관련이 없는 내용이다. 정답은 (D)로, 사무소가 이전하면 전보다 통근이 더 편해지는지 궁금해하고 있다.

어휘 | 事務所(じむしょ) 사무소 来週(らいしゅう) 다음 주 引(ひ)っ越(こ)し 이사 移(うつ)る 옮기다, 이동하다
届(とど)け 신고, 신고서 出(だ)す 내다, 제출하다 やっぱり 역시 先生(せんせい) 선생님 替(か)わる 바뀌다, 교체되다
通勤(つうきん) 통근, 출퇴근 以前(いぜん) 전, 이전, 예전 ~より ~보다 便利(べんり)だ 편리하다

2 会議に出る人の、正確な数を教えてほしいわね。

(A) 人口を調べてグラフにしました。

(B) 大きい数字ばかり並んでいますね。

(C) 何回数えても、1枚多いですよ。

(D) 席が足りないと困りますからね。

회의에 참석할 사람의 정확한 수를 알려 줬으면 좋겠네.
(A) 인구를 조사해서 그래프로 했어요.
(B) 큰 숫자만 나열되어 있네요.
(C) 몇 번 세어도 한 장 많아요.
(D) 자리가 부족하면 곤란하니까요.

해설 | 회의에 참석할 사람의 정확한 인원수를 알고 싶어하고 있다. (A)의 「人口(じんこう)」(인구)는 회의 참석자의 수와는 관련이 없고, (B)와 (C)도 문제의 「数(かず)」(수, 숫자)라는 단어를 응용한 오답이다. 적절한 응답은 자리가 부족하면 곤란하다고 한 (D)로, 회의 참석자의 정확한 수를 확인해야 하는 이유에 대해 말하고 있다.

어휘 | 会議(かいぎ) 회의 出(で)る (모임 등에) 나가다, 출석하다, 참석하다 正確(せいかく)だ 정확하다
教(おし)える 가르치다, 알려 주다 ~てほしい ~해 주었으면 하다, ~하길 바라다 調(しら)べる 조사하다, 알아보다
グラフ 그래프 大(おお)きい 크다 数字(すうじ) 숫자 ~ばかり ~만, ~뿐 並(なら)ぶ (나란히) 늘어서다 何回(なんかい) 몇 번
数(かぞ)える 세다, 헤아리다 ~枚(まい) ~장 *종이 등 얇고 평평한 것을 세는 말 多(おお)い 많다 席(せき) 자리, 좌석
足(た)りない 모자라다, 부족하다 困(こま)る 곤란하다, 난처하다

3 うちの社員募集を、どこで知りましたか。

(A) このメロディーを聞く度に思い出します。

(B) 先輩から投資の話を聞きました。

(C) ネットの求人広告を見ました。

(D) 友人の紹介で知り合いました。

저희 회사의 사원 모집을 어디에서 알았어요?
(A) 이 멜로디를 들을 때마다 생각 나요.
(B) 선배로부터 투자 이야기를 들었어요.
(C) 인터넷 구인광고를 봤어요.
(D) 친구 소개로 서로 알게 됐어요.

해설 | 「どこで」(어디에서)라는 표현이 포인트. 이 회사에 지원한 사람에게 어디에서 사원 모집 정보를 봤는지 확인하고 있으므로, 적절한 응답은 인터넷 구인광고에서 봤다고 한 (C)가 된다. 나머지 선택지는 모두 「知(し)る」(알다)라는 동사를 응용한 오답으로, 문제와는 무관한 내용이다.

어휘 | うち 자신이 소속한 집단 社員(しゃいん) 사원 募集(ぼしゅう) 모집 メロディー 멜로디 聞(き)く 듣다
동사의 기본형+度(たび)に ~할 때마다 思(おも)い出(だ)す (잊고 있던 것을) 생각해 내다, 떠올리다 先輩(せんぱい) 선배
投資(とうし) 투자 話(はなし) 이야기 ネット 인터넷 *「インターネット」의 준말 求人(きゅうじん) 구인 広告(こうこく) 광고
友人(ゆうじん) 친구 紹介(しょうかい) 소개 知(し)り合(あ)う (서로) 알게 되다, 아는 사이가 되다

4 この商品の利益率はどれくらいですか。

(A) 価格の２５パーセントです。

(B) 値段は上がる一方です。

(C) 税金は5パーセントかかります。

(D) 製造した数はわかりません。

이 상품의 이익률은 어느 정도예요?

(A) 가격의 25%예요.

(B) 가격은 오르기만 해요.

(C) 세금은 5% 들어요.

(D) 제조한 수는 몰라요.

해설 | 「どれくらい」(어느 정도, 얼마나)라는 표현이 포인트. 상품의 이익률에 대해 묻고 있으므로, 적절한 응답은 이익률이 '가격의 25%'라고 한 (A)가 된다. (B)와 (D)는 문제의 「どれくらい」(어느 정도, 얼마나)만 들었을 때 고를 수 있는 오답이고, (C)는 '이익률'이 아니라 '세금'에 대해 말하고 있으므로 답이 될 수 없다.

어휘 | 商品(しょうひん) 상품 利益率(りえきりつ) 이익률 価格(かかく) 가격 パーセント 퍼센트, % 値段(ねだん) 값, 가격
上(あ)がる 오르다 동사의 기본형+一方(いっぽう)だ ~하기만 하다 税金(ぜいきん) 세금 かかる (비용이) 들다
製造(せいぞう) 제조 数(かず) 수, 숫자 わかる 알다, 이해하다

5 今年のボーナス、どうだった(?)。

(A) こんなにたくさん休暇をもらえるとはね。

(B) 卒業のための単位が不足してるんだよ。

(C) 予想はしてたけど、僅かな額だったよ。

(D) 例年と比べて、穏やかな日が続いているね。

올해 보너스, 어땠어?

(A) 이렇게 많은 휴가를 얻을 수 있다니 말이야.

(B) 졸업을 위한 학점이 부족하거든.

(C) 예상은 하고 있었는데 얼마 안 되는 액수였어.

(D) 예년과 비교해서 온화한 날이 이어지고 있네.

해설 | 올해 보너스가 어땠는지 묻고 있다. 즉, 보너스 액수를 궁금해하고 있으므로, 적절한 응답은 예상은 하고 있었지만 적은 액수였다면서 실망감을 표시하고 있는 (C)가 된다. 나머지 선택지의 '휴가'나 '학점', '날씨'는 보너스와는 무관한 내용이다.

어휘 | 今年(ことし) 올해 ボーナス 보너스 こんなに 이렇게(나) たくさん 많이 休暇(きゅうか) 휴가
もらう 받다, (남에게) 청하여 얻다 ~とは ~라고는, ~라니, ~하다니 *놀람 卒業(そつぎょう) 졸업 명사+の+ための ~을 위한
単位(たんい) (고등학교·대학에서) 학습량을 헤아리는 기준량, 학점 不足(ふそく) 부족 予想(よそう) 예상 僅(わず)かだ 얼마 안 되다
額(がく) 액수, 금액 例年(れいねん) 예년 比(くら)べる 비교하다 穏(おだ)やかだ 온화하다 日(ひ) 날
続(つづ)く 이어지다, 계속되다

6 新任の営業部長、仕事ができるって感じの人ですね。

(A) ええ、てきぱきと仕事をこなすようですよ。

(B) 本当、痛ましい限りですね。

(C) 常識を覆すばかりですね。

(D) 自由自在に操れるらしいですよ。

신임 영업부장님, 일을 잘할 것 같은 느낌의 사람이네요.

(A) 네, 척척 일을 처리할 것 같아요.

(B) 정말 애처로울 따름이네요.

(C) 상식을 뒤엎기만 하네요.

(D) 자유자재로 다룰 수 있을 것 같아요.

해설 | 문제의 「できる」는 '잘하다'라는 뜻으로, 새로 온 영업부장이 일을 잘할 것 같다는 자신의 느낌을 말하고 있다. 정답은 그 말에 동감을 표시하고 있는 (A)로, 「てきぱきと」(척척)는 일을 재빨리 능숙하게 처리하는 모습을 나타내는 부사이다. (B)는 일을 잘 못한다는 말을 들었을 때 할 수 있는 응답이고, (C)의 「常識(じょうしき)を覆(くつがえ)す」(상식을 뒤엎다)와 (D)의 「自由自在(じゆうじざい)に操(あやつ)る」(자유자재로 다루다)도 문제와는 거리가 먼 내용이다.

어휘 | 新任(しんにん) 신임 営業(えいぎょう) 영업 部長(ぶちょう) 부장 仕事(しごと) 일, 업무 感(かん)じ 느낌
こなす 해치우다, 처리하다 本当(ほんとう) 정말 痛(いた)ましい 가엾다, 애처롭다 ~限(かぎ)りだ ~일 따름이다
常識(じょうしき) 상식 覆(くつがえ)す 뒤엎다, 번복하다 동사의 기본형+ばかりだ ~일 뿐이다, ~하기만 하다 *변화
自由自在(じゆうじざい) 자유자재 操(あやつ)る (사물을) 조작하다, 조종하다, 다루다
~らしい ~인 것 같다 *객관적 근거에 의한 추측·판단

131

7 金融危機の影響は、我が社は最小限で済みましたね。
(A) 未曾有の自然災害だったからなあ。
(B) 予想外の収益を得ることができたんだね。
(C) いつまでこんな好景気が続くのかな。
(D) まあ、何とか乗り切ることができたね。

금융위기의 영향은 우리 회사는 최소한으로 끝났네요.
(A) 지금까지 한 번도 본 적이 없는 자연재해였으니까 말이야.
(B) 예상외의 수익을 얻을 수 있었구나.
(C) 언제까지 이런 호경기가 이어지는 걸까?
(D) 뭐, 그럭저럭 극복할 수 있었네.

해설 | 「最小限(さいしょうげん)で済(す)む」(최소한으로 끝나다)라는 표현이 포인트. 금융위기의 영향 속에서도 그 피해를 최소한으로 잘 막고 넘어갔다면서 안도하고 있다. 이에 대한 적절한 응답은 (D)로, 문제의 「最小限(さいしょうげん)で済(す)む」(최소한으로 끝나다)를 「何(なん)とか乗(の)り切(き)る」(그럭저럭 극복하다)로 바꿔 표현했다. (A)의 '자연재해'는 금융위기와는 관계가 없고, (B)의 '예상외의 수익'과 (C)의 '호경기'도 금융위기의 영향과는 거리가 먼 내용이다.

어휘 | 金融(きんゆう) 금융　危機(きき) 위기　影響(えいきょう) 영향　我(わ)が社(しゃ) 우리 회사
最小限(さいしょうげん) 최소한　済(す)む 끝나다, 해결되다　未曾有(みぞう) 미증유, 지금까지 한 번도 있어 본 적이 없음
自然(しぜん) 자연　災害(さいがい) 재해　予想外(よそうがい) 예상외　収益(しゅうえき) 수익　得(え)る 얻다
동사의 기본형+ことができる ~할 수 있다　いつまで 언제까지　こんな 이런, 이와 같은　好景気(こうけいき) 호경기
続(つづ)く 이어지다, 계속되다　まあ 뭐 *상대의 말을 가볍게 제지할 때 쓰는 말　何(なん)とか 어떻게든, 그럭저럭
乗(の)り切(き)る 뚫고 나아가다, 극복하다

8 さすがに部長の意見に異を唱える人はいなかったわね。
(A) 急かすと、ろくなことにならないだろうからね。
(B) 最近連絡が途絶えがちだったんだよな。
(C) 部長だけあって、言うことには説得力があるからね。
(D) どんなにやっても報われないから、諦めたくなるよ。

역시 부장님 의견에 이의를 제기하는 사람은 없었네.
(A) 재촉하면 잘되지 않을 테니까 말이야.
(B) 요즘 자주 연락이 끊어졌었지.
(C) 부장님인 만큼 하는 말에는 설득력이 있으니까 말이야.
(D) 아무리 해도 보답받지 못하니까 단념하고 싶어져.

해설 | 「異(い)を唱(とな)える」(이의를 제기하다)라는 관용표현이 포인트로, 부장님의 의견에 이의를 제기하는 사람은 아무도 없었다고 했다. 이에 대한 적절한 응답은 부장님의 말에 설득력이 있었기 때문이라고 그 이유를 분석하고 있는 (C)가 된다. (A)의 「急(せ)かす」(재촉하다, 독촉하다), (B)의 「途絶(とだ)える」(두절되다, 끊어지다), (D)의 「諦(あきら)める」(단념하다, 체념하다)는 모두 문제와는 무관한 의미의 동사이다.

어휘 | さすがに 역시, 정말이지　部長(ぶちょう) 부장　意見(いけん) 의견　ろくなことにならない 잘되지 않다
最近(さいきん) 최근, 요즘　連絡(れんらく) 연락　동사의 ます형+がちだ (자칫) ~하기 쉽다, 자주 ~하다　~だけあって ~인 만큼
言(い)う 말하다　説得力(せっとくりょく) 설득력　どんなに 아무리　やる (어떤 행위를) 하다　報(むく)われる 보답받다
동사의 ます형+たい ~하고 싶다

주요 어휘 및 표현 정리 20

한자	읽기	의미
☐ 昇進	しょうしん	승진
☐ 喜んで	よろこんで	기꺼이
☐ 真っ先	まっさき	맨 먼저
☐ 溜まる	たまる	밀리다
☐ 家賃	やちん	집세
☐ 株	かぶ	주식
☐ 大損する	おおぞんする	큰 손해를 보다
☐ 手当	てあて	수당
☐ 繰り返し	くりかえし	반복
☐ 養う	やしなう	부양하다
☐ しつこい	・	집요하다, 끈질기다
☐ ~向け	~むけ	~대상, ~용
☐ 操作	そうさ	조작
☐ 手を打つ	てをうつ	손을 쓰다, 대책을 강구하다
☐ 兆し	きざし	조짐, 징조
☐ 引っ越し	ひっこし	이사
☐ 数	かず	수, 숫자
☐ 求人	きゅうじん	구인
☐ てきぱきと	・	척척
☐ 痛ましい	いたましい	가엾다, 애처롭다

PART 3 회화문

1. 문항 수	– 30개(51~80번)
2. 문제 형식	– 남녀 간의 대화를 듣고 문제지에 수록된 문제를 읽고 푸는 형식
	– 문제지에 문제가 제시됨
3. 주요 문제 유형	– 숫자 청취 및 인물 설명
	– 성별에 따른 의견 및 행동 구분
	– 대화 내용에 대한 이해
	– 업무 및 비즈니스 표현
4. 최근 출제 경향	– 숫자 청취 및 인물 설명 문제는 보통 초반부에 나오고, 특히 숫자 청취 문제가 자주 출제된다.
	– 성별에 따른 의견 및 행동 구분 문제는 누가 어떤 이야기를 하고 행동을 하는지 성별을 구별해서 기억해 두면 의외로 쉽게 정답을 찾을 수 있다.
	– 대화 내용에 대한 이해를 묻는 문제는 종합적인 추론 능력을 묻는 것으로, 대화 내용을 메모하면서 듣는 것이 중요하다.
	– 업무 및 비즈니스 표현 문제는 자주 출제되는 어휘나 표현을 정리해 둘 필요가 있다.

STEP 1 ▶ 먼저 핵심 기출 어휘와 필수 예문을 익히세요.

핵심 기출 어휘 및 필수 예문

음원 55

- **予約** 예약
  - 예) 明後日の2時に予約をお願いしたいんですが。 모레 2시로 예약을 부탁드리고 싶은데요.

- **約束** 약속
  - 예) 今から出発しても、約束の時間に間に合いますか。
    지금부터 출발해도 약속 시간에 맞출 수 있나요?

- **眼鏡をかける** 안경을 쓰다
  - 예) 眼鏡をかけて椅子に座っている方はどなたですか。
    안경을 쓰고 의자에 앉아 있는 분은 누구신가요?

- **開く** 열리다
  - 예) 午前10時なら、開いていると思うわ。 오전 10시라면 열려 있을 거야.

- **遅れる** (시간에) 늦다, 늦어지다
  - 예) 道が渋滞していて、20分ぐらい遅れそうです。
    길이 정체되고 있어서 20분 정도 늦을 것 같아요.

빈출 문제 확인하기

음원 56

STEP 2 이제 YBM이 엄선한 빈출 문제를 잘 듣고 풀어 보세요.

1 날짜 청취

男 佐藤さん、誕生日はいつですか。

女 7月8日です。

男 4日ですか。私の母も7月4日です。

女 あ、私は4日じゃなくて、8日です。

남 사토 씨 생일은 언제예요?
여 7월 8일이요.
남 4일이요? 저희 어머니도 7월 4일이에요.
여 아, 저는 4일이 아니라 8일이에요.

男の人のお母さんの誕生日は、いつですか。

✓(A) 7月4日
 (B) 7月8日
 (C) 1月4日
 (D) 1月8日

남자 어머니의 생일은 언제입니까?
✓(A) 7월 4일
 (B) 7월 8일
 (C) 1월 4일
 (D) 1월 8일

2 인물 설명

男 本当に松田さんには驚かされますね。

女 ええ、急に会社を辞めてね。

男 この頃はテレビにもよく出ますね。

女 あの人の書いた本、売れているそうですよ。

남 정말로 마쓰다 씨한테는 놀라게 되네요.
여 네, 갑자기 회사를 그만두고 말이죠.
남 요즘은 TV에도 자주 나오네요.
여 그 사람이 쓴 책, 잘 팔린대요.

松田さんについて、正しいものはどれですか。

(A) 歌手になった。
(B) 会社を作った。
(C) テレビを買った。
✓(D) 本を出した。

마쓰다 씨에 대해서 맞는 것은 어느 것입니까?
(A) 가수가 되었다.
(B) 회사를 설립했다.
(C) TV를 샀다.
✓(D) 책을 냈다.

STEP 3 대화문에 등장하는 숫자에 주의하면서 듣고 인물의 특징을 기억해 두세요.

Point 1 숫자와 인물의 특징을 나타내는 핵심 단어 파악

대화문에 등장하는 숫자와 인물의 특징을 나타내는 핵심 단어를 파악하면서 듣기!

Point 2 정답과 관련이 없는 숫자나 설명을 소거법으로 제거하면서 듣기

정확한 숫자나 인물의 특징 파악을 통해 오답을 하나씩 소거하면서 듣기!

| CHECK UP |

女 もう7時ですが、田中さん来ませんね。

男 そうですね。店には、この時間には行くと、言いましたが。

女 ここで会う時間は、40分でしたよね。

男 ええ、店に行く時間は遅れますが、もう少し待ちましょう。

여 벌써 7시인데, 다나카 씨 안 오네요.
남 그러게요. 가게에는 이 시간에는 간다고 했는데.
여 여기에서 만나는 시간은 40분이었죠?
남 네, 가게에 가는 시간은 늦어지겠지만 조금 더 기다립시다.

2人は田中さんとどんな約束をしましたか。
(A) 7時に会って、7時20分に店に行く。
(B) 7時に会って、7時40分に店に行く。
✓(C) 7時になる20分前に会って、7時に店に行く。
(D) 7時に店で会う。

두 사람은 다나카 씨와 어떤 약속을 했습니까?
(A) 7시에 만나서 7시 20분에 가게로 간다.
(B) 7시에 만나서 7시 40분에 가게로 간다.
✓(C) 7시가 되기 20분 전에 만나서 7시에 가게로 간다.
(D) 7시에 가게에서 만난다.

Point 1 숫자와 핵심 단어 파악

➡ 선택지에 등장하는 시간과 「会(あ)う」(만나다)라는 동사로 볼 때 몇 시에 만나서 가게로 가는지가 포인트.

Point 2 소거법으로 제거하면서 듣기

➡ 지금 시간은 7시지만 다나카 씨와의 약속은 6시 40분에 만나 가게로 가는 것이었으므로, (C)가 정답이 됨.

음원 58

STEP 4 다음 기출문제를 기출문제 풀이 전략을 적용해서 풀어 보세요.

1

男 田中さんのお子さんですか。

女 はい、先月3歳になりました。

男 大きいですね。5歳ぐらいだと思いました。

女 そうですか。

남 다나카 씨 자녀분이에요?
여 예, 지난달에 세 살이 되었어요.
남 크네요. 다섯 살 정도라고 생각했어요.
여 그래요?

女の人の子供は、今何歳ですか。

(A) 2歳

✓(B) 3歳

(C) 4歳

(D) 5歳

여자의 아이는 지금 몇 살입니까?
(A) 두 살
✓(B) 세 살
(C) 네 살
(D) 다섯 살

■ 숫자 청취 문제. 여자의 첫 번째 대화에서 아이는 지난달에 세 살이 되었다고 했으므로, 정답은 (B)가 된다. (D)의 「5歳(ごさい)」(다섯 살)는 실제 아이의 나이가 아니라 남자가 예상한 나이이므로 답이 될 수 없다.

■ お子(こ)さん 자녀분 先月(せんげつ) 지난달 ～歳(さい) ～세, ～살 大(おお)きい 크다 ～ぐらい ～정도

■ 관련 표현 ・彼と私は同い年です。 그와 저는 동갑이에요.
・私より三つ年上なんです。 저보다 세 살 연상이에요.
・本当ですか。年下には見えませんね。 정말이에요? 연하로는 보이지 않네요.
・父の還暦のお祝いには何がいいかしら。 아버지 환갑 축하 선물로는 뭐가 좋을까?
・彼女と話していると、年の差があまり感じられないね。
그녀와 이야기하고 있으면 나이 차이가 별로 느껴지지 않네.

2

女 来週から来る加藤さんはどんな人ですか。
男 銀行で10年働いていたそうですよ。
女 高橋さんも銀行に勤めていましたよね。
男 はい。でも私は、3年ぐらいしか働きませんでした。

여 다음 주부터 올 가토 씨는 어떤 사람이에요?
남 은행에서 10년 일했대요.
여 다카하시 씨도 은행에 근무했었죠?
남 예. 하지만 저는 3년 정도밖에 일하지 않았어요.

加藤さんについて、正しいものはどれですか。
(A) 来週から銀行で働く。
(B) 3年間銀行で働いた。
(C) 女の人の友達だ。
✓(D) 長く銀行に勤めた。

가토 씨에 대해서 맞는 것은 어느 것입니까?
(A) 다음 주부터 은행에서 일한다.
(B) 3년간 은행에서 일했다.
(C) 여자의 친구이다.
✓(D) 오래 은행에 근무했다.

■ 가토 씨에 대해 묻고 있으므로, 전반부에 나오는 가토 씨에 대한 대화에 주목해야 한다. 여자가 다음 주부터 오게 된 가토 씨에 대해 묻자, 남자는 첫 번째 대화에서 '은행에서 10년 일했다고 한다'라고 했다. 선택지 중 이에 해당하는 것은 (D)로, 대화에 나오는 「10년(じゅうねん)」(10년)을 「長(なが)く」(오래)로 바꿔 표현했다. (A)는 '다음 주부터'라는 시점은 맞지만, 은행은 가토 씨가 새로 일하게 된 직장이 아니라 지난 10년간 일했던 곳이고, (B)의 '3년간'은 가토 씨가 아니라 남자인 다카하시 씨가 일했던 기간을 가리킨다. (C)는 여자의 질문에서 두 사람은 친구 사이가 아니라는 것을 알 수 있으므로, 역시 틀린 설명이다.

■ 来週(らいしゅう) 다음 주   来(く)る 오다   どんな 어떤   人(ひと) 사람   銀行(ぎんこう) 은행   働(はたら)く 일하다
품사의 보통형+そうだ ~라고 한다 *전문   勤(つと)める 근무하다   でも 그렇지만, 그러나, 하지만
~しか (부정어 수반) ~밖에   友達(ともだち) 친구   長(なが)い (시간적으로) 오래다, 길다

■ 관련 표현   • そんな行動をするなんて、本当にみっともないね。 그런 행동을 하다니 정말로 꼴불견이네.
　　　　　　 • 今の仕事にやり甲斐を感じています。 지금 일에 보람을 느끼고 있어요.
　　　　　　 • 今の仕事に向いていないような気がして、転職を考えているんです。
　　　　　　 　지금 일에 맞지 않는 듯한 느낌이 들어서 이직을 생각하고 있어요.
　　　　　　 • そんなに働きすぎると、体が持たないわ。 그렇게 너무 일하면 몸이 견디지 못해.
　　　　　　 • 30年も長期勤続だなんて、すごいね。 30년이나 장기 근속이라니 대단하네.

빈출 어휘로 실력 다지기

□ **ちょうど**

女 これ、全部でいくらですか。

男 えーと、**ちょうど**2,000円になります。

꼭, 딱, 정확히

여 이거 전부 해서 얼마예요?

남 어디 보자, **딱** 2,000엔이 되겠네요.

□ **割引**

女 合わせてお求めになると、**割引**がございます。

男 そうですか。じゃ、何パーセント引いてくれますか。

할인

여 함께 구입하시면 **할인**이 있어요.

남 그래요? 그럼, 몇 퍼센트 할인해 주나요?

□ **お届け**

女 **お届け**はどちらになさいますか。

男 こちらの住所にお願いします。

배달

여 **배달**은 어디로 하시겠어요?

남 이 주소로 부탁드려요.

□ **両替**

女 すみませんが、1万円札を**両替**していただけますか。

男 申し訳ありません。あいにく細かいお金がなくて…。

(금액이 큰돈을 작은 돈으로) 바꿈, 환전

여 죄송한데요, 만 엔짜리 지폐를 (작은 돈으로) **바꿔** 주실 수 있어요?

남 죄송합니다. 공교롭게도 잔돈이 없어서….

□ **切らす**

女 すみませんが、この色でもう少し大きいのはありませんか。

男 申し訳ございません。あいにくこちらの色は**切ら**しておりまして…。

바닥내다, 다 쓰다

여 죄송한데요, 이 색으로 조금 더 큰 건 없어요?

남 죄송합니다. 공교롭게도 이 색은 **품절이라**서….

□ **うるさい**

女 時間に**うるさい**課長のことだから、早く来てね。

男 わかった。30分前には着くようにするよ。

까다롭다, 잔소리가 심하다

여 시간에 **까다로운** 과장님이니까 일찍 와.

남 알았어. 30분 전에는 도착하도록 할게.

□ **税込み**

女 すみませんが、これ、**税込み**価格ですか。

男 いいえ、消費税は別にいただいております。

세금 포함

여 죄송한데요, 이거 **세금이 포함**된 가격이에요?

남 아니요, 소비세는 별도로 받고 있습니다.

□ **手頃だ**

女 では、こちらのものはいかがでしょうか。

男 値段は**手頃**ですが、デザインがちょっと…。

알맞다, 적당하다

여 그럼, 이쪽 건 어떠신지요?

남 가격은 **적당한**데 디자인이 좀….

141

숫자 청취 및 인물 설명 | 기출 확인 문제

음원 60

STEP 5 핵심 어휘를 메모하면서 들어 보세요.

1 男の人のお父さんはどの人ですか。
    (A) 黒い眼鏡をかけている人
    (B) 青いかばんを持っている人
    (C) 赤い服を着ている人
    (D) 黒いかばんを持っている人

메모

2 来ないのは何時のバスですか。
    (A) 1時
    (B) 1時10分
    (C) 1時15分
    (D) 1時20分

메모

3 会話の内容と合っているものは、どれですか。
    (A) 男の人は、去年北海道に行った。
    (B) 男の人の息子は、北海道に行かなかった。
    (C) 男の人の妻は、スポーツが好きではない。
    (D) 男の人の息子は、スポーツをしない。

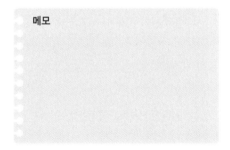

메모

4 女の人が男の人に渡したものについて、正しいものはどれですか。

(A) 5千円を2枚

(B) 千円を10枚

(C) 5千円を1枚と千円を5枚

(D) 1万円を1枚

메모

5 女の人は何番の駐車場を選びますか。

(A) 10番

(B) 11番

(C) 20番

(D) 21番

메모

6 男の人はどんな人ですか。

(A) 人にお酒を勧めるのは苦手だ。

(B) 健康には自信がある。

(C) 自分に合うお酒しか飲まない。

(D) お酒が飲めない。

메모

1

女 お父さんはどの方ですか。
男 あそこの、黒いかばんを持った人です。
女 あの、眼鏡をかけている方ですか。
男 いいえ、青い服を着ている人です。

여 아버님은 어느 분이에요?
남 저기 검은 가방을 든 사람이요.
여 저 안경을 쓰고 있는 분이요?
남 아니요, 파란 옷을 입고 있는 사람이요.

男の人のお父さんはどの人ですか。
(A) 黒い眼鏡をかけている人
(B) 青いかばんを持っている人
(C) 赤い服を着ている人
(D) 黒いかばんを持っている人

남자의 아버지는 어느 사람입니까?
(A) 검은 안경을 쓰고 있는 사람
(B) 파란 가방을 들고 있는 사람
(C) 빨간 옷을 입고 있는 사람
(D) 검은 가방을 들고 있는 사람

해설 | 남자의 대화를 알아듣는 것이 포인트. 남자는 아버지에 대해 「黒(くろ)いかばんを持(も)った」(검은 가방을 들었다), 「青(あお)い服(ふく)を着(き)ている」(파란 옷을 입고 있다)라고 설명하고 있다. 즉, 아버지는 파란 옷을 입고 검은 가방을 들고 있다는 뜻이므로, 정답은 (D)가 된다. (A)는 여자의 두 번째 대화를 응용한 오답이고, (B)와 (C)는 각각 가방과 옷 색깔이 잘못되었다.

어휘 | お父(とう)さん (남의) 아버지 どの 어느 方(かた) 분 あそこ 저기, 저쪽 黒(くろ)い 검다 かばん 가방
持(も)つ 가지다, 들다 眼鏡(めがね)をかける 안경을 쓰다 青(あお)い 파랗다 服(ふく) 옷 着(き)る (옷을) 입다 赤(あか)い 빨갛다

2

女 バス、遅いですね。
男 1時10分のバスが、まだ来ませんよね。
女 ええ、でももう1時20分です。
男 そうですね。困りましたね。

여 버스 늦네요.
남 1시 10분 버스가 아직 오지 않네요.
여 네, 하지만 벌써 1시 20분이에요.
남 그러네요. 난처하네요.

来ないのは何時のバスですか。
(A) 1時
(B) 1時10分
(C) 1時15分
(D) 1時20分

오지 않는 것은 몇 시 버스입니까?
(A) 1시
(B) 1시 10분
(C) 1시 15분
(D) 1시 20분

해설 | 숫자 청취 문제. 두 사람은 올 시간이 지났는데도 오지 않는 버스를 기다리고 있다. 남자의 첫 번째 대화를 알아듣는 것이 포인트로, 「1時(いちじ)10分(じゅっぷん)のバスが、まだ来(き)ませんよね」(1시 10분 버스가 아직 오지 않네요)라고 했으므로, 정답은 (B)가 된다. (D)는 여자의 두 번째 대화만 들었을 때 고를 수 있는 오답으로, 1시 20분은 버스 시간이 아니라 현재 시간을 말하므로 답이 될 수 없다.

어휘 | バス 버스 遅(おそ)い 늦다 まだ 아직 来(く)る 오다 でも 그렇지만, 그러나, 하지만 もう 벌써, 이미
困(こま)る 곤란하다, 난처하다 何時(なんじ) 몇 시

3

女 これ、いつですか。	여 이거 언제예요?
男 去年、家族と北海道に行った時です。	남 작년에 가족과 홋카이도에 갔을 때예요.
女 この人は息子さんですか。	여 이 사람은 아드님이에요?
男 ええ。妻と同じで、スポーツが大好きです。	남 네. 아내와 마찬가지로 운동을 아주 좋아해요.

会話の内容と合っているものは、どれですか。
(A) 男の人は、去年北海道に行った。
(B) 男の人の息子は、北海道に行かなかった。
(C) 男の人の妻は、スポーツが好きではない。
(D) 男の人の息子は、スポーツをしない。

대화의 내용과 맞는 것은 어느 것입니까?
(A) 남자는 작년에 홋카이도에 갔다.
(B) 남자의 아들은 홋카이도에 가지 않았다.
(C) 남자의 아내는 운동을 좋아하지 않는다.
(D) 남자의 아들은 운동을 하지 않는다.

해설 | 두 사람은 남자의 사진을 보며 대화를 나누고 있다. 대화를 종합해 보면 남자는 작년에 가족과 홋카이도에 간 적이 있고, 남자의 아내는 아들과 마찬가지로 운동을 매우 좋아한다는 것을 알 수 있다. 선택지 중 이에 해당하는 것은 (A)뿐이다. (B)는 여자의 두 번째 대화를 통해 홋카이도 여행 사진 속에 아들도 있다는 것을 알 수 있으므로 틀린 설명이고, (C)와 (D)는 아내와 아들 모두 운동을 좋아한다는 남자의 두 번째 대화와 반대되는 내용이다.

어휘 | いつ 언제 去年(きょねん) 작년 家族(かぞく) 가족 北海道(ほっかいどう) 홋카이도 息子(むすこ)さん (남의) 아들, 아드님 妻(つま) (자신의) 아내 同(おな)じだ 같다, 마찬가지다 スポーツ 스포츠, 운동 大好(だいす)きだ 아주 좋아하다

4

男 すみませんが、1万円札を両替していただけませんか。	남 죄송한데요, 만 엔짜리 지폐를 (작은 돈으로) 바꿔 주시지 않겠어요?
女 千円10枚ですか。	여 천 엔 열 장으로요?
男 5千円を1枚入れてください。	남 5천 엔을 한 장 넣어 주세요.
女 はい、わかりました。どうぞ。	여 예, 알겠어요. 여기요.

女の人が男の人に渡したものについて、正しいものはどれですか。
(A) 5千円を2枚
(B) 千円を10枚
(C) 5千円を1枚と千円を5枚
(D) 1万円を1枚

여자가 남자에게 건네준 것에 대해서 맞는 것은 어느 것입니까?
(A) 5천 엔을 두 장
(B) 천 엔을 열 장
(C) 5천 엔을 한 장과 천 엔을 다섯 장
(D) 만 엔을 한 장

해설 | 両替(りょうがえ)는 '(금액이 큰)돈을 작은 돈으로) 바꿈, 환전', 「〜ていただけませんか」((남에게) 〜해 받을 수 없습니까?, (남이) 〜해 주시지 않겠습니까?)는 「〜てもらえませんか」((남에게) 〜해 받을 수 없습니까?, (남이) 〜해 주지 않겠습니까?)의 겸양표현으로, 「〜ていただけますか」((남에게) 〜해 받을 수 있습니까?, (남이) 〜해 주실 수 있습니까?)보다 정중한 표현이다. 남자가 여자에게 만 엔짜리 지폐를 작은 돈으로 바꿔 달라고 하자, 여자는 '천 엔 10장으로요?'라고 되묻고 있다. 여기까지만 들으면 (B)를 정답으로 고를 수도 있으므로 주의해야 한다. 포인트가 되는 것은 남자의 두 번째 대화로, '5천 엔을 한 장 넣어 주세요'라고 했다. 이에 여자는 남자의 요구에 맞춰 돈을 내어 줬으므로, 결국 남자가 받는 돈은 '5천 엔짜리 한 장과 나머지 천 엔짜리 다섯 장'이 된다. 따라서 정답은 (C)가 된다. (A)는 5천 엔은 한 장만 넣어 달라고 했으므로 틀린 설명이고, (D)의 경우 돈을 바꾸는 행위 자체를 하지 않는다는 의미가 되므로 답이 될 수 없다.

어휘 | 札(さつ) 지폐 〜枚(まい) 〜장 *종이 등 얇고 평평한 것을 세는 말 入(い)れる 넣다 わかる 알다, 이해하다
どうぞ 상대방에게 무언가를 권하거나 허락할 때 쓰는 말

5

男　駐車場は10番と11番が空いています。

女　この大きさの車でも入りますか。

男　11番は出し入れがきついかもしれませんが、10番なら…。

女　それでは、少しスペースの余裕がある所でお願いします。

남　주차장은 10번이 11번이 비어 있어요.

여　이 크기의 차도 들어가요?

남　11번은 출입이 힘들지도 모르지만, 10번이라면….

여　그럼, 조금 공간의 여유가 있는 곳으로 부탁드려요.

女の人は何番の駐車場を選びますか。
(A) 10番
(B) 11番
(C) 20番
(D) 21番

여자는 몇 번 주차장을 선택합니까?
(A) 10번
(B) 11번
(C) 20번
(D) 21번

해설 | 남자의 첫 번째 대화에서 비어 있는 주차장은 '10번'과 '11번'이라고 했으므로, 일단 (C)와 (D)는 제외. 또한 여자가 자신의 차가 들어갈 수 있을지 묻자, 남자는 두 번째 대화에서 '11번은 출입이 힘들지 모르지만, 10번이라면…'이라고 했다. 즉, 11번 자리는 좁아서 출입이 어려울 수도 있지만, 10번이라면 가능하다는 의미이다. 이에 여자는 '조금 공간의 여유가 있는 곳'을 달라고 말하고 있으므로, 정답은 (A)가 된다.

어휘 | 駐車場(ちゅうしゃじょう) 주차장　〜番(ばん) 〜번　空(あ)く (자리·방 따위가) 나다, 비다　大(おお)きさ 크기
車(くるま) 자동차, 차　入(はい)る 들어가다　出(だ)し入(い)れ 꺼냈다가 넣었다가 하는 것, 출입　きつい 힘들다
〜かもしれない 〜일지도 모른다　〜なら 〜라면　それでは 그럼, 그렇다면　少(すこ)し 조금　スペース 스페이스, 공간
余裕(よゆう) 여유　所(ところ) 곳, 장소, 데　お+동사의 ます형+する 〜하다, 〜해 드리다 *겸양표현　願(ねが)う 부탁하다
何番(なんばん) 몇 번　選(えら)ぶ 고르다, 선택하다

6

女　軽く一杯、どう(?)。

男　すみません。お酒は苦手で…。

女　そんなに体格がいいのに(?)。

男　体が受け付けないんです。

여　가볍게 한 잔 어때?

남　죄송해요. 술은 잘 못 마셔서….

여　그렇게 체격이 좋은데도?

남　몸이 받아들이지 않거든요.

男の人はどんな人ですか。
(A) 人にお酒を勧めるのは苦手だ。
(B) 健康には自信がある。
(C) 自分に合うお酒しか飲まない。
(D) お酒が飲めない。

남자는 어떤 사람입니까?
(A) 남에게 술을 권하는 것은 서투르다.
(B) 건강에는 자신이 있다.
(C) 자신에게 맞는 술밖에 마시지 않는다.
(D) 술을 못 마신다.

해설 | 남자의 대화를 알아듣는 것이 포인트. 여자가 술을 권하자 남자는 「お酒(さけ)は苦手(にがて)で…」(술은 잘 못 마셔서…), 「体(からだ)が受(う)け付(つ)けない」(몸이 받아들이지 않는다)라고 했다. 즉, 체질상 술을 잘 마시지 못한다는 뜻이므로, 정답은 (D)가 된다. 이때의 「飲(の)む」는 '(술을) 마시다'라는 의미로 쓰였다. (A)와 (C)는 대화의 일부분만 들었을 때 고를 수 있는 오답이고, (B)와 같은 내용은 나오지 않는다.

어휘 | 軽(かる)い (정도가) 가볍다　一杯(いっぱい) (술) 한 잔　すみません 죄송합니다　お酒(さけ) 술
苦手(にがて)だ 서투르다, 잘 못하다　そんなに 그렇게(나)　体格(たいかく) 체격　いい 좋다　〜のに 〜는데(도)
体(からだ) 몸　受(う)け付(つ)ける (「〜けない」의 꼴로) (위에서) 받아들이지 않다　どんな 어떤　人(ひと) 남, 타인
勧(すす)める 권하다, 권유하다　健康(けんこう) 건강　自信(じしん) 자신(감)　自分(じぶん) 자기, 자신, 나　合(あ)う 맞다
〜しか (부정어 수반) 〜밖에

주요 어휘 및 표현 정리 20

한자	읽기	의미
☐ 約束	やくそく	약속
☐ 眼鏡をかける	めがねをかける	안경을 쓰다
☐ 誕生日	たんじょうび	생일
☐ 驚かす	おどろかす	놀라게 하다
☐ 急に	きゅうに	갑자기
☐ 辞める	やめる	(일자리를) 그만두다
☐ 売れる	うれる	(잘) 팔리다
☐ 歌手	かしゅ	가수
☐ 同い年	おないどし	같은 나이, 동갑
☐ 年下	としした	연하
☐ 還暦	かんれき	환갑
☐ 勤める	つとめる	근무하다
☐ みっともない	・	꼴불견이다
☐ 勤続	きんぞく	근속
☐ 困る	こまる	곤란하다, 난처하다
☐ 去年	きょねん	작년
☐ 駐車場	ちゅうしゃじょう	주차장
☐ 出し入れ	だしいれ	꺼냈다가 넣었다가 하는 것, 출입
☐ 余裕	よゆう	여유
☐ 受け付ける	うけつける	(「～けない」의 꼴로) (위에서) 받아들이지 않다

STEP 1 먼저 핵심 기출 어휘와 필수 예문을 익히세요.

핵심 기출 어휘 및 필수 예문

음원 61

・**社員食堂** 사원식당

예 社員食堂はもう飽きたわ。今日は天気もいいし、外で食べよう。
사원식당은 이제 질렸어. 오늘은 날씨도 좋고 밖에서 먹자.

・**買い物** 물건을 삼, 쇼핑, 장을 봄

예 ねえ、明日デパートへ買い物に行かない(?)。
저기, 내일 백화점에 쇼핑하러 안 갈래?

・**閉める** 닫다

예 風が冷たいですね。窓を閉めましょうか。
바람이 차네요. 창문을 닫을까요?

・**見つかる** 발견되다, 찾게 되다

예 さっきから探してた書類は見つかったの(?)。 조금 전부터 찾고 있던 서류는 찾았어?

・**診てもらう** 진찰을 받다

예 早く病院に行って診てもらった方がいいと思うよ。
빨리 병원에 가서 진찰을 받는 편이 좋다고 생각해.

빈출 문제 확인하기

STEP 2 이제 YBM이 엄선한 빈출 문제를 잘 듣고 풀어 보세요.

1 두 사람이 가는 곳

女 もう12時ですね。昼ご飯食べに行きましょう。

男 そうですね。社員食堂はどうですか。

女 あそこは人も多いし、美味しくもないし…。

男 じゃあ、外のレストランに行きましょうか。

여 벌써 12시네요. 점심 먹으러 갑시다.
남 그러네요. 사원식당은 어때요?
여 거기는 사람도 많고 맛있지도 않고….
남 그럼, 밖의 레스토랑에 갈까요?

2人はこれからどうしますか。
(A) 社員食堂で昼ご飯を食べる。
(B) 人のいないラーメン屋に行く。
✓(C) 外のレストランに行く。
(D) 空いている食堂を探す。

두 사람은 이제부터 어떻게 합니까?
(A) 사원식당에서 점심을 먹는다.
(B) 사람이 없는 라면가게에 간다.
✓(C) 밖의 레스토랑에 간다.
(D) 비어 있는 식당을 찾는다.

2 여직원의 생각

女 課長、今日はあんまり飲まれないんですね。

男 まだ仕事があるんでね。そろそろ戻らなくちゃ。

女 じゃ、私たちもお手伝いさせてください。

男 気にしないで、君たちは楽しんでいてくれ。

여 과장님, 오늘은 별로 마시지 않으시네요.
남 아직 일이 있어서 말이야. 이제 슬슬 돌아가
　 야 해.
여 그럼, 저희도 돕게 해 주세요.
남 신경 쓰지 말고 자네들은 즐기고 있어 줘.

女の人はどうしたいと言っていますか。
(A) このまま二次会に行く。
✓(B) 課長と一緒に帰って、仕事を手伝いたい。
(C) もう十分飲んだので、家に帰りたい。
(D) これからカラオケに行きたい。

여자는 어떻게 하고 싶다고 말하고 있습니까?
(A) 이대로 2차에 간다.
✓(B) 과장과 함께 돌아가서 일을 돕고 싶다.
(C) 이미 충분히 마셨기 때문에 집에 돌아가고
　 싶다.
(D) 이제부터 노래방에 가고 싶다.

STEP 3 문제에서 남자에 대해 묻고 있는지 여자에 대해 묻고 있는지를 정확히 인지하고 대화문을 들으세요.

Point 1 문제에서 묻는 성별 파악

문제에서 묻는 남녀의 성별을 정확하게 기억하고 대화문 듣기!

Point 2 대화문에서는 앞 문장보다 뒤 문장에 주의하면서 듣기

대화문에서는 앞 문장보다 뒤 문장에서 정답과 관련된 내용이 많이 나오므로 특히 뒤 문장에 주의하면서 듣기!

| CHECK UP |

女 林さん、中国語に翻訳してほしい資料があるんだけど…。

男 急ぎの仕事(?)。今週中に仕上げなきゃならない書類があるんだよ。

女 困ったな。誰か中国語のわかる人、いないかしら。

男 友達に、日本語のわかる中国人がいるから、ちょっと聞いてみてあげるよ。

여 하야시 씨. 중국어로 번역해 줬으면 하는 자료가 있는데….

남 급한 일이야? 이번 주 중에 끝내야 할 서류가 있거든.

여 난처하네. 누군가 중국어 아는 사람, 없을까?

남 친구 중에 일본어를 아는 중국인이 있으니까 물어봐 줄게.

男の人はこれから何をしますか。
(A) 書類を書き終わってから、翻訳する。
✓(B) 日本語のできる中国人に連絡する。
(C) 中国語のできる日本人に連絡する。
(D) 日本語のわかる中国人にわからない所を聞く。

남자는 이제부터 무엇을 합니까?
(A) 서류를 다 쓰고 나서 번역한다.
✓(B) 일본어를 할 줄 아는 중국인에게 연락한다.
(C) 중국어를 할 줄 아는 일본인에게 연락한다.
(D) 일본어를 아는 중국인에게 모르는 부분을 묻는다.

Point 1 문제에서 묻는 성별 파악

➡ 문제에 「男(おとこ)の人(ひと)」(남자)라고 나와 있으므로, 남자가 이제부터 무엇을 하는지를 잘 듣는 것이 포인트.

Point 2 앞 문장보다 뒤 문장에 주의하면서 듣기

➡ 여자가 남자에게 중국어 번역을 부탁했지만, 남자는 이번 주 중으로 끝낼 서류가 있다면서 완곡하게 거절하고 있다. 그러면서 마지막 대화에서 일본어를 아는 중국인 친구에게 연락해 주겠다고 했으므로, (B)가 정답이 됨.

STEP 4 다음 기출문제를 기출문제 풀이 전략을 적용해서 풀어 보세요.

1

男 ちょっと髪を切りに行って来るよ。

女 あ、じゃ、砂糖買って来てくれる(?)。

男 いいけど、床屋が込んでると、遅くなるかもしれないよ。

女 じゃ、私が今行くから、いいわ。

남 잠깐 머리 자르러 갔다 올게.
여 아, 그럼, 설탕 사 와 줄래?
남 좋은데, 이발소가 붐비면 늦어질지도 몰라.
여 그럼, 내가 지금 갈 테니까 됐어.

女の人はどうしますか。
(A) 髪を切る。
(B) 買い物を頼む。
✓(C) 買い物に出かける。
(D) 床屋に行く。

여자는 어떻게 합니까?
(A) 머리를 자른다.
(B) 장 보기를 부탁한다.
✓(C) 장 보러 나간다.
(D) 이발소에 간다.

■ 여자의 대화에 주목해야 한다. 여자는 머리를 자르러 가려는 남자에게 가는 길에 설탕을 사다 줄 것을 부탁하고 있다. 이에 남자는 사다 줄 수는 있지만, 이발소가 붐비면 늦어질지도 모른다고 했다. 그러자, 여자는 두 번째 대화에서 「じゃ、私(わたし)が今(いま)行(い)くから、いいわ」(그럼, 내가 지금 갈 테니까 됐어)라고 했다. 즉, 자신이 지금 사러 가겠다는 의미이므로, 정답은 (C)가 된다. (A)와 (B)는 전반부의 대화를, (D)는 남자의 두 번째 대화에 나오는 「床屋(とこや)」(이발소)라는 단어를 응용한 오답이다.

■ ちょっと 잠시, 잠깐 髪(かみ) 머리(털) 切(き)る 자르다 동사의 ます형+に ~하러 *동작의 목적 砂糖(さとう) 설탕
買(か)う 사다 ~てくれる (남이 나에게) ~해 주다 床屋(とこや) 이발소 込(こ)む 혼잡하다, 붐비다 遅(おそ)い 늦다
~かもしれない ~일지도 모른다 今(いま) 지금 買(か)い物(もの) 물건을 삼, 쇼핑, 장을 봄 頼(たの)む 부탁하다
出(で)かける 나가다, 외출하다

■ 관련 표현 ・これ、ちょっとお願(ねが)いしてもいいかしら。 이거 좀 부탁해도 될까?
・君(きみ)以外(いがい)にお願(ねが)いできる人(ひと)がいないんだ。 너 이외에 부탁할 수 있는 사람이 없거든.
・手(て)が空(あ)いている人(ひと)、ちょっと手伝(てつだ)ってくれる(?)。 손이 비어 있는 사람, 좀 도와줄래?
・みんなの協力(きょうりょく)があったからこそ、成功(せいこう)できたと思(おも)うわ。
모두의 협력이 있었기 때문에 성공할 수 있었다고 생각해.
・彼(かれ)に頼(たの)んだら、二(ふた)つ返事(へんじ)で引(ひ)き受(う)けてくれたよ。 그에게 부탁했더니 흔쾌히 맡아 주었어.

2

女 長い間お疲れ様でした。今日で終わりですね。

男 30年か…。速かったなあ。明日から来なくていいのは
　ちょっと寂しいね。

女 私もです。部長のこと、忘れませんから。

男 ありがとう。君も頑張って。

여 오랫동안 수고하셨어요. 오늘로 끝이네요.

남 30년인가…. 빠르군. 내일부터 안 와도 되는
　건 조금 아쉽네.

여 저도 그래요. 부장님 잊지 않을 거니까요.

남 고마워. 자네도 열심히 해.

男の人はどう思っていますか。
(A) 女の人が来なくなって残念だ。
(B) 30歳になるまで速かった。
✓(C) 会社を辞めるのは少し寂しい。
(D) 会社のことは思い出したくない。

남자는 어떻게 생각하고 있습니까?
(A) 여자가 오지 않게 되어 유감이다.
(B) 서른 살이 될 때까지 빨랐다.
✓(C) 회사를 그만두는 것은 조금 아쉽다.
(D) 회사는 떠올리고 싶지 않다.

■ 대화가 이루어지고 있는 상황을 파악해야 한다. 여자가 '오늘이 마지막'이라며 남자의 노고를 위로하자, 남자는 첫 번째 대화에서 30년이라는 세월과 내일부터 안 와도 되는 상황에 대해 아쉬움을 표시하고 있다. 즉, 남자는 30년 동안 몸담았던 회사를 퇴직하는 데 대해 아쉬워하고 있다는 것을 알 수 있으므로, 정답은 (C)가 된다. 회사에 오지 않게 된 것은 여자가 아니라 남자이므로 (A)는 틀린 설명이고, (B)는 대화 중의 「30年(さんじゅうねん)」(30년)을 응용한 오답이다. (D)는 남자가 표시하고 있는 아쉬움과 정반대되는 내용이므로 역시 답이 될 수 없다.

■ 長(なが)い (시간적으로) 오래다, 길다　間(あいだ) 동안　お疲(つか)れ様(さま)でした 수고하셨습니다　今日(きょう) 오늘
　~で ~로 *한정　終(お)わり 끝, 마지막　速(はや)い (속도가) 빠르다　明日(あした) 내일　来(く)る 오다
　ちょっと 조금　寂(さび)しい 아쉽다, 섭섭하다　部長(ぶちょう) 부장　忘(わす)れる 잊다　君(きみ) 자네, 너
　頑張(がんば)る 열심히 하다, 노력하다, 분발하다　残念(ざんねん)だ 아쉽다, 유감스럽다　~歳(さい) ~세, ~살
　会社(かいしゃ) 회사　辞(や)める (일자리를) 그만두다　思(おも)い出(だ)す (잊고 있던 것을) 생각해 내다, 떠올리다

■ 관련 표현 ・この仕事に就くようになったきっかけは何なの(?)。 이 일에 종사하게 된 계기는 뭐야?
　　　　　・彼の仕事ぶりは、僕も見習いたいもんだよ。 그의 일하는 모습은 나도 본받고 싶어.
　　　　　・遅刻はビジネスマンとしてマナー違反だよ。 지각은 비즈니스맨으로서 매너 위반이야.
　　　　　・単身赴任の生活にももうだいぶ慣れたよ。 단신부임 생활에도 이제 꽤 익숙해졌어.
　　　　　・もう彼も仕事の要領をやっと飲み込んだようだね。 이제 그도 업무 요령을 겨우 터득한 것 같네.

빈출 어휘로 실력 다지기

□ 返す

女 この本、明後日までに返せばいいの(?)。

男 私は全部読んだから、明後日じゃなくてもいいよ。

돌려주다

여 이 책, 모레까지 **돌려주면** 돼?

남 난 전부 읽었으니까 모레가 아니어도 돼.

□ 済ませる

女 今日の昼は簡単に済ませようか。

男 うん、ラーメンでも食べよう。

때우다, 해결하다

여 오늘 점심은 간단히 **때울까**?

남 응, 라면이라도 먹자.

□ きつい

女 サイズはいかがですか。

男 ちょっときついですね。

(옷 등이) 꽉 끼다

여 사이즈는 어떠세요?

남 조금 **꽉 끼**네요.

□ 電話中

女 坂田さんに電話してみたんだけど、まだ電話中で、なかなか繋がらないね。

男 うーん、もう30分以上になるなあ。

전화[통화] 중

여 사카타 씨에게 전화해 봤는데, 아직 **통화 중**으로 좀처럼 연결되지 않네.

남 음…, 벌써 30분 이상이 되는군.

□ はまる

女 最近、韓国の料理にはまってるんだって(?)。

男 うん、楽しくてしょうがないよ。

빠지다, 열중하다

여 요즘 한국 요리에 **빠져** 있다며?

남 응, 즐거워 죽겠어.

□ まとまる

女 昨日の交渉、どうだった(?)。

男 頑張ったのに、なかなか話がまとまらなくて…。

정리되다, 결말이 나다

여 어제 교섭, 어땠어?

남 노력했는데, 좀처럼 이야기의 **결말이 나지 않아**서….

□ 前払い

女 前払いですと、10パーセント割引になります。

男 そうですか。じゃ、前払いでお願いします。

선불

여 **선불**이면 10% 할인이 돼요.

남 그래요? 그럼, **선불**로 부탁드려요.

□ 念のため

女 念のため、もう一度確認してみようか。

男 うん、そうした方がよさそうだね。

만약을 위해

여 **만약을 위해** 한 번 더 확인해 볼까?

남 응, 그렇게 하는 편이 좋을 것 같네.

□ 取り替える

女 これ、取り替えていただけますか。

男 はい、かしこまりました。少々お待ちください。

바꾸다, 교환하다

여 이거 **교환해** 주실 수 있어요?

남 예, 알겠습니다. 잠시 기다려 주십시오.

STEP 5 핵심 어휘를 메모하면서 들어 보세요.

1 男の人はどうしますか。
(A) 明日の朝、歯医者に行く。
(B) 歯医者に後で電話をかけ直す。
(C) すぐ歯医者に行く。
(D) 他の歯医者に電話をかける。

메모

2 男の人はどうしますか。
(A) 田川さんに電話する。
(B) 田川さんを待たせる。
(C) 田川さんを待つ。
(D) 田川さんに電話してもらう。

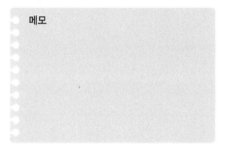
메모

3 2人はこれからどうしますか。
(A) 飲みに行く。
(B) 仕事を続ける。
(C) 7時まで休む。
(D) 喫茶店に行く。

메모

4 男の人がすることは何ですか。

  (A) 提案書の作成

  (B) 会議での発表

  (C) 意見のまとめ

  (D) 資料の分析

메모

5 課長はこれからどうしますか。

  (A) 自分で書類の数字を正しくする。

  (B) 女の人にどこが違っているか見せる。

  (C) 池田君に書類を直させる。

  (D) 女の人に書類を片付けてもらう。

메모

6 男の人は何をしますか。

  (A) 女の人の代わりに業者と話す。

  (B) 課長の連絡を待つ。

  (C) 課長の代わりに会議に出る。

  (D) 課長を迎えに行く。

메모

PART 3

회화문

1

男 もしもし、今日は何時までですか。

女 平日は8時までですから、もうすぐ終わります。

男 そうですか。あの、今、すごく歯が痛くて…。

女 では、すぐに来てください。待っています。

남 여보세요. 오늘은 몇 시까지예요?

여 평일은 8시까지니까 이제 곧 끝나요.

남 그래요? 저기 지금 몹시 이가 아파서….

여 그럼, 바로 오세요. 기다리고 있을게요.

男の人はどうしますか。

(A) 明日の朝、歯医者に行く。

(B) 歯医者に後で電話をかけ直す。

(C) すぐ歯医者に行く。

(D) 他の歯医者に電話をかける。

남자는 어떻게 합니까?

(A) 내일 아침에 치과에 간다.

(B) 치과에 나중에 다시 전화를 건다.

(C) 바로 치과에 간다.

(D) 다른 치과에 전화를 건다.

해설 | 남자의 행동에 대해 묻고 있지만, 그 내용은 여자의 대화를 통해 파악할 수 있다. 이가 아픈 남자가 전화로 치과에 진료 시간을 문의하고 있는데, 여자가 이제 곧 진료가 끝난다고 하자 남자는 지금 이가 몹시 아프다면서 사정하고 있다. 그 말을 들은 여자는 두 번째 대화에서 「すぐに来(き)てください。待(ま)っています」(바로 오세요. 기다리고 있을게요)라고 했으므로, 정답은 (C)의 「すぐ歯医者(はいしゃ)に行(い)く」(바로 치과에 간다)가 된다. (A)는 '내일 아침'이라는 시간이 잘못되었고, 대화의 내용상 남자는 통화를 마친 후 곧바로 이 치과에 갈 것이라고 예상할 수 있으므로, (B)와 (D)도 답이 될 수 없다.

어휘 | もしもし 여보세요 *전화할 때 씀 今日(きょう) 오늘 何時(なんじ) 몇 시 ~まで ~까지 平日(へいじつ) 평일
もうすぐ 이제 곧 終(お)わる 끝나다 あの 저, 저어 *생각이나 말이 막혔을 때 내는 소리 今(いま) 지금 すごく 굉장히, 몹시
歯(は) 이 痛(いた)い 아프다 では 그럼, 그렇다면 すぐに 곧, 바로 来(く)る 오다 待(ま)つ 기다리다 明日(あした) 내일
朝(あさ) 아침 歯医者(はいしゃ) 치과, 치과 의사 後(あと)で 나중에 電話(でんわ)をかける 전화를 걸다
동사의 ます형+直(なお)す 다시 ~하다 他(ほか) 다른 (것)

2

男 田川さんに話があるんだけど、電話中だね。

女 うん、もう30分も話してるわ。

男 じゃ、そろそろかな。ここで待っててもいい(?)。

女 どうぞ。

남 다가와 씨에게 이야기할 게 있는데 통화 중이네.

여 응, 벌써 30분이나 이야기하고 있어.

남 그럼, 이제 슬슬 끝나려나. 여기에서 기다리고 있어도 돼?

여 그렇게 해.

男の人はどうしますか。

(A) 田川さんに電話する。

(B) 田川さんを待たせる。

(C) 田川さんを待つ。

(D) 田川さんに電話してもらう。

남자는 어떻게 합니까?

(A) 다가와 씨에게 전화한다.

(B) 다가와 씨를 기다리게 한다.

(C) 다가와 씨를 기다린다.

(D) 다가와 씨에게 전화해 달라고 한다.

해설 | 남자는 다가와 씨에게 할말이 있어서 기다리고 있는데, 다가와 씨의 통화는 좀처럼 끝나지 않고 있는 상황이다. 남자의 두 번째 대화가 포인트로, 이제 슬슬 통화가 끝날 것 같으니 「ここで待(ま)っててもいい(?)」(여기에서 기다리고 있어도 돼?)라고 했다. 따라서 정답은 (C)로, (B)는 남자가 기다리는 것이 아니라 다가와 씨를 기다리게 한다는 뜻이 되므로 틀린 설명이다.

어휘 | 話(はなし) 이야기 電話中(でんわちゅう) 전화[통화] 중 もう 이미, 벌써 ~も ~이나 話(はな)す 말하다, 이야기하다
そろそろ 이제 슬슬 ~かな ~일까? *가벼운 의문을 나타냄 ここ 여기, 이곳 ~てもいい(?) ~해도 돼?
どうぞ 상대방에게 무언가를 권하거나 허락할 때 쓰는 말 ~てもらう (남에게) ~해 받다, (남이) ~해 주다

3

女 疲^{つか}れたから、コーヒーでも飲^のんで休^{やす}まない(?)。

男 いや、もう7時^{しちじ}だし、ビールがいいな。

女 そうね、仕事^{しごと}は終^おわりにして、飲^のみに行^いこうか。

男 うん、そうしよう。

여 피곤하니까 커피라도 마시며 쉬지 않을래?
남 아니, 벌써 7시이고 맥주가 좋지.
여 그러네, 일은 끝내고 술 마시러 갈까?
남 응, 그렇게 하자.

2人^{ふたり}はこれからどうしますか。

(A) 飲^のみに行^いく。

(B) 仕事^{しごと}を続^{つづ}ける。

(C) 7時^{しちじ}まで休^{やす}む。

(D) 喫茶店^{きっさてん}に行^いく。

두 사람은 이제부터 어떻게 합니까?
(A) 술을 마시러 간다.
(B) 일을 계속한다.
(C) 7시까지 쉰다.
(D) 찻집에 간다.

해설 | 후반부의 대화에 주목해야 한다. 여자가 커피라도 마시면서 쉬자고 하자, 남자는 벌써 7시이고 하니까 맥주가 좋겠다고 말하고 있다. 여자는 그런 남자의 제안에 동의하면서 「飲(の)みに行(い)こうか(술 마시러 갈까?)라고 했고, 이에 남자도 그러자고 했으므로 정답은 (A) 가 된다. (B)와 (C)는 중반부 대화의 일부분만 들었을 때, (D)는 여자의 첫 번째 대화만 들었을 때 고를 수 있는 오답이다.

어휘 | 疲(つか)れる 지치다, 피로해지다 コーヒー 커피 飲(の)む ①마시다 ②(술을) 마시다 休(やす)む 쉬다 いや 아니
もう 이미, 벌써 ~し ~고 ビール 맥주 仕事(しごと) 일, 업무 終(お)わりにする 끝을 맺다, 끝내다
동사의 ます형+に ~하러 *동작의 목적 うん 응 続(つづ)ける 계속하다 喫茶店(きっさてん) 찻집

4

女 来週^{らいしゅう}の会議^{かいぎ}で提案^{ていあん}する内容^{ないよう}、まとまった(?)。

男 いや、3割程度^{さんわりていど}しか考^{かんが}えていない。

女 じゃ、私^{わたし}がまとめるから、発表^{はっぴょう}の方^{ほう}を頼^{たの}むわ。

男 わかった。

여 다음 주 회의에서 제안할 내용, 정리됐어?
남 아니, 30% 정도밖에 생각하지 않았어.
여 그럼, 내가 정리할 테니까 발표 쪽을 부탁해.
남 알았어.

男^{おとこ}の人^{ひと}がすることは何^{なん}ですか。

(A) 提案書^{ていあんしょ}の作成^{さくせい}

(B) 会議^{かいぎ}での発表^{はっぴょう}

(C) 意見^{いけん}のまとめ

(D) 資料^{しりょう}の分析^{ぶんせき}

남자가 할 것은 무엇입니까?
(A) 제안서 작성
(B) 회의에서의 발표
(C) 의견 정리
(D) 자료 분석

해설 | 여자의 두 번째 대화에서 정답을 찾을 수 있다. 남자가 다음 주 회의에서 제안할 내용이 아직 정리되지 않았다고 하자, 여자는 두 번째 대화에서 자신이 정리할 테니까 발표 쪽을 부탁한다고 했다. 따라서 정답은 (B)가 된다. 나머지 선택지는 모두 '제안할 내용의 정리'에 해당하 는 내용으로, 남자가 하기로 한 '발표'와는 무관하다.

어휘 | 来週(らいしゅう) 다음 주 会議(かいぎ) 회의 提案(ていあん) 제안 内容(ないよう) 내용 まとまる 정리되다
~割(わり) ~할, 십분의 일 程度(ていど) 정도 ~しか (부정어 수반) ~밖에 考(かんが)える 생각하다 じゃ 그럼, 그러면
まとめる 정리하다 発表(はっぴょう) 발표 方(ほう) 편, 쪽 頼(たの)む 부탁하다 わかる 알다, 이해하다
提案書(ていあんしょ) 제안서 作成(さくせい) 작성 意見(いけん) 의견 まとめ 정리, 한데 모음 資料(しりょう) 자료
分析(ぶんせき) 분석

5

女 課長、この書類片付けてもいいですか。

男 あ、ちょっと数字が違う所があるんで、そのままにしておいて。

女 私が直しましょうか。

男 池田君にやってもらったものだから、彼に頼むよ。

여 과장님, 이 서류 치워도 돼요?

남 아, 좀 숫자가 틀린 곳이 있어서 그대로 놔 둬.

여 제가 고칠까요?

남 이케다 군이 한 거니까 그에게 부탁할게.

課長はこれからどうしますか。

(A) 自分で書類の数字を正しくする。

(B) 女の人にどこが違っているか見せる。

(C) 池田君に書類を直させる。

(D) 女の人に書類を片付けてもらう。

과장은 이제부터 어떻게 합니까?

(A) 직접 서류의 숫자를 바르게 한다.

(B) 여자에게 어디가 틀렸는지 보여 준다.

(C) 이케다 군에게 서류를 고치게 한다.

(D) 여자에게 서류를 치워 달라고 한다.

해설 | 남자의 두 번째 대화에서 정답을 찾을 수 있다. 여자가 서류를 치우려고 하자, 남자는 틀린 부분이 있다면서 그대로 놔 두라고 했다. 이에 여자가 자신이 수정하겠다고 했지만, 남자는 두 번째 대화에서 이케다 군이 서류를 작성했으니까 그에게 부탁하겠다고 거절하고 있다. 즉, 서류를 작성한 당사자인 이케다 군에게 고치게 하겠다는 뜻이므로, 정답은 (C)가 된다.

어휘 | 課長(かちょう) 과장 書類(しょるい) 서류 片付(かたづ)ける 치우다, 정리하다 ~てもいいですか ~해도 됩니까? ちょっと 조금, 좀, 약간 数字(すうじ) 숫자 違(ちが)う 틀리다, 잘못되다 所(ところ) 곳, 데, 부분 ~んで ~이기 때문에 *「~ので」(~이기 때문에)의 회화체 표현 そのまま 그대로 ~ておく ~해 놓다[두다] 直(なお)す 고치다, 정정하다 やる (어떤 행위를) 하다 ~てもらう (남에게) ~해 받다, (남이) ~해 주다 頼(たの)む 부탁하다 自分(じぶん)で 직접, 스스로 正(ただ)しい 바르다, 옳다 見(み)せる 보이다, 보여 주다

6

女 今、課長から連絡があったんだけど、事故で電車が動かないって。

男 じゃ、今朝の会議、鈴木さんが代わりに出ないと。

女 私は業者との打ち合わせがあって無理よ。

男 大丈夫。そっちは僕がやるから。

여 지금 과장님한테 연락이 있었는데, 사고로 전철이 움직이지 않는대.

남 그럼, 오늘 아침 회의, 스즈키 씨가 대신 나가야겠네.

여 나는 업자와의 미팅이 있어서 무리야.

남 괜찮아. 그쪽은 내가 할 테니까.

男の人は何をしますか。

(A) 女の人の代わりに業者と話す。

(B) 課長の連絡を待つ。

(C) 課長の代わりに会議に出る。

(D) 課長を迎えに行く。

남자는 무엇을 합니까?

(A) 여자 대신에 업자와 이야기한다.

(B) 과장의 연락을 기다린다.

(C) 과장 대신에 회의에 나간다.

(D) 과장을 마중 나간다.

해설 | 대화를 끝까지 들어야 하는 문제. 과장이 전철 사고로 인해 아침 회의에 참석하지 못하게 된 상황이다. 이 소식을 들은 남자가 여자에게 과장 대신 회의에 참석하라고 했지만, 여자는 자신은 '업자와의 미팅이 있어서 힘들다'라고 말하고 있다. 그러나 남자는 두 번째 대화에서 「そっちは僕(ぼく)がやるから」(그쪽은 내가 할 테니까)라고 했으므로, 정답은 (A)가 된다. (C)는 남자가 아니라 여자가 할일에 해당하고, (B)나 (D)와 같은 내용은 나오지 않는다.

어휘 | 課長(かちょう) 과장 連絡(れんらく) 연락 事故(じこ) 사고 電車(でんしゃ) 전철 動(うご)く 움직이다, (기계가) 작동하다 今朝(けさ) 오늘 아침 会議(かいぎ) 회의 代(か)わり 대신, 대리 出(で)る (모임 등에) 나가다, 출석하다 業者(ぎょうしゃ) 업자 打(う)ち合(あ)わせ 협의, 미팅, 미리 상의함 無理(むり) 무리 大丈夫(だいじょうぶ) 괜찮음 そっち 그쪽 僕(ぼく) 나 *남자의 자칭 やる (어떤 행위를) 하다 話(はな)す 말하다, 이야기하다 待(ま)つ 기다리다 迎(むか)える (사람을) 맞다, 맞이하다 동사의 ます형+に ~하러 *동작의 목적

한자	읽기	의미
☐ 中国語	ちゅうごくご	중국어
☐ 翻訳	ほんやく	번역
☐ 髪	かみ	머리(털)
☐ 切る	きる	자르다
☐ 床屋	とこや	이발소
☐ 込む	こむ	혼잡하다, 붐비다
☐ 手が空く	てがあく	(일이 일단 끝나) 손이 비다
☐ 二つ返事	ふたつへんじ	(예, 예 하고) 쾌히 승낙하는 일
☐ 引き受ける	ひきうける	(책임지고) 맡다
☐ きっかけ	•	계기
☐ 見習う	みならう	보고 배우다, 본받다
☐ 飲み込む	のみこむ	이해하다, 납득하다
☐ 平日	へいじつ	평일
☐ 提案	ていあん	제안
☐ まとまる	•	정리되다
☐ 程度	ていど	정도
☐ まとめる	•	정리하다
☐ 片付ける	かたづける	치우다, 정리하다
☐ 打ち合わせ	うちあわせ	협의, 미팅, 미리 상의함
☐ 迎える	むかえる	(사람을) 맞다, 맞이하다

PART 3

회화문

STEP 1 먼저 핵심 기출 어휘와 필수 예문을 익히세요.

음원 67

핵심 기출 어휘 및 필수 예문

- **合う** 맞다

  예 何度も計算してみたけど、どうも数字が合わないわ。

  몇 번이나 계산해 봤지만 도무지 숫자가 맞지 않아.

- **習う** 배우다, 익히다

  예 最近、何か習っていることはない(?)。 요즘에 뭔가 배우고 있는 건 없어?

- **眠い** 졸리다

  예 この頃、寝ても寝ても眠くてたまらないです。

  요즘 자도 자도 졸려서 못 견디겠어요.

- **濡れる** 젖다

  예 お帰りなさい。あら、どうしたの(?)。そんなに濡れて。

  어서 와. 어머, 무슨 일이야? 그렇게 젖어서.

- **お見えになる** 오시다

  예 課長、中村様がお見えになりました。 과장님, 나카무라 님께서 오셨습니다.

빈출 문제 확인하기

음원 68

STEP 2 이제 YBM이 엄선한 빈출 문제를 잘 듣고 풀어 보세요.

1 남자가 과일을 사는 곳

女 私は大抵この八百屋で果物を買います。山下さんは(?)。

男 私はデパートでしか買いません。

女 この店の果物は安くて美味しいですよ。

男 そうですか。

여 저는 대개 이 채소가게에서 과일을 사요. 야마시타 씨는요?

남 저는 백화점에서밖에 안 사요.

여 이 가게 과일은 싸고 맛있어요.

남 그래요?

男の人はどこで果物を買いますか。

(A) この八百屋

✓(B) デパート

(C) コンビニ

(D) 他の八百屋

남자는 어디에서 과일을 삽니까?

(A) 이 채소가게

✓(B) 백화점

(C) 편의점

(D) 다른 채소가게

2 여자의 생각

女 会社が終わってから、インドのダンスを習っているんですよ。

男 それはいいですね。

女 通うのは大変ですが、痩せましたし、頑張って続けているんです。

男 そうですか。今度見に行きたいです。

여 회사가 끝난 후에 인도춤을 배우고 있어요.

남 그거 좋네요.

여 다니기는 힘들지만 살이 빠졌고 해서 열심히 계속하고 있어요.

남 그래요? 다음에 보러 가고 싶어요.

女の人の今の気持ちはどうですか。

(A) 通うのが大変なので、止めたい。

(B) 時間がないので、止めるつもりだ。

✓(C) 通うのは大変だが、これからも習いたい。

(D) 痩せないので、他のダンスを始めようと思う。

여자의 지금 마음은 어떻습니까?

(A) 다니는 것이 힘들기 때문에 그만두고 싶다.

(B) 시간이 없기 때문에 그만둘 생각이다.

✓(C) 다니는 것은 힘들지만 앞으로도 배우고 싶다.

(D) 살이 빠지지 않기 때문에 다른 댄스를 시작하려고 한다.

STEP 3 문제의 내용을 잘 기억하고 관련 있는 내용은 메모하면서 들으세요.

Point 1 문제 내용을 기억

문제에서 구체적으로 묻고 있는 내용을 잘 기억하고 듣기!

Point 2 문제와 관련 있는 내용을 메모하면서 듣기

문제와 직접적으로 관련이 있는 내용은 반드시 메모하고 핵심 단어를 기억하기!

| CHECK UP |

男 会計が合わないんだって(?)。

女 はい。どうしても千円足りません。

男 そんなはずないよ。よく確認してみて。

女 あ、計算ミスでした。すみません。

남 회계가 맞지 않는다면서?
여 예. 아무리 해도 천 엔 부족해요.
남 그럴 리 없어. 잘 확인해 봐.
여 아, 계산 실수였어요. 죄송해요.

女の人はどうしましたか。
(A) 大金を失った。
(B) 会計係をごまかした。
✓(C) 計算を誤った。
(D) 予算を超えて使った。

여자는 어떻게 했습니까?
(A) 큰돈을 잃어버렸다.
(B) 회계 담당자를 속였다.
✓(C) 계산을 잘못했다.
(D) 예산을 초과해서 사용했다.

Point 1 문제 내용을 기억

● 여자가 어떻게 했는지 물었으므로, 여자의 대화에 주목해야 함.

Point 2 문제와 관련 있는 내용을 메모하면서 듣기

● 여자의 두 번째 대화에서 「計算(けいさん)ミス」(계산 실수)였다고 했으므로, (C)가 정답이 됨.

JPT 기출문제로 훈련하기

음원 70

STEP 4 다음 기출문제를 기출문제 풀이 전략을 적용해서 풀어 보세요.

1

女 坂本さん、お小遣いは何に一番使いますか。私は服だけど。

男 僕は外で食べることが多いから、やっぱり食事代かな。

女 電話代は(?)。

男 ああ、そう言えば電話代もかかるなあ。でも、食事代ほどはかからないけど。

여 사카모토 씨, 용돈은 무엇에 가장 많이 써요? 난 옷인데.

남 난 밖에서 먹는 경우가 많으니까 역시 식비인가?

여 전화비는요?

남 아-, 그러고 보니 전화비도 들지. 하지만 식비만큼은 안 드는데.

男の人はお小遣いを何に一番使いますか。

✓ (A) ご飯を食べること
(B) 料理の材料を買うこと
(C) 電話をかけること
(D) 服を買うこと

남자는 용돈을 무엇에 가장 많이 씁니까?

✓ (A) 밥을 먹는 것
(B) 요리 재료를 사는 것
(C) 전화를 거는 것
(D) 옷을 사는 것

■ 남자의 대화에 주목해야 한다. 용돈을 어디에 가장 많이 쓰느냐는 여자의 질문에 남자는 첫 번째 대화에서 '식비'라고 하면서, 두 번째 대화에서는 '전화비도 들지만, 식비만큼은 아니다'라고 했다. 정답은 (A)로, 대화의 「食事代(しょくじだい)」(식비)를 「ご飯(はん)を食(た)べること」(밥을 먹는 것)로 바꿔 표현했다. (D)는 남자가 아니라 여자에게 해당하는 내용이므로 답이 될 수 없다.

■ (お)小遣(こづか)い 용돈 一番(いちばん) 가장, 제일 使(つか)う (돈을) 쓰다, 소비하다 服(ふく) 옷 僕(ぼく) 나 *남자의 자칭
外(そと) 밖 食(た)べる 먹다 多(おお)い 많다 やっぱり 역시 そう言(い)えば 그러고 보니 電話代(でんわだい) 전화비
かかる (비용이) 들다 ~ほど ~만큼 料理(りょうり) 요리 材料(ざいりょう) 재료 買(か)う 사다
電話(でんわ)をかける 전화를 걸다

■ 관련 표현 ・うちの子、金遣いが荒くて…。 우리 애, 돈 씀씀이가 헤퍼서….
・当分の間、お小遣いの値上げは据え置きよ。 당분간 용돈 인상은 보류야.
・娘に小遣いの値上げをせがまれてるのよ。 딸이 용돈을 올려 달라고 조르고 있어.
・無駄遣いしてるから、いつもお小遣いが足りないのよ。 낭비하니까 항상 용돈이 부족한 거야.
・妹はお小遣いをもらう時期が来ると、母親に対する態度が変わるのよ。
여동생은 용돈을 받을 시기가 오면 어머니에 대한 태도가 변해.

2

女 腰、辛そうですね。病院には(?)。

男 治療の仕方が合わないみたいで、余計にひどくなったんだ。

女 それなら私が通っている所をお勧めしますよ。

男 それは助かる。是非紹介してくれ。

여 허리, 고통스러워 보이네요. 병원에는요?
남 치료 방식이 맞지 않는 것 같아서 더욱 심해졌어.
여 그렇다면 제가 다니고 있는 곳을 추천드려요.
남 그거 고마워. 꼭 소개해 줘.

男の人について、正しいものはどれですか。

(A) 治療費が支払えない。

✓(B) 治療法を変えたいと思っている。

(C) 病院の医者と性格が合わない。

(D) 腰の痛みは和らいでいる。

남자에 대해서 맞는 것은 어느 것입니까?
(A) 치료비를 지불할 수 없다.
✓(B) 치료법을 바꾸고 싶다고 생각하고 있다.
(C) 병원 의사와 성격이 맞지 않는다.
(D) 허리 통증은 가라앉고 있다.

■ 남자의 첫 번째 대화에서 정답을 찾을 수 있다. 남자는 허리 치료를 위해 병원에 다니고 있지만, '치료 방식이 맞지 않는지 증상이 더욱 심해졌다'라고 불만을 토로하고 있다. 이 말을 들은 여자가 자신이 다니고 있는 병원을 추천해 주겠다고 하자, 남자는 기뻐하며 여자의 제안을 받아들이고 있다. 즉, 치료법이 맞지 않는 지금의 병원에서 여자가 소개해 주는 병원으로 옮기고 싶다는 의미이므로, 정답은 (B)가 된다. (A)와 같은 내용은 나오지 않고, 남자의 불만은 의사의 성격이 아니라 치료법에 있으므로 (C)도 틀린 설명이다. (D)도 전반부의 대화를 통해 허리 통증이 더 심해졌다는 것을 알 수 있으므로, 역시 답이 될 수 없다.

■ 腰(こし) 허리 辛(つら)い 괴롭다, 고통스럽다 い형용사의 어간+そうだ ～일[할] 것 같다, ～해 보이다 *양태
病院(びょういん) 병원 治療(ちりょう) 치료 仕方(しかた) 방법, 방식 合(あ)う 맞다, 적합하다
～みたいだ ～인 것 같다 余計(よけい)に 더욱, 한층 더 ひどい 심하다 それなら 그렇다면, 그러면 通(かよ)う 다니다
所(ところ) 곳, 장소, 데 お+동사의 ます형+する ～하다, ～해 드리다 *겸양표현 勧(すす)める 권하다, 권유하다
助(たす)かる (노력·비용 등이 덜어져) 도움이 되다 是非(ぜひ) 제발, 부디, 꼭 紹介(しょうかい) 소개
～てくれ (남이 나에게) ～해 줘 治療費(ちりょうひ) 치료비 支払(しはら)う 지불하다 治療法(ちりょうほう) 치료법
変(か)える 바꾸다 동사의 ます형+たい ～하고 싶다 医者(いしゃ) 의사 性格(せいかく) 성격 痛(いた)み 통증
和(やわ)らぐ (바람·통증 등이) 가라앉다, 풀리다

■ 관련 표현 ·彼って不治の病にかかっちゃったそうよ。그는 불치병에 걸리고 말았대.
·最近、どうも体調が優れないんだ。요즘 아무래도 몸 상태가 좋지 않아.
·朝から体がだるいし、鼻水も出てる。아침부터 몸이 나른하고 콧물도 나와.
·1か月も付ききりで看病するなんて、すごいね。한 달이나 계속 곁에서 간병하다니 굉장하네.
·風邪を引かないように、体に気を付けてください。감기에 걸리지 않도록 건강에 신경 쓰세요.

□ **おかしい**

女 **おかしい**わね。ちゃんとここに置いたはずなのに…。

男 もう一度探してみてよ。

이상하다

여 **이상하**네. 제대로 여기에 뒀을 텐데….

남 한 번 더 찾아봐.

□ **着く**

女 会社から帰る時、雨に降られませんでしたか。

男 家に**着いた**時には、頭から足まで濡れていました。

도착하다

여 회사에서 돌아갈 때 비 맞지 않았어요?

남 집에 **도착했**을 때는 머리부터 발까지 젖어 있었어요.

□ **酔う**

女 私ってビール一杯で**酔って**しまうの。

男 へえ、全然そうは見えないけど。

(술에) 취하다

여 난 맥주 한 잔으로 **취해** 버려.

남 허, 전혀 그렇게는 보이지 않는데.

□ **凍る**

女 道路が**凍って**いるから、運転に気を付けてね。

男 うん、わかった。

얼다

여 도로가 **얼어** 있으니까 운전 조심해.

남 응, 알았어.

□ **乗り換える**

女 あのバスなら、**乗り換えなくても**駅まで行けますよ。

男 そうですか。どうもありがとうございます。

갈아타다, 환승하다

여 저 버스라면 **갈아타지 않아도** 역까지 갈 수 있어요.

남 그래요? 대단히 감사합니다.

□ **ぴったりだ**

女 どっちにしようか、迷っちゃうわ。

男 そうだなあ、黒より明るいピンクの方が君には**ぴったりだ**と思うよ。

딱 어울리다

여 어느 쪽으로 할지 망설여져.

남 글쎄, 검정보다 밝은 핑크 쪽이 너한테는 **딱 어울릴** 것 같아.

□ **かっとなる**

女 彼ってすぐ**かっとなる**んだから…。

男 うん、ちょっと付き合いにくいよ。

발끈하다

여 그는 바로 **발끈하**니까….

남 응, 좀 같이 하기 힘들어.

□ **盛り上がる**

女 昨日の飲み会、**盛り上がり**ましたか。

男 はい、本当に楽しかったです。

(기세·분위기 등이) 고조되다

여 어제 회식, (분위기가) **고조됐**어요?

남 예, 정말로 즐거웠어요.

STEP 5 핵심 어휘를 메모하면서 들어 보세요.

1 2人は今、何に乗っていますか。

(A) 電車

(B) バス

(C) 車

(D) タクシー

메모

2 女の人について、正しいものはどれですか。

(A) 外が暖かいとは思わなかった。

(B) 風が春のように暖かいと思った。

(C) 家の中の方が寒いと思った。

(D) 寒くても出かけた。

메모

3 会話の内容と合っているものは、どれですか。

(A) 2人は趣味が合う。

(B) 2人の趣味は同じとは言えない。

(C) 男の人は女の人の趣味を知らなかった。

(D) 男の人は女の人と本の趣味が同じだ。

메모

4 男の人はどうしましたか。

(A) 女の人にタオルをプレゼントされた。

(B) いいスーツだったので、買うことにした。

(C) 髪を洗ったので、濡れている。

(D) 雨に降られて、服が濡れてしまった。

메모

5 2人は何と言っていますか。

(A) 特別な準備は不要だと感じた。

(B) 前の形式に慣れておくのがいい。

(C) 難しい問題にも挑戦した方がいい。

(D) 新形式の問題を解いておくといい。

메모

6 男の人はインタビューする時、大切なことは何だ
と言っていますか。

(A) 質問をできるだけたくさんすること

(B) 相手の話を黙ってよく聞くこと

(C) お互いの意見を交換すること

(D) 相づちを打つようにすること

메모

PART 3

회화문

1

男	ずっと僕が運転するから、着くまで寝ていてもいいよ。
女	隣で寝ていると、あなたも眠くなってしまうでしょ。電車にすればよかったかな。
男	電車では着いてからが大変だからね。
女	そうね。バスを待ったりする時間が必要ないしね。

남	계속 내가 운전할 테니까, 도착할 때까지 자고 있어도 돼.
여	옆에서 자고 있으면 당신도 졸리잖아. 전철로 할 걸 그랬나.
남	전철로는 도착하고 나서가 힘드니까 말이야.
여	그러게. 버스를 기다리거나 할 시간이 필요 없고 말이야.

2人は今、何に乗っていますか。
(A) 電車
(B) バス
(C) 車
(D) タクシー

두 사람은 지금 무엇을 타고 있습니까?
(A) 전철
(B) 버스
(C) 자동차
(D) 택시

해설 | 남자의 첫 번째 대화를 알아듣는 것이 포인트. 남자는 「ずっと僕(ぼく)が運転(うんてん)するから」(계속 내가 운전할 테니까)라고 하면서 여자에게는 자도 된다고 말하고 있다. 따라서 두 사람은 지금 자동차를 타고 이동 중이라는 것을 알 수 있으므로, 정답은 (C)가 된다. (A)의 '전철'과 (B)의 '버스'는 자동차에 탄 두 사람이 나누는 대화에 등장하는 교통수단일 뿐, 실제로 탑승한 것은 아니므로 답이 될 수 없다.

어휘 | ずっと 쭉, 계속 僕(ぼく) 나 *남자의 자칭 運転(うんてん) 운전 着(つ)く 도착하다 ~まで ~까지 寝(ね)る 자다 ~てもいい ~해도 된다 隣(となり) 옆 あなた 당신, 여보 *주로 아내가 남편을 부르는 말로 쓰임 眠(ねむ)い 졸리다 ~てしまう ~해 버리다, ~하고 말다 電車(でんしゃ) 전철 よい 좋다 ~かな ~일까? *가벼운 의문을 나타냄 ~てから ~하고 나서, ~한 후에 大変(たいへん)だ 큰일이다, 힘들다 バス 버스 待(ま)つ 기다리다 ~たりする ~하거나 하다 時間(じかん) 시간 必要(ひつよう) 필요 ~し ~니, ~고 *하나의 조건만을 들고 나머지는 암시할 때의 표현 今(いま) 지금 乗(の)る (탈것에) 타다 車(くるま) 자동차, 차 タクシー 택시

2

女	お帰り。今日は風が強かったわね。
男	うん。でも、春のように暖かかったよ。
女	そう(?)。寒いだろうと思って、買い物に出かけるの止めちゃった。
男	家の中の方が寒いぐらいだよ。

여	어서 와. 오늘은 바람이 강했지?
남	응. 하지만 봄처럼 따뜻했어.
여	그래? 추울 거라고 생각해서 장 보러 가는 거 관뒀어.
남	집 안 쪽이 추울 정도야.

女の人について、正しいものはどれですか。
(A) 外が暖かいとは思わなかった。
(B) 風が春のように暖かいと思った。
(C) 家の中の方が寒いと思った。
(D) 寒くても出かけた。

여자에 대해서 맞는 것은 어느 것입니까?
(A) 밖이 따뜻할 것이라고는 생각하지 않았다.
(B) 바람이 봄처럼 따뜻하다고 생각했다.
(C) 집 안 쪽이 춥다고 생각했다.
(D) 추워도 나갔다.

해설 | 여자의 대화에 주목해야 한다. 여자는 오늘 바람이 강해서 추울 것이라고 생각하고 장 보러 가는 것도 그만두었다고 했다. 선택지 중 이와 일치하는 내용은 (A)로, 대화 중의 「寒(さむ)いだろうと思(おも)って」(추울 거라고 생각해서)와 일치하는 내용이다. (B)와 (C)는 남자의 생각에 해당하는 내용이고, (D)는 장 보러 가지 않았다는 여자의 두 번째 대화와 반대되는 내용이므로 역시 답이 될 수 없다.

어휘 | お帰(かえ)り 어서 와 *외출에서 돌아오는 사람에게 하는 인사말 今日(きょう) 오늘 風(かぜ) 바람 強(つよ)い 강하다 でも 그렇지만, 그러나, 하지만 春(はる) 봄 명사+の+ように ~처럼 暖(あたた)かい 따뜻하다 寒(さむ)い 춥다 思(おも)う 생각하다 買(か)い物(もの) 물건을 삼, 쇼핑, 장을 봄 동작성 명사+に ~하러 *동작의 목적 出(で)かける 나가다, 외출하다 止(や)める 끊다, 그만두다, 중지하다 ~ちゃう ~해 버리다, ~하고 말다 *「~てしまう」의 준말 家(いえ) 집 中(なか) 안, 속 方(ほう) 편, 쪽 ~ぐらい ~정도 ~とは ~라고는 外(そと) 밖

3

女	この本、よかったら読まない(?)。すごくよかったよ。
男	ああ、この作家の本、何冊か読んだことあるけど、あまり…。
女	私は、この本みたいに色々考えさせられるものが好きだわ。
男	君は映画もそうだね。君の好きなものは大体わかるよ。

여	이 책, 괜찮으면 읽지 않을래? 굉장히 좋았어.
남	아―, 이 작가 책, 몇 권인가 읽은 적 있는데 별로 ….
여	나는 이 책처럼 여러 가지 생각하게 되는 걸 좋아해.
남	넌 영화도 그렇지. 네가 좋아하는 건 대강 알겠어.

会話の内容と合っているものは、どれですか。
(A) 2人は趣味が合う。
(B) 2人の趣味は同じとは言えない。
(C) 男の人は女の人の趣味を知らなかった。
(D) 男の人は女の人と本の趣味が同じだ。

대화의 내용과 맞는 것은 어느 것입니까?
(A) 두 사람은 취향이 맞는다.
(B) 두 사람의 취향은 같다고는 할 수 없다.
(C) 남자는 여자의 취향을 몰랐다.
(D) 남자는 여자와 책 취향이 같다.

해설 | 대화의 전체적인 내용을 파악해야 하는 문제. 여자는 자신이 좋아하는 책을 남자에게 권하고 있는데, 남자는 전에 읽었던 그 작가의 책이 별로 마음에 들지 않았다며 탐탁지 않아 하고 있다. 이어서 여자가 이 책처럼 여러 가지 생각하게 되는 것을 좋아한다고 하자, 남자는 여자의 취향을 존중하면서도 자신도 그렇다고 동감을 표시하지는 않고 있다. 이런 대화를 종합해 보면 두 사람의 취향에는 확실히 차이가 있다는 것을 알 수 있으므로, 정답은 (B)가 된다.

어휘 | 本(ほん) 책 よい 좋다. 괜찮다 ~たら ~하면 読(よ)む 읽다 すごく 굉장히, 몹시 作家(さっか) 작가 何冊(なんさつ) 몇 권 동사의 た형+ことがある ~한 적이 있다 あまり (부정어 수반) 그다지, 별로 ~みたいに ~처럼 色々(いろいろ) 여러 가지, 갖가지 考(かんが)える 생각하다 ~(さ)せられる (마지못해, 억지로) ~하게 되다 *사역수동 好(す)きだ 좋아하다 君(きみ) 자네, 너 映画(えいが) 영화 大体(だいたい) 대강, 대체로 わかる 알다, 이해하다 趣味(しゅみ) 취미, 취향 合(あ)う (마음・취미 등이) 맞다 同(おな)じだ 같다, 마찬가지다 ~とは言(い)えない ~라고는 할 수 없다 知(し)る 알다

4

女	あら、ずいぶん濡れちゃったわね。
男	急に降ってきたんだ。
女	そのスーツ、買ったばかりなのに…。
男	うん、拭くから、タオル取ってくれない(?)。

여	어머, 많이 젖어 버렸네.
남	갑자기 내리기 시작했거든.
여	그 정장, 산 지 얼마 안 됐는데….
남	응, 닦을 테니까 수건 집어 주지 않을래?

男の人はどうしましたか。
(A) 女の人にタオルをプレゼントされた。
(B) いいスーツだったので、買うことにした。
(C) 髪を洗ったので、濡れている。
(D) 雨に降られて、服が濡れてしまった。

남자는 무슨 일이 있었습니까?
(A) 여자에게 수건을 선물받았다.
(B) 좋은 정장이었기 때문에 사기로 했다.
(C) 머리를 감았기 때문에 젖어 있다.
(D) 비를 맞아서 옷이 젖어 버렸다.

해설 | 대화를 통해 상황을 유추해야 하는 문제. 여자의 첫 번째 대화에 나오는 「濡(ぬ)れちゃった」(젖어 버렸다)와 남자의 첫 번째 대화에 나오는 「急(きゅう)に降(ふ)ってきた」(갑자기 내리기 시작했다)라는 표현을 통해, 남자의 정장이 젖은 것은 갑자기 내린 비 때문이라는 것을 알 수 있다. 따라서 정답은 (D)가 된다. (A)와 (B)는 대화에 나오는 단어를 응용한 오답이고, (C)는 젖어 버린 이유에 해당하는 설명이 잘못되었다.

어휘 | あら 어머(나) *여성어로, 감동하거나 놀랐을 때 내는 소리 ずいぶん 아주, 많이 *정도 急(きゅう)に 갑자기 降(ふ)る (비・눈 등이) 내리다, 오다 ~てくる ~하기 시작하다 スーツ 슈트, 정장 買(か)う 사다 동사의 た형+ばかりだ 막 ~한 참이다, ~한 지 얼마 안 되다 拭(ふ)く 닦다, 훔치다 タオル 타월, 수건 取(と)る 집다 ~てくれない(?) (남이 나에게) ~해 주지 않을래? プレゼント 프레젠트, 선물 いい 좋다 동사의 보통형+ことにする ~하기로 하다 髪(かみ)を洗(あら)う 머리를 감다 雨(あめ) 비 服(ふく) 옷

169

5

男　今年から試験が新しい形式になりましたが、どうでしたか。

女　そうですね。前のとはかなり違いました。

男　やはり、一度新しい形式のものを解いておいた方が…。

女　その方がいいですね。

남　올해부터 시험이 새로운 형식이 되었는데, 어땠어요?

여　글쎄요. 전의 시험과는 상당히 달랐어요.

남　역시 한 번 새로운 형식의 시험을 풀어 두는 편이…

여　그 편이 좋겠죠.

2人は何と言っていますか。

(A) 特別な準備は不要だと感じた。

(B) 前の形式に慣れておくのがいい。

(C) 難しい問題にも挑戦した方がいい。

(D) 新形式の問題を解いておくといい。

두 사람은 뭐라고 말하고 있습니까?

(A) 특별한 준비는 필요 없다고 느꼈다.

(B) 전의 형식에 익숙해져 두는 것이 좋다.

(C) 어려운 문제에도 도전하는 편이 좋다.

(D) 새로운 형식의 문제를 풀어 두면 좋다.

해설 | 두 사람은 올해 처음으로 도입한 새로운 형식의 시험에 대해 이야기하고 있다. 후반부의 대화에서 정답을 찾을 수 있는데, 남자가 '역시 한 번 새로운 형식의 시험을 풀어 두는 편이…'라고 하자, 여자도 '그 편이 좋겠죠'라고 동의하고 있다. 즉, 두 사람 모두 새로운 형식의 문제를 미리 풀어 두는 것이 도움이 된다고 생각하고 있으므로, 정답은 (D)가 된다.

어휘 | 今年(ことし) 올해 試験(しけん) 시험 新(あたら)しい 새롭다 形式(けいしき) 형식 前(まえ) 전, 이전, 예전
かなり 꽤, 상당히 違(ちが)う 다르다 やはり 역시 一度(いちど) 한 번 解(と)く (의문·문제를) 풀다 〜ておく 〜해 놓다[두다]
方(ほう) 편, 쪽 特別(とくべつ)だ 특별하다 準備(じゅんび) 준비 不要(ふよう)だ 필요 없다 感(かん)じる 느끼다
慣(な)れる 익숙해지다 難(むずか)しい 어렵다 問題(もんだい) (해답을 요하는) 문제 挑戦(ちょうせん) 도전
동사의 た형+方(ほう)がいい 〜하는 편[쪽]이 좋다 新(しん)〜 (접두어) 신〜, 새로운〜

6

女　インタビューする時、大切なことは何(?)。

男　相手の話をよく聞いているということを示すことだね。

女　「ああ」とか「ええ」とか「そうですね」とか言うのね(?)。

男　うん。それから、相手の話を繰り返して、確認することだよ。

여　인터뷰할 때 중요한 건 뭐야?

남　상대 이야기를 잘 듣고 있다는 것을 나타내는 거지.

여　'아-'라든지 '네'라든지 '그렇죠'라든지 말하는 거지?

남　응. 그리고 상대 이야기를 반복해서 확인하는 거야.

男の人はインタビューする時、大切なことは何だと言っていますか。

(A) 質問をできるだけたくさんすること

(B) 相手の話を黙ってよく聞くこと

(C) お互いの意見を交換すること

(D) 相づちを打つようにすること

남자는 인터뷰할 때 중요한 것은 무엇이라고 말하고 있습니까?

(A) 질문을 가능한 한 많이 하는 것

(B) 상대의 이야기를 잠자코 잘 듣는 것

(C) 서로의 의견을 교환하는 것

(D) 맞장구를 치도록 하는 것

해설 | 인터뷰할 때 중요한 것에 대해 이야기하고 있다. 두 사람의 대화를 종합해 보면 상대의 이야기를 잘 듣고 있다는 것을 나타내는 것과 상대의 이야기를 반복해서 확인하는 것이 중요한데, 특히 상대의 이야기를 잘 듣고 있다는 것을 나타내는 방법으로 여자는 「ああ」(아-), 「ええ」(네), 「そうですね」(그렇죠)를 예로 들었다. 이 표현들은 다른 말로 하면 「相(あい)づちを打(う)つ」(맞장구를 치다)라고 할 수 있으므로, 정답은 (D)가 된다. 남자의 첫 번째 대화를 귀담아 듣지 않았다면 (B)를 정답으로 고를 수도 있는데, 「黙(だま)る」는 '잠자코 있다, 입을 다물다'라는 뜻이므로, 반응을 보이는 것이 중요하다고 한 남자의 말과는 맞지 않는다.

어휘 | インタビュー 인터뷰 時(とき) 때 大切(たいせつ)だ 중요하다 相手(あいて) 상대 話(はなし) 이야기 よく 잘
聞(き)く 듣다 示(しめ)す 보이다, 나타내다 〜とか 〜라든지 言(い)う 말하다 それから 그 다음에, 그리고 (또)
繰(く)り返(かえ)す 되풀이하다, 반복하다 確認(かくにん) 확인 質問(しつもん) 질문 できるだけ 가능한 한, 되도록
たくさん 많이 お互(たが)い 서로 意見(いけん) 의견 交換(こうかん) 교환 〜ようにする 〜하도록 하다

주요 어휘 및 표현 정리 20

한자	읽기	의미
☐ 八百屋	やおや	야채[채소]가게
☐ 果物	くだもの	과일
☐ 痩せる	やせる	여위다, 마르다, 살이 빠지다
☐ 足りない	たりない	모자라다, 부족하다
☐ ～はず(が)ない	・	～일 리(가) 없다
☐ 計算	けいさん	계산
☐ 大金	たいきん	큰돈
☐ 失う	うしなう	잃다, (가진 것을) 잃어버리다
☐ ごまかす	・	속이다
☐ 誤る	あやまる	잘못하다, 실수하다
☐ 予算	よさん	예산
☐ お小遣い	おこづかい	용돈
☐ 金遣いが荒い	かねづかいがあらい	돈 씀씀이가 헤프다
☐ せがむ	・	조르다, 졸라대다
☐ 仕方	しかた	방법, 방식
☐ 余計に	よけいに	더욱, 한층 더
☐ 和らぐ	やわらぐ	(바람·통증 등이) 가라앉다, 풀리다
☐ 作家	さっか	작가
☐ 髪を洗う	かみをあらう	머리를 감다
☐ 相づちを打つ	あいづちをうつ	맞장구를 치다

04 업무 및 비즈니스 표현

STEP 1 ▶ 먼저 핵심 기출 어휘와 필수 예문을 익히세요.

음원 73

핵심 기출 어휘 및 필수 예문

- **目標** 목표
  예 今月の目標は高すぎて、達成できそうもないわ。
  이달 목표는 너무 높아서 달성할 수 없을 것 같아.

- **相談** 상담, 상의, 의논
  예 課長、ご相談したいことがあってお電話しました。
  과장님, 상의드리고 싶은 일이 있어서 전화드렸습니다.

- **変更** 변경
  예 出張の予定に変更はありませんね(?)。
  출장 예정에 변경은 없죠?

- **利益** 이익
  예 この度の契約は、御社にとっても利益になると存じます。
  이번 계약은 귀사에게 있어서도 이익이 될 거라고 생각합니다.

- 동사의 **ます형+にくい** ~하기 어렵다[힘들다]
  예 この間、翻訳してくれた資料、わかりにくいなあ。
  요전에 번역해 준 자료, 이해하기 힘드네.

STEP 2 이제 YBM이 엄선한 빈출 문제를 잘 듣고 풀어 보세요.

1 직장에 필요한 사람

女 若い社員が、相談が必要だと言うんですよ。

男 相談しやすいように課長を若い世代にしているのになあ。

女 課長自身が忙しくて、相談に乗る余裕がないんですよ。

男 確かに悩みを聞くのにも時間が必要だしなあ。

여 젊은 사원이 상담이 필요하다고 하거든요.

남 상담하기 편하도록 과장을 젊은 세대로 했는데.

여 과장님 자신이 바빠서 상담에 응할 여유가 없거든요.

남 확실히 고민을 듣는 데에도 시간이 필요하기는 하지.

職場に必要な人は誰ですか。
(A) 新入社員
(B) 若い世代の課長
(C) 課長が相談しやすい人
✓(D) 若い人の相談相手になれる人

직장에 필요한 사람은 누구입니까?
(A) 신입사원
(B) 젊은 세대의 과장
(C) 과장이 상담하기 편한 사람
✓(D) 젊은 사람의 상담 상대가 될 수 있는 사람

2 다음 주 회의의 주제

女 部長、来週の会議のテーマは何ですか。

男 うん。先月の売り上げの報告と再来月の目標の発表、そして最近の市場の状況についてだが。

女 目標の数字の件なんですが、少し遅れそうです。

男 では、それは再来週、新製品の発表までに仕上げるようにしてくれ。

여 부장님, 다음 주 회의 주제는 뭐예요?

남 응. 지난달의 매출 보고와 다다음 달의 목표 발표, 그리고 최근 시장 상황에 대해서인데.

여 목표 수치 건 말인데요, 조금 늦을 것 같아요.

남 그럼, 그건 다다음 주 신제품 발표까지 끝내도록 해 줘.

来週の会議のテーマは何ですか。
(A) 今月と先月の決算
(B) 新たな商品の開発の発表
✓(C) 先月の売り上げの報告
(D) 先週の業務報告と市場の動き

다음 주 회의의 주제는 무엇입니까?
(A) 이달과 지난달의 결산
(B) 새로운 상품 개발의 발표
✓(C) 지난달의 매출 보고
(D) 지난주의 업무 보고와 시장 동향

STEP 3 문제의 내용을 잘 기억하고 관련 있는 내용은 메모하면서 들으세요.

Point 1 문제 내용을 기억	Point 2 문제와 관련 있는 내용을 메모하면서 듣기
문제에서 구체적으로 묻고 있는 내용을 잘 기억하고 듣기!	문제와 직접적으로 관련이 있는 내용은 반드시 메모하고 핵심 단어를 기억하기!

| CHECK UP |

男 恐れ入ります。私、東京企画の石川と申しますが…。

女 いつもお世話になっております。お約束でしょうか。

男 いいえ、この度こちらの担当になりましたので、加藤部長にご挨拶をと思いまして…。

女 少々お待ちください。ただいま、お取り次ぎいたします。

남 실례합니다. 저 도쿄기획의 이시카와라고 하는데요….

여 늘 신세 지고 있습니다. 약속하셨는지요?

남 아니요, 이번에 이쪽 담당이 되어서 가토 부장님께 인사드릴까 해서요….

여 잠시 기다려 주세요. 지금 말씀 전하겠습니다.

男の人について、正しいものはどれですか。
(A) 加藤部長と知り合いだ。
(B) 度々この会社を訪れている。
(C) 女の人に会いに来た。
✓(D) この会社の担当になった。

남자에 대해서 맞는 것은 어느 것입니까?
(A) 가토 부장과 아는 사이다.
(B) 자주 이 회사를 방문하고 있다.
(C) 여자를 만나러 왔다.
✓(D) 이 회사의 담당이 되었다.

Point 1 문제 내용을 기억

◯ 남자에 대해서 맞는 것은 어느 것인지 묻고 있으므로, 남자의 대화에 주목해야 함.

Point 2 문제와 관련 있는 내용을 메모하면서 듣기

◯ 남자의 두 번째 대화에서 이번에 이쪽 담당이 되어서 가토 부장에게 인사하러 왔다고 했으므로, (D)가 정답이 됨.

STEP 4 ▶ 다음 기출문제를 기출문제 풀이 전략을 적용해서 풀어 보세요.

1

男 事故の怪我で休んでいる田中さん、結局退職するって。
女 元気になったと聞いたけど。
男 それでも元の仕事ができるほどじゃないらしいから。
女 能力がある人だっただけに、残念ね。

남 사고 부상으로 쉬고 있는 다나카 씨, 결국 퇴직한대.
여 건강해졌다고 들었는데.
남 그래도 본래의 업무를 할 수 있을 정도는 아닌 것 같아서.
여 능력이 있는 사람이었던 만큼 아쉽네.

田中さんについて、正しいものはどれですか。
(A) 会社を休めそうもない。
(B) 元の職場に戻る。
✓(C) 以前と同じ仕事はできない。
(D) 退職できそうもない。

다나카 씨에 대해서 맞는 것은 어느 것입니까?
(A) 회사를 쉴 수 있을 것 같지 않다.
(B) 원래 직장으로 돌아간다.
✓(C) 이전과 같은 일은 할 수 없다.
(D) 퇴직할 수 있을 것 같지 않다.

■ 두 사람은 퇴직하게 된 다나카 씨에 대해 이야기하고 있다. 대화를 통해 사고로 휴직 중이었던 다나카 씨는 결국 퇴직하게 되었다는 것을 알 수 있다. 그 이유는 남자의 두 번째 대화에 나오는데, 건강을 회복하기는 했지만 본래의 업무를 할 수 있을 정도는 아닌 것 같다고 했으므로, 정답은 (C)가 된다. 나머지 선택지는 모두 회사를 쉬거나, 그만두지 않고 일을 계속한다는 의미이므로 답이 될 수 없다.

■ 事故(じこ) 사고　怪我(けが) 부상　休(やす)む 쉬다　結局(けっきょく) 결국　退職(たいしょく) 퇴직　～って ～대, ～래
元気(げんき)だ 건강하다　聞(き)く 듣다　それでも 그래도　元(もと) 전의 상태, 본래, 원래　仕事(しごと) 일, 업무
できる 할 수 있다, 가능하다　～ほど ～정도　～らしい ～인 것 같다 *객관적 근거에 의한 추측·판단　能力(のうりょく) 능력
～だけに ～인 만큼　残念(ざんねん)だ 아쉽다, 유감스럽다　동사의 ます형+そうもない ～일[할] 것 같지 않다
職場(しょくば) 직장　戻(もど)る (본래의 자리로) 돌아가다　以前(いぜん) 전, 이전, 예전　同(おな)じだ 같다, 마찬가지다

■ 관련 표현 ・こんな企画案が通れるわけがないよ。 이런 기획안이 통과될 리가 없어.

・残念ながら、これは見合わせることになりました。 유감스럽게도 이건 보류하게 되었어요.

・こうなった以上、計画は白紙に戻さざるを得ないなあ。
이렇게 된 이상 계획은 백지로 돌릴 수밖에 없겠군.

・それは実現可能性の低い理論に過ぎないと思うわ。
그건 실현 가능성이 낮은 이론에 지나지 않는다고 생각해.

・どんなに考えてみても、この企画を実行するのは無理よ。
아무리 생각해 봐도 이 기획을 실행하는 건 무리야.

175

2

男 石川製作所はまだ生産をストップしているんでしょうか。

女 昨日からやっと再開したそうです。

男 では、うちが注文した商品、催促しておいてくださいね。

女 はい、わかりました。

남 이시카와 제작소는 아직 생산을 중단하고 있을까요?

여 어제부터 겨우 재개했대요.

남 그럼, 우리가 주문한 상품, 재촉해 두세요.

여 예, 알겠어요.

男の人は女の人に何を頼みましたか。
  (A) 生産をストップさせる。
✓ (B) 注文した品物を急がす。
  (C) 品物の注文を取り消す。
  (D) 契約書を作成する。

남자는 여자에게 무엇을 부탁했습니까?
  (A) 생산을 중단시킨다.
✓ (B) 주문한 상품을 재촉한다.
  (C) 물건 주문을 취소한다.
  (D) 계약서를 작성한다.

- 「催促(さいそく)」(재촉)라는 단어가 포인트. 남자는 두 번째 대화에서 생산을 중단했다가 겨우 작업을 재개한 제작소에 주문 상품을 재촉해 달라고 부탁하고 있다. 선택지 중 이와 일치하는 내용은 (B)로, 대화의 「催促(さいそく)」(재촉)를 「急(いそ)がす」(재촉하다)로 바꿔 표현했다. (A)는 남자의 첫 번째 대화만 들었을 때 고를 수 있는 오답이고, (C)의 '주문 취소'나 (D)의 '계약서 작성'에 관한 내용은 나오지 않는다.

- 製作所(せいさくしょ) 제작소　まだ 아직　生産(せいさん) 생산　ストップ 스톱, 중지, 중단　昨日(きのう) 어제　やっと 겨우, 간신히　再開(さいかい) 재개　품사의 보통형+そうだ ~라고 한다 *전문　では 그럼, 그렇다면　うち 우리　注文(ちゅうもん) 주문　商品(しょうひん) 상품　~ておく ~해 놓다[두다]　わかる 알다, 이해하다　頼(たの)む 부탁하다　取(と)り消(け)す 취소하다　契約書(けいやくしょ) 계약서　作成(さくせい) 작성

- 관련 표현 ・新製品の注文が殺到しているそうです。 신제품 주문이 쇄도하고 있대요.
　　　　　　・注文の取り消しはいつまで可能ですか。 주문 취소는 언제까지 가능해요?
　　　　　　・ご注文のお品物は今週中にはお届けできると思います。
　　　　　　　주문하신 상품은 이번 주 중에는 보내 드릴 수 있을 것 같습니다.
　　　　　　・注文したものと違う商品が来たので、電話いたしました。 주문한 것과 다른 상품이 와서 전화 드렸어요.
　　　　　　・残念ながら、生産再開の目処は立っておりません。 유감스럽게도 생산 재개의 전망은 서 있지 않습니다.

□ 費用 (ひよう)

비용

女 この金額はかなりの予算(よさん)オーバーだわ。

男 じゃ、費用を削減(さくげん)できるところをもう一度調(いちどしら)べてみるよ。

여 이 금액은 상당한 예산 초과야.

남 그럼, 비용을 삭감할 수 있는 부분을 한 번 더 조사해 볼게.

□ リストラ

구조조정

女 リストラの規模(きぼ)はどのくらいでしょうか。

男 さあ、まだはっきり決(き)まっていないようですね。

여 구조조정의 규모는 어느 정도일까요?

남 글쎄요, 아직 확실히 정해지지 않은 것 같네요.

□ 伺(うかが)う

찾아뵙다

女 じゃ、明日何時頃(あしたなんじごろうかが)伺いましょうか。

男 午後(ごご)なら、いつでも大丈夫(だいじょうぶ)です。

여 그럼, 내일 몇 시쯤 찾아뵐까요?

남 오후라면 언제든지 괜찮아요.

□ 呑(の)む

받아들이다

女 こうなってしまった以上(いじょう)、相手側(あいてがわ)の条件(じょうけん)を呑(の)むしかありませんね。

男 ええ、仕方(しかた)ありませんね。

여 이렇게 되어 버린 이상 상대측 조건을 받아들일 수밖에 없겠네요.

남 네, 어쩔 수 없죠.

□ 諦(あきら)める

단념하다, 체념하다

女 今度(こんど)の件(けん)はこの辺(へん)で諦(あきら)めましょうか。

男 そうですね。もうこれ以上投資(いじょうとうし)するのはうちにとっても打撃(だげき)ですからね。

여 이번 건은 이쯤에서 단념할까요?

남 그러죠. 이제 이 이상 투자하는 건 우리에게 있어서도 타격이니까요.

□ 順調(じゅんちょう)に

순조롭게

女 この間(あいだ)のプロジェクトの方(ほう)はどうですか。

男 課(か)のみんなのおかげで、順調(じゅんちょう)に進(すす)んでおります。

여 요전의 프로젝트 쪽은 어때요?

남 과의 모두 덕분에 순조롭게 진행되고 있어요.

□ ほっとする

안심하다

女 新商品(しんしょうひん)の売(う)れ行(ゆ)きが徐々(じょじょ)に上(あ)がってほっとしたわ。

男 それはよかったね。おめでとう。

여 신상품의 팔림새가 서서히 올라가서 안심했어.

남 그거 잘됐네. 축하해.

□ 目(め)を通(とお)す

훑어보다

女 昨日(きのう)の報告書(ほうこくしょ)、お読(よ)みになりましたか。

男 ああ、それ。一応目(いちおうめ)を通(とお)したけど、ちょっとね。

여 어제 보고서, 읽으셨어요?

남 아-, 그거. 일단 훑어봤는데 좀 그래.

STEP 5 핵심 어휘를 메모하면서 들어 보세요.

1 女の人は仕事について、何と言っていますか。

　(A) 仕事は面白いが、遅くまで働かなくてはならない。

　(B) 大変だが、生活のために働かなくてはならない。

　(C) 給料が悪くて、大変だ。

　(D) 仕事が早く終わるので、自分の時間も十分ある。

> 메모

2 今日の会議が長かった理由は何ですか。

　(A) 課長が社長を怒らせたから

　(B) 社長が課長を怒らせたから

　(C) 社長の話はいつも長いから

　(D) 社長と課長が喧嘩したから

> 메모

3 男の人はどうしましたか。

　(A) 部長と約束した時間より早く来た。

　(B) 予定の時間より早く会議を始めた。

　(C) 会議があって、約束の時間に間に合わなかった。

　(D) 東京電気の人と会うために待っていた。

> 메모

4 女の人はどう思っていますか。

(A) 我が社の業績は向上しつつある。

(B) 今こそ、この会社の営業から手を引くべき時だ。

(C) この契約は、我が社の将来に大きく影響する。

(D) 我が社の影響は他社にまで及ぶ恐れがある。

메모

5 男の人が初めに説明した商品は、どこに置いて使う物ですか。

(A) 風呂場

(B) キッチン

(C) 美容院

(D) 居間

메모

6 申請者に対してどうしますか。

(A) 交通手段を替えさせる。

(B) 駐車料金を負担させる。

(C) 交通費を自己負担させる。

(D) 会場を変更してもらう。

메모

1

女 疲れた。もう仕事辞めたい。
男 毎日9時まで仕事か。大変だよね。
女 いくら仕事が面白くて給料がよくても、自分の時間が全然ないんだから。
男 お金のために仕事する必要ないし、もっといい仕事探したら(?)。

여 피곤해. 이제 일 그만두고 싶어.
남 매일 9시까지 일인가? 힘들겠네.
여 아무리 일이 재미있고 급여가 좋아도 내 시간이 전혀 없으니까.
남 돈을 위해서 일할 필요 없고 하니, 더 좋은 일을 찾는 게 어때?

女の人は仕事について、何と言っていますか。
(A) 仕事は面白いが、遅くまで働かなくてはならない。
(B) 大変だが、生活のために働かなくてはならない。
(C) 給料が悪くて、大変だ。
(D) 仕事が早く終わるので、自分の時間も十分ある。

여자는 일에 대해서 뭐라고 말하고 있습니까?
(A) 일은 재미있지만 늦게까지 일하지 않으면 안 된다.
(B) 힘들지만 생계를 위해서 일하지 않으면 안 된다.
(C) 급여가 나쁘고 힘들다.
(D) 일이 빨리 끝나기 때문에 자신의 시간도 충분히 있다.

해설 | 전반부의 대화를 통해 여자는 연일 이어지는 잔업 때문에 일을 그만두고 싶어한다는 것을 알 수 있다. 포인트가 되는 것은 여자의 두 번째 대화로, '아무리 일이 재미있고 급여가 좋아도 내 시간이 전혀 없으니까'라고 했다. 즉, 일 자체는 재미있고 급여도 만족스럽지만 업무량이 너무 많은 것이 불만이라는 의미이므로, 정답은 (A)가 된다. (B)는 남자의 두 번째 대화를 응용한 오답이고, (C)와 (D)는 여자의 두 번째 대화와 반대되는 내용이므로 답이 될 수 없다.

어휘 | 疲(つか)れる 지치다, 피로해지다 もう 이제 仕事(しごと) 일, 직장, 직업 辞(や)める (일자리를) 그만두다
동사의 ます형+たい ~하고 싶다 ~まで ~까지 大変(たいへん)だ 힘들다 いくら ~ても 아무리 ~해도
面白(おもしろ)い 재미있다 給料(きゅうりょう) 급여, 급료 自分(じぶん) 자기, 자신, 나 全然(ぜんぜん) (부정어 수반) 전혀
명사+の+ために ~을 위해서 必要(ひつよう) 필요 ~し ~니, ~고 *하나의 조건만을 들고 나머지는 암시할 때의 표현
もっと 더, 더욱 探(さが)す 찾다 ~たら ~하는 게 어때? *완곡하게 명령하거나 권고할 때 씀 遅(おそ)く 늦게
働(はたら)く 일하다 ~なくてはならない ~하지 않으면 안 된다, ~해야 한다 生活(せいかつ) 생활, 생계 早(はや)く 일찍, 빨리
終(お)わる 끝나다 十分(じゅうぶん) 충분히

2

男 今日の会議、長かったね。
女 社長の話が長かったからね。いつもよりずっと。
男 あれは、課長が社長を怒らせたからだよね。
女 うん、課長がちょっと言っただけで、社長20分も話し続けたからね。

남 오늘 회의 길었네.
여 사장님 이야기가 길었으니까. 평소보다도 훨씬.
남 그건 과장님이 사장님을 화나게 만들었기 때문이지.
여 응, 과장님이 잠시 말한 것만으로 사장님이 20분이나 계속 이야기했으니까 말이야.

今日の会議が長かった理由は何ですか。
(A) 課長が社長を怒らせたから
(B) 社長が課長を怒らせたから
(C) 社長の話はいつも長いから
(D) 社長と課長が喧嘩したから

오늘 회의가 길었던 이유는 무엇입니까?
(A) 과장이 사장을 화나게 했기 때문에
(B) 사장이 과장을 화나게 했기 때문에
(C) 사장의 이야기는 항상 길기 때문에
(D) 사장과 과장이 싸웠기 때문에

해설 | 오늘 회의가 길어진 것은 사장의 이야기가 길어졌기 때문이다. 그 이유는 남자의 두 번째 대화에 나오는데, 「課長(かちょう)が社長(しゃちょう)を怒(おこ)らせたからだよね」(과장님이 사장님을 화나게 만들었기 때문이지)라고 했다. 즉, 과장의 말을 듣고 화가 난 사장의 이야기가 평소보다 훨씬 길어졌다는 뜻이므로, 정답은 (A)가 된다. (B)는 정답과 반대되는 내용이고, 오늘처럼 사장의 이야기가 길어진 것은 평소와는 다른 경우이며, 사장과 과장은 싸운 것이 아니라 사장이 과장의 말에 일방적으로 화를 낸 상황이므로 (C)와 (D)는 모두 틀린 내용이다.

어휘 | 会議(かいぎ) 회의 長(なが)い (시간적으로) 오래다, 길다 社長(しゃちょう) 사장 話(はなし) 이야기 いつも 평소, 여느 때
~より ~보다 ずっと 훨씬 あれ (서로 알고 있는) 그것 課長(かちょう) 과장 怒(おこ)る 화를 내다 ~だけ ~만, ~뿐
~も ~이나 話(はな)す 말하다, 이야기하다 동사의 ます형+続(つづ)ける 계속 ~하다 喧嘩(けんか) 싸움

3

男 すみません。東京電気の坂本ですが、森部長いらっしゃいますか。

女 申し訳ありません。ただ今会議中でございますが、お約束ですか。

男 3時に伺うお約束だったのですが、早く着いてしまいまして…。

女 では、こちらにおかけになってお待ちください。

男の人はどうしましたか。
(A) 部長と約束した時間より早く来た。
(B) 予定の時間より早く会議を始めた。
(C) 会議があって、約束の時間に間に合わなかった。
(D) 東京電気の人と会うために待っていた。

남 실례합니다. 도쿄전기의 사카모토인데요. 모리 부장님 계세요?

여 죄송합니다. 지금 회의 중입니다만, 약속하셨어요?

남 3시에 찾아뵙는 약속이었는데요. 일찍 도착해 버려서….

여 그럼, 여기에 앉으셔서 기다려 주세요.

남자는 어떻게 했습니까?
(A) 부장과 약속한 시간보다 일찍 왔다.
(B) 예정 시간보다 일찍 회의를 시작했다.
(C) 회의가 있어서 약속 시간에 맞추지 못했다.
(D) 도쿄전기의 사람과 만나기 위해서 기다리고 있었다.

해설 | 남자의 두 번째 대화가 포인트. 남자는 3시에 부장을 만나기로 약속을 했는데, 일찍 도착하는 바람에 부장은 현재 회의 중이라고 했으므로, 정답은 (A)가 된다. (B)와 (C)는 여자의 첫 번째 대화에 나오는 「会議(かいぎ)」(회의)라는 단어를 응용한 오답이고, (D)의 '도쿄전기'는 부장이 아니라 남자가 다니는 회사를 말하므로 역시 답이 될 수 없다.

어휘 | 電気(でんき) 전기 部長(ぶちょう) 부장 いらっしゃる 계시다 *「いる」((사람이) 있다)의 존경어
申(もう)し訳(わけ)ない 할 말이 없다. 미안하다. 죄송하다 ただ今(いま) 지금, 현재 ~中(ちゅう) ~중
~でございます ~입니다 *「~です・~であります」의 공손한 말 お+한자명사+です ~하시다 *존경표현
約束(やくそく) 약속 伺(うかが)う 찾아뵙다 *「訪(おとず)れる」(방문하다)의 겸양어 早(はや)く 일찍, 빨리 着(つ)く 도착하다
お+동사의 ます형+になる ~하시다 *존경표현 かける 앉다, 걸터앉다 お+동사의 ます형+ください ~해 주십시오 *존경표현
待(ま)つ 기다리다 予定(よてい) 예정 時間(じかん) 시간 ~より ~보다 始(はじ)める 시작하다
間(ま)に合(あ)う 시간에 맞다. 늦지 않다 会(あ)う 만나다 동사의 보통형+ために ~하기 위해서

4

男 森さん、いい加減、この会社への営業諦めませんか。

女 ここで契約ができれば、我が社も立ち直るチャンスになるのよ。

男 それもそうですね。この会社は他社への影響力もあるし。

女 これ以上業績を悪化させるわけにはいかないのよ。

女の人はどう思っていますか。
(A) 我が社の業績は向上しつつある。
(B) 今こそ、この会社の営業から手を引くべき時だ。
(C) この契約は、我が社の将来に大きく影響する。
(D) 我が社の影響は他社にまで及ぶ恐れがある。

남 모리 씨, 이쯤에서 이 회사에 대한 영업을 단념하지 않을래요?

여 여기에서 계약을 할 수 있으면 우리 회사도 회복할 기회가 돼.

남 그것도 그러네요. 이 회사는 다른 회사에 대한 영향력도 있으니.

여 이 이상 실적을 악화시킬 수는 없어.

여자는 어떻게 생각하고 있습니까?
(A) 우리 회사의 실적은 계속 향상하고 있다.
(B) 지금이야말로 이 회사의 영업에서 손을 떼야 할 때다.
(C) 이 계약은 우리 회사의 장래에 크게 영향을 준다.
(D) 우리 회사의 영향은 타사에까지 미칠 우려가 있다.

해설 | 여자의 생각을 묻고 있으므로, 여자의 대화에 주목해야 한다. 여자는 첫 번째 대화에서 「契約(けいやく)ができれば、我(わ)が社(しゃ)も立(た)ち直(なお)るチャンスになるのよ」(계약을 할 수 있으면 우리 회사도 회복할 기회가 돼)라고 했다. 즉, 이번 계약을 악화된 실적을 회복시킬 반전의 기회로 여기고 있다는 것을 알 수 있으므로, 정답은 (C)가 된다. (A)는 여자의 두 번째 대화와 반대되는 내용이고, (B)는 여자가 아니라 남자의 생각이며, (D)는 남자의 두 번째 대화를 응용한 오답이다.

어휘 | いい加減(かげん) 이제 슬슬 営業(えいぎょう) 영업 諦(あきら)める 단념하다. 체념하다 契約(けいやく) 계약
できる 할 수 있다. 가능하다 我(わ)が社(しゃ) 우리 회사 立(た)ち直(なお)る 회복하다 他社(たしゃ) 타사, 다른 회사
影響力(えいきょうりょく) 영향력 ~し ~니, ~고 *하나의 조건만을 들고 나머지는 암시할 때의 표현 業績(ぎょうせき) 업적, 실적
悪化(あっか) 악화 ~わけにはいかない (그렇게 간단히) ~할 수는 없다 向上(こうじょう) 향상 동사의 ます형+つつある ~하고 있다
~こそ ~야말로 手(て)を引(ひ)く 손을 떼다 동사의 기본형+べき (마땅히) ~해야 할 時(とき) 때 将来(しょうらい) 장래
影響(えいきょう)する 영향을 주다 及(およ)ぶ (영향 등을) 미치다 ~恐(おそ)れがある ~할 우려가 있다

181

5

男 この商品はいいですよ。背の高さに合わせて調整できるんです。このボタンで。

女 じゃ、車椅子の人も使えますね。椅子に座ったままで食器洗いなんて。

男 あちらの洗面台も同じように上げたり、下げたりできるんですよ。

女 へえ、座ってシャンプーできるんですね。楽ね。美容院みたい。

남 이 상품은 좋아요. 키 크기에 맞춰서 조정할 수 있거든요. 이 버튼으로.

여 그럼. 휠체어인 사람도 사용할 수 있겠네요. 의자에 앉은 채로 식기세척이라니.

남 저쪽의 세면대도 마찬가지로 올리거나 내리거나 할 수 있거든요.

여 허. 앉아서 샴푸가 가능하겠군요. 편하네. 미용실 같아.

男の人が初めに説明した商品は、どこに置いて使う物ですか。

(A) 風呂場　　　　　　　(B) キッチン
(C) 美容院　　　　　　　(D) 居間

남자가 처음에 설명한 상품은 어디에 두고 사용하는 물건입니까?

(A) 욕실　　　　　　　(B) 부엌
(C) 미용실　　　　　　(D) 거실

해설ㅣ남자가 처음에 설명한 상품에 대한 정보는 여자의 첫 번째 대화에서 찾을 수 있다. 남자가 '이 상품은 키에 맞춰 조정이 가능하다'라고 하자, 여자는 「椅子(いす)に座(すわ)ったままで食器洗(しょっきあら)いなんて」(의자에 앉은 채로 식기세척이라니)라며 놀라움을 표시하고 있다. 즉, 남자가 처음에 말한 '이 상품'은 높낮이 조절이 가능한 식기세척기라는 것을 알 수 있으므로, 이것을 설치하기 적당한 장소는 (B)의 '부엌'이 된다. (A)는 남자의 두 번째 대화에 나오는 「洗面台(せんめんだい)」(세면대), (C)는 여자의 두 번째 대화에 나오는 「美容院(びよういん)」(미용실)이라는 단어만 들었을 때 고를 수 있는 오답이다.

어휘ㅣ商品(しょうひん) 상품　背(せ) 신장, 키　高(たか)さ 높이　合(あ)わせる 맞추다　調整(ちょうせい) 조정　ボタン 버튼
車椅子(くるまいす) 휠체어　使(つか)う 쓰다, 사용하다　椅子(いす) 의자　座(すわ)る 앉다　동사의 た형+まま ~한 채, ~상태로
あちら 저쪽　同(おな)じだ 같다, 마찬가지다　上(あ)げる 올리다　~たり~たりする ~하거나 ~하거나 하다　下(さ)げる 내리다
へえ 허 *감탄하거나 놀랐을 때 내는 소리　シャンプー 샴푸, 머리를 감음　楽(らく)だ 편안하다　~みたいだ ~인 것 같다
初(はじ)め 처음　説明(せつめい) 설명　置(お)く 놓다, 두다　物(もの) (어떤 형태를 갖춘) 것, 물건　風呂場(ふろば) 욕실, 목욕탕
キッチン 키친, 부엌　居間(いま) 거실

6

男 この研修会にかかる費用の申請だけど、高すぎない(?)。

女 郊外だから、交通費にタクシー代も含まれてるんじゃない(?)。

男 それなら、こっちから会社の車で行かせればいいよ。

女 そうね。向こうには駐車場もあることだしね。

남 이 연수회에 드는 비용 신청 말인데, 너무 비싸지 않아?

여 교외니까 교통비에 택시비도 포함되어 있는 거 아니야?

남 그런 거라면 이쪽에서 회사차로 가게 하면 돼.

여 그러네. 그쪽에는 주차장도 있고 말이야.

申請者に対してどうしますか。

(A) 交通手段を替えさせる。
(B) 駐車料金を負担させる。
(C) 交通費を自己負担させる。
(D) 会場を変更してもらう。

신청자에 대해 어떻게 합니까?

(A) 교통수단을 바꾸게 한다.
(B) 주차요금을 부담시킨다.
(C) 교통비를 자기 부담시킨다.
(D) 행사장을 변경해 달라고 한다.

해설ㅣ연수회 비용에 대해서 이야기를 나누고 있다. 남자가 비용이 너무 비싸다고 불만을 말하자, 여자는 교통비에 택시비도 포함되어 있기 때문이 아니냐며 되묻고 있다. 그러자 남자는 '그러면 회사차로 가게 하면 된다'라고 해결책을 제시했고, 이에 대해 여자도 동의하고 있으므로, 정답은 교통수단을 바꾸게 한다고 한 (A)가 된다.

어휘ㅣ研修会(けんしゅうかい) 연수회　かかる (비용이) 들다　費用(ひよう) 비용　申請(しんせい) 신청　高(たか)い (값이) 비싸다
い형용사의 어간+すぎる 너무 ~하다　郊外(こうがい) 교외　交通費(こうつうひ) 교통비　タクシー代(だい) 택시비
含(ふく)まれる 포함되다　こっち 이쪽　車(くるま) 자동차, 차　向(む)こう 저쪽, (목적지의) 그쪽　駐車場(ちゅうしゃじょう) 주차장
~し ~고　申請者(しんせいしゃ) 신청자　~に対(たい)して ~에 대해, ~에게 *대상　交通手段(こうつうしゅだん) 교통수단
替(か)える 바꾸다, 교체하다　料金(りょうきん) 요금　負担(ふたん) 부담　自己(じこ) 자기, 자신　会場(かいじょう) 회장, 행사장
変更(へんこう) 변경　~てもらう (남에게) ~해 받다, (남이) ~해 주다

주요 어휘 및 표현 정리 20

한자	읽기	의미
☐ 相談に乗る	そうだんにのる	상담에 응하다
☐ 売り上げ	うりあげ	매상, 매출
☐ 仕上げる	しあげる	끝내다, 완성하다
☐ 新ただ	あらただ	새롭다
☐ 取り次ぐ	とりつぐ	(중간에서) 전하다, 응대하다
☐ 知り合い	しりあい	지인, 아는 사람
☐ 度々	たびたび	자주, 종종
☐ 訪れる	おとずれる	방문하다
☐ 怪我	けが	부상
☐ 白紙に戻す	はくしにもどす	백지화하다, 백지로 돌리다
☐ 催促	さいそく	재촉
☐ 急がす	いそがす	재촉하다
☐ 取り消す	とりけす	취소하다
☐ 殺到	さっとう	쇄도
☐ 悪化	あっか	악화
☐ 〜わけにはいかない	・	(그렇게 간단히) 〜할 수는 없다
☐ 向上	こうじょう	향상
☐ 手を引く	てをひく	손을 떼다
☐ 背	せ	신장, 키
☐ 居間	いま	거실

PART 4 설명문

1. 문항 수	– 20개(81~100번)
2. 문제 형식	– 30초 내외의 지문을 듣고 3문항 또는 4문항에 답하는 형식으로, 4문항짜리 지문이 2개, 3문항짜리 지문이 4개로 총 6개의 지문이 출제됨
	– 문제지에 문제가 제시됨
3. 주요 문제 유형	– 인물 소개 및 일상생활
	– 공지 · 안내 및 소개
	– 뉴스 · 기사 및 이슈
4. 최근 출제 경향	– 인물 소개 및 일상생활 문제는 초반부에 주로 출제되며, 평균 2개 정도의 지문이 출제된다.
	– 공지 · 안내 및 소개 문제는 중반부에 주로 출제되며, 평균 3개 정도의 지문이 출제된다.
	– 뉴스 · 기사 및 이슈 문제는 후반부에 주로 출제되며, 평균 1개 정도의 지문이 출제된다.
	– 최근 시험에서는 후반부로 갈수록 까다로운 어휘나 표현이 많이 나오므로 평소에 분야별로 꾸준히 어휘를 익혀 두어야 한다.

인물 소개 및 일상생활

STEP 1 먼저 핵심 기출 어휘와 표현을 익히세요.

핵심 기출 어휘 및 표현

음원 79

- 夜^{よる} 밤
- 荷物^{にもつ} 짐
- 店^{みせ} 가게
- 鍵^{かぎ} 열쇠
- 売^うる 팔다
- 映画^{えいが} 영화
- 利用^{りよう} 이용
- 公園^{こうえん} 공원
- 運動^{うんどう} 운동
- 平日^{へいじつ} 평일
- 練習^{れんしゅう} 연습
- 情報^{じょうほう} 정보
- 収集^{しゅうしゅう} 수집
- 食堂^{しょくどう} 식당
- 経験^{けいけん} 경험

- 春^{はる} 봄
- 癖^{くせ} 버릇
- 会議^{かいぎ} 회의
- 注文^{ちゅうもん} 주문
- 探^{さが}す 찾다
- 料理^{りょうり} 요리
- 予約^{よやく} 예약
- 家族^{かぞく} 가족
- 旅行^{りょこう} 여행
- 大学^{だいがく} 대학(교)
- 夫婦^{ふうふ} 부부
- 開発^{かいはつ} 개발
- 発展^{はってん} 발전
- 案内^{あんない} 안내
- 結婚^{けっこん} 결혼

- 迷子 미아
- 食事 식사
- 食器 식기
- 温泉 온천
- 支度 준비
- 明るい 밝다
- 働く 일하다
- 習う 배우다, 익히다
- 作る 만들다
- 同じだ 같다, 마찬가지다
- 一緒に 함께
- 痛い 아프다
- そして 그리고
- 出会う 만나다, 마주치다
- 悩む 고민하다
- 冷蔵庫 냉장고
- 訪ねる 방문하다
- 初めて 처음(으로)
- 世話 돌봄, 보살핌
- 目を向ける 눈[관심]을 돌리다
- 不思議だ 불가사의하다, 이상하다, 희한하다

- 器 용기, 그릇
- 実る 열매를 맺다, 성과를 거두다
- 午後 오후
- 電灯 전등
- 普及 보급
- 開く 열리다
- あえて 굳이
- 売り場 매장
- 走る 달리다
- 新しい 새롭다
- 動く 움직이다
- 楽しい 즐겁다
- 商店街 상점가
- 起きる 일어나다, 기상하다
- 悩み事 고민거리
- 便利だ 편리하다
- 奥さん (남의) 부인
- ～に乗る ～을 타다
- 決める 정하다, 결정하다
- 辞める (일자리를) 그만두다
- 経つ (시간이) 지나다, 경과하다

187

- 借りる 빌리다
- コンビニ 편의점
- 続ける 계속하다
- 朝ご飯 아침(식사)
- 申し込む 신청하다
- 運ぶ 나르다, 옮기다, 운반하다
- びっくりする 깜짝 놀라다
- 疲れる 지치다, 피로해지다
- 転ぶ 넘어지다, 자빠지다, 구르다
- 開かれる 열리다, 개최되다
- 戻る (본래의 장소로) 돌아오다
- 遅れる (시간에) 늦다, 늦어지다
- ～にうるさい ～에 까다롭다
- 家を出る 집을 나오다
- 買い物をする 쇼핑을 하다
- 写真を撮る 사진을 찍다
- 足の骨を折る 다리뼈가 부러지다
- 現金を下ろす 현금을 인출하다
- タクシーを拾う 택시를 잡다
- 怪我をする 부상을 입다, 다치다
- ～わけではない (전부) ～하는 것은 아니다

- 選ぶ 고르다, 선택하다
- 困る 곤란하다, 난처하다, 애먹다
- 中古 중고
- 温かい 따뜻하다
- 大丈夫だ 괜찮다
- 知らせる 알리다
- 合う 맞다, 적합하다
- キャンセル 캔슬, 취소
- 占める 점하다, 차지하다
- 役に立つ 도움이 되다, 유익하다
- 間に合う 시간에 맞게 대다, 늦지 않다
- ～について ～에 대해서
- ～から～まで ～부터 ～까지
- 目が覚める 잠에서 깨다
- 事故に遭う 사고를 당하다
- 朝寝坊をする 늦잠을 자다
- 計画を立てる 계획을 세우다
- 気を付ける 조심하다, 주의하다
- 楽しみにしている 기대하고 있다
- 水入らず (남이 끼지 않은) 집안 식구끼리
- 동사의 기본형+ことができる ～할 수 있다

STEP 2 이제 YBM이 엄선한 빈출 문제를 잘 듣고 풀어 보세요.

(1~3)

¹木村さんはフランス語とフランス料理の先生です。月曜日と火曜日にフランス語を教えて、²水曜日と金曜日に料理を教えます。毎週土曜日はレストランにフランス料理を食べに行って、デパートでワインを買って帰ります。ご主人はレストランの食事はあまり好きではありませんが、³木村さんが作った料理は大好きです。木村さんはレストランで食べた料理と同じ料理を次の日に家で作ります。ご主人はいつもお酒を飲みながら奥さんが作る料理を食べます。

¹기무라 씨는 프랑스어와 프랑스 요리 선생님입니다. 월요일과 화요일에 프랑스어를 가르치고 ²수요일과 금요일에 요리를 가르칩니다. 매주 토요일은 레스토랑에 프랑스 요리를 먹으러 가고 백화점에서 와인을 사서 돌아옵니다. 남편은 레스토랑의 식사는 별로 좋아하지 않습니다만, ³기무라 씨가 만든 요리는 아주 좋아합니다. 기무라 씨는 레스토랑에서 먹은 요리와 같은 요리를 다음 날 집에서 만듭니다. 남편은 항상 술을 마시면서 부인이 만드는 요리를 먹습니다.

1 木村さんは何を教えていますか。
- (A) フランス語と日本語
- (B) フランス語と日本料理
- ✓ (C) フランス料理とフランス語
- (D) フランス料理と日本語

기무라 씨는 무엇을 가르치고 있습니까?
- (A) 프랑스어와 일본어
- (B) 프랑스어와 일본 요리
- ✓ (C) 프랑스 요리와 프랑스어
- (D) 프랑스 요리와 일본어

2 木村さんはいつ料理を教えていますか。
- (A) 月曜日と火曜日
- (B) 火曜日と水曜日
- (C) 木曜日と金曜日
- ✓ (D) 水曜日と金曜日

기무라 씨는 언제 요리를 가르치고 있습니까?
- (A) 월요일과 화요일
- (B) 화요일과 수요일
- (C) 목요일과 금요일
- ✓ (D) 수요일과 금요일

3 木村さんのご主人は何が好きですか。
- ✓ (A) 木村さんが作った料理を食べること
- (B) 木村さんに料理を習うこと
- (C) フランス語の本を読むこと
- (D) レストランでフランス料理を食べること

기무라 씨의 남편은 무엇을 좋아합니까?
- ✓ (A) 기무라 씨가 만든 요리를 먹는 것
- (B) 기무라 씨에게 요리를 배우는 것
- (C) 프랑스어 책을 읽는 것
- (D) 레스토랑에서 프랑스 요리를 먹는 것

PART 4
설명문

STEP 3 문제의 내용을 정확하게 기억하면서 지문을 들으세요.

Point 1 문제의 내용과 핵심적인 단어를 기억

문제의 내용을 정확하게 기억하고 핵심적인 단어나 표현은 표시해 두기!

Point 2 문제와 관련 있는 내용을 메모하면서 듣기

문제와 관련 있는 내용이나 단어가 나오면 반드시 메모하면서 듣기!

| CHECK UP |

(1~4)

私は休みの日、Point 1朝起きて散歩に行ってから、朝ご飯を食べます。それから近所の喫茶店に行ってコーヒーを飲みます。Point 2そこに集まってくる友達と楽しく話ができるからです。そして午後はテニス教室に行きます。Point 2去年、私は病気をして、その時医者が「もっと運動してください」と言ったからです。私はそれまでほとんど運動をしていませんでしたから、はじめはテニスをした後で手や足が痛くなりました。でも、Point 2今は10キロぐらい痩せて、体も軽くなって元気になりました。

저는 쉬는 날 Point 1아침에 일어나서 산책하러 갔다가 아침을 먹습니다. 그리고 나서 근처 찻집에 가서 커피를 마십니다. Point 2그곳에 모이는 친구와 즐겁게 이야기를 할 수 있기 때문입니다. 그리고 오후에는 테니스 교실에 갑니다. Point 2작년에 저는 아파서 그때 의사가 "좀 더 운동하세요"라고 말했기 때문입니다. 저는 그때까지 거의 운동을 하고 있지 않았기 때문에 처음에는 테니스를 친 후에 손과 다리가 아파졌습니다. 하지만 Point 2지금은 10kg 정도 살이 빠져서 몸도 가벼워지고 건강해졌습니다.

1 この人は、朝起きてからすぐに何をしますか。
   (A) 朝ご飯を食べる。
 ✓(B) 散歩に行く。
   (C) 喫茶店に行く。
   (D) テニス教室に行く。

이 사람은 아침에 일어난 후에 바로 무엇을 합니까?
   (A) 아침을 먹는다.
 ✓(B) 산책하러 간다.
   (C) 찻집에 간다.
   (D) 테니스 교실에 간다.

Point 1 문제의 내용과 핵심적인 단어를 기억

◆ 「起(お)きる」(일어나다, 기상하다)라는 동사가 포인트로, 이 사람은 아침에 일어나서 산책하러 간다고 했음.

2 この人は、なぜ喫茶店に行きますか。
(A) 美味しいコーヒーが飲みたいから
(B) 暇だから
✓(C) 友達に会うことができるから
(D) 朝ご飯を食べたいから

이 사람은 왜 찻집에 갑니까?
(A) 맛있는 커피를 마시고 싶기 때문에
(B) 한가하기 때문에
✓(C) 친구를 만날 수 있기 때문에
(D) 아침을 먹고 싶기 때문에

Point 2 문제와 관련 있는 내용을 메모하면서 듣기

⊙ 이 사람이 찻집에 가는 이유는 찻집에 모이는 친구와 즐겁게 이야기를 할 수 있기 때문임.

3 この人は、どうしてテニスを始めましたか。
(A) 長い間運動をしていなかったから
(B) 友達がやっていたから
(C) 前からテニスがしたいと思っていたから
✓(D) 医者に運動を勧められたから

이 사람은 어째서 테니스를 시작했습니까?
(A) 오랫동안 운동을 하지 않았기 때문에
(B) 친구가 하고 있었기 때문에
(C) 전부터 테니스를 치고 싶다고 생각하고 있었기 때문에
✓(D) 의사에게 운동을 권유받았기 때문에

Point 2 문제와 관련 있는 내용을 메모하면서 듣기

⊙ 이 사람이 테니스를 시작한 이유는 작년에 아파서 병원에 갔을 때 의사로부터 운동하라는 소리를 들었기 때문임.

4 テニスを始めてから、この人の体はどうなりましたか。
(A) いつも体が痛い。
(B) 足が痛くて歩くことができない。
(C) ちょっとだけ痩せた。
✓(D) 体が軽くなった。

테니스를 시작한 후에 이 사람의 몸은 어떻게 됐습니까?
(A) 항상 몸이 아프다.
(B) 다리가 아파서 걸을 수 없다.
(C) 조금만 살이 빠졌다.
✓(D) 몸이 가벼워졌다.

Point 2 문제와 관련 있는 내용을 메모하면서 듣기

⊙ 이 사람은 테니스를 시작한 후에 10kg 정도 살이 빠져서 몸도 가벼워지고 건강해졌음.

STEP 4 다음 기출문제를 기출문제 풀이 전략을 적용해서 풀어 보세요.

(1~4)

林さんの家は白山駅まで歩いて5分ですが、駅は小さくて駅前には小さい本屋しかありません。¹隣の駅までは自転車で8分かかりますが、駅の前には、色々な店が並んでいてとても便利です。天気がいい日は、林さんはいつも隣の駅から電車に乗ります。²電車に乗る前にお弁当を買って、昼ご飯の時に食べます。³今日は雨が降りましたから、白山駅まで歩いて行きました。そして、⁴会社の食堂で昼ご飯を食べました。会社の食堂は安いですが、あまり美味しくありません。

하야시 씨의 집은 하쿠산역까지 걸어서 5분인데, 역은 작고 역 앞에는 작은 서점밖에 없습니다. 1이웃 역까지는 자전거로 8분 걸리는데, 역 앞에는 여러 가게들이 늘어서 있어 매우 편리합니다. 날씨가 좋은 날은 하야시 씨는 항상 이웃 역에서 전철을 탑니다. 2전철을 타기 전에 도시락을 사서 점심때 먹습니다. 3오늘은 비가 내렸기 때문에 하쿠산역까지 걸어서 갔습니다. 그리고 4회사 식당에서 점심을 먹었습니다. 회사 식당은 싸지만 별로 맛있지 않습니다.

어휘 | 家(いえ) 집 駅(えき) 역 歩(ある)く 걷다 小(ちい)さい 작다 駅前(えきまえ) 역 앞 本屋(ほんや) 서점
~しか (부정어 수반) ~밖에 隣(となり) 옆, 이웃 自転車(じてんしゃ) 자전거 かかる (시간이) 걸리다
色々(いろいろ)だ 여러 가지다, 다양하다 店(みせ) 가게 並(なら)ぶ (나란히) 늘어서다 とても 아주, 매우 便利(べんり)だ 편리하다
天気(てんき) 날씨 いい 좋다 日(ひ) 날 いつも 늘, 항상 電車(でんしゃ) 전철 乗(の)る (탈것에) 타다
동사의 기본형+前(まえ)に ~하기 전에 お弁当(べんとう) 도시락 買(か)う 사다 昼(ひる)ご飯(はん) 점심(식사) 食(た)べる 먹다
今日(きょう) 오늘 雨(あめ) 비 降(ふ)る (비·눈 등이) 내리다, 오다 そして 그리고 会社(かいしゃ) 회사 食堂(しょくどう) 식당
安(やす)い (값이) 싸다 あまり (부정어 수반) 그다지, 별로 美味(おい)しい 맛있다

1 林さんは隣の駅まで何で行きますか。
  (A) 歩いて
✓(B) 自転車で
  (C) バスで
  (D) 車で

하야시 씨는 이웃 역까지 무엇으로 갑니까?
(A) 걸어서
✓(B) 자전거로
(C) 버스로
(D) 자동차로

■ 두 번째 문장에서 정답을 찾을 수 있다. 이웃 역까지는 자전거로 8분 걸린다고 했으므로, 이동 수단은 자전거라는 것을 알 수 있다. 따라서 정답은 (B)가 된다. (A)는 하쿠산역까지 가는 방법에 해당하고, 버스와 자동차에 대한 언급은 없으므로 (C)와 (D)도 답이 될 수 없다.

■ ~で ~로 *수단이나 방법 バス 버스 車(くるま) 자동차, 차

2 林さんは隣の駅で何をしますか。

(A) 色々なお店に行く。

(B) コーヒーを飲む。

(C) お弁当を売る。

✓(D) 昼ご飯を買う。

하야시 씨는 이웃 역에서 무엇을 합니까?
(A) 여러 가게에 간다.
(B) 커피를 마신다.
(C) 도시락을 판다.
✓(D) 점심을 산다.

- 중반부의 내용 문제. 「電車(でんしゃ)に乗(の)る前(まえ)にお弁当(べんとう)を買(か)って、昼(ひる)ご飯(はん)の時(とき)に食(た)べます」(전철을 타기 전에 도시락을 사서 점심때 먹습니다)라고 했다. 즉, 아침에 점심용 도시락을 미리 구입해 간다는 의미이므로, 정답은 (D)가 된다.

- 店(みせ) 가게 コーヒー 커피 飲(の)む 마시다 売(う)る 팔다

---

3 林さんはいつ白山駅から電車に乗りますか。

✓(A) 雨が降っている日

(B) 本屋に行く日

(C) 休みの日

(D) 寒い日

하야시 씨는 언제 하쿠산역에서 전철을 탑니까?
✓(A) 비가 내리고 있는 날
(B) 서점에 가는 날
(C) 쉬는 날
(D) 추운 날

- 하야시 씨의 집에서 가까운 역은 걸어서 갈 수 있는 하쿠산역이다. 그러나 날씨가 좋은 날은 항상 자전거를 타고 이웃 역을 이용하는데, 「今日(きょう)は雨(あめ)が降(ふ)りましたから、白山駅(はくさんえき)まで歩(ある)いて行(い)きました」(오늘은 비가 내렸기 때문에 하쿠산역까지 걸어서 갔습니다)라고 했다. 즉, 비가 와서 자전거를 타기 힘들기 때문에 도보로 갈 수 있는 하쿠산역을 이용했다는 뜻이므로, 정답은 (A)가 된다.

- 休(やす)みの日(ひ) 휴일, 쉬는 날 寒(さむ)い 춥다

---

4 林さんは今日の昼ご飯はどうしましたか。

(A) レストランで食べた。

(B) 駅で買ったお弁当を食べた。

(C) 安くて美味しいお弁当を食べた。

✓(D) 会社の食堂で食べた。

하야시 씨는 오늘 점심은 어떻게 했습니까?
(A) 레스토랑에서 먹었다.
(B) 역에서 산 도시락을 먹었다.
(C) 싸고 맛있는 도시락을 먹었다.
✓(D) 회사 식당에서 먹었다.

- 오늘은 비가 내렸기 때문에 하야시 씨는 평소와 달리 이웃 역이 아니라 하쿠산역을 이용했다. 이웃 역을 이용하는 날이면 도시락을 사서 점심때 먹곤 했지만, 오늘은 하쿠산역을 이용하는 바람에 도시락을 구입하지 못한 상황이다. 그런 이유로 「会社(かいしゃ)の食堂(しょくどう)で昼(ひる)ご飯(はん)を食(た)べました」(회사 식당에서 점심을 먹었습니다)라고 했으므로, 정답은 (D)가 된다. (A)의 '레스토랑'은 '회사 식당'과는 거리가 멀고, (B)와 (C)도 이웃 역에서 도시락을 산 경우에 해당하는 내용이므로 답이 될 수 없다.

- レストラン 레스토랑

(5~7)

私は学生の時、色々なアルバイトをしました。5働いている時間が好きでしたから、毎日していました。日曜日は映画館のアルバイトでした。6映画館では、売店で飲み物や食べ物を売っていましたが、私は小さい頃から映画が大好きでしたから、映画館の仕事はとても楽しかったです。ですから、私がやったアルバイトの中で、一番長く続けました。7アルバイトは学生の時しかできない大切な経験です。私は色々な仕事を経験することができてよかったと思っています。

저는 학생 때 여러 가지 아르바이트를 했습니다. 5일하고 있는 시간을 좋아했기 때문에 매일 하고 있었습니다. 일요일은 영화관 아르바이트였습니다. 6영화관에서는 매점에서 음료랑 음식을 팔고 있었는데, 저는 어릴 때부터 영화를 매우 좋아했기 때문에 영화관 일은 아주 즐거웠습니다. 그래서 제가 했던 아르바이트 중에서 가장 오래 계속했습니다. 7아르바이트는 학생 때밖에 할 수 없는 소중한 경험입니다. 저는 여러 가지 일을 경험할 수 있어서 다행이라고 생각하고 있습니다.

어휘 | 学生(がくせい) 학생, (특히) 대학생　色々(いろいろ)だ 여러 가지다, 다양하다　アルバイト 아르바이트　働(はたら)く 일하다
時間(じかん) 시간　好(す)きだ 좋아하다　毎日(まいにち) 매일　日曜日(にちようび) 일요일　映画館(えいがかん) 영화관
売店(ばいてん) 매점　飲(の)み物(もの) 음료, 마실 것　食(た)べ物(もの) 음식, 먹을 것　売(う)る 팔다　小(ちい)さい (나이가) 적다, 어리다
頃(ころ) 때, 시절, 무렵　大好(だいす)きだ 매우 좋아하다　仕事(しごと) 일, 업무　とても 아주, 매우　楽(たの)しい 즐겁다
ですから 그러므로, 그래서 *'だから」의 정중한 표현　やる (어떤 행위를) 하다　～中(なか) ~중　一番(いちばん) 가장, 제일
長(なが)い (시간적으로) 오래다, 길다　続(つづ)ける 계속하다　～しか (부정어 수반) ~밖에　できる 할 수 있다, 가능하다
大切(たいせつ)だ 소중하다　経験(けいけん) 경험　동사의 기본형+ことができる ~할 수 있다　～てよかった ~해서 잘됐다[다행이다]

5 この人はどうしてアルバイトをしていましたか。
(A) 生活にお金が必要だったから
(B) 欲しいものがたくさんあったから
(C) 大学に通うお金を自分で払っていたから
✓(D) 働いている時間が好きだったから

이 사람은 어째서 아르바이트를 하고 있었습니까?
(A) 생활에 돈이 필요했기 때문에
(B) 갖고 싶은 것이 많이 있었기 때문에
(C) 대학에 다닐 돈을 스스로 지불하고 있었기 때문에
✓(D) 일하고 있는 시간을 좋아했기 때문에

- 두 번째 문장에서 정답을 찾을 수 있다. 이 사람이 여러 가지 아르바이트를 했던 이유는 「働(はたら)いている時間(じかん)が好(す)きでしたから」(일하고 있는 시간을 좋아했기 때문에)라고 했으므로, 정답은 (D)가 된다.

- 生活(せいかつ) 생활　お金(かね) 돈　必要(ひつよう)だ 필요하다　欲(ほ)しい 갖고 싶다, 필요하다
もの(物) (어떤 형태를 갖춘) 것, 물건　たくさん 많이　大学(だいがく) 대학(교)　通(かよ)う (학교·직장에) 다니다
自分(じぶん)で 직접, 스스로　払(はら)う 지불하다

194

6 この人は映画館でどんな仕事をしましたか。

(A) チケットを売る仕事

(B) 掃除の仕事

✓(C) 売店の仕事

(D) 映画を見る仕事

이 사람은 영화관에서 어떤 일을 했습니까?

(A) 티켓을 파는 일

(B) 청소 일

✓(C) 매점 일

(D) 영화를 보는 일

- 이 사람은 여러 가지 아르바이트를 했는데, 일요일에는 영화관에서 일했다고 했다. 그러면서 「映画館(えいがかん)では、売店(ばいてん)で飲(の)み物(もの)や食(た)べ物(もの)を売(う)っていましたが」(영화관에서는 매점에서 음료랑 음식을 팔고 있었는데)라고 했으므로, 정답은 매점 일을 했다고 한 (C)가 된다. (A)와 (D)는 「映画館(えいがかん)」(영화관)이라는 단어만 들었을 때 고를 수 있는 오답이고, (B)의 「掃除(そうじ)」(청소)에 대한 내용은 나오지 않는다.

- チケット 티켓, (입장권·승차권 등의) 표 掃除(そうじ) 청소 見(み)る 보다

---

7 この人は学生の時のアルバイトをどう思っていますか。

✓(A) 大切な経験だった。

(B) 大変な時間だった。

(C) もっと働きたかった。

(D) 必要なかった。

이 사람은 학생 때의 아르바이트를 어떻게 생각하고 있습니까?

✓(A) 소중한 경험이었다.

(B) 힘든 시간이었다.

(C) 더 일하고 싶었다.

(D) 필요 없었다.

- 후반부의 내용 문제. 「アルバイトは学生(がくせい)の時(とき)しかできない大切(たいせつ)な経験(けいけん)です」(아르바이트는 학생 때밖에 할 수 없는 소중한 경험입니다)라고 하면서 자신도 여러 가지 일을 경험할 수 있어서 다행이라고 말하고 있다. 따라서 정답은 (A)가 된다.

- 大変(たいへん)だ 힘들다 時間(じかん) 시간 もっと 더, 더욱 必要(ひつよう) 필요

STEP 5 ▷ 핵심 어휘를 메모하면서 들어 보세요.

1 この家族について、正しいものはどれですか。

（A）父と祖父はお風呂が大好きだ。

（B）家族全員お風呂が好きだ。

（C）父はお風呂が好きではない。

（D）祖父と妹だけがお風呂が好きだ。

메모

2 この機械は誰が誰のために買いましたか。

（A）父が祖父のために買った。

（B）私が祖父のために買った。

（C）父が祖母のために買った。

（D）妹が祖父のために買った。

메모

3 この機械について、正しいものはどれですか。

（A）お湯をいつもきれいにできるから、毎日換え
　　なくてもいい。

（B）お湯をきれいにできるが、2日に1回は換えた
　　方がいい。

（C）お湯の温度はいつも同じにできるが、電気代
　　が高い。

（D）お湯の温度をいつも同じにできて、ガス代も
　　安い。

메모

4 この人が利用する駅では、いつ音楽が鳴りますか。

(A) 電車が駅に入る前

(B) 電車がホームに止まっている間

(C) 電車のドアが閉まる前

(D) 電車が発車した後

5 隣の駅では、どんな音楽が鳴りますか。

(A) 一昨年、流行った曲

(B) 去年、人気があった曲

(C) 子供がよく歌う曲

(D) 昔、よく歌った曲

6 今朝、この人はどんな人を見ましたか。

(A) 駅で踊っている人

(B) 電車の中で歌っている人

(C) 歌いながら電車を待っている人

(D) 駅の音楽を録音している人

(1~3)

¹私の家族は、父以外はみんなお風呂が好きで、特に祖父はお風呂が大好きです。それで、²私は祖父の誕生日にお風呂で使う機械をあげました。その機械をお風呂のお湯の中に入れておくと、お湯は一日中ちょうどいい温度になっていて、いつでもお風呂に入れます。祖父はとても喜んで、一日に何回も入っています。妹も朝学校へ行く前にお風呂に入るようになりました。³機械はお湯の中の匂いなどを取りますから、お湯はずっときれいで、1週間に1回換えるだけでいいのです。電気代もそんなにかかりません。

¹저희 가족은 아버지 이외에는 모두 목욕을 좋아하고 특히 할아버지는 목욕을 매우 좋아합니다. 그래서 ²저는 할아버지 생신에 욕조에서 쓰는 기계를 드렸습니다. 그 기계를 욕조의 목욕물 속에 넣어 두면 목욕물은 하루 종일 딱 좋은 온도가 되어 있어서 언제라도 목욕할 수 있습니다. 할아버지는 매우 기뻐하며 하루에 몇 번이나 들어가고 있습니다. 여동생도 아침에 학교에 가기 전에 목욕하게 되었습니다. ³기계는 목욕물 속의 냄새 등을 없애 주기 때문에 목욕물은 계속 깨끗해서 일주일에 한 번만 갈아도 됩니다. 전기 요금도 그렇게 들지 않습니다.

어휘 | 家族(かぞく) 가족 父(ちち) (자신의) 아버지 以外(いがい) 이외 お風呂(ふろ) ① 목욕 ② 욕조 好(す)きだ 좋아하다
特(とく)に 특히 祖父(そふ) (자신의) 할아버지 大好(だいす)きだ 매우 좋아하다 それで 그래서 誕生日(たんじょうび) 생일
使(つか)う 쓰다, 사용하다 機械(きかい) 기계 あげる (내가 남에게) 주다 お湯(ゆ) 더운물, 목욕물 中(なか) 안, 속 入(い)れる 넣다
~ておく ~해 놓다[두다] 一日中(いちにちじゅう) 하루 종일 ちょうど 딱, 알맞게 いい 좋다 温度(おんど) 온도
いつでも 언제라도 お風呂(ふろ)に入(はい)る 목욕하다 とても 아주, 매우 喜(よろこ)ぶ 기뻐하다 一日(いちにち) 하루
何回(なんかい)も 몇 번이나, 여러 번 入(はい)る 들어가다 妹(いもうと) (자신의) 여동생 朝(あさ) 아침 学校(がっこう) 학교
行(い)く 가다 동사의 기본형+前(まえ)に ~하기 전에 ~ようになる ~하게(끔) 되다 *변화 匂(にお)い 냄새 ~など ~등
取(と)る 없애다, 제거하다 ずっと 쭉, 계속 きれいだ 깨끗하다
1週間(いっしゅうかん) 일주일간, 일주일 *「~週間(しゅうかん)」- ~주간, ~주일 ~回(かい) ~회, ~번 換(か)える (새로) 바꾸다, 갈다
~だけ ~만, ~뿐 電気(でんき) 전기 代(だい) 값, 요금 そんなに 그렇게(나) かかる (비용이) 들다

1 この家族について、正しいものはどれですか。
(A) 父と祖父はお風呂が大好きだ。
(B) 家族全員お風呂が好きだ。
(C) 父はお風呂が好きではない。
(D) 祖父と妹だけがお風呂が好きだ。

이 가족에 대해서 맞는 것은 어느 것입니까?
(A) 아버지와 할아버지는 목욕을 매우 좋아한다.
(B) 가족 전원 목욕을 좋아한다.
(C) 아버지는 목욕을 좋아하지 않는다.
(D) 할아버지와 여동생만이 목욕을 좋아한다.

해설 | 첫 번째 문장에서 이 사람의 가족은 아버지만 빼고 모두 목욕을 좋아한다고 했다. 즉, 아버지는 목욕을 좋아하지 않는다는 말이므로 정답은 (C)가 된다.
어휘 | 全員(ぜんいん) 전원

2 この機械は誰が誰のために買いましたか。
(A) 父が祖父のために買った。
(B) 私が祖父のために買った。
(C) 父が祖母のために買った。
(D) 妹が祖父のために買った。

이 기계는 누가 누구를 위해서 샀습니까?
(A) 아버지가 할아버지를 위해서 샀다.
(B) 내가 할아버지를 위해서 샀다.
(C) 아버지가 할머니를 위해서 샀다.
(D) 여동생이 할아버지를 위해서 샀다.

해설 | 이 사람의 할아버지는 목욕을 매우 좋아해서 「私(わたし)は祖父(そふ)の誕生日(たんじょうび)にお風呂(ふろ)で使(つか)う機械(きかい)をあげました」(저는 할아버지 생신에 욕조에서 쓰는 기계를 드렸습니다)라고 했으므로, 정답은 (B)가 된다.
어휘 | 誰(だれ) 누구 명사+の+ため(に) ~을 위해(서) 買(か)う 사다 祖母(そぼ) (자신의) 할머니

3 この機械について、正しいものはどれですか。

(A) お湯をいつもきれいにできるから、毎日換えなくてもいい。

(B) お湯をきれいにできるが、2日に1回は換えた方がいい。

(C) お湯の温度はいつも同じにできるが、電気代が高い。

(D) お湯の温度をいつも同じにできて、ガス代も安い。

이 기계에 대해서 맞는 것은 어느 것입니까?
(A) 목욕물을 항상 깨끗하게 할 수 있어서 매일 갈지 않아도 된다.
(B) 목욕물을 깨끗하게 할 수 있지만 이틀에 한 번은 가는 편이 좋다.
(C) 목욕물의 온도는 항상 같게 할 수 있지만 전기 요금이 비싸다.
(D) 목욕물의 온도를 항상 같게 할 수 있고 가스 요금도 싸다.

해설 | 후반부에서 기계는 목욕물 속의 불순물이나 냄새를 없애 주기 때문에 목욕물은 계속 깨끗해서 일주일에 한 번만 갈아도 된다고 했으므로, 정답은 (A)가 된다. 전기 요금은 별로 들지 않는다고 했고, 가스 요금에 대한 언급은 없으므로 (C), (D)는 답이 될 수 없다.

어휘 | いつも 늘, 항상　できる 할 수 있다, 가능하다　毎日(まいにち) 매일　～てもいい ～해도 된다　2日(ふつか) 2일, 이틀　동사의 た형+方(ほう)がいい ～하는 편[쪽]이 좋다　同(おな)じだ 같다, 마찬가지다　高(たか)い (값이) 비싸다　ガス 가스　安(やす)い (값이) 싸다

(4~6)

私が利用している駅では、4電車のドアが閉まる前にベルが鳴っていました。でも、先週からは音楽が鳴っています。この町は海に近いですから、音楽は海の音楽で、ピアノの音です。とてもいい音で、朝会社に行く時、楽しくなります。他の駅でも音楽が鳴っています。5隣の駅の曲は、去年流行った有名な歌です。6今朝は、電車の中でその曲を聞きながら小さい声で歌っている人がいました。色々な駅で、違う音楽を聞きながら毎日通勤しています。

제가 이용하고 있는 역에서는 4전철 문이 닫히기 전에 벨이 울리고 있었습니다. 하지만 지난주부터는 음악이 울리고 있습니다. 이 마을은 바다에 가깝기 때문에 음악은 바다 음악이고 피아노 소리입니다. 매우 좋은 소리로 아침에 회사에 갈 때 즐거워집니다. 다른 역에서도 음악이 울리고 있습니다. 5이웃 역의 곡은 작년에 유행했던 유명한 노래입니다. 6오늘 아침에는 전철 안에서 그 곡을 들으면서 작은 소리로 노래를 부르고 있는 사람이 있었습니다. 여러 역에서 다른 음악을 들으면서 매일 통근하고 있습니다.

어휘 | 利用(りよう) 이용　駅(えき) 역　電車(でんしゃ) 전철　ドア 도어, 문　閉(し)まる 닫히다　동사의 기본형+前(まえ)に ～하기 전에　ベル 벨　鳴(な)る 울리다, 소리가 나다　でも 그렇지만, 그러나, 하지만　先週(せんしゅう) 지난주　音楽(おんがく) 음악　町(まち) 마을　海(うみ) 바다　近(ちか)い 가깝다　ピアノ 피아노　音(おと) 소리　とても 아주, 매우　いい 좋다　朝(あさ) 아침　会社(かいしゃ) 회사　楽(たの)しい 즐겁다　他(ほか) 다른 (것)　隣(となり) 옆, 이웃　曲(きょく) 곡　去年(きょねん) 작년　流行(はや)る 유행하다　有名(ゆうめい)だ 유명하다　歌(うた) 노래　今朝(けさ) 오늘 아침　聞(き)く 듣다　동사의 ます형+ながら ～하면서 *동시동작　小(ちい)さい 작다　声(こえ) 목소리　歌(うた)う (노래를) 부르다　色々(いろいろ)だ 여러 가지다, 다양하다　違(ちが)う 다르다　毎日(まいにち) 매일　通勤(つうきん) 통근, 출퇴근

4 この人が利用する駅では、いつ音楽が鳴りますか。

(A) 電車が駅に入る前

(B) 電車がホームに止まっている間

(C) 電車のドアが閉まる前

(D) 電車が発車した後

이 사람이 이용하는 역에서는 언제 음악이 울립니까?
(A) 전철이 역에 들어오기 전
(B) 전철이 플랫폼에 서 있는 동안
(C) 전철 문이 닫히기 전
(D) 전철이 발차한 후

해설 | 첫 번째 문장에서 정답을 찾을 수 있다. 이 사람이 이용하는 역에서는 원래 전철 문이 닫히기 전에 벨이 울렸지만, 지난주부터는 음악이 울리고 있다고 했다. 즉, 벨 소리 대신 음악을 틀기 시작했다는 의미이므로, 정답은 (C)가 된다.

어휘 | 入(はい)る 들어오다　ホーム 플랫폼 *「プラットホーム」의 준말　止(と)まる 멈추다, 서다　間(あいだ) 동안　発車(はっしゃ) 발차　동사의 た형+後(あと) ～한 후

5 隣の駅では、どんな音楽が鳴りますか。

(A) 一昨年、流行った曲

(B) 去年、人気があった曲

(C) 子供がよく歌う曲

(D) 昔、よく歌った曲

이웃 역에서는 어떤 음악이 울립니까?

(A) 재작년에 유행했던 곡

(B) 작년에 인기가 있었던 곡

(C) 아이가 자주 부르는 곡

(D) 옛날에 자주 불렀던 곡

해설 | 중반부의 내용 문제. 이 사람이 이용하는 역에서는 전철 문이 닫히기 전에 울리던 벨 소리를 그 마을의 특색에 맞는 바다 음악으로 교체했다. 그러면서 이웃 역의 경우에는 작년에 유행했던 유명한 곡이 울리고 있다고 했다. 선택지 중 이와 일치하는 내용은 (B)로, 본문의 「流行(はや)った有名(ゆうめい)な歌(うた)」(유행했던 유명한 노래)를 「人気(にんき)があった曲(きょく)」(인기가 있었던 곡)로 바꿔 표현했다.

어휘 | 一昨年(おととし) 재작년 人気(にんき) 인기 子供(こども) 아이 よく 자주 昔(むかし) 옛날

6 今朝、この人はどんな人を見ましたか。

(A) 駅で踊っている人

(B) 電車の中で歌っている人

(C) 歌いながら電車を待っている人

(D) 駅の音楽を録音している人

오늘 아침에 이 사람은 어떤 사람을 봤습니까?

(A) 역에서 춤추고 있는 사람

(B) 전철 안에서 노래를 부르고 있는 사람

(C) 노래를 부르면서 전철을 기다리고 있는 사람

(D) 역 음악을 녹음하고 있는 사람

해설 | 이 사람은 역에서 전철 문이 닫힐 때 나는 음악 소리가 출근길을 즐겁게 만들어 준다고 말하고 있다. 그리고 그런 느낌을 받은 것은 비단 이 사람만이 아니라서, 실제로 오늘 아침에는 전철 안에서 작은 소리로 그 노래를 흥얼거리는 사람을 봤다고 했다. 따라서 정답은 (B)가 된다. (C)는 전철 안이 아니라 플랫폼에서 전철을 기다리고 있는 상황에 대한 설명이므로 답이 될 수 없다.

어휘 | 踊(おど)る 춤추다 待(ま)つ 기다리다 録音(ろくおん) 녹음

주요 어휘 및 표현 정리 20

한자	읽기	의미
☐ 喫茶店	きっさてん	찻집
☐ それまで	・	그때까지
☐ 運動	うんどう	운동
☐ 本屋	ほんや	서점
☐ 経験	けいけん	경험
☐ 欲しい	ほしい	갖고 싶다, 필요하다
☐ 払う	はらう	지불하다
☐ 掃除	そうじ	청소
☐ お風呂	おふろ	①목욕 ②욕조
☐ 機械	きかい	기계
☐ お湯	おゆ	더운물, 목욕물
☐ 一日中	いちにちじゅう	하루 종일
☐ 匂い	におい	냄새
☐ 取る	とる	없애다, 제거하다
☐ 換える	かえる	바꾸다, 갈다
☐ 鳴る	なる	울리다, 소리가 나다
☐ 音	おと	소리
☐ 流行る	はやる	유행하다
☐ 発車	はっしゃ	발차
☐ 録音	ろくおん	녹음

STEP 1 먼저 핵심 기출 어휘와 표현을 익히세요.

핵심 기출 어휘 및 표현

음원 84

- 雲 구름
- 人気 인기
- 紹介 소개
- 地域 지역
- 評判 평판
- 住民 주민
- 知識 지식
- 混雑 혼잡
- 訓練 훈련
- 規制 규제
- 対象 대상
- 発表 발표
- 到着 도착
- 義務 의무
- 認識 인식

- 機能 기능
- 要望 요망
- 参加 참가
- 案内 안내
- 秘密 비밀
- 体験 체험
- 温度 온도
- 連絡 연락
- 国民 국민
- 高齢 고령
- 混乱 혼란
- 放送 방송
- 特徴 특징
- 招待状 초대장
- 説明会 설명회

- 関心 관심

- 従来 종래

- 新築 신축

- 予定 예정

- 理解 이해

- 見込み 전망, 예상

- 配る 나누어 주다, 배포하다

- 動く 움직이다, (기계가) 작동하다

- 伴う 동반하다

- くれぐれも 부디, 아무쪼록, 제발

- 迫る 강요하다

- 専門店 전문점

- 担当者 담당자

- 嫌いだ 싫어하다

- 晴れる (하늘이) 개다, 맑다

- 予め 미리, 사전에

- あまり (부정어 수반) 그다지, 별로

- プログラム 프로그램

- 行う 하다, 행하다, 실시하다

- マイペース 마이 페이스

- 済ます 끝내다, 때우다

- 画面 화면

- 確認 확인

- 意見 의견

- 了解 양해

- 手伝う 돕다, 도와주다

- 品物 물건, 물품, 상품

- 若い 젊다

- 苦い (맛이) 쓰다

- 厚い 두껍다

- 急に 갑자기

- 集まる 모이다

- 貸し出し 대출

- 図書館 도서관

- 必需品 필수품

- 業績 업적, 실적

- 肌寒い 으스스 춥다

- 燃える 타다, 불타다

- 賑わう 붐비다, 북적거리다, 활기차다, 번성하다

- 増える 늘다, 늘어나다

- どんより 날씨가 흐린 모양

- 苦手だ 서투르다, 잘 못하다

- 洪水 홍수
- 価値 가치
- 見本 견본
- 読書 독서
- 休憩 휴게, 휴식
- 行事 행사
- 活用 활용
- ～にて ～에서
- 屋台 포장마차
- プレゼント 프레젠트, 선물
- 高まる (정도가) 높아지다, 고조되다
- 始める 시작하다
- 豊富だ 풍부하다
- 風邪気味 감기 기운
- 週休2日制 주5일 근무제
- 持ち帰る 가지고 돌아가다
- 注目を浴びる 주목을 받다
- 동사의 보통형+ことにする ～하기로 하다
- アンケート 앙케트
- あっという間に 눈 깜짝할 사이에
- お+동사의 ます형+ください ～해 주십시오

- 場所 장소, 곳
- 大人 어른
- 発展 발전
- 対策 대책
- 人口 인구
- 低迷 침체
- 整理 정리
- 被害 피해
- 刺激 자극
- チャンス 찬스, 기회
- 片付ける 치우다, 정리하다
- 見つける 찾(아내)다, 발견하다
- 足が出る 적자가 나다
- 取り入れる 받아들이다
- ～だけあって ～인 만큼
- ～にわたって ～에 걸쳐서
- 受かる 붙다, 합격하다
- 梅雨に入る 장마가 시작되다
- 気温が下がる 기온이 내려가다
- 待ちに待った 기다리고 기다리던
- ～にもかかわらず ～임에도 불구하고

STEP 2 이제 YBM이 엄선한 빈출 문제를 잘 듣고 풀어 보세요.

(1~3)

¹今日は、北海道から九州までは20度を超えて、暖かくてよく晴れた一日となりました。明日の天気は、今日、沖縄に雨を降らせた雲が東の方へ動いてきて、西日本と東日本は雨になるでしょう。東京は昼過ぎまでは曇りですが、夕方から雨が降るでしょう。雨はあまり強く降りませんが、²温度が今日と比べて10度ぐらい下がります。どうぞ皆さん厚いコートを着て、暖かくしてお出かけください。また、今日一日雨だった沖縄は、³明日は朝から晴れて暖かい一日となるでしょう。

¹오늘은 홋카이도에서 규슈까지는 20도를 넘어 따뜻하고 매우 맑은 하루가 되었습니다. 내일 날씨는 오늘 오키나와에 비를 내리게 한 구름이 동쪽으로 움직여서 니시니혼과 히가시니혼은 비가 내리겠습니다. 도쿄는 오후까지는 흐립니다만 저녁때부터 비가 내리겠습니다. 비는 별로 강하게 내리지 않지만 ²온도가 오늘과 비교해 10도 정도 내려갑니다. 아무쪼록 여러분 두꺼운 코트를 입어 따뜻하게 해서 외출하십시오. 또한 오늘 하루 비였던 오키나와는 ³내일은 아침부터 개어서 따뜻한 하루가 되겠습니다.

1 今日の東京の天気はどうでしたか。
(A) 曇りで寒かった。
✓(B) 晴れて暖かかった。
(C) 午後から雨が降った。
(D) 一日中冷たい雨が降った。

오늘 도쿄의 날씨는 어땠습니까?
(A) 흐리고 추웠다.
✓(B) 맑고 따뜻했다.
(C) 오후부터 비가 내렸다.
(D) 하루 종일 차가운 비가 내렸다.

2 明日の東京の天気はどうですか。
✓(A) 今日より温度がかなり下がる。
(B) 急に激しい雨が降り出す。
(C) 天気が変わりやすい。
(D) 朝と夜で温度が10度も違う。

내일 도쿄의 날씨는 어떻습니까?
✓(A) 오늘보다 온도가 상당히 내려간다.
(B) 갑자기 격렬한 비가 내리기 시작한다.
(C) 날씨가 바뀌기 쉽다.
(D) 아침과 밤의 온도가 10도나 차이가 있다.

3 明日の沖縄の天気はどうですか。
(A) 朝から雨が降る。
(B) 夕方から雨が降る。
(C) 天気はいいが、寒い。
✓(D) 暖かくていい天気になる。

내일 오키나와의 날씨는 어떻습니까?
(A) 아침부터 비가 내린다.
(B) 저녁때부터 비가 내린다.
(C) 날씨는 좋지만 춥다.
✓(D) 따뜻하고 좋은 날씨가 된다.

PART 4

실용문

STEP 3 문제의 내용을 정확하게 기억하면서 지문을 들으세요.

Point 1 문제의 내용과 핵심적인 단어를 기억

문제의 내용을 정확하게 기억하고 핵심적인 단어나 표현은 표시해 두기!

Point 2 문제와 관련 있는 내용을 메모하면서 듣기

문제와 관련 있는 내용이나 단어가 나오면 반드시 메모하면서 듣기!

| CHECK UP |

(1~3)

来週の日曜日に小学校の校庭で行う消防訓練についてご連絡します。**Point 1**今回は地域住民なら誰でも参加可能にしたため、参加申し込みの受付はしません。**Point 2**去年は約１５０人が集まり、とても評判がよかったので、今年は倍ぐらいの地域住民が参加する見込みです。特に消火器を使って行う消火訓練の体験は人気があるので、担当者は、混乱が起きないように気を付けてください。**Point 2**当日、参加者にはお茶とお菓子と消防に関する本を配ります。入り口付近は混雑するので、奥にテントを張って配る予定です。

다음 주 일요일에 초등학교 교정에서 실시하는 소방훈련에 대해서 연락드립니다. **Point 1**이번에는 지역주민이라면 누구든지 참가 가능하게 했기 때문에 참가 신청 접수는 하지 않습니다. **Point 2**작년에는 약 150명이 모여 매우 평판이 좋았기 때문에 올해는 배 정도의 지역주민이 참가할 전망입니다. 특히 소화기를 사용해 실시하는 소화훈련 체험은 인기가 있기 때문에 담당자는 혼란이 일어나지 않도록 주의해 주십시오. **Point 2**당일 참가자에게는 차와 과자와 소방에 관한 책을 배포합니다. 입구 부근은 혼잡하기 때문에 안쪽에 텐트를 치고 배포할 예정입니다.

1 消防訓練に参加できる人について、正しいものはどれですか。
- ✓(A) 地域に住んでいる人に限る。
- (B) 申し込みをした人しか参加できない。
- (C) この小学校の児童のみ参加できる。
- (D) 役所に勤める公務員だけ申し込める。

소방훈련에 참가할 수 있는 사람에 대해서 맞는 것은 어느 것입니까?
- ✓(A) 지역에 살고 있는 사람에 한한다.
- (B) 신청을 한 사람밖에 참가할 수 없다.
- (C) 이 초등학교의 아동만 참가할 수 있다.
- (D) 관청에 근무하는 공무원만 신청할 수 있다.

Point 1 문제의 내용과 핵심적인 단어를 기억

○ 「参加(さんか)」(참가)라는 단어가 포인트로, 이번 소방훈련은 지역주민이라면 누구든지 참가 가능하다고 했음.

2 今年の参加人数の予想は何人ですか。
  (A) 150人
  (B) 200人
  (C) 250人
  √(D) 300人

올해 참가 인원수의 예상은 몇 명입니까?
(A) 150명
(B) 200명
(C) 250명
√(D) 300명

Point 2 문제와 관련 있는 내용을 메모하면서 듣기

○ 작년에는 약 150명이 모여 매우 평판이 좋았기 때문에 올해는 배 정도의 참가자가 있을 전망이라고 했음.

3 当日、参加者に配るものはどれですか。
  (A) 家庭用の消火器
  (B) お弁当
  (C) 非常食
  √(D) 消防についての本

당일 참가자에게 배포하는 것은 어느 것입니까?
(A) 가정용 소화기
(B) 도시락
(C) 비상식
√(D) 소방에 대한 책

Point 2 문제와 관련 있는 내용을 메모하면서 듣기

○ 후반부에서 당일 참가자에게는 차와 과자와 소방에 관한 책을 배포한다고 했음.

STEP 4 다음 기출문제를 기출문제 풀이 전략을 적용해서 풀어 보세요.

(1~3)

多くの動物は、苦い食べ物は体に悪いと考えて食べないようにすると言われている。しかし、¹人間は苦い食べ物を楽しむことができる動物だ。ビールやコーヒーなどは苦いが、好きな人が多い。特にビールの苦さは昔から人気があった。しかし、²今度新しく売り出されたビールは、今までのビールほど苦くないようだ。³若い人の中で、苦いビールがあまり好きではないという人が増えているからだそうだ。苦い方がビールらしいのだが、これからは苦くないビールが増えるかもしれない。

많은 동물은 쓴 음식은 몸에 나쁘다고 생각해서 먹지 않도록 한다고 한다. 그러나 1인간은 쓴 음식을 즐길 수 있는 동물이다. 맥주랑 커피 등은 쓰지만 좋아하는 사람이 많다. 특히 맥주의 쓴맛은 옛날부터 인기가 있었다. 그러나 2이번에 새로 발매된 맥주는 지금까지의 맥주만큼 쓰지 않은 것 같다. 3젊은 사람 사이에서 쓴 맥주를 별로 좋아하지 않는다는 사람이 늘고 있기 때문이라고 한다. 쓴 쪽이 맥주답지만 앞으로는 쓰지 않는 맥주가 늘어날지도 모른다.

어휘 | 多(おお)く 많음 動物(どうぶつ) 동물 苦(にが)い (맛이) 쓰다 食(た)べ物(もの) 음식, 먹을 것 体(からだ) 몸, 신체 悪(わる)い 나쁘다, 좋지 않다 考(かんが)える 생각하다 食(た)べる 먹다 ~ないように ~하지 않도록 ~と言(い)われている ~라고 하다, ~라고들 하다 しかし 그러나 人間(にんげん) 인간 楽(たの)しむ 즐기다 동사의 기본형+ことができる ~할 수 있다 ビール 맥주 コーヒー 커피 ~など ~등 好(す)きだ 좋아하다 人(ひと) 사람 多(おお)い 많다 特(とく)に 특히 苦(にが)さ 쓴맛 昔(むかし) 옛날 人気(にんき) 인기 今度(こんど) 이번 新(あたら)しい 새롭다 売(う)り出(だ)す 팔기 시작하다, 발매하다 今(いま)まで 지금까지 ~ほど ~만큼 ~ようだ ~인 것 같다 若(わか)い 젊다 あまり (부정어 수반) 그다지, 별로 増(ふ)える 늘다, 늘어나다 품사의 보통형+そうだ ~라고 한다 *전문 ~らしい ~답다 これからは 이제부터는, 앞으로는 ~かもしれない ~일지도 모른다

1 人間が他の動物と違うのはどんなところですか。
(A) 苦い食べ物を体にいいと考えているところ
(B) 体に悪い食べ物がわかるところ
(C) 苦い食べ物を食べないようにするところ
✓(D) 苦い食べ物を楽しめるところ

인간이 다른 동물과 다른 것은 어떤 점입니까?
(A) 쓴 음식을 몸에 좋다고 생각하고 있는 점
(B) 몸에 나쁜 음식을 알 수 있는 점
(C) 쓴 음식을 먹지 않도록 하는 점
✓(D) 쓴 음식을 즐길 수 있는 점

■ 첫 번째 문장에서 많은 동물이 쓴 음식은 몸에 나쁘다고 생각해서 먹지 않는다고 했다. 그러나 이어진 두 번째 문장에서 「人間(にんげん)は苦(にが)い食(た)べ物(もの)を楽(たの)しむことができる動物(どうぶつ)だ」(인간은 쓴 음식을 즐길 수 있는 동물이다)라고 했으므로, 정답은 (D)가 된다. 쓴 음식을 몸에 좋다고 생각한다거나 몸에 나쁜 음식을 알 수 있다는 내용은 나오지 않으므로 (A)와 (B)는 틀린 설명이고, (C)는 인간이 아닌 다른 동물에 해당하는 내용이므로 답이 될 수 없다.

■ 他(ほか) 다른 (것) 違(ちが)う 다르다 どんな 어떤 ところ 점, 부분 わかる 알다, 이해하다

2 新しく売り出されたビールはどんなビールですか。

(A) 今までのものより苦いビール

(B) 今までのものと同じくらい苦くないビール

✓(C) 今までのものほど苦くないビール

(D) 今までのものより辛いビール

새로 발매된 맥주는 어떤 맥주입니까?

(A) 지금까지의 것보다 쓴 맥주

(B) 지금까지의 것과 같은 정도의 쓰지 않은 맥주

✓(C) 지금까지의 것만큼 쓰지 않은 맥주

(D) 지금까지의 것보다 쌉쌀한 맥주

- 중반부의 내용 문제. 다른 동물들과 달리 인간은 쓴 음식도 즐길 줄 알아서, 쓴 커피나 맥주도 좋아하는 사람이 많다고 했다. 그러나 이번에 새로 발매된 맥주는 「今(いま)までのビールほど苦(にが)くないようだ」(지금까지의 맥주만큼 쓰지 않은 것 같다)라고 말하고 있다. 즉, 지금까지 마셨던 맥주에 비해 맛이 쓰지 않은 편이라는 뜻이므로, 정답은 (C)가 된다. (A)와 (D)는 정답과 반대되는 내용이고, (B)는 '지금까지의 것과 같은 정도'라는 표현이 잘못되었다.

- ~より ~보다 同(おな)じだ 같다, 마찬가지다 辛(から)い 맵다, 쌉쌀하다

3 若い人の中で、どんな人が増えていますか。

✓(A) 苦いビールが好きではない人

(B) 苦いビールばかり飲む人

(C) ビールが嫌いな人

(D) 苦いビールを楽しむ人

젊은 사람 중에서 어떤 사람이 늘고 있습니까?

✓(A) 쓴 맥주를 좋아하지 않는 사람

(B) 쓴 맥주만 마시는 사람

(C) 맥주를 싫어하는 사람

(D) 쓴 맥주를 즐기는 사람

- 맥주의 쓴맛은 옛날부터 인기가 있었지만, 이번에 새로 발매된 맥주는 예전에 비해 쓴맛이 줄어든 것 같다고 했다. 그러면서 '젊은 사람 사이에서 쓴 맥주를 별로 좋아하지 않는다는 사람이 늘고 있기 때문'이라고 그 이유를 밝히고 있으므로, 정답은 (A)가 된다.

- ~ばかり ~만, ~뿐 飲(の)む (술을) 마시다 嫌(きら)いだ 싫어하다

(4~6)

朝日ホームが５５０万円の住宅を売り出しました。この住宅は、4まだ収入が多くない若い夫婦でも買える家を、という考えの下、昨年の4月に売り出されました。ところが、5実際にこの家を注文したのは70代の夫婦が最も多かったのです。今までは、高齢になったら、使いづらくなった部分だけを作り変えるという人が多かったのですが、５５０万円という低価格なら新築に建て替えようと考える人が増えたのです。6高齢でも手入れがしやすく、小さくて住みやすいという点に人気の秘密があるようです。

아사히 홈이 550만 엔의 주택을 팔기 시작했습니다. 이 주택은 4아직 수입이 많지 않은 젊은 부부라도 살 수 있는 집을, 이라는 생각 아래 작년 4월에 발매되었습니다. 하지만 5실제로 이 집을 주문한 것은 70대 부부가 가장 많았습니다. 지금까지는 고령이 되면 사용하기 힘들어진 부분만을 개조한다는 사람이 많았습니다만, 550만 엔이라는 저렴한 가격이라면 신축으로 개축하려고 생각하는 사람이 늘어난 것입니다. 6고령이라도 손보기가 쉽고 작아서 살기 편하다는 점에 인기의 비밀이 있는 것 같습니다.

어휘 | ホーム 홈, (특히 가족과 함께 사는) 집[가정] 住宅(じゅうたく) 주택 売(う)り出(だ)す 팔기 시작하다, 발매하다 まだ 아직
収入(しゅうにゅう) 수입, 소득 多(おお)い 많다 若(わか)い 젊다 夫婦(ふうふ) 부부 買(か)う 사다 家(いえ) 집
~という ~라는 考(かんが)え 생각 ~の下(もと) ~아래, ~하에 昨年(さくねん) 작년 *「去年(きょねん)」의 격식 차린 말씨
4月(しがつ) 4월 *「~月(がつ)」 - ~월 ところが 하지만 実際(じっさい)に 실제로 注文(ちゅうもん) 주문
~代(だい) (연령·범위의) ~대 最(もっと)も 가장, 제일 今(いま)までは 지금까지는 高齢(こうれい) 고령 使(つか)う 쓰다, 사용하다
동사의 ます형+づらい ~하기 힘들다[거북하다] 部分(ぶぶん) 부분 ~だけ ~만, ~뿐
作(つく)り変(か)える (기존의 것을 이용해서) 고쳐 만들다, 바꾸어 만들다, 개조하다
低価格(ていかかく) 저가격, 저가, 이전보다 낮은[저렴한] 가격 新築(しんちく) 신축 建(た)て替(か)える 개축하다
増(ふ)える 늘다, 늘어나다 手入(てい)れ 고침, 손질함, 보살핌, 손봄 동사의 ます형+やすい ~하기 쉽다[편하다] 小(ちい)さい 작다
住(す)む 살다, 거주하다 点(てん) 점, 부분 人気(にんき) 인기 秘密(ひみつ) 비밀 ~ようだ ~인 것 같다

4 この住宅は、どんな目的で売り出されましたか。
- √(A) 多くの若い夫婦を客として取り込むため
- (B) 高齢者に暮らしやすい家を提供するため
- (C) 会社の名前を広めるため
- (D) 狭い土地を利用するため

이 주택은 어떤 목적으로 발매되었습니까?
- √(A) 많은 젊은 부부를 손님으로서 끌어들이기 위해
- (B) 고령자에게 살기 편한 집을 제공하기 위해
- (C) 회사 이름을 널리 알리기 위해
- (D) 좁은 토지를 이용하기 위해

- 두 번째 문장에서 정답을 찾을 수 있다. 이 주택에 대해「まだ収入(しゅうにゅう)が多(おお)くない若(わか)い夫婦(ふうふ)でも買(か)える家(いえ)」(아직 수입이 많지 않은 젊은 부부라도 살 수 있는 집)라고 소개하고 있다. 즉, 젊은 부부에게 판매하기 위한 목적으로 기획된 주택이라는 것을 알 수 있으므로, 정답은 (A)가 된다. 중반부에서 실제로는 젊은 부부보다 70대 부부의 주문이 많았다고 했지만, 이것은 원래 이 회사의 판매 목적과는 다른 결과이므로 (B)는 답이 될 수 없다.

- どんな 어떤 目的(もくてき) 목적 多(おお)く 많음 客(きゃく) 손님 ~として ~로서
取(と)り込(こ)む 구슬리다, 구워삶다 동사의 보통형+ため ~하기 위해 高齢者(こうれいしゃ) 고령자
暮(く)らす 살다, 생활하다 提供(ていきょう) 제공 会社(かいしゃ) 회사 名前(なまえ) 이름
広(ひろ)める 널리 알리다 狭(せま)い 좁다 土地(とち) 토지, 땅 利用(りよう) 이용

5 実際にこの家を注文したのは、どんな人たちが多かったのですか。

(A) 小さい子供を育てている若い世代

(B) 2軒目の家を持ちたい人

(C) 子供の家族と同居を望んでいる高齢者

✓(D) 高齢者の夫婦

실제로 이 집을 주문한 것은 어떤 사람들이 많았던 것입니까?

(A) 어린 아이를 키우고 있는 젊은 세대

(B) 두 채째 집을 갖고 싶은 사람

(C) 자식의 가족과 동거를 바라고 있는 고령자

✓(D) 고령자 부부

- 중반부에서 「実際(じっさい)にこの家(いえ)を注文(ちゅうもん)したのは70代(ななじゅうだい)の夫婦(ふうふ)が最(もっと)も多(おお)かったのです」(실제로 이 집을 주문한 것은 70대 부부가 가장 많았습니다)라고 했다. 선택지 중 (C)와 (D) 모두 고령자에 대한 내용이지만, (C)의 경우 구입 목적에 대한 내용이 잘못되었다. 따라서 정답은 (D)가 된다.

- 小(ちい)さい (나이가) 적다, 어리다 育(そだ)てる 키우다 ~軒(けん) (가옥의) ~채
~目(め) ~째 *순서를 나타내는 말 持(も)つ 가지다, 소유하다 동사의 ます형+たい ~하고 싶다
子供(こども) 아이, 자식 家族(かぞく) 가족 同居(どうきょ) 동거, (가족이 한집에서) 같이 삶
望(のぞ)む 바라다, 원하다 高齢者(こうれいしゃ) 고령자

6 この住宅を注文する人は、どんな点が気に入っていますか。

✓(A) 維持管理が楽なこと

(B) 安全で地震に強いこと

(C) 外観がおしゃれなこと

(D) 他人の目を気にしないで暮らせること

이 주택을 주문하는 사람은 어떤 점을 마음에 들어하고 있습니까?

✓(A) 유지관리가 편한 점

(B) 안전하고 지진에 강한 점

(C) 외관이 멋진 점

(D) 타인의 시선을 신경 쓰지 않고 살 수 있는 점

- 이 주택은 원래 젊은 부부를 대상으로 기획된 상품이지만, 실제로는 고령자들이 더 많이 주문했다. 그 이유는 마지막 문장에 나오는데 '고령이라도 손보기가 쉽고 작아서 살기 편하다는 점'에 인기의 비밀이 있는 것 같다고 그 원인을 분석하고 있다. 정답은 (A)로, 본문의 「手入(てい)れがしやすく」(손보기가 쉽고) 부분을 「維持管理(いじかんり)が楽(らく)な」(유지관리가 편한)로 바꿔 표현했다.

- 気(き)に入(い)る 마음에 들다 維持(いじ) 유지 管理(かんり) 관리 楽(らく)だ 편안하다, 편하다, 쉽다
安全(あんぜん)だ 안전하다 地震(じしん) 지진 強(つよ)い 강하다 外観(がいかん) 외관
おしゃれだ 멋지다, 세련되다 他人(たにん) 타인, 남 目(め) 눈, 시선 気(き)にする 신경을 쓰다, 걱정하다
暮(く)らす 살다, 생활하다

STEP 5 핵심 어휘를 메모하면서 들어 보세요.

1 この旅行はどのような旅行ですか。
　(A) クリスマスをイギリスで迎える旅行
　(B) クリスマスにスキーを楽しむ旅行
　(C) お正月にアメリカに行く旅行
　(D) クリスマスをアメリカで楽しむ旅行

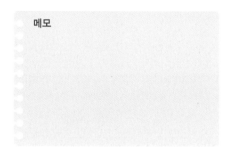
메모

2 この旅行はいくらで行けますか。
　(A) 1週間以内で8万円ぐらい
　(B) 1週間以内で10万円ぐらい
　(C) 10日間で12万円ぐらい
　(D) 10日間で15万円ぐらい

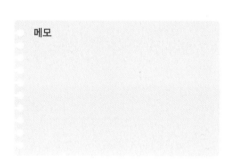
메모

3 この旅行のいいところは何ですか。
　(A) 英語ができなくても心配ないこと
　(B) タクシーで町を案内してもらえること
　(C) 地下鉄の1日切符を1週間分もらえること
　(D) 日本料理が毎日食べられること

메모

4 この旅行に参加できる人はどんな人ですか。
　(A) 赤ちゃん連れの4人家族
　(B) 一人で旅行しようとする女性
　(C) この会社を使って今年2回旅行した夫婦
　(D) 息子がジャパン旅行会社に勤めている親

메모

5 来月から西武鉄道が開始する取り組みは何ですか。

(A) 女性のみ乗車できる車両を設ける。

(B) 女性の警察官を電車内に配置する。

(C) 車内に痴漢防止用のカメラを設置する。

(D) 各車両に喫煙コーナーを設ける。

6 西武鉄道の取り組みはどのような時間帯に行われますか。

(A) 週末午前7時20分から2時間

(B) 平日午前7時20分から9時20分まで

(C) 夕方のラッシュアワー時の、3時間

(D) 午前7時20分から午後9時20分まで

7 この取り組みが行われる電車はどれですか。

(A) 池袋まで運行する終列車

(B) 池袋から発車する上下線

(C) 池袋に到着する上り電車のみ

(D) 池袋から発車する下り電車のみ

(1~4)

ジャパン旅行会社をお使いになって、4今年2回以上ご旅行なさった皆様。1楽しいクリスマスをアメリカのニューヨークで迎えませんか。私たちは皆様のために特別に2お一人様9 9,800円の旅行をご用意しました。出発は12月22日で、28日までの6日間です。3ニューヨークでは日本語が話せる社員がご一緒いたしますので、安心です。地下鉄に何度でも乗れる切符を3日分と、日本料理のお食事も2回ご用意いたします。しかし、12歳以下の方やお一人だけの参加、また家族がジャパン旅行会社に勤めていらっしゃる方はご参加になれませんので、ご注意ください。

재팬 여행사를 이용하시어 4올해 2회 이상 여행하신 여러분. 1즐거운 크리스마스를 미국 뉴욕에서 맞이하지 않겠습니까? 저희들은 여러분을 위해서 특별히 2한 분 99,800엔의 여행을 준비했습니다. 출발은 12월 22일이고 28일까지의 6일간입니다. 3뉴욕에서는 일본어를 말할 수 있는 사원이 동행해 드리기 때문에 안심입니다. 지하철을 몇 번이라도 탈 수 있는 표를 3일분과 일본요리의 식사도 2회 준비해 드립니다. 그러나 12세 이하의 분이나 혼자만의 참가, 또한 가족이 재팬 여행사에 근무하고 계시는 분은 참가하실 수 없으니 주의해 주십시오.

어휘 | ジャパン 재팬, 일본 旅行会社(りょこうがいしゃ) 여행사 お+동사의 ます형+になる ~하시다 *존경표현
使(つか)う 쓰다, 사용하다 今年(ことし) 올해 ~回(かい) ~회, ~번 以上(いじょう) 이상 ご+한자명사+なさる ~하시다 *존경표현
旅行(りょこう) 여행 皆様(みなさま) 여러분 *「皆(みな)さん」보다 정중한 말씨 楽(たの)しい 즐겁다 クリスマス 크리스마스
アメリカ 미국 ニューヨーク 뉴욕 迎(むか)える (때를) 맞다, 맞이하다 ~たち (사람이나 생물을 나타내는 말에 붙어) ~들
명사+の+ために ~을 위해서 特別(とくべつ)だ 특별하다 一人(ひとり) 한 사람, 한 명 ~円(えん) ~엔 *일본의 화폐 단위
ご+한자명사+する[いたす] ~하다, ~해 드리다 *겸양표현 用意(よう) 준비 出発(しゅっぱつ) 출발 6日(むいか) 6일, 엿새
~間(かん) ~간 日本語(にほんご) 일본어 話(はな)す 말하다, 이야기하다 社員(しゃいん) 사원 一緒(いっしょ) 함께함, 동반함
安心(あんしん) 안심 地下鉄(ちかてつ) 지하철 何度(なんど) 몇 번 乗(の)る (탈것에) 타다 切符(きっぷ) (입장권·승차권 등의) 표
3日(みっか) 3일, 사흘 ~分(ぶん) ~분, ~분량 料理(りょうり) 요리 食事(しょくじ) 식사 ~歳(さい) ~세, ~살
以下(いか) 이하 方(かた) 분 ~だけ ~만, ~뿐 参加(さんか) 참가 家族(かぞく) 가족 勤(つと)める 근무하다
~ていらっしゃる ~하고 계시다 *존경표현 ご+한자명사+になる ~하시다 *존경표현 ご+한자명사+ください ~해 주십시오 *존경표현
注意(ちゅうい) 주의

1 この旅行はどのような旅行ですか。
(A) クリスマスをイギリスで迎える旅行
(B) クリスマスにスキーを楽しむ旅行
(C) お正月にアメリカに行く旅行
(D) クリスマスをアメリカで楽しむ旅行

이 여행은 어떠한 여행입니까?
(A) 크리스마스를 영국에서 맞이하는 여행
(B) 크리스마스에 스키를 즐기는 여행
(C) 설에 미국으로 가는 여행
(D) 크리스마스를 미국에서 즐기는 여행

해설 | 한 여행사의 상품 광고로, 여행 시기와 목적지에 대한 설명은 두 번째 문장에 나온다. 「楽(たの)しいクリスマスをアメリカのニューヨークで迎(むか)えませんか」(즐거운 크리스마스를 미국 뉴욕에서 맞이하지 않겠습니까?)라고 했는데, 선택지 중 '크리스마스'라는 시기와 '미국'이라는 목적지를 모두 충족시키는 것은 (D)뿐이다.

어휘 | どのような 어떠한 イギリス 영국 スキー 스키 お正月(しょうがつ) 설

2 この旅行はいくらで行けますか。
(A) 1週間以内で8万円ぐらい
(B) 1週間以内で10万円ぐらい
(C) 10日間で12万円ぐらい
(D) 10日間で15万円ぐらい

이 여행은 얼마에 갈 수 있습니까?
(A) 일주일 이내에 8만 엔 정도
(B) 일주일 이내에 10만 엔 정도
(C) 10일간에 12만 엔 정도
(D) 10일간에 15만 엔 정도

해설 | 숫자 청취 문제. 중반부에서 '이 여행은 6일간으로 금액은 한 분 99,800엔'이라고 했으므로, 정답은 (B)가 된다. 본문의 「6日間(む いかかん)」(6일간)을 「1週間(いっしゅうかん)以内(いない)」(일주일 이내)로, 「99,800円(きゅうまんきゅうせんはっぴゃくえん)」 (99,800엔)은 「10万円(じゅうまんえん)ぐらい」(10만 엔 정도)로 바꿔 표현했다. (A)는 '금액'이, (C)와 (D)는 '금액과 기간'이 모두 잘못되 었다.

어휘 | いくら 얼마 以内(いない) 이내 ～ぐらい ～정도 10日(とおか) 10일. 열흘

3 この旅行のいいところは何ですか。
(A) 英語ができなくても心配ないこと
(B) タクシーで町を案内してもらえること
(C) 地下鉄の1日切符を1週間分もらえること
(D) 日本料理が毎日食べられること

이 여행의 좋은 점은 무엇입니까?
(A) 영어를 할 수 없어도 걱정 없는 것
(B) 택시로 번화가를 안내받을 수 있는 것
(C) 지하철의 일일승차권을 일주일분 받을 수 있는 것
(D) 일본요리를 매일 먹을 수 있는 것

해설 | 중반부에서 정답을 찾을 수 있다. 이 여행 상품의 장점에 대해 뉴욕에서는 일본어를 말할 수 있는 사원이 동행하니까 안심이라고 했다. 즉, 영어를 못해도 동행하는 사원을 통해 의사소통을 할 수 있으니 걱정하지 말라는 의미이므로, 정답은 (A)가 된다. (B)와 같은 내용은 나오지 않고, (C)의 지하철 표는 3일분, (D)의 일본요리는 2회만 제공된다고 했으므로 모두 틀린 설명이다.

어휘 | いい 좋다 できる 할 수 있다. 가능하다 心配(しんぱい)ない 걱정 없다 町(まち) 상점들이 늘어선 번화한 장소, 번화가
案内(あんない) 안내 ～てもらう (남에게) ～해 받다, (남이) ～해 주다 もらう (남에게) 받다 毎日(まいにち) 매일 食(た)べる 먹다

4 この旅行に参加できる人はどんな人ですか。
(A) 赤ちゃん連れの4人家族
(B) 一人で旅行しようとする女性
(C) この会社を使って今年2回旅行した夫婦
(D) 息子がジャパン旅行会社に勤めている親

이 여행에 참가할 수 있는 사람은 어떤 사람입니까?
(A) 아기 동반의 4인 가족
(B) 혼자서 여행하려고 하는 여성
(C) 이 회사를 이용해 올해 두 번 여행한 부부
(D) 아들이 재팬 여행사에 근무하고 있는 부모

해설 | 첫 번째 문장에서 이번 여행은 재팬 여행사를 통해 올해 2회 이상 여행한 사람이 참가할 수 있다고 하면서, 마지막 문장에서는 12세 이 하, 혼자만의 참가, 가족이 재팬 여행사에 근무하고 있는 사람은 참가할 수 없다는 조건을 달았다. (A)는 '12세 이하', (B)는 '혼자만의 참가', (D) 는 '가족의 근무 여부 사항'에 위배되므로 참가가 불가능하다. 정답은 (C)로, 첫 번째 문장의 조건과 일치하는 내용이다.

어휘 | 赤(あか)ちゃん 아기 명사+連(づ)れ ～동반 一人(ひとり)で 혼자서 女性(じょせい) 여성 夫婦(ふうふ) 부부
息子(むすこ) (자신의) 아들 親(おや) 부모

(5~7)

毎度西武鉄道をご利用いただきまして誠にありがとうござ います。当鉄道では車内での痴漢防止のために、車内放送な どで呼びかけを行ってまいりますが、お客様の強いご要望に 応え、⁵女性に安心してご利用いただける女性専用車両を設け ることにいたしました。開始は来月7日からで、⁶平日午前7時 20分から9時20分まで⁷終点池袋駅に到着する上り電車の最後 尾の車両になります。なお、地下鉄線に乗り入れている車両 には導入いたしません。皆様のご理解とご協力をお願いいた します。

매번 세이부 철도를 이용해 주셔서 대단히 감사 합니다. 당 철도에서는 차내에서의 치한 방지를 위 해서 차내 방송 등으로 호소를 해 왔습니다만, 고 객의 강한 요망에 부응하여 ⁵여성이 안심하고 이 용하실 수 있는 여성 전용 차량을 설치하기로 했 습니다. 개시는 다음 달 7일부터로, ⁶평일 오전 7 시 20분부터 9시 20분까지 ⁷종점 이케부쿠로역에 도착하는 상행 전철의 맨 끝 차량이 됩니다. 또한 지하철선에 연장 운행하고 있는 차량에는 도입하 지 않습니다. 여러분의 이해와 협력을 부탁드립니 다.

어휘 | 毎度(まいど) 매번 西武鉄道(せいぶてつどう) 세이부 철도 *일본의 사설 철도 회사
ご+한자명사+いただく (남에게) ～해 받다, (남이) ～해 주시다 利用(りよう) 이용 誠(まこと)に 참으로, 대단히
ありがとうございます 감사합니다 当(とう)～ 당～ 車内(しゃない) 차내 痴漢(ちかん) 치한 防止(ぼうし) 방지
명사+の+ために ～을 위해서 放送(ほうそう) 방송 ～など ～등 呼(よ)びかけ 호소 行(おこな)う 하다, 행하다, 실시하다
～てまいる ～해 오다, ～해 가다 *「～てくる」「～ていく」의 겸양표현 お客様(きゃくさま) 손님, 고객 強(つよ)い 강하다

要望(ようぼう) 요망 応(こた)える 부응하다 女性(じょせい) 여성 安心(あんしん) 안심 専用(せんよう) 전용 車両(しゃりょう) 차량
設(もう)ける 마련하다, 설치하다 동사의 보통형+ことにいたす ～하기로 하다 開始(かいし) 개시, 시작 来月(らいげつ) 다음 달
7日(なのか) 7일 平日(へいじつ) 평일 午前(ごぜん) 오전 ～から ～まで ～부터 ～까지 終点(しゅうてん) 종점
池袋(いけぶくろ) 이케부쿠로 *도쿄도 도시마구의 지역명 駅(えき) 역 到着(とうちゃく) 도착 上(のぼ)り 상행 열차 電車(でんしゃ) 전철
最後尾(さいごび) 최후미, 길게 늘어선 것 중에서 가장 뒤, 맨 끝 なお 또한 地下鉄線(ちかてつせん) 지하철선
乗(の)り入(い)れる (노선을) 연장 운행하다 導入(どうにゅう) 도입 いたす 하다 *「する」의 겸양어
皆様(みなさま) 여러분 *「皆(みな)さん」보다 정중한 말씨 理解(りかい) 이해 協力(きょうりょく) 협력
お+동사의 ます형+いたす ～하다, ～해 드리다 *겸양표현 願(ねが)う 부탁하다

5 来月から西武鉄道が開始する取り組みは何ですか。
(A) 女性のみ乗車できる車両を設ける。
(B) 女性の警察官を電車内に配置する。
(C) 車内に痴漢防止用のカメラを設置する。
(D) 各車両に喫煙コーナーを設ける。

다음 달부터 세이부 철도가 개시하는 대처는 무엇입니까?
(A) 여성만 승차할 수 있는 차량을 설치한다.
(B) 여성 경찰관을 전철 내에 배치한다.
(C) 차내에 치한 방지용 카메라를 설치한다.
(D) 각 차량에 흡연 코너를 설치한다.

해설 | 중반부에서 정답을 찾을 수 있는데, 「女性(じょせい)に安心(あんしん)してご利用(りよう)いただける女性(じょせい)専用(せんよう)車両(しゃりょう)を設(もう)けることにいたしました」(여성이 안심하고 이용하실 수 있는 여성 전용 차량을 설치하기로 했습니다)라고 했다. 즉, 여성만 승차할 수 있는 차량을 만들겠다는 의미이므로, 정답은 (A)가 된다. (B)와 (C)도 치한 방지라는 목적에는 부합하지만 여성 전용 차량과는 직접적인 관계가 없고, (D)의 흡연 코너는 전혀 관련이 없는 내용이다.

어휘 | 取(と)り組(く)み 대처 ～のみ ～만, ～뿐 乗車(じょうしゃ) 승차 できる 할 수 있다, 가능하다
警察官(けいさつかん) 경찰관 配置(はいち) 배치 カメラ 카메라 各(かく)～ 각～ 喫煙(きつえん) 흡연 コーナー 코너

6 西武鉄道の取り組みはどのような時間帯に行われますか。
(A) 週末午前7時20分から2時間
(B) 平日午前7時20分から9時20分まで
(C) 夕方のラッシュアワー時の、3時間
(D) 午前7時20分から午後9時20分まで

세이부 철도의 대처는 어떠한 시간대에 실시됩니까?
(A) 주말 오전 7시 20분부터 2시간
(B) 평일 오전 7시 20분부터 9시 20분까지
(C) 저녁때 러시아워 때의 3시간
(D) 오전 7시 20분부터 오후 9시 20분까지

해설 | 숫자 청취 문제. 여성 전용 차량은 다음 달 7일부터 개시하는데, 그 시간대는 「平日(へいじつ)午前(ごぜん)7時(しちじ)20分(にじゅっぷん)から9時(くじ)20分(にじゅっぷん)まで」(평일 오전 7시 20분부터 9시 20분까지)라고 했으므로, 정답은 (B)가 된다. (A)는 시간대는 맞지만 '주말'이라는 시기가, (D)는 '오후 9시 20분까지'라는 시간대가 잘못되었다.

어휘 | 時間帯(じかんたい) 시간대 週末(しゅうまつ) 주말 夕方(ゆうがた) 해질녘, 저녁때 ラッシュアワー 러시아워
～時(じ) ～때 午後(ごご) 오후

7 この取り組みが行われる電車はどれですか。
(A) 池袋まで運行する終列車
(B) 池袋から発車する上下線
(C) 池袋に到着する上り電車のみ
(D) 池袋から発車する下り電車のみ

이 대처가 실시되는 전철은 어느 것입니까?
(A) 이케부쿠로까지 운행하는 막차
(B) 이케부쿠로에서 발차하는 상하행선
(C) 이케부쿠로에 도착하는 상행 전철만
(D) 이케부쿠로에서 발차하는 하행 전철만

해설 | 후반부에서 정답을 찾을 수 있다. 여성 전용 차량은 종점 이케부쿠로역에 도착하는 상행 전철의 맨 끝 차량에서만 시행하고, 지하철선에 연장 운행하는 차량에는 도입하지 않는다고 했으므로, 정답은 (C)가 된다. (B)와 (D)는 모두 이케부쿠로에서 발차하는 전철에서 시행된다고 했으므로 틀린 설명이다. (A)의 「終列車(しゅうれっしゃ)」(열차의) 막차)는 그날 마지막으로 운행하는 열차를 가리키는 말로, 전철의 맨 끝에서만 시행된다고 한 설명과 일치하지 않는다.

어휘 | 運行(うんこう) 운행 上下線(じょうげせん) 상하행선 発車(はっしゃ) 발차 下(くだ)り 하행 열차

주요 어휘 및 표현 정리 20

한자	읽기	의미
☐ 超える	こえる	(정도를) 넘다
☐ 晴れる	はれる	(하늘이) 개다, 맑다
☐ 天気	てんき	날씨
☐ 曇り	くもり	흐림
☐ 校庭	こうてい	교정
☐ 消防	しょうぼう	소방
☐ 見込み	みこみ	전망, 예상
☐ 役所	やくしょ	관청
☐ 人数	にんずう	인원수
☐ 配る	くばる	나누어 주다, 배포하다
☐ 売り出す	うりだす	팔기 시작하다, 발매하다
☐ 住宅	じゅうたく	주택
☐ 実際に	じっさいに	실제로
☐ 最も	もっとも	가장, 제일
☐ 広める	ひろめる	널리 알리다
☐ 同居	どうきょ	동거, (가족이 한집에서) 같이 삶
☐ 維持	いじ	유지
☐ 設ける	もうける	마련하다, 설치하다
☐ 乗車	じょうしゃ	승차
☐ 上下線	じょうげせん	상하행선

STEP 1 먼저 핵심 기출 어휘와 표현을 익히세요.

핵심 기출 어휘 및 표현

음원 89

- 努力 노력
- 政治 정치
- 削減 삭감
- 評価 평가
- 行動 행동
- 期間 기간
- 名前 이름
- 展示 전시
- 世界 세계
- 増加 증가
- 開発 개발
- 工場 공장
- 回復 회복
- 将来 장래
- 未婚 미혼

- 箱 상자
- 育成 육성
- 原因 원인
- 保険 보험
- 連休 연휴
- 意識 의식
- 地震 지진
- 用紙 용지
- 準備 준비
- 市場 시장
- 以外 이외
- 値段 가격
- 作品 작품
- 高価 고가
- 余裕 여유

- 確立 확립
- 発生 발생
- 話題 화제
- 汚染 오염
- 好評 호평
- 方針 방침
- 判明 판명
- 衛生 위생
- 空港 공항
- 自宅 자택
- 火災 화재, 불
- 拡大 확대
- 移転 이전
- 設備 설비
- 田舎 시골, 고향
- 機関 기관
- 発電 발전
- 関係者 관계자
- 核家族 핵가족
- 美術館 미술관
- 不景気 불경기

- 振興 진흥
- 克服 극복
- 作業 작업
- 食欲 식욕
- 画面 화면
- 発表 발표
- 急増 급증
- 暴雨 폭우
- 成功 성공
- 不況 불황
- 変化 변화
- 人命 인명
- 救助 구조
- 給料 급여, 급료
- 団体 단체
- 販売 판매
- 刺激 자극
- 津波 쓰나미, 지진해일
- 太陽光 태양광
- 消防署 소방서
- 感謝状 감사장

- 就職率 취직률
- 望遠鏡 망원경
- ウイルス 바이러스
- ストレス 스트레스
- 有名だ 유명하다
- 魅力的だ 매력적이다
- 詳しい 자세하다, 상세하다
- 急ぐ 서두르다
- 目立つ 눈에 띄다
- 塗る 바르다, 칠하다
- 掲げる 내걸다, 달다
- 役立つ 도움이 되다
- 着替える (옷을) 갈아입다
- シャワーを浴びる 샤워를 하다
- きちんと 제대로, 확실히
- ~ように ~하도록
- ~しかない ~할 수밖에 없다
- ~反面 ~인 반면
- ~かどうか ~인지 어떤지, ~일지 어떨지
- ~てほしい ~해 주었으면 하다, ~하길 바라다
- ~恐れがある ~할 우려가 있다
- 동사의 ます형+つつある ~하고 있다

- 商品化 상품화
- 日常生活 일상생활
- サポート 서포트, 지원
- エネルギー 에너지
- 贅沢だ 사치스럽다
- 面倒くさい (아주) 귀찮다, 번거롭다
- 着る (옷을) 입다
- 減る 줄다, 줄어들다
- 広げる 넓히다
- 合わせる 합치다
- 引き出す 끌어내다
- 挙げる 들다, (예식 등을) 올리다
- 腑に落ちない 납득이 가지 않다
- ままならない 뜻대로 되지 않다
- ~として ~로서
- ~さえ~ば ~만 ~하면
- ~限りだ ~일 따름이다
- ~をめぐって ~을 둘러싸고
- ~に比べて ~에 비해서
- ~ものだ ~인 것[법]이다 *상식·진리·본성
- 동사의 보통형+ことになる ~하게 되다
- 동사의 た형+ところ ~한 결과, ~했더니

STEP 2　이제 YBM이 엄선한 빈출 문제를 잘 듣고 풀어 보세요.

(1~3)

1食品が新鮮かどうかを判断できる紙が去年の秋に日本で発売されました。この紙は5年前アメリカで開発され、日本の会社が輸入販売しています。紙には特殊な赤いインクが塗られていて、2食品から発生するガスに反応して時間の経過とともに黄色になる仕組みです。スーパーの肉や魚の容器に一緒に入っているので、買う側は色を見ただけでその食品が新鮮かどうかが判断できるのです。3この会社は、２5年前から環境のことを考えた商品を輸入販売している会社で、この紙の販売で1年で1億円の売り上げを見込んでいるそうです。

1식품이 신선한지 어떤지를 판단할 수 있는 종이가 작년 가을에 일본에서 발매되었습니다. 이 종이는 5년 전 미국에서 개발되어 일본 회사가 수입 판매하고 있습니다. 종이에는 특수한 붉은 잉크가 발라져 있고, 2식품에서 발생하는 가스에 반응해서 시간의 경과와 함께 노란색이 되는 구조입니다. 슈퍼의 고기나 생선 용기에 함께 들어 있기 때문에 사는 쪽은 색을 본 것만으로 그 식품이 신선한지 어떤지를 판단할 수 있는 것입니다. 3이 회사는 25년 전부터 환경을 생각한 상품을 수입 판매하고 있는 회사로, 이 종이의 판매로 1년에 1억 엔의 매출을 기대하고 있다고 합니다.

1 この紙について、正しいものはどれですか。
　(A) 去年の秋にアメリカで開発され、発売された。
✓(B) アメリカから輸入され、去年の秋に日本で発売された。
　(C) アメリカで開発され、5年前の夏に日本で発売された。
　(D) アメリカで5年前に開発され、去年の夏に日本で発売された。

이 종이에 대해서 맞는 것은 어느 것입니까?
(A) 작년 가을에 미국에서 개발되어 발매되었다.
✓(B) 미국에서 수입되어 작년 가을에 일본에서 발매되었다.
(C) 미국에서 개발되어 5년 전 여름에 일본에서 발매되었다.
(D) 미국에서 5년 전에 개발되어 작년 여름에 일본에서 발매되었다.

2 この紙はどのように変化しますか。
　(A) 食品の温度の変化で赤い色になる。
　(B) 食品の中の水分の減少で黄色になる。
✓(C) 食品から発生するガスで黄色になる。
　(D) 時間の経過とともに赤い色が薄くなる。

이 종이는 어떻게 변화합니까?
(A) 식품의 온도 변화로 빨간색이 된다.
(B) 식품 안의 수분 감소로 노란색이 된다.
✓(C) 식품에서 발생하는 가스로 노란색이 된다.
(D) 시간의 경과와 함께 빨간색이 옅어진다.

3 この紙を販売している会社はどういう会社ですか。
✓(A) 環境に優しい商品を扱う会社
　(B) 数年前から食品の輸入販売をしている会社
　(C) 環境を考えた商品の輸入販売を始めようと予定している会社
　(D) 環境を考えた商品を製造している会社

이 종이를 판매하고 있는 회사는 어떤 회사입니까?
✓(A) 친환경적인 상품을 취급하는 회사
(B) 몇 년 전부터 식품의 수입 판매를 하고 있는 회사
(C) 환경을 생각한 상품의 수입 판매를 시작하려고 예정하고 있는 회사
(D) 환경을 생각한 상품을 제조하고 있는 회사

PART 4

STEP 3 문제의 내용을 정확하게 기억하면서 지문을 들으세요.

Point 1	문제의 내용과 핵심적인 단어를 기억	Point 2	문제와 관련 있는 내용을 메모하면서 듣기

문제의 내용을 정확하게 기억하고 핵심적인 단어나 표현은 표시해 두기!

문제와 관련 있는 내용이나 단어가 나오면 반드시 메모하면서 듣기!

| CHECK UP |

(1~3)

夏、工場の中が40度以上になっても、クーラーを付けずに働かなければならない所もあるが、そんな所で着ても暑くない長袖の上着がある。Point 1 この上着は背中に電池で動く2つの小さい扇風機が付いていて、上着の内側に空気を送って体を冷やすのだ。背中から腕やお腹に空気が流れるだけだが、人間を1人冷やすには十分だ。上着は1枚 9,800円と高いが、Point 2 広い工場全体を冷房する値段に比べると大変安いと言えるし、仕事も早く進む。Point 2 この上着を作った人は世界中の暑い国の人のために、もっと値段を安くしようと努力をしている。

여름에 공장 안이 40도 이상이 되어도 에어컨을 켜지 않고 일하지 않으면 안 되는 곳도 있는데, 그런 곳에서 입어도 덥지 않은 긴소매 상의가 있다. Point 1 이 상의는 등에 전지로 움직이는 두 개의 작은 선풍기가 달려 있어서 상의 안쪽에 공기를 보내 몸을 식히는 것이다. 등에서 팔이나 배에 공기가 흐를 뿐이지만 인간을 한 사람 식히기에는 충분하다. 상의는 한 장에 9,800엔으로 비싸지만 Point 2 넓은 공장 전체를 냉방하는 가격에 비하면 대단히 싸다고 할 수 있고 일도 빨리 진행된다. Point 2 이 상의를 만든 사람은 전 세계의 더운 나라 사람을 위해서 더 가격을 싸게 하려고 노력을 하고 있다.

1 この上着は体のどこを一番冷やしますか。
(A) 首
(B) 頭
✓(C) 背中
(D) 足

이 상의는 몸의 어디를 가장 차갑게 합니까?
(A) 목
(B) 머리
✓(C) 등
(D) 다리

Point 1 문제의 내용과 핵심적인 단어를 기억

○ 신체 부위에 대한 단어를 잘 들어야 함. 설명하고 있는 상의는 등에 전지로 움직이는 두 개의 작은 선풍기가 달려 있다고 했음.

2 この上着の良いところは何ですか。
- (A) 扇風機が付いているのに静かなところ
- (B) 値段がとても安いところ
- (C) 電池や扇風機が付いているのに軽いところ
- ✓(D) 工場を冷房しなくても涼しいところ

이 상의의 좋은 점은 무엇입니까?
- (A) 선풍기가 달려 있는데도 조용한 점
- (B) 가격이 매우 싼 점
- (C) 전지와 선풍기가 달려 있는데도 가벼운 점
- ✓(D) 공장을 냉방하지 않아도 시원한 점

Point 2 문제와 관련 있는 내용을 메모하면서 듣기

◐ 후반부에 장점이 나와 있는데, 넓은 공장 전체를 냉방하는 가격에 비하면 대단히 싼 것이 장점이라고 했음.

3 上着を作った人が今考えていることは何ですか。
- (A) 値段を、19,800円から9,800円にしたい。
- ✓(B) 暑い国で使ってもらいたい。
- (C) 暑い国の工場に上着をプレゼントしたい。
- (D) 値段が安いので日本以外の国でも使ってもらえるだろう。

상의를 만든 사람이 지금 생각하고 있는 것은 무엇입니까?
- (A) 가격을 19,800엔에서 9,800엔으로 하고 싶다.
- ✓(B) 더운 나라에서 사용해 주었으면 한다.
- (C) 더운 나라의 공장에 상의를 선물하고 싶다.
- (D) 가격이 싸기 때문에 일본 이외의 나라에서도 사용해 줄 것이다.

Point 2 문제와 관련 있는 내용을 메모하면서 듣기

◐ 마지막 문장에서 이 상의를 만든 사람은 전 세계의 더운 나라 사람을 위해서 더 가격을 싸게 하려고 노력하고 있다고 했음.

STEP 4 다음 기출문제를 기출문제 풀이 전략을 적용해서 풀어 보세요.

(1~3)

¹ある企業が2年かけて竹から作った布のタオルや衣類を開発し、5年前に商品化に成功した。²竹の衣類は体に優しい天然衣類として注目を浴び、老人施設などでは人気がある。やや値段が高いが、柔らかくて汗を吸うし、意外にも温かく感じるそうだ。竹は農薬や肥料を与えなくてもいいので、自然環境にもいいし、成長も約3年と速い。布を作る前までの作業を日本ですると費用がかかるため、原料は全て中国産だという。³中国と共同開発した医療用の布の製造販売も始まり、他の商品と共に今後の世界進出が期待できる。

¹어느 기업이 2년 들여서 대나무로 만든 천 수건이나 의류를 개발해 5년 전에 상품화에 성공했다. ²대나무 의류는 몸에 좋은 천연의류로써 주목을 받아 노인 시설 등에서는 인기가 있다. 다소 가격은 비싸지만 부드럽고 땀을 흡수하고 뜻밖에도 따뜻하게 느낀다고 한다. 대나무는 농약이나 비료를 주지 않아도 되기 때문에 자연환경에도 좋고 성장도 약 3년으로 빠르다. 천을 만들기 전까지의 작업을 일본에서 하면 비용이 들기 때문에 원료는 전부 중국산이라고 한다. ³중국과 공동 개발한 의료용 천의 제조 판매도 시작되어 다른 상품과 함께 앞으로의 세계 진출을 기대할 수 있다.

어휘 | ある 어느 企業(きぎょう) 기업 かける (돈·시간 등을) 들이다 竹(たけ) 대나무 ~から ~로 *재료·화학적인 변화
作(つく)る 만들다 布(ぬの) 천 タオル 타월, 수건 衣類(いるい) 의류 開発(かいはつ) 개발 商品化(しょうひんか) 상품화
成功(せいこう) 성공 体(からだ) 몸, 신체 優(やさ)しい 친환경적이다, 나쁜 영향을 주지 않다, 자극이 적다 天然(てんねん) 천연
~として ~로써 注目(ちゅうもく)を浴(あ)びる 주목을 받다 老人(ろうじん) 노인 施設(しせつ) 시설 ~など ~등
人気(にんき) 인기 やや 약간, 다소 値段(ねだん) 값, 가격 高(たか)い (값이) 비싸다 柔(やわ)らかい 부드럽다 汗(あせ) 땀
吸(す)う 빨아들이다, 흡수하다 ~し ~고 意外(いがい)にも 뜻밖에도 温(あたた)かい 따뜻하다 感(かん)じる 느끼다
품사의 보통형+そうだ ~라고 한다 *전문 農薬(のうやく) 농약 肥料(ひりょう) 비료 与(あた)える 주다 自然(しぜん) 자연
環境(かんきょう) 환경 成長(せいちょう) 성장 約(やく) 약 速(はや)い (속도가) 빠르다 동사의 기본형+前(まえ) ~하기 전
作業(さぎょう) 작업 費用(ひよう) 비용 かかる (비용이) 들다 ~ため ~이기 때문에 原料(げんりょう) 원료 全(すべ)て 모두, 전부
中国産(ちゅうごくさん) 중국산 ~という ~라고 한다 共同(きょうどう) 공동 医療用(いりょうよう) 의료용 製造(せいぞう) 제조
販売(はんばい) 판매 始(はじ)まる 시작되다 他(ほか) 다른 (것) ~と共(とも)に ~와 함께 今後(こんご) 금후, 앞으로
世界(せかい) 세계 進出(しんしゅつ) 진출 期待(きたい) 기대

1 竹の衣類について、正しいものはどれですか。
(A) 政府の命令で開発し始めた。
(B) 商品化されるまで反対が多かった。
(C) 企業が潰れて商品化は中止になった。
✓(D) 開発に2年かけて、5年前に商品化された。

대나무 의류에 대해서 맞는 것은 어느 것입니까?
(A) 정부의 명령으로 개발하기 시작했다.
(B) 상품화되기까지 반대가 많았다.
(C) 기업이 파산해서 상품화는 중지가 되었다.
✓(D) 개발에 2년 들여서 5년 전에 상품화되었다.

■ 첫 번째 문장에서 어느 기업이 2년 들여서 대나무로 만든 천 수건이나 의류를 개발, 5년 전에 상품화에 성공했다고 했다. 따라서 정답은 (D)가 된다. (A)와 (B)의 정부의 명령으로 개발을 시작했다거나 상품화되기까지 반대가 많았다와 같은 내용은 나오지 않는다. 또한 대나무 의류는 이미 5년 전에 상품화가 되었으므로, 상품화가 중지되었다고 한 (C)도 틀린 설명이다.

■ 政府(せいふ) 정부 命令(めいれい) 명령 동사의 ます형+始(はじ)める ~하기 시작하다 反対(はんたい) 반대
多(おお)い 많다 潰(つぶ)れる 망하다, 파산하다 中止(ちゅうし) 중지

2 竹の衣類はどのようなものですか。

  ✓(A) 温かくてお年寄りに人気がある。

  (B) ひんやりしていて、夏は快適だ。

  (C) 柔らかいし、低価格だ。

  (D) 原料生産に手間がかかる。

대나무 의류는 어떠한 것입니까?
✓(A) 따뜻해서 노인에게 인기가 있다.
(B) 차갑게 느껴져서 여름에는 쾌적하다.
(C) 부드럽고 저가이다.
(D) 원료 생산에 손이 많이 간다.

- 2년이라는 시간을 들여 상품화된 대나무 의류는 몸에 좋은 천연의류로써 주목을 받아 노인 시설 등에서는 인기가 있다고 했다. 그리고 그 이유에 대해서는 다소 가격은 비싸지만 부드럽고 땀을 흡수하고 뜻밖에도 따뜻하게 느끼기 때문인 것 같다고 분석하고 있다. 선택지 중 이와 일치하는 내용은 (A)뿐이다. (B)는 따뜻함을 주는 대나무 의류의 특징과 반대되는 내용이고, (C)는 가격에 대한 설명이 잘못되었다. 또한 대나무는 농약이나 비료를 주지 않아도 되고 성장도 빠르다고 했으므로, 원료 생산에 손이 많이 간다고 한 (D)도 틀린 설명이다.

- ひんやり 차가움을 느끼는 모양　快適(かいてき)だ 쾌적하다　低価格(ていかかく) 저가격, 저가, 상품 가격이 싼 것
  手間(てま)がかかる 품[시간]이 들다, 손이 많이 가다

---

3 この人は竹の衣類について、どう思っていますか。

  (A) 日本産の竹で、国内独自の衣類も作ってほしい。

  (B) 肥料を使うなど、もっと原料確保に努めるべきだ。

  ✓(C) 中国との共同開発で、海外にも販売が広がるだろう。

  (D) 値段が安いので、今後生産量が増加するだろう。

이 사람은 대나무 의류에 대해서 어떻게 생각하고 있습니까?
(A) 일본산 대나무로 국내의 독자적인 의류도 만들어 주었으면 한다.
(B) 비료를 사용하는 등 더 원료 확보에 노력해야 한다.
✓(C) 중국과의 공동 개발로 해외에도 판매가 확대될 것이다.
(D) 가격이 싸기 때문에 앞으로 생산량이 증가할 것이다.

- 마지막 문장에서 중국과 공동 개발한 의료용 천의 제조 판매도 시작되어 다른 상품과 함께 앞으로의 세계 진출도 할 수 있을 것으로 기대하고 있다고 했으므로, 정답은 (C)가 된다. 비용 문제로 원료는 모두 중국산을 사용하고 있다고 했으므로 (A)는 틀린 설명이고, (B)의 원료 확보에 대한 내용은 나오지 않는다. 또한 앞서 가격대는 비싼 편이라고 했으므로, 가격이 싸서 생산량이 증가할 것이라고 전망한 (D)도 답이 될 수 없다.

- 日本産(にほんさん) 일본산　国内(こくない) 국내　独自(どくじ) 독자　〜てほしい 〜해 주었으면 하다, 〜하길 바라다
  もっと 더, 더욱　確保(かくほ) 확보　努(つと)める 노력하다　동사의 기본형+べきだ (마땅히) 〜해야 한다
  海外(かいがい) 해외　広(ひろ)がる 확대되다　値段(ねだん) 값, 가격　安(やす)い (값이) 싸다
  生産量(せいさんりょう) 생산량　増加(ぞうか) 증가

かつて全国で400校あった短大は、⁴この10年で100校減り、300校になっていた。しかし、今年は5年ぶりに全国の入学者数が定員を超え、人気を回復しつつある。これには社会で役立つコースを設けたり就職率を高めてきた短大の努力がある。⁵専門学校にも実用的な授業はあるが、短大には建物やグラウンドの広さと教授の多さで強みがある。また4年制大学と違い、短大は地方に数多くあるため、不況で都会に出ない学生が増えた今、⁶地方の企業にとっても短大は魅力的な存在になりそうだ。短大出身者としてはこの再生は嬉しい限りだ。

과거 전국에서 400교 있었던 단기대학은 ⁴최근 10년 사이에 100교 줄어 300교가 되어 있었다. 그러나 올해는 5년 만에 전국의 입학자 수가 정원을 넘어 인기를 회복하고 있다. 여기에는 사회에서 유용한 코스를 만들거나 취직률을 높여 온 단기대학의 노력이 있다. ⁵전문학교에도 실용적인 수업은 있지만 단기대학에는 건물이나 운동장이 넓고 교수가 많다는 강점이 있다. 또한 4년제 대학과 달리 단기대학은 지방에 많이 있기 때문에 불황으로 도시에 나가지 않는 학생이 늘어난 지금, ⁶지방 기업에게 있어서도 단기대학은 매력적인 존재가 될 것 같다. 단기대학 출신자로서는 이 회생은 기쁠 따름이다.

어휘ㅣ かつて 일찍이, 예로부터, 전에 全国(ぜんこく) 전국 ~校(こう) ~교[학교]
短大(たんだい) 단기대학 *『短期大学(たんきだいがく)』의 준말 この 최근의, 요 減(へ)る 줄다, 줄어들다 しかし 그러나
今年(ことし) 올해 ~ぶりに ~만에 入学者(にゅうがくしゃ) 입학자 数(すう) 수, 숫자 定員(ていいん) 정원
超(こ)える (정도를) 넘다 人気(にんき) 인기 回復(かいふく) 회복 동사의 ます형+つつある ~하고 있다 これ 여기
社会(しゃかい) 사회 役立(やくだ)つ 도움이 되다, 유용하다 コース 코스 設(もう)ける 만들다, 마련하다
就職率(しゅうしょくりつ) 취직률 高(たか)める 높이다 努力(どりょく) 노력 専門学校(せんもんがっこう) 전문학교
実用的(じつようてき)だ 실용적이다 授業(じゅぎょう) 수업 建物(たてもの) 건물 グラウンド 그라운드, 운동장
広(ひろ)さ 넓음, 넓이 教授(きょうじゅ) 교수 多(おお)い 많음 強(つよ)み 강점 4年制大学(よねんせいだいがく) 4년제 대학
違(ちが)う 다르다 地方(ちほう) 지방 数多(かずおお)い 수효가 많이 있다, 수많다 ~ため ~이기 때문에 不況(ふきょう) 불황
都会(とかい) 도회, 도시 出(で)る 나가다 学生(がくせい) 학생, (특히) 대학생 増(ふ)える 늘다, 늘어나다 今(いま) 지금
企業(きぎょう) 기업 ~にとっても ~에게 있어서도 魅力的(みりょくてき)だ 매력적이다 存在(そんざい) 존재
동사의 ます형+そうだ ~일[할] 것 같다 *양태 出身者(しゅっしんしゃ) 출신자 ~としては ~로서는 再生(さいせい) 재생, 회생
嬉(うれ)しい 기쁘다 ~限(かぎ)りだ ~일 따름이다

4 全国の短大の数はどう変化してきましたか。

　✓(A) この10年で100校減少した。

　(B) 200校も超えていない。

　(C) 増加し続けている。

　(D) この10年で300校まで増加した。

전국의 단기대학 수는 어떻게 변화되어 왔습니까?
✓(A) 최근 10년 사이에 100교 감소했다.
(B) 200교도 넘지 않는다.
(C) 계속 증가하고 있다.
(D) 최근 10년 사이에 300교까지 증가했다.

■ 숫자 청취 문제로, 첫 번째 문장에서 정답을 찾을 수 있다. 과거 전국에서 400교에 달했던 단기대학은 「この10年(じゅうねん)で100校(ひゃくこう)減(へ)り、300校(さんびゃくこう)になっていた」(최근 10년 사이에 100교 줄어 300교가 되어 있었다)라고 했다. 즉, 400교에 달했던 단기대학은 현재 100개가 감소해서 300교만 남았다는 뜻이므로, 정답은 (A)가 된다. 단기대학은 아직 300교가 남아 있으므로 200교도 넘지 않는다고 한 (B)나 단기대학이 증가하고 있다고 한 (C)와 (D)는 모두 틀린 설명이다.

■ 変化(へんか) 변화 減少(げんしょう) 감소 増加(ぞうか) 증가 동사의 ます형+続(つづ)ける 계속 ~하다

5 短大について、正しいものはどれですか。
(A) 4年制大学と違い、都会に集中している。
(B) 専門学校よりも社会に役立つ授業がある。
✓(C) 専門学校と同様、実用的な授業がある。
(D) 講師の数は専門学校に及ばない。

단기대학에 대해서 맞는 것은 어느 것입니까?
(A) 4년제 대학과 달리 도시에 집중되어 있다.
(B) 전문학교보다도 사회에 유용한 수업이 있다.
✓(C) 전문학교와 마찬가지로 실용적인 수업이 있다.
(D) 강사의 수는 전문학교에 미치지 못한다.

- 중반부의 내용 문제. 단기대학은 한때 100개가 줄면서 위기를 맞기도 했지만, 올해는 다시 정원을 넘어서며 인기를 회복하고 있다. 그 비결로는 사회에 유용한 코스와 높은 취직률, 전문학교 같은 실용적인 수업에 넓은 건물과 운동장 등의 인프라, 그리고 많은 교수진이 있다는 점을 들었다. 정답은 (C)로, 전문학교에 있는 실용적인 수업이 단기대학에도 있다는 내용과 일치한다. (B)는 '전문학교보다도'라는 설명이 잘못되었고, 4년제 대학과 달리 단기대학은 지방에 많이 있다고 했으며, 교수가 많다는 강점이 있다고 했으므로 (A)와 (D)도 틀린 설명이다.

- 集中(しゅうちゅう) 집중 ~よりも ~보다도 ~と同様(どうよう) ~와 마찬가지로 講師(こうし) 강사
  ~に及(およ)ばない ~에 미치지 못하다

6 この人は短大の将来について、どう思っていますか。
(A) 短大の不人気はしばらく続くだろう。
✓(B) 地方の企業に支えられ、人気を回復するだろう。
(C) いずれ4年制に変わっていくだろう。
(D) 設備拡大のために地方へ移転するだろう。

이 사람은 단기대학의 장래에 대해서 어떻게 생각하고 있습니까?
(A) 단기대학의 비인기는 한동안 계속될 것이다.
✓(B) 지방 기업에 지원을 받아 인기를 회복할 것이다.
(C) 머지않아 4년제로 변해 갈 것이다.
(D) 설비 확대를 위해서 지방으로 이전할 것이다.

- 후반부의 내용 문제. 단기대학은 4년제 대학과는 달리 지방에 많이 있고, 불황으로 도시에 나가지 않는 학생이 증가함에 따라 지방 기업에 있어서도 매력적인 존재가 될 것 같다고 말하고 있다. 즉, 지방 중심의 단기대학과 그 졸업생들의 취업으로 인한 지방 기업의 동반 성장을 기대한다는 의미이므로, 정답은 (B)가 된다. (A)와 (C)는 단기대학의 인기와 발전을 예상하는 본문의 기조와 반대되는 내용이고, 단기대학은 이미 지방에 많이 있는 상태이므로 (D)도 틀린 설명이다.

- 将来(しょうらい) 장래 不人気(ふにんき) 인기가 없음 しばらく 한동안 続(つづ)く 이어지다, 계속되다
  支(ささ)える 지원하다, 지지하다 人気(にんき) 인기 回復(かいふく) 회복 いずれ 머지않아
  変(か)わる 바뀌다, 변하다 設備(せつび) 설비 拡大(かくだい) 확대 명사+の+ために ~을 위해서
  移転(いてん) 이전

STEP 5 핵심 어휘를 메모하면서 들어 보세요.

1 日本人が去年まで一番食べていた果物は何ですか。

(A) バナナ

(B) りんご

(C) みかん

(D) すいか

메모

2 日本では、バナナはどのような果物ですか。

(A) 100年以上前から食べられている。

(B) 一年中いつでも売っている。

(C) 若者はあまり好きでない。

(D) 夏には特に安くなる。

메모

3 本文の内容と合っているものは、どれですか。

(A) バナナが嫌いだという子供が増えてきた。

(B) ナイフを使わないでりんごを食べる若者が増え
ている。

(C) みかんの味が苦手だという若者が増えた。

(D) 簡単に食べられる果物が人気がある。

메모

4 消防署が2人に感謝状を贈った理由は、何ですか。

  (A) 火山が噴火した時の人命救助

  (B) 地震の時の人命救助

  (C) 洪水の時の人命救助

  (D) 火災の時の人命救助

5 救助活動を行った2人は、どんな人たちですか。

  (A) 消防の人と大工

  (B) 近所の人と通行人

  (C) 警官と通行人

  (D) 大工と警官

6 幼児は、どのように救助されましたか。

  (A) 母親に背負われて

  (B) 消防の人に背負われて

  (C) 大山さんに抱かれて

  (D) 橋本さんに抱かれて

(1~3)

¹一年間で日本人が一番食べている果物は去年まではみかんでした。第2位がりんごで、第3位はバナナでしたが、今年はバナナが第1位になりました。バナナは約100年前に日本に紹介された果物ですが、²一年中食べることができるし、値段も大体いつも同じですから人気があるのです。³バナナはりんごと違ってナイフが必要ないから、誰でもどこででも食べられます。みかんもバナナと同じでナイフは要りませんが、みかんを食べると手が汚れるから嫌いだという若者が増えているのだそうです。

1일 년 동안 일본인이 가장 많이 먹고 있는 과일은 작년까지는 귤이었습니다. 제2위가 사과이고 제3위는 바나나였는데 올해는 바나나가 제1위가 되었습니다. 바나나는 약 100년 전에 일본에 소개된 과일인데 2일 년 내내 먹을 수 있고 가격도 대체로 늘 같기 때문에 인기가 있는 것입니다. 3바나나는 사과와 달리 칼이 필요 없어서 누구나 어디에서나 먹을 수 있습니다. 귤도 바나나와 마찬가지로 칼은 필요 없지만 귤을 먹으면 손이 더러워져서 싫다는 젊은이가 늘고 있다고 합니다.

어휘 | 日本人(にほんじん) 일본인 一番(いちばん) 가장, 제일 果物(くだもの) 과일 去年(きょねん) 작년 みかん 귤
第(だい) ~ (순서의) 제~ ~位(い) (등수의) ~위 りんご 사과 バナナ 바나나 今年(ことし) 올해 約(やく) 약
前(まえ) (시간적으로) 전 紹介(しょうかい) 소개 ~中(じゅう) ~동안, ~내내 동사의 기본형+ことができる ~할 수 있다 ~し ~고
値段(ねだん) 값, 가격 大体(だいたい) 대강, 대체로 いつも 늘, 항상 同(おな)じだ 같다, 마찬가지다 人気(にんき) 인기
~と違(ちが)って ~와 달리 ナイフ 나이프, 칼 必要(ひつよう) 필요 誰(だれ) 누구 どこ 어디 要(い)る 필요하다 手(て) 손
汚(よご)れる 더러워지다 嫌(きら)いだ 싫다, 싫어하다 若者(わかもの) 젊은이 増(ふ)える 늘다, 늘어나다
품사의 보통형+そうだ ~라고 한다 *전문

1 日本人が去年まで一番食べていた果物は何ですか。

(A) バナナ

(B) りんご

(C) みかん

(D) すいか

일본인이 작년까지 가장 많이 먹었던 과일은 무엇입니까?

(A) 바나나

(B) 사과

(C) 귤

(D) 수박

해설 | 첫 번째 문장을 잘 들었다면 쉽게 답을 찾을 수 있다. 「一年間(いちねんかん)で日本人(にほんじん)が一番(いちばん)食(た)べている果物(くだもの)は去年(きょねん)まではみかんでした」(일 년 동안 일본인이 가장 많이 먹고 있는 과일은 작년까지는 귤이었습니다)라고 했으므로, 정답은 (C)가 된다.

어휘 | すいか 수박

2 日本では、バナナはどのような果物ですか。

(A) 100年以上前から食べられている。

(B) 一年中いつでも売っている。

(C) 若者はあまり好きでない。

(D) 夏には特に安くなる。

일본에서는 바나나는 어떤 과일입니까?

(A) 100년 이상 전부터 먹고 있다.

(B) 일 년 내내 언제나 팔고 있다.

(C) 젊은이는 별로 좋아하지 않는다.

(D) 여름에는 특히 싸진다.

해설 | 바나나에 대한 설명은 중반부에 나온다. 정답은 (B)로, 「一年中(いちねんじゅう)食(た)べることができるし」(일 년 내내 먹을 수 있고)라는 설명과 일치하는 내용이다. 바나나는 약 100년 전에 일본에 소개되었다고 했으므로, 100년 이상 전부터 먹었다고 한 (A)는 부적절. (C)는 귤에 대한 설명이고, (D)의 계절과 가격의 상관 관계에 대한 내용은 나오지 않는다.

어휘 | 以上(いじょう) 이상 あまり (부정어 수반) 그다지, 별로 好(す)きだ 좋아하다 夏(なつ) 여름 特(とく)に 특히
安(やす)い (값이) 싸다 い형용사의 어간+くなる ~해지다

3 本文の内容と合っているものは、どれですか。
(A) バナナが嫌いだという子供が増えてきた。
(B) ナイフを使わないでりんごを食べる若者が増えている。
(C) みかんの味が苦手だという若者が増えた。
(D) 簡単に食べられる果物が人気がある。

본문의 내용과 맞는 것은 어느 것입니까?
(A) 바나나를 싫어한다는 아이가 늘어났다.
(B) 칼을 사용하지 않고 사과를 먹는 젊은이가 늘고 있다.
(C) 귤 맛이 질색이라는 젊은이가 늘었다.
(D) 간단히 먹을 수 있는 과일이 인기가 있다.

해설 | 올해 들어 바나나는 가장 많이 먹는 과일 1위가 되었는데, 그 이유 중 하나가 「りんごと違(ちが)ってナイフが必要(ひつよう)ないから」(사과와 달리 칼이 필요 없어서)라고 했다. 즉, 손쉽게 먹을 수 있다는 장점이 인기의 비결이므로, 정답은 (D)가 된다. (A)는 가장 많이 먹는 과일 1위라는 설명과는 반대되는 내용이고, (B)는 사과가 아니라 바나나에 대한 설명이다. 또한 귤은 맛 때문이 아니라 먹고 난 후 손이 더러워져서 싫다는 젊은이가 늘고 있다고 했으므로, (C)도 틀린 설명이다.

어휘 | 本文(ほんぶん) 본문　内容(ないよう) 내용　合(あ)う 맞다　使(つか)う 쓰다, 사용하다　味(あじ) 맛
苦手(にがて)だ 잘 못하다, 질색이다　簡単(かんたん)だ 간단하다

(4~6)

4新宿消防署は、火災で人命救助をした2人の人に、感謝状を贈りました。この火災は先月発生したもので、住宅の2階にいた母親と幼児が逃げ遅れました。5近所の大工、橋本さんは、この日仕事が休みで、火災発生直後に自宅から梯子を持って助けに行きました。その日は大雨で地面が滑りやすくて、危険でしたが、そこへ5たまたま通りかかった大山さんが梯子を押えました。そして、6橋本さんが2階の窓から幼児を抱いて梯子を下り、母親は自分で梯子を下りて助かりました。あと数分遅かったら、2人は逃げられなかっただろうということです。

4신주쿠 소방서는 화재에서 인명구조를 한 두 사람에게 감사장을 수여했습니다. 이 화재는 지난달에 발생한 것으로, 주택 2층에 있던 어머니와 어린아이가 미처 도망치지 못했습니다. 5이웃에 사는 목수인 하시모토 씨는 이날 일이 쉬는 날로 화재 발생 직후에 자택에서 사다리를 가지고 구조하러 갔습니다. 그날은 큰비로 지면이 미끄러지기 쉬워서 위험했는데, 그곳에 5우연히 지나가던 오야마 씨가 사다리를 붙잡았습니다. 그리고 6하시모토 씨가 2층 창문에서 어린아이를 안고 사다리를 내려오고 어머니는 스스로 사다리를 내려와서 목숨을 건졌습니다. 몇 분 더 늦었으면 두 사람은 도망칠 수 없었을 것이라고 합니다.

어휘 | 新宿(しんじゅく) 신주쿠 *지명　消防署(しょうぼうしょ) 소방서　火災(かさい) 화재, 불　人命(じんめい) 인명
救助(きゅうじょ) 구조　感謝状(かんしゃじょう) 감사장　贈(おく)る (상·칭호 등을) 수여하다　先月(せんげつ) 지난달
発生(はっせい) 발생　住宅(じゅうたく) 주택　〜階(かい) 〜층　母親(ははおや) 모친, 어머니　幼児(ようじ) 유아, 어린아이
逃(に)げ遅(おく)れる 도망칠 기회를 놓치다, 미처 도망치지 못하다　近所(きんじょ) 이웃집　大工(だいく) 목수　仕事(しごと) 일
休(やす)み 휴일, 쉬는 날　直後(ちょくご) 직후　自宅(じたく) 자택　梯子(はしご) 사다리　持(も)つ 가지다, 들다
助(たす)ける (목숨을) 살리다, 구조하다　동사의 ます형+に 〜하러 *동작의 목적　大雨(おおあめ) 큰비　地面(じめん) 지면, 땅바닥
滑(すべ)る 미끄러지다　동사의 ます형+やすい 〜하기 쉽다[편하다]　危険(きけん)だ 위험하다　たまたま 우연히
通(とお)りかかる 마침 그곳을 지나가다　押(お)さえる (움직이지 못하도록) 붙잡다　そして 그리고　窓(まど) 창문
抱(だ)く (팔·가슴에) 안다　下(お)りる (아래로) 내려오다　助(たす)かる (위기나 죽음에서) 살아남다, 목숨을 건지다　あと 앞으로
数分(すうふん) 수 분, 몇 분　遅(おそ)い 늦다　逃(に)げる 도망치다, 달아나다　〜ということだ 〜라고 한다

4 消防署が2人に感謝状を贈った理由は、何ですか。
(A) 火山が噴火した時の人命救助
(B) 地震の時の人命救助
(C) 洪水の時の人命救助
(D) 火災の時の人命救助

소방서가 두 사람에게 감사장을 수여한 이유는 무엇입니까?
(A) 화산이 분화했을 때의 인명구조
(B) 지진 때의 인명구조
(C) 홍수 때의 인명구조
(D) 화재 때의 인명구조

해설 | 「火災(かさい)」(화재)라는 단어가 포인트. 첫 번째 문장에서 신주쿠 소방서는 화재에서 인명구조를 한 두 사람에게 감사장을 수여했다고 했으므로, 정답은 (D)가 된다.

어휘 | 火山(かざん) 화산　噴火(ふんか) 분화　人命(じんめい) 인명　救助(きゅうじょ) 구조　地震(じしん) 지진
洪水(こうずい) 홍수

5 救助活動を行った2人は、どんな人たちですか。
  (A) 消防の人と大工
  (B) 近所の人と通行人
  (C) 警官と通行人
  (D) 大工と警官

구조활동을 실시한 두 사람은 어떤 사람들입니까?
  (A) 소방 관계자와 목수
  (B) 이웃 사람과 통행인
  (C) 경찰관과 통행인
  (D) 목수와 경찰관

해설ㅣ화재 현장에서 어머니와 어린아이를 구출한 두 사람은「近所(きんじょ)の大工(だいく)、橋本(はしもと)さん」(이웃에 사는 목수 하시모토 씨)과「そこへたまたま通(とお)りかかった大山(おおやま)さん」(그곳에 우연히 지나가던 오야마 씨)이다. 선택지 중 이 두 가지 조건을 모두 충족하는 것은 (B)뿐이다. (A)는 '소방 관계자', (C)와 (D)는 '경찰관'이라는 설명이 잘못되었다.

어휘ㅣ通行人(つうこうにん) 통행인   警官(けいかん) 경관, 경찰관 *「警察官(けいさつかん)」의 준말

6 幼児は、どのように救助されましたか。
  (A) 母親に背負われて
  (B) 消防の人に背負われて
  (C) 大山さんに抱かれて
  (D) 橋本さんに抱かれて

어린아이는 어떤 식으로 구조되었습니까?
  (A) 어머니에게 업혀서
  (B) 소방 관계자에게 업혀서
  (C) 오야마 씨에게 안겨서
  (D) 하시모토 씨에게 안겨서

해설ㅣ후반부에서 하시모토 씨가 2층 창문에서 유아를 안고 사다리를 내려왔다고 했으므로, 정답은 (D)가 된다.

어휘ㅣ背負(せお)う 업다, 메다

232

주요 어휘 및 표현 정리 20

한자	읽기	의미
☐ 特殊だ	とくしゅだ	특수하다
☐ 反応	はんのう	반응
☐ 背中	せなか	등
☐ 竹	たけ	대나무
☐ 注目を浴びる	ちゅうもくをあびる	주목을 받다
☐ やや	・	약간, 다소
☐ 吸う	すう	빨아들이다, 흡수하다
☐ 肥料	ひりょう	비료
☐ 潰れる	つぶれる	망하다, 파산하다
☐ 快適だ	かいてきだ	쾌적하다
☐ 低価格	ていかかく	저가격, 저가, 상품 가격이 싼 것
☐ 役立つ	やくだつ	도움이 되다
☐ ～限りだ	～かぎりだ	～할 따름이다
☐ 人命	じんめい	인명
☐ 救助	きゅうじょ	구조
☐ 逃げ遅れる	にげおくれる	도망칠 기회를 놓치다, 미처 도망치지 못하다
☐ 梯子	はしご	사다리
☐ 助かる	たすかる	(위기나 죽음에서) 살아남다, 목숨을 건지다
☐ 火山	かざん	화산
☐ 洪水	こうずい	홍수

PART 5

정답
찾기

1. 문항 수	– 20개(101~120번)
2. 문제 형식	– 한자의 올바른 음독과 훈독, 같은 의미의 표현이나 동일한 용법으로 쓰인 선택지를 고르는 형식
3. 주요 문제 유형	– 발음 및 한자 찾기 1
	– 발음 및 한자 찾기 2
	– 대체 표현 찾기
	– 의미 및 용법 구분
4. 최근 출제 경향	– 발음 및 한자 찾기는 발음 문제가 7문항, 한자 찾기 문제가 3문항씩 나오는데, 대부분이 2자 한자나 동사를 찾는 문제이다.
	– 대체 표현 찾기는 문법표현의 의미나 동일한 의미의 문법표현을 찾는 문제가 매 시험 출제되고 있다.
	– 의미 및 용법 구분은 조사·명사·동사·형용사 등의 다양한 의미와 용법을 찾는 문제가 주로 출제된다.

발음 및 한자 찾기 1

STEP 1 먼저 핵심 기출 어휘와 표현을 익히세요.

핵심 기출 어휘 및 표현

▶ 1자 한자

- 外 (そと) 밖
- 雨 (あめ) 비
- 茶 (ちゃ) 차
- 下 (した) 아래, 밑
- 皿 (さら) 접시
- 箱 (はこ) 상자
- 隣 (となり) 옆, 이웃, 이웃집

- 耳 (みみ) 귀
- 火 (ひ) 불
- 空 (そら) 하늘
- 顔 (かお) 얼굴
- 魚 (さかな) 생선
- 東 (ひがし) 동쪽
- 胸 (むね) 가슴

- 戸 (と) 문
- 米 (こめ) 쌀
- 血 (ち) 피
- 夜 (よる) 밤
- 絵 (え) 그림
- 兄 (あに) (자신의) 형, 오빠
- 姉 (あね) (자신의) 언니, 누나

▶ 2자 한자

- 病気 (びょうき) 병
- 観光 (かんこう) 관광
- 汚染 (おせん) 오염
- 帰国 (きこく) 귀국
- 予報 (よほう) 예보
- 校長 (こうちょう) 교장

- 地図 (ちず) 지도
- 気分 (きぶん) 기분
- 道路 (どうろ) 도로
- 台風 (たいふう) 태풍
- 留学 (りゅうがく) 유학
- 原因 (げんいん) 원인

- 受付 (うけつけ) 접수(처)
- 意見 (いけん) 의견
- 名前 (なまえ) 이름
- 写真 (しゃしん) 사진
- 挨拶 (あいさつ) 인사
- 訓練 (くんれん) 훈련

- <ruby>人口<rt>じんこう</rt></ruby> 인구
- <ruby>朝刊<rt>ちょうかん</rt></ruby> 조간
- <ruby>事件<rt>じけん</rt></ruby> 사건
- <ruby>説明<rt>せつめい</rt></ruby> 설명
- <ruby>状況<rt>じょうきょう</rt></ruby> 상황
- <ruby>進捗<rt>しんちょく</rt></ruby> 진척
- <ruby>決心<rt>けっしん</rt></ruby> 결심
- <ruby>徐行<rt>じょこう</rt></ruby> 서행
- <ruby>世界<rt>せかい</rt></ruby> 세계
- <ruby>休暇<rt>きゅうか</rt></ruby> 휴가
- <ruby>対等<rt>たいとう</rt></ruby> 대등
- <ruby>後者<rt>こうしゃ</rt></ruby> 후자
- <ruby>不満<rt>ふまん</rt></ruby> 불만
- <ruby>季節<rt>きせつ</rt></ruby> 계절
- <ruby>就職<rt>しゅうしょく</rt></ruby> 취직
- <ruby>収入<rt>しゅうにゅう</rt></ruby> 수입, 소득
- <ruby>悪寒<rt>おかん</rt></ruby> 오한
- <ruby>運転<rt>うんてん</rt></ruby> 운전
- <ruby>卒業<rt>そつぎょう</rt></ruby> 졸업
- <ruby>人材<rt>じんざい</rt></ruby> 인재
- <ruby>尊重<rt>そんちょう</rt></ruby> 존중

- <ruby>紹介<rt>しょうかい</rt></ruby> 소개
- <ruby>渋滞<rt>じゅうたい</rt></ruby> 정체
- <ruby>一家<rt>いっか</rt></ruby> 일가
- <ruby>帰省<rt>きせい</rt></ruby> 귀성
- <ruby>気配<rt>けはい</rt></ruby> 기색, 낌새, 기미
- <ruby>留保<rt>りゅうほ</rt></ruby> 유보
- <ruby>控除<rt>こうじょ</rt></ruby> 공제
- <ruby>赴任<rt>ふにん</rt></ruby> 부임
- <ruby>台所<rt>だいどころ</rt></ruby> 부엌
- <ruby>隠居<rt>いんきょ</rt></ruby> 은거, 은퇴
- <ruby>眼球<rt>がんきゅう</rt></ruby> 안구, 눈알
- <ruby>演奏<rt>えんそう</rt></ruby> 연주
- <ruby>末期<rt>まっき</rt></ruby> 말기
- <ruby>世間<rt>せけん</rt></ruby> 세간, 세상
- <ruby>実施<rt>じっし</rt></ruby> 실시
- <ruby>自習<rt>じしゅう</rt></ruby> 자습
- <ruby>需要<rt>じゅよう</rt></ruby> 수요
- <ruby>建物<rt>たてもの</rt></ruby> 건물
- <ruby>活気<rt>かっき</rt></ruby> 활기
- <ruby>招待<rt>しょうたい</rt></ruby> 초대
- <ruby>一覧<rt>いちらん</rt></ruby> 일람

- <ruby>規則<rt>きそく</rt></ruby> 규칙
- <ruby>相談<rt>そうだん</rt></ruby> 상담, 상의, 의논
- <ruby>延長<rt>えんちょう</rt></ruby> 연장
- <ruby>遅刻<rt>ちこく</rt></ruby> 지각
- <ruby>環境<rt>かんきょう</rt></ruby> 환경
- <ruby>外相<rt>がいしょう</rt></ruby> 외상, 외무장관
- <ruby>切実<rt>せつじつ</rt></ruby> 절실
- <ruby>作文<rt>さくぶん</rt></ruby> 작문
- <ruby>概念<rt>がいねん</rt></ruby> 개념
- <ruby>求人<rt>きゅうじん</rt></ruby> 구인
- <ruby>詐欺<rt>さぎ</rt></ruby> 사기
- <ruby>待望<rt>たいぼう</rt></ruby> 대망
- <ruby>干渉<rt>かんしょう</rt></ruby> 간섭
- <ruby>判断<rt>はんだん</rt></ruby> 판단
- <ruby>組織<rt>そしき</rt></ruby> 조직
- <ruby>歌手<rt>かしゅ</rt></ruby> 가수
- <ruby>教育<rt>きょういく</rt></ruby> 교육
- <ruby>想像<rt>そうぞう</rt></ruby> 상상
- <ruby>不在<rt>ふざい</rt></ruby> 부재
- <ruby>敏感<rt>びんかん</rt></ruby> 민감
- <ruby>回復<rt>かいふく</rt></ruby> 회복

- 夜景 <ruby>夜景<rt>やけい</rt></ruby> 야경
- 人間 <ruby>人間<rt>にんげん</rt></ruby> 인간
- 浪費 <ruby>浪費<rt>ろうひ</rt></ruby> 낭비
- 影響 <ruby>影響<rt>えいきょう</rt></ruby> 영향
- 的確 <ruby>的確<rt>てきかく</rt></ruby> 적확, 정확하게 맞아 조금도 틀리지 아니함

- 方針 <ruby>方針<rt>ほうしん</rt></ruby> 방침
- 供給 <ruby>供給<rt>きょうきゅう</rt></ruby> 공급
- 削除 <ruby>削除<rt>さくじょ</rt></ruby> 삭제
- 服装 <ruby>服装<rt>ふくそう</rt></ruby> 복장
- 玩具 <ruby>玩具<rt>がんぐ</rt></ruby> 완구, 장난감

- 販売 <ruby>販売<rt>はんばい</rt></ruby> 판매
- 神社 <ruby>神社<rt>じんじゃ</rt></ruby> 신사
- 牛乳 <ruby>牛乳<rt>ぎゅうにゅう</rt></ruby> 우유
- 禁煙 <ruby>禁煙<rt>きんえん</rt></ruby> 금연
- 今月 <ruby>今月<rt>こんげつ</rt></ruby> 이달

▶ 3자·4자 한자

- 明後日 <ruby>明後日<rt>あさって</rt></ruby> 모레
- 図書館 <ruby>図書館<rt>としょかん</rt></ruby> 도서관
- 感無量 <ruby>感無量<rt>かんむりょう</rt></ruby> 감개무량

- 記念日 <ruby>記念日<rt>きねんび</rt></ruby> 기념일
- 滑走路 <ruby>滑走路<rt>かっそうろ</rt></ruby> 활주로
- 危機一髪 <ruby>危機一髪<rt>ききいっぱつ</rt></ruby> 위기일발

- 高齢化 <ruby>高齢化<rt>こうれいか</rt></ruby> 고령화
- 三日月 <ruby>三日月<rt>みかづき</rt></ruby> 초승달
- 横断歩道 <ruby>横断歩道<rt>おうだんほどう</rt></ruby> 횡단보도

▶ い형용사

- 多い <ruby>多<rt>おお</rt></ruby>い 많다
- 遠い <ruby>遠<rt>とお</rt></ruby>い 멀다
- 黒い <ruby>黒<rt>くろ</rt></ruby>い 검다
- 暑い <ruby>暑<rt>あつ</rt></ruby>い 덥다
- 太い <ruby>太<rt>ふと</rt></ruby>い 굵다
- 大きい <ruby>大<rt>おお</rt></ruby>きい 크다
- 少ない <ruby>少<rt>すく</rt></ruby>ない 적다
- 軽い <ruby>軽<rt>かる</rt></ruby>い 가볍다
- 汚い <ruby>汚<rt>きたな</rt></ruby>い 더럽다
- 危ない <ruby>危<rt>あぶ</rt></ruby>ない 위험하다

- 深い <ruby>深<rt>ふか</rt></ruby>い 깊다
- 狭い <ruby>狭<rt>せま</rt></ruby>い 좁다
- 浅い <ruby>浅<rt>あさ</rt></ruby>い 얕다, (깊이·바닥이) 깊지 않다
- 重い <ruby>重<rt>おも</rt></ruby>い 무겁다
- 丸い <ruby>丸<rt>まる</rt></ruby>い 둥글다
- 強い <ruby>強<rt>つよ</rt></ruby>い 강하다
- 細い <ruby>細<rt>ほそ</rt></ruby>い 가늘다
- 辛い <ruby>辛<rt>つら</rt></ruby>い 괴롭다, 힘들다
- 悲しい <ruby>悲<rt>かな</rt></ruby>しい 슬프다
- 苦い <ruby>苦<rt>にが</rt></ruby>い (맛이) 쓰다

- 遅い <ruby>遅<rt>おそ</rt></ruby>い 늦다
- 広い <ruby>広<rt>ひろ</rt></ruby>い 넓다
- 低い <ruby>低<rt>ひく</rt></ruby>い 낮다
- 辛い <ruby>辛<rt>から</rt></ruby>い 맵다
- 寒い <ruby>寒<rt>さむ</rt></ruby>い 춥다
- 濃い <ruby>濃<rt>こ</rt></ruby>い 진하다
- 黄色い <ruby>黄色<rt>きいろ</rt></ruby>い 노랗다
- 美しい <ruby>美<rt>うつく</rt></ruby>しい 아름답다
- 勇ましい <ruby>勇<rt>いさ</rt></ruby>ましい 용감하다
- 白い <ruby>白<rt>しろ</rt></ruby>い 희다, 하얗다

- 險^{けわ}しい 험하다, (표정이) 험상궂다
- 親^{した}しい 친하다
- 硬^{かた}い 딱딱하다
- 羨^{うらや}ましい 부럽다
- 空^{むな}しい 허무하다
- 懐^{なつ}かしい 그립다
- 望^{のぞ}ましい 바람직하다
- 細^{こま}かい 자세하다, 사소하다
- 堅苦^{かたくる}しい 너무 엄격하다 [딱딱하다]

- 楽^{たの}しい 즐겁다
- 古^{ふる}い 낡다, 오래다, 오래되다
- 危^{あや}うい 위태롭다
- 切^{せつ}ない 애달프다
- 眩^{まぶ}しい 눈부시다
- 優^{やさ}しい 다정하다, 상냥하다
- 臭^{くさ}い 고약한 냄새가 나다, 구리다
- 容易^{たやす}い 쉽다, 용이하다
- 慌^{あわ}ただしい 분주하다, 경황없다

- 弱^{よわ}い 약하다
- 赤^{あか}い 빨갛다
- 清^{きよ}い 깨끗하다, 맑다
- 四角^{しかく}い 네모지다, 네모나다
- 心細^{こころぼそ}い 불안하다
- 相応^{ふさわ}しい 어울리다, 걸맞다, 상응하다
- 頼^{たの}もしい 믿음직하다
- 恥^はずかしい 부끄럽다
- 鋭^{するど}い 날카롭다, 예리하다

▶ な형용사

- 得意^{とくい}だ 잘하다, 자신 있다
- 面倒^{めんどう}だ 성가시다, 귀찮다
- 豊^{ゆた}かだ 풍부하다
- 上手^{じょうず}だ 능숙하다, 잘하다
- 賑^{にぎ}やかだ 떠들썩하다, 번화하다

- 静^{しず}かだ 조용하다
- 嫌^{きら}いだ 싫어하다
- 親切^{しんせつ}だ 친절하다
- 無茶^{むちゃ}だ 터무니없다
- 苦手^{にがて}だ 서투르다, 잘 못하다

- 素直^{すなお}だ 순순하다, 순진하다
- 大事^{だいじ}だ 중요하다, 소중하다
- 無口^{むくち}だ 과묵하다
- 大^{おお}まかだ 대략적이다
- 不思議^{ふしぎ}だ 불가사의하다, 이상하다, 희한하다

STEP 2 앞에서 익힌 핵심 어휘 및 표현을 상기하며 기출문제를 풀어 보세요.

[1자 한자]

1 私の<u>姉</u>は大阪に住んでいます。
(A) おとうと　　　(B) いもうと　　　(C) あね　　　(D) あに

2 <u>東</u>の空が明るくなった。
(A) ひがし　　　(B) にし　　　(C) きた　　　(D) みなみ

[2자 한자]

3 <u>今月</u>、佐藤さんに子供が生まれます。
(A) ことし　　　(B) こんげつ　　　(C) らいげつ　　　(D) こんしゅう

4 この辺の土地は、有害物質で<u>汚染</u>されているらしい。
(A) おだく　　　(B) おせん　　　(C) かんそう　　　(D) かんじょう

5 言葉を使うのは<u>にんげん</u>だけだ。
(A) 人門　　　(B) 人間　　　(C) 入問　　　(D) 入関

6 会社を辞める<u>けっしん</u>をしました。
(A) 結信　　　(B) 結論　　　(C) 決心　　　(D) 決意

[3자·4자 한자]

7 日本の社会は急速に<u>高齢化</u>が進んでいる。
(A) ごうりょうか　　(B) こうりょうか　　(C) ごうれいか　　(D) こうれいか

8 <u>横断歩道</u>では、手を挙げて左右を確認してから渡りましょう。
(A) おおえんほうどう　　　　　　(B) おうだんほうどう
(C) おだんほうどう　　　　　　　(D) おんえんほうどう

정답 | 1 (C)　2 (A)　3 (B)　4 (B)　5 (B)　6 (C)　7 (D)　8 (B)

い형용사

1 その箱は重くて運べません。
(A) ひどくて　　　　(B) ふるくて　　　　(C) とおくて　　　　(D) おもくて

2 辛い別れも時間が経てば思い出になるものだ。
(A) からい　　　　(B) まずい　　　　(C) きつい　　　　(D) つらい

3 そんないさましい行動、僕は到底できないよ。
(A) 望ましい　　　　(B) 痛ましい　　　　(C) 羨ましい　　　　(D) 勇ましい

4 彼があまりにもけわしい表情をしていたので、近寄りがたかった。
(A) 惜しい　　　　(B) 険しい　　　　(C) 厳しい　　　　(D) 悔しい

な형용사

5 大事にしていた時計が見つからない。
(A) たいし　　　　(B) たいじ　　　　(C) だいじ　　　　(D) たいこと

6 あのレストランは料理がおいしくて、店員が親切だった。
(A) しんせつ　　　　(B) じんせつ　　　　(C) しんさつ　　　　(D) じんさつ

7 そんな無茶な話が彼に通じるわけがない。
(A) むさ　　　　(B) むちゃ　　　　(C) ぶさ　　　　(D) ぶちゃ

8 なぜ私の考えが母にわかったのかふしぎです。
(A) 不思犠　　　　(B) 不思義　　　　(C) 不思議　　　　(D) 不思儀

정답 | 1 (D)　2 (D)　3 (D)　4 (B)　5 (C)　6 (A)　7 (B)　8 (C)

- 駅 역
- 壁 벽
- 島 섬
- 脳 뇌
- 味 맛
- 風 바람
- 北 북쪽
- 夏 여름
- 部屋 방
- 勢い 기세
- 実力 실력
- 拍手 박수
- 人物 인물
- 出口 출구
- 促進 촉진
- 腐心 부심, 애태움, 고심
- 傾斜 경사
- 周囲 주위
- 低迷 (나쁜 상태에서) 헤어나지 못해 헤맴, 침체
- 円形 원형

- 目 눈
- 舌 혀
- 横 옆, 가로
- 旅 여행
- 根 뿌리
- 価 값어치, 가치
- 碁 바둑
- 仕事 일, 업무, 직업
- 食事 식사
- 安全 안전
- 質問 질문
- 内訳 내역
- 料理 요리
- 空間 공간
- 兄弟 형제
- 完了 완료
- 願書 원서
- 住宅 주택
- 姉妹 자매
- 夜中 밤중

- 船 배
- 首 목
- 月 달
- 城 성
- 西 서쪽
- 店 가게
- 南 남쪽
- 歌 노래
- 針 바늘
- 作業 작업
- 理由 이유
- 文化 문화
- 貴重 귀중
- 商売 장사
- 禁煙 금연
- 往来 왕래
- 常識 상식
- 折衷 절충
- 発作 발작
- 妨害 방해

□ 商品 상품
□ 考証 고증
□ 選手 선수

□ 品物 물건, 물품, 상품
□ 矛盾 모순
□ 難航 난항

□ 習慣 습관
□ 収集 수집
□ 腹痛 복통

□ 感激 감격
□ 直進 직진
□ 志向 지향

□ 鎮痛 진통
□ 心理 심리
□ 要領 요령

□ 無言 무언, 침묵
□ 自転車 자전거
□ 先月 지난달

□ 出入口 출입구
□ 取引先 거래처
□ 憎い 밉다, 얄밉다

□ 寝坊 늦잠을 잠
□ 恋しい 그립다
□ 恐ろしい 무섭다, 두렵다

□ 詳しい 상세하다, 자세하다
□ 旨い 맛있다
□ 悔しい 분하다

□ 厳しい 엄격하다
□ 悪い 나쁘다, 좋지 않다
□ 賢い 현명하다

□ 平たい 평평하다
□ 鈍い 둔하다
□ 苦しい 괴롭다

□ 高い 높다, (값이) 비싸다
□ 惜しい 아깝다
□ 涼しい 시원하다, 선선하다

□ 騒がしい 시끄럽다
□ 情けない 한심하다
□ 怪しい 수상하다

□ 疑わしい 의심스럽다
□ 騒々しい 시끄럽다
□ 著しい 현저하다

□ 生臭い 비린내가 나다
□ 甘い 달다, 무르다
□ 勿体ない 아깝다

□ 煙たい 냅다
□ 緩い 느슨하다, 헐겁다
□ 図々しい 뻔뻔스럽다, 낯 두껍다

□ 紛らわしい 헷갈리기 쉽다
□ 厚かましい 염치없다, 뻔뻔스럽다
□ 愚かだ 어리석다

□ 素敵だ 멋지다
□ 不便だ 불편하다
□ 駄目だ 소용없다, 해서는 안 된다

□ 盛んだ 한창이다
□ 見事だ 훌륭하다
□ 遥かだ 아득하다

□ 簡単だ 간단하다
□ 確かだ 확실하다
□ 緩やかだ 완만하다

□ 丈夫だ 튼튼하다
□ 大丈夫だ 괜찮다
□ 残念だ 아쉽다, 유감스럽다

PART 5
정답찾기

243

□ 健康だ 건강하다　　□ 平らだ 평평하다　　□ 膨大だ 방대하다

□ 幸せだ 행복하다　　□ 重要だ 중요하다　　□ 大変だ 큰일이다, 힘들다

□ 華やかだ 화려하다　　□ 平和だ 평화롭다　　□ 上品だ 고상하다, 품위가 있다

□ 真っ赤だ 새빨갛다　　□ 肝心だ 중요하다　　□ 下品だ 천하다, 품위가 없다

□ 円らだ 동그랗고 귀엽다　　□ 新鮮だ 신선하다　　□ 朗らかだ 명랑하다

STEP 3 다음 기출문제를 풀어 보세요.

1 祖母は胸を患っている。
(A) きょう (B) むね (C) こころ (D) のう

2 寒いから、戸を閉めてください。
(A) と (B) どあ (C) まど (D) もん

3 食品の値上げは、国民にとって切実な問題である。
(A) きりみ (B) さいみ (C) せつじつ (D) さいじつ

4 学校の規則を守りなさい。
(A) ひみつ (B) ほうりつ (C) きそく (D) ちゅうい

5 これほど美しい景色は見たことがない。
(A) たのもしい (B) なつかしい (C) うつくしい (D) おそろしい

6 由美子さんはいつも笑顔で挨拶している。
(A) おじぎ (B) あいさつ (C) おれい (D) じんじ

7 この調査は、5年おきにじっしされている。
(A) 事実 (B) 実施 (C) 実際 (D) 施設

8 かっそうろに雪が積もり、飛行機が遅れている。
(A) 滑争路 (B) 滑周路 (C) 滑走路 (D) 滑主路

9 寝坊して、会社にちこくしてしまいました。
(A) 遅時 (B) 過時 (C) 遅刻 (D) 過刻

10 自分の国のぶんかを大切にしてほしい。
(A) 文科 (B) 文化 (C) 分課 (D) 分化

1 할머니는 <u>가슴</u>을 앓고 있다.

해설 | 「胸」는 '가슴'이라는 뜻의 명사로, (B)의 「むね」라고 읽는다.

어휘 | 祖母(そぼ) (자신의) 할머니 患(わずら)う (병을) 앓다 きょう(今日) 오늘 こころ(心) 마음 のう(脳) 뇌

2 추우니까 <u>문</u>을 닫아 주세요.

해설 | 「戸」는 '문'이라는 뜻의 명사로, (A)의 「と」라고 읽는다.

어휘 | 寒(さむ)い 춥다 閉(し)める 닫다 まど(窓) 창문 もん(門) 문

3 식품의 가격 인상은 국민에게 있어 <u>절실</u>한 문제이다.

해설 | 「切実」은 '절실'이라는 뜻의 な형용사로, (C)의 「せつじつ」라고 읽는다.

어휘 | 食品(しょくひん) 식품 値上(ねあ)げ 가격 인상 国民(こくみん) 국민 ~にとって ~에게 있어서
問題(もんだい) (해결해야 할) 문제

4 학교의 <u>규칙</u>을 지키세요.

해설 | 「規則」은 '규칙'이라는 뜻의 명사로, (C)의 「きそく」라고 읽는다.

어휘 | 学校(がっこう) 학교 守(まも)る 지키다 ひみつ(秘密) 비밀 ほうりつ(法律) 법률 ちゅうい(注意) 주의

5 이 정도로 <u>아름다운</u> 경치는 본 적이 없다.

해설 | 「美しい」는 '아름답다'라는 뜻의 い형용사로, (C)의 「うつくしい」라고 읽는다.

어휘 | これほど 이 정도 景色(けしき) 경치 見(み)る 보다 동사의 た형+ことがない ~한 적이 없다 たの(頼)もしい 믿음직하다
なつ(懐)かしい 그립다 おそ(恐)ろしい 무섭다, 두렵다

6 유미코 씨는 늘 웃는 얼굴로 <u>인사</u>하고 있다.

해설 | 「挨拶」은 '인사'라는 뜻의 명사로, (B)의 「あいさつ」라고 읽는다.

어휘 | いつも 늘, 항상 笑顔(えがお) 웃는 얼굴 おじぎ(辞儀) 머리를 숙여 인사함 おれい(礼) 감사(의 말)
じんじ(人事) 인사, (개인의 지위·직무·능력 등에 관한) 사항

7 이 조사는 5년 간격으로 <u>실시</u>되고 있다.

해설 | 「じっし」는 '실시'라는 뜻의 명사로, 한자로는 (B)의 「実施」라고 쓴다.

어휘 | 調査(ちょうさ) 조사 ~年(ねん) ~년 ~おきに ~걸러서, ~간격으로 事実(じじつ) 사실 実際(じっさい) 실제
施設(しせつ) 시설

8 <u>활주로</u>에 눈이 쌓여 비행기가 늦어지고 있다.

해설 | 「かっそうろ」는 '활주로'라는 뜻의 명사로, 한자로는 (C)의 「滑走路」라고 쓴다.

어휘 | 雪(ゆき) 눈 積(つ)もる 쌓이다 飛行機(ひこうき) 비행기 遅(おく)れる 늦다, 늦어지다

9 늦잠을 자서 회사에 <u>지각</u>해 버렸습니다.

해설 | 「ちこく」는 '지각'이라는 뜻의 명사로, 한자로는 (C)의 「遅刻」라고 쓴다.

어휘 | 寝坊(ねぼう)する 늦잠을 자다 会社(かいしゃ) 회사 ~てしまう ~해 버리다, ~하고 말다

10 자기 나라의 <u>문화</u>를 소중히 해 주었으면 한다.

해설 | 「ぶんか」는 '문화'라는 뜻의 명사로, 한자로는 (B)의 「文化」라고 쓴다.

어휘 | 自分(じぶん) 자기, 자신, 나 国(くに) 국가, 나라 大切(たいせつ)だ 소중하다 ~てほしい ~해 주었으면 하다, ~하길 바란다
文科(ぶんか) 문과 分課(ぶんか) 분과, 업무 분담을 위해 몇 개의 과로 나누는 일, 또 그 과
分化(ぶんか) 분화, 단순하거나 등질인 것에서 복잡하거나 이질인 것으로 변함

주요 어휘 및 표현 정리 20

한자	읽기	의미
☐ 東	ひがし	동쪽
☐ 空	そら	하늘
☐ 汚染	おせん	오염
☐ 高齢化	こうれいか	고령화
☐ 横断歩道	おうだんほどう	횡단보도
☐ 手を挙げる	てをあげる	손을 들다
☐ 辛い	つらい	괴롭다, 힘들다
☐ 近寄る	ちかよる	다가가다, 접근하다
☐ 無茶だ	むちゃだ	터무니없다
☐ ～わけがない	•	～일 리가 없다
☐ 不思議だ	ふしぎだ	불가사의하다, 이상하다, 희한하다
☐ 祖母	そぼ	(자신의) 할머니
☐ 食品	しょくひん	식품
☐ 守る	まもる	지키다
☐ 法律	ほうりつ	법률
☐ ～おきに	•	～걸러서, ～간격으로
☐ 実施	じっし	실시
☐ 滑走路	かっそうろ	활주로
☐ 積もる	つもる	쌓이다
☐ 遅刻	ちこく	지각

STEP 1 ▶ 먼저 핵심 기출 어휘와 표현을 익히세요.

핵심 기출 어휘 및 표현

▶ **난독어**

- 諮問 자문
- 下落 하락
- 欲求 욕구
- 天然 천연
- 演説 연설
- 窓口 창구
- 身分 신분
- 逸脱 일탈
- 仮病 꾀병
- 貧困 빈곤
- 大文字 대문자
- 望遠鏡 망원경
- 一期一会 일기일회

- 平等 평등
- 貪欲 탐욕
- 呼吸 호흡
- 寿命 수명
- 遭難 조난
- 体裁 체면
- 葛藤 갈등
- 挑戦 도전
- 売却 매각
- 日向 양지
- 土砂 토사, 흙과 모래
- 千差万別 천차만별
- 意気投合 의기투합

- 硫黄 유황
- 芝生 잔디밭
- 行方 행방
- 勘定 계산, 셈, 지불
- 作用 작용
- 拡大 확대
- 遂行 수행
- 白髪 백발
- 防疫 방역
- 傑作 걸작
- 土砂崩れ 산사태
- 素人 비전문가, 초보
- 玄人 전문가, 프로

- 無事 무사
- 更迭 경질
- 挫折 좌절
- 土木 토목
- 平社員 평사원
- 因果応報 인과응보

- 絶望 절망
- 応募 응모
- 執念 집념
- 人数 인원수
- 長蛇 장사, 긴 뱀, 길고 큰 것의 형용
- 微生物 미생물

- 怨恨 원한
- 核心 핵심
- 利潤 이윤
- 間隙 간극, 틈
- 赤裸々 적나라함
- 一部始終 자초지종

▶ 동사

- 住む 살다, 거주하다
- 慰める 위로하다
- 似る 닮다
- 泣く 울다
- 脱ぐ 벗다
- 歩く 걷다
- 組む 짜다, 편성하다
- 直す 고치다, 수리하다
- 開ける 열다
- 借りる 빌리다
- 焦る 안달하다, 초조해하다
- 裁く 심판하다, 시비를 가리다
- 謝る 사과하다

- 見る 보다
- 出す 내다
- 治る 낫다, 치료되다
- 抜く 빼다
- 立つ 서다
- 減る 줄다, 줄어들다
- 冷える 식다, 차가워지다
- 助ける 돕다
- 輝く 빛나다
- 習う 배우다, 익히다
- 植える 심다
- 刻む 새기다
- 欺く 속이다, 기만하다

- 至る 이르다, 다다르다
- 煮る 삶다
- 張る 펴다
- 買う 사다
- 売る 팔다
- 洗う 씻다
- 光る 빛나다
- 働く 일하다
- 入れる 넣다
- 向く 향하다
- 叫ぶ 외치다
- 盗む 훔치다
- 空ける 비우다

- 移す 옮기다
- 奪う 빼앗다
- 学ぶ 배우다
- 感じる 느끼다
- 育てる 키우다
- 拒む 거부하다
- 待つ 기다리다
- 裂ける 찢어지다
- 聞こえる 들리다
- 勤める 근무하다
- 壊れる 부서지다, 망가지다, 고장 나다
- 果たす 완수하다
- 禁じる 금하다, 금지하다
- 訳する 번역하다
- 倒す 쓰러뜨리다
- 伸びる 늘다, 신장하다
- 許す 용서하다, 허락하다
- 登る 오르다, 올라가다
- 暴れる 날뛰다, 난폭하게 굴다

- 逃す 놓치다
- 続く 이어지다, 계속되다
- 通じる 통하다
- 預ける 맡기다
- 動く 움직이다
- 促す 재촉하다, 촉구하다
- 祈る 기도하다
- 欠ける 결여되다
- 報いる 보답하다
- 潤う 축축해지다, 윤택해지다
- 連れる 데리고 가다
- 願う 바라다, 원하다
- 止む 그치다, 멎다
- 扱う 다루다, 취급하다
- 選ぶ 고르다, 선택하다
- 犯す (범죄 등을) 저지르다, 범하다
- 覚える 기억하다, 외우다
- 試す 시험하다, 시험해 보다
- 渡る (길을) 지나다, 건너다

- 酔う (술에) 취하다
- 保つ 유지하다
- 避ける 피하다
- 応じる 응하다
- 重ねる 포개다, 쌓아 올리다, 겹치다
- 返す 돌려주다
- 飢える 굶주리다
- 衰える 쇠퇴하다
- 奏でる 연주하다
- 訪れる 방문하다
- 眺める 바라보다
- 溢れる 흘러넘치다
- 持つ 가지다, 들다
- 描く (그림을) 그리다
- 済む 끝나다, 해결되다
- 起きる 일어나다, 기상하다
- 陥る (나쁜 상태에) 빠지다
- 滅入る 기가 죽다, 우울해지다
- 紛れる 섞이다, (뒤섞여) 헷갈리다

▶ 복합동사

- 見放す 단념하다, 포기하다
- 追い抜く 앞지르다
- 食い違う 어긋나다
- 繰り返す 되풀이하다, 반복하다
- 取り扱う 취급하다
- 見上げる 올려다보다, (위를) 쳐다보다
- 見下ろす 높은 곳에서 아래쪽을 보다, 내려다보다

- 押し切る (반대나 장애 등을) 무릅쓰다, 강행하다
- 取り入れる 도입하다
- 見当たる 눈에 띄다
- 切り詰める 절약하다
- 差し掛かる 다다르다
- 差し支える 지장이 있다
- 見落とす 간과하다, 못 보고 넘기다

- 寄り掛かる 기대다
- 腰掛かる 걸터앉다
- 見習う 보고 배우다
- 見入る 넋을 잃고 보다
- 払い込む 돈을 불입하다
- 盛り付ける 보기 좋게 담다
- 飲み込む 이해하다, 납득하다

▶ 기타 품사

- 直に 직접
- 専ら 오로지
- 敢えて 굳이
- 滅多に 좀처럼
- 予め 미리, 사전에
- 辛うじて 겨우, 간신히

- 特に 특히
- 一応 우선
- 確かに 확실히
- 徐々に 서서히
- 度々 자주, 종종
- 軒並み 집집마다, 일제히, 모두

- 主に 주로
- 到底 도저히
- 一斉に 일제히
- 仮に 만약, 설사
- 大分 꽤, 상당히, 제법
- 所詮 결국, 어차피

앞에서 익힌 핵심 어휘 및 표현을 상기하며 기출문제를 풀어 보세요.

난독어

1 この地図、拡大した方がいいね。
(A) こうだい　　　(B) こうたい　　　(C) がくたい　　　(D) かくだい

2 あの映画は今世紀最大の傑作だと言われている。
(A) かくさ　　　(B) ださく　　　(C) かっさく　　　(D) けっさく

3 裏山は、豪雨で土砂崩れが起きる恐れがある。
(A) どしょう　　　(B) どしゃ　　　(C) どそ　　　(D) どさ

4 二人のかっとうは未だに収まっていない。
(A) 葛騰　　　(B) 葛藤　　　(C) 渇騰　　　(D) 渇藤

동사

5 友達は傷付いた心を優しく慰めてくれた。
(A) しずめて　　　(B) あたためて　　　(C) なぐさめて　　　(D) だきしめて

6 1時間も寝坊してしまい、焦った。
(A) あせった　　　(B) こげった　　　(C) にごった　　　(D) まざった

7 薬を飲んだら風邪がなおりました。
(A) 治りました　　　(B) 通りました　　　(C) 減りました　　　(D) 直りました

8 彼は国民によってさばかれた。
(A) 判かれた　　　(B) 裁かれた　　　(C) 批かれた　　　(D) 断かれた

정답 | 1 (D)　2 (D)　3 (B)　4 (B)　5 (C)　6 (A)　7 (A)　8 (B)

1 その場限りの対策を繰り返しているだけでは、問題の根本的な解決にはならない。
(A) おりかえして　　　(B) くりかえして　　　(C) とりかえして　　　(D) のりかえして

2 差し支えなければ、明日お宅にお伺いしてもよろしいでしょうか。
(A) さしささえ　　　(B) さしつたえ　　　(C) さしつかえ　　　(D) さしこえ

3 周囲の反対をおしきって、二人きりで細やかな結婚式を挙げた。
(A) 押し取って　　　(B) 押し足って　　　(C) 押し切って　　　(D) 押し乗って

4 生活費が足りなくて、食費をきりつめている。
(A) 切り詰めて　　　(B) 切り積めて　　　(C) 切り摘めて　　　(D) 切り溜めて

5 この工場では主にアジア向けの商品を製造しています。
(A) おもに　　　(B) まれに　　　(C) とくに　　　(D) しゅうに

6 彼女がそんなことをしたなんて、とうてい考えられないよ。
(A) 倒底　　　(B) 倒低　　　(C) 到低　　　(D) 到底

7 公演が終わると、観客はいっせいに立ち上がって拍手喝采した。
(A) 一斉に　　　(B) 一済に　　　(C) 一制に　　　(D) 一第に

8 父は温厚な性格なので、めったに怒ったりすることはない。
(A) 滅帯に　　　(B) 滅対に　　　(C) 滅大に　　　(D) 滅多に

정답 | 1 (B)　2 (C)　3 (C)　4 (A)　5 (A)　6 (D)　7 (A)　8 (D)

□ 潜在(せんざい) 잠재	□ 把握(はあく) 파악	□ 修飾(しゅうしょく) 수식, 아름답게 꾸밈
□ 意図(いと) 의도	□ 反省(はんせい) 반성	□ 赤字(あかじ) 적자
□ 日夜(にちや) 밤낮	□ 沈黙(ちんもく) 침묵	□ 暖房(だんぼう) 난방
□ 人柄(ひとがら) 인품	□ 本性(ほんしょう) 본성	□ 閉鎖(へいさ) 폐쇄
□ 継続(けいぞく) 계속	□ 服装(ふくそう) 복장	□ 波紋(はもん) 파문
□ 欠乏(けつぼう) 결핍	□ 宗教(しゅうきょう) 종교	□ 首脳(しゅのう) 수뇌
□ 依存(いぞん) 의존	□ 種類(しゅるい) 종류	□ 悲惨(ひさん) 비참
□ 輸入(ゆにゅう) 수입	□ 輸出(ゆしゅつ) 수출	□ 盛大(せいだい) 성대
□ 役目(やくめ) 임무	□ 夜景(やけい) 야경	□ 了承(りょうしょう) 양해
□ 協調(きょうちょう) 협조	□ 慎重(しんちょう) 신중	□ 障害(しょうがい) 장애
□ 信者(しんじゃ) 신자	□ 模倣(もほう) 모방	□ 設置(せっち) 설치
□ 沈着(ちんちゃく) 침착	□ 進行(しんこう) 진행	□ 煩悩(ぼんのう) 번뇌
□ 強調(きょうちょう) 강조	□ 応急(おうきゅう) 응급	□ 左右(さゆう) 좌우
□ 魅力(みりょく) 매력	□ 証券(しょうけん) 증권	□ 救済(きゅうさい) 구제
□ 恐怖(きょうふ) 공포	□ 繁盛(はんじょう) 번성	□ 作柄(さくがら) 작황
□ 捜査(そうさ) 수사	□ 看板(かんばん) 간판	□ 詳細(しょうさい) 상세
□ 拒否(きょひ) 거부	□ 脱水(だっすい) 탈수	□ 猛獣(もうじゅう) 맹수
□ 躊躇(ちゅうちょ) 주저	□ 転換(てんかん) 전환	□ 荒廃(こうはい) 황폐
□ 勝敗(しょうはい) 승패	□ 緩和(かんわ) 완화	□ 暴行(ぼうこう) 폭행
□ 雪崩れ(なだれ) 눈사태	□ 目眩(めまい) 현기증	□ 吹雪(ふぶき) 눈보라

破る 찢다

寝る 자다

削る 깎다

掘る (땅을) 파다

凍る 얼다

残る 남다

踏む 밟다

結ぶ 매다, 묶다

生きる 살다

望む 임하다

隠す 숨기다

伺う 찾아뵙다

限る 제한하다, 한정하다

補う 보충하다

挑む 도전하다

催す 개최하다

落ちる 떨어지다

飽きる 싫증나다

設ける 만들다, 마련하다, 설치하다

採る 뽑다, 채용하다

拾う 줍다

振る 흔들다

送る 보내다

冷める 식다, 차가워지다

壊す 부수다, 망가뜨리다, 고장 내다

巡る 둘러싸다, 에워싸다

飽きる 질리다

賄う 조달하다

捨てる 버리다

震える 떨리다

滞る 밀리다, 정체하다, 지체되다

営む 운영하다

否む 부정하다

訴える 호소하다

関わる 관계되다

滑る 미끄러지다

漏らす (비밀 등을) 누설하다

怯える 겁을 먹다

渇く (목이) 마르다

飼う (동물을) 기르다, 사육하다

弾む 튀다

救う 구하다

通う 다니다

慎む 삼가다

届く (보낸 물건이) 도착하다, 닿다

測る (무게・길이 등을) 재다, 측정하다

悩む 고민하다

栄える 번영하다

破れる 찢어지다

戒める 타이르다

外れる 빗나가다, 벗겨지다, 풀어지다

似合う 어울리다

類する 비슷하다

甘える 응석 부리다

打つ 치다, 때리다

砕く 부수다, 깨뜨리다

誇る 자랑하다, 뽐내다

負ける 지다, 패하다

勝つ 이기다

浴びる (물을) 뒤집어 쓰다, (햇볕 등을) 쬐다

□ 踏み切る 단행하다

□ 取り締まる 단속하다

□ 打ち明ける 고백하다

□ 押し付ける 밀어붙이다, 떠맡기다

□ 未だに 아직도, 아직껏

□ 見計らう (적당한 시기 등을) 가늠하다

□ 打ち切る 중지하다

□ 割り込む 새치기하다

□ 引き付ける 마음을 끌다

□ 果たして 과연

□ 張り切る 힘이 넘치다

□ 見直す 다시 보다, 재검토하다

□ 立て替える 대신 지불하다

□ 打ち合わせる 미리 의논하다

□ 常に 늘, 항상

STEP 3 다음 기출문제를 풀어 보세요.

1 <u>輸入</u>と輸出の均衡を保つことは容易ではない。
(A) ゆにゅう   (B) ゆうにゅう   (C) しゅにゅう   (D) しゅうにゅう

2 二人は何も言わないで<u>沈黙</u>し続けていた。
(A) しんぶく   (B) ちんぶく   (C) しんもく   (D) ちんもく

3 猛<u>吹雪</u>で、1メートル前も見えないほどだった。
(A) ひびき   (B) つなぎ   (C) ねびき   (D) ふぶき

4 道が<u>凍って</u>いますので、徐行運転してください。
(A) いって   (B) こって   (C) かって   (D) こおって

5 会議で上司から発言を<u>促された</u>。
(A) くずされた   (B) うながされた   (C) ながされた   (D) みだされた

6 夜中に外で誰かが<u>暴れて</u>いました。
(A) あばれて   (B) もれて   (C) ふくれて   (D) はずれて

7 この英語の本を日本語に<u>やくして</u>ください。
(A) 約して   (B) 訳して   (C) 論して   (D) 役して

8 鈴木さんの優しい言葉に、涙が<u>あふれ</u>ました。
(A) 汲れ   (B) 溢れ   (C) 濡れ   (D) 満れ

9 かつて、店の前に<u>ちょうだ</u>の列を作った人気の玩具も、いつの間にか廃れてしまった。
(A) 長蛇   (B) 長打   (C) 超駄   (D) 超大

10 <u>はたして</u>あの星に生命が存在し得るだろうか。
(A) 課たして   (B) 科たして   (C) 菓たして   (D) 果たして

1 <u>수입</u>과 수출의 균형을 유지하는 것은 용이하지 않다.

해설 | 「輸入」은 '수입'이라는 뜻의 명사로, (A)의 「ゆにゅう」라고 읽는다.

어휘 | 輸出(ゆしゅつ) 수출 均衡(きんこう) 균형 保(たも)つ 유지하다 容易(ようい)だ 용이하다, 손쉽다
しゅうにゅう(収入) 수입, 소득

2 두 사람은 아무 말도 하지 않고 계속 <u>침묵</u>하고 있었다.

해설 | 「沈黙」은 '침묵'이라는 뜻의 명사로, (D)의 「ちんもく」라고 읽는다.

어휘 | 二人(ふたり) 두 사람 何(なに)も (부정어 수반) 아무것도 言(い)う 말하다 ～ないで ～하지 않고[말고]
동사의 ます형+続(つづ)ける 계속 ～하다 しんもく(心目) 심목, 사물을 알아보는 마음과 눈

3 심한 <u>눈보라</u>로 1m 앞도 보이지 않을 정도였다.

해설 | 「吹雪」은 '눈보라'라는 뜻의 명사로, (D)의 「ふぶき」라고 읽는다.

어휘 | 猛(もう)～ (접두어처럼 쓰여) 정도가 심함 メートル 미터, m 前(まえ) (공간적인) 앞 見(み)える 보이다 ～ほど ～정도
ひび(響)き 울림 つな(繋)ぎ 연결 ねび(値引)き 할인

4 길이 <u>얼어</u> 있으니까 서행운전해 주세요.

해설 | 「凍る」는 '얼다'라는 뜻의 동사로, (D)의 「こおる」라고 읽는다.

어휘 | 道(みち) 길, 도로 ～ので ～이기 때문에 徐行(じょこう) 서행 運転(うんてん) 운전 い(射)る (활을) 쏘다
こ(凝)る 응고하다, 엉겨 굳다 か(飼)う (동물을) 기르다, 사육하다

5 회의에서 상사에게 발언을 <u>재촉</u>받았다.

해설 | 「促す」는 '재촉하다, 촉구하다'라는 뜻의 동사로, (B)의 「うながす」라고 읽는다.

어휘 | 会議(かいぎ) 회의 上司(じょうし) 상사 ～から ～로부터, ～에게 発言(はつげん) 발언
くず(崩)す ①무너뜨리다, 헐다 ②(큰돈을) 헐다, 바꾸다 なが(流)す 흘리다, 떠내려 보내다 みだ(乱)す 흐트러뜨리다, 어지럽히다

6 밤중에 밖에서 누군가가 <u>날뛰고</u> 있었습니다.

해설 | 「暴れる」는 '날뛰다, 난폭하게 굴다'라는 뜻의 동사로, (A)의 「あばれる」라고 읽는다.

어휘 | 夜中(よなか) 밤중 外(そと) 밖 誰(だれ)か 누군가 も(漏)れる (비밀 등이) 새다, 누설되다 ふく(膨)れる 부풀다, 불룩해지다
はず(外)れる 벗겨지다, 풀어지다

7 이 영어책을 일본어로 <u>번역해</u> 주세요.

해설 | 「やくする」는 '번역하다'라는 뜻의 동사로, 한자로는 (B)의 「訳する」라고 쓴다.

어휘 | 英語(えいご) 영어 本(ほん) 책 日本語(にほんご) 일본어 ～てください ～해 주십시오, ～하세요
約(やく)する 약속하다, 기약하다

8 스즈키 씨의 다정한 말에 눈물이 <u>흘러넘쳤습니다</u>.

해설 | 「あふれる」는 '흘러넘치다'라는 뜻의 동사로, 한자로는 (B)의 「溢れる」라고 쓴다.

어휘 | 優(やさ)しい 다정하다, 상냥하다 言葉(ことば) 말 涙(なみだ) 눈물 濡(ぬ)れる 젖다

9 전에 가게 앞에 <u>장사진</u>을 이루었던 인기 완구도 어느 샌가 한물가 버렸다.

해설 | 「ちょうだ」는 '장사, 긴 뱀'이라는 뜻의 명사로, 길고 큰 것을 형용할 때 쓴다. 한자로는 (A)의 「長蛇」라고 쓴다.

어휘 | かつて 일찍이, 예로부터, 전에 店(みせ) 가게 前(まえ) (공간적인) 앞
長蛇(ちょうだ)の列(れつ) 장사진, 많은 사람이 줄을 지어 길게 늘어선 모양 作(つく)る 만들다 人気(にんき) 인기
玩具(がんぐ) 완구, 장난감 いつの間(ま)にか 어느 샌가 廃(すた)れる 유행이 지나다, 한물가다

10 <u>과연</u> 저 별에 생명이 존재할 수 있을까?

해설 | 「はたして」는 '과연'이라는 뜻의 부사로, 한자로는 (D)의 「果たして」라고 쓴다.

어휘 | あの 저 星(ほし) 별 生命(せいめい) 생명 存在(そんざい) 존재 동사의 ます형+得(う)る ～할 수 있다

주요 어휘 및 표현 정리 20

한자	읽기	의미
☐ 今世紀	こんせいき	금세기, 지금의 세기
☐ 最大	さいだい	최대
☐ 土砂	どしゃ	토사, 흙과 모래
☐ 葛藤	かっとう	갈등
☐ 未だに	いまだに	아직도, 아직껏
☐ 慰める	なぐさめる	위로하다
☐ 焦る	あせる	안달하다, 초조해하다
☐ 治る	なおる	낫다, 치료되다
☐ 裁く	さばく	심판하다, 시비를 가리다
☐ 差し支える	さしつかえる	지장이 있다
☐ 切り詰める	きりつめる	절약하다
☐ 主に	おもに	주로
☐ 一斉に	いっせいに	일제히
☐ 滅多に	めったに	(부정어 수반) 좀처럼
☐ 発言	はつげん	발언
☐ 暴れる	あばれる	날뛰다, 난폭하게 굴다
☐ 涙	なみだ	눈물
☐ 廃れる	すたれる	유행이 지나다, 한물가다
☐ 果たして	はたして	과연
☐ 存在	そんざい	존재

03 대체 표현 찾기

STEP 1 먼저 핵심 기출 어휘와 표현을 익히세요.

핵심 기출 어휘 및 표현

- 全く 전혀 (=全然)

- ちょうど 마침 (=今)

- 何円 몇 엔 (=いくら)

- まず 우선 (=はじめに)

- しかも 게다가 (=その上)

- 一昨年 재작년 (=2年前)

- 洗濯する 세탁하다 (=洗う)

- 広くない 넓지 않다 (=狭い)

- 予め 미리, 사전에 (=前以て)

- 禁煙 금연 (=たばこを吸ってはいけない)

- ～らしい ～답다 (=～がやりそうなことだ)

- ～ちゃう ～해 버리다, ～하고 말다 (=～てしまう)

- ～ませんか ~하지 않겠습니까? (=～ましょう)

- でも 그렇지만, 그러나, 하지만 (=しかし)

- おいくつ 몇 살 (=何歳)

- 訪ねる 방문하다 (=伺う)

- 要る 필요하다 (=必要だ)

- 少しずつ 조금씩 (=だんだん)

- 契約上は 계약상은 (=契約の面では)

- ～うちに ～하는 동안에 (=～間に)

- バスで 버스로 (=バスに乗って)

- 母の妹 어머니의 여동생 (=叔母)

- ~はもとより ~은 물론이고 (=~はもちろん)

- 弾くことができる 연주할 수 있다 (=弾ける)

- 想像しがたい 상상하기 어렵다 (=想像するのは難しい)

- 出かけたと思う 외출했다고 생각한다 (=出かけたようだ)

- 頼むものか 부탁할까 보냐 (=頼むまい)

- ~が済んだら ~이 끝나면 (=~が終わったら)

- 自慢したばかりに 자랑한 탓에 (=自慢したために)

- 隅に置けない 얕볼 수 없다 (=見くびれない)

- 頭が切れる 두뇌 회전이 빠르다 (=頭の回転が速い)

- 동사의 보통형+ことにする ~하기로 하다 (=동사의 보통형+ことに決める)

- 동사의 ます형+つつ ① ~하면서 (=동사의 ます형+ながら)
　　　　　　　　　② ~하지만 (=동사의 ます형+ながらも)

- 동사의 ます형+出す ~하기 시작하다 (=동사의 ます형+始める)

- 동사의 た형+とたん ~하자마자 (=~か~ないかのうちに)

- 동사의 た형+あげく ~한 끝에 (=동사의 た형+末に)

STEP 2 앞에서 익힌 핵심 어휘 및 표현을 상기하며 기출문제를 풀어 보세요.

[대체 표현]

1 汚い服を<u>せんたくします</u>。
(A) そうじします　　(B) みがきます　　(C) あらいます　　(D) ぬぎます

2 先生に<u>怒られちゃいました</u>。
(A) 怒られていました　　　　　　　(B) 怒られそうになりました
(C) 怒られてしまいました　　　　　(D) 怒ってもらいました

3 痩せるために、毎日1時間<u>走ることにしました</u>。
(A) 走ることを続けています　　　　(B) 走ることを始めました
(C) 走ることに決めました　　　　　(D) 走れるようになりました

4 部屋が暗いですから、リーさんは<u>出かけたと思います</u>。
(A) 出かけたそうです　　　　　　　(B) 出かけそうです
(C) 出かけたようです　　　　　　　(D) 出かけるつもりです

5 加藤さんは、仕事での成功を<u>自慢したばかりに</u>友達に嫌われてしまった。
(A) 自慢したために　　　　　　　　(B) 自慢しすぎたので
(C) 自慢したとたんに　　　　　　　(D) 自慢したところで

6 悩みに悩んだ<u>あげく</u>、離婚を決意しました。
(A) あまり　　　(B) 上に　　　(C) 末に　　　(D) こそ

7 この店は<u>食料はもとより</u>、日用品は何でも揃っている。
(A) 食料にかけては　(B) 食料に代わり　(C) 食料はもちろん　(D) 食料といっても

8 彼が一番に出世するなんて、<u>想像しがたい</u>ことだ。
(A) 簡単に想像できる　　　　　　　(B) 想像するのは難しい
(C) 想像どころではない　　　　　　(D) 想像にすぎない

정답 | 1 (C) 2 (C) 3 (C) 4 (C) 5 (A) 6 (C) 7 (C) 8 (B)

- 隣^{となり} 옆 (=横^{よこ})

- 従兄弟^{いとこ} 사촌 (=叔父^{おじ}・叔母^{おば}の子^こ)

- 危険^{きけん}だ 위험하다 (=危^{あぶ}ない)

- 四六時中^{しろくじちゅう} 하루 종일, 항상 (=一日中^{いちにちじゅう}、常^{つね}に)

- 痛切^{つうせつ}に 절실히, 뼈저리게 (=ひしひし)

- 痩^やせる 여위다, 마르다, 살이 빠지다 (=細^{ほそ}くなる)

- 適当^{てきとう}な 적당한 (=相応^{ふさわ}しい)

- 揃^{そろ}える 갖추다, 준비하다 (=準備^{じゅんび}する)

- 長^たける 뛰어나다 (=秀^{ひい}でる)

- 尋^{たず}ねる 묻다 (=聞^きく)

- 倒産^{とうさん}する 도산하다 (=潰^{つぶ}れる)

- ぐっすり 푹 (=よく)

- 増^ふえる 늘다, 늘어나다 (=多^{おお}くなる)

- 飽^あきるほど 질릴 정도로 (=飽^あきるまで)

- 相次^{あいつ}いで 잇따라 (=次々^{つぎつぎ}に)

- 散歩中^{さんぽちゅう} 산책 중 (=散歩^{さんぽ}に行^いっている)

- 汚^{よご}れている 더러워져 있다 (=汚^{きたな}い)

- 見続^{みつづ}ける 계속 보다 (=ずっと見^みている)

- お読^よみになる 읽으시다 (=読^よまれる)

- 述^のべさせる 말하게 하다 (=述^のべてもらう)

- いただきました 받았습니다 (=もらいました)

- 思ったほど 생각했던 것만큼 (=そんなに)

- 開けたまま 열어둔 채로 (=閉めずに)

- 鯖を読む 수량을 속이다, 수량을 속여서 이득을 취하다 (=ごまかす)

- やむを得ず 어쩔 수 없이 (=仕方なく)

- 目がない 매우 좋아하다 (=とても好きだ)

- 行く度に 갈 때마다 (=行くといつも)

- 暇さえあれば 여유만 있으면 (=暇ができれば)

- なおざり 소홀히 함 (=疎か)

- 気が気でない 안절부절못하다 (=はらはらする)

- ~が早いか ~하자마자 (=~や否や)

- 貸してあげる 빌려주다 (=渡す)

- ~ということだ ~라고 한다 (=~とのことだ)

- ~に従って ~함에 따라서 (=~に連れて)

- ~恐れがある ~할 우려가 있다 (=동사의 ます형+かねない)

- ~を問わず ~을 불문하고 (=~に関係なく)

- ~をめぐって ~을 둘러싸고 (=~について)

- 水臭いなあ 서먹서먹하군 (=他人行儀だなあ)

- ~ばかりか ~뿐만 아니라 (=~だけでなく)

- ~にかかわらず ~에 관계없이 (=~に関係なく)

- ~てから ~하고 나서, ~한 후에 (=동사의 た형+後で)

- 동사의 ます형+立て 갓 ~함 (=~たばかり)

□ 〜くせに ~이면서도 (=〜にもかかわらず)

□ 〜ばかりに ~한 탓에, ~한 바람에 (=〜せいで)

□ 〜を限りに ~을 끝으로 (=〜を最後に)

□ 〜がてら ~겸, ~을 겸하여 (=〜かたがた)

□ 〜通りに ~대로 (=〜まま)

□ 〜につき ~당 (~当たり)

□ 〜ず(に) ~하지 않고[말고] (=〜ないで)

□ 〜を使って ~을 사용해 (=〜で)

□ 〜たりとも ~일지라도, ~라도 (=〜といえども)

□ 〜反面 ~인 반면 (=〜一方で)

□ 〜にほかならない 바로 ~이다 (=〜ほかはない)

□ 〜に決まっている 틀림없이 ~이다 (=絶対に〜だ)

□ 〜てからでないと ~한 후가 아니면 (=〜ないことには)

□ 〜をものともせず(に) ~을[에도] 아랑곳하지 않고 (=〜をよそに)

□ 〜であれ、〜であれ ~든 ~든 (=〜にせよ、〜にせよ)

□ 暗くならないうちに 어두워지기 전에 (=暗くならない間に、暗くなる前に)

□ 話は変わるけど 이야기는 바뀌지만 (=それはそうと)

□ したがらない 하고 싶어하지 않다 (=したいと思わない)

□ 下がり気味だ 내려가는 기색이다 (=下がる傾向にある)

□ 〜ではあるまいし ~은 아닐 테고, ~도 아니고 (=〜ではないのだから)

□ 〜を禁じ得ない ~을 금할 수 없다 (=〜を抑えられない)

- ～きらいがある ～인 경향이 있다(좋지 않은 경우에 주로 쓰임) (＝～傾向がある)

- 仕事をするかたわら 일을 하는 한편 (＝仕事をしつつ、その一方で)

- 発言をすることはおろか 발언을 하기는커녕 (＝発言することは言うまでもなく)

- 社会人にあるまじき 사회인에게 있어서는 안 되는 (＝社会人がすべからざる)

- 동사의 ます형+かねる ～하기 어렵다, ～할 수 없다 (＝～するのが難しい、～できない)

- 동사의 ます형+かねない ～할지도 모른다 (＝～かもしれない)

- 동사의 보통형+つもりだ ～할 생각[작정]이다 (＝～(よ)うと思っている)

- 동사의 ない형+ざるを得ない ～하지 않을 수 없다 (＝～ないわけにはいかない)

STEP 3 다음 기출문제를 풀어 보세요.

1 去年より少し<u>痩せました</u>ね。
   (A) 優しくなりましたね   (B) 元気になりましたね
   (C) 細くなりましたね   (D) 強くなりましたね

2 その話、<u>嘘に決まっている</u>。
   (A) どうやら嘘らしい   (B) 案外嘘かもしれない
   (C) 全て嘘のようだ   (D) 絶対に嘘だ

3 昨夜は暑くて、<u>ぐっすり</u>眠れませんでした。
   (A) はやく   (B) はっきり
   (C) やっぱり   (D) よく

4 内閣の支持率は、最近<u>下がり気味</u>である。
   (A) 下がるべきだ   (B) 下がるしかない
   (C) 下がる傾向にある   (D) 下がるに相違ない

5 <u>仕事をするかたわら</u>、ボランティア活動に参加している。
   (A) 仕事を顧みず   (B) 仕事もさることながら
   (C) 仕事をしつつ、その一方で   (D) 仕事を契機として

6 昨日見た映画、怖かったね。<u>話は変わるけど</u>、面接っていつだっけ。
   (A) そういうわけで   (B) それはそうと
   (C) それとも   (D) それにしても

7 暗くならない<u>うちに</u>帰った方がいいですよ。
    (A) 暗くならない反面   (B) 暗くならない間に
    (C) 暗くならない以上   (D) 暗くならない所に

8 今日中に、会議の資料を<u>揃えて</u>おいてください。
    (A) 準備して   (B) 整備して   (C) 数えて   (D) 控えて

9 <u>新入社員ではあるまいし</u>、仕事の内容は当然把握しているはずだ。
    (A) 新入社員であるにしても   (B) 新入社員ではないのだから
    (C) 新入社員であるからには   (D) 新入社員でもかまわないから

10 友達には悪いと<u>思いつつ</u>、約束を破ってしまった。
    (A) 思ったついでに   (B) 思ったばかりに
    (C) 思いがちで   (D) 思いながらも

11 家事を<u>なおざりにしては</u>いけない。
    (A) 疎かにしては   (B) 馬鹿にしては
    (C) 眺めていては   (D) 干渉しては

12 友人の苦労話には、涙を<u>禁じ得なかった</u>。
    (A) 損ねられなかった   (B) 抑えられなかった
    (C) 妨げられなかった   (D) 重んじられなかった

1 작년보다 조금 살이 빠졌네요.

(A) 상냥해졌네요   (B) 활기차졌네요   (C) 여위었네요   (D) 강해졌네요

해설ㅣ「痩(や)せる」는 '여위다, 마르다, 살이 빠지다'라는 뜻이다. 선택지 중 바꿔 쓸 수 있는 것은 (C)의 「細(ほそ)くなりましたね」(여위었네요)로, 이때의 「細(ほそ)い」는 '마르다, 여위다'라는 뜻을 나타낸다.

어휘ㅣ去年(きょねん) 작년 ~より ~보다 優(やさ)しい 다정하다, 상냥하다 い형용사의 어간+くなる ~해지다 元気(げんき)だ 활기차다, 기운이 넘치다 強(つよ)い 강하다

2 그 이야기, 거짓말임에 틀림없어.

(A) 아무래도 거짓말인 것 같다   (B) 의외로 거짓말일지도 모른다   (C) 모두 거짓말인 것 같다   (D) 절대로 거짓말이다

해설ㅣ「~に決(き)まっている」는 '분명히 ~일 것이다, ~임에 틀림없다'라는 뜻으로, 강한 확신을 나타내는 표현이다. 밑줄 친 「嘘(うそ)に決(き)まっている」는 '거짓말임에 틀림없다'라는 뜻으로, 선택지 중 바꿔 쓸 수 있는 표현은 (D)의 「絶対(ぜったい)に嘘(うそ)だ」(절대로 거짓말이다)이다. 이때의 「絶対(ぜったい)に」는 '절대로, 어떤 경우에도 반드시'라는 뜻으로, 말하는 이의 확신을 나타내는 부사이다.

어휘ㅣ話(はなし) 이야기 嘘(うそ) 거짓말 どうやら 아무래도 ~らしい ~인 것 같다 *객관적 근거에 의한 추측 · 판단 案外(あんがい) 의외로, 예상 외로 ~かもしれない ~일지도 모른다 全(すべ)て 모두, 전부 명사+の+ようだ ~인 것 같다

3 어젯밤은 더워서 푹 잘 수 없었습니다.

(A) 일찍   (B) 확실히   (C) 역시   (D) 잘

해설ㅣ「ぐっすり」는 '푹'이라는 뜻의 부사로, 깊이 잠들거나 흡족하게 쉬는 모양을 나타낸다. 선택지 중 바꿔 쓸 수 있는 표현은 (D)의 「よく」(잘, 충분히)이다. (A)의 「はや(早)く」는 '일찍, 빨리', (B)의 「はっきり」는 '확실히, 분명히', (C)의 「やっぱり」는 「やはり」의 힘줌말로 '역시'라는 뜻이다.

어휘ㅣ昨夜(ゆうべ) 어젯밤 暑(あつ)い 덥다 眠(ねむ)る 자다, 잠자다, 잠들다

4 내각 지지율은 최근 내려가는 기색이다.

(A) 내려가야 한다   (B) 내려갈 수밖에 없다   (C) 내려가는 경향에 있다   (D) 내려갈 것임에 틀림없다

해설ㅣ「동사의 ます형+気味(ぎみ)」는 '~한 기색[기미], ~한 경향'이라는 뜻으로, 점차 어떤 상태나 경향 쪽으로 가까워지는 것을 나타내는 표현이다. 밑줄 친 「下(さ)がり気味(ぎみ)である」는 '내려가는 기색이다, 점차 내려가고 있다'라는 뜻으로, 선택지 중 바꿔 쓸 수 있는 표현은 (C)의 「下(さ)がる傾向(けいこう)にある」(내려가는 경향에 있다)이다. (A)의 「동사의 기본형+べきだ」는 '(마땅히) ~해야 한다', (B)의 「~しかない」는 부정어와 함께 쓰여서 '~할 수밖에 없다, ~하는 방법밖에 없다'라는 뜻을 나타내는 표현이다. (D)의 「~に相違(そうい)ない」(~임에 틀림없다)는 말하는 이의 확신을 나타내어 「この花瓶(かびん)はかなり古(ふる)い時代(じだい)のものに相違(そうい)ない」(이 꽃병은 꽤 오래된 시대의 것임에 틀림없다)와 같이 쓴다.

어휘ㅣ内閣(ないかく) 내각 支持率(しじりつ) 지지율 下(さ)がる 내려가다, (지위 등이) 떨어지다 傾向(けいこう) 경향

5 일을 하는 한편 봉사활동에 참가하고 있다.

(A) 일도 신경 쓰지 않고   (B) 일은 물론이거니와   (C) 일을 하면서 그 한편으로   (D) 일을 계기로 해서

해설ㅣ「~かたわら」(~하는 한편, 주로 ~을 하면서 그 한편으로)는 한 가지 일을 하는 한편으로 또 다른 일을 병행할 때 쓰는 표현으로, 밑줄 친 「仕事(しごと)をするかたわら」는 '일을 하는 한편'이라는 뜻이다. 선택지 중 바꿔 쓸 수 있는 것은 (C)의 「仕事(しごと)をしつつ、その一方(いっぽう)で」(일을 하면서 그 한편으로)로, 「동사의 ます형+つつ」는 '~하면서', 「~一方(いっぽう)で」는 '~하는 한편으로'라는 뜻이다. (A)의 「~を顧(かえり)みず」는 '~을[도] 돌아보지 않고[신경 쓰지 않고]'라는 뜻으로, 「彼(かれ)は医者(いしゃ)の忠告(ちゅうこく)を顧(かえり)みず、たばこを吸(す)い続(つづ)けた」(그는 의사의 충고도 신경 쓰지 않고 담배를 계속 피웠다)처럼 쓴다. (B)의 「~もさることながら」(~은[도] 물론이거니와)는 'A는 당연하고 B도'라는 뜻으로, 뒤에 오는 문장을 강조하여 「我(わ)が社(しゃ)の製品(せいひん)は機能(きのう)の良(よ)さもさることながら、デザインの美(うつく)しさにも定評(ていひょう)がある」(우리 회사 제품은 기능의 좋음은 물론이거니와 디자인의 아름다움에도 정평이 있다)처럼 쓰며, (D)의 「~を契機(けいき)として」는 '~을 계기로 해서'라는 뜻의 표현이다.

어휘ㅣボランティア活動(かつどう) 봉사활동 参加(さんか) 참가

6 어제 본 영화 무서웠지? 이야기는 바뀌지만 면접은 언제였지?

(A) 그러한 이유로   (B) 그건 그렇고   (C) 그렇지 않으면   (D) 그렇다고 해도

해설ㅣ「話(はなし)」는 '이야기', 「変(か)わる」는 '바뀌다, 변하다'라는 뜻으로, 「話(はなし)は変(か)わるけど」는 '이야기는 바뀌지만, 다른 이야기지만'이라는 뜻을 나타낸다. 선택지 중 바꿔 쓸 수 있는 표현은 (B)의 「それはそうと」(그건 그렇고)로, 앞의 말을 인정하면서 화제를 바꿀 때 쓰는 표현이다.

어휘 | 映画(えいが) 영화 怖(こわ)い 무섭다 面接(めんせつ) 면접 ～っけ ～던가, ～였지 *잊었던 일이나 불확실한 일을 상대방에 질문하거나 확인함을 나타냄 わけ 이유, 까닭 それとも 그렇지 않으면, 아니면, 혹은 それにしても 그렇다고 해도

7 <u>어두워지기 전에</u> 돌아가는 편이 좋아요.

   (A) 어두워지지 않는 반면　　(B) 어두워지지 않는 동안에　　(C) 어두워지지 않는 이상　　(D) 어두워지지 않는 곳에

해설 | 「～ないうちに」는 직역하면 '～하지 않는 동안에'라는 뜻으로, 우리말로는 '～하기 전에'라고 해석하는 것이 자연스럽다. 밑줄 친 「暗(くら)くならないうちに」는 '어두워지기 전에'라는 뜻으로, 선택지 중 바꿔 쓸 수 있는 표현은 (B)의 「暗(くら)くならない間(あいだ)に」(어두워지지 않는 동안에)이다. 이때의 「～間(あいだ)に」는 '～동안에'라는 뜻으로 어떤 일정한 범위의 시간을 나타낸다. (A)의 「～反面(はんめん)」(~인 반면)은 뒤에 오는 내용이 앞의 내용과 상반됨을 나타낼 때 쓰는 표현으로, 「この布(ぬの)は水(みず)には強(つよ)い反面(はんめん)、熱(ねつ)には弱(よわ)い」(이 천은 물에는 강한 반면 열에는 약하다)처럼 쓰고, (C)의 「동사의 보통형＋以上(いじょう)」(~한 이상)는 앞에 오는 내용을 조건으로 뒤에는 당연히 그래야 한다는 뜻의 표현으로, 「約束(やくそく)した以上(いじょう)は、守(まも)らなければいけない」(약속한 이상은 지키지 않으면 안 된다)처럼 쓴다.

어휘 | 暗(くら)い 어둡다 帰(かえ)る 돌아가다 동사의 た형＋方(ほう)がいい ～하는 편[쪽]이 좋다 所(ところ) 곳, 장소, 데

8 오늘 중으로 회의 자료를 <u>갖춰</u> 놔 주세요.

   (A) 준비해　　　　　　　(B) 정비해　　　　　　　(C) 세어　　　　　　　(D) 삼가

해설 | 「揃(そろ)える」는 '갖추다, 준비하다'라는 뜻의 동사로, 선택지 중 바꿔 쓸 수 있는 것은 (A)의 「準備(じゅんび)する」(준비하다)이다.

어휘 | 今日中(きょうじゅう) 오늘 중 会議(かいぎ) 회의 資料(しりょう) 자료 ～ておく ～해 놓다[두다] 整備(せいび) 정비 数(かぞ)える 세다, 헤아리다 控(ひか)える 자제하다, 삼가다

9 <u>신입사원도 아니고</u> 업무 내용은 당연히 파악하고 있을 것이다.

   (A) 신입사원이라고 해도　　(B) 신입사원이 아니니까　　(C) 신입사원인 이상은　　(D) 신입사원이라도 상관없으니까

해설 | 「～ではあるまいし」(~은 아닐 테고, ~도 아니고)는 원인을 나타내는 표현으로, 뒤에는 주로 상대에 대한 비난이나 충고, 조언 등이 오는 경우가 많다. 밑줄 친 「新入社員(しんにゅうしゃいん)ではあるまいし」는 '신입사원도 아니고'라는 뜻으로, 선택지 중 이와 바꿔 쓸 수 있는 것은 (B)의 「新入社員(しんにゅうしゃいん)ではないのだから」(신입사원이 아니니까)이다. (A)의 「～にしても」(~라고 해도)는 「子供(こども)のいたずらにしても、笑(わら)って済(す)まされる問題(もんだい)ではない」(아이 장난이라고 해도 웃어넘길 문제가 아니다)처럼 그 경우도 예외가 아님을 나타내고, (C)의 「～からには」(~한 이상은)는 '～이니까 당연히~'라는 뜻으로, 명사에 접속할 때는 「명사＋である＋からには」의 꼴로 쓴다.

어휘 | 新入社員(しんにゅうしゃいん) 신입사원 仕事(しごと) 일, 업무 内容(ないよう) 내용 当然(とうぜん) 당연, 당연히 把握(はあく) 파악 ～はずだ (당연히) ～할 것[터]이다 명사＋でもかまわない ～이라도 상관없다

10 친구에게는 미안하다고 <u>생각하지만</u> 약속을 깨 버렸다.

   (A) 생각한 김에　　　　　(B) 생각한 탓에　　　　　(C) 생각하기 쉬워　　　　(D) 생각하지만

해설 | 「동사의 ます형＋つつ」에는 동시동작을 나타내는 '～하면서'와 역접을 나타내는 '～하지만'이라는 두 가지 뜻이 있다. 밑줄 친 「思(おも)いつつ」는 문맥상 '생각하지만'이라는 뜻으로 해석해야 자연스러운 문장이 된다. 선택지 중 바꿔 쓸 수 있는 것은 (D)의 「思(おも)いながらも」(생각하지만)로 「동사의 ます형＋ながらも」는 '～하지만'이라는 역접의 뜻을 나타낸다.

어휘 | 友達(ともだち) 친구 悪(わる)い 미안하다, 실례가 되다 約束(やくそく) 약속 破(やぶ)る (약속 등을) 깨다 ～ついでに ～하는 김에 ～ばかりに ～한 탓에, ～한 바람에 동사의 ます형＋がちだ (자칫) ～하기 쉽다, 자주 ～하다

11 집안일을 <u>소홀히 해서는</u> 안 된다.

   (A) 소홀히 해서는　　　　(B) 깔봐서는　　　　　　(C) 바라보고 있어서는　　(D) 간섭해서는

해설 | 「なおざり」는 '소홀히 함'이라는 뜻으로, 밑줄 친 「なおざりにしては」는 '소홀히 해서는'이라는 뜻이다. 선택지 중 바꿔 쓸 수 있는 것은 (A)의 「疎(おろそ)かにしては」(소홀히 해서는)로, 「疎(おろそ)かだ」는 '소홀하다'라는 뜻이다.

어휘 | 家事(かじ) 가사, 집안일 ～てはいけない ～해서는 안 된다 馬鹿(ばか)にする 깔보다, 업신여기다 眺(なが)める 바라보다 干渉(かんしょう) 간섭

12 친구의 고생담에는 <u>눈물을 금할 수 없었다.</u>

   (A) 상하게 할 수 없었다　　(B) 참을 수 없었다　　(C) 방해할 수 없었다　　(D) 중히 여겨지지 않았다

해설 | 「～を禁(きん)じ得(え)ない」(~을 금할 수 없다)는 앞에 분노나 슬픔 등을 나타내는 명사와 함께 써서 '그런 감정을 억누르거나 참을 수 없다'라는 뜻을 나타낸다. 밑줄 친 「禁(きん)じ得(え)なかった」는 '참을 수 없었다'라는 뜻으로, 선택지 중 바꿔 쓸 수 있는 것은 (B)의 「抑(おさ)えられなかった」(참을 수 없었다)이다. 이때의 「抑(おさ)える」는 '(감정을) 누르다, 참다'라는 뜻으로 쓰였다.

어휘 | 友人(ゆうじん) 친구, 벗 苦労話(くろうばなし) 고생 이야기, 고생담 涙(なみだ) 눈물 損(そこ)ねる 상하게 하다, 해치다 妨(さまた)げる 방해하다 重(おも)んじる 중히 여기다, 중요시하다, 존중하다

한자	읽기	의미
☐ 洗濯	せんたく	세탁
☐ 自慢	じまん	자랑
☐ 嫌う	きらう	싫어하다, 미워하다
☐ 決意	けつい	결의, 결심
☐ 食料	しょくりょう	식료, (주식 이외의) 식품
☐ 日用品	にちようひん	일용품
☐ 出世	しゅっせ	출세
☐ 細い	ほそい	마르다, 여위다
☐ 嘘	うそ	거짓말
☐ ～に決まっている	～にきまっている	분명 ～일 것이다, ～임에 틀림없다
☐ 案外	あんがい	의외로
☐ 内閣	ないかく	내각
☐ それはそうと	・	그건 그렇고
☐ 面接	めんせつ	면접
☐ 揃える	そろえる	갖추다, 준비하다
☐ 整備	せいび	정비
☐ 把握	はあく	파악
☐ 破る	やぶる	(약속 등을) 깨다
☐ なおざり	・	소홀히 함
☐ 干渉	かんしょう	간섭

04 의미 및 용법 구분

STEP 1 먼저 핵심 기출 어휘와 표현을 익히세요.

핵심 기출 어휘 및 표현

- 顔(かお) ① 얼굴 ② 안면 ③ 체면 ④ 표정

- 道(みち) ① 길, 도로 ② 일의 분야 ③ 도리 ④ 진리

- 口(くち) ① 입 ② 말 ③ 미각, 입맛 ④ 입구 ⑤ 일자리

- 足(あし) ① 다리, 발 ② 발길, 왕래 ③ (교통수단의) 발, 다리 ④ (활동의) 발, 발길

- うち ① 집(家) ② 안(内) ③ 내가 소속한 집단 ④ (「~うちに」의 꼴로) ~하는 동안에
      ⑤ (「~ないうちに」의 꼴로) ~하기 전에

- まずい ① 맛이 없다 ② 서투르다 ③ 거북하다 ④ 못생기다

- きつい ① 심하다, 호되다 ② 고되다 ③ (옷 등이) 꽉 끼다 ④ 다부지다, 사납다

- のる ① (탈것에) 타다(乗る) ② 응하다(乗る) ③ (신문·잡지 등에) 실리다, 게재되다(載る)

- はく ① 쓸다(掃く) ② 뱉다, 토하다(吐く) ③ (바지 등을) 입다, 신다(履く)

- あう ① 만나다(会う) ② (치수 등이) 맞다, 어울리다(合う) ③ (어떤 일을) 당하다, 겪다(遭う)

- やる ① 주다 ② (어떤 행위를) 하다 ③ (「~てやる」의 꼴로) (손아랫사람이나 동식물에게) ~해 주다

- 回(まわ)る ① 돌다 ② 퍼지다 ③ 순번이 돌아오다 ④ 잘 작용하다

- 当(あ)たる ① (현상·제비에) 당첨되다 ② (꿈·예상이) 들어맞다, 적중하다 ③ (책임을) 맡다 ④ 상당하다, 해당하다

- <ruby>極<rt>きわ</rt></ruby>める ① 극한에 이르다 ② 깊이 연구하다 ③ 극도로 ~하다 ④ 다하다

- あらわす ① 나타내다(現す) ② 표현하다(表す) ③ 저술하다(著す)

- できる ① 할 수 있다 ② 다 되다, 완성되다 ③ 생기다, 발생하다 ④ 만들어지다

- いらっしゃる ① 가시다 ② 오시다 ③ 계시다
  ④ (「~ていらっしゃる」의 꼴로) ~하고 계시다, ~이시다(보조동사)

- ~て ① ~이고(병렬 관계) ② ~해서(원인이나 이유) ③ (「~ている」의 꼴로) ~하고 있다(진행)
  ④ (「~てください」의 꼴로) ~해 주세요

- ~に ① ~에(시간·때) ② ~에(대상의 존재 위치) ③ ~에(동작이 미치는 방향·귀착점)
  ④ ~에게, ~을(주고받는 상대·동작의 대상)
  ⑤ (「동사의 ます형·동작성 명사」에 붙어) ~하러(동작의 목적)

- ~から ① ~부터(기점·시간) ② ~로(재료·화학적인 변화) ③ ~에서, ~을 통해서(나오는 곳·출처)
  ④ ~니까, ~이므로, ~이기 때문에, ~라서(원인·이유)

- ~けど ① ~이지만(역접) ② ~인데(내용 연결) ③ ~만, ~마는(완곡)

- ~っぽい ① ~인 경향이 있다, 잘 ~하다 ② ~같다

- ~つつ ① ~하면서(동시동작) ② (「~つつも」의 준말로) ~인데도, ~이지만(역접)
  ③ (「~つつある」의 꼴로) ~하고 있다

- ~とは ① ~라고 하는 것은, ~란(정의) ② ~라고는, ~라니, ~하다니(놀람) ③ ~라는 것은, ~라니(인용)

앞에서 익힌 핵심 어휘와 표현을 상기하며 기출문제를 풀어 보세요.

의미 및 용법 구분

1 午後からテニスに行きます。
　(A) 私はいつも8時に起きます。
　(B) ご飯を食べに行きませんか。
　(C) 本屋は駅の前にあります。
　(D) 今来たあのバスに乗ってください。

2 昨日は午前中に本を読んで、午後は映画を見に行きました。
　(A) 日曜日は、難しい本を読んでとても疲れました。
　(B) 主人は公園で本を読んでいます。
　(C) 新聞は、毎朝食事の後で読んでください。
　(D) 新聞を読んで、お風呂に入って寝ました。

3 ちょっと聞きたいことがあるんですけど、いいですか。
　(A) 早く帰りたいけど、残業しなければならない。
　(B) 昨日動物園に行ったけど、休みだったんだ。
　(C) さっきの話だけど、誰にも言わないで。
　(D) もう11時だけど、休日だからもう少し寝ていよう。

4 私にあう大きさの靴を探しています。
　(A) この上着には赤いネクタイがあうと思います。
　(B) 山田さんにあう約束をしました。
　(C) 母は旅行中に台風にあうことがよくあるそうです。
　(D) 私はよく電車事故にあう夢を見ます。

□ もの ① 것(구체적인 대상물) ② 「~ものだ」의 꼴로) ~인 것[법]이다(상식·진리·본성)
　　　　③ 「~ものだ」의 꼴로) ~하군, ~구나(감탄)
　　　　④ 「동사의 た형+ものだ」의 꼴로) ~하곤 했다(과거의 회상)

□ ところ ① 곳, 장소, 데 ② 부분, 점 ③ (어떤 특정한) 시점·상황
　　　　④ 「동사의 기본형+ところだ」의 꼴로) 막 ~하려던 참이다
　　　　⑤ 「동사의 기본형+ところだった」의 꼴로) 하마터면 ~할 뻔했다
　　　　⑥ 「동사의 진행형+ところだ」의 꼴로) ~하고 있는 중이다
　　　　⑦ 「동사의 た형+ところ」의 꼴로) ~한 결과, ~했더니
　　　　⑧ 「동사의 た형+ところだ」의 꼴로) 막 ~한 참이다, ~한 지 얼마 안 되다
　　　　⑨ 「동사의 た형+ところで」의 꼴로) ~해 봤자, ~한들

□ 明るい ① (밝기가) 밝다 ② (성격·표정·분위기 등이) 밝다, 명랑하다 ③ (전망 등이) 밝다
　　　　④ (어떤 분야에) 정통하다, 환하다

□ 怪しい ① 기이하다, 야릇하다 ② 미심쩍다 ③ (정체가) 수상하다 ④ (남녀 관계가) 수상하다

□ たつ ① 서다, 나서다, 출발하다, 떠나다(立つ) ② (이어진 것을) 끊다, (소식·관계·습관 등을) 끊다(絶つ)
　　　　③ (시간이) 지나다, 경과하다(経つ) ④ (옷감을) 마르다, 재단하다(裁つ) ⑤ (건물이) 서다(建つ)

□ なる ① 「~になる」의 꼴로) ~이 되다 ② 「~くなる」의 꼴로) ~해지다
　　　　③ 울리다, 소리가 나다(鳴る)

□ ひく ① 당기다(引く) ② 빼다(引く) ③ 찾다(引く) ④ (악기를) 연주하다, 켜다, 치다, 타다(弾く)

□ とる ① 잡다, 취하다(取る) ② 채용하다(採る) ③ (사진 등을) 찍다, 촬영하다(撮る)
　　　　④ 붙잡다, 포획하다(捕る)

□ おかす ① 범하다, 어기다(犯す) ② 침해하다, 침범하다(侵す) ③ 강행하다, 무릅쓰다(冒す)

□ おさめる ① 거두어들이다(収める) ② 납입하다, 납부하다(納める) ③ 다스리다, 통치하다(治める)
　　　　④ 수양하다(修める)

□ 出す ① (배 등을) 내다, 출발시키다 ② (작품 등을) 내다, 제출하다 ③ (편지 등을) 보내다, 부치다 ④ 꺼내다
　　　　⑤ (책 등을) 내다, 출판하다, 발행하다 ⑥ (힘 등을) 내다, 발휘하다

□ 持つ ① 쥐다, 가지다, 들다 ② 가지다, 소유하다 ③ 담당하다, 맡다 ④ (책임 등을) 지다, 부담하다

□ 従う ① 따르다, 좇다 ② 쏠리다 ③ 「~に従って」의 꼴로) ~함에 따라서(비례)
　　　　④ 「従って」의 꼴로) 따라서(접속사)

□ 巡る^{めぐ} ① (한 바퀴) 돌다 ② 둘러싸다, 에워싸다, 또 어떤 일을 중심으로 그것과 관련되다

□ 埋まる^う ① 묻히다 ② 메워지다 ③ 가득 차다 ④ 모자라는 부분이 보충되다

□ ~(ら)れる ① 수동 ② 가능 ③ 존경 ④ 자발(自發)

□ もう ① 이미, 벌써, 이제 ② 곧, 머지않아 ③ 더

□ ~で ① ~로(수단·방법) ② ~로(재료) ③ ~에, ~로(한정) ④ ~에서(장소) ⑤ ~때문에(원인)

□ ~と ① ~면(필연적 조건) ② ~면(가정적인 상황이나 사태) ③ ~하자, ~하니(발견) ④ ~와

□ ~のに ① ~는데(도)(역접) ② (「명사「の」+조사「に」의 꼴로) ~하는 것에, ~하는 데

□ あまり ① 나머지(余り) ② (부정어 수반) 그다지, 별로 ③ 너무, 아주 ④ (「~だ」의 꼴로) 심하다, 지나치다

□ 次第^{しだい} ① (「동사의 ます형+次第^{しだい}」의 꼴로) ~하는 대로 ② (「~次第で^{しだい}」의 꼴로) ~에 따라서
③ (「~次第だ^{しだい}」의 꼴로) ~에 달려 있다 ④ (「次第に^{しだい}」의 꼴로) 점차로 ⑤ 순서 ⑥ 사정

□ ~ながら ① ~하면서(동시동작) ② ~이지만, ~인데도(역접) ③ ~대로(상태)

□ ~ように ① ~처럼(비유) ② ~처럼(예시) ③ ~하도록(목적) ④ (「~ようだ」의 꼴로) ~인 것 같다

□ ~まい ① ~하지 않을 것이다(부정의 추량) ② ~하지 않겠다(부정의 의지)

□ ~らしい ① (객관적인 근거에 의한 추측·판단) ~인 것 같다(조동사) ② ~답다(접미사)

□ ~もって ① (「~をもって」의 꼴로) ~을 시점으로 일단 끊어서, ~로써(시점)
② (「~をもって」의 꼴로) ~을 써서, ~로(써), ~으로(수단·방법)
③ 어조를 고르거나 강하게 하는 말

STEP 3 다음 기출문제를 풀어 보세요.

1 ボールペンで書いてください。
(A) レストランで食事をします。
(B) 風邪で会社を休みました。
(C) このノートは、3冊で500円です。
(D) ナイフで肉を切ります。

2 今度、お寿司を食べに行きましょう。
(A) 銀行へは、山田さんに会ってから行きます。
(B) 1週間に1回スーパーへ行きます。
(C) アメリカへ英語の勉強に行きたいです。
(D) バスに乗って、海まで行きました。

3 風が強いから、今日は外に出たくない。
(A) 明日は、午後から仕事に行きます。
(B) 遅くなるから、先に晩ご飯を食べてね。
(C) これは誕生日に、姉からもらった本です。
(D) 宿題をしてから、遊びに行きましょうね。

4 権利には責任が伴うものだ。
(A) 子供は母親に甘えるものだ。
(B) つくづく便利な世の中になったものだと思う。
(C) 子供の頃はよくいたずらをして叱られたものだ。
(D) この人形は木を削って作ったものだ。

5 目覚まし時計が、朝6時に<u>なる</u>ようにしておこう。

(A) 医者に<u>なる</u>のが、子供の頃からの夢だ。

(B) 先生がお帰りに<u>なる</u>のは、8時過ぎです。

(C) ベルが<u>なる</u>まで、教室を出てはいけません。

(D) これから寒く<u>なる</u>から、風邪を引かないようにね。

6 外に出る<u>と</u>、雨が降っていた。

(A) 窓を開ける<u>と</u>、富士山が見えた。

(B) 春になる<u>と</u>、暖かくなる。

(C) 明日雨が降る<u>と</u>、ピクニックは来週になる。

(D) 山田さんも合格する<u>と</u>いいね。

7 山本工業の村井と申しますが、社長さん<u>いらっしゃいますか</u>。

(A) 部長は、午後横浜銀行へ<u>いらっしゃいます</u>。

(B) 先日お目にかかった上野ですが、覚えて<u>いらっしゃいますか</u>。

(C) 今夜は、お宅に<u>いらっしゃいますか</u>。

(D) 林さんは、午後はこちらへ<u>いらっしゃいますか</u>。

8 今更言ってみた<u>ところ</u>で、結果は同じだ。

(A) それが山本さんのいい<u>ところ</u>だと思います。

(B) 角を曲がった<u>ところ</u>で、ばったり友人に会った。

(C) 一晩だけ勉強した<u>ところ</u>で、良い点が取れるはずがないだろう。

(D) 今仕事が一区切りついた<u>ところ</u>です。

9 貿易を<u>めぐる</u>2国間の話し合いは、今も続いている。

    (A) 新しい高速道路の建設を<u>めぐる</u>投票が、明日行われる。

    (B) 山での生活は、季節が<u>めぐる</u>のを身近に感じられる。

    (C) ヨーロッパを1週間で<u>めぐる</u>旅行が、人気だそうだ。

    (D) 昔住んでいた町を<u>めぐる</u>ことで、古い記憶が蘇った。

10 研修中はリーダーの指示に<u>したがって</u>、行動してください。

    (A) 寒くなるに<u>したがって</u>、子供たちは外に出なくなる。

    (B) 説明書に<u>したがって</u>、一つ一つ机の部品を組み立ててみた。

    (C) あなたは卒業試験を受けなかった。<u>したがって</u>、卒業は認められない。

    (D) 会議が長引くに<u>したがって</u>、出席者に疲労が見えてきた。

11 <u>もう</u>12時になりましたから、寝ます。

    (A) 友達が来ますから、<u>もう</u>少し待ってください。

    (B) りんごを<u>もう</u>3つください。

    (C) 天気がいいですから、<u>もう</u>30分ぐらい歩きませんか。

    (D) 起きてください。<u>もう</u>朝ですよ。

12 辛いことも、考え方<u>次第</u>で楽になるかもしれないよ。

    (A) その本が見つかり<u>次第</u>、お知らせします。

    (B) 今後のスケジュールが決まり<u>次第</u>、ご連絡します。

    (C) 君の努力<u>次第</u>で、大学が決まる。

    (D) お天気が回復し<u>次第</u>、試合を再開します。

해설 및 정답 의미 및 용법 구분·기출 확인 문제

1 볼펜<u>으로</u> 써 주세요.

(A) 레스토랑<u>에서</u> 식사를 합니다.

(B) 감기 <u>때문에</u> 회사를 쉬었습니다.

(C) 이 노트는 세 권<u>에</u> 500엔입니다.

(D) 나이프<u>로</u> 고기를 자릅니다.

해설 | 문제의 「~で」는 '~로'라는 뜻으로, '수단·방법'을 나타낸다. 선택지 중 이와 같은 뜻으로 쓰인 것은 (D)로, (A)는 '~에서'라는 뜻으로 '장소', (B)는 '~때문에'라는 뜻으로 '원인', (C)는 '~에, ~로'라는 뜻으로 '한정'을 나타낸다.

어휘 | ボールペン 볼펜 書(か)く (글씨·글을) 쓰다 ~てください ~해 주세요 レストラン 레스토랑 食事(しょくじ) 식사 風邪(かぜ) 감기 会社(かいしゃ) 회사 休(やす)む 쉬다 ノート 노트 ~冊(さつ) ~권 *책 등을 세는 말 ~円(えん) ~엔 *일본의 화폐 단위 ナイフ 나이프, 칼 肉(にく) 고기 切(き)る 자르다

2 이 다음에 초밥을 먹<u>으러</u> 갑시다.

(A) 은행에는 야마다 씨를 만난 <u>후에</u> 갑니다.

(B) 일주일<u>에</u> 한 번 슈퍼에 갑니다.

(C) 미국에 영어 공부<u>하러</u> 가고 싶습니다.

(D) 버스를 타고 바다<u>까지</u> 갔습니다.

해설 | 문제의 「~に」는 '~하러'라는 뜻으로, 「동사의 ます형·동작성 명사」에 붙어서 동작의 목적을 나타낸다. 선택지 중 이와 같은 뜻으로 쓰인 것은 (C)로, (A)는 동사 「会(あ)う」(만나다) 앞에 와서 '~을 (만나다)', (B)는 '~에'라는 뜻으로 '시간·때', (D)는 동사 「乗(の)る」((탈것에) 타다) 앞에 와서 '~을 (타다)'라는 뜻을 나타낸다.

어휘 | 今度(こんど) 이 다음 寿司(すし) 초밥 食(た)べる 먹다 行(い)く 가다 ~ましょう ~합시다 銀行(ぎんこう) 은행 ~てから ~하고 나서, ~한 후에 1週間(いっしゅうかん) 일주일 *「~週間(しゅうかん)」- ~주간, ~주일 ~回(かい) ~회, ~번 スーパー 슈퍼(마켓) *「スーパーマーケット」의 준말 アメリカ 미국 英語(えいご) 영어 勉強(べんきょう) 공부 동사의 ます형+たい ~하고 싶다 バス 버스 海(うみ) 바다 ~まで ~까지

3 바람이 강하<u>니까</u> 오늘은 밖에 나가고 싶지 않다.

(A) 내일은 오후<u>부터</u> 일하러 갑니다.

(B) 늦어지<u>니까</u> 먼저 저녁을 먹어.

(C) 이것은 생일에 누나<u>에게서</u> 받은 책입니다.

(D) 숙제를 <u>한 후에</u> 놀러 가자고요.

해설 | 문제의 「~から」는 '~니까, ~이므로, ~이기 때문에, ~라서'라는 뜻으로 '원인이나 이유'를 나타낸다. 선택지 중 이와 같은 뜻으로 쓰인 것은 (B)로, (A)는 '~부터'라는 뜻으로 '기점·시간', (C)는 '~에게서, ~을 통해서'라는 뜻으로 '나오는 곳·출처', (D)는 「~てから」의 꼴로 '~하고 나서, ~한 후에'라는 뜻을 나타낸다.

어휘 | 風(かぜ) 바람 強(つよ)い 강하다 今日(きょう) 오늘 外(そと) 밖 出(で)る 나가다 明日(あした) 내일 午後(ごご) 오후 仕事(しごと) 일, 업무 동작성 명사·동사의 ます형+に ~하러 *동작의 목적 遅(おそ)い (시간적으로) 늦다, 늦어지다 先(さき)に 먼저 晩(ばん)ご飯(はん) 저녁(식사) 食(た)べる 먹다 誕生日(たんじょうび) 생일 姉(あね) (자신의) 누나, 언니 もらう (남에게) 받다 本(ほん) 책 宿題(しゅくだい) 숙제 遊(あそ)ぶ 놀다

4 권리에는 책임이 따<u>르는 법이다.</u>

(A) 아이는 어머니에게 응석 부리는 <u>법이다.</u>

(B) 정말 편리한 세상이 되었<u>구나</u> 라고 생각한다.

(C) 어릴 때는 자주 장난을 쳐서 야단을 맞곤 <u>했다.</u>

(D) 이 인형은 나무를 깎아서 만든 <u>것이다.</u>

해설 | 문제의 「~ものだ」는 '~인 것[법]이다'라는 뜻으로 '상식·진리·본성'을 나타낸다. 선택지 중 이와 같은 뜻으로 쓰인 것은 (A)로, (B)는 '~하군, ~구나'의 뜻으로 '감탄', (C)는 「동사의 た형+ものだ」의 꼴로 '과거의 경험'을 나타내어 '~하곤 했다', (D)는 '것'이라는 뜻으로 '구체적인 대상물'을 나타낸다.

어휘 | 権利(けんり) 권리 責任(せきにん) 책임 伴(ともな)う 따르다, 수반하다 子供(こども) 아이 母親(ははおや) 모친, 어머니 甘(あま)える 응석 부리다 つくづく 절실히, 정말 便利(べんり)だ 편리하다 世(よ)の中(なか) 세상 いたずらをする 장난을 치다 叱(しか)る 꾸짖다. 나무라다 人形(にんぎょう) 인형 木(き) 나무 削(けず)る 깎다

280

5 자명종이 아침 6시에 <u>울리</u>도록 해 두자.

(A) 의사가 <u>되는</u> 것이 어릴 때부터의 꿈이다.
(B) 선생님께서 돌아가<u>시는</u> 것은 8시 넘어서입니다.
(C) 벨이 울릴 때까지 교실을 나가서는 안 됩니다.
(D) 앞으로 추워<u>지</u>니까 감기에 걸리지 않도록 해.

해설 | 문제의 「なる」는 '울리다, 소리가 나다'라는 뜻으로 한자로는 「鳴る」라고 쓴다. 선택지 중 이와 같은 뜻으로 쓰인 것은 (C)로, (A)는 「~になる」의 꼴로 '~이 되다', (B)는 「お+동사의 ます형+になる」의 꼴로 '~하시다'라는 뜻의 존경표현이고, (D)는 「い형용사의 어간+くなる」의 꼴로 '~해지다'라는 뜻을 나타낸다.

어휘 | 目覚(めざ)まし時計(どけい) 자명종 朝(あさ) 아침 ~ように ~하도록 ~ておく ~해 놓다[두다] 医者(いしゃ) 의사 子供(こども) 아이 頃(ころ) 때, 시절, 무렵 夢(ゆめ) 꿈 先生(せんせい) 선생님 帰(かえ)る 돌아가다 過(す)ぎ (때를 나타내는 명사에 붙어서) 지남, 넘음 ベル 벨 教室(きょうしつ) 교실 出(で)る 나가다 ~てはいけない ~해서는 안 되다 これから 이제부터, 앞으로 寒(さむ)い 춥다 風邪(かぜ)を引(ひ)く 감기에 걸리다

6 밖에 나오<u>니</u> 비가 내리고 있었다.

(A) 창문을 여<u>니</u> 후지산이 보였다.
(B) 봄이 되<u>면</u> 따뜻해진다.
(C) 내일 비가 내리<u>면</u> 소풍은 다음 주가 된다.
(D) 야마다 씨도 합격하<u>면</u> 좋겠네.

해설 | 문제의 「と」는 '~하자, ~하니'라는 뜻으로 '발견'을 나타낸다. 선택지 중 이와 같은 뜻으로 쓰인 것은 (A)로, (B)는 '~면'이라는 뜻으로 '필연적 조건', (C)와 (D)는 '~면'이라는 뜻으로 '가정적인 상황이나 사태'를 나타낸다.

어휘 | 外(そと) 밖 出(で)る 나오다 雨(あめ) 비 降(ふ)る (비·눈 등이) 내리다, 오다 窓(まど) 창문 開(あ)ける 열다 富士山(ふじさん) 후지산 見(み)える 보이다 春(はる) 봄 暖(あたた)かい 따뜻하다 明日(あした) 내일 ピクニック 피크닉, 소풍 来週(らいしゅう) 다음 주 合格(ごうかく) 합격 いい 좋다

7 야마모토 공업의 무라이라고 합니다만, 사장님 <u>계십니까</u>?

(A) 부장님은 오후에 요코하마 은행에 <u>가십니다</u>.
(B) 일전에 뵈었던 우에노입니다만, 기억하고 <u>계십니까</u>?
(C) 오늘 밤에는 댁에 <u>계십니까</u>?
(D) 하야시 씨는 오후에는 이쪽으로 <u>오십니까</u>?

해설 | 문제의 「いらっしゃる」는 '계시다'라는 뜻으로, 선택지 중 이와 같은 뜻으로 쓰인 것은 (C)이다. (A)는 '가시다', (B)는 「~ていらっしゃる」의 꼴로 '~하고 계시다, ~이시다', (D)는 '오시다'라는 뜻을 나타낸다.

어휘 | 工業(こうぎょう) 공업 ~と申(もう)す ~라고 하다 *「~と言(い)う」의 겸양표현 社長(しゃちょう)さん 사장님 部長(ぶちょう) 부장 午後(ごご) 오후 銀行(ぎんこう) 은행 先日(せんじつ) 요전, 일전 お目(め)にかかる 만나 뵙다 *「会(あ)う」(만나다)의 겸양표현 覚(おぼ)える 기억하다 今夜(こんや) 오늘 밤 お宅(たく) 댁 こちら 이쪽

8 이제 와서 <u>말해 봤자</u> 결과는 같다.

(A) 그것이 야마모토 씨의 좋은 <u>점</u>이라고 생각합니다.
(B) 모퉁이를 돈 <u>곳</u>에서 딱 친구를 만났다.
(C) 하룻밤만 <u>공부해 봤자</u> 좋은 점수를 딸 수 있을 리가 없을 것이다.
(D) 지금 일이 막 <u>일단락된</u> 참입니다.

해설 | 문제의 「ところ」는 「동사의 た형+ところで」의 꼴로 '~해 봤자, ~한들'이라는 뜻을 나타낸다. 선택지 중 이와 같은 뜻으로 쓰인 것은 (C)로, (A)는 '부분, 점' (B)는 '곳, 장소, 데', (D)는 「동사의 た형+ところだ」의 꼴로 '막 ~한 참이다, ~한 지 얼마 안 되다'라는 뜻을 나타낸다.

어휘 | 今更(いまさら) 이제 와서 結果(けっか) 결과 同(おな)じだ 같다, 마찬가지다 角(かど) 모퉁이 曲(ま)がる (방향을) 돌다 ばったり 딱 마주치는 모양 友人(ゆうじん) 친구 会(あ)う 만나다 一晩(ひとばん) 하룻밤 勉強(べんきょう) 공부 良(よ)い 좋다 点(てん) (경기 등의) 점수 取(と)る (점수 등을) 따다 ~はずがない ~일 리가 없다 今(いま) 지금 仕事(しごと) 일, 업무 一区切(ひとくぎ)り 일단락 *「一区切(ひとくぎ)りつく」- 일단락되다

9 무역을 둘러싼 두 나라 간의 교섭은 지금도 계속되고 있다.

(A) 새로운 고속도로 건설을 둘러싼 투표가 내일 실시된다.
(B) 산에서의 생활은 계절이 도는 것을 가깝게 느낄 수 있다.
(C) 유럽을 일주일로 도는 여행이 인기라고 한다.
(D) 옛날에 살았던 마을을 돌므로써 오래된 기억이 되살아났다.

해설 | 문제의 「めぐ(巡)る」는 '둘러싸다, 에워싸다, 또 어떤 일을 중심으로 그것과 관련되다'라는 뜻으로, 선택지 중 이와 같은 뜻으로 쓰인 것은 (A)이다. (B), (C), (D)는 모두 '(한 바퀴) 돌다'라는 뜻을 나타낸다.

어휘 | 貿易(ぼうえき) 무역 ~国(こく) ~나라, ~국 ~間(かん) ~간 話(はな)し合(あ)い 서로 이야기함, 의논, 교섭 今(いま)も 지금도 続(つづ)く 이어지다, 계속되다 新(あたら)しい 새롭다 高速道路(こうそくどうろ) 고속도로 建設(けんせつ) 건설 投票(とうひょう) 투표 明日(あした) 내일 行(おこな)う 하다, 행하다, 실시하다 山(やま) 산 生活(せいかつ) 생활 季節(きせつ) 계절 身近(みぢか)だ 자기 몸에 가깝다, 자기와 관계가 깊다 感(かん)じる 느끼다 ヨーロッパ 유럽 1週間(いっしゅうかん) 일주일 *~週間(しゅうかん)* - ~주간, ~주일 旅行(りょこう) 여행 人気(にんき) 인기 품사의 보통형+そうだ ~라고 한다 *전문 昔(むかし) 옛날 住(す)む 살다, 거주하다 町(まち) 마을 ~ことで ~함으로써 古(ふる)い 오래다, 오래되다 記憶(きおく) 기억 蘇(よみがえ)る 소생하다, 되살아나다

10 연수 중에는 리더의 지시에 따라서 행동해 주세요.

(A) 추워짐에 따라서 아이들은 밖에 나가지 않게 된다.
(B) 설명서에 따라서 하나하나 책상 부품을 조립해 봤다.
(C) 당신은 졸업시험을 보지 않았다. 따라서 졸업할 인정할 수 없다.
(D) 회의가 지연됨에 따라서 출석자에게 피로가 보이기 시작했다.

해설 | 문제의 「したが(従)う」는 '따르다, 좇다'라는 뜻으로, 선택지 중 이와 같은 의미로 쓰인 것은 (B)이다. (A)와 (D)는 「~にしたが(従)って」의 꼴로 '~함에 따라서'라는 뜻으로 '비례'를 나타내고, (C)는 「したが(従)って」의 꼴로 '따라서'라는 뜻의 접속사로 쓰였다.

어휘 | 研修(けんしゅう) 연수 ~中(ちゅう) ~중 リーダー 리더 指示(しじ) 지시 行動(こうどう) 행동 寒(さむ)い 춥다 い형용사의 어간+くなる ~해지다 子供(こども) 아이 ~たち (사람이나 생물을 나타내는 말에 붙어) ~들 外(そと) 밖 出(で)る 나가다 説明書(せつめいしょ) 설명서 一(ひと)つ一(ひと)つ 일일이, 하나하나 机(つくえ) 책상 部品(ぶひん) 부품 組(く)み立(た)てる 조립하다 あなた 당신 卒業(そつぎょう) 졸업 試験(しけん) 시험 受(う)ける (시험 등을) 치르다[보다] 認(みと)める 인정하다 会議(かいぎ) 회의 長引(ながび)く 오래 끌다, 지연되다 出席者(しゅっせきしゃ) 출석자 疲労(ひろう) 피로 見(み)える 보이다 ~てくる ~하기 시작하다

11 벌써 12시가 되었으니까 자겠습니다.

(A) 친구가 올 거니까 조금 더 기다려 주세요.
(B) 사과를 세 개 더 주세요.
(C) 날씨가 좋으니까 30분 정도 더 걷지 않을래요?
(D) 일어나세요. 벌써 아침이에요.

해설 | 문제의 「もう」는 '이미, 벌써, 이제'라는 뜻으로, 선택지 중 이와 같은 뜻으로 쓰인 것은 (D)이다. (A), (B), (C)는 '더'라는 뜻을 나타낸다.

어휘 | ~になる ~이 되다 友達(ともだち) 친구 少(すこ)し 조금 待(ま)つ 기다리다 ~てください ~해 주세요 りんご 사과 3(みっ)つ 세 개 ください 주세요 天気(てんき) 날씨 いい 좋다 ~ぐらい ~정도 歩(ある)く 걷다 ~ませんか ~하지 않겠습니까? *권유 起(お)きる 일어나다, 기상하다 朝(あさ) 아침

12 힘든 일도 사고방식에 따라서 편안해질지도 몰라.

(A) 그 책을 찾는 대로 알려 드리겠습니다.
(B) 앞으로의 스케줄이 결정되는 대로 연락드리겠습니다.
(C) 너의 노력에 따라서 대학이 결정된다.
(D) 날씨가 회복되는 대로 시합을 재개하겠습니다.

해설 | 문제의 「次第(しだい)」는 「~次第(しだい)で」의 꼴로 '~에 따라서'라는 뜻을 나타낸다. 선택지 중 이와 같은 뜻으로 쓰인 것은 (C)이다. (A), (B), (D)는 모두 「동사의 ます형+次第(しだい)」의 꼴로 '~하는 대로'라는 뜻을 나타낸다.

어휘 | 辛(つら)い 괴롭다, 힘들다 考(かんが)え方(かた) 사고방식 楽(らく)だ 편안하다 な형용사의 어간+になる ~해지다 ~かもしれない ~일지도 모른다 本(ほん) 책 見(み)つかる 발견되다, 찾게 되다 お+동사의 ます형+する ~하다 *겸양 표현 知(し)らせる 알리다 今後(こんご) 금후, 앞으로 スケジュール 스케줄 決(き)まる 정해지다, 결정되다 ご+한자명사+する ~하다 *겸양표현 連絡(れんらく) 연락 君(きみ) 자네, 너 努力(どりょく) 노력 大学(だいがく) 대학(교) 天気(てんき) 날씨 回復(かいふく) 회복 試合(しあい) 시합 再開(さいかい) 재개

주요 어휘 및 표현 정리 20

한자	읽기	의미
☐ 風邪	かぜ	감기
☐ 切る	きる	자르다, 절단하다
☐ 寿司	すし	초밥
☐ 先に	さきに	먼저
☐ 権利	けんり	권리
☐ 甘える	あまえる	응석 부리다
☐ つくづく	・	절실히, 정말
☐ 世の中	よのなか	세상
☐ 目覚まし時計	めざましどけい	자명종
☐ 工業	こうぎょう	공업
☐ 先日	せんじつ	요전, 일전
☐ お目にかかる	おめにかかる	만나 뵙다
☐ 覚える	おぼえる	기억하다
☐ 一晩	ひとばん	하룻밤
☐ 一区切りつく	ひとくぎりつく	일단락되다
☐ 話し合い	はなしあい	서로 이야기함, 의논, 교섭
☐ 蘇る	よみがえる	소생하다, 되살아나다
☐ ～に従って	～にしたがって	～함에 따라서
☐ 研修	けんしゅう	연수
☐ 疲労	ひろう	피로

PART 6 오문 정정

1. 문항 수	– 20개(121~140번)
2. 문제 형식	– 4개의 선택지 중 틀린 곳이나 문장의 흐름상 어색한 부분을 고르는 형식
3. 주요 문제 유형	– 조사 및 부사 오용
	– 형용사 및 동사 오용
	– 조동사 및 문법표현 오용
	– 명사 및 기타 오용
4. 최근 출제 경향	– 동사 오용이 5~6문항으로 비중이 가장 높으므로, 동사 관련 기본 문법 사항을 정리해 두어야 한다.
	– 형용사나 동사는 접속 형태나 활용, 시제 오용 등의 문제도 자주 출제되므로, 이 부분에 대한 학습도 필요하다.
	– 명사와 문법표현 오용도 매 시험 출제되는데, 특히 문법 표현 오용은 JLPT N1과 N2 수준의 문법을 완벽하게 숙지하고 있어야 한다.
	– 기타 부사, 관용표현 등도 출제되므로, 기본 문법사항을 중심으로 어휘 부분도 다시 한 번 정리해 두어야 한다.

조사 및 부사 오용

STEP 1 먼저 주요 조사 및 부사의 의미와 용법을 익히세요.

주요 조사의 의미와 용법

❶ **～か** : ～까?, ～인지, ～이나

예 箱の中には何が入っていましたか。
상자 안에는 무엇이 들어 있었습니까? (종조사)

예 教室の中に誰かいましたか。 교실 안에 누군가 있었나요? (부조사)

예 私は大学で経済か経営を専攻しようと思っている。
나는 대학에서 경제나 경영을 전공하려고 생각하고 있다. (병립조사)

▶ 조사 「か」를 사용한 표현으로는 일의 실현 여부나 적합성 여부를 물을 때 사용하는 「～かどうか」(～인지 어떤지, ～일지 어떨지), 「～かもしれない」(～일지도 모른다) 등이 있다.

예 今度の社員旅行に彼女が参加するかどうか知っていますか。
이번 사원 여행에 그녀가 참가할지 어떨지 알고 있나요?

예 もしかしたら明日そこに行くかもしれない。
어쩌면 내일 그곳에 갈지도 모른다.

❷ **～は** : ～은

예 彼女は今勉強している。
그녀는 지금 공부하고 있다. (주제 및 주체)

예 私は魚は好きだが、肉はあまり好きではない。
나는 생선은 좋아하지만 고기는 그다지 좋아하지 않는다. (대비)

예 そのかばんは思ったほど高くはなかった。
그 가방은 생각했던 것만큼 비싸지는 않았다. (강조)

▶ 조사 「は」를 사용한 표현으로는 「～はおろか」(～은커녕, ～은 물론이고), 「～はもとより」・「～はもちろん(のこと)」(～은 물론이고), 「～はさておいて」(～은 제쳐두고), 「～はいざ知らず」(～은 어떨지 모르지만) 등이 있다.

예 彼女はカタカナはおろか、ひらがなもまだよく読めないそうだ。
그녀는 가타카나는커녕 히라가나도 아직 잘 못 읽는다고 한다.

예 この車は国内はもとより、国外でも人気が高い。
이 차는 국내는 물론이고 국외에서도 인기가 높다.

예 彼は英語はもちろんのこと、ドイツ語もぺらぺらだ。
그는 영어는 물론이고 독일어도 유창하다.

예 他の事情はさておいて、まずこれから始めてください。
다른 사정은 제쳐두고 우선 이것부터 시작해 주세요.

예 子供はいざ知らず、大人がそんなことをするなんて、信じられない。
어린애는 어떨지 모르지만 어른이 그런 일을 하다니 믿을 수 없다.

❸ ～ほど : ～정도, ～만큼, ～(할)수록

예 人の誠意を無視するのにもほどがある。
사람의 성의를 무시하는 것에도 정도가 있다. (명사적 용법)

예 運動場に生徒が10人ほどいる。
운동장에 학생이 10명 정도 있다. (수량)

예 彼女は驚くほど日本語が上手になっていた。
그녀는 놀랄 만큼 일본어 능숙해져 있었다. (정도의 심함)

▶ 조사 「ほど」를 사용한 표현으로는 「～ば～ほど」(～하면 ～(할)수록), 「～ほど～ない」(~만큼 ～(은) 아니다) 등이 있다.

예 歌は練習すればするほど上手になる。 노래는 연습하면 할수록 능숙해진다.

예 今年の冬は去年ほど寒くはなかった。 올겨울은 작년만큼 춥지는 않았다.

❹ ～を : ～을

예 入学祝いを買いにデパートに行った。
입학 축하 선물을 사러 백화점에 갔다. (대상이나 목적)

예 両親のために、新しい家を建ててあげようと思っている。
부모님을 위해서 새 집을 지어 드리려고 생각하고 있다. (동작이나 작업의 결과)

예 幼い子供を一人でスーパーまで行かせるのはちょっと危ない。
어린아이를 혼자서 슈퍼까지 보내는 것은 조금 위험하다. (동작의 주체)

예 関係者以外は絶対ここを通ってはいけない。
관계자 이외에는 절대로 여기를 통과해서는 안 된다. (통과점)

▶ 조사 「を」를 사용한 표현으로는 「～を通じて」(～을 통해서, ～내내), 「～を皮切りに」(～을 시작으로), 「～を禁じ得ない」(~을 금할 수 없다) 등이 있다.

예 マスコミを通じて情報を収集する。 매스컴을 통해서 정보를 수집한다. (수단·매개)

예 この地域は1年を通じて暖かい。 이 지역은 일 년 내내 따뜻하다. (기간)

예 彼の発言を皮切りに、反対意見が続出した。 그의 발언을 시작으로 반대 의견이 속출했다.

예 その人の話を聞いて、涙を禁じ得なかった。 그 사람의 이야기를 듣고 눈물을 금할 수 없었다.

❺ ～が : ～이, ～을, ～지만

예 出張は彼が行くことになった。 출장은 그가 가게 되었다. (동작의 주체)

예 私は歌が下手です。 저는 노래를 잘 못합니다. (대상)

예 すみませんが、この近くに銀行がありますか。 실례합니다만, 이 근처에 은행이 있나요? (내용 연결)

例 日は沈んだが、外はまだ明るい。

해는 졌지만 밖은 아직 밝다. (역접)

例 大変申し訳ありませんが、急用ができて午後の会議には出席できないのですが。

대단히 죄송하지만, 급한 용무가 생겨서 오후 회의에는 참석할 수 없습니다만. (완곡)

▶ 조사「が」를 사용한 표현으로는「〜がする」(〜이 나다),「〜が早いか」(〜하자마자) 등이 있다.

例 台所から変な匂いがした。

부엌에서 이상한 냄새가 났다.

例 彼は教室に入るが早いか、私の名前を叫んだ。

그는 교실에 들어오자마자 내 이름을 외쳤다.

❻ 〜から : 〜부터, 〜로, 〜을 통해서, 〜니까, 〜이므로, 〜이기 때문에, 〜라서

例 今日から冬休みに入ります。

오늘부터 겨울방학에 들어갑니다. (기점)

例 今日の打ち合わせは午後2時から始まります。

오늘 미팅은 오후 2시부터 시작됩니다. (시간)

例 チーズはミルクから作られます。

치즈는 우유로 만들어집니다. (재료)

例 工場の煙突から煙がもくもくと出ている。

공장 굴뚝에서 연기가 뭉게뭉게 나오고 있다. (나오는 곳, 출처)

例 せっかくの連休だから、遊園地にでも行こうと思っている。

모처럼의 연휴니까 유원지에라도 가려고 생각하고 있다. (원인이나 이유)

▶ 조사「から」를 사용한 표현으로는「〜からには」(〜한 이상은),「〜からといって」(〜라고 해서),「〜からして」(〜부터가),
「〜からこそ」(〜이기 때문에),「〜からすると」(〜로 보면),「〜からある」((크기·길이·무게) 〜나 되는),「〜からする」((가
격) 〜나 하는) 등이 있다.

例 約束したからには、必ず守ってください。

약속한 이상은 반드시 지켜 주십시오.

例 金持ちだからといって、いつも幸せなわけではない。

부자라고 해서 늘 행복한 것은 아니다.

例 やはり都会の人たちはファッションからして違う。

역시 도시 사람들은 패션부터가 다르다.

例 これは若いからこそ、できる方法である。

이것은 젊기 때문에 할 수 있는 방법이다.

例 彼の発言からすると、彼女が今回の事件の犯人に違いない。

그의 발언으로 보면 그녀가 이번 사건의 범인임에 틀림없다.

例 身長2メートルからある男が目の前に立っていた。

신장이 2m나 되는 남자가 눈앞에 서 있었다.

例 彼は3,000万円からする車を買ったそうだ。

그는 3천만 엔이나 하는 차를 샀다고 한다.

❼ ～で : ～에서, ～로, ～때문에

예 ここでたばこを吸わないでください。 여기에서 담배를 피우지 말아 주세요. (장소)

예 弟は木で人形を作っていた。 남동생은 나무로 인형을 만들고 있었다. (재료)

예 日本では電車で通勤する会社員が多い。 일본에서는 전철로 통근하는 회사원이 많다. (수단이나 방법)

예 広場は人々でいっぱいになっていた。 광장은 사람들로 가득 차 있었다. (충만의 대상)

예 山田君は今日病気で会社を休むそうだ。 야마다 군은 오늘 병 때문에 회사를 쉰다고 한다. (원인이나 이유)

예 この仕事は一人では到底できない。 이 일은 혼자서는 도저히 할 수 없다. (한정)

❽ ～に : ～에, ～에게, ～하러

예 駅の近くに大きなスーパーがある。
역 근처에 큰 슈퍼가 있다. (존재 위치)

예 先週彼女にメールを送ったが、未だに返事がない。
지난주에 그녀에게 메일을 보냈지만 아직도 답장이 없다. (동작의 목표, 귀착점)

예 私は毎朝6時に起きている。
나는 매일 아침 6시에 일어나고 있다. (시간)

예 みんなに大変迷惑をかけてしまった。
모두에게 대단히 폐를 끼치고 말았다. (동작의 대상)

예 よかったら、一緒にご飯を食べに行きませんか。
괜찮으면 함께 밥을 먹으러 가지 않을래요? (동작의 목적)

▶ 조사 「に」를 사용한 표현으로는 「～に従って」(～함에 따라서), 「～にとって」(~에게 있어서), 「～に反して」(~에 반해, ~와 달리), 「～について」(~에 대해서), 「～に応じて」(~에 응해, ~에 따라, ~에 적합하게), 「～に応えて」(~에 부응해서), 「～にもまして」(~보다 더) 등이 있다.

예 山の上に高く登るに従って空気は薄くなる。
산 위에 높이 올라감에 따라서 공기는 희박해진다.

예 これは彼にとって大事な写真だ。
이것은 그에게 있어서 중요한 사진이다.

예 みんなの予想に反して、負けてしまった。
모두의 예상과 달리 지고 말았다.

예 今、日本文学について勉強している。
지금 일본 문학에 대해서 공부하고 있다.

예 必要に応じてはまた来るかもしれない。
필요에 따라서는 또 올지도 모른다.

예 顧客の要望に応えて分割払いが可能になった。
고객의 요망에 부응해 할부가 가능해졌다.

예 最近は以前にもまして能力が賃金に多く反映されている。
최근에는 이전보다 더 능력이 임금에 많이 반영되고 있다.

주요 부사의 의미와 용법

❶ 부정을 수반하는 부사

- 決^{けっ}して 결코
- 一向^{いっこう}に 전혀
- 必^{かなら}ずしも 반드시
- ろくに 제대로, 변변히
- てんで 아예, 도무지
- みじんも 조금도, 추호도

- 滅多^{めった}に 좀처럼
- からっきし 통, 전혀
- まるっきり 전혀
- 二度^{にど}と 두 번 다시
- ちっとも 조금도, 전혀
- とんと 조금도, 전혀

❷ 긍정과 부정 양쪽 다 사용이 가능한 부사

- まるで 마치, 전혀
- なかなか 꽤, 좀처럼
- ちょっと 조금, 좀처럼

- とても 아주, 도저히
- 何^{なん}とも 정말로, 아무렇지도
- さっぱり 말끔히, 전혀

❸ 의문형을 수반하는 부사

- なぜ 왜, 어째서
- 果^はたして 과연
- どれほど 어느 정도, 얼마나

- 一体^{いったい} 도대체
- どうして 어째서, 왜
- いかに 어떻게

❹ 희망이나 바람을 수반하는 부사

- 是非^{ぜひ} 제발, 부디, 꼭
- くれぐれも 부디, 아무쪼록, 제발

- 何^{なん}とか 어떻게든
- どうか 부디, 어떻게든

❺ 가정을 수반하는 부사

- もし 만약
- 一旦^{いったん} 일단
- ひょっとしたら 어쩌면

- たとえ 설사, 설령
- 仮^{かり}に 만일, 설사
- もしかしたら 어쩌면

JPT 기출문제로 훈련하기

STEP 2 밑줄 친 부분 중에서 틀리거나 어색한 부분을 찾아보세요.

조사

1 <u>次</u>の<u>英語</u>の言葉<u>を</u>カタカナ<u>に</u>書きましょう。
　(A)　(B)　　　　(C)　　　　(D)

2 子供<u>を</u>車の中に<u>置いた</u>まま、何時間<u>だけ</u>パチンコをしている<u>ひどい</u>親がいる。
　　(A)　　　　　(B)　　　　　　(C)　　　　　　　　　　(D)

3 先週の金曜日は、仕事の<u>後</u>、田村さんと<u>一緒で</u>会社の<u>近く</u>にあるレストランに行きました。
　　(A)　　　　　　　　(B)　　　　　　(C)　　　(D)

4 <u>来週</u>の土曜日、<u>皆に</u>映画を <u>見</u>に<u>行き</u>ませんか。
　(A)　　　　　(B)　　(C)(D)

5 <u>図書館</u>の<u>中には</u>、走ったり大きな<u>声で</u>話したり<u>しないで</u>ください。
　(A)　　　(B)　　　　　　　(C)　　　　　(D)

6 <u>午後2時</u><u>まで</u>、銀行に<u>行く</u><u>こと</u>ができますか。
　(A)　　(B)　　　　(C)　　(D)

부사

7 来週、親戚の結婚式がある<u>ので</u>、<u>果たして</u><u>東京</u>に行く<u>かもしれない</u>。
　　　　　　　　　　(A)　　　　(B)　(C)　　　　　(D)

8 性能が優れている<u>からといって</u>、<u>まるで</u>その<u>製品</u>が売れる<u>とは限らない</u>。
　　　　　　　(A)　　　　　(B)　　　(C)　　　　(D)

정답 | 1 (D) に → で　2 (C) だけ → も　3 (C) で → に　4 (B) に → で
　　　5 (B) には → では　6 (B) まで → までに　7 (C) 果たして → ひょっとしたら　8 (B) まるで → 必ずしも

291

조사 및 부사 오용 | 기출 확인 문제

STEP 3 다음 기출문제를 풀어 보세요.

1 父は70歳で、もう 元気に働いています。
      (A)   (B) (C)   (D)

2 今日の会議は4階の相談室で3時で始まります。
           (A) (B)   (C)   (D)

3 彼は生まれた時から目が悪くて、何を見ることができませんが、ピアノを上手に弾くこ
     (A)   (B)   (C)   (D)
とができます。

4 ゆうべから雪がたくさんに降って、今朝はとても寒いです。
  (A)   (B)   (C)   (D)

5 あのレストランはフランス料理の店で、少し高いですが、外国人もよく食べりに来ます。
 (A)   (B)   (C)   (D)

6 どこからかせんべいの焼けるようなこうばしい匂いにしている。
   (A)   (B)   (C)   (D)

7 私は今ダイエットをしているので、いったん目の前においしそうなケーキがあっても絶対に
        (A)   (B)   (C)   (D)
食べません。

8 今度食事をしようと友達と約束したのに、やっと時間が取れない。
 (A)   (B)   (C)   (D)

9 ボーナスは、会社の業績や社員の営業成績と応じて支給される決まりになっている。
 (A)   (B)   (C)   (D)

10 健康に自信があるだけあって、そんなに無茶をすると病気になりかねない。
    (A)   (B)   (C)   (D)

해설 및 정답 조사 및 부사 오용·기출 확인 문제

1 아버지는 70세로 <u>아직</u> 건강하게 일하고 있습니다. / (B) もう → まだ

해설 | (B)의「もう」는 '이미, 벌써, 이제'라는 뜻의 부사로, 문장과는 맞지 않는다. 문맥상 (B)에는 '아직'이라는 뜻의 부사가 와야 하므로,「まだ」로 고쳐야 한다.

어휘 | 父(ちち) (자신의) 아버지 ～歳(さい) ～세, ～살 元気(げんき)だ 건강하다 働(はたら)く 일하다

2 오늘 회의는 4층 상담실에서 3시<u>에</u> 시작됩니다. / (D) で → に

해설 | (D)의「～で」(～에서는) 동작이 이루어지는 장소를 나타내는 조사로, 문장과는 맞지 않는다. 문맥상 (D)에는 시간을 나타내는 조사가 와야 하므로,「～に」(～에)로 고쳐야 한다.

어휘 | 今日(きょう) 오늘 会議(かいぎ) 회의 ～階(かい) ～층 相談室(そうだんしつ) 상담실 始(はじ)まる 시작되다

3 그는 태어났을 때부터 눈이 좋지 않아서 <u>아무것도</u> 볼 수 없습니다만 피아노를 잘 칠 수 있습니다. / (C) 何を → 何も

해설 | (C)의「何(なに)を」는 '무엇을'이라는 뜻의 표현으로,「日曜日(にちようび)には何(なに)をして過(す)ごしますか」(일요일에는 무엇을 하며 지냅니까?)처럼 쓴다. 문장 후반부에「見(み)ることができませんが」(볼 수 없습니다만)라는 부정표현이 있으므로, (C)는「何(なに)も」(아무것도)로 고쳐야 한다.

어휘 | 生(う)まれる 태어나다 目(め) 눈 悪(わる)い 나쁘다, 좋지 않다 見(み)る 보다 동사의 기본형+ことができる ～할 수 있다 ピアノ 피아노 上手(じょうず)だ 능숙하다, 잘하다 弾(ひ)く (악기를) 연주하다, 켜다, 치다, 타다

4 어젯밤부터 눈이 <u>많이</u> 내려서 오늘 아침에는 매우 춥습니다. / (B) たくさんに → たくさん

해설 | (B)의「たくさんに」와 같은 표현은 없다. '많이'라는 뜻의 부사는「たくさん」으로 뒤에 조사가 붙지 않는다. 따라서 (B)는「たくさん」으로 고쳐야 한다.

어휘 | ゆうべ(昨夜) 어젯밤 雪(ゆき) 눈 降(ふ)る (비·눈 등이) 내리다, 오다 今朝(けさ) 오늘 아침 とても 아주, 매우 寒(さむ)い 춥다

5 저 레스토랑은 프랑스 요리 가게로 조금 비싸지만 외국인도 자주 <u>먹으러</u> 옵니다. / (D) 食べりに → 食べに

해설 | 문맥상 (D)에는 '먹으러'라는 동작의 목적을 나타내는 표현이 와야 한다. 동작의 목적은「동사의 ます형+に」의 형태로 나타내므로, (D)의「食(た)べりに」는「食(た)べる」(먹다)의 ます형인「食(た)べ」로 고쳐서「食(た)べに」(먹으러)라고 해야 한다.

어휘 | レストラン 레스토랑 フランス 프랑스 料理(りょうり) 요리 店(みせ) 가게 少(すこ)し 조금 高(たか)い (값이) 비싸다 外国人(がいこくじん) 외국인 よく 자주 来(く)る 오다

293

6 어디에서인지 전병이 구워지는 것 같은 구수한 냄새<u>가</u> 나고 있다 / (D) に → が

해설 | '냄새가 나다'라는 표현은 조사 「~が」를 써서 「匂(にお)いがする」라고 한다. 따라서 (D)의 「~に」는 「~が」로 고쳐야 한다.

어휘 | どこ 어디 ~か ~인지 せんべい 전병 焼(や)ける 구워지다 こう(香)ばしい 향기롭다, 구수하다

7 저는 지금 다이어트를 하고 있기 때문에 설령 눈앞에 맛있어 보이는 케이크가 있더라도 절대로 먹지 않습니다.
/ (B) いったん → たとえ

해설 | (B)의 「いったん(一旦)」은 '일단'이라는 뜻의 부사로, 문장과는 맞지 않는다. 문맥상 (B)에는 어떤 조건을 가정하고 그 조건 아래에서도 결과가 변하지 않음을 나타내는 부사가 와야 하므로, '설령, 설사'라는 뜻인 「たとえ」로 고쳐야 한다.

어휘 | 今(いま) 지금 ダイエット 다이어트 目(め) 눈 前(まえ) (공간적인) 앞 おい(美味)しい 맛있다
い형용사의 어간+そうだ ~일[할] 것 같다, ~해 보이다 *양태 ケーキ 케이크 絶対(ぜったい)に 절대로 食(た)べる 먹다

8 이 다음에 식사를 하자고 친구와 약속했는데 좀처럼 시간을 잡을 수 없다. / (D) やっと → なかなか

해설 | 문장 후반부에 「時間(じかん)が取(と)れない」(시간을 잡을 수 없다)라는 부정표현이 있으므로, (D)의 「やっと」(겨우, 간신히)는 문장과는 맞지 않는다. (D)에는 부정어를 수반하는 부사가 와야 하므로, 「なかなか」(좀처럼)로 고쳐야 한다.

어휘 | 今度(こんど) 이 다음 食事(しょくじ) 식사 約束(やくそく) 약속 ~のに ~는데(도) 時間(じかん) 시간 取(と)る 잡다

9 보너스는 회사의 실적이나 사원의 영업성적<u>에</u> 따라서 지급되는 규정으로 되어 있다. / (B) と → に

해설 | 문제에서 보너스는 실적이나 영업성적에 따라 지급된다고 했으므로, (B)에는 어떤 사항을 가리키고 그것과 연동해서 상황이 변화하는 모습을 나타내는 표현이 와야 한다. 이에 해당하는 표현은 「~に応(おう)じて」이므로, (B)의 「~と」는 「~に」로 고쳐야 한다.

어휘 | ボーナス 보너스 会社(かいしゃ) 회사 業績(ぎょうせき) 업적, 실적 社員(しゃいん) 사원 営業(えいぎょう) 영업
成績(せいせき) 성적 支給(しきゅう) 지급 決(き)まり 규정, 규칙

10 건강에 자신이 있다고 <u>해서</u> 그렇게 무리하면 병이 날지도 모른다. / (B) だけあって → からといって

해설 | (B)의 「~だけあって」는 '~인 만큼'이라는 뜻의 표현으로, 「一流(いちりゅう)ホテルだけあってサービスがいい」(일류 호텔인 만큼 서비스가 좋다)처럼 쓴다. 문맥상 (B)에는 '~라는 이유만으로'라는 뜻을 나타내는 표현이 와야 하므로, (B)는 「~からといって」(~라고 해서)로 고쳐야 한다.

어휘 | 健康(けんこう) 건강 自信(じしん) 자신(감) そんなに 그렇게(나) 無茶(むちゃ)をする 무리한 짓을 하다
病気(びょうき)になる 병이 나다[들다] 동사의 ます형+かねない ~할지도 모른다

한자	읽기	의미
☐ 大人	おとな	어른
☐ 信じる	しんじる	믿다
☐ 生徒	せいと	(중·고교) 학생
☐ 驚く	おどろく	놀라다
☐ 親	おや	부모
☐ 近く	ちかく	가까운 곳, 근처
☐ 声	こえ	목소리
☐ 親戚	しんせき	친척
☐ 性能	せいのう	성능
☐ 優れる	すぐれる	뛰어나다, 우수하다, 훌륭하다
☐ 製品	せいひん	제품
☐ 働く	はたらく	일하다
☐ 始まる	はじまる	시작되다
☐ 焼ける	やける	구워지다
☐ 香ばしい	こうばしい	향기롭다, 구수하다
☐ 匂いがする	においがする	냄새가 나다
☐ ～に応じて	～におうじて	～에 응해, ～에 따라, ～에 적합하게
☐ 支給	しきゅう	지급
☐ 決まり	きまり	규정, 규칙
☐ 健康	けんこう	건강

02 형용사 및 동사 오용

STEP 1 먼저 필수 문법을 익히세요.

い형용사 관련 기본 문법 사항

❶ 기본적인 활용 형태

- 부사형 ▶ 어미 「い」를 「く」로 바꿈.　　예 寒い(춥다) → 寒く(춥게)
- 과거형 ▶ 어미 「い」를 「かった」로 바꿈.　　예 寒い(춥다) → 寒かった(추웠다)
- 부정형 ▶ 어미 「い」를 「くない」로 바꿈.　　예 寒い(춥다) → 寒くない(춥지 않다)
- 가정형 ▶ 어미 「い」를 「ければ」로 바꿈.　　예 寒い(춥다) → 寒ければ(춥다면)
- 동사형 ▶ 어미 「い」를 빼고 「がる」를 접속.　　예 寒い(춥다) → 寒がる(추워하다)
- 명사형 ▶ 어미 「い」를 「さ」나 「み」로 바꿈.　　예 寒い(춥다) → 寒さ(추위)

▶ 기본적인 활용 형태 연습

い형용사	부사형	과거형	부정형	가정형	동사형	명사형
強い 강하다						
楽しい 즐겁다						
暑い 덥다						
嬉しい 기쁘다						
苦しい 괴롭다						

⬇

い형용사	부사형	과거형	부정형	가정형	동사형	명사형
強い	強く	強かった	強くない	強ければ	強がる	強さ
楽しい	楽しく	楽しかった	楽しくない	楽しければ	楽しがる	楽しさ
暑い	暑く	暑かった	暑くない	暑ければ	暑がる	暑さ
嬉しい	嬉しく	嬉しかった	嬉しくない	嬉しければ	嬉しがる	嬉しさ
苦しい	苦しく	苦しかった	苦しくない	苦しければ	苦しがる	苦しさ

❷ 보조 형용사

• 동사의 ます형+やすい : ~하기 쉽다[편하다]

　㉠ だいぶ寒くなり、風邪を引きやすい季節になった。
　　꽤 추워져서 감기에 걸리기 쉬운 계절이 되었다.

　㉠ ここは環境もいいし、住みやすいところですね。
　　여기는 환경도 좋고 살기 편한 곳이네요.

• 동사의 ます형+にくい : ~하기 어렵다[힘들다](하려고 하면 가능하지만 그게 힘듦)

　㉠ このペン、思ったより書きにくいなあ。
　　이 펜, 생각했던 것보다 쓰기 힘드네.

• 동사의 ます형+がたい : ~하기 어렵다(그렇게 하는 것이 불가능함)

　㉠ 真面目な彼がそんな行動をするとは、信じがたい。
　　성실한 그가 그런 행동을 하다니 믿기 힘들다.

• 동사의 ます형+づらい : ~하기 거북하다

　㉠ この話、先生にはちょっと言いづらいよ。
　　이 이야기, 선생님에게는 좀 말하기 거북해.

❸ 복합 형용사

• 명사+い형용사

　㉠ 毛 털 + 深い (양·정도가) 많다　　→ 毛深い 털이 많다
　　肌 피부 + 寒い 춥다　　→ 肌寒い 으스스 춥다
　　息 숨, 호흡 + 苦しい 괴롭다　　→ 息苦しい 숨이 막히다, 답답하다
　　根 뿌리 + 深い (바닥이) 깊다　　→ 根深い 뿌리 깊다
　　生 날것 + 臭い 냄새가 나다　　→ 生臭い 비린내가 나다
　　遠慮 조심함, 삼감 + 深い (양·정도가) 많다 → 遠慮深い 신중하다
　　欲 욕심 + 深い (양·정도가) 많다　　→ 欲深い 욕심이 지나치다, 탐욕스럽다

• い형용사의 어간+い형용사

　㉠ 細い 가늘다 + 長い 길다　　→ 細長い 가늘고 길다
　　堅い 딱딱하다 + 苦しい 괴롭다　　→ 堅苦しい 딱딱하다, 거북스럽다

• 동사의 ます형+い형용사

　㉠ 蒸す 찌다 + 暑い 덥다　　→ 蒸し暑い 무덥다
　　考える 생각하다 + 深い 깊다　　→ 考え深い 생각이 깊다, 사려 깊다

な형용사 관련 기본 문법 사항

❶ 기본적인 활용 형태

- 연체형 ▶ 어미 「だ」를 「な」로 바꿈. 예 静かだ(조용하다) → 静かな(조용한)

- 부사형 ▶ 어미 「だ」를 「に」로 바꿈. 예 静かだ(조용하다) → 静かに(조용하게)

- 중지형 ▶ 어미 「だ」를 「で」로 바꿈. 예 静かだ(조용하다) → 静かで(조용하고)

- 가정형 ▶ 어미 「だ」를 「なら」로 바꿈. 예 静かだ(조용하다) → 静かなら(조용하다면)

- 과거형 ▶ 어미 「だ」를 「だった」로 바꿈. 예 静かだ(조용하다) → 静かだった(조용했다)

- 부정형 ▶ 어미 「だ」를 「ではない」로 바꿈. 예 静かだ(조용하다) → 静かではない(조용하지 않다)

▶ 기본적인 활용 형태 연습

な형용사	연체형	부사형	중지형	가정형	과거형	부정형
稀だ 드물다						
上手だ 능숙하다						
丈夫だ 튼튼하다						
微かだ 희미하다						
元気だ 건강하다						

⬇

な형용사	연체형	부사형	중지형	가정형	과거형	부정형
稀だ	稀な	稀に	稀で	稀なら	稀だった	稀ではない
上手だ	上手な	上手に	上手で	上手なら	上手だった	上手ではない
丈夫だ	丈夫な	丈夫に	丈夫で	丈夫なら	丈夫だった	丈夫ではない
微かだ	微かな	微かに	微かで	微かなら	微かだった	微かではない
元気だ	元気な	元気に	元気で	元気なら	元気だった	元気ではない

❷ 외래어로 된 な형용사(な형용사로 굳어진 표현들)

- ハンサムだ 잘생기다
- シンプルだ 간단하다
- ユニークだ 독창적이다
- デリケートだ 섬세하다
- ナイーブだ 천진난만하다
- ナチュラルだ 자연스럽다

❸ 특수 활용하는 「同じだ」(같다, 마찬가지다)

- 명사를 수식할 때 활용 어미인 「な」가 붙지 않는다.

  예 同じ人 같은 사람 (同じな人 ×)

- 다만 형식 명사 「～の」(~것)와 「～ので」(~이기 때문에), 「～のに」(~는데(도))에 접속할 때는 「な」가 붙는다.

  예 同じなのが欲しい。 같은 것을 갖고 싶다.

  예 同じなので 같기 때문에   예 同じなのに 같은데

동사 관련 기본 문법 사항

❶ 「자동사+ている」는 문장에 따라 진행과 상태를 모두 나타낼 수 있다.

예 小鳥が青空を飛んでいる。 작은 새가 푸른 하늘을 날고 있다. (진행)

예 部屋のドアが開いている。 방문이 열려 있다. (상태)

❷ 「타동사+ている」는 진행을, 「타동사+てある」는 상태를 나타낸다.

예 部屋の窓を開けている。 방의 창문을 열고 있다. (진행)

예 部屋の窓が開けてある。 방의 창문이 열려 있다. (상태)

▶ 상태표현에서 「자동사+ている」는 자연스럽게 그렇게 되어 있는 단순한 상태를 나타내는 반면, 「타동사+てある」는 누군가에 의해 그렇게 되었다는 뉘앙스가 포함된다.

❸ 항상 「~ている」형으로만 사용되는 동사

・持つ 들다	・知る 알다	・似る 닮다
・住む 살다, 거주하다	・太る 살찌다	・痩せる 여위다, 마르다, 살이 빠지다
・優れる 뛰어나다, 우수하다	・尖る 뾰족하다	・ありふれる 흔해 빠지다
・覚える 기억하다, 외우다	・そびえる 우뚝 솟다	・曲がる 구부러지다

❹ 자동사가 없는 타동사

・打つ 치다, 때리다	・追う 쫓다	・置く 놓다, 두다
・着る (옷을) 입다	・示す 보이다, 나타내다	・殺す 죽이다
・飲む 마시다	・書く (글씨·글을) 쓰다	・兼ねる 겸하다
・告げる 고하다	・雇う 고용하다	・拒む 거부하다, 응하지 않다
・責める 비난하다	・攻める 공격하다	・投げる 던지다
・稼ぐ (돈을) 벌다	・蹴る (발로) 차다	・考える 생각하다

❺ 타동사가 없는 자동사

・寝る 자다, 눕다	・咲く (꽃이) 피다	・行く 가다
・来る 오다	・困る 곤란하다, 난처하다, 애먹다	・遊ぶ 놀다
・死ぬ 죽다	・曇る (날씨가) 흐리다	・渇く (목이) 마르다

❻ 묶어서 익혀 두어야 하는 자동사와 타동사

┌ 消える 꺼지다
└ 消す 끄다

┌ 空く 비다
└ 空ける 비우다

┌ 残る 남다
└ 残す 남기다

┌ 開く 열리다
└ 開ける 열다

┌ 通る 통과하다
└ 通す 통과시키다

┌ 落ちる 떨어지다
└ 落とす 떨어뜨리다

┌ 移る 옮다
└ 移す 옮기다

┌ 起きる 일어나다
└ 起こす 일으키다

┌ かかる (시간이) 걸리다
└ かける (시간 등을) 들이다

┌ 集まる 모이다
└ 集める 모으다

┌ 及ぶ (영향 등이) 미치다
└ 及ぼす (영향 등을) 미치게 하다

┌ 増える 늘다, 늘어나다
└ 増やす 늘리다

┌ 閉まる 닫히다
└ 閉める 닫다

┌ 止まる 멈추다, 서다
└ 止める 세우다

┌ 立つ 서다
└ 立てる 세우다

❼ 주요 보조 동사

· ~ていく : ~해 가다(현재로부터 미래로 변화가 진행됨)

例 技術の発達に伴い、環境問題もだんだん深刻になっていく。

기술 발전에 동반해 환경문제도 점점 심각해져 간다.

· ~てくる : ~해 오다, ~해지다(과거로부터 현재로 변화가 진행됨)

例 この地域も道路の整備で交通量が増えてきた。

이 지역도 도로 정비로 교통량이 늘어났다.

· ~ておく : ~해 놓다[두다](회화체에서는 「~とく」의 꼴로 나타냄)

例 彼に言っておくから、心配しないでください。

그에게 말해 둘 테니까 걱정하지 마세요.

· ~てしまう : ~해 버리다, ~하고 말다(완료·유감을 나타내는 표현으로, 회화체에서는 「~ちゃう」의 꼴로 나타냄)

例 あの菓子なら、さっき私が食べてしまったよ。

그 과자라면 조금 전에 내가 먹어 버렸어.

JPT 기출문제로 훈련하기

STEP 2 밑줄 친 부분 중에서 틀리거나 어색한 부분을 찾아보세요.

형용사

1 デパートで、きれい色のかわいいハンカチとおいしいワインを買いました。
　　　　　　　(A)　　　　　　　　(B)　　　(C)　　　　　　(D)

2 寒かった冬から暖かいな春になって、今年も庭にきれいな花がたくさん咲くでしょう。
　(A)　　　　　(B)　　　　　　　　　(C)　　　　　　　　　　(D)

3 先週は忙しくなかったでしたが、今週はテストの勉強 で忙しいです。
　　　　　　　　　(A)　　　　(B)　　　(C)(D)

4 兄は、自分の自転車を毎日 磨いて、とても大切で使っている。
　　　　(A)　　　　(B)　(C)　　　(D)

동사

5 お風呂に入って 少し休んでから、英語の先生から出された宿題を勉強します。
　　　　(A)　(B)　　　　　　　　　(C)　　　　　(D)

6 会社まで自転車で10分ぐらいだが、天気が悪い日には歩くから20分ぐらいかける。
　　(A)　　　　　　　(B)　　　　　(C)　　　　　　　(D)

7 この近くに、一年中きれいな花が咲いてある公園があります。
　(A)　　　　　(B)　　　(C)　　(D)

8 アメリカの友達が久しぶりに遊びに来るので、部屋に花を飾ってあることにします。
　　　　　　(A)　　　(B)　(C)　　　　(D)

정답 | 1 (A) きれい → きれいな　2 (B) 暖かいな → 暖かい　3 (A) でした → です　4 (D) 大切で → 大切に
　　5 (D) 勉強します → します　6 (D) かける → かかる　7 (C) 咲いてある → 咲いている　8 (D) 飾ってある → 飾っておく

STEP 3 다음 기출문제를 풀어 보세요.

1 甘い飲み物が好きですから、コーヒーにもたくさん砂糖を入れて甘いにします。
    (A)   (B)   (C)   (D)

2 コンピューターに詳しいの友達が、故障したパソコンをすぐに直してくれた。
              (A)   (B)   (C)   (D)

3 それでは、これからみんなで、テーブルに茶碗と箸を並んでください。
   (A)   (B)   (C)   (D)

4 この頃、留学をしたがれない大学生が増えているという。
  (A) (B)   (C)   (D)

5 車の後ろで子供が3人遊んであって、危ないです。
      (A)   (B)   (C)   (D)

6 鈴木先生の授業はおもしろくていつも多い学生が聞いています。
     (A)   (B)   (C)   (D)

7 酔っぱらいて帰ったら、息子に、お父さんのようにはなりたくないと言われてしまった。
  (A)   (B)   (C)   (D)

8 船便は航空便より15%ぐらい安いが、荷物が送るまでの時間は10倍かかる。
      (A)   (B)   (C)   (D)

9 広い線しか描けないペンだが、よかったら使ってみて。
 (A) (B)   (C)   (D)

10 様々な治療を試みたが、父の病気は一向に回復せず、かえって悪化なるばかりであった。
       (A)   (B)   (C)   (D)

1 단 음료를 좋아해서 커피에도 설탕을 많이 넣어 <u>달게</u> 합니다. / (D) 甘^{あま}いに → 甘^{あま}く

해설 | い형용사가 동사를 수식하려면 부사형인 「어간+く」(~하게)의 형태로 바뀌어야 한다. 따라서 (D)의 「甘(あま)いに」는 「甘(あま)く」(달게)로 고쳐야 한다.

어휘 | 甘(あま)い 달다 飲(の)み物(もの) 음료, 마실 것 好(す)きだ 좋아하다 コーヒー 커피 たくさん 많이 砂糖(さとう) 설탕 入(い)れる 넣다

2 컴퓨터에 <u>밝은</u> 친구가 고장 난 (개인용) 컴퓨터를 바로 고쳐 주었다. / (A) 詳^{くわ}しいの → 詳^{くわ}しい

해설 | い형용사가 명사를 수식할 때는 기본형 형태로 수식한다. 따라서 (A)의 「詳(くわ)しいの」는 「詳(くわ)しい」(밝은)로 고쳐야 한다. 이때의 「詳(くわ)しい」는 '정통하다, 잘 알고 있다, 밝다'라는 뜻을 나타낸다.

어휘 | コンピューター 컴퓨터 友達(ともだち) 친구 故障(こしょう)する 고장 나다 パソコン (개인용) 컴퓨터 *「パーソナルコンピューター」(퍼스널 컴퓨터)의 준말 すぐに 곧, 바로 直(なお)す 고치다, 수리하다 ~てくれる (남이 나에게) ~해 주다

3 그럼, 이제부터 다 같이 테이블에 밥공기와 젓가락을 <u>늘어놓아</u> 주세요. / (D) 並^{なら}んで → 並^{なら}べて

해설 | (D)의 「並(なら)ぶ」는 '(나란히) 늘어서다, 놓여 있다'라는 뜻의 자동사로, 목적격 조사 「を」(을)와 함께 쓸 수 없다. 문맥상 (D)에는 '(나란히) 늘어놓다, 진열하다'라는 뜻의 타동사 「並(なら)べる」를 써야 하므로, 「並(なら)んで」(늘어서)는 「並(なら)べて」(늘어놓아)로 고쳐야 한다.

어휘 | それでは 그럼, 그렇다면 これから 이제부터, 앞으로 みんなで 모두 함께, 다 같이 テーブル 테이블 茶碗(ちゃわん) 밥공기 箸(はし) 젓가락

4 요즘 유학을 <u>하고 싶어하지 않는</u> 대학생이 늘어나고 있다고 한다. / (C) したがれない → したがらない

해설 | '~하고 싶어하다'라는 제삼자의 희망은 「동사의 ます형+たがる」의 형태로 나타낸다. 문맥상 (C)에는 「する」(하다)의 ます형에 접속한 「したがる」(하고 싶어하다)의 부정형이 와야 하므로, 「したがらない」(하고 싶어하지 않다)로 고쳐야 한다.

어휘 | この頃(ごろ) 요즘 留学(りゅうがく) 유학 大学生(だいがくせい) 대학생 増(ふ)える 늘다, 늘어나다 ~という ~라고 한다

5 차 뒤에서 아이가 세 명 놀고 <u>있어서</u> 위험합니다. / (C) あって → いて

해설 | (C)의 「遊(あそ)ぶ」(놀다)는 자동사로, 뒷부분에 「~てある」(~해져 있다)의 형태로 사용할 수 없다. 이 경우 '~하고 있다'라는 의미인 「~ている」를 써야 하므로, (C)의 「あって」는 「いて」(있어서)로 고쳐야 한다.

어휘 | 車(くるま) 자동차, 차 後(うし)ろ 뒤 子供(こども) 아이 危(あぶ)ない 위험하다

PART 6

오문정정

303

6 스즈키 선생님의 수업은 재미있어서 항상 <u>많은</u> 학생이 듣고 있습니다. / (C) 多い → 多くの

해설 | '많다'라는 뜻의 い형용사 「多(おお)い」는 바로 뒤에 있는 명사를 수식할 때 「多(おお)く+の+명사」의 형태로 취한다. 따라서 (C)의 「多(おお)い」는 「多(おお)くの」(많은)로 고쳐야 한다.

어휘 | 授業(じゅぎょう) 수업 おもしろ(面白)い 재미있다 いつも 늘, 항상 学生(がくせい) 학생, (특히) 대학생
聞(き)く (귀담아) 듣다

7 <u>몹시 취해서</u> 돌아가니 아들에게 아버지처럼은 되고 싶지 않다는 말을 들어 버렸다. / (A) 酔っぱらいて → 酔っぱらって

해설 | '몹시 취하다'라는 뜻의 동사는 기본형이 「酔(よ)っぱらう」이다. 따라서 (A)의 「酔っぱらいて」는 「酔(よ)っぱらって」(몹시 취해서)로 고쳐야 한다.

어휘 | 帰(かえ)る 돌아가다 息子(むすこ) (자신의) 아들 お父(とう)さん 아버지 명사+の+ように ~처럼
~と言(い)われる ~라는 말을 듣다, ~라고 하다 ~てしまう ~해 버리다, ~하고 말다

8 배편은 항공편보다 15% 정도 싸지만 짐이 <u>도착할</u> 때까지의 시간은 10배 걸린다. / (C) 送る → 届く

해설 | (C)의 「送(おく)る」는 '(멀리) 보내다, 부치다'라는 뜻의 동사로, 문장과는 맞지 않는다. 문맥상 (C)에는 '(보낸 물건이) 도착하다, 닿다'라는 뜻의 동사가 와야 하므로, (C)는 「届(とど)く」((보낸 물건이) 도착할)로 고쳐야 한다.

어휘 | 船便(ふなびん) 배편 航空便(こうくうびん) 항공편 ~より ~보다 ~ぐらい ~정도 安(やす)い (값이) 싸다
荷物(にもつ) 짐 ~まで ~까지 時間(じかん) 시간 ~倍(ばい) ~배 かかる (시간이) 걸리다

9 <u>굵은</u> 선밖에 그릴 수 없는 펜이지만 괜찮다면 써 봐. / (A) 広い → 太い

해설 | (A)의 「広(ひろ)い」는 '(면적·범위 등이) 넓다'라는 뜻의 い형용사로, 문장과는 맞지 않는다. 문제는 「ペン」(펜)의 속성에 대해 이야기하고 있으므로, '굵다'라는 의미의 い형용사가 오는 것이 자연스럽다. 따라서 (A)는 「太(ふと)い」(굵은)로 고쳐야 한다.

어휘 | 線(せん) 선 ~しか (부정어 수반) ~밖에 描(か)く (그림을) 그리다 使(つか)う 쓰다, 사용하다

10 다양한 치료를 시도해 봤지만 아버지의 병은 전혀 회복되지 않고 오히려 <u>악화되기</u>만 했다. / (D) 悪化なる → 悪化する

해설 | 문맥상 (D)에는 '악화되다'라는 뜻의 표현이 와야 하는데, 「悪化(あっか)なる」와 같은 표현은 쓰지 않는다. '악화되다'는 「悪化(あっか)する」라고 하므로, (D)는 「悪化(あっか)する」(악화되기)로 고쳐야 한다.

어휘 | 様々(さまざま)だ 다양하다, 여러 가지다 治療(ちりょう) 치료 試(こころ)みる 시도해 보다 父(ちち) (자신의) 아버지
病気(びょうき) 병 一向(いっこう)に (부정어 수반) 전혀 回復(かいふく) 회복
~ず(に) ~하지 않고[말고] *「~ず(に)」가 「~する」(~하다)에 접속할 때는 「~せずに」가 됨 かえって 오히려, 도리어
~ばかり ~만, ~뿐

한자	읽기	의미
☐ 咲く	さく	(꽃이) 피다
☐ 磨く	みがく	(문질러) 닦다
☐ 一年中	いちねんじゅう	일 년 내내
☐ 飾る	かざる	꾸미다, 장식하다
☐ 砂糖	さとう	설탕
☐ 詳しい	くわしい	정통하다, 잘 알고 있다, 밝다
☐ 故障する	こしょうする	고장 나다
☐ 茶碗	ちゃわん	밥공기
☐ 箸	はし	젓가락
☐ 留学	りゅうがく	유학
☐ 増える	ふえる	늘다, 늘어나다
☐ 船便	ふなびん	배편
☐ 航空便	こうくうびん	항공편
☐ 荷物	にもつ	짐
☐ 線	せん	선
☐ 治療	ちりょう	치료
☐ 試みる	こころみる	시도해 보다
☐ 一向に	いっこうに	(부정어 수반) 전혀
☐ 回復	かいふく	회복
☐ かえって	・	오히려, 도리어

03 조동사 및 문법표현 오용

STEP 1 먼저 필수 문법을 익히세요.

주요 조동사의 의미와 용법

❶ **동사의 기본형+べし** : (마땅히) ~해야 한다, ~하는 것이 마땅하다

예 授業の時は静かにすべし。
수업 때는 조용히 해야 한다.

예 芝生に入るべからず。
잔디밭에 들어가지 말 것.

예 彼は試合に勝つべく、夜遅くまで練習していた。
그는 시합에 이기기 위해서 밤늦게까지 연습하고 있었다.

예 そんな無礼な発言は慎むべきだ。
그런 무례한 발언은 삼가야 한다.

예 人の悪口を勝手に言うべきではない。
다른 사람의 욕을 함부로 해서는 안 된다.

예 彼女に言うべからざることを言ってしまった。
그녀에게 해서는 안 될 말을 하고 말았다.

❷ **~ごとし** : ~같다

예 光陰矢のごとし。
세월은 화살과 같다.

예 今回のごときことがないように気を付けてください。
이번과 같은 일이 없도록 주의해 주세요.

예 彼女はまるで死んだごとく寝ていた。
그녀는 마치 죽은 듯이 자고 있었다.

▶ 고어에서 조동사로 쓰이는 「~ごとし」는 현대 일본어의 「~ようだ」와 용법면에서 상당히 유사한데, 각각의 활용에 따른 대응 관계를 나타내면 다음과 같다.

고어	현대 일본어	의미
~ごとし	~ようだ	~같다
~ごとき	~ような	~같은
~ごとく	~ように	~같이

❸ 동사의 기본형+まい : ~하지 않을 것이다(부정의 추량), ~하지 않겠다(부정의 의지)

예 こんな大きな地震はもう起こるまい。
이런 큰 지진은 이제 일어나지 않을 것이다. (부정의 추량)

예 二度とあんな店には行くまい。
두 번 다시 저런 가게에는 가지 않겠다. (부정의 의지)

예 子供じゃあるまいし、まだそんなこともできないの(?)。
애도 아니고 아직 그런 것도 못해? (「~では[じゃ]あるまいし」(~은 아닐 테고, ~도 아니고)의 꼴로)

예 彼が行こうが行くまいが、もう私とは関係ない。
그가 가든 가지 않든 이제 나와는 관계없다. (「~(よ)うが~まいが」(~하든 ~하지 않든)의 꼴로)

▶ 3그룹 동사인 「する」(하다)와 「来る」(오다)는 「するまい」・「しまい」, 「来るまい」・「来まい」의 두 가지 형태로 쓰인다.

❹ 동사의 ない형+ず(に) : ~하지 않고[말고]

예 成功するためには諦めず、挑戦し続ける姿勢が大事だ。
성공하기 위해서는 단념하지 않고 계속 도전하는 자세가 중요하다.

예 このスープ、残さずに飲んでね。
이 국, 남기지 말고 마셔.

▶ 조동사 「ず」에서 파생된 표현으로는 「~のみならず」(~뿐만 아니라), 「~に限らず」(~뿐만 아니라), 「~を問わず」(~을 불문하고), 「~ずにはおかない」(반드시 ~하겠다, (자연히) ~하게 되다), 「~もかまわず」(~도 상관하지 않고), 「~ざるを得ない」(~하지 않을 수 없다), 「~ずにはいられない」(~하지 않고는 못 배기다) 등이 있다.

예 講演には会社員のみならず、主婦も参加していた。
강연에는 회사원뿐만 아니라 주부도 참가하고 있었다.

예 その国は政治に限らず、経済や軍事などにも色々問題があった。
그 나라는 정치뿐만 아니라 경제와 군사 등에도 여러 가지 문제가 있었다.

예 この会は年齢を問わず、誰でも参加できます。
이 모임은 연령을 불문하고 누구든지 참가할 수 있습니다.

예 この意見に彼らは反対せずにはおかないだろう。
이 의견에 그들은 반드시 반대할 것이다.

예 酔っぱらった彼は人目もかまわず、話し続けていた。
몹시 취한 그는 남의 눈도 상관하지 않고 계속 이야기하고 있었다.

예 彼女の頼みとあって、そこに行かざるを得ないだろう。
그녀의 부탁이라서 그곳에 가지 않을 수 없을 것이다.

예 彼女の経験談にみんな感動せずにはいられないだろう。
그녀의 경험담에 모두 감동하지 않고는 못 배길 것이다.

❺ ~(さ)せる : ~하게 하다, ~시키다(사역)

예 先生が学生に本を読ませた。
선생님이 학생에게 책을 읽게 했다.

예 風呂のお湯は溢れさせないようにしてください。
욕조의 목욕물은 넘쳐흐르게 하지 않도록 해 주세요.

❻ 〜(ら)れる : 〜하게 되다(수동, 가능, 존경, 자발)

예 全然知らない人に名前を呼ばれた。
전혀 모르는 사람에게 이름을 불렸다. (수동)

예 もうこれ以上は食べられません。
이제 이 이상은 먹을 수 없습니다. (가능)

예 先生が教科書の本文を読まれる。
선생님이 교과서 본문을 읽으신다. (존경)

예 ここに来ると、昔のことが思い出される。
여기에 오면 옛날 일이 생각난다. (자발)

❼ 〜(さ)せられる : (마지못해, 억지로) 〜하게 되다(사역수동)

예 宿題があって行きたくなかったのに、母に買い物に行かせられた。
숙제가 있어서 가고 싶지 않았는데 어머니가 장 보러 가게 시켰다.

예 あまり食べたくなかったが、母に野菜を食べさせられた。
별로 먹고 싶지 않았는데 어머니가 채소를 먹게 했다.

▶「1그룹 동사의 ない형+せられる」는 줄여서 「される」로 나타낼 수도 있다. 다만 「す」로 끝나는 동사는 「される」로 줄일 수 없다.

예 子供の頃、父にピアノを習わせられた。(=習わされた)
어릴 때 아버지가 피아노를 배우게 했다.

❽ 〜そうだ : (보기에, 느낌에) 〜일[할] 것 같다, 〜어 보이다(양태), 〜라고 한다(전문)

예 テーブルの上においしそうなりんごが置いてあった。
테이블 위에 맛있어 보이는 사과가 놓여 있었다. (양태)

예 このお菓子はとてもおいしいそうだ。
이 과자는 아주 맛있다고 한다. (전문)

예 今にも雨が降りそうな空だ。
당장이라도 비가 내릴 것 같은 하늘이다. (양태)

예 今度の旅行に彼も行くそうだ。
이번 여행에 그도 간다고 한다. (전문)

▶ 양태의 「〜そうだ」에서 「よい」(좋다)·「ない」(없다)는 예외적으로 「よさそうだ」(좋은 것 같다)·「なさそうだ」(없는 것 같다)로 쓴다.

예 彼女は性格がよさそうだ。
그녀는 성격이 좋은 것 같다.

예 彼はお金がなさそうだ。
그는 돈이 없는 것 같다.

▶ 양태의 「〜そうだ」의 부정표현은 い형용사는 「〜くなさそうだ」(〜하지 않을 것 같다), な형용사는 「〜では[じゃ]なさそうだ」(〜하지 않을 것 같다), 동사는 「〜そうにない」(〜할 것 같지 않다)인데, 「〜そうもない」, 「〜そうにもない」로 쓰기도 한다.

예 この映画はあまり面白くなさそうだ。

이 영화는 별로 재미있지 않을 것 같다. (い형용사의 양태 부정)

예 あの椅子はあまり丈夫では[じゃ]なさそうだ。

저 의자는 그다지 튼튼하지 않을 것 같다. (な형용사의 양태 부정)

예 そのアルバイトは私にできそう(に)もない。

그 아르바이트는 내가 할 수 있을 것 같지 않다. (동사의 양태 부정)

❾ ～ようだ : ～인 것 같다(주관적인 추량)

예 道が渋滞しているのを見ると、事故があったようだ。

길이 정체되고 있는 것을 보니 사고가 있었던 것 같다.

예 どうも風邪を引いてしまったようです。

아무래도 감기에 걸려 버린 것 같습니다.

▶ 「～ようだ」에서 파생된 표현인 「～ように」에는 '～하도록'(목적), '～처럼'(비유), '～처럼'(예시)의 용법이 있다.

예 彼に明日は9時までに来るように(と)伝えてください。

그에게 내일은 9시까지 오도록 전해 주십시오. (목적)

예 1時間も外で待っていた彼女の手は、氷のように冷たかった。

1시간이나 밖에서 기다리고 있었던 그녀의 손은 얼음처럼 차가웠다. (비유)

예 私も彼のように日本語が上手になりたい。

나도 그처럼 일본어를 잘하고 싶다. (예시)

❿ ～みたいだ : ～인 것 같다

예 湖に映っている月は絵みたいに美しかった。

호수에 비치고 있는 달은 그림처럼 아름다웠다.

예 彼の日本語の発音はまるで日本人みたいだ。

그의 일본어 발음은 마치 일본인 같다.

▶ 「～みたいだ」는 의미나 용법에서 「～ようだ」와 유사하지만 회화체 표현으로 사용되며 앞에 명사가 올 때 접속 형태에서 차이
가 난다.

예 あの人は昨日会社に来た人のような気がする。

저 사람은 어제 회사에 온 사람인 것 같은 느낌이 든다.

예 あの人は昨日会社に来た人みたいな気がする。

저 사람은 어제 회사에 온 사람인 것 같은 느낌이 든다.

⓫ ～らしい : ～인 것 같다(객관적 근거에 의한 추측·판단, 조동사), ～답다(접미사)

예 天気予報によると、今日は雨らしい。

일기예보에 의하면 오늘은 비일 것 같다. (조동사)

예 彼は本当に男らしい人である。

그는 정말로 남자다운 사람이다. (접미사)

- **～通り** : ～대로
  - 例 人生というのは、なかなか思った通りにならないものである。

    인생이라는 것은 좀처럼 생각했던 대로 되지 않는 법이다.

- **～にわたって** : ～에 걸쳐
  - 例 会議は3時間にわたって行われた。

    회의는 3시간에 걸쳐 행해졌다.

- **～ときたら** : ～로 말하자면
  - 例 彼ときたら、明日から試験なのに、遊んでばかりいる。

    그로 말하자면 내일부터 시험인데 놀고만 있다.

- **～とあって** : ～라서, ～이기 때문에
  - 例 夏休みとあって、学校には人影も疎らだ。

    여름방학이라서 학교에는 인적도 드물다.

- **명사＋めく** : ～다워지다
  - 例 今週に入ってすっかり春めいてきた。

    이번 주에 들어와 완전히 봄다워졌다.

- **～そばから** : ～하자마자 바로, ～하자마자 금세(반복되고 규칙적인 일)
  - 例 うちの子は片付けるそばから部屋を散らかす。

    우리 애는 치우자마자 바로 방을 어지른다.

- **～おきに** : ～걸러서, ～간격으로
  - 例 ここは、バスが5分おきに来る。

    여기는 버스가 5분 간격으로 온다.

- **동사의 ます형＋がちだ** : (자칫) ～하기 쉽다, 자주 ～하다(부정적인 경향을 나타냄)
  - 例 大雪が降ると、電車も遅れがちだ。

    큰눈이 내리면 전철도 늦어지기 십상이다.

- **명사＋気味** : ～기색, ～기운 / **동사의 ます형＋気味** ～한 기색[기미], ～한 경향
  - 例 風邪気味なのか、朝から体がだるい。

    감기 기운인지 아침부터 몸이 나른하다.
  - 例 最近、運動不足で太り気味なんです。

    요즘 운동 부족이라 살찌는 것 같아요.

- **～をおいて** : ～을 제외하고
  - 例 彼をおいて、この仕事ができる人物はいないだろう。

    그를 제외하고 이 일을 할 수 있는 인물은 없을 것이다.

- **~において** : ~에 있어서, ~에서
  - 예 人生において、一番大切なのはやはり健康だと思う。
    인생에 있어서 가장 중요한 것은 역시 건강이라고 생각한다.

- **~にあたって** : ~에 즈음하여, ~함에 있어서, ~에 앞서
  - 예 開会式にあたって、一言ご挨拶申し上げます。
    개회식에 즈음하여 한마디 인사 말씀드리겠습니다.

- **~をきっかけに** : ~을 계기로
  - 예 今度の事故をきっかけに、新しい法律が作られようとしている。
    이번 사고를 계기로 새로운 법률이 만들어지려고 하고 있다.

- **~にはあたらない** : ~할 것까지는 없다, ~할 정도의 일은 아니다
  - 예 彼女が東京大学に合格したからといって、驚くにはあたらない。
    그녀가 도쿄대학에 합격했다고 해서 놀랄 것까지는 없다.

- **~てやまない** : ~해 마지않다, 진심으로 ~하다
  - 예 事故に遭った人々の無事を祈ってやまない。
    사고를 당한 사람들의 무사를 기원해 마지않는다.

- **~せいで** : ~탓에
  - 예 大雪のせいで、電車が不通になってしまった。
    큰눈 탓에 전철이 불통이 되어 버렸다.

- **동사의 기본형+どころではない** : ~할 상황이 아니다
  - 예 家計が苦しくて旅行するどころではない。
    집안 형편이 어려워서 여행할 상황이 아니다.

- **~にほかならない** : 바로 ~이다, 다름 아닌 ~인 것이다
  - 예 子供を叱るのは親の愛にほかならない。
    아이를 야단치는 것은 바로 부모의 사랑인 것이다.

- **~のみならず** : ~뿐만 아니라
  - 예 彼女は英語のみならず、ドイツ語もできるそうだ。
    그녀는 영어뿐만 아니라 독일어도 할 수 있다고 한다.

- **명사·동사의 기본형+どころか** : ① ~은커녕(정반대의 사실을 이름) ② ~뿐 아니라(놀람이나 의외의 기분을 내포함)
  - 예 日本語を習ったと言っていたのに、漢字どころかひらがなも書けないなんて、信じられない。
    일본어를 배웠다고 했는데 한자는커녕 히라가나도 못 쓰다니 믿을 수 없다.
  - 예 騒々しいと思ったら、会社の玄関どころか、前庭まで報道関係者で埋まっていた。
    시끄럽다 했더니 회사 현관뿐 아니라 앞뜰까지 보도 관계자로 가득 차 있었다.

- **最中** さいちゅう：한창 ~중
  - 例 食事の最中に電話がかかってきた。
    한창 식사 중에 전화가 걸려 왔다.

- **명사+の+ために**: ~을 위해서 / **동사의 보통형+ために** ~하기 위해서
  - 例 私は健康のために、毎日運動をしている。
    나는 건강을 위해서 매일 운동을 하고 있다.
  - 例 彼にプレゼントするために、マフラーを編んでいる。
    남자 친구에게 선물하기 위해서 목도리를 뜨고 있다.

- **~かもしれない**：~일지도 모른다
  - 例 みんなで考えれば、いい案を思いつくかもしれないよ。
    다 같이 생각하면 좋은 안이 떠오를지도 몰라.

- **~に限り** かぎ：~에 한해서
  - 例 ここは会員証を持っている人に限り、入ることができる。
    여기는 회원증을 가지고 있는 사람에 한해서 들어갈 수 있다.

- **~(が)ゆえ**：~이기 때문에
  - 例 彼は人当たりが柔らかいゆえに評判がいい。
    그는 남을 대하는 태도가 부드럽기 때문에 평판이 좋다.

- **~をめぐって**：~을 둘러싸고
  - 例 その問題をめぐって、党は二つに分裂した。
    그 문제를 둘러싸고 당은 둘로 분열했다.

- **~を皮切りに** かわき：~을 시작으로
  - 例 今度のコンサートは北海道を皮切りに全国10個所で開催される。
    이번 콘서트는 홋카이도를 시작으로 전국 10개소에서 개최된다.

JPT 기출문제로 훈련하기

STEP 2 밑줄 친 부분 중에서 틀리거나 어색한 부분을 찾아보세요.

【 조동사 】

1 妹は父の大切なカメラを壊してしまって、父にひどく 叱らされて、泣いていた。
　　　　　　　　　　　　　(A)　　　　　　　　　 (B)　　(C)　　　　 (D)

2 買ったばかりのカメラを弟に貸してやったのに、壊させてしまった。
　　　　(A)　　　　　　　　 (B)　　　　 (C)　　 (D)

3 そんな夢のみたいな話は誰も本当だと思わないだろう。
　　(A)　　　 (B)　　　　 (C)　　　　　 (D)

4 免許を取ったら、万一事故で相手に怪我をさせてしまった場合などに備えて、保険に入り
　　　　　　　　　 (A)　　　　 (B)　　　　　　　　　　　　　　　　　 (C)　　　　　 (D)
べきだ。

【 문법표현 】

5 そんなダイエットは痩せるどころを、かえって健康を損なうだけですよ。
　　(A)　　　　　　　　　 (B)　　　 (C)　　　　 (D)

6 あらかじめ許可を得た者を限り、この施設内への立ち入りが認められている。
　　(A)　　　 (B)　　　　　　　　　　　　　　　 (C)　　 (D)

7 チームに優勝をもたらしたのは、選手たちの日々の努力に伴わない。
　　　　　 (A)　　 (B)　　　　　　　　　 (C)　　　 (D)

8 今度の舞台をもって引退する俳優のさよなら公演が、東京を足切りに全国で上演される。
　　　　(A)　　　　　　 (B)　　　　　　　　　　　　　 (C)　　　　 (D)

정답 | 1 (C) 叱らされて → 叱られて　2 (D) 壊させて → 壊されて　3 (B) みたいな → ような　4 (D) 入り → 入る
5 (B) どころを → どころか　6 (B) を → に　7 (D) 伴わない → ほかならない　8 (C) 足切りに → 皮切りに

STEP 3 다음 기출문제를 풀어 보세요.

1 <u>何か困ったことが</u><u>あったら</u>いつでも電話しろと彼に<u>言った</u>時は、<u>本当に</u>嬉しかった。
  (A)   (B)   (C)   (D)

2 子供には<u>勉強ばかり</u>させないで、食事の<u>支度</u>などを<u>手伝わさせた</u><u>方</u>がいい。
    (A)   (B)   (C)   (D)

3 このビルは、地震で<u>揺れても</u> 安全が<u>確保できてように</u>、<u>倒れ</u>にくく<u>建てられている</u>。
  (A)   (B)   (C)   (D)

4 外国の言葉が<u>話せるようになるの</u>ためには、その国に<u>行く</u><u>こと</u>が一番いいと<u>思う</u>。
        (A)   (B)   (C)   (D)

5 海岸に座って海を見ながら<u>何も考えずで</u>魚を<u>釣っている</u>時間が私には<u>大切なんです</u>。
  (A)   (B)   (C)   (D)

6 会議の<u>進行</u>が<u>遅れる</u>気味だから、<u>経費</u>の説明は<u>省く</u>ことにしよう。
      (A)   (B)   (C)   (D)

7 もっと<u>慎重に</u>、<u>十分な</u>調査をしていたら、こんな<u>深刻な</u>被害はなかったのでは<u>ありまいか</u>。
    (A)   (B)   (C)   (D)

8 <u>今大会の開催</u><u>にわたって</u>、<u>主催者</u>を代表してご挨拶<u>申し上げます</u>。
  (A)   (B)   (C)   (D)

9 あの<u>歯医者</u>は<u>予約</u>をしていても、2時間は<u>待たさされる</u>と<u>思っていた</u><u>方</u>がいい。
    (A)   (B)   (C)   (D)

10 熊を撮る<u>ごとく</u>カメラを設置した<u>ものの</u>、姿は<u>おろか</u>影<u>さえ</u>映っていなかった。
      (A)   (B)   (C)   (D)

1 뭔가 곤란한 일이 있으면 언제든지 전화해 라고 그에게 <u>말을 들었을</u> 때는 정말 기뻤다. / (C) 言^いった → 言^いわれた

해설 | 문맥상 (C)에는 '말을 들었다'라는 표현이 와야 하므로, 「言(い)う」(말하다)의 수동형이 와야 한다. 따라서 (C)의 「言(い)った」(말했을)는 「言(い)われた」(말을 들었을)로 고쳐야 한다.

어휘 | 何(なに)か 무엇인가, 뭔가 困(こま)る 곤란하다, 난처하다 いつでも 언제든지 電話(でんわ) 전화 しろ 해라 *「する」(하다)의 명령형 本当(ほんとう)に 정말로 嬉(うれ)しい 기쁘다

2 아이에게는 공부만 시키지 말고 식사 준비 등을 <u>돕게 하는</u> 편이 좋다. / (D) 手伝^{てつだ}わさせた → 手伝^{てつだ}わせた

해설 | 조동사의 접속 형태를 묻는 문제. 1그룹 동사의 사역형은 어미를 「あ단」으로 바꾸고 「せる」를 접속시키는데 어미가 「う」로 끝나는 경우에는 「わ」로 바꾸고 「せる」를 접속시킨다. 따라서 (D)의 「手伝(てつだ)う」(돕다, 도와주다)의 사역형은 「手伝(てつだ)わせる」(돕게 하다)가 되므로, 정답은 그 과거형에 해당하는 「手伝(てつだ)わせた」(돕게 하는)가 된다.

어휘 | 子供(こども) 아이 勉強(べんきょう) 공부 ～ばかり ～만, ～뿐 させる 하게 하다, 시키다 食事(しょくじ) 식사 支度(したく) 준비 ～など ～등 동사의 た형+方(ほう)がいい ～하는 편[쪽]이 좋다

3 이 빌딩은 지진으로 흔들려도 안전을 <u>확보할 수 있도록</u> 쉽게 쓰러지지 않게 지어졌다. / (C) 確保^{かくほ}できて → 確保^{かくほ}できる

해설 | (C) 뒤에 있는 「～ように」(～하도록)는 「～ようだ」(～인 것 같다)에서 파생된 표현이다. 「～ようだ」가 동사에 접속할 때는 「동사의 보통형」에 접속하므로, (C)의 「確保(かくほ)できて」(확보할 수 있어서)는 「確保(かくほ)できる」(확보할 수 있(도록))로 고쳐야 한다.

어휘 | ビル 빌딩 地震(じしん) 지진 揺(ゆ)れる 흔들리다 安全(あんぜん) 안전 確保(かくほ) 확보 倒(たお)れる 쓰러지다, 넘어지다 동사의 ます형+にくい ～하기 어렵다[힘들다] 建(た)てる (집을) 짓다

4 외국 말을 할 수 있게 되기 <u>위해서는</u> 그 나라에 가는 것이 가장 좋다고 생각한다. / (B) のために → ために

해설 | 「～ために」(～위해서는)는 품사에 따라 접속하는 방법이 다르다. 명사에 접속할 때는 「명사+の+ために」(～을 위해서)의 형태로 쓰이지만, 동사에 접속할 때는 「동사의 보통형+ために」(～하기 위해서)의 형태로 쓰인다. 따라서 (B)의 「のために」는 「の」를 빼고 「ために」라고 해야 한다.

어휘 | 外国(がいこく) 외국 言葉(ことば) 말 話(はな)す 말하다, 이야기하다 ～ようになる ～하게(끔) 되다 *변화 その 그 国(くに) 국가, 나라 一番(いちばん) 가장, 제일 いい 좋다 思(おも)う 생각하다

5 해변에 앉아서 바다를 보면서 아무것도 <u>생각하지 않고</u> 물고기를 낚고 있는 시간이 저에게는 소중합니다. / (B) 考^{かんが}えずで → 考^{かんが}えずに

해설 | '～하지 않고[말고]'라는 뜻으로 단순·나열을 나타낼 때는 「～ずに」로 표현한다. 따라서 (B)의 「考(かんが)えずで」는 「考(かんが)えずに」(생각하지 않고)로 고쳐야 한다. 참고로 「に」를 생략하고 「～ず」로 표현하는 경우가 많다.

어휘 | 海岸(かいがん) 해안, 해변 座(すわ)る 앉다 海(うみ) 바다 見(み)る 보다 동사의 ます형+ながら ～하면서 *동시동작 何(なに)も (부정어 수반) 아무것도 考(かんが)える 생각하다 魚(さかな) 물고기 釣(つ)る 낚다, (낚시·도구로) 잡다 時間(じかん) 시간 大切(たいせつ)だ 소중하다

6 회의 진행이 늦어질 것 같으니 경비 설명은 생략하기로 하자. / (B) 遅れる → 遅れ

해설 | 「〜気味(ぎみ)」는 '〜기색[기미], 〜한 경향'이라는 뜻으로, 명사나 동사의 ます형에 접속한다. 따라서 (B)의 「遅(おく)れる」(늦어지다)는 「遅(おく)れ」(늦어질)로 고쳐야 한다.

어휘 | 会議(かいぎ) 회의 進行(しんこう) 진행 経費(けいひ) 경비 説明(せつめい) 설명 省(はぶ)く 생략하다
동사의 보통형+ことにする 〜하기로 하다

7 좀 더 신중하게 충분한 조사를 했더라면 이런 심각한 피해는 없었던 건 아닐까? / (D) ありまいか → あるまいか

해설 | '〜하지 않을 것이다'라는 뜻으로 부정의 추량을 나타내는 「〜まい」는 동사의 기본형에 접속한다. 따라서 (D)의 「ありまいか」는 「あるまいか」로 고쳐야 한다.

어휘 | もっと 좀 더 慎重(しんちょう)だ 신중하다 十分(じゅうぶん)だ 충분하다 調査(ちょうさ) 조사 こんな 이런, 이러한
深刻(しんこく)だ 심각하다 被害(ひがい) 피해 〜(の)ではあるまいか 〜인 것은 아닐까?

8 이번 대회 개최에 즈음하여 주최자를 대표해서 인사 말씀드리겠습니다. / (B) にわたって → にあたって

해설 | (B)의 「〜にわたって」는 '〜에 걸쳐'라는 뜻으로, 기간・횟수・범위 등의 단어에 붙어서 지속되는 일정 시간의 폭, 길이를 나타내는 표현이다. 「少子化(しょうしか)対策(たいさく)から環境問題(かんきょうもんだい)にわたって、幅広(はばひろ)く話(はな)し合(あ)われた」(저출산 대책부터 환경문제에 걸쳐 폭넓게 논의되었다)처럼 쓰므로, 문장과는 맞지 않는다. 문맥상 (B)에는 '특정한 때에 다다르거나 그러한 때를 맞다'라는 뜻의 표현이 와야 하므로, 「〜にあたって」(〜에 즈음하여)로 고쳐야 한다.

어휘 | 今(こん) 이번 大会(たいかい) 대회 開催(かいさい) 개최 主催者(しゅさいしゃ) 주최자 代表(だいひょう) 대표
挨拶(あいさつ) 인사 申(もう)し上(あ)げる 말씀드리다 *「言(い)う」(말하다)의 겸양어로, 「申(もう)す」(말하다)보다 공손한 말씨

9 그 치과는 예약을 했어도 두 시간은 기다린다고 생각하는 편이 좋다. / (C) 待たさられる → 待たせられる・待たされる

해설 | 문맥상 (C)에는 '기다리게 함을 당하다, (마지못해, 억지로) 기다리다'라는 의미의 사역수동형이 와야 하는데, 「待(ま)たさられる」라는 표현은 없다. 「待(ま)つ」(기다리다)의 사역수동형은 「待(ま)たせられる」이고, 축약하여 「待(ま)たされる」라고 하므로, (C)는 「待(ま)たせられる」 혹은 「待(ま)たされる」((마지못해, 억지로) 기다린다)로 고쳐야 한다.

어휘 | あの (서로 알고 있는) 그 歯医者(はいしゃ) 치과, 치과 의사 予約(よやく) 예약
동사의 た형+方(ほう)がいい 〜하는 편[쪽]이 좋다

10 곰을 찍기 위해 카메라를 설치했지만 모습은커녕 그림자조차 찍히지 않았다. / (A) ごとく → べく・ために

해설 | (A)의 「〜ごとく」는 '〜같이'라는 뜻의 표현으로 문장과는 맞지 않는다. 문맥상 (A)에는 어떤 목적을 가지고 그렇게 함을 나타내는 표현이 와야 하므로, 「동사의 기본형+べく」(〜하기 위해)나 「동사의 보통형+ために」(〜하기 위해서)로 고쳐야 한다.

어휘 | 熊(くま) 곰 撮(と)る (사진을) 찍다 カメラ 카메라 設置(せっち) 설치 〜ものの 〜이지만 姿(すがた) 모습
〜はおろか 〜은커녕 影(かげ) 그림자 〜さえ 〜조차 映(うつ)る (스크린・TV 등에) 찍히다

한자	읽기	의미
☐ 支度	したく	준비
☐ 地震	じしん	지진
☐ 揺れる	ゆれる	흔들리다
☐ 倒れる	たおれる	쓰러지다, 넘어지다
☐ 言葉	ことば	말
☐ 国	くに	국가, 나라
☐ 海岸	かいがん	해안, 해변
☐ 進行	しんこう	진행
☐ 経費	けいひ	경비
☐ 省く	はぶく	생략하다
☐ 慎重だ	しんちょうだ	신중하다
☐ 深刻だ	しんこくだ	심각하다
☐ 被害	ひがい	피해
☐ 開催	かいさい	개최
☐ 主催者	しゅさいしゃ	주최자
☐ 申し上げる	もうしあげる	말씀드리다
☐ 姿	すがた	모습
☐ ～はおろか	・	～은커녕
☐ 影	かげ	그림자
☐ 映る	うつる	(스크린·TV 등에) 찍히다

PART 6

오답정정

STEP 1 먼저 필수 문법을 익히세요.

명사 관련 기본 문법 사항

① **전성 명사** (동사 및 い형용사에서의 전성)

遊ぶ 놀다 → 遊び 놀이

頼む 부탁하다 → 頼み 부탁

教える 가르치다 → 教え 가르침

流行る 유행하다 → 流行り 유행

近い 가깝다 → 近く 가까운 곳, 근처

多い 많다 → 多く 많음

流れる 흐르다 → 流れ 흐름

見合う 마주 보다 → 見合い 맞선

引き出す 꺼내다 → 引き出し 서랍

見習う 보고 배우다 → 見習い 견습

② **복합 명사**

· **명사+명사**

顔色 안색	手首 손목	雨水 빗물
年上 연상	石垣 돌담	本棚 책장
腕枕 팔베개	指輪 반지	口癖 입버릇
毛糸 털실	春風 봄바람	親心 부모 마음
風車 풍차, 바람개비	薬箱 약상자	糸口 실마리, 단서

· **い형용사의 어간+명사**

若者 젊은이	赤字 적자	黒字 흑자
悪口 욕	太字 굵은 글씨, 고딕체	近道 지름길
甘酒 감주	長袖 긴소매	嬉し涙 기쁨의 눈물
悔し涙 분해서 흘리는 눈물	遠回り 멀리 돌아서 감, 우회	細道 좁은 길

· **동사의 ます형+명사**

落ち葉 낙엽	出口 출구	渡り鳥 철새
消しゴム 지우개	忘れ物 물건을 깜빡 잊고 옴, 유실물	切り口 절단면, 벤 자리

❸ 지시 대명사

	근칭	중칭	원칭	부정칭
사물	これ 이것	それ 그것	あれ 저것	どれ 어느 것
장소	ここ 여기	そこ 거기	あそこ 저기	どこ 어디
방향	こちら 이쪽	そちら 그쪽	あちら 저쪽	どちら 어느 쪽

▶ A와 B라는 사람이 있다고 가정할 때 두 사람이 모두 알고 있는 정보일 때는 「あれ」(그것), 「あそこ」(거기), 「あちら」(그쪽)를 사용하고, 두 사람 중에서 한쪽만 알고 있는 정보일 때는 「それ」(그것), 「そこ」(그곳), 「そちら」(그쪽)를 사용한다.

예 A : 今度の飲み会、この間の居酒屋でするのはどうですか。

　　　이번 회식, 요전의 선술집에서 하는 건 어때요?

　　 B : はい、あそこなら、鈴木さんも知っていると思うから、あそこにしましょう。

　　　예, 거기라면 스즈키 씨도 알고 있을 테니까 거기로 합시다.

❹ 형식 명사 「ところ」

・동사의 기본형+ところだ : 막 ~하려던 참이다(뭔가를 막 시작하려고 할 때 사용함)
예 これからご飯を食べるところです。

　　이제부터 막 밥을 먹으려던 참입니다.

・동사의 진행형+ところだ : ~하고 있는 중이다(현재 어떤 동작이 진행 중임을 나타냄)
예 今ご飯を食べているところです。

　　지금 밥을 먹고 있는 중입니다.

・동사의 た형+ところだ : 막 ~한 참이다, ~한 지 얼마 안 되다(어떤 동작이 완료된 지 얼마 안 되었음을 나타냄)
예 さっきご飯を食べたところです。

　　조금 전에 막 밥을 먹은 참입니다.

▶ 형식 명사 「ところ」를 사용한 표현으로는 「お忙しいところ(を)」(바쁘실 텐데), 「~たところで」(~해 봤자), 「危うく~ところだった」(하마터면 ~할 뻔했다) 등이 있다.

예 お忙しいところ、わざわざ来ていただき、誠にありがとうございます。

　　바쁘실 텐데 일부러 와 주셔서 정말 감사합니다.

예 今から行ったところで、間に合わないだろう。

　　지금부터 가 봤자 시간에 맞출 수 없을 것이다.

예 危うく事故になるところだったが、幸い事故は免れた。

　　하마터면 사고가 날 뻔했지만 다행히 사고는 면했다.

❺ 형식 명사 「もの」

・동사의 기본형+ものだ : ~인 것[법]이다(상식·진리·본성을 나타냄)
예 お金もいいけど、健康はいつも大切にするものだ。

　　돈도 좋지만 건강은 항상 소중히 해야 하는 법이다.

- 동사의 た형+ものだ : ～하곤 했다(과거의 일을 회상할 때 사용함)
  - 예 昔はここでよく遊んだものだ。
    - 옛날에는 여기에서 자주 놀곤 했다.

- ～ものの : ～이지만(일단 인정을 하고 뒷부분에 상반되거나 모순된 내용이 전개됨을 나타냄)
  - 예 立春とはいうものの、まだ寒いですね。
    - 입춘이라고는 하지만 아직 춥네요.

- ～ものを : ～했을 것을, ～했을 텐데(후회나 원망, 유감의 기분을 나타냄)
  - 예 手術さえ受ければ彼は助かったものを。
    - 수술만 받았으면 그는 살았을 것.

- ～ものだから : ～이기 때문에(일반적인 이유나 개인적인 이유를 들어 변명할 때 사용함)
  - 예 バスが来なかったものだから、遅刻してしまった。
    - 버스가 오지 않았기 때문에 지각하고 말았다.

- ～をものともせず(に) : ～을[에도] 아랑곳하지 않고, ～을 개의치 않고, ～에도 불구하고
  - 예 彼は困難をものともせずに癌を乗り切った。
    - 그는 어려움에도 아랑곳하지 않고 암을 극복했다.

- ～ものか : ～할까 보냐(강하게 반대하거나 부정할 때 사용함)
  - 예 あんな店、二度と行くものか。
    - 저런 가게, 두 번 다시 갈까 보냐.

- ～ものなら : (만일) ～라면, ～할 수 있다면(대개 실현 가능성이 희박한 것을 가정할 때 사용)
  - 예 できるものなら、幼い頃に戻りたい。
    - 만일 할 수 있다면 어릴 때로 돌아가고 싶다.

- ～ものがある : ～인 것이 있다, 정말 ～하다
  - 예 彼の演奏はすごいものがある。
    - 그의 연주는 굉장한 것이 있다[정말 굉장하다].

- ～てからというもの : ～하고 나서부터 (쭉)
  - 예 たばこを止めてからというもの、食欲が出てきた。
    - 담배를 끊고 나서부터 식욕이 생겼다.

- ～というものだ : ～라는 것이다(그것이 당연하다는 화자의 생각, 주장 등을 말할 때 사용함)
  - 예 それは非常識というものだ。
    - 그것은 몰상식하다는 것이다.

- ～というものでは[でも]ない : (반드시) ～라고는 할 수 없다, ～라고는 단언할 수는 없다
  - 예 学歴が高いからといって、その人が有能というものでもない。
    - 학력이 높다고 해서 그 사람이 유능하다고는 할 수 없다.

❻ 형식 명사「こと」

- **동사의 기본형+ことだ** : ~해야 한다(충고나 명령, 주장할 때 사용함)
  - 예 この規則にはみんな従うことだ。
    이 규칙에는 모두 따라야 한다.

- **동사의 보통형+ことがある** : ~할 때가 있다, ~하는 경우가 있다
  - 예 私は仕事中に時々ミスをすることがあります。
    저는 업무 중에 종종 실수를 할 때가 있습니다.

- **동사의 た형+ことがある** : ~한 적이 있다(과거의 경험을 나타냄)
  - 예 鈴木さんはパリへ行ったことがありますか。
    스즈키 씨는 파리에 간 적이 있어요?

- **사람+の+ことだから** : ~이기 때문에(어떤 개인의 성격이나 행동 패턴에 근거해 판단을 내릴 때 사용)
  - 예 真面目な彼のことだから、まだ勉強しているだろう。
    성실한 그이기 때문에 아직 공부하고 있을 것이다.

- **동사의 보통형+ことにする** : ~하기로 하다(주체의 의지에 의해 결정됨을 나타냄)
  - 예 来年、日本に留学することにしました。
    내년에 일본에 유학하기로 했습니다.

- **동사의 보통형+ことになる** : ~하게 되다(주체의 의지와는 상관없이 결정됨을 나타냄)
  - 예 今度の中国出張は吉田さんが行くことになりました。
    이번 중국 출장은 요시다 씨가 가게 되었습니다.

- **~こととて** : ~라서, ~이기 때문에
  - 예 夏休みのこととて、彼に連絡ができなかった。
    여름휴가라서 그에게 연락을 할 수 없었다.

- **~ということだ** : ~라고 한다(전해 들은 말을 나타냄)
  - 예 明日の授業はないということです。
    내일 수업은 없다고 합니다.

- **~ことに** : ~하게도(주로 감탄이나 놀람을 나타낼 때 사용)
  - 예 嬉しいことに、明日旧友に会える。
    기쁘게도 내일 옛 친구를 만날 수 있다.

- **~ないことには** : ~하지 않고서는, ~하지 않으면
  - 예 彼に謝らないことには、この問題は解決できないだろう。
    그에게 사과하지 않고서는 이 문제는 해결할 수 없을 것이다.

❼ 형식 명사 「わけ」와 「はず」

- **이유, 까닭**
  - 예 わけもなく子供を叱るのはよくない。
    이유도 없이 아이를 야단치는 것은 좋지 않다.

- **뜻, 의미, 영문**
  - 예 彼はお酒を飲むと、わけのわからないことばかり言う。
    그는 술을 마시면 영문을 알 수 없는 말만 한다.

- **わけない : 수월하다, 간단하다**
  - 예 この仕事は彼にはわけないだろう。
    이 일은 그에게는 수월할 것이다.

- **〜わけがない : 〜일 리가 없다(주관적인 판단으로 당연함을 나타냄)**
  - 예 彼がこんなことをするわけがない。
    그가 이런 일을 할 리가 없다.

- **〜はずがない : 〜일 리가 없다(객관적인 판단으로 당연함을 나타냄)**
  - 예 彼女は今入院中だから、今日のパーティーに来られるはずがない。
    그녀는 지금 입원 중이니까 오늘 파티에 올 수 있을 리가 없다.

- **〜わけではない : (전부) 〜하는 것은 아니다(부분적으로 부정할 때 사용함)**
  - 예 私も学生時代、勉強ばかりしていたわけではない。
    나도 학창 시절, 공부만 하고 있었던 것은 아니다.

- **〜ないわけではない : 〜하지 않는 것은 아니다(부분적으로 긍정할 때 사용함)**
  - 예 あまり好きではないが、食べないわけではない。
    별로 좋아하지는 않지만 먹지 않는 것은 아니다.

- **〜わけにはいかない : (그렇게 간단히) 〜할 수는 없다**
  - 예 いくら友人の頼みだとしても、こんなことをするわけにはいかない。
    아무리 친구 부탁이라고 해도 이런 일을 할 수는 없다.

- **〜ないわけにはいかない : 〜하지 않을 수는 없다(부득이하게 해야만 하는 상황을 나타냄)**
  - 예 先生が直接頼んだことだから、やらないわけにはいかない。
    선생님이 직접 부탁한 일이니까 하지 않을 수는 없다.

- **〜わけだ : 〜인 셈[것]이다(부드러운 단정을 나타냄)**
  - 예 20ページの宿題だから、1日に5ページずつすれば4日で終わるわけだ。
    20페이지 숙제니까 하루에 5페이지씩 하면 나흘에 끝나는 셈이다.

- **〜はずだ : (당연히) 〜할 것[터]이다**
  - 예 5分おきに来るバスだから、もうすぐ来るはずだ。
    5분 간격으로 오는 버스니까 이제 곧 올 것이다.

❽ 한일 어휘 비교

우리말	올바른 일본어	잘못된 일본어
여기저기	あちらこちら	こちらあちら
왔다 갔다	行(い)ったり来(き)たり	来たり行ったり
약혼	婚約(こんやく)	約婚
첫인상	第一印象(だいいちいんしょう)	初印象
평생	一生(いっしょう)	平生
장점	長所(ちょうしょ)	長点
단점	短所(たんしょ)・欠点(けってん)	短点
우회전	右折(うせつ)	右回転
좌회전	左折(させつ)	左回転
착용감	着心地(きごこち)	着用感
승차감	乗(の)り心地(ごこち)	乗車感
환불	払(はら)い戻(もど)し	換払
비상금	へそくり	非常金
부실공사	手抜(てぬ)き工事(こうじ)	不実工事
수영복	水着(みずぎ)	水泳服
당일치기 여행	日帰(ひがえ)り旅行(りょこう)	当日旅行
남녀노소	老若男女(ろうにゃくなんにょ)	男女老少
현모양처	良妻賢母(りょうさいけんぼ)	賢母良妻
적금	積(つ)み立(た)て	積金
흑백	白黒(しろくろ)	黒白
예매권	前売(まえう)り券(けん)	予売券
동서고금	古今東西(ここんとうざい)	東西古今
명예퇴직	リストラ	名誉退職
(남녀의) 미팅	(合同(ごうどう))コンパ・合(ごう)コン	ミーティング
(계좌 등의) 비밀번호	暗証番号(あんしょうばんごう)	秘密番号
시간강사	非常勤講師(ひじょうきんこうし)	時間講師

PART 6
오문정정

風邪を取って(×)
風邪を引いて(○)

감기에 걸려서

連絡を見ましたが(×)
連絡をしましたが(○)

연락을 했습니다만

大きな怪我を受けたり(×)
大きな怪我をしたり(○)

큰 부상을 입거나

気を付きなさい(×)
気を付けなさい(○)

주의하십시오

彼は背が長いから(×)
彼は背が高いから(○)

그는 키가 크기 때문에

雨が止まりました(×)
雨が止みました(○)

비가 그쳤습니다

～が身に付けない(×)
～が身に付かない(○)

～이 몸에 배지 않다

昼寝を寝る(×)
昼寝をする(○)

낮잠을 자다

棚に乗せて(×)
棚に上げて(○)

제쳐놓고

～から足を引く(×)
～から手を引く(○)

～에서 손을 떼다

左に渡る(×)
左に曲がる(○)

왼쪽으로 돌다

お風呂に入れる(×)
お風呂に入る(○)

목욕하다

噂が出される(×)
噂が立つ(○)

소문이 나다

面倒を懸ける(×)
面倒を見る(○)

돌보다, 보살피다

為さぬすべがない(×)
為すすべがない(○)

어찌할 방법이 없다

余分なお世話(×)
余計なお世話(○)

쓸데없는 참견

体を崩す(×)
体を壊す(○)

건강을 해치다

人々が先を挑んで(×)
人々が先を争って(○)

사람들이 앞을 다투어

いつも手を挟む(×)
いつも口を挟む(○)

항상 말참견을 하다

足跡を掬われる(×)
足を掬われる(○)

실패를 하게 되다

ひんしゅくをもらう(×)
ひんしゅくを買う(○)

빈축을 사다

～を見るに見えて(×)
～を見るに見かねて(○)

～을 차마 볼 수 없어서

頭<small>あたま</small>に染<small>し</small>みる(×)
身<small>み</small>に染<small>し</small>みる(○)

절실히 느끼다

誤解<small>ごかい</small>が抜<small>ぬ</small>ける(×)
誤解<small>ごかい</small>が解<small>と</small>ける(○)

오해가 풀리다

身<small>み</small>を持<small>も</small>つ(×)
身<small>み</small>に付<small>つ</small>ける(○)

(기술 등을) 몸에 익히다, 습득하다

手<small>て</small>が回<small>まわ</small>る(×)
目<small>め</small>が回<small>まわ</small>る(○)

몹시 바쁘다

相<small>あい</small>づちを叩<small>たた</small>く(×)
相<small>あい</small>づちを打<small>う</small>つ(○)

맞장구를 치다

嫌気<small>いやけ</small>が起<small>お</small>きる(×)
嫌気<small>いやけ</small>が差<small>さ</small>す(○)

싫증이 나다, 지겹다

会社<small>かいしゃ</small>が壊<small>こわ</small>れる(×)
会社<small>かいしゃ</small>が潰<small>つぶ</small>れる(○)

회사가 도산하다

見分<small>みわ</small>けによらない(×)
見<small>み</small>かけによらない(○)

겉보기와(는) 다르다

どじを踏<small>ふ</small>み付<small>つ</small>ける(×)
どじを踏<small>ふ</small>む(○)

실수하다

お腹<small>なか</small>を崩<small>くず</small>す(×)
お腹<small>なか</small>を壊<small>こわ</small>す(○)

배탈이 나다

金遣<small>かねづか</small>いが鈍<small>にぶ</small>い(×)
金遣<small>かねづか</small>いが荒<small>あら</small>い(○)

돈 씀씀이가 헤프다

文句<small>もんく</small>をこぼす(×)
愚痴<small>ぐち</small>をこぼす(○)

푸념을 늘어놓다

一<small>ひと</small>つ返事<small>へんじ</small>(×)
二<small>ふた</small>つ返事<small>へんじ</small>(○)

흔쾌히 승낙함

決着<small>けっちゃく</small>がつける(×)
決着<small>けっちゃく</small>がつく(○)

결말이 나다

注目<small>ちゅうもく</small>を受<small>う</small>けている(×)
注目<small>ちゅうもく</small>を浴<small>あ</small>びている(○)

주목을 받고 있다

天気<small>てんき</small>が壊<small>こわ</small>れる(×)
天気<small>てんき</small>が崩<small>くず</small>れる(○)

날씨가 나빠지다

的<small>まと</small>を切<small>き</small>る(×)
的<small>まと</small>を射<small>い</small>る(○)

요점을 찌르다

鯖<small>さば</small>を数<small>かぞ</small>える(×)
鯖<small>さば</small>を読<small>よ</small>む(○)

수량을 속이다, 수량을 속여 이득을 취하다

目<small>め</small>が起<small>お</small>きる(×)
目<small>め</small>が覚<small>さ</small>める(○)

잠에서 깨다

胸<small>むね</small>がきっとする(×)
胸<small>むね</small>がすっとする(○)

가슴이 후련하다

かえっての噂<small>うわさ</small>(×)
専<small>もっぱ</small>らの噂<small>うわさ</small>(○)

소문이 자자함

目鼻<small>めはな</small>が利<small>き</small>く(×)
目鼻<small>めはな</small>が付<small>つ</small>く(○)

윤곽이 잡히다

존경어와 겸양어 공식

❶ 대표적인 존경어 공식

· **お+동사의 ます형+になる** : ～하시다

> 예 この本は鈴木先生がお書きになりました。
>
> 이 책은 스즈키 선생님이 쓰셨습니다.

· **ご+한자명사+になる** : ～하시다

> 예 こちらからご乗車になってください。
>
> 이쪽에서 승차해 주십시오.

· **お+동사의 ます형+ください** : ～해 주십시오

> 예 こちらの欄にお名前とご住所をお書きください。
>
> 이쪽 란에 성함과 주소를 적어 주십시오.

· **ご+한자명사+ください** : ～해 주십시오

> 예 足元にご注意ください。
>
> 발밑을 조심해 주십시오.

· **～(ら)れる** : ～하시다

> 예 先生は何時頃家に帰られましたか。
>
> 선생님은 몇 시쯤 집에 돌아가셨습니까?

❷ 대표적인 겸양어 공식

· **お+동사의 ます형+する** : ～하다, ～해 드리다

> 예 こちらの商品をお勧めします。
>
> 이쪽 상품을 추천해 드립니다.

· **お+동사의 ます형+いたす** : ～하다, ～해 드리다

> 예 これからもよろしくお願いいたします。
>
> 앞으로도 잘 부탁드리겠습니다.

· **ご+한자명사+する** : ～하다, ～해 드리다

> 예 私がご案内します。こちらへどうぞ。
>
> 제가 안내해 드리겠습니다. 이쪽으로 오십시오.

· **ご+한자명사+いたす** : ～하다, ～해 드리다

> 예 それでは、詳しくご説明いたします。
>
> 그럼, 자세하게 설명드리겠습니다.

· **～(さ)せていただく** : ～하다

> 예 ご結婚おめでとうございます。喜んで出席させていただきます。
>
> 결혼 축하드립니다. 기꺼이 참석하겠습니다.

주요 동사 경어표

존경어	보통어	겸양어
なさる	する 하다	致す
ご覧になる	見る 보다	拝見する
くださる	くれる (남이 나에게) 주다	*
*	あげる・与える (내가 남에게) 주다	差し上げる
お受け取りになる	もらう (남에게) 받다	いただく・頂戴する
お借りになる	借りる 빌리다	お借りする・拝借する
おぼしめす	思う 생각하다	存じる
ご存じだ	知る 알다	存じる
おっしゃる	言う 말하다	申す・申し上げる
お聞きになる	聞く 듣다, 묻다	承る・伺う
召し上がる	食べる 먹다・飲む 마시다	いただく・頂戴する
お会いになる	会う 만나다	お会いする・お目にかかる
*	訪れる 방문하다	伺う
おられる いらっしゃる お出でになる	いる (사람이) 있다	おる
いらっしゃる お出でになる お見えになる お越しになる	行く 가다・来る 오다	参る
お示しになる お見せになる	見せる 보이다, 보여 주다	ご覧に入れる・お目にかける
召す お召しになる	着る (옷을) 입다	着させていただく

PART 6
오문정정

327

수수표현

① **やる、～てやる** : 주다, ～해 주다(손아랫사람이나 동식물에게)

- 예 猫に餌をやった。
  고양이에게 먹이를 주었다.
- 예 この鉢植えは3日に1度水をやればいい。
  이 화분은 사흘에 한 번 물을 주면 된다.
- 예 妹のレポートを手伝ってやった。
  여동생의 리포트를 도와주었다.

② **くれる、～てくれる、～てくださる** : 주다, ～해 주다, ～해 주시다(남이 나 또는 나와 관계되는 사람에게)

- 예 友達は私にお菓子をくれた。
  친구는 나에게 과자를 주었다.
- 예 彼は親切にも荷物を運んでくれた。
  그는 친절하게도 짐을 옮겨 주었다.
- 예 ちょっと難しかったが、先生が優しく説明してくださった。
  조금 어려웠지만 선생님이 상냥하게 설명해 주셨다.

③ **あげる、～てあげる、～て差し上げる** : 주다, ～해 주다, ～해 드리다(내가 남에게, 남이 남에게)

- 예 私は友達にお菓子をあげた。
  나는 친구에게 과자를 주었다.
- 예 友達は弟に日本語を教えてあげた。
  친구는 남동생에게 일본어를 가르쳐 주었다.
- 예 先生がペンを持っていらっしゃらなかったので貸して差し上げた。
  선생님이 펜을 가지고 계시지 않았기 때문에 빌려 드렸다.

④ **もらう、～てもらう、～ていただく** : 받다, ～해 받다, ～해 받다(다른 사람에게 뭔가를 해 받을 때(간접표현))

- 예 誕生日のプレゼントとして財布をもらった。
  생일선물로 지갑을 받았다.
- 예 友達に本を貸してもらった。
  친구에게 책을 빌렸다.
- 예 こんな物まで送っていただき、誠にありがとうございます。
  이런 것까지 보내 주시고 정말 감사합니다.

JPT 기출문제로 훈련하기

STEP 2　밑줄 친 부분 중에서 틀리거나 어색한 부분을 찾아보세요.

명사

1 地震のために空港が使えなくなって、出張から帰れなかったのがある。
　　　　 (A)　　　　　　　　　　　　　　 (B)　　 (C)　　　　　　　　 (D)

2 田中さんから夫婦喧嘩の原因を聞いたが、ご主人がそんなことを言うはずだろうと思った。
　　　　　　　　 (A)　　 (B)　　　　　　　　　　　　　　 (C)　　　　　　　 (D)

3 このステレオはよく故障するし、発音が悪いし、そろそろ新しいのを買うつもりだ。
　　　　　　　　　　　　 (A)　　 (B)　　　　　　 (C)　　　　　　　　 (D)

4 郵便局なら、この道をまっすぐ行って突き当たりを右回転するとあります。
　　 (A)　　　　　　 (B)　　　　　 (C)　　　 (D)

기타 오용

5 ここに誰も来ないよう なら、この椅子を使わせて くれたいんですが、いいですか。
　　　　　　　　 (A)　 (B)　　　　　　　 (C)　　　 (D)

6 お待たせしております。社長の杉本はすぐに参りますのでもう少しお待ちしてください。
　　 (A)　　　　　　　　 (B)　　　　　　 (C)　　　　　　　 (D)

7 その事件に関しては、様々な噂が出されたが、結局未解決のままだ。
　　　　　　 (A)　　　　　 (B)　 (C)　　　　　 (D)

8 世界選手権大会出場に今夜で決着がつけるとあって、応援団の声援も熱を帯びてきた。
　　　　　　　　　　　　　　 (A)　　　 (B)　　　　　 (C)　　 (D)

정답 | 1 (D) の → こと　2 (D) はずだろう → はずがない　3 (B) 発音(はつおん) → 音(おと)　4 (D) 右回転する → 右折(うせつ)する
5 (D) くれたい → もらいたい 6 (D) お待ちして → お待ち 7 (C) 出された → 立(た)った 8 (A) つける → つく

STEP 3 다음 기출문제를 풀어 보세요.

1 <u>玄関</u>に靴が<u>たくさん</u>ありますが、<u>どちら</u>があなたの<u>です</u>か。
　(A)　　(B)　　　　　　　(C)　　　　　(D)

2 <u>お子さん</u>、<u>去年より</u> <u>ずいぶん</u>背が<u>長く</u>なりましたね。
　　(A)　　　　　(B)　　(C)　　　(D)

3 私の趣味はピアノを<u>弾く</u>ことで、<u>夢</u>は子供たちに美しい音楽を<u>聞かせて</u> <u>くれる</u>ことです。
　　　　　　　　　　(A)　　　　(B)　　　　　　　　　　　(C)　　(D)

4 <u>休み</u>の日は、家で本を<u>読んだり</u>、<u>昼寝</u>を<u>寝たり</u>します。
　(A)　　　　　(B)　　　(C)　　　(D)

5 先生が教育関係の仕事を紹介して<u>差し上げて</u>、4月から<u>勤め</u><u>始める</u>ことになった。
　　　　　　　　(A)　　　　　　　(B)　　　　　(C)　　　　　(D)

6 急で<u>申し訳ございません</u>が、今月<u>で</u>会社を<u>辞めさせて</u> <u>いただけたい</u>のですが。
　(A)　　　　　　　　　　　　(B)　　　(C)　　　(D)

7 先生のお宅に<u>伺った</u>時、<u>奥様</u>が作って<u>くださった</u>お菓子を<u>召し上がりました</u>。
　　　　(A)　　(B)　　　　　　　(C)　　　　　(D)

8 この度の<u>失敗</u>の経験を忘れる<u>ことなくて</u>、次の成功に<u>向けて</u>努力し<u>続けよう</u>。
　　　　(A)　　　　　　　(B)　　　　　　(C)　　(D)

9 お客様のご<u>荷物</u>は旅館から<u>空港</u>まで<u>運ばせます</u>ので、玄関に用意して<u>おいて</u>ください。
　　　　　(A)　　　　　　(B)　　　(C)　　　　　　　　　(D)

10 地震に<u>見舞われた</u>際に身の安全が<u>守れる</u>よう、家具の<u>安定</u>などの対策をしておく<u>べきだ</u>。
　　　　(A)　　　　　　(B)　　　　　　　　(C)　　　　　　(D)

1 현관에 신발이 많이 있는데 <u>어느 것</u>이 당신 것입니까? / (C) どちら → どれ

해설 | (C)의「どちら」는「山(やま)と海(うみ)とどちらが好(す)きですか」(산과 바다 중 어느 쪽을 좋아해요?)처럼 둘 중 하나를 고를 때 쓴다. 문제는 현관에 신발이 많이 있다고 했으므로, 셋 이상의 것을 고를 때 쓰는「どれ」(어느 것)로 고쳐야 한다.

어휘 | 玄関(げんかん) 현관 靴(くつ) 신, 신발, 구두 たくさん 많이 あなた 당신 〜の 〜의 것

2 자녀분, 작년보다 많이 키가 컸네요. / (D) 長(なが)く → 高(たか)く

해설 | '키가 크다'라는 표현은「長(なが)い」((길이가) 길다)를 쓰지 않고,「高(たか)い」((높이가) 높다)를 써서「背(せ)が高(たか)い」라고 한다. 따라서 (D)의「長(なが)く」는「高(たか)く」로 고쳐야 한다.

어휘 | お子(こ)さん 자녀분 去年(きょねん) 작년 ずいぶん 아주, 많이 *정도 い형용사의 어간+くなる 〜해지다

3 제 취미는 피아노를 치는 것으로 꿈은 아이들에게 아름다운 음악을 <u>들려주는</u> 것입니다. / (D) くれる → あげる

해설 | (C)의「聞(き)かせる」는「聞(き)く」(듣다)의 사역형으로 '듣게 하다, 들려주다'라는 뜻이다. 문맥상 음악은「私(わたし)」(나)가「子供(こども)たち」(아이들)에게 들려주는 것인데, (D)의「〜てくれる」((남이 나에게) 〜해 주다)는 남이 나에게 무언가를 해 줄 때 쓰는 표현이므로 맞지 않는다. 내가 남에게 무언가를 해 줄 때는「〜てあげる」((내가 남에게) 〜해 주다)를 써야 하므로, (D)의「くれる」는「あげる」로 고쳐야 한다

어휘 | 趣味(しゅみ) 취미 ピアノ 피아노 弾(ひ)く (악기를) 연주하다, 켜다, 치다, 타다 夢(ゆめ) 꿈 子供(こども) 아이
〜たち (사람이나 생물을 나타내는 말에 붙어) 〜들 美(うつく)しい 아름답다

4 쉬는 날에는 집에서 책을 읽거나 낮잠을 <u>자거나</u> 합니다. / (D) 寝(ね)たり → したり

해설 | '낮잠을 자다'는「昼寝(ひるね)をする」라고 한다. 따라서「寝(ね)る」(자다) 동사를 쓴 (D)의「寝(ね)たり」는「したり」로 고쳐야 한다.

어휘 | 休(やす)みの日(ひ) 휴일, 쉬는 날 家(いえ) 집 本(ほん) 책 読(よ)む 읽다
〜たり[だり]〜たり[だり]する 〜하거나 〜하거나 하다

5 선생님이 교육 관련 일을 소개해 <u>주셔서</u> 4월부터 근무하기 시작하게 되었다. / (B) 差(さ)し上(あ)げて → くださって

해설 | 교육 관련 일을 선생님이 나에게 소개해 주신 상황이므로, (B)의「〜て差(さ)し上(あ)げる」((내가 남에게) 〜해 드리다)라는 겸양표현은 문장과는 맞지 않는다. (B)에는 손윗사람이 나에게 뭔가를 해 줄 때 쓰는 표현이 와야 하므로,「〜てくださる」((남이 나에게) 〜해 주시다)를 써서「くださって」(주셔서)로 고쳐야 한다.

어휘 | 先生(せんせい) 선생님 教育(きょういく) 교육 関係(かんけい) 관계, 관련 仕事(しごと) 일, 업무 紹介(しょうかい) 소개
4月(しがつ) 4월 勤(つと)める 근무하다 동사의 ます형+始(はじ)める 〜하기 시작하다 동사의 보통형+ことになる 〜하게 되다

PART 6
오문정정

331

6 갑작스럽게 죄송하지만 이달로 회사를 그만두고 <u>싶은데요</u>. / (D) いただけたい → いただきたい

해설 | 「する」(하다)의 겸양표현인 「〜(さ)せていただく」(〜하다)를 써서 사직 의사를 밝히고 있다. '〜하고 싶다'는 「〜(さ)せていただきたい」라고 하므로, (D)는 「いただきたい」로 고쳐야 한다.

어휘 | 急(きゅう)だ 갑작스럽다 申(もう)し訳(わけ)ない 면목 없다. 미안하다. 죄송하다 今月(こんげつ) 이달
〜で 〜으로 *시한을 나타냄 会社(かいしゃ) 회사 辞(や)める (일자리를) 그만두다

7 선생님 댁에 찾아뵈었을 때 사모님이 만들어 주신 과자를 <u>먹었습니다</u>. / (D) 召(め)し上(あ)がりました → いただきました

해설 | (D)의 「召(め)し上(あ)がる」(드시다)는 「食(た)べる」(먹다), 「飲(の)む」(마시다)의 존경어로, 상대방의 동작을 높이는 경우에 사용한다. 문제는 자신이 먹은 상황이므로, (D)는 「食(た)べる」(먹다), 飲(の)む」(마시다)의 겸양어인 「いただく」(먹다)를 써서 「いただきました」(먹었습니다)로 고쳐야 한다.

어휘 | 先生(せんせい) 선생님 お宅(たく) 댁 伺(うかが)う 찾아뵙다 *「訪(おとず)れる」(방문하다)의 겸양어
奥様(おくさま) 부인, 사모님 *남의 아내의 높임말 作(つく)る 만들다
〜てくださる (남이 나에게) 〜해 주시다 *「〜てくれる」((남이 나에게) 〜해 주다)의 존경표현 お菓子(かし) 과자

8 이번 실패의 경험을 잊지 말고 다음 성공을 향해 계속 노력하자. / (B) ことなくて → ことなく

해설 | (B)의 「〜ことなくて」는 '〜하는 일 없이[없어서]'라는 뜻으로 문장과는 맞지 않는다. 문맥상 '〜하지 않고[말고]'라는 뜻의 표현이 와야 하므로, (B)는 「〜ことなく」로 고쳐야 한다.

어휘 | この度(たび) 이번 失敗(しっぱい) 실패 経験(けいけん) 경험 忘(わす)れる 잊다 次(つぎ) 다음 成功(せいこう) 성공
〜に向(む)けて 〜을 향해서 努力(どりょく) 노력 동사의 ます형+続(つづ)ける 계속 〜하다

9 손님의 <u>짐</u>은 여관에서 공항까지 옮기게 할 테니 현관에 준비해 두십시오. / (A) ご荷物(にもつ) → お荷物(にもつ)

해설 | 명사 앞에 「お」나 「ご」를 붙이면 존경표현이 되는데, 상대방의 「荷物(にもつ)」(짐)를 높일 때는 「ご」가 아닌 「お」를 붙인다. 따라서 (A)의 「ご荷物(にもつ)」는 「お荷物(にもつ)」로 고쳐야 한다. 참고로 (C)의 「運(はこ)ばせる」(옮기게 하다)는 「運(はこ)ぶ」(나르다, 옮기다, 운반하다)의 사역형이다.

어휘 | お客様(きゃくさま) 손님, 고객 旅館(りょかん) 여관 空港(くうこう) 공항 玄関(げんかん) 현관 用意(ようい) 준비
〜ておく 〜해 놓다[두다]

10 지진이 덮쳤을 때 신체의 안전을 지킬 수 있도록 가구 <u>고정</u> 등의 대책을 해 두어야 한다. / (C) 安定(あんてい) → 固定(こてい)

해설 | (C)의 「安定(あんてい)」(안정, 안전하게 자리잡음)는 「生活(せいかつ)が安定(あんてい)する」(생활이 안정되다)처럼 쓰는 표현으로, 문장과는 맞지 않는다. 문맥상 (C)에는 '한 장소에 정하여 이동하지 않는 것, 또는 움직이지 않게 하는 것'이라는 뜻의 표현이 와야 하므로, 「固定(こてい)」(고정)로 고쳐야 한다.

어휘 | 地震(じしん) 지진 見舞(みま)う (「〜われる」의 꼴로) (반갑지 않은 것이) 닥쳐 오다, 덮치다 〜際(さい) 〜때
身(み) 몸, 신체 安全(あんぜん) 안전 守(まも)る 지키다 〜ように 〜하도록 家具(かぐ) 가구 対策(たいさく) 대책
〜ておく 〜해 놓다[두다] 동사의 기본형+べきだ (마땅히) 〜해야 한다

주요 어휘 및 표현 정리 20

한자	읽기	의미
☐ 玄関	げんかん	현관
☐ 背が高い	せがたかい	키가 크다
☐ 夢	ゆめ	꿈
☐ 昼寝をする	ひるねをする	낮잠을 자다
☐ 教育	きょういく	교육
☐ 紹介	しょうかい	소개
☐ 동사의 ます형+始める	동사의 ます형+はじめる	~하기 시작하다
☐ 急だ	きゅうだ	갑작스럽다
☐ 申し訳ない	もうしわけない	면목 없다, 미안하다, 죄송하다
☐ 伺う	うかがう	찾아뵙다
☐ この度	このたび	이번
☐ 成功	せいこう	성공
☐ 努力	どりょく	노력
☐ 空港	くうこう	공항
☐ 見舞う	みまう	(「~われる」의 꼴로) (반갑지 않은 것이) 닥쳐 오다, 덮치다
☐ 身	み	몸, 신체
☐ 安全	あんぜん	안전
☐ 家具	かぐ	가구
☐ 固定	こてい	고정
☐ 対策	たいさく	대책

PART 6

오문정정

PART 7 공란 메우기

1. 문항 수	– 30개(141~170번)
2. 문제 형식	– 공란에 들어갈 적절한 어휘나 문법표현을 찾는 형식
3. 주요 문제 유형	– 조사·의문사·조수사 찾기
	– 형용사·부사·동사 찾기
	– 명사 및 문법표현 찾기
	– 관용표현 및 기타 적절한 표현 찾기
4. 최근 출제 경향	– 문법 관련 문제에서는 접속 형태와 문법표현을 찾는 문제가 가장 많이 출제되므로, 이 두 부분은 반드시 정리해 두어야 한다.
	– 어휘 관련 문제는 명사와 동사를 찾는 문제가 많이 출제되고, 기타 의태어나 접속사, 가타카나어 등을 찾는 문제도 간혹 출제되고 있다.

UNIT 01 조사·의문사·조수사 찾기

STEP 1 먼저 필수 문법을 익히세요.

주요 조사의 의미와 용법

❶ ～と : ～와, (「～となる」의 꼴로) ～이 되다, ～라고

例 昨日、妹は友達と喧嘩したそうだ。
어제 여동생은 친구와 싸웠다고 한다. (공동 행위자)

例 彼は熱心に勉強して検事となった。
그는 열심히 공부해서 검사가 되었다. (변화의 결과)

例 彼女は「もう最後かな」と独り言を言いながら歩いていた。
그녀는 "이제 마지막인가?"라고 혼잣말을 하면서 걷고 있었다. (인용)

▶ 조사 「と」를 사용한 표현으로는 「～といえども」·「～とはいえ」(～라고 해도), 「～ときたら」(～로 말하자면), 「～とは限らない」((반드시) ～하다고 할 수 없다, ～하는 것은 아니다), 「～ともなると」(～정도 되면) 등이 있다.

例 いくら子供といえども、そんなことは許されない。
아무리 어린애라고 해도 그런 일은 용납되지 않는다.

例 頑張ったとはいえ、負けてしまっては意味がない。
노력했다고 해도 져 버리면 의미가 없다.

例 うちの主人ときたら、週末になるとゲームばかりしている。
우리 남편으로 말하자면 주말이 되면 게임만 하고 있다.

例 学歴が高いからといって、仕事ができるとは限らない。
학력이 높다고 해서 (반드시) 일을 잘하는 것은 아니다.

例 あんな高級レストランともなると、値段も高いでしょう。
저런 고급 레스토랑 정도 되면 가격도 비싸겠죠.

❷ ～ながら : ～하면서, ～이지만[이면서도], ～대로

例 私は毎朝コーヒーを飲みながら新聞を読む。
나는 매일 아침 커피를 마시면서 신문을 읽는다. (「동사의 ます형」에 접속하여 '동시동작'의 뜻을 나타냄)

例 彼女は全部知っていながら、何も教えてくれない。
그녀는 전부 알고 있으면서도 아무것도 가르쳐 주지 않는다. (「동사의 ます형」에 접속하여 '역접'의 뜻을 나타냄)

例 その町には昔ながらの建物がまだたくさん残っている。
그 마을에는 옛날 그대로의 건물이 아직 많이 남아 있다. (상태)

336

❸ **～も** : ～도, ～이나

예 昨日と同じく、今日も朝から雨が降っている。
어제와 마찬가지로 오늘도 아침부터 비가 내리고 있다. (같은 종류 중에서 하나를 들어 나타냄)

예 昨日の入試説明会には1,000人も参加した。
어제 입시 설명회에는 1,000명이나 참가했다. (감동·강조)

▶ 조사「も」를 사용한 표현으로는「～もさることながら」(～은[도] 물론이거니와),「～も～ば～も」(～도 ～하고[하거니와] ～도)
등이 있다.

예 彼は英語もさることながら、フランス語もできるそうだ。
그는 영어는 물론이거니와 프랑스어도 할 수 있다고 한다.

예 彼は肯定もしなければ否定もしなかった。
그는 긍정도 하지 않고[않았거니와] 부정도 하지 않았다.

❹ **～の** : ～의, ～인, ～이, ～것, ～거야?

예 その新入社員の意見はそのまま採用された。
그 신입사원의 의견은 그대로 채택되었다. (명사와 명사 연결)

예 こちらは妹の香です。
이쪽은 여동생인 가오리입니다. (동격)

예 私の好きな音楽はジャズである。
내가 좋아하는 음악은 재즈다. (「～が」(～이)의 대용)

예 子供たちが公園で遊んでいるのが見える。
아이들이 공원에서 놀고 있는 것이 보인다. (체언의 역할)

예 昨日は一体どうしたの(?)。
어제는 도대체 어떻게 된 거야? (가벼운 의문)

❺ **～まで** : ～까지, ～에(게)

예 昨日は向こうの岸まで泳ぎました。
어제는 건너편 물가까지 헤엄쳤습니다. (동작의 범위)

예 ここは子供2人までなら無料です。
여기는 아이 두 명까지라면 무료입니다. (한도)

예 ありがたいことに、彼は日曜日にまで手伝いに来てくれた。
고맙게도 그는 일요일까지 도우러 와 주었다. (극단적인 예)

예 明後日から試験なので、昨日は12時過ぎまで勉強した。
모레부터 시험이기 때문에 어제는 12시 지나서까지 공부했다. (끝나는 시간)

예 全部終わりましたら、私までご連絡ください。
다 끝나면 저에게 연락 주십시오. (이동의 도착점)

▶ 조사「～まで」(～까지)는 어떤 범위까지 계속됨을 나타내고, 「～までに」는 최종 기한에 중점을 두는 표현으로 '(늦어도) ～까지'
라고 해석이 가능하다.

예 3時までにここに集まってください。
3시까지 여기에 모여 주세요.

❻ 〜つつ : 〜하면서, 〜이면서도, (「〜つつある」의 꼴로) 〜하고 있다

예 海を眺めつつ、ビールを飲みました。
바다를 바라보면서 맥주를 마셨습니다. (반복·진행)

예 タバコは体に悪いと知りつつ、つい吸ってしまう。
담배는 몸에 해롭다고 알면서도 그만 피우고 만다. (상반된 동작)

예 最近はインターネットで本を購入する人々が増えつつある。
요즘은 인터넷으로 책을 구입하는 사람들이 늘고 있다.

❼ 〜より : 〜보다, 〜수밖에, 〜부터

예 コーヒーよりお茶の方が好きです。
커피보다 차 쪽을 좋아합니다. (비교의 기준)

예 そうするより仕方がない。
그렇게 할 수밖에 방법이 없다. (유일한 방법)

예 本日の会議は午後1時より行います。
오늘 회의는 오후 1시부터 합니다. (기점이나 출처)

❽ 〜きり : 〜만[뿐], 〜한 채로[그 후, 이후], 계속 〜하기만 함

예 今回の試験に受かった人は1人きりだった。
이번 시험에 합격한 사람은 한 사람뿐이었다. ('겨우 그것뿐'이라는 의미를 나타냄)

예 弟は1年前家を出たきり、まだ帰ってこない。
남동생은 1년 전에 집을 나간 채로 아직 돌아오지 않는다. (「동사의 た형」에 접속하여 '〜을 마지막으로'라는 뜻을 나타냄)

예 母は10年間寝たきりの父を介護している。
어머니는 10년 동안 몸져누워 있는 아버지를 간병하고 있다. (「동사의 た형」에 접속하여 '그런 상태가 지속됨'을 나타냄)

❾ 〜すら : 〜조차(도), 〜까지도

예 その子供はまだひらがなすらきちんと書けなかった。
그 아이는 아직 히라가나조차 제대로 못 썼다.

예 体調が悪く、食事すらろくにできない。
몸 상태가 좋지 않아 식사조차 제대로 할 수 없다.

예 その老人は海外はもちろん、他の県にすら行ったことがないという。
그 노인은 해외는 물론 다른 현에조차 간 적이 없다고 한다.

기타 조사 및 의문사의 용법은
PART 2 질의응답 UNIT 1(p.74)과 PART 6 오문정정 UNIT 1(p.286) 참고

주요 의문사의 의미와 용법

❶ 何 : 무엇
　　⑩ ストレス解消法は何ですか。 스트레스 해소법은 무엇입니까?

❷ どこ : 어디
　　⑩ こんなに遅くまでどこをうろうろしていたの(?)。 이렇게 늦게까지 어디를 어슬렁거리고 있었던 거야?

❸ 誰 : 누구
　　⑩ あのグレーのスーツを着た男性は誰ですか。 저 회색 정장을 입은 남자는 누구예요?

❹ どう : 어떻게
　　⑩ 先日お願いした件はどうなりましたか。 일전에 부탁드린 건은 어떻게 됐어요?

❺ どれ : 어느 것
　　⑩ どれがあなたの携帯ですか。 어느 것이 당신의 휴대폰이에요?

❻ どのくらい : 어느 정도
　　⑩ ここから駅まではどのくらいかかりますか。 여기에서 역까지는 어느 정도 걸리나요?

주요 조수사의 의미와 용법

❶ ～枚 : ～장(종이·손수건·우표·CD 등 얇고 평평한 물건을 셀 때 사용함)
　　⑩ 友達にハンカチを1枚プレゼントした。
　　　친구에게 손수건을 한 장 선물했다.

❷ ～台 : ～대(자동차·세탁기·냉장고·TV 등 큰 물건을 셀 때 사용함)
　　⑩ タクシー乗り場にタクシーが2台止まっている。
　　　택시 승강장에 택시가 두 대 서 있다.

❸ ～本 : ～자루, ～병, ～그루(우산·담배·연필·병·나무 등 가늘고 긴 물건을 셀 때 사용함)
　　⑩ 本は1冊、犬は1匹、木は1本、車は1台と数える。
　　　책은 한 권, 개는 한 마리, 나무는 한 그루, 차는 한 대로 센다.

❹ **～冊**(さつ) : ～권(책·잡지·노트 등을 셀 때 사용함)

　예　この1冊(いっさつ)の本(ほん)があなたの人生(じんせい)を変(か)えるかもしれません。

　　　이 한 권의 책이 당신의 인생을 바꿀지도 모릅니다.

❺ **～足**(そく) : ～켤레(신·양말을 셀 때 사용함)

　예　午後(ごご)、デパートに行(い)って革(かわ)の靴(くつ)を1足(いっそく)買(か)おうと思(おも)っている。

　　　오후에 백화점에 가서 가죽 구두를 한 켤레 사려고 생각하고 있다.

❻ **～匹**(ひき) : ～마리(개·고양이 등 작은 동물을 셀 때 사용함)

　예　私(わたし)は犬(いぬ)2匹(にひき)と一緒(いっしょ)に住(す)んでいます。

　　　저는 개 두 마리와 함께 살고 있습니다.

❼ **～頭**(とう) : ～마리(소·말·코끼리 등 큰 동물을 셀 때 사용함)

　예　牛(うし)1頭(いっとう)がのどかに草(くさ)を食(く)っている。 소 한 마리가 한가로이 풀을 뜯어 먹고 있다.

❽ **～羽**(わ) : ～마리(새·토끼를 셀 때 사용함)

　예　よく晴(は)れた空(そら)に鳥(とり)が1羽(いちわ)飛(と)んでいた。 맑게 갠 하늘에 새가 한 마리 날고 있었다.

❾ **～個**(こ) : ～개(작은 물건을 셀 때 사용함)

　예　1日(いちにち)に1(いち)、2個(にこ)の卵(たまご)を食(た)べる。 하루에 한두 개의 달걀을 먹는다.

❿ **～杯**(はい) : ～잔(술 등의 액체를 셀 때 사용함)

　예　私(わたし)はコーヒーを2杯(にはい)以上(いじょう)飲(の)むと、眠(ねむ)れなくなる。

　　　나는 커피를 두 잔 이상 마시면 잠을 못 자게 된다.

⓫ **～行**(ぎょう) : ～행, ～줄(글의 행이나 줄을 셀 때 사용함)

　예　文章(ぶんしょう)は1行目(いちぎょうめ)が命(いのち)であると言(い)える。 글은 첫째 줄이 생명이라고 할 수 있다.

⓬ **～軒**(けん) : ～채(집을 셀 때 사용함)

　예　家(いえ)を2軒(にけん)持(も)つということは、家(いえ)の維持費(いじひ)も2軒分(にけんぶん)かかるということだ。

　　　집을 두 채 갖는다는 것은 집 유지비도 두 채분 든다는 것이다.

⓭ **～棟**(とう) : ～동(빌딩을 셀 때 사용함)

　예　その会社(かいしゃ)は、3棟(さんとう)の超高層(ちょうこうそう)ビルを新(あら)たに建設(けんせつ)する計画(けいかく)を発表(はっぴょう)した。

　　　그 회사는 세 동의 초고층 빌딩을 새롭게 건설할 계획을 발표했다.

⓮ **～着**(ちゃく) : ～벌(옷을 셀 때 사용함)

　예　ここでは1着当(いっちゃくあ)たり3万円(さんまんえん)のウェディングドレスのレンタルができる。

　　　여기에서는 한 벌당 3만 엔의 웨딩드레스를 빌릴 수 있다.

JPT 기출문제로 훈련하기

STEP 2 공란에 들어갈 알맞은 표현을 찾아보세요.

[조사]

1 1週間_____2回、スポーツクラブに行っています。
    (A) で   (B) を   (C) に   (D) の

2 会議が始まります_____、すぐに来てください。
    (A) で   (B) だけ   (C) は   (D) から

3 東京駅で新幹線_____乗ります。
    (A) を   (B) で   (C) に   (D) は

[의문사]

4 _____が森さんの傘ですか。
    (A) 何   (B) どこ   (C) どれ   (D) いつ

5 大川さんは_____ここまで来ましたか。
    (A) どちらが   (B) どうやって   (C) どれが   (D) どんな

6 サイズが合うか_____か、着てみてもいいですか。
    (A) どう   (B) どれ   (C) どんな   (D) どちら

[조수사]

7 図書館で本を2_____借りました。
    (A) 個   (B) 匹   (C) 本   (D) 冊

8 この書類のコピーを5_____お願いします。
    (A) 冊   (B) 杯   (C) 枚   (D) 本

정답 | 1 (C) 2 (D) 3 (C) 4 (C) 5 (B) 6 (A) 7 (D) 8 (C)

STEP 3   다음 기출문제를 풀어 보세요.

1 中村さんのお国は＿＿＿＿＿ですか。
(A) どこか   (B) どちら   (C) どの   (D) どれ

2 この本はフランス語＿＿＿＿＿書かれているので、全然読めない。
(A) を   (B) で   (C) に   (D) は

3 朝から天気がよくて気持ちがいいですから、公園＿＿＿＿＿歩きましょうか。
(A) まだ   (B) まで   (C) より   (D) すら

4 金魚の水は三日＿＿＿＿＿1回ぐらい換えて、餌はやりすぎないようにお願いします。
(A) に   (B) を   (C) が   (D) は

5 国際電話をかけたいんですが、＿＿＿＿＿いいですか。
(A) どうやって   (B) どうしても   (C) どうすれば   (D) どうして

6 ここには2、3台＿＿＿＿＿車を止めることができません。
(A) しか   (B) だけ   (C) ごろ   (D) から

7 クリーニングに出したコート2＿＿＿＿＿を取りに行った。
(A) 本   (B) 着   (C) 台   (D) 枚

8 何年＿＿＿＿＿着ていない服とはいえ、捨てるのは惜しいな。
(A) も   (B) で   (C) に   (D) と

9 不況により、貧富の格差が広がり＿＿＿＿＿ある。
(A) やら   (B) なり   (C) つつ   (D) きり

10 彼は別荘を2＿＿＿＿＿も持っているそうだ。
(A) 杯   (B) 頭   (C) 足   (D) 軒

1 나카무라 씨의 고향은 <u>어디</u>십니까?

해설 | 「国(くに)」에는 '국가, 나라'라는 뜻 외에 '고국, 고향'이라는 뜻도 있다. 문맥상 상대방의 고향이 어디인지를 묻고 있는 것이므로, 공란에는 '어디'라는 뜻인 (B)의 「どちら」가 들어가야 한다. 참고로 「どちら」(어디)는 「どこ」(어디)보다 공손한 말로, 문제에서는 「国(くに)」(고국, 고향) 앞에 존경의 접두어 「お」를 붙여 공손히 묻고 있으므로 「どちら」(어디)를 쓰는 편이 좋다.

어휘 | どこか 어딘가, 어딘지 どの 어느 どれ 어느 것

2 이 책은 프랑스어<u>로</u> 쓰여 있어서 전혀 읽을 수 없다.

해설 | 책은 프랑스어라는 언어를 사용해서 쓰여 있다는 것이므로, 공란에는 '동작이나 작용의 수단·방법·도구·재료' 등을 나타내는 조사가 와야 한다. 정답은 (B)의 「～で」로, '～으로'라는 뜻이다.

어휘 | この 이 本(ほん) 책 フランス語(ご) 프랑스어 書(か)く (글씨·글을) 쓰다 全然(ぜんぜん) (부정어 수반) 전혀 読(よ)む 읽다

3 아침부터 날씨가 좋아서 기분이 좋으니까 공원<u>까지</u> 걸을까요?

해설 | 공란 앞에 「公園(こうえん)」(공원)이라는 장소가 있으므로, 공란에는 동작의 범위를 나타내는 조사가 와야 한다. 정답은 (B)의 「～まで」로, '～까지'라는 뜻이다.

어휘 | 朝(あさ) 아침 天気(てんき) 날씨 気持(きも)ち 기분 いい 좋다 歩(ある)く 걷다 ～ましょうか ～할까요? *권유

4 금붕어 물은 사흘<u>에</u> 한 번 정도 갈고 먹이는 너무 주지 않도록 부탁드립니다.

해설 | 공란 앞에 「三日(みっか)」(3일, 사흘)라는 단어가 있으므로, 공란에는 시간이나 때를 나타내는 조사가 와야 한다. 정답은 (A)의 「～に」로, '～에'라는 뜻이다.

어휘 | 金魚(きんぎょ) 금붕어 水(みず) 물 ～回(かい) ～회, ～번 ～ぐらい ～정도 換(か)える (새로) 바꾸다, 갈다 餌(えさ) 먹이 やる (손아랫사람이나 동식물에게) 주다 동사의 ます형+すぎる 너무 ～하다 お+동사의 ます형+する ～하다, ～해 드리다 願(ねが)う 부탁하다

5 국제전화를 걸고 싶은데 <u>어떻게</u> 하면 됩니까?

해설 | 공란 뒤의 「いいですか」(됩니까?)와 어울리는 표현을 찾는다. 정답은 (C)의 「どうすれば」(어떻게 하면)로, 「～ばいい」는 '～하면 된다'라는 뜻의 표현이다. (A)의 「どうやって」(어떻게 (해서))는 동작의 방법을 묻는 표현으로, 「新宿(しんじゅく)にはどうやって行(い)きますか」(신주쿠에는 어떻게 (해서) 갑니까?)처럼 쓰고, (B)의 「どうしても」는 '①(부정어 수반) 아무리 해도, 도저히, ②무슨 일이 있어도, 꼭'이라는 뜻으로, 「どうしてもわからない」(아무리 해도 모르겠다), 「どうしてもスペインに行(い)きたい」(꼭 스페인에 가고 싶다)처럼 쓴다. (D)의 「どうして」는 '어째서, 왜'라는 뜻으로 이유를 묻는 표현이다.

어휘 | 国際電話(こくさいでんわ) 국제전화 かける (전화를) 걸다 동사의 ます형+たい ～하고 싶다 ～が ～지만

6 여기에는 두세 대밖에 자동차를 세울 수 없습니다.

해설 | 공란 뒤에 「止(と)めることができません」(세울 수 없습니다)이라는 부정표현이 있으므로, 공란에는 부정의 말을 수반하는 표현이 와야 한다. 정답은 (A)의 「~しか」(~밖에)로, 특정 사항이나 조건만을 들어서 그 이외의 것을 모두 부정하는 뜻을 나타낸다. (B)의 「~だけ」(~만, ~뿐)는 사물이나 대상을 한정할 때 쓰고, (C)의 「~ごろ(頃)」(~경, ~쯤)는 때를 나타내는 말에 붙어서 「3時頃(さんじごろ)」(3시경), 「昼頃(ひるごろ)」(정오쯤)처럼 쓰며, (D)의 「~から」(~부터)는 출발점이나 시작 시점을 나타내어 「1時(いちじ)から会議(かいぎ)が始(はじ)まる」(1시부터 회의가 시작된다)처럼 쓴다.

어휘 | ~台(だい) ~대 *자동차·세탁기·냉장고·TV 등 큰 물건을 세는 말 車(くるま) 자동차, 차 止(と)める 세우다
동사의 기본형+ことができる ~할 수 있다

7 세탁을 맡긴 코트 두 벌을 가지러 갔다.

해설 | 공란 앞에 「コート」(코트)가 있으므로, 공란에는 옷을 세는 말이 와야 한다. 정답은 (B)의 「~着(ちゃく)」로, '~벌'이라는 뜻이다.

어휘 | クリーニングに出(だ)す 세탁을 맡기다 取(と)る (손에) 가지다, 잡다 동사의 ます형+に ~하러 *동작의 목적
~本(ほん) ~자루, ~병, ~그루 *우산·담배·연필·병·나무 등 가늘고 긴 것을 세는 말
~枚(まい) ~장 *종이·손수건·우표·CD 등 얇고 평평한 물건을 세는 말

8 몇 년이나 입지 않은 옷이라고 해도 버리기는 아까운데.

해설 | 몇 년 동안 입지 않은 옷이지만 막상 버리려고 하니 아깝다고 했으므로, 공란에는 「何年(なんねん)」(몇 년)을 강조하는 조사가 와야 한다. 정답은 (A)의 「~も」(~이나)로, 수량이나 시간 뒤에 쓰여 강조를 나타낸다.

어휘 | 何年(なんねん) 몇 년 着(き)る (옷을) 입다 服(ふく) 옷 ~とはいえ ~라고 해도 捨(す)てる 버리다 惜(お)しい 아깝다
~な ~인[한]데 *감정을 나타내는 말에 붙어 가벼운 영탄을 나타냄 ~で ~에서 ~に ~에 ~と ~와

9 불황으로 인해 빈부의 격차가 벌어지고 있다.

해설 | 문맥상 공란에는 뒤에 있는 「ある」와 호응하면서 어떠한 변화가 점점 진행되고 있음을 나타내는 조사가 와야 한다. 정답은 (C)의 「つつ」로, 「동사의 ます형+つつある」의 형태로 쓰여 '~하고 있다'라는 뜻을 나타낸다.

어휘 | 不況(ふきょう) 불황 ~により ~때문에, ~로 인해 貧富(ひんぷ) 빈부 格差(かくさ) 격차 広(ひろ)がる 벌어지다, 확대되다
~やら ~인가, ~인지 ~なり ~든지 동사의 た형+きり 그런 상태가 지속됨

10 그는 별장을 두 채나 가지고 있다고 한다.

해설 | 공란 앞에 「別荘(べっそう)」(별장)라는 단어가 있으므로, 공란에는 집을 세는 말이 와야 한다. 정답은 (D)의 「~軒(けん)」으로, '~채'라는 뜻이다.

어휘 | ~も ~이나 持(も)つ 가지다, 소유하다 품사의 보통형+そうだ ~라고 한다 *전문 ~杯(はい) ~잔 *술 등의 액체를 세는 말
~頭(とう) ~마리 *소·말·코끼리 등 큰 동물을 세는 말 ~足(そく) ~켤레 *신·양말을 세는 말

주요 어휘 및 표현 정리 20

한자	읽기	의미
☐ 検事	けんじ	검사
☐ 採用	さいよう	채용, 채택
☐ 否定	ひてい	부정
☐ 無料	むりょう	무료
☐ 全然	ぜんぜん	(부정어 수반) 전혀
☐ 朝	あさ	아침
☐ 気持ち	きもち	기분
☐ 公園	こうえん	공원
☐ 金魚	きんぎょ	금붕어
☐ 餌	えさ	먹이
☐ クリーニングに出す	クリーニングにだす	세탁을 맡기다
☐ 服	ふく	옷
☐ 〜とはいえ	・	〜라고 해도
☐ 捨てる	すてる	버리다
☐ 惜しい	おしい	아깝다
☐ 不況	ふきょう	불황
☐ 貧富	ひんぷ	빈부
☐ 格差	かくさ	격차
☐ 広がる	ひろがる	벌어지다, 확대되다
☐ 別荘	べっそう	별장

STEP 1 먼저 핵심 기출 어휘와 표현을 익히세요.

핵심 기출 어휘 및 표현

▶ **い형용사**

- 遠^{とお}い (거리가) 멀다, (소리가) 멀다
- 近^{ちか}い 가깝다
- 安^{やす}い (값이) 싸다

- 高^{たか}い (값이) 비싸다
- 易^{やさ}しい 쉽다
- 優^{やさ}しい 다정하다, 상냥하다

- 熱^{あつ}い 뜨겁다
- 冷^{つめ}たい 차갑다
- 煩^{わずら}わしい 번거롭다

- 暖^{あたた}かい 따뜻하다
- 軽^{かる}い 가볍다
- 温^{ぬる}い 미지근하다

- 黒^{くろ}い 검다
- 明^{あか}るい 밝다
- 暗^{くら}い 어둡다

- 狭^{せま}い 좁다
- 眠^{ねむ}い 졸리다
- 重^{おも}い 무겁다

- まずい 맛없다
- 厚^{あつ}い 두껍다
- 薄^{うす}い 얇다, (색 등이) 연하다

- 痛^{いた}い 아프다
- ひどい 심하다
- うるさい 시끄럽다, 까다롭다

- かゆい 가렵다
- 苦^{くる}しい 괴롭다
- 弱^{よわ}い 약하다

- もったいない 아깝다
- 緩^{ゆる}い 느슨하다, 헐렁하다
- きつい (옷 등이) 꽉 끼다

- 図々^{ずうずう}しい 뻔뻔스럽다, 낯 두껍다
- 寂^{さび}しい 쓸쓸하다
- 鈍^{にぶ}い 둔하다

- だるい 나른하다
- 相応^{ふさわ}しい 어울리다, 걸맞다, 상응하다
- 親^{した}しい 친하다

- ずるい 교활하다
- 怖^{こわ}い 무섭다
- 厳^{きび}しい 엄하다, 엄격하다

- 濃^こい 진하다
- 激^{はげ}しい 격렬하다
- 古^{ふる}い 낡다, 오래되다

- 甘い 달다, 무르다
- 辛い 맵다
- 幼い 어리다
- 柔らかい 부드럽다
- 硬い 딱딱하다
- 頼もしい 믿음직하다
- 深い 깊다
- みっともない 꼴불견이다
- めでたい 경사스럽다
- 湿っぽい 축축[눅눅]하다, 음울[침울]하다
- 甚だしい 정도가 심하다
- 疑わしい 의심스럽다
- おかしい 우습다, 이상하다
- 力強い 마음 든든하다
- ぎこちない 어색하다
- やり切れない 해낼 수 없다, 견딜 수 없다
- 何気ない 무심하다, 태연하다
- 物足りない 뭔가 아쉽다, 어딘가 부족하다

▶ な형용사

- 稀だ 드물다
- 安易だ 손쉽다
- 強かだ 대단히 강하다, 만만치 않다
- 結構だ 괜찮다
- 厄介だ 귀찮다
- 遥かだ 아득하다
- 上手だ 능숙하다, 잘하다
- 苦手だ 서투르다, 잘 못하다
- 利口だ 영리하다
- 失礼だ 실례이다, 무례하다
- 平らだ 평평하다
- 大胆だ 대담하다
- 親切だ 친절하다
- 適当だ 적당하다
- 派手だ 화려하다
- 残念だ 아쉽다, 유감스럽다
- 率直だ 솔직하다
- 曖昧だ 애매하다
- 大事だ 중요하다, 소중하다
- 正直だ 정직하다
- 勝手だ 제멋대로이다
- 愉快だ 유쾌하다
- 無駄だ 쓸데없다
- 謙遜だ 겸손하다
- 密かだ 은밀하다
- 肝心だ 중요하다
- 透明だ 투명하다
- 膨大だ 방대하다
- 不良だ 불량하다
- 有益だ 유익하다
- 敏感だ 민감하다
- 冷淡だ 냉담하다
- 勇敢だ 용감하다
- 素朴だ 소박하다
- 純粋だ 순수하다
- 厳密だ 엄밀하다
- 切実だ 절실하다
- 冷酷だ 냉혹하다
- 頻繁だ 빈번하다
- 厳重だ 엄중하다
- 気軽だ (마음이) 부담스럽지 않다, 부담 없다
- 大げさだ 과장되다

- 真剣だ 진지하다
- 有効だ 유효하다
- 無事だ 무사하다
- 慎重だ 신중하다
- 格別だ 각별하다
- 特殊だ 특수하다
- 余計だ 쓸데없다
- 細やかだ 세세하다, 세심하다
- 淑やかだ 정숙하다
- 速やかだ 신속하다
- 短気だ 성미가 급하다

- 莫大だ 막대하다
- 順調だ 순조롭다
- 惨めだ 비참하다
- 平気だ 태연하다
- のどかだ 한가롭다
- 明らかだ 분명하다
- 真面目だ 성실하다
- 上品だ 고상하다, 품위가 있다
- 下品だ 천하다, 품위가 없다
- おおざっぱだ 조잡하다
- 真っ青だ 창백하다, 새파랗다

- もっともだ 지당하다
- 斜めだ 비스듬하다
- 清らかだ 깨끗하다
- 几帳面だ 꼼꼼하다
- 意地悪だ 심술궂다
- しなやかだ 유연하다
- 当たり前だ 당연하다
- 地味だ 수수하다
- 異常だ 이상하다, 정상이 아니다
- わがままだ 제멋대로이다
- 微かだ 희미하다, 미약하다

▶ 부사 1(일반 부사)

- まだ 아직
- まず 우선
- もし 만약
- ふと 문득
- まさか 설마
- まるで 마치, 전혀
- さっぱり 전혀
- だんだん 점점
- はっきり 확실히

- ただ 단지
- あえて 굳이
- もう 이미, 벌써
- 急に 갑자기
- まして 하물며
- 一向に 전혀
- 案の定 아니나 다를까, 생각한 대로
- むしろ 오히려
- うっかり 무심코

- 実に 실로
- 結局 결국
- さすが 과연
- 直ちに 당장
- 次第に 점차
- 大体 대강, 대체로
- 正に 정말로
- 毛頭 조금도
- 時々 종종, 때때로

- 是非 ぜひ 제발, 부디, 꼭
- 全く まったく 정말, 전혀
- 今にも いま 당장이라도
- あいにく 공교롭게도
- 一概に いちがい 일률적으로
- あまり 그다지, 별로
- きっと 분명히, 틀림없이
- 大変 たいへん 대단히, 아주
- 予め あらかじ 미리, 사전에
- ぎっしり 가득, 잔뜩
- ようやく 겨우, 간신히
- しんと 아주 조용한 모양
- 着々 ちゃくちゃく 척척, 순조롭게

- そもそも 애초에
- すっかり 완전히
- 精々 せいぜい 기껏, 고작
- ひたすら 오로지
- ずっと 쭉, 계속, 훨씬
- 今更 いまさら 이제 와서
- さぞ 아마, 필시
- たとえ 설사, 설령
- 誠に まこと 실로, 정말로
- ほとんど 거의, 대부분
- とりあえず 일단, 우선
- それほど 그다지
- つい 그만, 나도 모르게

- まんざら 반드시는, 아주, 전혀
- いきなり 갑자기
- 大して たい 그다지, 별로
- 確かに たし 확실히
- とにかく 어쨌든
- すなわち 즉
- 長々 ながなが 오랫동안, 장황하게
- たちまち 금세, 순식간에
- やや 약간, 다소
- 別に べつ 별로, 특별히
- あくまで 어디까지나
- 仮に かり 만일, 설사
- かえって 오히려, 도리어

▶ 부사 2(의성어 · 의태어)

- はらはら 아슬아슬, 조마조마
- くよくよ 끙끙
- ひりひり 얼얼, 따끔따끔
- びくびく 벌벌, 흠칫
- ねばねば 끈적끈적
- ぶらぶら 어슬렁어슬렁

- てきぱき 척척
- うとうと 꾸벅꾸벅
- ぐるぐる 빙글빙글
- ぐらぐら 흔들흔들
- にこにこ 싱글벙글
- ぺらぺら 술술, 줄줄

- ごろごろ 데굴데굴
- びしびし 가차없이, 엄하게
- てくてく 터벅터벅
- ぐずぐず 꾸물꾸물
- ぺこぺこ 몹시 배가 고픈 모양
- ふらふら 흔들흔들

▶ 동사

- 知る 알다
- 組む 짜다, 편성하다
- 割る 나누다, 깨다, 쪼개다
- 抱える 안다, 껴안다, (문제 등을) 껴안다
- 太る 살찌다
- 報われる 보답받다
- 壊す 부수다, 망가뜨리다, 고장 내다
- 急ぐ 서두르다
- 焦る 안달하다, 초조해하다
- 譲る 양보하다
- 届ける 보내다, 배달하다, (관청 등에) 신고하다
- 促す 재촉하다
- 拒む 거부하다, 응하지 않다
- 蘇る (기억 등이) 되살아나다
- 撫でる 쓰다듬다
- 慌てる 당황하다
- 責める 질책하다
- こだわる 구애되다
- 曲がる 구부러지다, (방향을) 돌다
- 見違える 몰라보다
- 滞る 밀리다, 정체되다

- 潜む 숨다, 잠복하다
- 被る (머리·얼굴에) 쓰다
- 破る 찢다
- 洗う 씻다
- 拭く 닦다, 훔치다
- 負ける 지다, 패하다
- 見失う (보던 것·모습 등을) 놓치다, 잃다
- 目覚める 눈뜨다, (잠에서) 깨다
- 足す 더하다
- 潤う 축축해지다, 윤택해지다
- 慎む 삼가다
- 絡む 얽히다, 관계되다
- 捨てる 버리다
- 招く 초대하다
- 投げる 던지다
- 外す 떼어내다
- 見合わせる 보류하다
- 省みる 돌이켜보다, 반성하다
- 助かる 도움이 되다
- 募る 모집하다
- 行き過ぎる (목적지보다) 더 가다

- 断る 거절하다
- 超える (정도를) 넘다
- 陥る (나쁜 상태에) 빠지다
- 伸びる 늘다, 신장하다
- 勝つ 이기다
- 叶える 이루어 주다, 들어주다
- 惜しむ 아끼다
- 尽きる 다하다
- 迫る 다가오다
- こぼす 엎지르다
- 賄う 조달하다, 마련하다
- 長引く 오래 끌다, 지연되다
- 取り締まる 단속하다
- 納める 납입하다
- 取り出す 꺼내다
- 渇く (목이) 마르다
- 取り扱う 취급하다
- 取り消す 취소하다
- 見つける 찾(아내)다, 발견하다
- 受け取る 수취하다
- 引っ越す 이사하다

JPT 기출문제로 훈련하기

STEP 2 공란에 들어갈 알맞은 표현을 찾아보세요.

PART 7

공란메우기

い형용사

1 この本は_____から、1日で読むことができました。
   (A) 厚い   (B) 薄い   (C) 古い   (D) 明るい

2 彼女の話はとても_____ので、みんな笑ってしまった。
   (A) おかしかった   (B) こわかった   (C) はげしかった   (D) ゆるかった

な형용사

3 集まる時間はいつでも_____ですよ。
   (A) 上手   (B) 残念   (C) 親切   (D) 結構

4 お客様の_____ご意見、ご感想をお待ちしております。
   (A) 適当な   (B) 率直な   (C) 利口な   (D) 派手な

부사

5 そんなに_____していたら、会議に間に合わないわよ。
   (A) ねばねば   (B) ぐるぐる   (C) ぐらぐら   (D) ぐずぐず

6 待望の我が家が_____と完成しつつある。
   (A) 着々   (B) 時々   (C) 精々   (D) 長々

동사

7 テーブルの上にコーヒーを_____しまった。
   (A) ふいて   (B) こわして   (C) わって   (D) こぼして

8 経済的に_____くると、精神的にも余裕が出てくる。
   (A) 滞って   (B) 賄って   (C) 潤って   (D) 募って

정답 | 1 (B) 2 (A) 3 (D) 4 (B) 5 (D) 6 (A) 7 (D) 8 (C)

다음 기출문제를 풀어 보세요.

1 行きたかった大学に落ちて、とても_____です。
    (A) 失礼   (B) 残念   (C) 親切   (D) 大事

2 歯が痛いので、_____物しか食べられません。
    (A) かたい   (B) やわらかい   (C) こい   (D) にぶい

3 _____こちらの商品は品切れとなっております。
    (A) 案の定   (B) 誠に   (C) たちまち   (D) あいにく

4 他人の反感を買うような言動は_____べきだ。
    (A) 拒む   (B) 慎む   (C) 潜む   (D) 絡む

5 この曲を聞くと、学生の頃の思い出が_____。
    (A) みあわせる   (B) よみがえる   (C) めざめる   (D) むくわれる

6 すみません。お電話が_____ようですので、もう少し大きい声でお願いします。
    (A) 弱い   (B) 遠い   (C) 深い   (D) 薄い

7 親に_____な心配をかけるものじゃありません。
    (A) 不良   (B) 余計   (C) 慎重   (D) 平気

8 最近痩せたから、ズボンが_____落ちそうだよ。
    (A) ゆるくて   (B) ねむくて   (C) きつくて   (D) ぬるくて

9 彼女はいつも_____して楽しそうに見える。
    (A) くよくよ   (B) うとうと   (C) てくてく   (D) にこにこ

10 インタビューを受けた監督は、今後選手たちを_____鍛えるとコメントした。
    (A) ひりひり   (B) ごろごろ   (C) びしびし   (D) びくびく

1 가고 싶었던 대학에 떨어져서 매우 <u>아쉽</u>습니다.

해설 | 가고 싶었던 대학에 떨어지면 미련이 남아 서운할 것이므로, 공란에는 이런 심정을 나타내는 な형용사가 와야 한다. (A)의 「失礼(しつれい)」는 '실례, 무례', (B)의 「残念(ざんねん)」은 '아쉬움, 유감스러움', (C)의 「親切(しんせつ)」는 '친절', (D)의 「大事(だいじ)」는 '중요함, 소중함'이라는 뜻이므로, 정답은 (B)의 「残念(ざんねん)」이 된다.

어휘 | 동사의 ます형+たい ~하고 싶다 大学(だいがく) 대학(교) 落(お)ちる (시험에) 떨어지다 とても 아주, 매우

2 이가 아프기 때문에 <u>부드러운</u> 것밖에 먹을 수 없습니다.

해설 | '이가 아파서 ~ 것밖에 먹을 수 없다'라고 했으므로, 공란에는 사물의 성질이나 상태가 딱딱하지 않음을 나타내는 い형용사가 와야 한다. (A)의 「かた(硬)い」는 '딱딱하다', (B)의 「やわ(柔)らかい」는 '부드럽다', (C)의 「こ(濃)い」는 '진하다', (D)의 「にぶ(鈍)い」는 '둔하다'라는 뜻이므로, 정답은 (B)의 「やわ(柔)らかい」가 된다.

어휘 | 歯(は) 이 痛(いた)い 아프다 ~ので ~이기 때문에 ~しか (부정어 수반) ~밖에 食(た)べる 먹다

3 <u>공교롭게도</u> 이쪽 상품은 품절이 되어 있습니다.

해설 | 손님이 찾는 물건이 품절된 상태이므로, 공란에는 '기대나 목적에 벗어나 사정이 좋지 않은 모양'을 나타내는 부사가 와야 한다. 정답은 (D)의 「あいにく」(공교롭게도)로, (A)의 「案(あん)の定(じょう)」(아니나 다를까, 생각한 대로)는 「案(あん)の定(じょう)その会社(かいしゃ)は結局(けっきょく)倒産(とうさん)した」(아니나 다를까 그 회사는 결국 도산했다)처럼 쓰고, (B)의 「誠(まこと)に」(실로, 정말로)는 「ご迷惑(めいわく)をおかけして、誠(まこと)に恐縮(きょうしゅく)です」(폐를 끼쳐서 정말로 죄송합니다)처럼 쓰며, (C)의 「たちまち」(금세, 순식간에)는 「そのチケットはたちまち売(う)り切(き)れた」(그 티켓은 금세 다 팔렸다)처럼 쓴다.

어휘 | こちら 이쪽, 여기 商品(しょうひん) 상품 品切(しなぎ)れ 품절 ~ておる ~어 있다 *「~ている」의 겸양표현

4 타인의 반감을 사는 듯한 언동은 <u>삼가야</u> 한다.

해설 | 공란 앞 부분의 「他人(たにん)の反感(はんかん)を買(か)うような言動(げんどう)」(타인의 반감을 사는 듯한 언동)는 해서는 안 될 행동이므로, 공란에는 '몸가짐이나 언행을 조심하다'라는 뜻을 지닌 동사가 들어가야 한다. (A)의 「拒(こば)む」는 '거부하다, 응하지 않다', (B)의 「慎(つつし)む」는 '삼가다', (C)의 「潜(ひそ)む」는 '숨다, 잠복하다', (D)의 「絡(から)む」는 '얽히다, 관계되다'라는 뜻이므로, 정답은 (B)의 「慎(つつし)む」가 된다.

어휘 | 他人(たにん) 타인, 남 反感(はんかん)を買(か)う 반감을 사다 言動(げんどう) 언동
동사의 기본형+べきだ (마땅히) ~해야 한다

5 이 곡을 들으면 학창 시절의 추억이 <u>되살아난다</u>.

해설 | 공란 앞의 「思(おも)い出(で)」(추억)라는 단어와 어울리는 동사를 찾는다. (A)의 「みあ(見合)わせる」는 '보류하다', (B)의 「よみがえ(蘇)る」는 '(기억 등이) 되살아나다', (C)의 「めざ(目覚)める」는 '눈뜨다, (잠에서) 깨다', (D)의 「むく(報)われる」(보답받다)는 「むく(報)う」(보답하다)의 수동형으로 「いくら努力(どりょく)しても報(むく)われない」(아무리 노력해도 보답받지 못한다)처럼 쓴다. 이 중 문맥상 어울리는 것은 (B)의 「よみがえ(蘇)る」뿐이다.

어휘 | 曲(きょく) 곡 聞(き)く 듣다 ~と ~하면 ~と ~하면 学生(がくせい) 학생, (특히) 대학생 頃(ころ) 시절, 무렵

6 죄송합니다. 전화감이 먼 것 같으니까 조금 더 큰 소리로 부탁드립니다.

해설 | 공란 뒤 문장에서 '조금 더 큰 소리로 부탁드린다'라고 한 이유는 전화 소리가 잘 들리지 않기 때문이다. 따라서 공란에는 '(소리가) 멀다'라는 뜻을 나타내는 い형용사가 와야 한다. 정답은 (B)의 「遠(とお)い」로, 「電話(でんわ)が遠(とお)い」라고 하면 '전화감이 멀다'라는 뜻이다.

어휘 | すみません 죄송합니다 ~ようだ ~인 것 같다 もう少(すこ)し 조금 더 大(おお)きい (양·정도가) 크다 声(こえ) 목소리 お+동사의 ます형+する ~하다, ~해 드리다 *겸양표현 願(ねが)う 부탁하다 弱(よわ)い 약하다 深(ふか)い 깊다 薄(うす)い 얇다, (색 등이) 옅다

7 부모님에게 쓸데없는 걱정을 끼쳐서는 안 됩니다.

해설 | 공란 뒤의 「心配(しんぱい)をかける」(걱정을 끼치다)와 어울리는 な형용사를 찾는다. (A)의 「不良(ふりょう)」는 '불량', (B)의 「余計(よけい)」는 '쓸데없음', (C)의 「慎重(しんちょう)」는 '신중', (D)의 「平気(へいき)」는 '태연함'이라는 뜻이므로, 정답은 (B)의 「余計(よけい)」가 된다.

어휘 | 親(おや) 부모 ~ものじゃない ~하는 것이 아니다, ~해서는 안 된다 *「~ものではない」의 회화체 표현으로, 남에게 주의나 조언을 할 때 씀

8 요즘 살이 빠져서 바지가 헐렁해서 내려갈 것 같아.

해설 | '최근 살이 빠져서 바지가 ~ 내려갈 것 같아'라고 했으므로, 공란에는 바지가 내려갈 이유가 될 만한 い형용사가 와야 한다. 정답은 (A)의 「ゆる(緩)い」(느슨하다, 헐렁하다)로, (B)의 「ねむ(眠)い」는 '졸리다', (C)의 「きつい」는 '(옷 등이) 꽉 끼다', (D)의 「ぬる(温)い」는 '미지근하다'라는 뜻이다.

어휘 | 最近(さいきん) 최근, 요즘 痩(や)せる 여위다, 마르다, 살이 빠지다 ズボン 바지 落(お)ちる (아래로) 떨어지다 동사의 ます형+そうだ ~일[할] 것 같다 *양태

9 그녀는 항상 싱글벙글해서 즐거운 듯이 보인다.

해설 | 공란 뒤 문장에서 '즐거운 듯이 보인다'라고 했으므로, 그녀의 어떤 모습을 보고 즐거운 듯이 보인다고 한 것인지 그 이유가 될 만한 의태어를 찾는다. (A)의 「くよくよ」(끙끙)는 '사소한 일에 늘 걱정하는 모양', (B)의 「うとうと」(꾸벅꾸벅)는 '졸음이 와서 극히 짧은 시간 얕게 자는 모양', (C)의 「てくてく」(터벅터벅)는 '먼 길을 걸어가는 모습', (D)의 「にこにこ」(싱글벙글)는 '눈과 입을 슬며시 움직이며 소리 없이 정답고 환하게 웃는 모양'을 나타내므로, 정답은 (D)의 「にこにこ」가 된다.

어휘 | いつも 늘, 항상 楽(たの)しい 즐겁다 い형용사의 어간+そうに ~인 듯이 見(み)える 보이다

10 인터뷰를 한 감독은 앞으로 선수들을 엄하게 맹훈련시키겠다고 코멘트했다.

해설 | 공란 뒤의 「鍛(きた)える」((심신을) 단련하다, 맹훈련시키다)라는 동사와 어울리는 의태어를 찾는다. (A)의 「ひりひり」(따끔따끔)는 '피부나 점막 등에 날카로운 통증이나 매운맛이 느껴지는 모양', (B)의 「ごろごろ」(데굴데굴)는 '큰 물건이 계속 구르는 모양', (C)의 「びしびし」(가차없이, 엄하게)는 '사정 보지 않고 가차 없이 행하는 모양', (D)의 「びくびく」(벌벌, 흠칫)는 '불안이나 공포에 무서워 떠는 모양'을 나타내므로, 정답은 (C)의 「びしびし」가 된다.

어휘 | インタビューを受(う)ける 인터뷰를 하다 監督(かんとく) 감독 今後(こんご) 금후, 앞으로 選手(せんしゅ) 선수 ~たち (사람이나 생물을 나타내는 말에 붙어) ~들 コメント 코멘트

주요 어휘 및 표현 정리 20

한자	읽기	의미
☐ 利口だ	りこうだ	영리하다
☐ 柔らかい	やわらかい	부드럽다
☐ 鈍い	にぶい	둔하다
☐ あいにく	・	공교롭게도
☐ 品切れ	しなぎれ	품절
☐ 他人	たにん	타인, 남
☐ 反感を買う	はんかんをかう	반감을 사다
☐ 言動	げんどう	언동
☐ 慎む	つつしむ	삼가다
☐ 見合わせる	みあわせる	보류하다
☐ 報われる	むくわれる	보답받다
☐ 電話が遠い	でんわがとおい	전화감이 멀다
☐ 平然だ	へいぜんだ	태연하다
☐ きつい	・	(옷 등이) 꽉 끼다
☐ にこにこ	・	싱글벙글
☐ 監督	かんとく	감독
☐ 今後	こんご	금후, 앞으로
☐ びしびし	・	가차없이, 엄하게
☐ 鍛える	きたえる	(심신을) 단련하다, 맹훈련시키다
☐ ごろごろ	・	데굴데굴

03 명사 및 문법표현 찾기

STEP 1 먼저 핵심 기출 어휘 및 표현과 용법을 익히세요.

핵심 기출 어휘 및 표현

▶ 명사

- 血 피
- 予定 예정
- 予約 예약
- 約束 약속
- 参加 참가
- 契機 계기
- 精算 정산
- 喪失 상실
- 態勢 태세
- 治療 치료
- 流行 유행
- 主催 주최
- 納得 납득
- 他殺 타살
- 困惑 곤혹

- 熱 열
- 航空便 항공편
- 鑑賞 감상
- 行列 행렬
- 用事 볼일, 용무
- 感動 감동
- 禁物 금물
- 体裁 체면
- 真心 진심
- 歓迎 환영
- 手際 솜씨
- 所属 소속
- 用意 준비
- あくび 하품
- 気配り 배려

- 咳 기침
- 常識 상식
- 没頭 몰두
- 商売 장사
- 圧倒 압도
- 負担 부담
- 採算 채산
- 送金 송금
- 導入 도입
- 抹消 말소
- 燃料 연료
- 悪気 악의
- 演説 연설
- 手間 (일하는 데 드는) 품, 시간, 노력, 수고
- 絶滅 절멸, 멸종

- 均衡 균형
- 油断 방심
- 場違い 그 자리에 어울리지 않음
- お礼 감사 (인사), 답례
- 手頃 알맞음, 적당함
- 言い訳 변명
- 人情 인정
- 物好き 유별난 것을 좋아함
- 類まれ 유례가 드묾, 훌륭함

▶ 가타카나어

- ナイフ 칼
- ノック 노크
- リズム 리듬
- イヤリング 귀걸이
- コピー 복사
- ホーム 플랫폼
- グラフ 그래프
- エンジン 엔진
- ペンキ 페인트
- カロリー 칼로리
- トイレ 화장실
- サンプル 샘플
- リビング 거실
- サービス 서비스
- キャンセル 캔슬, 취소
- マネージャー 매니저
- トラウマ 트라우마, 정신적 외상

- サイン 사인
- ハンカチ 손수건
- オイル 오일
- コース 코스
- カバー 커버
- マナー 매너
- ボーナス 보너스
- ターゲット 타깃, 표적
- チェンジ 체인지
- パトカー 경찰차
- エチケット 에티켓
- スリッパ 슬리퍼
- ウイルス 바이러스
- エプロン 앞치마
- スムーズ 순조로움
- パターン 패턴, 유형
- アパート 아파트, 공동주택

- ムード 무드, 분위기
- ゼミ 세미나
- ネックレス 목걸이
- シーズン 시즌
- ユーモア 유머
- ハンドル 핸들
- ロッカー 로커
- レジャー 레저
- メニュー 메뉴
- トンネル 터널
- バランス 밸런스, 균형
- ヒント 힌트
- アイロン 다리미
- ベテラン 베테랑
- ポジション 포지션, 지위
- サイレン 사이렌
- マンション 맨션, (중·고층) 아파트

- **〜にとって** : 〜에게 있어서(〜의 입장에서 생각하면(평가, 진단))
  - 예 親にとって、子供は貴重な宝である。
    부모에게 있어 아이는 귀중한 보물이다.

- **〜恐れがある** : 〜할 우려가 있다(〜의 위험성이 있다(그래서 걱정이다))
  - 예 この状態が続くと、株価はもっと下落する恐れがある。
    이 상태가 계속되면 주가는 더욱 하락할 우려가 있다.

- **〜に伴って** : 〜에 동반해[따라](A와 함께 B도 일어남)
  - 예 医学の進歩に伴って、平均寿命も延びている。
    의학이 진보함에 따라 평균수명도 길어지고 있다.

- **〜に沿って** : 〜에[을] 따라(기준이 되는 것에서 벗어나지 않도록 함)
  - 예 この会社の方針は、経営理念に沿って設定した。
    이 회사 방침은 경영이념에 따라 설정했다.

- **〜からには** : 〜한 이상은
  - 예 一旦約束したからには守るべきだ。
    일단 약속한 이상은 지켜야 한다.

- **〜にしては** : 〜치고는(〜에 비해서는, 보통 예상되는 것과 달리)
  - 예 初めて作ったにしては、よくできましたね。
    처음 만든 것 치고는 잘 만들었네요.

- **〜うちに** : 〜하는 동안에
  - 예 経験を積み重ねていくうちに自信がついた。
    경험을 쌓아 가는 동안에 자신감이 붙었다.

- **〜いかんでは** : 〜여하에 따라서는
  - 예 今度の試験の結果いかんでは、進学できなくなるかもしれない。
    이번 시험 결과 여하에 따라서는 진학할 수 없게 될지도 모른다.

- **〜だらけ** : 〜투성이(마이너스인 것이 많이 있는 상태)
  - 예 彼のレポートは間違いだらけだ。
    그의 리포트는 오류투성이다.

- **〜まみれ** : 〜투성이, 〜범벅(더러운 것이 표면 전체에 붙어 있는 상태)
  - 예 外から帰ってきた子供の顔は泥まみれだった。
    밖에서 돌아온 아이의 얼굴은 진흙투성이었다.

- **〜ずくめ** : 〜뿐, 〜일색(온통 그것뿐임)
  - 예 彼は頭のてっぺんから足の先まで黒ずくめだ。
    그는 머리 꼭대기에서 발끝까지 검정색 일색이다.

- **동사의 기본형+一方だ** : ~할 뿐이다, ~하기만 하다(한 방향(대부분은 마이너스의 방향)으로만 변화가 진행됨)
  - 예 不景気の影響で、失業率は上がる一方だ。
    불경기의 영향으로 실업률은 올라가기만 한다.

- **동사의 기본형+まじき** : ~할 수 없는, ~해서는 안 될(결코 ~해서는 안 된다)
  - 예 小さい子供を殴るなんて、大人としてあるまじきことだ。
    어린아이를 때리다니 어른으로서 있어서는 안 될 일이다.

- **~に対して** : ~에 대해, ~에게 *대상
  - 예 あの人は寒さに対して敏感です。
    저 사람은 추위에 대해 민감합니다.

- **~に先立って** : ~에 앞서
  - 예 このプロジェクトに先立って、綿密な市場調査を行いました。
    이 프로젝트에 앞서 면밀한 시장조사를 실시했습니다.

- **~だけあって** : ~인 만큼
  - 예 一流ホテルだけあって、サービスがいい。
    일류 호텔인 만큼 서비스가 좋다.

- **동사의 ます형+ようがない** : ~할 수가 없다, ~할 방법이 없다(수단·방법이 없음)
  - 예 電話番号がわからないことには連絡しようがない。
    전화번호를 몰라서는 연락할 방법이 없다.

- **~わりに(は)** : ~에 비해서(는)(~으로부터 당연히 생각되는 것과는 달리, 의외로)
  - 예 彼は勉強しないわりには、いつも成績がいい。
    그는 공부하지 않는 것에 비해서는 항상 성적이 좋다.

- **~極まりない** : ~하기 짝이 없다, 정말 ~하다(대단히 ~하다(대부분은 마이너스의 평가))
  - 예 こんな夜中にピアノを弾くなんて、非常識極まりない。
    이런 밤중에 피아노를 치다니 정말 몰상식하다.

- **~に決まっている** : ~임에 틀림없다, 분명[반드시] ~이다(확신)
  - 예 彼女の話は嘘に決まっている。
    그녀의 이야기는 거짓말임에 틀림없다[분명 거짓말이다].

- **~に足る** : ~하기에 충분하다, ~할 만하다(~할 가치가 충분히 있다)
  - 예 この問題は議題として取り上げるに足る。
    이 문제는 의제로서 채택할 만하다.

- **~始末だ** : ~형편[꼴]이다(여러 가지 있지만, ~라는 나쁜 결과가 되었다)
  - 예 一人でできると言ったくせに、この始末だ。
    혼자서 할 수 있다고 말한 주제에 이 꼴이다.

- **~ならではの** : ~이 아니고는 할 수 없는, ~특유의, ~만의
  - 예 この店では日本ならではの味が楽しめる。
    - 이 가게에서는 일본 특유의 맛을 즐길 수 있다.

- **~てならない** : 매우 ~하다(참을 수 없을 정도로 ~하다(강한 감정·감각·욕구))
  - 예 息子が大学に合格して嬉しくてならない。
    - 아들이 대학에 합격해서 매우 기쁘다.

- **~には及ばない** : ~할 것까지는 없다, ~할 필요는 없다
  - 예 メール一通で済むことだから、わざわざ行くには及びませんよ。
    - 메일 한 통으로 해결될 일이니까 일부러 갈 필요는 없어요.

- **~にかたくない** : ~하기에 어렵지 않다, 쉽게 ~할 수 있다
  - 예 今までの彼の苦労は想像にかたくない。
    - 지금까지의 그의 고생은 상상하기에 어렵지 않다.

- **~を禁じ得ない** : ~을 금할 길이 없다(~의 감정을 억누를 수 없다)
  - 예 彼のやり方を見ると失笑を禁じ得ない。
    - 그가 하는 짓을 보면 실소를 금할 수 없다.

- **~を余儀なくされる** : 어쩔 수 없이[부득이] ~하게 되다
  - 예 続いた経営悪化で、退職を余儀なくされた。
    - 계속된 경영 악화로 어쩔 수 없이 퇴직하게 되었다.

- **동사의 ます형+かねる** : ~하기 어렵다, ~할 수 없다
  - 예 火災などによる損失は補償しかねる。
    - 화재 등에 의한 손실은 보상하기 어렵다.

- **동사의 ます형+かねない** : ~할지도 모른다(부정적인 사항에 대해 씀)
  - 예 運転する時、油断すると事故を起こしかねない。
    - 운전할 때 방심하면 사고를 일으킬지도 모른다.

- **~ばこそ** : ~이기에, ~때문에(앞의 것, 주로 원인이나 이유를 강조하는 말)
  - 예 子供の将来を思えばこそ、勉強させているのだ。
    - 아이의 장래를 생각하기 때문에 공부시키고 있는 것이다.

- **~たりとも** : ~일지라도, ~라도(앞에 '1'이라는 숫자를 포함하는 말이 옴)
  - 예 水不足が深刻なので、1滴たりとも無駄にしてはいけない。
    - 물 부족이 심각하기 때문에 한 방울이라도 낭비해서는 안 된다.

기타 문법표현은
PART 6 오문정정 UNIT 1(p.286), UNIT 3(p.306)과 PART 7 공란메우기 UNIT 1(p.336) 참고

STEP 2 공란에 들어갈 알맞은 표현을 찾아보세요.

명사

1 プレゼントをもらったので、＿＿＿＿＿の葉書を出しました。
(A) お祝い　　　　(B) お礼　　　　(C) お菓子　　　　(D) お釣り

2 そのゴルフ大会は経験を問わず＿＿＿＿＿できます。
(A) 所属　　　　(B) 歓迎　　　　(C) 参加　　　　(D) 鑑賞

3 彼女はいつも＿＿＿＿＿の先端を行くようなファッションをしてますね。
(A) 行列　　　　(B) 遊園地　　　　(C) 年代　　　　(D) 流行

가타카나어

4 どうぞ、その＿＿＿＿＿を履いて、中に入ってください。
(A) エプロン　　　　(B) コート　　　　(C) ハンカチ　　　　(D) スリッパ

5 前に高い＿＿＿＿＿が建って、私の家は日陰になってしまった。
(A) サイレン　　　　(B) パトカー　　　　(C) マンション　　　　(D) ロッカー

문법표현

6 彼は他人＿＿＿＿＿、いつも細やかな配慮をする人です。
(A) に対して　　　　(B) として　　　　(C) に伴って　　　　(D) によって

7 小川さんは、朝からほこり＿＿＿＿＿になって、倉庫の中を片付けている。
(A) まじき　　　　(B) だらけ　　　　(C) ごとき　　　　(D) あって

8 裁判の結果＿＿＿＿＿では、懲戒免職を免れずにはすまないだろう。
(A) 至り　　　　(B) いかん　　　　(C) ずくめ　　　　(D) がてら

정답 | 1 (B) 2 (C) 3 (D) 4 (D) 5 (C) 6 (A) 7 (B) 8 (B)

PART 7

암기메우기

STEP 3 다음 기출문제를 풀어 보세요.

1 姉は去年結婚して駅の近くの_____に住んでいます。
(A) デパート　　　　(B) アパート　　　　(C) リビング　　　　(D) トイレ

2 三井さんは、今年の10月アメリカに留学する_____です。
(A) 用事　　　　(B) 用意　　　　(C) 予約　　　　(D) 予定

3 健康には、栄養_____を考えた食事が大切だ。
(A) バランス　　　　(B) ヒント　　　　(C) ムード　　　　(D) マナー

4 昨日あまり寝ていないので、_____が出ます。
(A) あくび　　　　(B) 咳　　　　(C) 匂い　　　　(D) 涙

5 豚にやる餌代がこんなに値上がりしては、_____が合わない。
(A) 精算　　　　(B) 送金　　　　(C) 商売　　　　(D) 採算

6 初めての料理_____なかなかうまくできてますよ。
(A) にしては　　　　(B) としては　　　　(C) にかけては　　　　(D) というより

7 人間の身勝手な開発のせいで、多くの野生動物が_____の危機にある。
(A) 抹消　　　　(B) 絶滅　　　　(C) 他殺　　　　(D) 喪失

8 店員の_____のこもったサービスに大変感動した。
(A) 真心　　　　(B) 手間　　　　(C) 面倒　　　　(D) 人情

9 そんな安い価格では、この取引には応じ_____。
(A) かねます　　　　(B) かねません　　　　(C) かねています　　　　(D) かねました

10 あまりにも不当な待遇に、従業員たちは怒り_____。
(A) を余儀なくされた　　　　　　　　(B) を禁じ得なかった
(C) には及ばなかった　　　　　　　　(D) に越したことはない

해설 및 정답 명사 및 문법표현 찾기·기출 확인 문제

1 언니는 작년에 결혼해서 역 근처의 <u>아파트</u>에 살고 있습니다.

해설 | 공란 뒤의 「住(す)んでいる」(살고[거주하고] 있다)라는 표현과 어울리는 가타카나어를 찾는다. (A)의 「デパート」는 '백화점', (B)의 「アパート」는 '아파트, 공동주택', (C)의 「リビング」는 '거실', (D)의 「トイレ」는 '화장실'이라는 뜻이므로, 정답은 (B)의 「アパート」가 된다.

어휘 | 姉(あね) 언니, 누나 去年(きょねん) 작년 結婚(けっこん) 결혼 駅(えき) 역 近(ちか)く 가까운 곳, 근처

2 미쓰이 씨는 올해 10월 미국에 유학할 <u>예정</u>입니다.

해설 | 공란 앞의 「留学(りゅうがく)」(유학)라는 단어와 어울리는 명사를 찾는다. (A)의 「用事(ようじ)」는 '볼일, 용무', (B) 「用意(ようい)」는 '준비', (C)의 「予約(よやく)」는 '예약', (D)의 「予定(よてい)」는 '예정'이라는 뜻이므로, 정답은 (D)의 「予定(よてい)」가 된다.

어휘 | 今年(ことし) 올해 アメリカ 미국

3 건강에는 영양 <u>균형</u>을 고려한 식사가 중요하다.

해설 | 공란 앞의 「栄養(えいよう)」(영양)라는 단어와 어울리는 가타카나어를 찾는다. (A)의 「バランス」는 '밸런스, 균형', (B)의 「ヒント」는 '힌트', (C)의 「ムード」는 '무드, 분위기', (D)의 「マナー」는 '매너'라는 뜻이므로, 정답은 (A)의 「バランス」가 된다.

어휘 | 健康(けんこう) 건강 考(かんが)える 생각하다, 고려하다 食事(しょくじ) 식사 大切(たいせつ)だ 중요하다

4 어제 별로 자지 않았기 때문에 <u>하품</u>이 나옵니다.

해설 | 공란 앞의 「昨日(きのう)あまり寝(ね)ていないので」(어제 별로 자지 않았기 때문에)라는 내용과 공란 뒤의 「出(で)る」(나오다)와 어울리는 명사를 찾는다. 정답은 (A)의 「あくび」(하품)로, (B)의 「咳(せき)」(기침)와 (D)의 「涙(なみだ)」(눈물)도 「出(で)る」(나오다)와 호응하지만 공란 앞의 내용과 맞지 않는다. (C)의 「匂(にお)い」(냄새)는 「匂(にお)いがする」(냄새가 나다)처럼 쓴다.

어휘 | 昨日(きのう) 어제 あまり (부정어 수반) 그다지, 별로 寝(ね)る 자다

5 돼지에게 줄 사료값이 이렇게 올라서는 <u>채산</u>이 맞지 않는다.

해설 | 사료값이 폭등하면 축산농가에 있어서는 수지가 맞지 않을 것이다. 따라서 공란에는 '수입과 지출을 맞추어 계산하는 것'이라는 뜻을 지닌 명사가 와야 하므로, 정답은 (D)의 「採算(さいさん)」(채산)이 된다. (A)의 「精算(せいさん)」(정산)은 '금액 따위를 꼼꼼히 계산하는 것, 또한 계산하여 과부족 따위를 처리하는 것'을 나타내는 말로, 「さっき駅(えき)の改札口(かいさつぐち)で、乗(の)り越(こ)しの精算(せいさん)をした」(조금 전 역 개찰구에서 초과 승차 정산을 했다)처럼 쓰므로, 문맥상 맞지 않는다.

어휘 | 豚(ぶた) 돼지 やる (손아랫사람이나 동식물에게) 주다 餌(えさ) 먹이, 사료 ～代(だい) ～대금, ～값 こんなに 이렇게(나) 値上(ねあ)がり 가격 인상, 값이 오름 送金(そうきん) 송금 商売(しょうばい) 장사

공란메우기

6 처음 만든 요리 <u>치고는</u> 상당히 잘 만들어졌어요.

해설 | 문맥상 공란에는 말하는 사람의 기대나 평가가 실제와 어긋나는 경우에 쓰는 표현이 와야 한다. 정답은 (A)의 「~にしては」(~치고는)로, '~에 비해서는, 보통 예상되는 것과 달리'라는 뜻이다. 예를 들면 「初(はじ)めて責任者(せきにんしゃ)になったにしてはよくやった」(처음 책임자가 된 것치고는 잘했다)처럼 쓴다. (B)의 「~としては」(~로서는)는 '~의 경우에는, ~의 입장에서는'이라는 뜻으로 「私(わたし)としては賛成(さんせい)できません」(저로서는 찬성할 수 없습니다)처럼 쓴다. (C)의 「~にかけては」(~에 관한 한, ~에 있어서는)는 어떤 분야에 대해 특별히 강조하는 표현으로 「パソコンの知識(ちしき)にかけては彼女(かのじょ)の右(みぎ)に出(で)るものはいない」(컴퓨터 지식에 있어서는 그녀를 능가할 사람은 없다)처럼 쓰고, (D)의 「~というより」(~라기 보다)는 'A와 B를 비교했을 때, 말하자면 B쪽이 적절하다'라는 뜻으로, 「今日(きょう)は涼(すず)しいというより少(すこ)し寒(さむ)いぐらいだ」(오늘은 시원하다기 보다 조금 추울 정도다)처럼 쓴다.

어휘 | 初(はじ)めて 처음(으로) 料理(りょうり) 요리 なかなか 상당히, 꽤 うまく 잘 できる 만들어지다

7 인간의 이기적인 개발 탓에 많은 야생동물이 멸종 위기에 있다.

해설 | 공란 뒤의 「危機(きき)」(위기)라는 단어와 어울리는 명사를 찾는다. (A)의 「抹消(まっしょう)」는 '말소, 지워 버림', (B)의 「絶滅(ぜつめつ)」는 '절멸, 멸종', (C)의 「他殺(たさつ)」는 '타살', (D)의 「喪失(そうしつ)」는 '상실'이라는 뜻이므로, 정답은 (B)의 「絶滅(ぜつめつ)」가 된다.

어휘 | 人間(にんげん) 인간 身勝手(みがって)だ 제멋대로 하다, 방자하다, 염치없다 開発(かいはつ) 개발
명사+の+せいで ~탓에 多(おお)く 많음 野生動物(やせいどうぶつ) 야생동물

8 점원의 진심이 담긴 서비스에 매우 감동했다.

해설 | 공란 뒤의 「こもる」는 '(마음이) 담기다, 깃들다'라는 뜻으로, 이 동사와 어울리는 명사를 찾는다. 정답은 (A)의 「真心(まごころ)」(진심)로, (B)의 「手間(てま)」는 '(일하는 데 드는) 품, 시간, 노력, 수고'라는 뜻으로, 주로 「手間(てま)がかかる」(시간[품]이 들다, 손이 많이 가다)의 형태로 쓴다. (C)의 「面倒(めんどう)」는 '성가심, 귀찮음', (D)의 「人情(にんじょう)」는 '인정'이라는 뜻이다.

어휘 | 店員(てんいん) 점원 サービス 서비스 大変(たいへん) 대단히, 매우 感動(かんどう) 감동

9 그런 싼 가격으로는 이 거래에는 응하기 힘듭니다.

해설 | 「そんな安(やす)い価格(かかく)では、この取引(とりひき)には応(おう)じ~」(그런 싼 가격으로는 이 거래에는 응하기 ~)라고 했으므로, 공란에는 주저함·불가능·곤란함 등의 부정적인 의미를 나타내는 표현이 와야 한다. 정답은 (A)의 「かねます」(하기 어렵다)로, 「동사의 ます형+かねる」는 '~하기 어렵다, ~할 수 없다'라는 뜻이다. (B)의 「かねません」은 '할지도 모릅니다'라는 뜻으로 「동사의 ます형+かねない」는 '~할지도 모른다'라는 뜻의 표현이고, (C)의 「かねています」(겸하고 있습니다)와 (D)의 「かねました」(겸했습니다)는 동사 「か(兼)ねる」(겸하다)를 활용한 표현이다.

어휘 | そんな 그런, 그러한 安(やす)い (값이) 싸다 価格(かかく) 가격 取引(とりひき) 거래 応(おう)じる 응하다

10 너무나도 부당한 대우에 종업원들은 분노를 금할 수 없었다.

해설 | 너무나도 부당한 대우를 받았다면 분노를 억누르기 힘들 것이므로, 공란에는 '감정 따위를 억누르거나 참지 못하다'라는 뜻의 표현이 와야 한다. 선택지 중 이에 해당하는 표현은 (B)의 「~を禁(きん)じ得(え)ない」로, '~을 금할 수 없다'라는 뜻이다. (A)의 「~を余儀(よぎ)なくされる」는 '어쩔 수 없이[부득이] ~하게 되다'라는 뜻으로 「辞任(じにん)を余儀(よぎ)なくされる」(사임하지 않을 수 없게 되다)처럼 쓰고, (C)의 「~には及(およ)ばない」는 '~할 것까지는 없다, ~할 필요는 없다'라는 뜻으로 「謝(あやま)るには及(およ)ばない」(사과할 것까지는 없다)처럼 쓰며, (D)의 「~に越(こ)したことはない」는 '~보다 더 좋은 것은 없다'라는 뜻으로 「早(はや)くやるに越(こ)したことはない」(빨리 하는 것보다 더 좋은 것은 없다)처럼 쓴다.

어휘 | あまりにも 너무나도 不当(ふとう)だ 부당하다 待遇(たいぐう) 대우 従業員(じゅうぎょういん) 종업원
怒(いか)り 화, 노여움, 분노

한자	읽기	의미
☐ 栄養	えいよう	영양
☐ あくび	・	하품
☐ 値上がり	ねあがり	가격 인상, 값이 오름
☐ 採算	さいさん	채산
☐ 精算	せいさん	정산
☐ 送金	そうきん	송금
☐ 商売	しょうばい	장사
☐ ～にしては	・	～치고는
☐ 人間	にんげん	인간
☐ 身勝手だ	みがってだ	제멋대로 하다, 방자하다, 염치없다
☐ 野生動物	やせいどうぶつ	야생동물
☐ 絶滅	ぜつめつ	절멸, 멸종
☐ 危機	きき	위기
☐ 喪失	そうしつ	상실
☐ 真心	まごころ	진심
☐ 人情	にんじょう	인정
☐ 兼ねる	かねる	겸하다
☐ あまりにも	・	너무나도
☐ 待遇	たいぐう	대우
☐ 怒り	いかり	화, 노여움, 분노

04 관용표현 및 기타 적절한 표현 찾기

STEP 1 먼저 핵심 기출 어휘 및 표현과 용법을 익히세요.

핵심 기출 어휘 및 표현

▶ 관용표현

- 汗をかく 땀을 흘리다
- 背が高い 키가 크다
- お金を稼ぐ 돈을 벌다
- 気に入る 마음에 들다
- 口が堅い 입이 무겁다
- 決まりが悪い 쑥스럽다
- 注目の的 주목의 대상
- 電話をかける 전화를 걸다
- 気に障る 신경에 거슬리다
- お茶を入れる 차를 끓이다
- 融通が利く 융통성이 있다
- 拍車をかける 박차를 가하다
- 歯止めをかける 제동을 걸다
- お金に卑しい 돈에 쩨쩨하다
- 面倒を見る 돌보다, 보살피다

- 虫がいい 뻔뻔스럽다
- 腹が立つ 화가 나다
- 朝飯前 식은 죽 먹기
- 目が回る 몹시 바쁘다
- 時間を割く 시간을 내다
- 気になる 걱정되다, 신경이 쓰이다
- 注目を浴びる 주목을 받다
- ひんしゅくを買う 빈축을 사다
- お腹が空く 배가 고프다
- 耳を澄ます 귀를 기울이다
- 軌道に乗る 궤도에 오르다
- 話の腰を折る 말허리를 끊다
- お茶を濁す 어물어물[적당히] 해서 그 자리를 넘기다
- 梅雨が明ける 장마가 끝나다
- 気に食わない 마음에 들지 않다

- 顔が広い 발이 넓다

- 身に付く (지식·기술 등이) 몸에 배다, 익숙해지다

- 物議を醸す 물의를 일으키다

- 恩に着る 은혜를 입다

- そっぽを向く 외면하다

- 鼻に付く 역겹다, 물리다

- 口に乗る 감언이설에 넘어가다, 속다

- よそ見をする 한눈을 팔다

- 機嫌を取る 비위를 맞추다

- 気が利く 영리하다

- 大目に見る 너그럽게 보다

- 足元を見る 약점을 간파하다

- 涼しい顔をする 모르는 체하다, 시치미 떼다

- 頭が切れる 머리가 좋다

- 見るに見かねる 차마 볼 수 없다

- 気を付ける 조심하다, 주의하다

- 顔に泥を塗る 얼굴에 먹칠을 하다

- 火の車 경제적으로 몹시 어려운 상황

- ダイヤが乱れる 열차 운행이 틀어지다

- 地団駄を踏む 발을 동동 구르며 분해하다

- 顔から火が出る (부끄러워서) 얼굴이 화끈거리다

- 気を配る 배려하다

- 波紋を呼ぶ 파문을 불러일으키다

- 膝を崩す 편히 앉다

- 躍起になる 기를 쓰다

- 顎を出す 녹초가 되다

- 不意を突く 허를 찌르다

- 気がある 관심이 있다, (이성에게) 마음이 있다

- 意地を張る 고집을 부리다

- 見栄を張る 허세를 부리다

- 手に付かない (딴 데 마음이 쏠려 일 등이) 손에 잡히지 않다

- 本音を吐く 본심을 털어놓다

- 胡麻を擦る 깨를 빨다, (전하여) 아첨하다

- 舌が回る 혀가 잘 돌다, 말이 막힘 없이 나오다

- 本腰を入れる 모든 정신을 쏟다

- 親の脛をかじる 부모에게 의존하다

- 金遣いが荒い 돈 씀씀이가 헤프다

- 嫌気が差す 싫증이 나다, 지겹다

- 一目置く 상대가 고수임을 인정하다

- 時計が進んでいる 시계가 빠르다

- 土壇場になる 막판에 이르다, 궁지에 몰리다

- 目がない 아주 좋아하다

- 根_ねに持_もつ 앙심을 품다

- 目_めが覚_さめる 잠에서 깨다

- 役_{やく}に立_たつ 도움이 되다

- 専_{もっぱ}らの噂_{うわさ} 소문이 자자함

- 匂_{にお}いがする 냄새가 나다

- 口_{くち}を出_だす 말참견을 하다

- 目_めを通_{とお}す 대충 훑어보다

- 身_みに付_つける (기술 등을) 몸에 익히다, 습득하다

- 昼寝_{ひるね}をする 낮잠을 자다

- 二_{ふた}つ返事_{へんじ} 흔쾌히 승낙함

- 物音_{ものおと}がする 소리가 나다

- 腕_{うで}を揮_{ふる}う 솜씨를 발휘하다

- 体_{からだ}がだるい 몸이 나른하다

- 口_{くち}が過_すぎる 말이 지나치다

- 相_{あい}づちを打_うつ 맞장구를 치다

- 相談_{そうだん}に乗_のる 상담에 응하다

- 誤解_{ごかい}を招_{まね}く 오해를 초래하다

- 足踏_{あしぶ}みをする 제자리걸음을 하다

- 目_めが利_きく 안목이 있다

- 見_みかけによらない 겉보기와(는) 다르다

- 目_めに付_つく 눈에 띄다

- 髭_{ひげ}を剃_そる 수염을 깎다, 면도하다

- 鯖_{さば}を読_よむ 수량을 속이다, 수량을 속여서 이득을 취하다

- 言_いい訳_{わけ}をする 변명을 하다

- 胸_{むね}を打_うたれる 감동을 받다

- 台無_{だいな}し 노력한 보람이 없음

- お金_{かね}を下_おろす 돈을 인출하다

- 身_みに染_しみる 가슴에 사무치다, 뼈저리게 느끼다

- 歯車_{はぐるま}が狂_{くる}う 리듬이 깨지다

- ピリオドを打_うつ 종지부를 찍다

- 時間_{じかん}を潰_{つぶ}す 시간을 때우다

- お金_{かね}を崩_{くず}す 잔돈으로 바꾸다

- 愚痴_{ぐち}をこぼす 푸념을 늘어놓다

- 顔_{かお}を潰_{つぶ}す 체면을 손상시키다

- 歯_はが立_たたない 당해낼 수 없다, 감당하지 못하다

- 名残_{なごり}を惜_おしむ 이별을 아쉬워하다

- しのぎを削_{けず}る 극심하게 경쟁하다

- 首_{くび}を傾_{かし}げる 고개를 갸웃하다, 미심쩍게 여기다

- 油_{あぶら}を売_うる 잡담으로 시간을 보내다

- けりがつく 끝이 나다, 결론이 나다

- 非_ひの打_うち所_{どころ}がない 나무랄 데가 없다

- 手間_{てま}がかかる 품[시간]이 들다, 손이 많이 가다

▶ 속담

- 三日坊主 작심삼일
- 雀の涙 새발의 피
- 高嶺の花 그림의 떡
- 泣き面に蜂 우는 얼굴에 벌침, 설상가상
- 住めば都 정들면 고향
- 身から出た錆 자업자득
- 猫に小判 돼지 목에 진주
- 知らぬが仏 모르는 게 약
- 花より団子 금강산도 식후경
- 井の中の蛙 우물 안 개구리
- 月とすっぽん 하늘과 땅 차이
- 焼け石に水 언 발에 오줌 누기
- どんぐりの背比べ 도토리 키 재기
- 棚からぼたもち 굴러들어온 호박
- 二階から目薬 전혀 효과가 없음
- 塵も積もれば山となる 티끌 모아 태산
- 石の上にも三年 참고 견디면 성공할 날이 있다
- 人の噂も七十五日 남의 말도 석 달, 소문은 오래가지 않는다
- 千里の道も一歩より始まる 천 리 길도 한 걸음부터
- 雨垂れ石を穿つ 낙숫물이 댓돌을 뚫는다, 작은 힘이라도 계속하면 성공한다
- 濡れ手で粟 젖은 손으로 좁쌀(을 움켜쥠), 불로 소득을 얻음을 비유

- 犬猿の仲 견원지간
- 蛙の子は蛙 부전자전
- 鬼に金棒 범에게 날개
- あばたもえくぼ 제 눈에 안경
- 備えあれば憂い無し 유비무환
- 急がば回れ 급하면 돌아가라
- 寝耳に水 아닌 밤중에 홍두깨
- 安物買いの銭失い 싼 게 비지떡
- 光陰矢の如し 세월은 화살과 같다
- のれんに腕押し 아무런 효과가 없음
- 馬耳東風 마이동풍, 쇠귀에 경읽기
- 百聞は一見に如かず 백문이 불여일견
- 噂をすれば影がさす 호랑이도 제 말하면 온다
- 猿も木から落ちる 원숭이도 나무에서 떨어진다
- 後の祭り 소 잃고 외양간 고친다
- 仏の顔も三度 참는 데도 한계가 있다

접속사

❶ 순접 접속사

- そこで 그래서
- 従^{したが}って 따라서
- そのために 그 때문에
- ゆえに 그러므로, 따라서

- すると 그러자
- だから 그러므로, 그러니까, 그래서
- ですから 그러므로, 그래서
- だったら 그렇다면

- では 그럼, 그렇다면
- それで 그래서
- それから 그리고
- それなら 그렇다면, 그러면

❷ 역접 접속사

- でも 그렇지만, 그러나, 하지만
- だけど 하지만
- だって 하지만

- だが 그렇지만, 하지만
- ところが 하지만
- それでも 그런데도, 그래도

- しかし 그러나
- けれども 하지만
- しかしながら 그렇지만

❸ 첨가 접속사

- また 또
- それに 게다가

- なお 또한
- おまけに 게다가

- しかも 게다가
- その上^{うえ} 게다가

❹ 선택 접속사

- または 또는
- もしくは 또는, 혹은
- あるいは 혹은, 또는
- それとも 그렇지 않으면, 아니면, 혹은, 또는
- ないし 또는, 혹은 *'내지'라는 의미로 '범위'를 나타내기도 함

❺ 설명 접속사

- ただし 다만
- ちなみに 덧붙여

- なぜなら 왜냐하면

- もっとも 다만

❻ 병렬 접속사

- また 또
- かつ 또한

- 及^{およ}び 및
- それから 그리고

- 並^{なら}びに 및, 또

❼ 화제 전환 접속사

- さて 그런데
- ところで 그것은 그렇고, 그런데
- そう言^いえば 그러고 보니

가정법

❶ ~ば

- 속담은 대부분 「ば」가정법으로 나타냄.
    - 예 住めば都。
        정들면 고향(어떤 곳이든 오래 살면 좋은 곳으로 여겨진다).

- 논리적, 항상적, 법칙적인 관계나 인과관계를 나타냄.
    - 예 4を2で割れば2になる。
        4를 2로 나누면 2가 된다.

- 「~さえ」(~만)와 함께 사용되어 최소 조건을 나타냄.
    - 예 水さえあればこの植物は何か月でも枯れない。
        물만 있으면 이 식물은 몇 달이고 시들지 않는다.

- 「~ば~ほど」(~하면 ~할수록), 「~も~ば~も」(~도 ~하고[하거니와] ~도), 「~ばこそ」(~이기에, ~때문에), 「~ばそれまでだ」(~하면 그것으로 끝이다) 등의 문법표현으로 사용됨.
    - 예 勉強すればするほど成績は上がるはずだ。
        공부하면 할수록 성적은 당연히 오를 것이다.
    - 예 犬が好きな人もいれば、嫌いな人もいる。
        개를 좋아하는 사람도 있고[있거니와] 싫어하는 사람도 있다.
    - 예 君の健康を考えればこそ、食事にも気をつけろと言っているんだ。
        네 건강을 생각하기에 식사에도 주의하라고 말하는 거야.
    - 예 いくらいい機械でも、使わなければそれまでだ。
        아무리 좋은 기계라도 사용하지 않으면 그것으로 끝이다.

❷ ~と

- 필연적 조건을 나타냄.
    - 예 水がないと、人間は生きていけない。
        물이 없으면 인간은 살아갈 수 없다.

- 길을 안내할 때 사용함.
    - 예 この道をまっすぐ行くと、銀行があります。
        이 길을 곧장 가면 은행이 있습니다.

- '~하자', '~했더니'라는 의미로 어떤 사실의 발견을 나타냄.
    - 예 空を見ると、雨が降りそうです。
        하늘을 봤더니 비가 내릴 것 같습니다.

- 「と」가정법 앞에는 「た형」이 올 수 없으며 기본형에 접속함.
    - 예 これはやってみたと(→みると)わかります。
        이것은 해 보면 알 수 있습니다.

❸ ～たら

- 가정적인 상황이나 시간의 경과를 나타냄.
  - 예 家に帰ったら、田中さんに電話します。
    집에 돌아가면 다나카 씨에게 전화하겠습니다.

- 어떤 행동을 한 후의 새로운 사실의 발견을 나타냄.
  - 예 薬を飲んだら、かえって調子が悪くなった。
    약을 먹었더니 오히려 상태가 나빠졌다.

- 행위가 성립하는 상황의 설정을 나타냄. 뒷부분에는 명령 · 의뢰 · 허가 · 권유 등의 표현이 옴.
  - 예 近くへいらっしゃることがあったら、是非お寄りください。
    근처에 오실 일이 있으면 꼭 들러 주세요.

❹ ～なら

- 가상적인 사항이나 사태를 나타냄.
  - 예 スターになれるなら、どんな訓練でも我慢できる。
    스타가 될 수 있다면 어떤 훈련이라도 참을 수 있다.

- 주제를 나타냄.
  - 예 冷凍うどんならあるけど、食べる(?)。
    냉동우동이라면 있는데 먹을래?

- 몰랐던 사실에 대한 후회나 유감을 나타냄.
  - 예 バーゲンになるなら、バッグを買わないで我慢すべきだったのに。
    바겐세일을 한다면 가방을 사지 않고 참았어야 했는데.

- 상대방의 말에 근거한 권유 · 추천 · 충고 · 조언 등을 나타냄.
  - 예 パソコンを買いたいなら、駅前の店がいいですよ。
    컴퓨터를 사고 싶다면 역 앞 가게가 좋아요.
  - 예 日本を旅行するなら、北海道へ行ってみてください。
    일본을 여행할 거라면 홋카이도에 가 보세요.

- 실현 가능성이 희박한 사실의 가정을 나타냄.
  - 예 もし私が鳥なら、あなたのところへ飛んで行くのに。
    만약 내가 새라면 당신이 있는 곳으로 날아 갈 텐데.

JPT 기출문제로 훈련하기

STEP 2 공란에 들어갈 알맞은 표현을 찾아보세요.

관용표현 및 속담

1 財布は無くすわ、階段で転ぶわで、泣き面に＿＿＿＿＿だった。
(A) 蜂 　　　(B) 馬 　　　(C) 鯉 　　　(D) 雀

2 彼の死の知らせは＿＿＿＿＿で、すぐには信じられなかった。
(A) 寝耳に水 　　　(B) 焼け石に水 　　　(C) 月とすっぽん 　　　(D) 雀の涙

3 部長は社員1人1人にまで＿＿＿＿＿とても頼りになる上司だ。
(A) 気がある 　　　(B) 気を配る 　　　(C) 気が利く 　　　(D) 気を付ける

접속사 및 가정법

4 ＿＿＿＿＿話が変わりますが、ご主人の具合はいかがですか。
(A) なぜなら 　　　(B) どのように 　　　(C) または 　　　(D) ところで

5 京都に行かれるんですか。＿＿＿＿＿春がお勧めです。
(A) それなら 　　　(B) ところが 　　　(C) あるいは 　　　(D) すなわち

6 明日、仕事が＿＿＿＿＿映画でも見に行きませんか。
(A) 終わったら 　　　(B) 終わると 　　　(C) 終われば 　　　(D) 終わって

기타 표현

7 彼女に頼んだら、すぐにホテルを予約して＿＿＿＿＿。
(A) くれました 　　　(B) いたしました 　　　(C) あげました 　　　(D) まいりました

8 すみませんが、間違ったところがあれば直して＿＿＿＿＿。
(A) もらいますか 　　　(B) いただきますか
(C) いただけますか 　　　(D) さしあげますか

정답 | 1 (A) 2 (A) 3 (B) 4 (D) 5 (A) 6 (A) 7 (A) 8 (C)

STEP 3 다음 기출문제를 풀어 보세요.

1 事故で電車が遅れている。_____、タクシーに乗ることにした。
(A) その上 　　　　(B) それなら 　　　　(C) そこで 　　　　(D) それでも

2 大学院に行こうか、_____働こうか、迷っています。
(A) しかし 　　　　(B) ところで 　　　　(C) けれども 　　　　(D) それとも

3 慣れてきた今こそ、緊張_____を持って運転してください。
(A) 感 　　　　(B) 風 　　　　(C) 性 　　　　(D) 味

4 両親は反対しているが、_____私は留学したい。
(A) それから 　　　　(B) それなら 　　　　(C) なぜなら 　　　　(D) それでも

5 カー用品を_____、あの店が一番安くてたくさん揃っていますよ。
(A) 買うと 　　　　(B) 買うなら 　　　　(C) 買っても 　　　　(D) 買うから

6 母が入院したという知らせがあり、心配で仕事が_____に付かない。
(A) 身 　　　　(B) 手 　　　　(C) 目 　　　　(D) 鼻

7 印刷をしたいので、このプリンターを_____くださいませんか。
(A) お使いになって 　(B) お使い 　　　　(C) 使わせて 　　　　(D) 使って

8 誤解を_____ような行動はしない方がいいよ。
(A) 導く 　　　　(B) 撒く 　　　　(C) 砕く 　　　　(D) 招く

9 この料理は_____がかかるが、家族に大人気の一品料理だ。
(A) 手段 　　　　(B) 手間 　　　　(C) 手続き 　　　　(D) 手伝い

10 この美術品を目が_____人に見せたら、数百万円の価値があると聞かされた。
(A) 利く 　　　　(B) 立つ 　　　　(C) 高まる 　　　　(D) 及ぶ

해설 및 정답 관용표현 및 기타 적절한 표현 찾기·기출 확인 문제

1 사고로 전철이 늦어지고 있다. <u>그래서</u> 택시를 타기로 했다.

해설 | 전철이 오지 않아서 택시를 타기로 했다고 했으므로, 공란에는 인과관계를 나타내는 접속사가 들어가야 한다. 정답은 (C)로, 「そこで」(그래서)는 앞의 내용이 뒤의 내용의 원인이나 근거, 조건이 됨을 나타낸다. (A)의 「その上(うえ)」는 '게다가', (B)의 「それなら」는 '그렇다면, 그러면', (D)의 「それでも」는 '그런데도, 그래도'라는 뜻이다.

어휘 | 事故(じこ) 사고 ~で ~으로 *원인·이유 電車(でんしゃ) 전철 遅(おく)れる (시간에) 늦다, 늦어지다 タクシー 택시 乗(の)る (탈것에) 타다 동사의 보통형+ことにする ~하기로 하다

2 대학원에 갈지 <u>그렇지 않으면</u> 일할지 망설이고 있습니다.

해설 | 앞으로 대학원에 진학할지 일을 할지 망설이고 있다고 했으므로, 공란에는 둘 중에 하나를 고를 때 쓰는 접속사가 와야 한다. (A)의 「しかし」는 '그러나', (B)의 「ところで」는 '그런데', (C)의 「けれども」는 '하지만', (D)의 「それとも」는 '그렇지 않으면, 아니면, 혹은, 또는'이라는 뜻이므로, 정답은 (D)의 「それとも」가 된다.

어휘 | 大学院(だいがくいん) 대학원 働(はたら)く 일하다 迷(まよ)う 망설이다

3 익숙해진 지금이야말로 긴장감을 가지고 운전해 주세요.

해설 | 공란 앞의 「緊張(きんちょう)」(긴장)라는 단어와 호응하는 접미어를 찾는다. 정답은 (A)의 「~感(かん)」(~감, ~느낌)으로, 「緊張感(きんちょうかん)」은 '긴장감'이라는 뜻이다. (B)의 「~風(ふう)」(~풍, ~식)는 「ピカソ風(ふう)の絵(え)」(피카소풍의 그림)처럼 쓰고, (C)의 「~性(せい)」((성질을 나타내는) ~성)는 「安全性(あんぜんせい)」(안정성)처럼 쓰며, (D)의 「~味(み)」((성질로서의) ~맛)는 「甘(あま)み」(단맛)처럼 쓴다.

어휘 | 慣(な)れる 익숙해지다 ~てくる ~해 오다, ~해지다 今(いま)こそ 지금이야말로 持(も)つ 가지다 運転(うんてん) 운전

4 부모님은 반대하고 있지만 <u>그런데도</u> 나는 유학하고 싶다.

해설 | 부모님이 반대하고 있는 상황인데도 본인은 유학하고 싶다는 뜻이므로, 공란에는 '앞 문장의 상황과 같음에도 불구하고'와 같은 뜻을 지닌 접속사가 와야 한다. (A)의 「それから」는 '그리고', (B)의 「それなら」는 '그렇다면, 그러면', (C)의 「なぜなら」는 '왜냐하면', (D)의 「それでも」는 '그런데도, 그래도'라는 뜻이므로, 정답은 (D)의 「それでも」가 된다.

어휘 | 両親(りょうしん) 양친, 부모 反対(はんたい) 반대 留学(りゅうがく) 유학 동사의 ます형+たい ~하고 싶다

5 자동차 용품을 살 거라면 저 가게가 제일 싸고 물건이 많이 갖추어져 있어요.

해설 | 문제는 자동차 용품을 살 거라면 저 가게가 좋다고 상대방에게 권유하고 있는 내용이다. 가정법 중에서 상대방의 이야기나 결심을 듣고 그것을 근거한 충고나 권유를 나타낼 때는 「~なら」(~라면)를 써야 하므로, 정답은 (B)의 「買(か)うなら」(살 거라면)가 된다.

어휘 | カー 카, 자동차 用品(ようひん) 용품 店(みせ) 가게 一番(いちばん) 가장, 제일 安(やす)い (값이) 싸다 たくさん 많이 揃(そろ)う 갖추어지다, 구비되다 買(か)う 사다

PART 7 관용메우기

375

6 어머니가 입원했다는 소식이 있어 걱정스러워서 일이 <u>손</u>에 잡히지 않는다.

해설 | 문제는 '어머니의 용태가 걱정되어 일을 못 하겠다'라는 내용이다. 선택지에는 「付(つ)く」와 함께 관용표현으로 쓰이는 신체 명칭들이 나와 있는데 이 중 공란에 들어갈 말로 적절한 것은 (B)의 「手(て)」(손)로, 「手(て)に付(つ)かない」라고 하면 '(딴 데 마음이 쏠려 일 등이) 손에 잡히지 않다'라는 뜻이다. (A)의 「身(み)に付(つ)く」는 '(기술 등이) 몸에 배다, 익숙해지다'라는 뜻이고, (C)의 「目(め)に付(つ)く」는 '눈에 띄다', (D)의 「鼻(はな)に付(つ)く」는 '역겹다, 물리다'라는 뜻이다.

어휘 | 母(はは) (자신의) 어머니 入院(にゅういん) 입원 ~という ~라는 知(し)らせ 소식 心配(しんぱい)だ 걱정스럽다
仕事(しごと) 일, 업무

7 인쇄를 하고 싶으니 이 프린터를 <u>사용하게 해 주시지 않겠습니까?</u>

해설 | 인쇄를 하고 싶다는 말과 공란 뒤의 「~てくださいませんか」(~해 주시지 않겠습니까?)라는 표현으로 보아, 프린터를 사용하고 싶다면서 상대방에게 허가를 구하는 상황임을 알 수 있다. 정답은 (C)로, 「~(さ)せてくださいませんか」는 '~하게 해 주시지 않겠습니까?'라는 뜻이다. 「使(つか)わせてくださいませんか」라고 하면 '사용하게 해 주시지 않겠습니까?, 사용하게 해 주세요'라는 의미가 된다. (A)의 「お使(つか)いになってくださいませんか」와 (B)의 「お使(つか)いくださいませんか」, (D)의 「使(つか)ってくださいませんか」는 모두 '사용해 주시지 않겠습니까?'라는 뜻으로, 상대방에게 사용해 달라고 부탁하는 표현이다.

어휘 | 印刷(いんさつ) 인쇄 プリンター 프린터, 인쇄기 使(つか)う 쓰다, 사용하다

8 오해를 <u>초래하는</u> 듯한 행동은 하지 않는 편이 좋아.

해설 | 공란 앞의 「誤解(ごかい)」(오해)라는 단어와 어울리는 동사를 찾는다. (A)의 「導(みちび)く」는 '안내하다, 이끌다', (B)의 「撒(ま)く」는 '뿌리다', (C)의 「砕(くだ)く」는 '부수다, 깨뜨리다', (D)의 「招(まね)く」는 '초래하다'라는 뜻이므로, 정답은 (D)의 「招(まね)く」가 된다.

어휘 | ~ような ~인 듯한 行動(こうどう) 행동 ~ない方(ほう)がいい ~하지 않는 편[쪽]이 좋다

9 이 요리는 <u>손이 많이</u> 가지만 가족에게 대인기인 일품요리이다.

해설 | 문맥상 공란에는 뒤에 있는 「かかる」((날짜·시간·비용 등이) 소요되다, 들다)와 호응하면서 '(어떠한 일을 하는 데) 힘이나 수고 등이 쓰이다'라는 뜻을 나타내는 관용표현이 와야 한다. 정답은 (B)의 「手間(てま)」((일을 하는 데 드는) 품, 시간, 노력, 수고)로, 「手間(てま)がかかる」라고 하면 '품[시간]이 들다, 손이 많이 가다'라는 뜻이다.

어휘 | 料理(りょうり) 요리 家族(かぞく) 가족 大人気(だいにんき) 대인기
一品料理(いっぴんりょうり) 일품요리, 한 접시만인 간단한 요리 手段(しゅだん) 수단 手続(てつづ)き 수속, 절차
手伝(てつだ)い 도움

10 이 미술품을 <u>안목이 있는</u> 사람에게 보여 줬더니 수백만 엔의 가치가 있다고 들었다.

해설 | 공란 앞의 「美術品(びじゅつひん)」(미술품)과 어울리면서 「目(め)」(눈, 안목)와 호응하는 동사를 찾는다. 정답은 (A)의 「利(き)く」((몸이) 잘 듣다)로, 「目(め)が利(き)く」라고 하면 '안목이 있다'라는 뜻이다.

어휘 | 見(み)せる 보이다, 보여 주다 ~たら ~더니 *어떤 행동을 한 후의 새로운 사실의 발견을 나타냄
数百万(すうひゃくまん) 수백만 ~円(えん) ~엔 *일본의 화폐 단위 価値(かち) 가치 聞(き)かす 들려주다 立(た)つ 서다
高(たか)まる (정도가) 높아지다, 고조되다 及(およ)ぶ (어떤 상태에) 이르다, 미치다

주요 어휘 및 표현 정리 20

한자	읽기	의미
☐ 財布	さいふ	지갑
☐ 無くす	なくす	잃다, 분실하다
☐ 階段	かいだん	계단
☐ 転ぶ	ころぶ	넘어지다, 자빠지다
☐ 泣き面に蜂	なきつらにはち	우는 얼굴에 벌침, 설상가상
☐ 頼り	たより	의지
☐ 上司	じょうし	상사
☐ 間違う	まちがう	틀리다
☐ 大学院	だいがくいん	대학원
☐ 緊張感	きんちょうかん	긴장감
☐ 用品	ようひん	용품
☐ 入院	にゅういん	입원
☐ 手に付かない	てにつかない	(딴 데 마음이 쏠려 일 등이) 손에 잡히지 않다
☐ 誤解を招く	ごかいをまねく	오해를 초래하다
☐ 行動	こうどう	행동
☐ 導く	みちびく	안내하다, 이끌다
☐ 撒く	まく	뿌리다
☐ 手間がかかる	てまがかかる	품[시간]이 들다, 손이 많이 가다
☐ 美術品	びじゅつひん	미술품
☐ 目が利く	めがきく	안목이 있다

PART 8 독해

1. 문항 수	– 30개(171~200번)
2. 문제 형식	– 장문의 글을 읽고 3문항 또는 4문항에 답하는 형식으로, 4문항짜리 지문이 6개, 3문항짜리 지문이 2개로 총 8개의 지문이 출제됨
3. 주요 문제 유형	– 인물 소개 및 일상생활 – 설명문 및 기사 · 이슈
4. 최근 출제 경향	– 인물 소개 및 일상생활은 초반부에 주로 출제되며, 인물이 한 일이나 행동, 배우는 일 등에 주목해야 한다. – 설명문은 어떤 주제에 대한 설명이 나오고 내용 일치를 묻는 문제가 나온다. – 기사 · 이슈는 최근에 화제가 되고 있는 내용에 관한 것으로, 다소 까다로운 어휘가 나온다. 따라서 평소에 일본 뉴스 등을 통해 많은 어휘를 익혀 두어야 한다.

01 인물 소개 및 일상생활

STEP 1 먼저 핵심 기출 어휘와 표현을 익히세요.

핵심 기출 어휘 및 표현

- 室内^{しつない} 실내
- 過去^{かこ} 과거
- 拡大^{かくだい} 확대
- 膨大^{ぼうだい} 방대
- 迅速^{じんそく} 신속
- 卒業^{そつぎょう} 졸업
- 先行^{せんこう} 선행
- 失望^{しつぼう} 실망
- 体験^{たいけん} 체험
- 保護^{ほご} 보호
- 調子^{ちょうし} 몸 상태, 컨디션
- 専攻^{せんこう} 전공
- 無視^{むし} 무시
- 自然^{しぜん} 자연
- 勘違い^{かんちが} 착각

- 希望^{きぼう} 희망
- 予約^{よやく} 예약
- 種類^{しゅるい} 종류
- 筋肉^{きんにく} 근육
- 運動^{うんどう} 운동
- 通勤^{つうきん} 통근, 출퇴근
- 趣味^{しゅみ} 취미
- 確認^{かくにん} 확인
- 金額^{きんがく} 금액
- 植物^{しょくぶつ} 식물
- 印刷^{いんさつ} 인쇄
- 流行^{りゅうこう} 유행
- 手術^{しゅじゅつ} 수술
- 形^{かたち} 모양, 형태
- 掃除^{そうじ} 청소

- 応用^{おうよう} 응용
- 商品^{しょうひん} 상품
- 調理^{ちょうり} 조리
- 就職^{しゅうしょく} 취직
- 見本^{みほん} 견본
- 成功^{せいこう} 성공
- 体操^{たいそう} 체조
- 限界^{げんかい} 한계
- 停電^{ていでん} 정전
- 思い出^{おもで} 추억
- 絵^え 그림
- 年賀状^{ねんがじょう} 연하장
- 幼稚園^{ようちえん} 유치원
- コンビニ 편의점
- 気晴らし^{きば} 기분전환

- 紹介 소개
- 匂い 냄새
- 姿勢 자세
- 台所 부엌
- 壁 벽
- 画面 화면
- 棚 선반
- 見物 구경
- 漫画 만화
- 雑誌 잡지
- 興味 흥미
- 増加 증가
- 手紙 편지
- 節約 절약
- 給料 급여, 급료
- 陳列 진열
- 改善 개선
- 練習 연습
- 意味 의미
- 商店街 상점가

- バッグ 백, 가방, 핸드백
- 招待 초대
- 飛行機 비행기
- 注文 주문
- 世界中 전 세계
- ラッシュアワー 러시아워
- 味 맛
- 家賃 집세
- 近所 이웃집
- 普通 보통
- 照明 조명
- 新聞 신문
- 朝刊 조간
- 用意 준비
- 暖房 난방
- 温度 온도
- 出口 출구
- 汚染 오염
- 自宅 자택
- 世話 신세, 돌봄

- 教訓 교훈
- 独身 독신
- 伝達 전달
- 同僚 동료
- 鍵 열쇠
- 利用 이용
- 家具 가구
- 配慮 배려
- 配置 배치
- 配達 배달
- 夜景 야경
- 屋上 옥상
- 薬屋 약국
- 玄関 현관
- 規模 규모
- ペット 반려동물
- 環境 환경
- 種類 종류
- 基本 기본
- 主人 (자신의) 남편

- 建物 ^{たてもの} 건물
- 住宅 ^{じゅうたく} 주택
- 結婚 ^{けっこん} 결혼

- 接待 ^{せったい} 접대
- 状況 ^{じょうきょう} 상황
- 感激 ^{かんげき} 감격

- 家庭 ^{かてい} 가정
- 進歩 ^{しんぽ} 진보
- 広告 ^{こうこく} 광고

- 人気 ^{にんき} 인기
- 唯一 ^{ゆいいつ} 유일
- 約束 ^{やくそく} 약속

- 不況 ^{ふきょう} 불황
- 作業 ^{さぎょう} 작업
- 家事 ^{かじ} 가사, 집안일

- 過程 ^{かてい} 과정
- 主婦 ^{しゅふ} 주부
- 能力 ^{のうりょく} 능력

- 歯医者 ^{はいしゃ} 치과, 치과 의사
- 要領 ^{ようりょう} 요령
- 努力 ^{どりょく} 노력

- 買い物 ^{かもの} 물건을 삼, 쇼핑, 장을 봄
- 熱い ^{あつ} 뜨겁다
- 痛い ^{いた} 아프다

- 近い ^{ちか} 가깝다
- 重い ^{おも} 무겁다
- 広い ^{ひろ} 넓다

- 古い ^{ふる} 낡다, 오래되다
- 温かい ^{あたた} 따뜻하다
- 忙しい ^{いそが} 바쁘다

- 嬉しい ^{うれ} 기쁘다
- 寂しい ^{さび} 쓸쓸하다
- 眩しい ^{まぶ} 눈부시다

- 詳しい ^{くわ} 상세하다, 자세하다
- 危ない ^{あぶ} 위험하다
- 面白い ^{おもしろ} 재미있다

- 静かだ ^{しず} 조용하다
- 親切だ ^{しんせつ} 친절하다
- 新鮮だ ^{しんせん} 신선하다

- 容易だ ^{ようい} 용이하다, 손쉽다
- 簡単だ ^{かんたん} 간단하다
- 消極的だ ^{しょうきょくてき} 소극적이다

- 典型的だ ^{てんけいてき} 전형적이다
- 立派だ ^{りっぱ} 훌륭하다
- 真面目だ ^{まじめ} 성실하다

- 几帳面だ ^{きちょうめん} 꼼꼼하다
- 集める ^{あつ} 모으다, 수집하다
- 選ぶ ^{えら} 고르다, 선택하다

- 増える ^ふ 늘다, 늘어나다
- 習う ^{なら} 배우다, 익히다
- 呼ぶ ^よ 부르다

- 込む ^こ 붐비다, 혼잡하다
- 送る ^{おく} 보내다
- 借りる ^か 빌리다

- 欠かす ^か 빠뜨리다
- 辞める ^や (일자리를) 그만두다
- 困る ^{こま} 곤란하다, 난처하다, 애먹다

- 預ける ^{あず} 맡기다
- 楽しむ ^{たの} 즐기다
- 頼む ^{たの} 부탁하다

- 走る 달리다
- 断る 거절하다
- 届く (보낸 물건이) 도착하다, 닿다
- 過ごす (시간을) 보내다, 지내다
- 役に立つ 도움이 되다, 유익하다
- 伝える 전하다, 알리다
- 始まる 시작되다
- 大分 꽤, 상당히, 많이
- 目がない 아주 좋아하다
- 目に付く 눈에 띄다
- 音楽を聞く 음악을 듣다
- お風呂に入る 목욕을 하다
- 注目を浴びる 주목을 받다
- 気に入る 마음에 들다
- 顔を出す 얼굴을 내밀다
- うまくいく 순조롭게 진행되다, 잘되다
- ～に就く ～에 종사하다, ～에 취임하다
- ～わけではない (전부) ～하는 것은 아니다

- 頼る 의지하다
- 働く 일하다
- 取り組む 대처하다
- 住む 살다, 거주하다
- 生まれる 태어나다
- 飼う (동물을) 기르다, 사육하다
- 引っ越す 이사하다
- 時々 종종, 때때로
- 目が回る 몹시 바쁘다
- 怪我をする 다치다
- 風邪を引く 감기에 걸리다
- 気が付く 깨닫다, 알아차리다
- 日記を付ける 일기를 쓰다
- 気を付ける 조심하다, 주의하다
- 腕を揮う 솜씨를 발휘하다
- ～にとって ～에게 있어서
- ～ようになる ～하게 되다
- ～に負ける ～에 지다[패하다]

- 払う 지불하다
- 手伝う 돕다, 도와주다
- 運ぶ 나르다, 옮기다, 운반하다
- 渡す 건네다, 건네주다
- 起きる 일어나다, 기상하다
- 弾く (악기를) 연주하다, 켜다, 키다, 타다
- 片付ける 치우다, 정리하다
- ほとんど 거의, 대부분
- 目にする 보다
- 薬を飲む 약을 먹다
- 病気になる 병이 나다[들다]
- 文句を言う 불평하다
- 事故を起こす 사고를 일으키다
- ストレスが溜まる 스트레스가 쌓이다
- やむを得ない 어쩔 수 없다
- ～を問わず ～을 불문하고
- ～に従って ～함에 따라서
- 동사의 기본형+前に ～하기 전에

383

STEP 2 이제 YBM이 엄선한 기출문제를 풀어 보세요.

(1~4)

山本さんは、1仕事が忙しいですから、月曜日から金曜日までは毎晩遅く家に帰ります。お酒を飲みに行ったり、友達に会ったりする時間もありません。でも子供の時から本が好きですから、2お風呂に入った後で毎日本を読んで寝ます。時々手紙を書いたり友達と電話で話したりしますが、テレビは見ません。そして朝は早く起きます。朝の静かな時間が好きだからです。顔を洗ったり歯を磨いてから、音楽を聞きながら新聞を読みます。その後で、3テレビを見ながらコーヒーを飲みます。そして朝ご飯は食べないで7時に家を出ます。朝ご飯は会社が始まる前に4いつも会社の前のレストランで食べます。そこには山本さんが好きな食べ物が色々あるからです。

야마모토 씨는 1일이 바쁘기 때문에 월요일부터 금요일까지는 매일 밤 늦게 집에 돌아갑니다. 술을 마시러 가거나 친구를 만나거나 할 시간도 없습니다. 하지만 어릴 때부터 책을 좋아해서 2목욕한 후에 매일 책을 읽고 잡니다. 종종 편지를 쓰거나 친구와 전화로 이야기하거나 합니다만 TV는 보지 않습니다. 그리고 아침에는 일찍 일어납니다. 아침의 조용한 시간을 좋아하기 때문입니다. 세수를 하거나 이를 닦은 후에 음악을 들으면서 신문을 읽습니다. 그 후에 3TV를 보면서 커피를 마십니다. 그리고 아침은 먹지 않고 7시에 집을 나섭니다. 아침은 회사가 시작되기 전에 4항상 회사 앞의 레스토랑에서 먹습니다. 그곳에는 야마모토 씨가 좋아하는 음식이 여러 가지 있기 때문입니다.

어휘ㅣ仕事(しごと) 일, 업무 忙(いそが)しい 바쁘다 月曜日(げつようび) 월요일 ~から~まで ~부터 ~까지
金曜日(きんようび) 금요일 毎晩(まいばん) 매일 밤 遅(おそ)く 늦게 家(いえ) 집 帰(かえ)る 돌아가다 お酒(さけ) 술
飲(の)む ①(술을) 마시다 ②마시다 동사의 ます형+に ~하러 *동작의 목적 ~たり~たりする ~하거나 ~하거나 하다
友達(ともだち) 친구 会(あ)う 만나다 時間(じかん) 시간 でも 하지만 子供(こども) 아이 時(とき) 때 本(ほん) 책
好(す)きだ 좋아하다 ~から ~이기 때문에 お風呂(ふろ)に入(はい)る 목욕하다 동사의 た형+後(あと)で ~한 후에
毎日(まいにち) 매일 読(よ)む 읽다 寝(ね)る 자다 時々(ときどき) 종종, 때때로 手紙(てがみ) 편지 書(か)く (글씨·글을) 쓰다
電話(でんわ) 전화 話(はな)す 말하다, 이야기하다 テレビ 텔레비전, TV *「テレビジョン」의 준말 見(み)る 보다 そして 그리고
朝(あさ) 아침 早(はや)く 일찍, 빨리 起(お)きる 일어나다, 기상하다 静(しず)かだ 조용하다 顔(かお)を洗(あら)う 얼굴을 씻다, 세수하다
歯(は)を磨(みが)く 이를 닦다 ~てから ~하고 나서, ~한 후에 音楽(おんがく) 음악 聞(き)く 듣다
동사의 ます형+ながら ~하면서 *동시동작 新聞(しんぶん) 신문 読(よ)む 읽다 その後(あと)で 그 후에 コーヒー 커피
朝(あさ)ご飯(はん) 아침(식사) 食(た)べる 먹다 ~ないで ~하지 않고[말고] 出(で)る 나서다 会社(かいしゃ) 회사
始(はじ)まる 시작되다 동사의 기본형+前(まえ)に ~하기 전에 いつも 늘, 항상 前(まえ) (공간적인) 앞 レストラン 레스토랑
そこ 거기, 그곳 食(た)べ物(もの) 음식, 먹을 것 色々(いろいろ) 여러 가지, 갖가지

1 山本さんは仕事の後、なぜ何もしないで家に帰りますか。

(A) 家でお酒を飲みたいから

(B) 早くお風呂に入りたいから

✓(C) 遅くまで働いているから

(D) テレビを見たいから

야마모토 씨는 일이 끝난 후 왜 아무것도 하지 않고 집에 돌아갑니까?

(A) 집에서 술을 마시고 싶기 때문에

(B) 빨리 목욕하고 싶기 때문에

✓(C) 늦게까지 일하고 있기 때문에

(D) TV를 보고 싶기 때문에

■ 첫 번째 문장에서 정답을 찾을 수 있다. 야마모토 씨가 일이 끝난 후 아무것도 하지 않고 집에 돌아가는 이유는 일이 바쁘기 때문이다. 따라서 정답은 늦게까지 일하고 있기 때문이라고 한 (C)가 된다.

2 山本さんは、いつも夜に何をしますか。

(A) 家でインターネットをする。

✓(B) お風呂に入ってから本を読む。

(C) 喫茶店でコーヒーを飲む。

(D) 何もしないで寝る。

야마모토 씨는 항상 밤에 무엇을 합니까?
(A) 집에서 인터넷을 한다.
✓(B) 목욕한 후에 책을 읽는다.
(C) 찻집에서 커피를 마신다.
(D) 아무것도 하지 않고 잔다.

- 초반부에서 야마모토 씨는 어릴 때부터 책을 좋아해서 목욕한 후에 매일 책을 읽고 잔다고 했으므로, 정답은 (B)가 된다.
- インターネット 인터넷   喫茶店(きっさてん) 찻집

3 山本さんが家を出る前にすることは何ですか。

✓(A) コーヒーを飲む。

(B) 手紙を書く。

(C) 朝ご飯を食べる。

(D) 食堂に電話する。

야마모토 씨가 집을 나오기 전에 하는 일은 무엇입니까?
✓(A) 커피를 마신다.
(B) 편지를 쓴다.
(C) 아침을 먹는다.
(D) 식당에 전화를 한다.

- 중반부에서 정답을 찾을 수 있다. 야마모토 씨의 아침 일과를 살펴보면 아침에 일어나 음악을 들으면서 신문을 읽고 나서 TV를 보면서 커피를 마신다. 그리고 나서 아침은 먹지 않고 집을 나선다고 했으므로, 선택지 중 여기에 해당하는 내용은 (A)뿐이다.
- 食堂(しょくどう) 식당

4 山本さんはどこで朝ご飯を食べますか。

✓(A) いつも同じレストラン

(B) 家の近くの色々な食堂

(C) 自分が運営している食堂

(D) 会社の近くの喫茶店

야마모토 씨는 어디에서 아침을 먹습니까?
✓(A) 항상 같은 레스토랑
(B) 집 근처의 여러 식당
(C) 자신이 운영하고 있는 식당
(D) 회사 근처의 찻집

- 후반부에서 정답을 찾을 수 있다. 야마모토 씨는 항상 회사 앞의 레스토랑에서 아침을 먹는다고 했으므로, 정답은 항상 같은 레스토랑이라고 한 (A)가 된다.
- 同(おな)じだ 같다. 마찬가지다   近(ちか)く 가까운 곳, 근처   色々(いろいろ)だ 여러 가지다, 다양하다
  自分(じぶん) 자기, 자신, 나   運営(うんえい) 운영

(5~7)

長い間の夢だった家をやっと去年建てることができた。大都市では広い家を持つのは難しい。(1)私の家も広くはないが、自分の家を持てたことは嬉しい。貯金はあまりなかったが、長く同じ会社で働いていたので、銀行から借りられた。5初めに払うお金だけは自分で用意した。父が払ってやると言ってくれて嬉しかったが、断った。6これから３０年間、銀行にお金を返し続けなければならないのは大変だと思う。しかし、(2)このことは私を一生懸命働く気持ちにもさせる。そして子供たちは私を尊敬していると言うし、(3)妻は7「体に気を付けて」と心配してくれる。家を建てたことは大変さもあるが、家族の気持ちが一つになったことはよかったと思っている。

오랜 꿈이었던 집을 겨우 작년에 지을 수 있었다. 대도시에서는 넓은 집을 갖는 것은 어렵다. (1)나의 집은 넓지는 않지만 나의 집을 가질 수 있었던 것은 기쁘다. 저금은 별로 없었지만 오래 같은 회사에서 일하고 있었기 때문에 은행에서 빌릴 수 있었다. 5처음에 지불할 돈만은 스스로 준비했다. 아버지가 지불해 주겠다고 말해 주어서 기뻤지만 거절했다. 6앞으로 30년간 은행에 돈을 계속 갚아야 하는 것은 힘들다고 생각한다. 그러나 (2)이 일은 나를 열심히 일하는 마음으로도 만든다. 그리고 아이들은 나를 존경하고 있다고 말하고 (3)아내는 7"건강 잘 챙겨요"라고 걱정해 준다. 집을 지은 것은 힘듦도 있지만 가족의 마음이 하나가 된 것은 좋았다고 생각하고 있다.

어휘 | 長(なが)い間(あいだ) 오랫동안 夢(ゆめ) 꿈 家(いえ) 집 やっと 겨우, 간신히 去年(きょねん) 작년 建(た)てる (집을) 짓다
동사의 기본형+ことができる ~할 수 있다 大都市(だいとし) 대도시 広(ひろ)い 넓다 持(も)つ 가지다. 소유하다
難(むずか)しい 어렵다 自分(じぶん) 자기, 자신, 나 嬉(うれ)しい 기쁘다 貯金(ちょきん) 저금 あまり (부정어 수반) 그다지, 별로
長(なが)い (시간적으로) 오래다, 길다 同(おな)じだ 같다, 마찬가지다 会社(かいしゃ) 회사 働(はたら)く 일하다 ~ので ~이기 때문에
銀行(ぎんこう) 은행 借(か)りる 빌리다 初(はじ)め 처음 払(はら)う 지불하다 お金(かね) 돈 ~だけ ~만, ~뿐
自分(じぶん)で 직접, 스스로 用意(ようい) 준비 父(ちち) (자신의) 아버지 ~てやる (손윗사람이 손아랫사람에게) ~해 주다
~てくれる (남이 나에게) ~해 주다 断(ことわ)る 거절하다 これから 이제부터, 앞으로 返(かえ)す (빚 등을) 갚다, 돌려주다
동사의 ます형+続(つづ)ける 계속 ~하다 ~なければならない ~하지 않으면 안 된다, ~해야 한다 大変(たいへん)だ 힘들다
しかし 그러나 一生懸命(いっしょうけんめい) 열심히 気持(きも)ち 기분, 마음 させる 하게 하다, 시키다 そして 그리고
子供(こども) 아이 ~たち (사람이나 생물을 나타내는 말에 붙어) ~들 尊敬(そんけい) 존경 ~し ~고 妻(つま) (자신의) 아내
体(からだ)に気(き)を付(つ)けて 몸 조심해요, 건강 잘 챙겨요 心配(しんぱい) 걱정, 염려 大変(たいへん)さ 힘듦 家族(かぞく) 가족
一(ひと)つ 하나 よかった 다행이다, 잘 됐다

---

5 (1)私は家を建てるお金をどうやって手に入れましたか。

✓(A) 初めに払うお金を除いて銀行から借りた。
(B) 全部銀行から借りた。
(C) 父からもらったお金で払った。
(D) 父と銀行から借りた。

(1)나는 집을 지을 돈을 어떻게 해서 손에 넣었습니까?

✓(A) 처음에 지불할 돈을 제외하고 은행에서 빌렸다.
(B) 전부 은행에서 빌렸다.
(C) 아버지에게 받은 돈으로 지불했다.
(D) 아버지와 은행에서 빌렸다.

■ 중반부에서 정답을 찾을 수 있다. 이 사람은 처음에 지불할 돈만 스스로 준비하고 나머지는 은행에서 빌렸다고 했으므로, 정답은 (A)가 된다. (B)는 '전부'라는 설명이 잘못되었고, 아버지의 제안은 거절했다고 했으므로 아버지한테 돈을 받거나 아버지와 은행에서 빌렸다고 한 (C)와 (D)도 틀린 설명이다.

■ どうやって 어떻게 (해서) 手(て)に入(い)れる 손에 넣다 ~を除(のぞ)いて ~을 제외하고 全部(ぜんぶ) 전부
もらう (남에게) 받다

6 (2)このことはどんなことですか。

(A) 父がお金を出すと言ったこと

✓(B) 借金を長い時間かけて返すこと

(C) 子供たちが自分を尊敬すること

(D) 新しい家をデザインしたこと

(2)이 일은 어떤 것입니까?

(A) 아버지가 돈을 내겠다고 말한 것

✓(B) 빚을 오랜 시간 들여서 갚는 것

(C) 아이들이 자신을 존경하는 것

(D) 새 집을 디자인한 것

- 바로 앞 문장에서 정답을 찾을 수 있다. 밑줄 친 부분의 '이 일'은 '앞으로 30년간 은행에 돈을 계속 갚아야만 하는 것'을 가리키므로, 정답은 (B)가 된다. 본문의 「30年間(さんじゅうねんかん)」(30년간)을 「長(なが)い時間(じかん)」(긴 시간)으로 바꿔 표현했다.

- 出(だ)す 내다 借金(しゃっきん) 빚 かける (돈·시간 등을) 들이다 新(あたら)しい 새롭다 デザイン 디자인

---

7 (3)妻は誰のことを心配していますか。

(A) 妻本人

(B) 自分の子供たち

✓(C) 自分の夫

(D) 自分の親

(3)아내는 누구를 걱정하고 있습니까?

(A) 아내 본인

(B) 자신의 아이들

✓(C) 자신의 남편

(D) 자신의 부모

- 밑줄 친 뒷부분에서 아내는 "건강 잘 챙겨요"라고 이 사람을 걱정해 준다고 했다. 즉, 아내는 내 집 마련 후 대출금을 갚기 위해 열심히 일하는 남편을 걱정하고 있다는 뜻이므로, 정답은 자신의 남편이라고 한 (C)가 된다.

- 本人(ほんにん) 본인 夫(おっと) (자신의) 남편 親(おや) 부모

(1~4)

　私はゲームを作る仕事をしています。テレビで遊ぶゲームです。会社で朝から晩までずっとパソコンを使っていますから、目や腰が痛くなります。疲れた時は、コーヒーを飲んだり、散歩をしたりします。家に帰る時間は毎日10時頃で、帰ってからはすぐに風呂に入ります。風呂から出た後で、ビールを飲みながら弟と話をします。弟はまだ高校生で、私が作ったゲームでよく友達と遊んでいます。弟は、私のゲームは簡単に次に進むことができないから、面白いと言っています。

　私は休みの日も、家で仕事をします。他の会社に負けたくないからです。毎日忙しいですが、私はこの仕事が好きです。

1 この人は、どうして目や腰が痛くなりますか。
(A) 長い時間パソコンを売っているから
(B) 長い時間ゲームをしているから
(C) 長い時間テレビを見ているから
(D) 長い時間パソコンを使っているから

2 この人は疲れた時、何をしますか。
(A) 外を歩く。
(B) 風呂に入る。
(C) ゲームで遊ぶ。
(D) ビールを飲む。

3 この人の弟は、お兄さんの作ったものをどう思っていますか。

(A) 簡単で面白い。

(B) 難しくて面白くない。

(C) 難しくて面白い。

(D) 簡単でつまらない。

4 この人はどうして休みの日も仕事をしていますか。

(A) 会社の給料が少ないから

(B) 他の会社より良い物を作りたいから

(C) 忙しくて仕事が終わらないから

(D) 他の会社の仕事もしているから

(5~7)

　　会社の同僚が結婚するので、何人かの同僚でお金を出して、何か喜ばれるプレゼントをしようと話した。お金を集めて、昨日、都合がいい人たちだけでデパートに行った。行かない人たちは「あなたたちが選ぶなら、全く(1)<u>心配はないわ</u>」と言った。

　　色々な物を見ていて、(2)<u>大きな問題</u>に気が付いた。お金は、足りなければまた集めればいい。しかし、私たちも買い物に来なかった同僚も、結婚する彼女が本当に欲しい物をよく知らなかったのだ。それで、彼女に電話をかけた。すると彼女は、台所で使う物をいくつかすぐ教えてくれた。「毎日料理する時、皆を思い出せるから」だそうだ。いつも美味しそうなお弁当を持って来る彼女は、料理が得意だったのだ。喜ばれる物を贈るには、その人が何が好きで、何が得意かなどを知る必要があるのだと思った。

5 何について、(1)<u>心配はない</u>と言ったのですか。
(A) 皆で出かけること
(B) プレゼントに何を選ぶかということ
(C) デパート以外で品物を選ぶこと
(D) お金を贈らないこと

6 (2)<u>大きな問題</u>とは、何ですか。
(A) 同僚が欲しい物をよく知らなかったこと
(B) デパートが閉まる時間に行ったこと
(C) 何を買うか、皆の意見が違ったこと
(D) 集めたお金が足りなかったこと

7 喜ばれる贈り物をするには、何が必要だと言っていますか。
(A) もらう人に欲しい物を聞くこと
(B) 贈る人全員の気持ちを考えること
(C) 買った物と一緒にカードを贈ること
(D) もらう人がどんな人かよく知ること

(1~4)

私はゲームを作る仕事をしています。テレビで遊ぶゲームです。１会社で朝から晩までずっとパソコンを使っていますから、目や腰が痛くなります。２疲れた時は、コーヒーを飲んだり、散歩をしたりします。家に帰る時間は毎日10時頃で、帰ってからはすぐに風呂に入ります。風呂から出た後で、ビールを飲みながら弟と話をします。弟はまだ高校生で、私が作ったゲームでよく友達と遊んでいます。弟は、私のゲームは３簡単に次に進むことができないから、面白いと言っています。

私は休みの日も、家で仕事をします。４他の会社に負けたくないからです。毎日忙しいですが、私はこの仕事が好きです。

저는 게임을 만드는 일을 하고 있습니다. TV로 노는 게임입니다. 1회사에서 아침부터 밤까지 계속 컴퓨터를 사용하고 있기 때문에 눈이랑 허리가 아파집니다. 2피곤할 때는 커피를 마시거나 산책을 하거나 합니다. 집에 돌아오는 시간은 매일 10시경으로 돌아온 후에는 바로 목욕합니다. 욕조에서 나온 후에 맥주를 마시면서 남동생과 이야기를 합니다. 남동생은 아직 고등학생으로, 제가 만든 게임으로 자주 친구와 놀고 있습니다. 남동생은 제 게임은 3간단하게 다음으로 나아갈 수 없기 때문에 재미있다고 말하고 있습니다.

저는 쉬는 날에도 집에서 일을 합니다. 4다른 회사에 지고 싶지 않기 때문입니다. 매일 바쁘지만 저는 이 일을 좋아합니다.

어휘 | ゲーム 게임　作(つく)る 만들다　仕事(しごと) 일　テレビ 텔레비전, TV *『テレビジョン』의 준말　遊(あそ)ぶ 놀다
会社(かいしゃ) 회사　朝(あさ) 아침　〜から〜まで 〜부터 〜까지　晩(ばん) 밤　ずっと 쭉, 계속
パソコン (개인용) 컴퓨터 *『パーソナルコンピューター』(퍼스널 컴퓨터)의 준말　〜から 〜이기 때문에　目(め) 눈　腰(こし) 허리
痛(いた)い 아프다　疲(つか)れる 지치다, 피로해지다　コーヒー 커피　飲(の)む 마시다
〜たり[だり]〜たり[だり]する 〜하거나 〜하거나 하다　散歩(さんぽ) 산책　家(いえ) 집　帰(かえ)る 돌아오다　時間(じかん) 시간
毎日(まいにち) 매일　〜頃(ごろ) 〜경, 〜쯤　〜てから 〜하고 나서, 〜한 후에　すぐに 곧, 바로　風呂(ふろ)に入(はい)る 목욕하다
風呂(ふろ) 욕조　出(で)る 나오다　동사의 た형+後(あと)で 〜한 후에　ビール 맥주　동사의 ます형+ながら 〜하면서 *동사동작
弟(おとうと) (자신의) 남동생　話(はなし) 이야기　まだ 아직　高校生(こうこうせい) 고등학생　よく 자주　友達(ともだち) 친구
簡単(かんたん)だ 간단하다　次(つぎ) 다음　進(すす)む 나아가다　面白(おもしろ)い 재미있다　休(やす)みの日(ひ) 휴일, 쉬는 날
他(ほか) 다른 (것)　負(ま)ける 지다, 패하다　동사의 ます형+たい 〜하고 싶다　忙(いそが)しい 바쁘다　好(す)きだ 좋아하다

1 この人は、どうして目や腰が痛くなりますか。
(A) 長い時間パソコンを売っているから
(B) 長い時間ゲームをしているから
(C) 長い時間テレビを見ているから
(D) 長い時間パソコンを使っているから

이 사람은 어째서 눈이랑 허리가 아파집니까?
(A) 오랜 시간 컴퓨터를 팔고 있기 때문에
(B) 오랜 시간 게임을 하고 있기 때문에
(C) 오랜 시간 TV를 보고 있기 때문에
(D) 오랜 시간 컴퓨터를 사용하고 있기 때문에

해설 | 첫 번째 단락 세 번째 문장에서 정답을 찾을 수 있다. 이 사람의 눈과 허리가 아파지는 이유는 게임 개발을 위해 회사에서 아침부터 밤까지 계속 컴퓨터를 사용하고 있기 때문이므로, 정답은 (D)가 된다. (A)는 컴퓨터를 팔고 있다고 했으므로 틀린 설명이고, (B)와 (C)는 각각 '게임'과 'TV'라는 본문의 어휘를 응용한 오답이다.

어휘 | 売(う)る 팔다　見(み)る 보다

2 この人は疲れた時、何をしますか。
(A) 外を歩く。
(B) 風呂に入る。
(C) ゲームで遊ぶ。
(D) ビールを飲む。

이 사람은 피곤할 때 무엇을 합니까?
(A) 밖을 걷는다.
(B) 목욕한다.
(C) 게임으로 논다.
(D) 맥주를 마신다.

해설 | 첫 번째 단락 초반부의 「疲(つか)れる」(지치다, 피로해지다)라는 동사가 포인트. 이 사람은 피곤할 때 커피를 마시거나 산책을 하거나 한다고 했다. 정답은 '밖을 걷는다'라고 한 (A)로, 본문의 「散歩(さんぽ)」(산책)라는 명사와 일치하는 내용이다.

어휘 | 外(そと) 밖　歩(ある)く 걷다

391

3 この人の弟は、お兄さんの作ったものをどう思っていますか。
(A) 簡単で面白い。
(B) 難しくて面白くない。
(C) 難しくて面白い。
(D) 簡単でつまらない。

이 사람의 남동생은 형이 만든 것을 어떻게 생각하고 있습니까?
(A) 간단해서 재미있다.
(B) 어려워서 재미있지 않다.
(C) 어려워서 재미있다.
(D) 간단해서 재미없다.

해설ㅣ중반부의 내용 문제. 남동생은 이 사람이 만든 게임은 간단하게 다음으로 나아갈 수 없기 때문에 재미있다고 말하고 있다. 남동생은 게임이 '재미있다'라고 했으므로, '재미있지 않다', '재미없다'라고 한 (B)와 (D)는 일단 제외. 또한 남동생이 이 게임을 재미있다고 생각하는 이유는 난이도가 있는 게임이라서 다음 단계로 넘어가는 과정에서 성취감을 느낄 수 있기 때문이므로, 정답은 (C)가 된다.

어휘ㅣ難(むずか)しい 어렵다 つまらない 재미없다

4 この人はどうして休みの日も仕事をしていますか。
(A) 会社の給料が少ないから
(B) 他の会社より良い物を作りたいから
(C) 忙しくて仕事が終わらないから
(D) 他の会社の仕事もしているから

이 사람은 어째서 쉬는 날에도 일을 하고 있습니까?
(A) 회사의 급여가 적기 때문에
(B) 다른 회사보다 좋은 것을 만들고 싶기 때문에
(C) 바빠서 일이 끝나지 않기 때문에
(D) 다른 회사의 일도 하고 있기 때문에

해설ㅣ마지막 단락에서 정답을 찾을 수 있다. 전반부에서 이 사람은 게임을 만드는 회사에서 밤늦게까지 일을 해서 눈과 허리가 아파서 고생스럽다고 했다. 하지만 마지막 단락에서는 그럼에도 불구하고 쉬는 날에도 일을 하고 있다고 했는데, 그 이유는 '다른 회사에 지고 싶지 않기 때문'이라면서 자신의 일에 대한 자부심을 표시하고 있다. 따라서 정답은 다른 회사보다 좋은 것을 만들고 싶기 때문이라고 한 (B)가 된다.

어휘ㅣ給料(きゅうりょう) 급여, 급료 少(すく)ない 적다 終(お)わる 끝나다

(5~7)

会社の同僚が結婚するので、何人かの同僚でお金を出して、何か喜ばれるプレゼントをしようと話した。お金を集めて、昨日、都合がいい人たちだけでデパートに行った。行かない人たちは5「あなたたちが選ぶなら、全く(1)心配はないわ」と言った。

色々な物を見ていて、(2)大きな問題に気が付いた。お金は、足りなければまた集めればいい。しかし、6私たちも買い物に来なかった同僚も、結婚する彼女が本当に欲しい物をよく知らなかったのだ。それで、彼女に電話をかけた。すると彼女は、台所で使う物をいくつかすぐ教えてくれた。「毎日料理する時、皆を思い出せるから」だそうだ。いつも美味しそうなお弁当を持って来る彼女は、料理が得意だったのだ。7喜ばれる物を贈るには、その人が何が好きで、何が得意かなどを知る必要があるのだと思った。

회사 동료가 결혼하기 때문에 몇 사람인가의 동료끼리 돈을 내서 뭔가 상대방이 기뻐할 선물을 하자고 이야기했다. 돈을 모아서 어제 시간이 되는 사람들만 백화점에 갔다. 가지 않는 사람들은 5"당신들이 고른다면 전혀 (1)걱정은 없어"라고 말했다.

여러 가지 물건을 보고 있다가 (2)큰 문제를 알아차렸다. 돈은 충분하지 않으면 또 모으면 된다. 그러나 6우리도 쇼핑에 오지 않은 동료도 결혼하는 그녀가 정말로 갖고 싶은 것을 잘 몰랐던 것이다. 그래서 그녀에게 전화를 걸었다. 그러자 그녀는 부엌에서 사용하는 물건을 몇 개인가 바로 알려 주었다. "매일 요리할 때 모두를 떠올릴 수 있으니까"라고 한다. 항상 맛있어 보이는 도시락을 가져오는 그녀는 요리를 잘했던 것이었다. 7상대방이 기뻐할 물건을 선물하려면 그 사람이 무엇을 좋아하고 무엇을 잘하는지 등을 알 필요가 있는 것이라고 생각했다.

어휘 | 会社(かいしゃ) 회사 同僚(どうりょう) 동료 結婚(けっこん) 결혼 何人(なんにん) 몇 명, 몇 사람 お金(かね) 돈
出(だ)す 내다 何(なに)か 무엇인가, 뭔가 喜(よろこ)ぶ 기뻐하다 プレゼント 프레젠트, 선물 話(はな)す 말하다, 이야기하다
集(あつ)める 모으다 昨日(きのう) 어제 都合(つごう)がいい 형편[사정]이 좋다, 시간이 되다 ~だけ ~만, ~뿐
デパート 백화점 *「デパートメントストア」의 준말 あなた 당신 ~たち (사람이나 생물을 나타내는 말에 붙어) ~들
選(えら)ぶ 고르다, 선택하다 全(まった)く (부정어 수반) 전혀 心配(しんぱい) 걱정, 염려 ~わ (여성어) 가벼운 감탄·감동을 나타냄
色々(いろいろ)だ 여러 가지다, 다양하다 物(もの) (어떤 형태를 갖춘) 것, 물건 見(み)る 보다 大(おお)きな 큰
問題(もんだい) (해결해야 할) 문제 気(き)が付(つ)く 깨닫다, 알아차리다 足(た)りない 모자라다, 부족하다 また 또 しかし 그러나
買(か)い物(もの) 물건을 삼, 쇼핑, 장을 봄 本当(ほんとう)に 정말로 欲(ほ)しい 갖고 싶다, 필요하다 よく 잘 知(し)る 알다
それで 그래서 電話(でんわ) 전화 かける (전화 등을) 걸다 すると 그러자 台所(だいどころ) 부엌 使(つか)う 쓰다, 사용하다
いくつか 몇 개인가 すぐ 곧, 바로 教(おし)える 가르치다, 알려 주다 ~てくれる (남이 나에게) ~해 주다
毎日(まいにち) 매일 料理(りょうり) 요리 皆(みんな) 모두 思(おも)い出(だ)す 생각해 내다, 상기[회상]하다, 떠올리다
품사의 보통형+そうだ ~라고 한다 *전문 いつも 늘, 항상 美味(おい)しい 맛있다
い형용사의 어간+そうだ ~일[할] 것 같다, ~해 보이다 *양태 お弁当(べんとう) 도시락 持(も)つ 가지다, 들다
得意(とくい)だ 잘하다, 자신 있다 贈(おく)る 선물하다 ~には ~하려면 好(す)きだ 좋아하다 必要(ひつよう) 필요

5 何について、(1)心配はないと言ったのですか。
(A) 皆で出かけること
(B) プレゼントに何を選ぶかということ
(C) デパート以外で品物を選ぶこと
(D) お金を贈らないこと

무엇에 대해서 (1)걱정은 없다고 말한 것입니까?
(A) 다같이 외출하는 것
(B) 선물로 무엇을 고를 것인가 라는 것
(C) 백화점 이외에서 물건을 고르는 것
(D) 돈을 선물하지 않는 것

해설 | 결혼하는 회사 동료의 선물을 사기 위해 시간이 맞는 몇몇 직원만 백화점에 간 상황이다. 그런 자신들을 향해 회사에 남은 사람들은 '당신들이 고른다면 전혀 걱정은 없어'라고 했다. 즉, 포인트가 되는 것은 「選(えら)ぶ」(고르다, 선택하다)의 목적어에 해당하는 내용으로, 여기서는 '결혼 선물'을 말한다. 따라서 정답은 (B)가 된다.

어휘 | 皆(みんな)で 모두 함께, 다 같이 出(で)かける 나가다, 외출하다 ~という ~라는 以外(いがい) 이외
品物(しなもの) 물건, 물품, 상품

6 (2)大きな問題とは、何ですか。
(A) 同僚が欲しい物をよく知らなかったこと
(B) デパートが閉まる時間に行ったこと
(C) 何を買うか、皆の意見が違ったこと
(D) 集めたお金が足りなかったこと

(2)큰 문제라는 것은 무엇입니까?
(A) 동료가 갖고 싶은 물건을 잘 몰랐던 것
(B) 백화점이 닫히는 시간에 간 것
(C) 무엇을 살지 모두의 의견이 달랐던 것
(D) 모은 돈이 부족했던 것

해설 | 밑줄 친 부분의 '큰 문제'에 대한 구체적인 내용은 바로 뒤 문장에서 파악할 수 있다. 이 사람은 돈은 부족하면 더 모으면 되지만, 결혼 선물을 받을 당사자가 무엇을 좋아하는지 아는 사람이 아무도 없다면서 당황스러워하고 있으므로, 정답은 (A)가 된다. 백화점의 폐점시간이나 선물 구입에 대한 의견 대립 같은 내용은 나오지 않으므로 (B)와 (C)는 틀린 설명이고, 앞서 돈은 문제가 되지 않는다고 밝힌 바 있으므로 (D) 역시 답이 될 수 없다.

어휘 | 閉(し)まる 닫히다 時間(じかん) 시간 意見(いけん) 의견 違(ちが)う 다르다

7 喜ばれる贈り物をするには、何が必要だと言っていますか。
(A) もらう人に欲しい物を聞くこと
(B) 贈る人全員の気持ちを考えること
(C) 買った物と一緒にカードを贈ること
(D) もらう人がどんな人かよく知ること

상대방이 기뻐할 선물을 하려면 무엇이 필요하다고 말하고 있습니까?
(A) 받을 사람에게 갖고 싶은 물건을 묻는 것
(B) 선물하는 사람 전원의 마음을 고려하는 것
(C) 산 물건과 함께 카드를 선물하는 것
(D) 받는 사람이 어떤 사람인지 잘 아는 것

해설 | 마지막 문장에서 정답을 찾을 수 있다. 무슨 선물을 살지 몰랐던 이 사람은 결국 결혼 당사자에게 직접 물어서 요리를 좋아하는 그녀가 원하는 물건을 선물로 살 수 있었다. 그러면서 이 사람은 상대방이 기뻐할 선물을 하려면 그 사람이 무엇을 좋아하고 무엇을 잘하는지 등을 알 필요가 있다고 했다. 즉, 선물을 받을 사람의 성격이나 취향 등을 파악하는 것이 중요하다는 뜻이므로, 정답은 (D)가 된다. (A)의 경우, 앞서 이 사람이 선물을 받을 사람에게 필요한 것이 무엇인지 물었던 이유는 애초에 그 사람의 취향을 몰랐기 때문에 한 행동이므로 답이 될 수 없다.

어휘 | 聞(き)く 묻다 全員(ぜんいん) 전원 気持(きも)ち 기분, 마음 考(かんが)える 생각하다, 고려하다 一緒(いっしょ)に 함께 カード 카드 どんな 어떤

주요 어휘 및 표현 정리 20

한자	읽기	의미
☐ 毎晩	まいばん	매일 밤
☐ 遅く	おそく	늦게
☐ 時々	ときどき	종종, 때때로
☐ 手紙	てがみ	편지
☐ 顔を洗う	かおをあらう	얼굴을 씻다, 세수하다
☐ 食堂	しょくどう	식당
☐ 運営	うんえい	운영
☐ 長い間	ながいあいだ	오랫동안
☐ 建てる	たてる	(집을) 짓다
☐ 貯金	ちょきん	저금
☐ 尊敬	そんけい	존경
☐ ～を除いて	～をのぞいて	～을 제외하고
☐ 借金	しゃっきん	빚
☐ 本人	ほんにん	본인
☐ 腰	こし	허리
☐ 高校生	こうこうせい	고등학생
☐ 都合がいい	つごうがいい	형편[사정]이 좋다, 시간이 되다
☐ 気が付く	きがつく	깨닫다, 알아차리다
☐ 得意だ	とくいだ	잘하다, 자신 있다
☐ 贈る	おくる	선물하다

STEP 1 먼저 핵심 기출 어휘와 표현을 익히세요.

핵심 기출 어휘 및 표현

- 検討 검토
- 割引 할인
- 料金 요금
- 発行 발행
- 複数 복수
- 業界 업계
- 空港 공항
- 対象 대상
- 保険 보험
- 緊張 긴장
- 能力 능력
- 複雑 복잡
- 提供 제공
- 難航 난항
- 迷惑 폐

- 支持 지지
- 実力 실력
- 解決 해결
- 処分 처분
- 邪魔 방해
- 条件 조건
- 処理 처리
- 損害 손해
- 事実 사실
- 訴訟 소송
- 固定 고정
- 見方 견해
- 発送 발송
- 報道 보도
- 減少 감소

- 現場 현장
- 価格 가격
- 鉄道 철도
- 機能 기능
- 内容 내용
- 波紋 파문
- 開発 개발
- 目的 목적
- 花束 꽃다발
- 風潮 풍조
- 要因 요인
- 状態 상태
- 現象 현상
- 快適 쾌적
- 分散 분산

- 業績 업적, 실적
- 必修 필수
- 年齢 연령
- 相応 상응
- 感想 감상
- 実施 실시
- 説得 설득
- 気候 기후
- 装置 장치
- 操作 조작
- 施設 시설
- 規模 규모
- 多様 다양
- 種類 종류
- 影響 영향
- 陳列 진열
- 間隔 간격
- 株 주식
- 徴収 징수
- 訪問 방문

- 実力 실력
- 余裕 여유
- 店舗 점포
- 創業 창업
- 予測 예측
- 趣味 취미
- 被害 피해
- 返却 반납
- 指導 지도
- 活躍 활약
- 移動 이동
- 仕組み 구조
- 診療 진료
- 時期 시기
- 観察 관찰
- 成功 성공
- 歓声 환성
- 税金 세금
- 金融 금융
- 業界 업계

- 花瓶 꽃병
- 住民 주민
- 開始 개시
- 批判 비판
- 存在 존재
- 全般 전반
- 範囲 범위
- 応用 응용
- 発揮 발휘
- 意識 의식
- 調査 조사
- 困難 곤란
- 解釈 해석
- 注意 주의
- 発売 발매
- 機関 기관
- 主催 주최
- 保険 보험
- 環境 환경
- 責任 책임

• 催促 재촉	• 異例 이례	• 義務 의무
• 準備 준비	• 鮮度 선도, 신선도	• 外見 외견, 겉모습
• 移転 이전	• 投資 투자	• 網 그물
• 確認 확인	• 都心 도심	• 詐欺 사기
• 様子 모습, 상황	• 家賃 집세	• 派遣 파견
• 予定 예정	• 個人 개인	• 欠陥 결함
• 記念 기념	• 相続 상속	• 制止 제지
• 行列 행렬	• 人口 인구	• 保護 보호
• 妥当 타당	• 急増 급증	• 共通 공통
• 企業 기업	• 納税 납세	• 妨害 방해
• 程度 정도	• 破壊 파괴	• 貢献 공헌
• 以前 전, 이전, 예전	• 保全 보전	• 連絡 연락
• 拡張 확장	• 技術 기술	• 攻撃 공격
• 行動 행동	• 偏見 편견	• 完成 완성
• 実態 실태	• 供給 공급	• 屈折 굴절
• 好み 기호, 취향	• 従業員 종업원	• 駐車場 주차장
• 担当者 담당자	• 博物館 박물관	• 経営者 경영자
• 通行人 통행인	• 手作り 수제, 손수 만듦	• 通勤客 통근객
• 販売店 판매점	• 参加者 참가자	• 指定席 지정석

- 二の次 뒤로 미룸
- 自動販売機 자동판매기
- エネルギー 에너지
- 足りない 모자라다, 부족하다
- 苦手だ 서투르다, 잘 못하다
- 記す 적다, 기록하다
- 着く 도착하다, (자리에) 앉다
- 載せる (신문·잡지 등에) 게재하다, 싣다
- 超える (정도를) 넘다
- 冷やす 식히다, 차게 하다
- 伸びる 늘다, 신장하다
- 相次ぐ 잇따르다
- 呼び掛ける 호소하다
- 繰り返す 되풀이하다, 반복하다
- 明らかにする 분명히 하다, 밝히다
- 意外と 의외로
- 명사+の+わりに ~에 비해서
- 後を絶たない 끊이지 않다
- ~において ~에 있어서, ~에서

- 売れ行き 팔림새, 물건이 팔리는 상태
- マナー 매너
- ストライキ 파업
- 珍しい 드물다, 진귀하다, 희귀하다
- 面倒だ 성가시다, 귀찮다
- 防ぐ 막다, 방지하다
- 渡る (길을) 지나다, 건너다
- 望む 바라다, 원하다
- 生かす 살리다, 발휘하다, 활용하다
- 疲れる 지치다, 피로해지다
- 繋がる 이어지다, 연결되다
- 強まる 강해지다
- 受け入れる 받아들이다
- やり遂げる 완수하다
- きちんと 제대로, 확실히
- 大体 대강, 대체로
- 目に余る 눈에 거슬리다
- 口を出す 말참견을 하다
- ~に比べて ~에 비해서

- 立入禁止 출입금지
- オフィス 오피스, 사무실
- きつい (옷 등이) 꽉 끼다
- 手軽だ 손쉽다, 간단하다
- 危険だ 위험하다
- 競う 겨루다, 경쟁하다
- 貼る 붙이다
- 集まる 모이다
- 兼ねる 겸하다
- 泊まる 묵다, 숙박하다
- 目指す 목표로 하다, 지향하다
- 逆らう 거스르다, 반항하다
- 上達する 숙달되다, 향상되다
- 持ち歩く 들고[가지고] 다니다
- 仮に 만약, 설사
- たかが 고작, 기껏해야
- 目を付ける 주목하다, 눈여겨보다
- 見かけによらず 겉보기와(는) 달리
- ~を問わず ~을 불문하고

(1~3)

(1)「500円の贅沢」で、業績を伸ばしている花の販売会社がある。数千円から数万円の贈り物としての商品が中心の業界で、この会社の販売店では、グラスに飾れるような小さい花束を、500円で販売している。「家に花瓶がない」という客が意外と多いことに目を付けた人気商品で、[1]生活に必要のない物に数百円を費やす贅沢を提案している。花束を持ち歩くことに抵抗がある男性客向けに、箱入りの商品を扱ったり、一般には売られていない珍しい花を提供したりすることも、固定客が集まる理由になっている。

この会社の社員は、すべてアルバイトから始める。[2]客への接し方から問題解決まで現場に任されていて、本社は口を出さない。[3]「自分たちで問題を解決できた時が最もやる気が高まる瞬間で、それを大事にしたい」というのが社長の考えだ。社員に対する信頼がこの会社の社員のやる気を引き出している。

(1)'500엔의 사치'로 실적을 늘리고 있는 꽃 판매 회사가 있다. 수천 엔부터 수만 엔의 선물로써의 상품이 중심인 업계에서, 이 회사의 판매점에서는 유리컵에 장식할 수 있을 것 같은 작은 꽃다발을 500엔에 판매하고 있다. "집에 꽃병이 없다"라는 손님이 의외로 많은 것에 주목한 인기상품으로, [1]생활에 필요가 없는 물건에 수백 엔을 소비하는 사치를 제안하고 있다. 꽃다발을 들고 다니는 것에 저항감이 있는 남성 손님용으로 상자에 든 상품을 취급하거나 일반적으로는 판매되고 있지 않은 진귀한 꽃을 제공하거나 하는 것도 고정 고객이 모이는 이유가 되고 있다.

이 회사의 사원은 모두 아르바이트에서 시작한다. [2]손님을 응대하는 방법부터 문제 해결까지 현장에 맡겨져 있고 본사는 참견을 하지 않는다. [3]"스스로 문제를 해결했을 때가 가장 의욕이 높아지는 순간으로, 그것을 소중히 하고 싶다"라는 것이 사장의 생각이다. 사원에 대한 신뢰가 이 회사 사원의 의욕을 끌어내고 있다.

어휘 | 贅沢(ぜいたく) 사치 業績(ぎょうせき) 업적, 실적 伸(の)ばす 늘리다, 신장시키다 花(はな) 꽃
販売会社(はんばいがいしゃ) 판매회사 数千(すうせん) 수천 数万(すうまん) 수만 ~円(えん) ~엔 *일본의 화폐 단위
贈(おく)り物(もの) 선물 ~として ~로써 商品(しょうひん) 상품 中心(ちゅうしん) 중심 業界(ぎょうかい) 업계
販売店(はんばいてん) 판매점 グラス 유리컵 飾(かざ)る 꾸미다, 장식하다 ~ような ~인 것 같은 小(ちい)さい 작다
花束(はなたば) 꽃다발 家(いえ) 집 花瓶(かびん) 꽃병 ~という ~라는 客(きゃく) 손님, 고객 意外(いがい)と 의외로
多(おお)い 많다 目(め)を付(つ)ける 주목하다, 눈여겨보다 人気(にんき) 인기 生活(せいかつ) 생활 必要(ひつよう) 필요
物(もの) (어떤 형태를 갖춘) 것, 물건 費(つい)やす 소비하다 提案(ていあん) 제안 持(も)ち歩(ある)く 들고[가지고] 다니다
抵抗(ていこう) 저항(감) 男性(だんせい) 남성, 남자 ~向(む)け ~대상, ~용 箱入(はこい)り 상자에 들어 있음, 또는 그 물건
扱(あつか)う 다루다, 취급하다 一般(いっぱん) 일반 売(う)る 팔다, 판매하다 珍(めずら)しい 드물다, 진귀하다, 희귀하다
提供(ていきょう) 제공 固定客(こていきゃく) 고정 고객 集(あつ)まる 모이다 理由(りゆう) 이유 社員(しゃいん) 사원 すべて 모두
アルバイト 아르바이트 始(はじ)める 시작하다 接(せっ)する 접하다, 응대하다 동사의 ます형+方(かた) ~하는 방법[방식]
~から~まで ~부터 ~까지 問題(もんだい) (해결해야 할) 문제 解決(かいけつ) 해결 現場(げんば) 현장
任(まか)す (일 등을 남에게) 맡기다, 일임하다 本社(ほんしゃ) 본사 口(くち)を出(だ)す 말참견을 하다 自分(じぶん) 자기, 자신, 나
~たち (사람이나 생물을 나타내는 말에 붙어) ~들 最(もっと)も 가장, 제일 やる気(き) 할 마음, 의욕
高(たか)まる (정도가) 높아지다, 고조되다 瞬間(しゅんかん) 순간 大事(だいじ)だ 소중하다 동사의 ます형+たい ~ 하고 싶다
社長(しゃちょう) 사장 考(かんが)え 생각 ~に対(たい)する ~에 대한 信頼(しんらい) 신뢰 引(ひ)き出(だ)す (재능 등을) 끌어내다

1 (1)「500円の贅沢」とは、どういうことですか。

(A) 予算を多少超える花束を人に贈ること

(B) 花を買う際に、一緒に器も買い足すこと

(C) 普段より高めの花を自分のために買うこと

✓(D) 心のゆとりのために数百円かけること

(1)'500엔의 사치'란 어떤 것입니까?

(A) 예산을 약간 넘는 꽃다발을 남에게 선물하는 것

(B) 꽃을 살 때 함께 용기도 사서 보태는 것

(C) 평소보다 조금 비싼 꽃을 자신을 위해서 사는 것

✓(D) 마음의 여유를 위해서 수백 엔 들이는 것

- '500엔의 사치'란, 비싼 꽃다발이 주류를 이루고 있는 시장에서 한 회사가 작은 꽃다발을 저렴한 가격에 판매하면서 내건 캐치 프레이즈이다. 꽃병을 사는 것을 아까워하는 소비자가 있다는 점에 착안, 집에 있는 유리컵에도 간단히 장식할 수 있는 꽃을 판매하면서 '생활에 필요가 없는 물건에 수백 엔을 소비하는 사치를 제안하고 있다'라고 했으므로, 정답은 (D)가 된다.

- ~とは ~라는 것은, ~란 どういう 어떠한, 어떤 予算(よさん) 예산 多少(たしょう) 약간, 다소
  超(こ)える (정도를) 넘다 人(ひと) 남, 타인 贈(おく)る 선물하다 買(か)う 사다 ~際(さい)に ~때(에)
  一緒(いっしょ)に 함께 器(うつわ) 용기, 그릇 買(か)い足(た)す 사서 보태다 心(こころ) 마음 ゆとり 여유
  かける (돈·시간 등을) 들이다

---

2 この店の商売のやり方について、正しいものはどれですか。

(A) すべて本社の指導でなされている。

(B) 問題発生時は社長に相談する。

✓(C) 現場の判断で進められることが多い。

(D) アンケートを活用している。

이 가게의 장사 방식에 대해서 맞는 것은 어느 것입니까?

(A) 모두 본사의 지도로 행해지고 있다.

(B) 문제 발생 시는 사장에게 의논한다.

✓(C) 현장의 판단으로 진행되는 경우가 많다.

(D) 앙케트를 활용하고 있다.

- 두 번째 단락의 내용 문제. 이 회사의 또 하나의 특징은 손님을 응대하는 방법부터 문제 해결까지 현장에 맡겨져 있다는 점으로, 본사는 이에 대해 일체 참견을 하지 않는다고 했다. 따라서 정답은 (C)가 된다. (A)와 (B)는 '현장의 판단'과는 반대되는 내용이고, (D)의 앙케트에 관한 내용은 나오지 않는다.

- 指導(しどう) 지도 なす 하다, 행하다 発生(はっせい) 발생 相談(そうだん) 상담, 상의, 의논 判断(はんだん) 판단
  進(すす)める 진행하다 アンケート 앙케트 活用(かつよう) 활용

---

3 社長の方針はどんなものですか。

✓(A) 社員の意欲を第一に考える。

(B) 客の様子を常に観察する。

(C) 客の信頼を得ることで業績を伸ばす。

(D) 社員一人一人に固定客を持たせる。

사장의 방침은 어떤 것입니까?

✓(A) 사원의 의욕을 가장 중요하게 생각한다.

(B) 손님의 모습을 항상 관찰한다.

(C) 손님의 신뢰를 얻음으로써 실적을 늘린다.

(D) 사원 각자에게 고정 고객을 갖게 한다.

- 두 번째 단락 후반부에서 사장의 생각을 알 수 있다. 이 회사의 사장은 무엇보다도 현장의 판단을 중요하게 생각하는데, 그 이유는 '스스로 문제를 해결했을 때가 가장 의욕이 높아지는 순간'이기 때문이다. 즉, 사원들이 적극적으로 회사 업무에 나서서 일을 해결해 나가기를 바라고 있다는 뜻이므로, 정답은 사원의 의욕을 가장 중요하게 생각한다고 한 (A)가 된다.

- 第一(だいいち) 제일, 가장 중요한 것 考(かんが)える 생각하다 様子(ようす) 모습 常(つね)に 늘, 항상
  観察(かんさつ) 관찰 得(え)る 얻다 ~ことで ~함으로써 一人一人(ひとりひとり) 한 사람 한 사람, 각자
  持(も)たせる 가지게 하다

(4~6)

⁴地震の時の備えというと、家具の固定や避難場所の確認など、家にいる時のことを考えがちだが、(1)それだけでは不十分だ。都会では、外出時に大地震が発生し、交通機関が使えなくなった時のことも考えておく必要がある。最近、徒歩で帰宅する際の安全な道順や途中で利用できるコンビニやトイレの場所などの情報を載せた地図が売り出された。そこでその地図を買い、9月初旬の残暑厳しい日をあえて選んで会社から家までの約13キロを歩いてみた。地図に記されているトイレやコンビニで水分を補いながらその位置を確認し、崩れそうな古い建物やガラス張りのビルで危険な道路なども確認した。

⁵(2)地震後に歩いて帰宅するのは最終手段とも言われる。直後の無理な帰宅は危険も多く、国は地震直後の救助活動に追われているため、2次災害にまで手が回らないからである。コンビニの店員は災害時にすべきことの指導も訓練も受けていないことがわかり、不安を感じた。⁶だが、都会では災害時に危険になる道路は想像以上に多く、その情報の有無が生死に関わってくる。それを実感できただけでも歩いた意味があった。

⁴지진이 났을 때의 대비라고 하면 가구 고정이나 피난 장소 확인 등, 집에 있을 때의 상황을 생각하기 쉽지만, (1)그것만으로는 불충분하다. 도시에서는 외출 시에 대지진이 발생하여 교통기관을 사용할 수 없게 되었을 때의 일도 생각해 둘 필요가 있다. 최근 걸어서 귀가할 때의 안전한 코스나 도중에 이용할 수 있는 편의점이나 화장실 위치 등의 정보를 실은 지도가 발매되었다. 그래서 그 지도를 사서 9월 초순의 늦더위가 심한 날을 굳이 골라 회사에서 집까지 약 13km를 걸어 보았다. 지도에 표시되어 있는 화장실과 편의점에서 수분을 보충하면서 그 위치를 확인하고, 무너질 것 같은 오래된 건물이나 유리 벽으로 된 빌딩 때문에 위험한 도로 등도 확인했다.

⁵(2)지진 후에 걸어서 귀가하는 것은 최종 수단이라고도 한다. 직후의 무리한 귀가는 위험도 많고, 국가는 지진 직후 구조 활동에 쫓기고 있기 때문에 2차 재해에까지 손길이 미치지 않기 때문이다. 편의점 점원은 재해 시에 해야 할 일의 지도도 훈련도 받지 않았다는 사실을 알고 불안도 느꼈다. ⁶그렇지만 도시에서는 재해 시에 위험해지는 도로는 상상 이상으로 많고 그 정보의 유무가 생사에 관계된다. 그것을 실감할 수 있었던 것만으로도 걸었던 의미가 있었다.

어휘 | 地震(じしん) 지진　時(とき) 때　備(そな)え 준비, 대비　~というと ~라고 하면　家具(かぐ) 가구　固定(こてい) 고정
~や ~이나　避難(ひなん) 피난　場所(ばしょ) 장소, 위치　確認(かくにん) 확인　~など ~등　家(いえ) 집　考(かんが)える 생각하다
동사의 ます형+がちだ 자주 ~하다, (자칫) ~하기 쉽다　~だけ ~만, ~뿐　不十分(ふじゅうぶん)だ 불충분하다
都会(とかい) 도회, 도시　外出(がいしゅつ) 외출　~時(じ) ~시　大地震(だいじしん) 대지진　発生(はっせい) 발생
交通機関(こうつうきかん) 교통기관　使(つか)う 쓰다, 사용하다　~ておく ~해 놓다[두다]　必要(ひつよう) 필요
最近(さいきん) 최근, 요즘　徒歩(とほ) 도보　帰宅(きたく) 귀가　~際(さい) ~때　安全(あんぜん)だ 안전하다　道順(みちじゅん) 길, 코스
途中(とちゅう) 도중　利用(りよう) 이용　できる 할 수 있다, 가능하다　コンビニ 편의점 *「コンビニエンスストア」의 준말
トイレ 화장실 *「トイレット」의 준말　情報(じょうほう) 정보　載(の)せる (신문·잡지 등에) 게재하다, 싣다　地図(ちず) 지도
売(う)り出(だ)す 팔기 시작하다, 발매하다　そこで 그래서　買(か)う 사다　初旬(しょじゅん) 초순　残暑(ざんしょ) 늦더위
厳(きび)しい 심하다　日(ひ) 일, 날　あえて 굳이　選(えら)ぶ 고르다, 선택하다　約(やく) 약, 대략
キロ 킬로(미터), km *「キロメートル」의 준말　歩(ある)く 걷다　~てみる ~해 보다　記(しる)す 적다, 기록하다　水分(すいぶん) 수분
補(おぎな)う 보충하다　동사의 ます형+ながら ~하면서 *동시동작　位置(いち) 위치　崩(くず)れる 무너지다, 붕괴하다
동사의 ます형+そうだ ~일[할] 것 같다 *양태　古(ふる)い 낡다, 오래되다　建物(たてもの) 건물
ガラス張(ば)り 유리를 끼움, 유리로 벽을 두름　ビル 빌딩 *「ビルディング」의 준말　危険(きけん)だ 위험하다
道路(どうろ) 도로　最終(さいしゅう) 최종, 최후　手段(しゅだん) 수단　直後(ちょくご) 직후　無理(むり)だ 무리이다
多(おお)い 많다　国(くに) 국가, 나라　救助(きゅうじょ) 구조　活動(かつどう) 활동　追(お)う 쫓다　~ため(に) ~때문(에)
2次(にじ) 2차　災害(さいがい) 재해　手(て)が回(まわ)る 손길이 미치다　店員(てんいん) 점원
동사의 기본형+べき (마땅히) ~해야 할 *단, 「する」(하다)는 「するべき」「すべき」 모두 가능함　指導(しどう) 지도
訓練(くんれん) 훈련　受(う)ける (어떤 행위를) 받다　わかる 알다, 이해하다　不安(ふあん) 불안　感(かん)じる 느끼다
だが 하지만, 그렇지만　想像(そうぞう) 상상　以上(いじょう) 이상　有無(うむ) 유무　生死(せいし) 생사
関(かか)わる 관계하다, 관계되다　実感(じっかん) 실감　意味(いみ) 의미

4 (1)それとは、どういうことですか。

(A) 家で地震に遭った場合を考えること

(B) 交通機関が止まった場合を考えること

(C) 外出時に地震に遭った場合を考えること

(D) 地震で火災が起きた場合を考えること

(1)그것이란 어떤 것입니까?

✓(A) 집에서 지진을 당했을 경우를 생각하는 것

(B) 교통기관이 멈춘 경우를 생각하는 것

(C) 외출 시에 지진을 당했을 경우를 생각하는 것

(D) 지진으로 화재가 일어났을 경우를 생각하는 것

- 밑줄 친 부분의 「それ」(그것)는 바로 앞에 나오는 표현을 가리키는 말이다. 앞에 지진 대비라고 하면 집에 있을 때의 상황을 생각하기 쉽다는 말이 나와 있으므로, 정답은 (A)가 된다.

- ~とは ~라는 것은, ~란 遭(あ)う (어떤 일) 당하다, 겪다 場合(ばあい) 경우 止(と)まる 멈추다, 서다
  火災(かさい) 화재, 불 起(お)きる 일어나다, 발생하다

5 (2)地震後に歩いて帰宅することについて、正しいものはどれですか。

(A) まず国の救助を待つことを先にすべきだ。

(B) 救助活動中に帰れるので、直後に採るべき手段だ。

✓(C) 新たな被害に遭う可能性があるので、最後に採るべき方法だ。

(D) 交通機関は2次災害の危険があるため、直後に採るべきだ。

(2)지진 후에 걸어서 귀가하는 것에 대해서 맞는 것은 어느 것입니까?

(A) 우선 국가의 구조를 기다리는 것을 먼저 해야 한다.

(B) 구조 활동 중에 돌아갈 수 있으므로 직후에 택해야 할 수단이다.

✓(C) 새로운 피해를 입을 가능성이 있으므로 최후에 택해야 할 방법이다.

(D) 교통기관은 2차 재해의 위험이 있기 때문에 직후에 택해야 한다.

- 밑줄 친 부분의 뒷부분을 보면, 지진 후에 걸어서 귀가하는 것을 「最終(さいしゅう)手段(しゅだん)」(최종 수단)이라고 표현했다. 또한 무리한 귀가는 위험이 많고, 국가가 2차 재해까지 신경을 쓸 수 없다는 것을 그 이유로 들고 있으므로, 정답은 (C)가 된다.

- まず 먼저, 우선 待(ま)つ 기다리다 先(さき)に 먼저 帰(かえ)る 돌아가다 採(と)る 택하다, 선택하다
  新(あら)ただ 새롭다 被害(ひがい) 피해 可能性(かのうせい) 가능성 最後(さいご) 최후, 마지막
  方法(ほうほう) 방법

6 実際に歩いて感じたことは何ですか。

(A) 細かい情報ばかりで、実際には意味がないだろう。

(B) いい加減な情報が多すぎ、役には立たない。

(C) 実際に情報通りだということがわかり、安心した。

✓(D) 具体的な情報は無事に帰宅する上で重要だ。

실제로 걸어서 느낀 것은 무엇입니까?

(A) 사소한 정보뿐이어서 실제로는 의미가 없을 것이다.

(B) 엉터리 정보가 너무 많아서 도움은 되지 않는다.

(C) 실제로 정보대로라는 것을 알고 안심했다.

✓(D) 구체적인 정보는 무사히 귀가하는 데 있어서 중요하다.

- 이 사람이 실제로 걷고 나서 느낀 점은 마지막 문장에 나온다. 도시에서는 재해 시에 위험해지는 도로가 많고 그 정보의 유무가 생사에 관계된다고 하면서, 「それを実感(じっかん)できただけでも歩(ある)いた意味(いみ)があった」(그것을 실감할 수 있었던 것만으로도 걸었던 의미가 있었다)라고 했다. 즉, 정보가 중요하다는 사실을 실감했다는 뜻이므로, 정답은 (D)가 된다.

- 実際(じっさい)に 실제로 細(こま)かい 사소하다, 하찮다 ~ばかり ~만, ~뿐
  ~だろう ~일[할] 것이다, ~겠지 *추측 いい加減(かげん)だ 무책임하다, 엉터리다
  い형용사의 어간+すぎる 너무 ~하다 役(やく)に立(た)つ 도움이 되다, 유익하다 명사+通(どお)り ~대로
  安心(あんしん) 안심 具体的(ぐたいてき)だ 구체적이다 無事(ぶじ)に 무사히
  동사의 기본형+上(うえ)で ~하는 데 있어서 重要(じゅうよう)だ 중요하다

PART 8

독해

403

STEP 3 다음 글을 읽고 문제를 풀어 보세요.

(1~4)

　　大阪市の中心部で(1)「サルを見た」と多くの人が警察に届け出ている。警察や大阪市の環境衛生課によると、最初に報告があったのは先月30日午後。南区の通行人から連絡があり、職員が駆け付けたが、その時には既にサルの姿はなかった。それ以後、サルを見たという報告は次第に北へ移って行った。同一のサルである可能性が高く、1週間で市内の4区を約15キロ移動し、現在は三国周辺に落ち着いているようだ。三国警察はポスターを貼り、住民に注意を呼び掛けている。

　　これまで環境衛生課の職員はサルを見たという連絡がある度に網を持って現場に駆け付けているが、到着時には姿が消えていることがほとんどだ。運良くいても、すぐに逃げられてしまう。「連絡を受けてからでは間に合わない。これだけあちこち移動されては捕まえるのが難しい」と職員は頭を悩ませている。専門家によると、サルが人を攻撃する可能性は少ないが、子供や女性がサルの好むミカンやリンゴを持ち歩くと危険だとのことだ。

1 (1)「サルを見た」と最初に報告した人は誰ですか。

(A) 三国の住民

(B) 環境衛生課の職員

(C) 大阪市の警察官

(D) 南区の通行人

2 サルは何匹いると考えられていますか。

(A) 一匹

(B) 二匹

(C) 数匹

(D) 数十匹

3 なぜサルを捕まえるのが難しいですか。

    (A) 発見者がすぐ連絡をしないから

    (B) サルは夜中にしか行動しないから

    (C) サルは素早く移動するから

    (D) サルを捕まえる網に問題があるから

4 本文の内容について、正しいものはどれですか。

    (A) サルは大阪から徐々に南へと移動して行った。

    (B) サルはとても乱暴なので、注意すべきである。

    (C) 警察はサルが逃げたことを隠している。

    (D) サルは現在、三国辺りに隠れているらしい。

(5~7)

　　家族の誰かが事故に巻き込まれたなどと騙し、金を振り込ませる詐欺事件が以前にも増して頻発している。埼玉県警は県民の財産を守るべく、前例のない取り組みに乗り出した。詐欺による送金の7割が金融機関従業員のすぐそばで行われていたこともあり、「適切に対処していれば防げた事件が多くあった」という意見をきっかけにして、次のような対策が取られるに至った。

　　警察は、被害者が多く利用した店舗に「被害者」として警察官OBを派遣し、メモを片手に焦った様子で機械を操作したり、従業員の制止に対し「詐欺なんかではない。息子に何かあったらどうする」と声を上げたりという演技をさせる。言うまでもなく、従業員には事前に知らせないで行う。確認ポイントは、直ちに声をかけるか、家族に確認を取るように促すか、警察に相談や連絡をするのかの3点だ。対応が不十分と判断されれば、警察署を通じて指導が入る。

5　何を騙し取る事件が増加していると言っていますか。
　(A) 必要のない処置の治療費
　(B) 身内のトラブルによる賠償金
　(C) 欠陥のない家の修繕費
　(D) 資格を取るための経費

6　なぜこのような取り組みが始まりましたか。
　(A) 被害の実態に無知な金融機関が多かったから
　(B) 市民から警察へ要請があったから
　(C) 金融機関の警戒で防げた被害が多かったから
　(D) 警察のトップから実施命令があったから

7　この取り組みで警察官OBは何をしますか。
　(A) 詐欺の実態の報告書を金融機関へ送付する。
　(B) 犯人役で詐欺行為のデモンストレーションをする。
　(C) 金融機関の利用客に警戒を促す。
　(D) 被害者のふりをして送金しようとする。

(1~4)

大阪市(おおさかし)の中心部(ちゅうしんぶ)で(1)「サルを見(み)た」と多(おお)くの人(ひと)が警察(けいさつ)に届(とど)け出(で)ている。警察(けいさつ)や大阪市(おおさかし)の環境衛生課(かんきょうえいせいか)によると、最初(さいしょ)に報告(ほうこく)があったのは先月(せんげつ)30日(にち)午後(ごご)。1南区(みなみく)の通行人(つうこうにん)から連絡(れんらく)があり、職員(しょくいん)が駆(か)け付(つ)けたが、その時(とき)には既(すで)にサルの姿(すがた)はなかった。それ以後(いご)、サルを見(み)たという報告(ほうこく)は次第(しだい)に北(きた)へ移(うつ)って行(い)った。2同一(どういつ)のサルである可能性(かのうせい)が高(たか)く、1週間(いっしゅうかん)で市内(しない)の4区(く)を約(やく)15キロ移動(いどう)し、4現在(げんざい)は三国(みくに)周辺(しゅうへん)に落(お)ち着(つ)いているようだ。三国警察(みくにけいさつ)はポスターを貼(は)り、住民(じゅうみん)に注意(ちゅうい)を呼(よ)び掛(か)けている。

これまで環境衛生課(かんきょうえいせいか)の職員(しょくいん)はサルを見(み)たという連絡(れんらく)がある度(たび)に網(あみ)を持(も)って現場(げんば)に駆(か)け付(つ)けているが、3到着時(とうちゃくじ)には姿(すがた)が消(き)えていることがほとんどだ。運良(うんよ)くいても、すぐに逃(に)げられてしまう。「連絡(れんらく)を受(う)けてからでは間(ま)に合(あ)わない。これだけあちこち移動(いどう)されては捕(つか)まえるのが難(むずか)しい」と職員(しょくいん)は頭(あたま)を悩(なや)ませている。専門家(せんもんか)によると、サルが人(ひと)を攻撃(こうげき)する可能性(かのうせい)は少(すく)ないが、子供(こども)や女性(じょせい)がサルの好(この)むミカンやリンゴを持(も)ち歩(ある)くと危険(きけん)だとのことだ。

오사카시의 중심부에서 (1)"원숭이를 봤다"고 많은 사람이 경찰에 신고하고 있다. 경찰이나 오사카시의 환경위생과에 따르면 최초로 보고가 있었던 것은 지난달 30일 오후. 1미나미구의 통행인으로부터 연락이 있어서 직원이 달려갔지만 그때에는 이미 원숭이 모습은 없었다. 그 이후 원숭이를 봤다는 보고는 점차 북쪽으로 옮겨 갔다. 2동일한 원숭이일 가능성이 높고 일주일에 시내 네 개 구를 약 15km 이동해서 4현재는 미쿠니 주변에 정착한 것 같다. 미쿠니 경찰은 포스터를 붙여서 주민에게 주의를 호소하고 있다.

지금까지 환경위생과의 직원은 원숭이를 봤다는 연락이 있을 때마다 그물을 가지고 현장으로 달려가고 있지만 3도착 시에는 모습이 사라져 있는 경우가 대부분이다. 운 좋게 있더라도 바로 달아나 버린다. "연락을 받고 나서는 늦는다. (원숭이가) 이 정도로 여기저기 이동해서는 잡는 것이 어렵다"고 직원은 골머리를 앓고 있다. 전문가에 따르면 원숭이가 인간을 공격할 가능성은 적지만 아이나 여성이 원숭이가 좋아하는 귤이나 사과를 들고 다니면 위험하다고 한다.

어휘 | 大阪市(おおさかし) 오사카시 中心部(ちゅうしんぶ) 중심부 サル 원숭이 見(み)る 보다 多(おお)く 많음 人(ひと) 사람
警察(けいさつ) 경찰 届(とど)け出(で)る 신고하다 環境(かんきょう) 환경 衛生課(えいせいか) 위생과 ~によると ~에 의하면[따르면]
最初(さいしょ) 최초, 맨 처음 報告(ほうこく) 보고 先月(せんげつ) 지난달 午後(ごご) 오후 南区(みなみく) 미나미구 *지명
通行人(つうこうにん) 통행인 連絡(れんらく) 연락 職員(しょくいん) 직원 駆(か)け付(つ)ける 달려가다 既(すで)に 이미, 벌써
姿(すがた) 모습 以後(いご) 이후 次第(しだい)に 점차 北(きた) 북쪽 移(うつ)る 옮기다 同一(どういつ) 동일
可能性(かのうせい) 가능성 高(たか)い (기세·율·도수가) 높다 1週間(いっしゅうかん) 일주일 *「~週間(しゅうかん)」- ~주간, ~주일
市内(しない) 시내 約(やく) 약 キロ 킬로미터, km 移動(いどう) 이동 現在(げんざい) 현재 三国(みくに) 미쿠니 *지명
周辺(しゅうへん) 주변 落(お)ち着(つ)く 정착하다 ~ようだ ~인 것 같다 ポスター 포스터 貼(は)る 붙이다 住民(じゅうみん) 주민
注意(ちゅうい) 주의 呼(よ)び掛(か)ける 호소하다 これまで 지금까지 동사의 기본형+度(たび)に ~할 때마다 網(あみ) 그물
持(も)つ 가지다, 들다 現場(げんば) 현장 到着(とうちゃく) 도착 ~時(じ) ~시 消(き)える 사라지다 ほとんど 거의, 대부분
運良(うんよ)く 운 좋게 すぐに 곧, 바로 逃(に)げる 달아나다, 도망치다 受(う)ける (어떤 행위를) 받다
間(ま)に合(あ)う 시간에 맞게 대다, 늦지 않다 あちこち 여기저기 捕(つか)まえる 잡다, 붙잡다 難(むずか)しい 어렵다
頭(あたま)を悩(なや)ませる 골머리를 앓다 専門家(せんもんか) 전문가 攻撃(こうげき) 공격 少(すく)ない 적다 子供(こども) 아이
女性(じょせい) 여성 好(この)む 좋아하다 ミカン 귤 リンゴ 사과 持(も)ち歩(ある)く 들고[가지고] 다니다 危険(きけん)だ 위험하다
~とのことだ ~라고 한다 *전문

1 (1)「サルを見(み)た」と最初(さいしょ)に報告(ほうこく)した人(ひと)は誰(だれ)ですか。
(A) 三国(みくに)の住民(じゅうみん)
(B) 環境衛生課(かんきょうえいせいか)の職員(しょくいん)
(C) 大阪市(おおさかし)の警察官(けいさつかん)
(D) 南区(みなみく)の通行人(つうこうにん)

(1)"원숭이를 봤다"고 최초로 보고한 사람은 누구입니까?
(A) 미쿠니의 주민
(B) 환경위생과의 직원
(C) 오사카시의 경찰관
(D) 미나미구의 통행인

해설 | 첫 번째 단락 초반부에서 원숭이를 봤다고 최초로 보고가 있었던 것은 지난달 30일 오후로, 미나미구의 통행인으로부터 연락이 있었다고 했다. 따라서 정답은 (D)가 된다. 나머지 선택지는 본문의 단어들을 응용한 오답이다.

어휘 | 住民(じゅうみん) 주민 警察官(けいさつかん) 경찰관

2 サルは何匹いると考えられていますか。

(A) 一匹

(B) 二匹

(C) 数匹

(D) 数十匹

원숭이는 몇 마리 있다고 생각되고 있습니까?

(A) 한 마리

(B) 두 마리

(C) 몇 마리

(D) 몇 십 마리

해설 | 첫 번째 단락 중반부에서 원숭이는 처음 미나미구에서 목격된 이후 북쪽으로 옮겨갔는데, 동일한 원숭이일 가능성이 높다고 했다. 즉, 원숭이는 여러 마리가 아니라 한 마리가 옮겨 다니고 있다는 것을 알 수 있으므로, 정답은 (A)가 된다.

어휘 | 何匹(なんびき) 몇 마리 *「~匹(ひき)」 - ~마리 数(すう)~ 수~, 몇~

3 なぜサルを捕まえるのが難しいですか。

(A) 発見者がすぐ連絡をしないから

(B) サルは夜中にしか行動しないから

(C) サルは素早く移動するから

(D) サルを捕まえる網に問題があるから

왜 원숭이를 잡는 것이 어렵습니까?

(A) 발견자가 바로 연락을 하지 않기 때문에

(B) 원숭이는 밤중에밖에 행동하지 않기 때문에

(C) 원숭이는 재빨리 이동하기 때문에

(D) 원숭이를 잡는 그물에 문제가 있기 때문에

해설 | 두 번째 단락의 내용 문제. 초반부에서 환경위생과의 직원이 원숭이를 봤다는 연락이 있을 때마다 그물을 가지고 현장으로 달려가지만, 도착했을 때는 이미 사라진 경우가 대부분이라고 했다. 즉, 원숭이가 너무 날쌔게 돌아다니는 바람에 생포하는 것이 쉽지 않다는 뜻이므로, 정답은 (C)가 된다.

어휘 | 発見者(はっけんしゃ) 발견자 夜中(よなか) 밤중 ~しか (부정어 수반) ~밖에 行動(こうどう) 행동
素早(すばや)い 재빠르다, 민첩하다 問題(もんだい) (해결해야 할) 문제

4 本文の内容について、正しいものはどれですか。

(A) サルは大阪から徐々に南へと移動して行った。

(B) サルはとても乱暴なので、注意すべきである。

(C) 警察はサルが逃げたことを隠している。

(D) サルは現在、三国辺りに隠れているらしい。

본문의 내용에 대해서 맞는 것은 어느 것입니까?

(A) 원숭이는 오사카에서 서서히 남쪽으로 이동해 갔다.

(B) 원숭이는 매우 난폭하기 때문에 주의해야 한다.

(C) 경찰은 원숭이가 달아난 것을 숨기고 있다.

(D) 원숭이는 현재 미쿠니 주변에 숨어 있는 것 같다.

해설 | 내용 일치를 묻는 문제로, 소거법을 이용해서 정답을 찾아야 한다. 원숭이는 오사카시에서 서서히 북쪽으로 이동해 갔으므로 (A)는 틀린 설명이다. 또한 후반부에서 원숭이는 인간을 공격할 가능성이 높지 않다고 했으므로 (B)도 답이 될 수 없다. 중반부에서 경찰은 포스터를 붙이면서 주민에게 주의를 촉구하고 있다고 했으므로, (C)도 정답과는 거리가 멀다. 정답은 (D)로, 첫 번째 단락 후반부에서 원숭이가 현재는 미쿠니 주변에 정착한 것 같다고 한 내용과 일치한다.

어휘 | 徐々(じょじょ)に 서서히 南(みなみ) 남쪽 ~へと ~으로 *「~へ」(~으로)를 강조한 표현 乱暴(らんぼう)だ 난폭하다
동사의 기본형+べきだ (마땅히) ~해야 한다 *단,「する」(하다)는「するべきだ」「すべきだ」모두 가능함 隠(かく)す 숨기다
辺(あた)り 주위, 주변 隠(かく)れる 숨다 ~らしい ~인 것 같다 *객관적 근거에 의한 추측·판단

(5~7)

⁵家族の誰かが事故に巻き込まれたなどと騙し、金を振り込ませる詐欺事件が以前にも増して頻発している。埼玉県警は県民の財産を守るべく、前例のない取り組みに乗り出した。詐欺による送金の7割が金融機関従業員のすぐそばで行われていたこともあり、⁶「適切に対処していれば防げた事件が多くあった」という意見をきっかけにして、次のような対策が取られるに至った。

警察は、⁷被害者が多く利用した店舗に「被害者」として警察官OBを派遣し、メモを片手に焦った様子で機械を操作したり、従業員の制止に対し「詐欺なんかではない。息子に何かあったらどうする」と声を上げたりという演技をさせる。言うまでもなく、従業員には事前に知らせないで行う。確認ポイントは、直ちに声をかけるか、家族に確認を取るように促すか、警察に相談や連絡をするかの3点だ。対応が不十分と判断されれば、警察署を通じて指導が入る。

⁵가족의 누군가가 사고에 말려들었다 등으로 속여 대체 계좌 등에 이체하게 하는 사기사건이 예전보다 더 빈발하고 있다. 사이타마현 경찰은 현민의 재산을 지키기 위해 전례가 없는 대처에 착수했다. 사기에 의한 송금의 70%가 금융기관 종업원의 바로 옆에서 행해졌던 적도 있어서 ⁶"적절하게 대처했다면 방지할 수 있었던 사건이 많이 있었다"라는 의견을 계기로 해서 다음과 같은 대책을 취하기에 이르렀다.

경찰은 ⁷피해자가 많이 이용한 점포에 '피해자'로서 경찰관 선배를 파견해서 메모를 한 손에 들고 초조한 모습으로 기계를 조작하거나 종업원의 제지에 대해 "사기 같은 게 아니다. 아들에게 무슨 일이 있으면 어떻게 할 거냐"라며 소리를 높이거나 하는 연기를 시킨다. 말할 것도 없이 종업원에게는 사전에 알리지 않고 실시한다. 확인 포인트는 즉시 말을 거는지, 가족에게 확인을 취하도록 재촉하는지, 경찰에게 상담이나 연락을 하는지의 세 가지 점이다. 대응이 충분하지 않다고 판단되면 경찰서를 통해서 지도가 들어간다.

어휘 | 家族(かぞく) 가족 誰(だれ)か 누군가 事故(じこ) 사고 巻(ま)き込(こ)む 말려들게 하다 ~など ~등, ~따위 騙(だま)す 속이다 金(かね) 돈 振(ふ)り込(こ)む 대체 계좌 등에 불입하다, 이체하다 詐欺(さぎ) 사기 事件(じけん) 사건 以前(いぜん) 전, 이전, 예전 ~にも増(ま)して ~보다 더 頻発(ひんぱつ) 빈발 埼玉県警(さいたまけんけい) 사이타마현 경찰 県民(けんみん) 현민 財産(ざいさん) 재산 守(まも)る 지키다 동사의 기본형+べく ~하기 위해서 前例(ぜんれい) 전례 取(と)り組(く)み 대처 乗(の)り出(だ)す 착수하다 ~による ~에 의한 送金(そうきん) 송금 ~割(わり) ~할, 십분의 일 金融(きんゆう) 금융 機関(きかん) 기관 従業員(じゅうぎょういん) 종업원 すぐ 바로 そば 옆 行(おこな)う 하다, 행하다, 실시하다 適切(てきせつ)だ 적절하다 対処(たいしょ) 대처 防(ふせ)ぐ 막다, 방지하다 多(おお)い 많다 意見(いけん) 의견 ~をきっかけにして ~을 계기로 해서 次(つぎ) 다음 対策(たいさく) 대책 取(と)る 취하다 至(いた)る 이르다 警察(けいさつ) 경찰 被害者(ひがいしゃ) 피해자 利用(りよう) 이용 店舗(てんぽ) 점포 ~として ~로서 警察官(けいさつかん) 경찰관 OB(オービー) 선배 派遣(はけん) 파견 メモ 메모 片手(かたて) 한 손 焦(あせ)る 안달하다, 초조해하다 様子(ようす) 모습 機械(きかい) 기계 操作(そうさ) 조작 制止(せいし) 제지 ~に対(たい)し ~에 대해서 ~なんか ~따위 息子(むすこ) 아들 声(こえ)を上(あ)げる 소리를 높이다 演技(えんぎ) 연기 させる 하게 하다, 시키다 言(い)うまでもなく 말할 것도 없이 事前(じぜん)に 사전에 知(し)らせる 알리다 ~ないで ~하지 않고[말고] 確認(かくにん) 확인 ポイント 포인트 直(ただ)ちに 당장, 즉시 声(こえ)をかける 말을 걸다 ~ように ~하도록 促(うなが)す 재촉하다 相談(そうだん) 상담, 상의, 의논 連絡(れんらく) 연락 ~点(てん) ~점 対応(たいおう) 대응 不十分(ふじゅうぶん) 불충분, 충분하지 않음 判断(はんだん) 판단 警察署(けいさつしょ) 경찰서 ~を通(つう)じて ~을 통해서 指導(しどう) 지도 入(はい)る 들어가다

5 何を騙し取る事件が増加していると言っていますか。
(A) 必要のない処置の治療費
(B) 身内のトラブルによる賠償金
(C) 欠陥のない家の修繕費
(D) 資格を取るための経費

무엇을 속여서 빼앗는 사건이 증가하고 있다고 말하고 있습니까?
(A) 필요가 없는 처치의 치료비
(B) 가족 분쟁에 의한 배상금
(C) 결함이 없는 집의 수선비
(D) 자격을 따기 위한 경비

해설 | 첫 번째 단락의 첫 번째 문장에서 정답을 찾을 수 있다. 가족 중 누군가가 사고에 말려들었다는 식으로 속여서 대체 계좌 등에 이체하게 하는 사기사건이 예전보다 더 빈발하고 있다고 했으므로, 정답은 (B)가 된다. 본문의 「家族(かぞく)の誰(だれ)か」(가족의 누군가)를 「身内(みうち)」(가족, 일가)로, 「事故(じこ)」(사고)를 「トラブル」(트러블, 분쟁)로 바꿔 표현했다.

어휘 | 必要(ひつよう) 필요 処置(しょち) 처치 治療費(ちりょうひ) 치료비 身内(みうち) 가족, 일가 トラブル 트러블, 문제 賠償金(ばいしょうきん) 배상금 欠陥(けっかん) 결함 修繕費(しゅうぜんひ) 수선비 資格(しかく) 자격 取(と)る 얻다, 따다, 취득하다 経費(けいひ) 경비

6 なぜこのような取り組みが始まりましたか。
(A) 被害の実態に無知な金融機関が多かったから
(B) 市民から警察へ要請があったから
(C) 金融機関の警戒で防げた被害が多かったから
(D) 警察のトップから実施命令があったから

왜 이와 같은 대처가 시작되었습니까?
(A) 피해 실태에 무지한 금융기관이 많았기 때문에
(B) 시민으로부터 경찰에 요청이 있었기 때문에
(C) 금융기관의 경계로 막을 수 있었던 피해가 많았기 때문에
(D) 경찰의 최고 책임자로부터 실시 명령이 있었기 때문에

해설| 첫 번째 단락 후반부에서 정답을 찾을 수 있다. 최근 송금사기가 급증하는 가운데 사이타마현 경찰은 현민의 재산을 지키기 위한 대처에 착수했다. 실제로 송금사기의 70%가 금융직원이 지켜보는 가운데 이루어졌는데, 이 과정에서 적절하게 대처했다면 사고를 미연에 방지할 수 있었을 것이라는 의견이 계기가 되었다고 했다. 따라서 정답은 (C)가 된다.

어휘| 実態(じったい) 실태 無知(むち)だ 무지하다 市民(しみん) 시민 要請(ようせい) 요청 警戒(けいかい) 경계
トップ 톱, 최고 책임자 実施(じっし) 실시 命令(めいれい) 명령

7 この取り組みで警察官OBは何をしますか。
(A) 詐欺の実態の報告書を金融機関へ送付する。
(B) 犯人役で詐欺行為のデモンストレーションをする。
(C) 金融機関の利用客に警戒を促す。
(D) 被害者のふりをして送金しようとする。

이 대처에서 경찰관 선배는 무엇을 합니까?
(A) 사기 실태의 보고서를 금융기관에 송부한다.
(B) 범인역으로 사기행위의 실연을 한다.
(C) 금융기관의 이용객에게 경계를 촉구한다.
(D) 피해자인 척하며 송금하려고 한다.

해설| 두 번째 문단 초반부에서 경찰은 피해자가 많이 이용한 점포에 '피해자'로서 경찰관 선배를 파견한다고 했다. 즉, 이런 연극은 송금사기 피해자인 척하면서 금융기관이 적절하게 대처하는지 살펴보고 미비한 부분이 있다면 지도하기 위한 것이므로, 정답은 (D)가 된다.

어휘| 報告書(ほうこくしょ) 보고서 送付(そうふ) 송부 犯人(はんにん) 범인 役(やく) (연극 등에서) 역, 배역
行為(こうい) 행위 デモンストレーション 실연 利用客(りようきゃく) 이용객 ～ふりをする ～척하다 送金(そうきん) 송금

주요 어휘 및 표현 정리 20

한자	읽기	의미
☐ 贅沢	ぜいたく	사치
☐ 伸ばす	のばす	늘리다, 신장시키다
☐ 贈り物	おくりもの	선물
☐ 花束	はなたば	꽃다발
☐ 花瓶	かびん	꽃병
☐ 目を付ける	めをつける	주목하다, 눈여겨보다
☐ 費やす	ついやす	소비하다
☐ 提案	ていあん	제안
☐ 持ち歩く	もちあるく	들고[가지고] 다니다
☐ 口を出す	くちをだす	말참견을 하다
☐ やる気	やるき	할 마음, 의욕
☐ 瞬間	しゅんかん	순간
☐ 信頼	しんらい	신뢰
☐ 買い足す	かいたす	사서 보태다
☐ 備え	そなえ	준비, 대비
☐ 初旬	しょじゅん	초순
☐ 残暑	ざんしょ	늦더위
☐ 記す	しるす	적다, 기록하다
☐ 有無	うむ	유무
☐ 生死	せいし	생사

최종
평가

JPT® 日本語能力試験

Japanese Proficiency Test

최종
평가

次の質問1番から質問100番までは聞き取りの問題です。

どの問題も1回しか言いませんから、よく聞いて答えを(A)、(B)、(C)、(D)の中から一つ選びなさい。答えを選んだら、それにあたる答案用紙の記号を黒くぬりつぶしなさい。

I. 次の写真を見て、その内容に合っている表現を(A)、(B)、(C)、(D)の中から一つ選びなさい。

(例)

(A) この人は本を読んでいます。

(B) この人は掃除をしています。

(C) この人は電話をしています。

(D) この人はビールを飲んでいます。

■ ──── 答 (A)、(B)、(●)、(D)

(1)

(2)

次のページに続く

(3)

(4)

(5)

(6)

次のページに続く

417

(7)

(8)

(9)

(10)

次のページに続く

(11)

(12)

(13)

(14)

次のページに続く

(15)

(16)

(17)

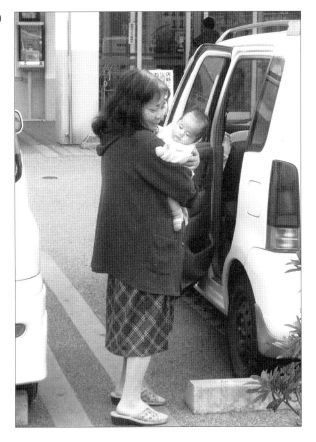

(18)

次のページに続く

(19)

(20)

II. 次の言葉の返事として、最も適したものを(A)、(B)、(C)、(D)の中から一つ選びなさい。

(例) 明日は何をしますか。

　　(A) 土曜日です。
　　(B) 朝ご飯の後にします。
　　(C) 友達の家に行きます。
　　(D) テニスをしました。

(21) 答えを答案用紙に書き入れなさい。

(22) 答えを答案用紙に書き入れなさい。

(23) 答えを答案用紙に書き入れなさい。

(24) 答えを答案用紙に書き入れなさい。

(25) 答えを答案用紙に書き入れなさい。

(26) 答えを答案用紙に書き入れなさい。

(27) 答えを答案用紙に書き入れなさい。

(28) 答えを答案用紙に書き入れなさい。

(29) 答えを答案用紙に書き入れなさい。

(30) 答えを答案用紙に書き入れなさい。

(31) 答えを答案用紙に書き入れなさい。

(32) 答えを答案用紙に書き入れなさい。

(33) 答えを答案用紙に書き入れなさい。

(34) 答えを答案用紙に書き入れなさい。

(35) 答えを答案用紙に書き入れなさい。

(36) 答えを答案用紙に書き入れなさい。

(37) 答えを答案用紙に書き入れなさい。

(38) 答えを答案用紙に書き入れなさい。

(39) 答えを答案用紙に書き入れなさい。

(40) 答えを答案用紙に書き入れなさい。

(41) 答えを答案用紙に書き入れなさい。

(42) 答えを答案用紙に書き入れなさい。

(43) 答えを答案用紙に書き入れなさい。

(44) 答えを答案用紙に書き入れなさい。

(45) 答えを答案用紙に書き入れなさい。

(46) 答えを答案用紙に書き入れなさい。

(47) 答えを答案用紙に書き入れなさい。

(48) 答えを答案用紙に書き入れなさい。

(49) 答えを答案用紙に書き入れなさい。

(50) 答えを答案用紙に書き入れなさい。

次のページに続く

III. 次の会話をよく聞いて、後の問いに最も適したものを(A)、(B)、(C)、(D)の中から一つ選びなさい。

(例) 女 : すみません。この辺に本屋がありますか。

男 : はい。駅の前にありますよ。

女 : 郵便局も本屋のそばにありますか。

男 : いいえ。郵便局はあのデパートのとなりです。

郵便局はどこにありますか。

(A) 駅の前

(B) 本屋のとなり

(C) 本屋の前

(D) デパートのとなり

(51) 男の人は女の人に何と伝えましたか。

(A) お昼前に安田さんから電話があった。

(B) 安田さんが昼ご飯に出かけた。

(C) 昼頃、大阪銀行の人が来た。

(D) 安田さんに電話をかけた。

(52) 奥さんはどうしていますか。

(A) 中国に新しい会社を作った。

(B) 忙しくて中国に行くことができない。

(C) 出張で中国に行っている。

(D) 1か月ぐらい仕事を休んでいる。

(53) 男の人は何と言っていますか。

(A) 雪が大好きだ。

(B) 早くスキーに行きたい。

(C) 10月なのに暖かい。

(D) 暖かいところに行きたい。

(54) 鍵を持っている人は誰ですか。

(A) 女の人

(B) 林さん

(C) 林さんと部屋を使った人

(D) 林さんの後に部屋を使った人

(55) 2人はいつ出かけますか。

(A) 昼ご飯を食べた後

(B) メールを送ってすぐ

(C) メールを送る前

(D) 11時頃

(56) 今の季節はいつですか。

(A) 春

(B) 夏

(C) 秋

(D) 冬

(57) どのように子供の名前を決めましたか。

    (A) 男の人が生まれた季節の名前にした。

    (B) 奥さんが好きな季節の名前にした。

    (C) 奥さんが好きな花の名前にした。

    (D) 男の人が育てている花の名前にした。

(58) 女の人の体重が増えた理由は何ですか。

    (A) 運動しないから

    (B) 生活が規則的ではないから

    (C) ご飯の食べすぎ

    (D) ビールの飲みすぎ

(59) 男の人はいつこの場所を使いますか。

    (A) 今日の午後

    (B) 明日の昼

    (C) 明日の午後

    (D) 午前中

(60) 女の人は何をしていますか。

    (A) 子供との遊び方を教えている。

    (B) 遊ばせながら英語を教えている。

    (C) 遊びながら英語を習っている。

    (D) 小さい子供について勉強している。

(61) 女の人が座る席はどこですか。

    (A) 窓側ではない一番後ろの席

    (B) 窓側の一番前の席

    (C) 窓側の三番目の席

    (D) 窓側の一番後ろの席

(62) 女の人の妹について、正しいものはどれですか。

    (A) 去年から中国語を習っている。

    (B) 中国を旅行したいと思っている。

    (C) 先月から韓国語の勉強をしている。

    (D) 韓国に行く予定である。

(63) 2人はどうしますか。

    (A) 男の人も女の人もジュースを飲む。

    (B) 男の人はジュースを飲むが、女の人は何も飲まない。

    (C) 男の人も女の人もワインを飲む。

    (D) 男の人はワイン、女の人はジュースを飲む。

(64) 2人は何について、話していますか。

    (A) かばん

    (B) 眼鏡

    (C) 帽子

    (D) 靴

(65) 明日、男の人はどうしますか。

    (A) 1人で家でゆっくりする。

    (B) 1人でデパートに行く。

    (C) 子供と一緒にデパートに行く。

    (D) 子供と一緒に家にいる。

(66) 男の人はプレゼントをどうすることにしましたか。

    (A) カードとリボンを付ける。

    (B) 動物のカードだけ付ける。

    (C) 赤いリボンだけ付ける。

    (D) カードもリボンも付けない。

次のページに続く

(67) 退職者について、何と言っていますか。
    (A) 働きに出た方が精神的な安定を感じる
       人が多い。
    (B) 収入がなくても好きなことを続ける人
       が多い。
    (C) 再就職することに不安を感じる人も多
       い。
    (D) 家でのんびりしたいと感じている人が
       多い。

(68) 女の人がすることは何ですか。
    (A) 説明書の内容を書き直す。
    (B) 誤解されやすい言葉を変更する。
    (C) 説明書全体に目を通す。
    (D) 誤解されやすい表現を削除する。

(69) 会話の内容と合っているものは、どれで
すか。
    (A) 女の人が男の人に協力してもらえるか
       どうか尋ねている。
    (B) 男の人が女の人に作業の流れを説明し
       ている。
    (C) 女の人が男の人の依頼に応じている。
    (D) 女の人が男の人の要求を拒否している。

(70) 女の人が言っていることは、どれですか。
    (A) 若い力をもっと活用した方がいい。
    (B) 経験の豊かな高齢者を雇う予定だ。
    (C) 退職者の中には若者も混ざっている。
    (D) 能力の不足は経験で補える。

(71) 大学について、何と言っていますか。
    (A) 学生を集めるための宣伝活動が活発
       だ。
    (B) 広告費をかけすぎて、経営が成り立っ
       ていない。
    (C) 広告にはお金を費やさないようになっ
       た。
    (D) 競争が激しいため、大学の質が上がっ
       ている。

(72) 男の人はこの商品について、どう思ってい
ますか。
    (A) 濡れないので、便利だ。
    (B) 傘のわりには高いと思う。
    (C) 特別注文が必要で、面倒くさい。
    (D) 他の人が気を付ける品物である。

(73) 竹田さんについて、どのような話をしてい
ますか。
    (A) 課長に呼ばれた理由が不明だ。
    (B) 勤勉な人だ。
    (C) 上司の命令に従わない。
    (D) 遅刻の原因を明らかにしていない。

(74) 男の人はどんな暮らしがしてみたいと言
っていますか。
    (A) 病院選びに困らない暮らし
    (B) 車の運転を楽しむ暮らし
    (C) 金に不自由しない暮らし
    (D) 野菜作りを楽しむ暮らし

(75) 男の人について、正しいものはどれですか。

    (A) 歩いて来る羽目になった。

    (B) 振り替え輸送で電車で来た。

    (C) 地下鉄でもまれて来た。

    (D) 込んだ電車に何とか乗ったが、結局遅刻した。

(76) 人間についての女の人の意見は、どれですか。

    (A) 強さも弱さも併せ持っている。

    (B) 強い人のそばにばかり集まりやすい。

    (C) 弱いものを見ると、いじめずにはいられない。

    (D) 弱い人や年寄りを助ける優しさを持っている。

(77) 会話の内容と合っているものは、どれですか。

    (A) 男の人はカードの盗難に遭った。

    (B) 電話で、カードの使用中止の取り消しができる。

    (C) カードの再発行は電話で受け付けてもらえる。

    (D) カードは他人に使われてはいない。

(78) 女の人は自分が買った道具について、どう思っていますか。

    (A) 値段のわりに効果がありそうだ。

    (B) 高いだけのことはある。

    (C) 効果はあまり期待していない。

    (D) 効果は絶大だ。

(79) 2人が話しているのは、どんな商品ですか。

    (A) 全国で流行しているブランドのもの

    (B) 長年人たちに親しまれてきた食品を利用しているもの

    (C) 地域特有のもので、且つ客の要望を満たすもの

    (D) 消費者のニーズに合い、保存の利くもの

(80) 女の人がこれから行う作業は何ですか。

    (A) 売り上げの計算

    (B) アルバイトとの打ち合わせ

    (C) アンケート結果の集計

    (D) バーゲン会場の整理

次のページに続く

IV. 次の文章をよく聞いて、後の問いに最も適したものを(A)、(B)、(C)、(D)の中から一つ選びなさい。

(例) 山田さんは、もう8年間銀行に勤めています。去年結婚してから、奥さんと2人でテニスを始めました。日曜日の朝は、いつも家の近くの公園で練習しています。

(1) 山田さんは、何年間銀行に勤めていますか。
(A) 4年間
(B) 6年間
(C) 8年間
(D) 10年間

(2) 山田さんは、結婚してから何を始めましたか。
(A) テニス
(B) サッカー
(C) ゴルフ
(D) 野球

(81) パーティーはどこでやりますか。
(A) ホテルの中にあるレストラン
(B) 駅のすぐ前にあるレストラン
(C) ホテルの近くにあるレストラン
(D) 駅の中にあるレストラン

(82) パーティーは何時から何時までですか。
(A) 1時半から4時まで
(B) 6時から9時半まで
(C) 7時から9時半まで
(D) 7時半から9時まで

(83) パーティーに行く人はお金をどうしますか。
(A) パーティーの始まる直前に払う。
(B) パーティーの前の日に払う。
(C) この話の後ですぐに払う。
(D) パーティーの後で払う。

(84) この人はどうして「時間に遅れないでください」と言いましたか。
(A) 皆が集まってからパーティーを始めるから
(B) バスがあまりないから
(C) 早く帰る人がいるから
(D) パーティーの時間が短いから

(85) この人はどうして雪子さんに会えたのです
か。
- (A) この人が雪子さんの定期券を拾ったか
ら
- (B) 定期券を買うために駅にいたから
- (C) 通勤の時に電車が一緒だったから
- (D) 雪子さんがこの人の定期券を交番に届
けてくれたから

(86) この人はなぜ雪子さんが昔の友達だとわ
からなかったのですか。
- (A) 中学生の時の声とは違っていたから
- (B) 結婚して名字が変わっていたから
- (C) 初めて聞く電話番号だったから
- (D) 電話に出たのが彼女のご主人だったか
ら

(87) この人はいつ雪子さんと会いましたか。
- (A) 電話をした日の夜
- (B) 電話で話した1週間後
- (C) 電話をしたすぐ後
- (D) 電話をした翌日

(88) 何時にどこで集まりますか。
- (A) 7時45分に学校の門の前
- (B) 7時45分にそれぞれのバスの中
- (C) 8時に学校のそれぞれの教室
- (D) 8時に学校の隣の公園

(89) 必ず持って行く物はどれですか。
- (A) 飲み物とお菓子とカメラ
- (B) 鉛筆と帽子とペン
- (C) カメラとペンとお菓子
- (D) お弁当と飲み物と地図

(90) 歩いている時にすることは何ですか。
- (A) 見つけた花の名前をメモする。
- (B) きれいな花を見つけたら、写真を撮る。
- (C) 珍しい花の名前を覚える。
- (D) 好きな花の絵を紙に描く。

(91) バスの中ですることは何ですか。
- (A) 帰る時間を決める。
- (B) どのコースを歩くかを決める。
- (C) どこから歩き始めるかを決める。
- (D) どこで昼ご飯を食べるかを決める。

次のページに続く

(92) この病院で診察を受けられる人は、どんな人ですか。
    (A) 他の病院から紹介された人
    (B) 当日の朝9時までに受付をした人
    (C) 前日の午後5時までに予約した人
    (D) 平日であれば誰でも

(93) この病院では、待ち時間をどうやって減らしていますか。
    (A) 診察の進み具合を病院外から確認できる仕組みがある。
    (B) 医師たちが診察時間をオーバーしないように心掛けている。
    (C) 予約時間が近付いたら、携帯電話にメールが送られる。
    (D) 受付から支払いまですべてコンピューター化している。

(94) この人が不満に思っていることは何ですか。
    (A) 診察時間が短いこと
    (B) 病院までの交通の便が悪いこと
    (C) 病院の周りに店がないこと
    (D) 薬をもらう待ち時間が長いこと

(95) 箱の中に入っていたものは何ですか。
    (A) 食料品
    (B) 衣料品
    (C) 日用品
    (D) 化粧品

(96) この人のお父さんは退職後、何をしていますか。
    (A) 野菜の栽培の仕方を教えている。
    (B) 野菜を扱う市場で仕事をしている。
    (C) 買った畑で熱心に野菜を作っている。
    (D) 母がやっている畑仕事を手伝っている。

(97) この人は大根をどうしようと思っていますか。
    (A) 5本とも会社に持って行って、欲しい人に配る。
    (B) 1本だけ隣に住んでいる人にあげる。
    (C) 全部料理して近所の人に配る。
    (D) 1本だけ残して、残りは近所の人にあげる。

(98) 今探している人材はどんな人ですか。
- (A) マーケティングの知識があり、語学力
  がある人
- (B) 経験が豊かで、組織を束ねコントロー
  ルする力がある人
- (C) 英語が堪能で、海外でのビジネス経験
  がある人
- (D) 営業の現場の第一線で働く中堅どころ
  の人

(99) 転職の話が進まない理由は何ですか。
- (A) 企業が提示している条件と合わないか
  ら
- (B) 見つけた相手が具体的な説明を聞く時
  間がないから
- (C) 見つけた相手が転職すること自体に乗
  り気ではないから
- (D) 今の仕事と業種業態が異なるから

(100) この人が感じていることはどれですか。
- (A) 限られた人だけがキャリアアップで
  きる。
- (B) キャリアアップのためには転職しか
  ない。
- (C) 格好な人材が常に説得に応じるとは
  限らない。
- (D) 有能な人は引く手あまたである。

これで聞き取りの問題は終わります。
それでは、次の質問101番から質問200番までの問題に答えなさい。
答案用紙に書き込む要領は聞き取りの場合と同じです。

次のページに続く

V. 下の＿＿＿＿線の(101)～(110)は、漢字の読み方・書き方の正しいものを、(111)～
  (120)は、最も意味が近いものを(A)、(B)、(C)、(D)の中から一つ選びなさい。

(101) <u>先月</u>かわいい女の子が生まれました。
     (A) さんげつ
     (B) せんげつ
     (C) さきがつ
     (D) せんつき

(102) 私の家の犬は<u>黒い</u>です。
     (A) からい
     (B) くらい
     (C) くろい
     (D) かるい

(103) 昨日<u>品物</u>が届きました。
     (A) しょくぶつ
     (B) こづつみ
     (C) しなもの
     (D) しょうひん

(104) この地方は<u>米</u>の生産量が豊富だ。
     (A) こり
     (B) こつ
     (C) こま
     (D) こめ

(105) 彼はいつも人の意見を<u>素直</u>に受け入れよ
  うとしない。
     (A) そっちょく
     (B) しょうじき
     (C) すなお
     (D) そぼく

(106) 親友を<u>欺く</u>なんて許せない。
     (A) あざむく
     (B) そむく
     (C) なつく
     (D) おもむく

(107) イギリスの<u>外相</u>が我が国を訪れている。
     (A) がいそう
     (B) がいしょう
     (C) かいしょう
     (D) かいそう

(108) 詳しいことは<u>うけつけ</u>で聞いてください。
     (A) 授着
     (B) 授付
     (C) 受着
     (D) 受付

(109) 強盗が私の宝石を<u>うばって</u>行った。
    (A) 奪って
    (B) 盗って
    (C) 侵って
    (D) 犯って

(110) 十数年ぶりに教え子たちに囲まれ、<u>かんむりょう</u>です。
    (A) 感無量
    (B) 冠六両
    (C) 感夢良
    (D) 完無料

(111) 銀行のすぐ<u>となり</u>に、郵便局があります。
    (A) まえ
    (B) よこ
    (C) うしろ
    (D) むこう

(112) 久しぶりに会った友達と晩ご飯を<u>食べるところです</u>。
    (A) これから食べ始めます
    (B) 今、食べています
    (C) もうすぐ食べ終わります
    (D) ちょうど食べ終わりました

(113) 夜遅く、1人で歩くと<u>きけんだ</u>。
    (A) さびしい
    (B) きびしい
    (C) あぶない
    (D) うるさい

(114) <u>渡辺さんは忘れっぽいから</u>、また提出期限を忘れているんじゃない(?)。
    (A) 渡辺さんのことだから
    (B) 渡辺さんに限って
    (C) 渡辺さんだからといって
    (D) 渡辺さんに限らず

(115) 個人的な質問には<u>答えかねます</u>。
    (A) 答えます
    (B) 答えさせます
    (C) 答えられません
    (D) 答えさせません

(116) いくら<u>鯖を読んだって</u>、顔のしわを見たらばれちゃうよ。
    (A) 寝ぼけていたって
    (B) 年をごまかしたって
    (C) 甘く見たって
    (D) むっとしたって

次のページに続く

(117) 雨が降り出し<u>そうです</u>。

    (A) 大阪には社長が行かれる<u>そうです</u>。

    (B) 今年の冬は暖かい<u>そうです</u>。

    (C) 東京は、今雪が降っている<u>そうです</u>。

    (D) 今晩はゆっくり眠れ<u>そうです</u>。

(118) 冷蔵庫から牛乳を<u>出して</u>、そのコップに入れてください。

    (A) 机の上に鉛筆だけ<u>出して</u>ください。

    (B) 郵便局に行って、手紙を<u>出して</u>くるね。

    (C) 明日の5時までに宿題を<u>出して</u>ください。

    (D) このパンフレットは政府が<u>出して</u>いる。

(119) 顔を見たくない<u>ほど</u>彼が嫌いだ。

    (A) パーティーには30人<u>ほど</u>集まった。

    (B) 今日の仕事は死ぬ<u>ほど</u>疲れた。

    (C) 私の国は日本<u>ほど</u>暑くない。

    (D) 人は年を取る<u>ほど</u>良い顔になる。

(120) 今から頑張った<u>ところで</u>結果は目に見えている。

    (A) お願いした<u>ところで</u>聞いてもらえるわけがない。

    (B) 最終ランナーは、ゴールインした<u>ところで</u>気を失ってしまった。

    (C) この製品は買った<u>ところで</u>修理を請け負ってくれるそうだ。

    (D) 犯人が真実を話した<u>ところで</u>映画が終わった。

VI. 下の_____線の(A)、(B)、(C)、(D)の中から正しくないものを一つ選びなさい。

(121) 昨日はお風呂に入ってから、音楽を聞きながら、漢字の勉強をします。
       (A)   (B)   (C)   (D)

(122) 山田さんが読んでいる雑誌は、私の弟が駅に買って来たものです。
              (A)   (B)   (C)   (D)

(123) ここではたばこを吸わないでくださいと、経理の佐藤さんが見せました。
      (A)   (B)   (C)   (D)

(124) 家から学校までは、この電車を乗って15分ぐらいかかります。
     (A)   (B) (C)   (D)

(125) 子供の時、家の近くにあった公園で友達とたくさん遊んでいました。
      (A)   (B)   (C)   (D)

(126) 彼女が怪我を作って入院したというニュースを聞いてびっくりしました。
           (A) (B)   (C)   (D)

(127) 予習をしようつもりだったが、遊びすぎて時間が無くなった。
      (A)   (B)   (C)   (D)

(128) 目覚まし時計が壊していたから、朝寝坊をして会議に遅刻してしまった。
            (A)   (B)   (C)   (D)

(129) 兄の結婚式で、久しぶりでいとこたちがみんな集まりました。
      (A)   (B) (C)   (D)

(130) 課長がお昼に見たいと言うので、書類を12時まで、作らなければならない。
     (A)   (B)   (C)   (D)

次のページに続く

(131) 先程から誰かが私の跡をつけているようで、どうも気にしてしかたがない。
　　　　(A)　　　　　　　　　(B)　　　　　　　　(C)　　　(D)

(132) 間もない上り列車が到着致しますので、ご乗車の方は2列にお並びになってお待ちください。
　　　(A)　　　(B)　　　　　　　　　　(C)　　　(D)

(133) 今回の講演は定員になる次第、申し込みを締め切らせていただきます。
　　　　　　(A)　(B)　(C)　　　　　　　　　(D)

(134) 今期の業績からするに、大幅な利益が見込めそうだ。
　　　(A)　　　　　(B)　　(C)　　　(D)

(135) 住民との対話を抜きにしては、基地問題の解答はあり得ない。
　　　　　(A)　　(B)　　　　　　　(C)　　　(D)

(136) 高級化粧品を使い始めたら、気のせいか肌が綺麗になった上でしわも無くなった。
　　　(A)　　　　　　　　(B)　　　(C)　　　　　　(D)

(137) たとえどんな職業に就職していても、健康管理をきちんとすることは重要だ。
　　　(A)　　　　(B)　　　　　　　　　(C)　　　　(D)

(138) 主催者は、学生たちがこの交流を通じて豊かな国際感覚を身に持ち、成長すると確信した。
　　　　　　　　　　　　　(A)　　　(B)　　　(C)　　　(D)

(139) 人命にかかわる彼の職務に失敗は許されず、相当の心労があったことは想像にかたい。
　　　　　(A)　　(B)　　　　　　　　　(C)　　　　　(D)

(140) 名門の出を鼻にかけた傲慢な口調に嫌気が起き、彼と絶交してしまった。
　　　　(A)　　(B)　　　　　　　(C)　　(D)

VII. 下の_____線に入る最も適したものを(A)、(B)、(C)、(D)の中から一つ選びなさい。

(141) 私は_____が好きです。

동영상 7 동영상 8 동영상 9 동영상 10

    (A) 甘かった
    (B) 甘い
    (C) 甘いの
    (D) 甘くて

(142) その男の人は先週レストランで_____人です。
    (A) 会って
    (B) 会う
    (C) 会った
    (D) 会わない

(143) 昨日も暑かったですが、今日は_____暑いですね。
    (A) 全部
    (B) もっと
    (C) たくさん
    (D) よく

(144) 林さんが人気があるのは、優しい_____です。
    (A) のに
    (B) こと
    (C) から
    (D) ので

(145) 1日中_____、足が痛くなりました。
    (A) 笑って
    (B) 泣いて
    (C) 歩いて
    (D) 食べて

次のページに続く

(146) 夏になったら、海へ_____に行きたいですね。

    (A) 帯び

    (B) 洗い

    (C) 渡り

    (D) 泳ぎ

(147) バスが_____来ません。

    (A) なかなか

    (B) いよいよ

    (C) くよくよ

    (D) いちいち

(148) その新しいゲームはすぐに_____になりました。

    (A) うりきれ

    (B) かんぱい

    (C) ふみきり

    (D) よやく

(149) 来月赤ちゃんが生まれる_____です。

    (A) 気分

    (B) 経験

    (C) 用意

    (D) 予定

(150) 彼はパソコンに_____から、友達に尊敬されています。

    (A) うまい

    (B) 詳しい

    (C) 細かい

    (D) えらい

(151) 朝から何も食べていないから、お腹が_____だ。

    (A) ぺこぺこ

    (B) ぺらぺら

    (C) ふらふら

    (D) ぶらぶら

(152) テレビのニュースに_____、その社長は入院したそうだ。

    (A) ついて

    (B) よると

    (C) したら

    (D) なれば

(153) 先週、田中さんの会社を_____しました。

    (A) お目にかかり

    (B) お見送り

    (C) お訪ね

    (D) お迎え

(154) 働きすぎて_____しまいました。

    (A) 折れて

    (B) 頑張って

    (C) 削って

    (D) 倒れて

(155) この辺りは交通の便が良くて、_____も安いので人気がある。

    (A) 家賃

    (B) 距離

    (C) 時間

    (D) 通勤

次のページに続く

(156) 恵まれた環境にいながら、成績が上がらないのは彼女の努力不足_____。

    (A) にほかならない

    (B) どころではない

    (C) と言い切れない

    (D) というものではない

(157) 外は寒いですが、この家にはもう春が_____かのようですね。

    (A) 近寄った

    (B) 訪れた

    (C) 感じた

    (D) 確かめた

(158) ちょっと話が_____なりましたね。明るい話題に変えましょう。

    (A) おめでたく

    (B) 騒がしく

    (C) 力強く

    (D) 湿っぽく

(159) 子供がいきなり道路に飛び出してきたので、事故を_____ところだった。

    (A) 起きる

    (B) 起きて

    (C) 起こす

    (D) 起こして

(160) この荷物を1人で運んだのですか。_____重たかったことでしょう。

    (A) あえて

    (B) かえって

    (C) ずっと

    (D) さぞ

(161) 彼は地震に備えて、水を＿＿＿＿＿色々な物を準備している。
- (A) とにかく
- (B) はじめ
- (C) どころか
- (D) もとにして

(162) 彼は今年の春昇進し、2人目の子供にも恵まれ、いいこと＿＿＿＿＿だ。
- (A) 気味
- (B) がち
- (C) ずくめ
- (D) まみれ

(163) 国にもう4年も帰っていないから、母の料理が懐かしくて＿＿＿＿＿。
- (A) たまる
- (B) たまらない
- (C) とまらない
- (D) とまる

(164) 先輩は放課後、＿＿＿＿＿きりで面接の練習を見てくれた。
- (A) 付き
- (B) 付け
- (C) 付く
- (D) 付いた

(165) 何とかして彼女の＿＿＿＿＿な才能を開花させてやりたいものだ。
- (A) 月並み
- (B) 物好き
- (C) 場違い
- (D) 類まれ

次のページに続く

(166) 職場での辛い試練に耐えられるのは、家族への思いが_____こそだ。

    (A) あった

    (B) あっての

    (C) あろう

    (D) あれば

(167) その議員の不用意な発言が_____を呼んでいる。

    (A) 波紋

    (B) 物議

    (C) 物騒

    (D) 波風

(168) 長年望んでいた仕事に転職できたというのに、何かが_____。

    (A) やり切れない

    (B) 何気ない

    (C) ぎこちない

    (D) 物足りない

(169) 不正を放置すれば、世間の批判にさらされ_____。

    (A) かねる

    (B) かねない

    (C) がたい

    (D) ようがない

(170) 試験まであと1週間だ。もはや一日_____無駄にはできない。

    (A) どころか

    (B) ならでは

    (C) たりとも

    (D) ばかりか

VIII. 下の文を読んで、後の問いに最も適したものを(A)、(B)、(C)、(D)の中から一つ
選びなさい。

(171～174)

> 　私は小さい時、とても静かな子供で、外にはあまり遊びに行きませんでした。ですから
> 友達がいなくて、母はいつも心配でした。それで、母は私を家の近くの音楽教室に連れて
> 行きました。音楽教室ではピアノと歌を習うことができますが、私は歌を習いました。先
> 生は優しい女の先生で、若い頃、音楽の大学で歌を勉強したそうです。私は先生とすぐ仲
> 良くなり、歌も大好きになりました。音楽教室はとても楽しかったですから、ほとんど毎
> 日練習に行きました。それで、友達もたくさんできました。

(171) この人は歌を習う前、どんな子供でしたか。
　　　(A) 外であまり遊ばない静かな子だった。
　　　(B) いつも外で遊ぶ明るい子だった。
　　　(C) 明るくてよく話す子だった。
　　　(D) 元気で面白い子だった。

(172) この人はどうして音楽教室に行きましたか。
　　　(A) 歌を習いたかったから
　　　(B) ピアノを弾きたかったから
　　　(C) 母が連れて行ったから
　　　(D) 新しい音楽教室ができたから

(173) 先生について、正しいものはどれですか。
　　　(A) 若い男の先生だった。
　　　(B) まだ大学生だった。
　　　(C) ピアノが上手だった。
　　　(D) 優しい先生だった。

(174) この人は音楽教室に行ってどうなりましたか。
　　　(A) ピアノが好きになった。
　　　(B) 歌が大好きになった。
　　　(C) 歌を歌わなくなった。
　　　(D) 先生が嫌いになった。

次のページに続く

(175〜177)

　　私は3か月前までは飛行機が嫌いでした。飛行機はいつも揺れていて怖いと思っていたからです。旅行をする時はいつも車や電車だけ利用しましたから、あまり遠くへ行くことができませんでした。去年、小学生の息子が北海道へ野球の試合を見に行きたいと言った時も、主人と息子だけ飛行機で行って私は家にいました。けれども、北海道から帰って来た息子から「飛行機は全然揺れなかったよ」と聞いて、前から行きたいと思っていたハワイに行きたくなりました。

　　そして1か月前、家族とハワイに行って来ました。飛行機に乗った時、初めは少し怖かったですが、あまり揺れませんでしたから、車や電車と同じだと思ってすぐに怖くなくなりました。今は、家族や友達と飛行機で色々な所に行きたいと思っています。

(175) なぜこの人は飛行機に乗りませんでしたか。

　　　(A) 子供が飛行機が嫌いだったから

　　　(B) 飛行機は怖いと思っていたから

　　　(C) 車での旅行が好きだったから

　　　(D) 今まで旅行が嫌いだったから

(176) 去年の北海道旅行について、正しいものはどれですか。

　　　(A) 家族みんなで車で行った。

　　　(B) この人と子供が電車で行った。

　　　(C) この人だけが電車で行った。

　　　(D) 主人と子供が飛行機で行った。

(177) この人は飛行機に乗ってどう思いましたか。

　　　(A) 少し揺れるが、他の乗り物と同じだと思った。

　　　(B) 全然揺れなくて、楽しいと思った。

　　　(C) もう乗りたくないと思った。

　　　(D) やっぱりすごく揺れると思った。

(178～180)

安田さんは目がとても悪いので、眼鏡をかけています。眼鏡を取ってしまうとほとんど何も見えないので、寝る時以外はずっとかけています。でも、この前ドアにぶつかって、眼鏡を壊してしまいました。急いで会社の近くにある眼鏡屋に持って行きました。しかし、眼鏡屋の主人は「この眼鏡を直すのには3週間もかかるし、お金も1万円ぐらいかかりますよ。(1)新しい眼鏡を作った方がいいですよ。安い眼鏡なら1万円以下で、今日中にできますから」と言いました。安田さんは、壊れた眼鏡は半年前に作ったばかりだし、形も気に入っているので、できればまた使いたいと思っていました。どうしようかと迷いましたが、やはり眼鏡がないと困るので、(2)残念ですが新しい眼鏡を作ることにしました。

(178) どうして眼鏡が壊れましたか。

　　(A) 会社の人とぶつかったから

　　(B) ドアにぶつかったから

　　(C) 会社で落としたから

　　(D) 子供に引っ張られたから

(179) なぜ(1)新しい眼鏡を作った方がいいと言いましたか。

　　(A) 色々な所が壊れているので、直すのが無理だから

　　(B) 直すのと同じくらいのお金で新しい眼鏡が作れるから

　　(C) 安田さんの眼鏡は古くて直せないから

　　(D) 主人には眼鏡を直すことができないから

(180) 何が(2)残念ですか。

　　(A) 眼鏡がないと何も見えないこと

　　(B) 気に入った眼鏡が見つからなかったこと

　　(C) 前に使っていた眼鏡がもう使えないこと

　　(D) 新しい眼鏡を作るのに数日かかること

次のページに続く

> 　　私の家の近くの公園では、1か月に1回、近所の人たちが集まって、家で使わなくなった物を売ったり買ったりしています。私は今までにそこで本を買ったことはありますが、まだ自分で売ったことはありませんでした。しかし先月、私も初めて店を出すことにしました。家の中を探したら、今は使っていない物がたくさんあったからです。子供が小さい時に使っていたおもちゃ、主人がもう読んでしまった本、少ししか着ていない私の洋服、人からもらった皿とコップです。売る品物は、100円から1,000円ぐらいの値段にしましたから、全部売れると1万円ぐらいになるはずでした。しかし、売る時に安くしてしまったので、品物は全部売れたのに、売れたお金は予定の半分でした。でも、そのお金で家族とレストランに行って、美味しい料理を食べました。

(181) この人はなぜ店を出すことにしましたか。

　　(A) 物を売るのが面白そうだったから

　　(B) 夫が前に店を出したことがあったから

　　(C) 今月からお金が欲しかったから

　　(D) 使っていない物が色々あったから

(182) この人が売った物はどれですか。

　　(A) 子供が使っていたおもちゃ

　　(B) 子供が着られなくなった洋服

　　(C) 自分で買った1万円ぐらいのお皿

　　(D) 夫が大切にしている本

(183) お金が予定の半分になったのはなぜですか。

　　(A) 品物の半分はお客さんにあげたから

　　(B) 品物が全部売れなかったから

　　(C) お客さんがあまり来なかったから

　　(D) 売る時に値段を安くしたから

(184) この人は売れたお金をどうしましたか。

　　(A) 自分の洋服を買うのに使った。

　　(B) 夫にあげた。

　　(C) 家族との食事に使った。

　　(D) 銀行に預けた。

(185〜188)

> 　私は月1回、病気で入院している父を見舞うために、九州に行く。毎回新幹線を利用すると旅費が高くなってしまうので、時々、各駅停車を使うことにしている。東京から九州までは丸1日かかるし、何度も乗り換えをしなければならない。50代の私にはきつい旅だが、毎回とても素敵な出会いがある。それが各駅停車の旅の(1)_____でもある。
> 　先月の旅でも新しい出会いがあった。東京駅から隣に乗って来た夫婦は聞き慣れない言葉で話していた。尋ねてみると、ベトナムから観光に来たという。私の知っているベトナムのピアニストの名前を言うと、とても喜んだ。私たちは知っている限りの英語でお互いのことを話した。私たちは国は違うが同年代だったので、話が合って親しみが湧いた。言葉は通じなくても会話はできるものだと思った。

(185) この人はどうして各駅停車の電車を使うのですか。

　　(A) 急ぎの用事ではないから

　　(B) 新幹線だと運賃が高いから

　　(C) 新幹線より乗り換えが少ないから

　　(D) 新幹線より本数が多いから

(186) 各駅停車の旅について、どう言っていますか。

　　(A) 自分の知らない駅が発見できる。

　　(B) 行く先々で様々な駅弁が食べられる。

　　(C) 色々な人と知り合える。

　　(D) 乗車時間が長いので、自分の好きなことができる。

(187) (1)_____に入る最も適当な言葉はどれですか。

　　(A) 懐かしさ

　　(B) 楽しみ

　　(C) 新鮮味

　　(D) 心得

(188) この人はベトナム人の夫婦と接して、どのように思いましたか。

　　(A) 国が違うとあまり仲良くなれない。

　　(B) お互いの言葉はわからなくても親しくなれる。

　　(C) 英語をもっと勉強しないと外国人と会話はできない。

　　(D) 同年代でも国によって考え方が違うものだ。

次のページに続く

> 　少子高齢化により収入が減少傾向にある各鉄道会社は、収入源を確保する目的で、構内での新しいサービス施設の導入に意欲的だ。構内施設としては商業施設を始め、娯楽施設や育児施設もあり、利用者の(1)_____を得ている。
>
> 　昨年夏には、JR上野駅の構内に(2)スポーツクラブができた。都内では最大級の施設だ。構内からクラブ館内に直接繋がるエレベーターや、ホームからプール施設へ通じる会員特別通路もあり、通いやすさが人気を呼んでいる。現在は、1,000人以上の人が入会待ちをしているほどだ。このスポーツクラブの建設に伴って、構内には飲食店や書店なども新しくできた。上野駅経由で通勤する(3)ある女性会員は、会社帰りに途中下車してスポーツクラブに通う。「以前、上野は単なる通過駅で何もないというイメージでしたが、今では駅の中でご飯を食べたり、買い物をしたり、クラブに行ったりと気軽に利用し、便利さを味わっています」と話す。

(189) 各鉄道会社の新しい取り組みについて、正しいものはどれですか。

　　(A) 業務以外からの収入を得るため、構内施設を建設している。

　　(B) 高齢者のための福祉施設の建設に意欲的だ。

　　(C) より良いサービスを目指し、駅員のマナー教育に力を入れている。

　　(D) 新たなサービスとして、様々な施設の割引を始めた。

(190)(1)_____に入る最も適当な言葉はどれですか。

　　(A) 好意

　　(B) 支持

　　(C) 感動

　　(D) 応援

(191)(2)スポーツクラブはなぜ人気がありますか。

　　(A) 若者たちの間で流行っているから

　　(B) 入会できる人数に制限がないから

　　(C) 会員専用の通路の設置で、通うのが楽だから

　　(D) スポーツクラブ内に飲食店が新しくできたから

(192)(3)ある女性会員は、上野駅についてどう言っていますか。

　　(A) 以前から数多くの店があり、よく利用していた。

　　(B) スポーツクラブ以外はあまり利用していない。

　　(C) 飲食店がもっとできると良い。

　　(D) 様々な楽しみ方ができ、駅の印象が変わった。

(193～196)

　　大災害の度、全国から届く救援物資で多くの人が助けられる。しかし一方で、仕分けに人手が取られたり、不要な物が大量に余ったりする事態が繰り返されている。

　　例えば災害時に、テレビで「新品の洋服を」と呼び掛けたにもかかわらず、古着が大量に届き、やむを得ず焼却処分したり、健康器具やゴルフ用品といった、とても救援物資には思えないような物が届いたりしたこともあった。

　　新潟県は最近発表した防災計画の中で、災害直後は個人からの物資は原則として受け入れないとしている。個人からの物資は小口で、種類も量もばらばらだ。量がまとまらないと公平に分配することができず、ある程度集まって配る頃には必要性が薄れてくる。そのため災害直後は、確実に量を確保できて均等に配れる、企業からの救援物資を優先せざるを得ないという。ある福祉団体の理事長は「災害時に有効なのはボランティアとお金だ。人々の善意(1)＿＿＿＿＿＿ために、自治体も必要な援助策を明確にすることが大切だ」と話す。

(193) 災害時の救援物資に関する問題点は何でしたか。

(A) 災害時に相応しくない物が送られて来たこと

(B) 物資を保管する場所の確保が難しいこと

(C) 食料品の援助が多すぎて食べ切れないこと

(D) サイズの合わない新しい服が多いこと

(194) 新潟県が個人からの援助を受け入れない理由は何ですか。

(A) 被災者同士で奪い合いになる恐れがあるから

(B) 食料品などを備蓄することを決定したから

(C) 量が少なくて被災者に平等に行き渡らないから

(D) 前の災害の時、企業からの援助だけで十分だったから

(195) (1)＿＿＿＿＿＿に入る最も適当な言葉はどれですか。

(A) に報いない　　　　　　　　　　(B) を無駄にしない

(C) を当てにしない　　　　　　　　(D) で賄う

(196) 本文と合っているものはどれですか。

(A) 余った物資は次の災害のために保管することが重要だ。

(B) 災害時には現金よりも物資の方がすぐに使えて有効だ。

(C) 新潟県では今後は救援物資を全面的に受け入れない方針だ。

(D) 災害時は人手不足になるため、手伝いの人の確保も大切だ。

次のページに続く

(197〜200)

体内を映し出す「内視鏡」。現在は長い管に付けて口から入れるもの、肛門から入れるものなどが広く使われている。しかし、これらは腸の壁を傷付けたり、再使用による感染症の恐れがある。また、何よりも長い管を体内に入れるため、患者に辛い思いをさせることが問題であった。

そこで、これらの欠点の克服を目指して開発中なのが「カプセル型内視鏡」である。このカプセルは飲み込んだ後、胃や腸の消化のための収縮運動により、食べ物と同様に約6時間かけて胃と腸を移動し、最後はトイレへ、の使い捨てだ。カプセルは体内を移動する間、映像を体外に送信し続けるが、電力は患者が着る(1)ベストから電波で供給される。カプセルから発信する画像はベストに内蔵した受信装置に溜まる仕組みだ。ベストは充電池も備え、検査中も電源コード無しで動き回れる。得られた画像データを連続的にまとめると、腸を縦に切り開いたような6から8メートルの細長い1枚の画像ができ、異常個所があれば一目でわかる。昨年春から臨床試験を始め、年内の実用化を目指している。

(197) 現在使われている内視鏡はどのようなものですか。

(A) 管は使い捨てで清潔なので、安全上問題ない。

(B) 管は細く飲み込みやすいので、患者の負担にならない。

(C) 患者に苦痛はないが、他の病気を伴う可能性がある。

(D) 患者に苦痛を与える上、感染症も心配される。

(198)「カプセル型内視鏡」はどのようにして体内を移動しますか。

(A) 食べ物を送るための収縮運動に乗って移動する。

(B) 検査時に飲む専用飲料水と一緒に移動する。

(C) 内視鏡に内蔵された機能によって移動する。

(D) 体外からの遠隔操作で移動する。

(199) (1)ベストの機能ではないものはどれですか。

(A) 電力を供給する。　　　　　　　(B) 充電できる。

(C) 画像を受信する。　　　　　　　(D) 画像を編集する。

(200)「カプセル型内視鏡」について、正しいものはどれですか。

(A) 使用後、自然に排泄される。

(B) 腸の画像は横からの断面図である。

(C) 画像が暗く、異常個所の特定は難しい。

(D) 実用化にはまだ数年かかる。

これでテストの問題は全部終わりました。
時間があまったらもう一度答えを確かめてみましょう。

ANSWER SHEET

JPT® 기출 650⁺ 30일 완성 최종평가
Japanese Proficiency Test

수험번호

응시일자 : 20　　년　　월　　일

성명
- 한글
- 한자
- 영자

좌석번호
Ⓐ Ⓑ Ⓒ Ⓓ Ⓔ
① ② ③ ④ ⑤ ⑥ ⑦

聽解

NO.	ANSWER	NO.	ANSWER	NO.	ANSWER	NO.	ANSWER	NO.	ANSWER
	A B C D		A B C D		A B C D		A B C D		A B C D
1	ⓐⓑⓒⓓ	21	ⓐⓑⓒⓓ	41	ⓐⓑⓒⓓ	61	ⓐⓑⓒⓓ	81	ⓐⓑⓒⓓ
2	ⓐⓑⓒⓓ	22	ⓐⓑⓒⓓ	42	ⓐⓑⓒⓓ	62	ⓐⓑⓒⓓ	82	ⓐⓑⓒⓓ
3	ⓐⓑⓒⓓ	23	ⓐⓑⓒⓓ	43	ⓐⓑⓒⓓ	63	ⓐⓑⓒⓓ	83	ⓐⓑⓒⓓ
4	ⓐⓑⓒⓓ	24	ⓐⓑⓒⓓ	44	ⓐⓑⓒⓓ	64	ⓐⓑⓒⓓ	84	ⓐⓑⓒⓓ
5	ⓐⓑⓒⓓ	25	ⓐⓑⓒⓓ	45	ⓐⓑⓒⓓ	65	ⓐⓑⓒⓓ	85	ⓐⓑⓒⓓ
6	ⓐⓑⓒⓓ	26	ⓐⓑⓒⓓ	46	ⓐⓑⓒⓓ	66	ⓐⓑⓒⓓ	86	ⓐⓑⓒⓓ
7	ⓐⓑⓒⓓ	27	ⓐⓑⓒⓓ	47	ⓐⓑⓒⓓ	67	ⓐⓑⓒⓓ	87	ⓐⓑⓒⓓ
8	ⓐⓑⓒⓓ	28	ⓐⓑⓒⓓ	48	ⓐⓑⓒⓓ	68	ⓐⓑⓒⓓ	88	ⓐⓑⓒⓓ
9	ⓐⓑⓒⓓ	29	ⓐⓑⓒⓓ	49	ⓐⓑⓒⓓ	69	ⓐⓑⓒⓓ	89	ⓐⓑⓒⓓ
10	ⓐⓑⓒⓓ	30	ⓐⓑⓒⓓ	50	ⓐⓑⓒⓓ	70	ⓐⓑⓒⓓ	90	ⓐⓑⓒⓓ
11	ⓐⓑⓒⓓ	31	ⓐⓑⓒⓓ	51	ⓐⓑⓒⓓ	71	ⓐⓑⓒⓓ	91	ⓐⓑⓒⓓ
12	ⓐⓑⓒⓓ	32	ⓐⓑⓒⓓ	52	ⓐⓑⓒⓓ	72	ⓐⓑⓒⓓ	92	ⓐⓑⓒⓓ
13	ⓐⓑⓒⓓ	33	ⓐⓑⓒⓓ	53	ⓐⓑⓒⓓ	73	ⓐⓑⓒⓓ	93	ⓐⓑⓒⓓ
14	ⓐⓑⓒⓓ	34	ⓐⓑⓒⓓ	54	ⓐⓑⓒⓓ	74	ⓐⓑⓒⓓ	94	ⓐⓑⓒⓓ
15	ⓐⓑⓒⓓ	35	ⓐⓑⓒⓓ	55	ⓐⓑⓒⓓ	75	ⓐⓑⓒⓓ	95	ⓐⓑⓒⓓ
16	ⓐⓑⓒⓓ	36	ⓐⓑⓒⓓ	56	ⓐⓑⓒⓓ	76	ⓐⓑⓒⓓ	96	ⓐⓑⓒⓓ
17	ⓐⓑⓒⓓ	37	ⓐⓑⓒⓓ	57	ⓐⓑⓒⓓ	77	ⓐⓑⓒⓓ	97	ⓐⓑⓒⓓ
18	ⓐⓑⓒⓓ	38	ⓐⓑⓒⓓ	58	ⓐⓑⓒⓓ	78	ⓐⓑⓒⓓ	98	ⓐⓑⓒⓓ
19	ⓐⓑⓒⓓ	39	ⓐⓑⓒⓓ	59	ⓐⓑⓒⓓ	79	ⓐⓑⓒⓓ	99	ⓐⓑⓒⓓ
20	ⓐⓑⓒⓓ	40	ⓐⓑⓒⓓ	60	ⓐⓑⓒⓓ	80	ⓐⓑⓒⓓ	100	ⓐⓑⓒⓓ

讀解

NO.	ANSWER	NO.	ANSWER	NO.	ANSWER	NO.	ANSWER	NO.	ANSWER
	A B C D		A B C D		A B C D		A B C D		A B C D
101	ⓐⓑⓒⓓ	121	ⓐⓑⓒⓓ	141	ⓐⓑⓒⓓ	161	ⓐⓑⓒⓓ	181	ⓐⓑⓒⓓ
102	ⓐⓑⓒⓓ	122	ⓐⓑⓒⓓ	142	ⓐⓑⓒⓓ	162	ⓐⓑⓒⓓ	182	ⓐⓑⓒⓓ
103	ⓐⓑⓒⓓ	123	ⓐⓑⓒⓓ	143	ⓐⓑⓒⓓ	163	ⓐⓑⓒⓓ	183	ⓐⓑⓒⓓ
104	ⓐⓑⓒⓓ	124	ⓐⓑⓒⓓ	144	ⓐⓑⓒⓓ	164	ⓐⓑⓒⓓ	184	ⓐⓑⓒⓓ
105	ⓐⓑⓒⓓ	125	ⓐⓑⓒⓓ	145	ⓐⓑⓒⓓ	165	ⓐⓑⓒⓓ	185	ⓐⓑⓒⓓ
106	ⓐⓑⓒⓓ	126	ⓐⓑⓒⓓ	146	ⓐⓑⓒⓓ	166	ⓐⓑⓒⓓ	186	ⓐⓑⓒⓓ
107	ⓐⓑⓒⓓ	127	ⓐⓑⓒⓓ	147	ⓐⓑⓒⓓ	167	ⓐⓑⓒⓓ	187	ⓐⓑⓒⓓ
108	ⓐⓑⓒⓓ	128	ⓐⓑⓒⓓ	148	ⓐⓑⓒⓓ	168	ⓐⓑⓒⓓ	188	ⓐⓑⓒⓓ
109	ⓐⓑⓒⓓ	129	ⓐⓑⓒⓓ	149	ⓐⓑⓒⓓ	169	ⓐⓑⓒⓓ	189	ⓐⓑⓒⓓ
110	ⓐⓑⓒⓓ	130	ⓐⓑⓒⓓ	150	ⓐⓑⓒⓓ	170	ⓐⓑⓒⓓ	190	ⓐⓑⓒⓓ
111	ⓐⓑⓒⓓ	131	ⓐⓑⓒⓓ	151	ⓐⓑⓒⓓ	171	ⓐⓑⓒⓓ	191	ⓐⓑⓒⓓ
112	ⓐⓑⓒⓓ	132	ⓐⓑⓒⓓ	152	ⓐⓑⓒⓓ	172	ⓐⓑⓒⓓ	192	ⓐⓑⓒⓓ
113	ⓐⓑⓒⓓ	133	ⓐⓑⓒⓓ	153	ⓐⓑⓒⓓ	173	ⓐⓑⓒⓓ	193	ⓐⓑⓒⓓ
114	ⓐⓑⓒⓓ	134	ⓐⓑⓒⓓ	154	ⓐⓑⓒⓓ	174	ⓐⓑⓒⓓ	194	ⓐⓑⓒⓓ
115	ⓐⓑⓒⓓ	135	ⓐⓑⓒⓓ	155	ⓐⓑⓒⓓ	175	ⓐⓑⓒⓓ	195	ⓐⓑⓒⓓ
116	ⓐⓑⓒⓓ	136	ⓐⓑⓒⓓ	156	ⓐⓑⓒⓓ	176	ⓐⓑⓒⓓ	196	ⓐⓑⓒⓓ
117	ⓐⓑⓒⓓ	137	ⓐⓑⓒⓓ	157	ⓐⓑⓒⓓ	177	ⓐⓑⓒⓓ	197	ⓐⓑⓒⓓ
118	ⓐⓑⓒⓓ	138	ⓐⓑⓒⓓ	158	ⓐⓑⓒⓓ	178	ⓐⓑⓒⓓ	198	ⓐⓑⓒⓓ
119	ⓐⓑⓒⓓ	139	ⓐⓑⓒⓓ	159	ⓐⓑⓒⓓ	179	ⓐⓑⓒⓓ	199	ⓐⓑⓒⓓ
120	ⓐⓑⓒⓓ	140	ⓐⓑⓒⓓ	160	ⓐⓑⓒⓓ	180	ⓐⓑⓒⓓ	200	ⓐⓑⓒⓓ

JPT® 日本語能力試験
Japanese Proficiency Test

30일 완성

출제기관 독점제공

실제 시험을 완벽분석한
점수대별 기출 전략서!

정기시험과 동일한 JPT® 성우 음성
음원 및 동영상 QR코드 수록

▶ 최종평가 핵심문제풀이
무료 동영상 10강 제공
▶ 음원 무료 다운로드
www.ybmbooks.com

JPT®
기출
650+
정답 및 해설

YBM 와이비엠 홀딩스

JPT 기출

30일 완성

650+

정답 및 해설

목차

JPT 기출 650+ 30일 완성

PART 1

1 (D)	2 (C)	3 (B)	4 (B)	5 (D)	6 (B)	7 (A)	8 (C)	9 (B)	10 (B)
11 (A)	12 (A)	13 (D)	14 (C)	15 (A)	16 (D)	17 (C)	18 (C)	19 (D)	20 (B)

PART 2

21 (D)	22 (B)	23 (B)	24 (D)	25 (D)	26 (C)	27 (A)	28 (D)	29 (A)	30 (C)
31 (C)	32 (D)	33 (A)	34 (C)	35 (B)	36 (A)	37 (B)	38 (D)	39 (C)	40 (B)
41 (B)	42 (D)	43 (B)	44 (A)	45 (D)	46 (A)	47 (C)	48 (C)	49 (D)	50 (A)

PART 3

51 (A)	52 (C)	53 (D)	54 (D)	55 (A)	56 (C)	57 (C)	58 (C)	59 (C)	60 (B)
61 (D)	62 (B)	63 (A)	64 (C)	65 (D)	66 (D)	67 (A)	68 (C)	69 (C)	70 (B)
71 (A)	72 (A)	73 (D)	74 (D)	75 (A)	76 (A)	77 (D)	78 (C)	79 (C)	80 (A)

PART 4

81 (A)	82 (C)	83 (B)	84 (A)	85 (D)	86 (B)	87 (D)	88 (B)	89 (D)	90 (A)
91 (D)	92 (C)	93 (A)	94 (B)	95 (A)	96 (C)	97 (D)	98 (B)	99 (C)	100 (C)

PART 5

101 (B)	102 (C)	103 (C)	104 (D)	105 (C)	106 (A)	107 (B)	108 (D)	109 (A)	110 (A)
111 (B)	112 (A)	113 (C)	114 (A)	115 (C)	116 (B)	117 (D)	118 (A)	119 (B)	120 (A)

PART 6

121 (D)	122 (C)	123 (D)	124 (C)	125 (D)	126 (A)	127 (A)	128 (A)	129 (B)	130 (C)
131 (D)	132 (A)	133 (C)	134 (B)	135 (C)	136 (D)	137 (B)	138 (C)	139 (D)	140 (C)

PART 7

141 (C)	142 (C)	143 (B)	144 (C)	145 (C)	146 (D)	147 (A)	148 (A)	149 (D)	150 (B)
151 (A)	152 (B)	153 (C)	154 (D)	155 (A)	156 (A)	157 (B)	158 (D)	159 (C)	160 (D)
161 (B)	162 (C)	163 (B)	164 (A)	165 (D)	166 (D)	167 (A)	168 (C)	169 (B)	170 (C)

PART 8

171 (A)	172 (C)	173 (D)	174 (B)	175 (B)	176 (D)	177 (A)	178 (B)	179 (B)	180 (C)
181 (D)	182 (A)	183 (D)	184 (C)	185 (B)	186 (C)	187 (B)	188 (B)	189 (A)	190 (B)
191 (C)	192 (D)	193 (A)	194 (C)	195 (B)	196 (D)	197 (D)	198 (A)	199 (D)	200 (A)

1 1인 등장 사진

(A) ホテルの中(なか)に入(はい)っています。
(B) 窓(まど)から外(そと)を見(み)ています。
(C) ドアは閉(し)まっています。
(D) ドアを開(あ)けて外(そと)に出(で)ています。

(A) 호텔 안으로 들어가고 있습니다.
(B) 창문으로 밖을 보고 있습니다.
(C) 문은 닫혀 있습니다.
(D) 문을 열고 밖으로 나오고 있습니다.

해설 | 사진 속 남자의 동작에 주목해야 한다. 남자는 문을 열고 밖으로 나오고 있으므로, 정답은 (D)가 된다. 남자는 건물 안으로 들어가고 있는 것이 아니라 밖으로 나오고 있는 중이므로 (A)는 틀린 설명이고, 창문을 통해 밖을 본다고 한 (B)와 문이 닫혀 있다고 한 (C) 역시 정답과는 거리가 멀다.

어휘 | ホテル 호텔 中(なか) 안, 속 入(はい)る 들어가다
窓(まど) 창문 外(そと) 밖 見(み)る 보다 ドア 도어, 문
閉(し)まる 닫히다 開(あ)ける 열다 出(で)る 나오다

2 2인 이상 등장 사진

(A) 子供(こども)は海(うみ)で泳(およ)いでいます。
(B) 女(おんな)の人(ひと)は座(すわ)って海(うみ)を見(み)ています。
(C) 二人(ふたり)は海(うみ)の近(ちか)くに立(た)っています。
(D) 二人(ふたり)はボールで遊(あそ)んでいます。

(A) 아이는 바다에서 헤엄치고 있습니다.
(B) 여자는 앉아서 바다를 보고 있습니다.
(C) 두 사람은 바다 가까이에 서 있습니다.
(D) 두 사람은 공으로 놀고 있습니다.

해설 | 파도가 치는 해변에 여성과 아이가 서 있는 사진이므로, 정답은 (C)가 된다. (A)와 (B)는「海(うみ)」(바다)라는 단어를 응용한 오답으로, 장소는 맞지만 두 사람의 행동에 대한 설명이 잘못되었다. (D) 역시「ボール」(공)는 보이지 않으므로 답이 될 수 없다.

어휘 | 子供(こども) 아이 泳(およ)ぐ 헤엄치다, 수영하다
座(すわ)る 앉다 見(み)る 보다 二人(ふたり) 두 사람
近(ちか)く 가까운 곳, 근처 立(た)つ 서다 遊(あそ)ぶ 놀다

3 풍경 및 상황 묘사 사진

(A) 木(き)と木(き)の間(あいだ)に車(くるま)が止(と)まっています。
(B) 木(き)のそばに車(くるま)が止(と)めてあります。
(C) 自動車(じどうしゃ)が町(まち)の中(なか)を走(はし)っています。
(D) 人(ひと)が自動車(じどうしゃ)を押(お)しています。

(A) 나무와 나무 사이에 차가 서 있습니다.
(B) 나무 옆에 차가 세워져 있습니다.
(C) 자동차가 마을 안을 달리고 있습니다.
(D) 사람이 자동차를 밀고 있습니다.

해설 | 울창한 나무들을 배경으로 흰색 자동차가 보인다. 선택지 중 이런 상황에 대한 설명으로 적절한 것은 (B)로, (A)는 나무들 사이에 차가 서 있다는 뜻이 되므로 틀린 설명이고, (C)와 (D)는「車(くるま)」(자동차, 차)라는 단어를 응용한 오답이다.

어휘 | 木(き) 나무 間(あいだ) (공간적인) 사이
止(と)まる 멈추다, 서다 そば 옆, 곁 止(と)める 세우다
타동사+てある ~해져 있다 *상태표현
自動車(じどうしゃ) 자동차, 차 町(まち) 마을 中(なか) 안, 속
走(はし)る (탈것이) 달리다 人(ひと) 사람 押(お)す 밀다

4 사물 등장 사진

(A) ピアノを弾(ひ)いています。
(B) ピアノの前(まえ)に椅子(いす)があります。
(C) ピアノの前(まえ)に机(つくえ)が置(お)いてあります。
(D) ピアノの前(まえ)に座(すわ)っています。

(A) 피아노를 치고 있습니다.
(B) 피아노 앞에 의자가 있습니다.
(C) 피아노 앞에 책상이 놓여 있습니다.
(D) 피아노 앞에 앉아 있습니다.

해설 | 선택지에는 모두 「ピアノ」(피아노)라는 단어가 등장하므로, 피아노를 중심으로 한 위치관계에 주의해서 청취해야 한다. 사진을 보면 피아노 앞에 놓여 있는 것은 책상이 아니라 의자이고, 피아노를 치거나 앞에 앉아 있는 사람의 모습은 찾아볼 수 없으므로, 정답은 피아노 앞에 의자가 있다고 한 (B)가 된다.

어휘 | 弾(ひ)く (악기를) 연주하다, 켜다, 치다, 타다
前(まえ) (공간적인) 앞 椅子(いす) 의자 机(つくえ) 책상
置(お)く 놓다, 두다 타동사+てある ~해져 있다 *상태표현
座(すわ)る 앉다

5 풍경 및 상황 묘사 사진

(A) ベッドで寝ています。
(B) 窓(まど)のない部屋です。
(C) ベッドは一台(いちだい)しかありません。
(D) ベッドには誰(だれ)もいません。

(A) 침대에서 자고 있습니다.
(B) 창문이 없는 방입니다.
(C) 침대는 하나밖에 없습니다.
(D) 침대에는 아무도 없습니다.

해설 | 창문이 있는 방 안에 침대 두 개가 나란히 놓여 있으므로, (B)와 (C)는 일단 제외. 또한 방 안에 사람의 모습은 보이지 않으므로, 침대에서 자고 있다고 한 (A)도 틀린 설명이다. 따라서 정답은 (D)가 된다.

어휘 | ベッド 침대 寝(ね)る 자다 窓(まど) 창문
部屋(へや) 방 ~台(だい) ~대 *큰 물건을 세는 단위
~しか (부정어 수반) ~밖에 誰(だれ)も (부정어 수반) 아무도

6 1인 등장 사진

(A) 汚(よご)れた床(ゆか)を掃(は)いています。
(B) 掃除機(そうじき)できれいにしています。
(C) おもちゃを片付(かたづ)けています。
(D) 部屋(へや)のごみを拾(ひろ)っています。

(A) 더러워진 바닥을 쓸고 있습니다.
(B) 청소기로 깨끗하게 하고 있습니다.
(C) 장난감을 치우고 있습니다.
(D) 방의 쓰레기를 줍고 있습니다.

해설 | 「掃除機(そうじき)」(청소기)라는 단어가 포인트. 여자가 청소기로 바닥 청소를 하고 있으므로, 정답은 (B)가 된다. (A)의 「掃(は)く」(쓸다)는 빗자루와 같은 도구를 이용한다는 뜻이므로 틀린 설명이고, (C)의 「片付(かたづ)ける」(치우다, 정리하다)와 (D)의 「拾(ひろ)う」(줍다)라는 동사 역시 사진과는 무관하다.

어휘 | 汚(よご)れる 더러워지다 床(ゆか) 바닥
きれいだ 깨끗하다 おもちゃ 장난감 部屋(へや) 방 ごみ 쓰레기

7 사물 등장 사진

(A) 洗面台(せんめんだい)の上(うえ)に色々(いろいろ)なものが置(お)かれています。
(B) シャワーの下(した)には丸(まる)い椅子(いす)が置(お)かれています。
(C) 真(ま)ん中(なか)のシャワーからお湯(ゆ)が出(で)ています。
(D) シャワーは全部棚(ぜんぶたな)の上(うえ)の方(ほう)にかけられています。

(A) 세면대 위에 여러 가지 물건이 놓여 있습니다.
(B) 샤워기 아래에는 둥근 의자가 놓여 있습니다.
(C) 한가운데 샤워기에서 뜨거운 물이 나오고 있습니다.
(D) 샤워기는 전부 선반 위쪽에 걸려 있습니다.

해설 | 대중목욕탕을 찍은 사진으로, 좌식 샤워기가 나란히 설치되어 있다. 세면대 위에는 샴푸와 같은 여러 가지 물건이 놓여 있고 아래에는 이용자를 위한 네모난 의자와 둥근 모양의 바가지가 올려져 있다. 선택지 중 이와 일치하는 내용은 (A)뿐이다. (B)는 의자 모양이, (D)는 왼쪽 샤워기의 위치에 대한 설명이 잘못되었으며, 세 대의 샤워기는 모두 물이 나오지 않는 상태이므로 (C)도 답이 될 수 없다.

어휘 | 洗面台(せんめんだい) 세면대 上(うえ) 위
色々(いろいろ)だ 여러 가지다, 다양하다 置(お)く 놓다, 두다
シャワー 샤워, 샤워기 下(した) 아래, 밑 丸(まる)い 둥글다
椅子(いす) 의자 真(ま)ん中(なか) 한가운데 お湯(ゆ) 뜨거운 물
出(で)る 나오다 全部(ぜんぶ) 전부 棚(たな) 선반
方(ほう) 편, 쪽 かける 걸다

8 풍경 및 상황 묘사 사진

(A) 大勢(おおぜい)の人(ひと)が傘(かさ)を差(さ)しています。
(B) 濡(ぬ)れた傘(かさ)を開(ひら)いて干(ほ)しています。
(C) どのテーブルの傘(かさ)も閉(と)じられています。
(D) どの席(せき)もお客(きゃく)でいっぱいです。

(A) 많은 사람이 우산을 쓰고 있습니다.
(B) 젖은 우산을 펴서 말리고 있습니다.
(C) 어느 테이블의 양산도 접혀 있습니다.

(D) 어느 좌석도 손님으로 가득합니다.

해설 | 건물 앞에 여러 개의 테이블과 의자가 놓여 있는데, 테이블 위에 설치된 파라솔은 모두 접혀 있는 상태이다. 따라서 정답은 (C)가 된다. (A)와 (B)는 「傘(かさ)」(우산, 양산) 때문에 고를 수 있는 오답이고, 테이블에는 앉아 있는 사람의 모습은 찾아볼 수 없으므로, (D)도 틀린 설명이다.

어휘 | 大勢(おおぜい) 많은 사람 人(ひと) 사람
差(さ)す (우산 등을) 쓰다, 받치다 濡(ぬ)れる 젖다
開(ひら)く (닫혔던 것을) 열다, 펴다, 펼치다
干(ほ)す 말리다, 널다 どの 어느 テーブル 테이블
閉(と)じる 닫다, 접히다 席(せき) 자리, 좌석 お客(きゃく) 손님
いっぱいだ 가득하다

9 풍경 및 상황 묘사 사진

(A) 空(そら)は晴(は)れていて雲(くも)が1(ひと)つもありません。
(B) 山(やま)の上(うえ)には雪(ゆき)が残(のこ)っています。
(C) 山(やま)は雲(くも)に隠(かく)れてほとんど見(み)えません。
(D) 山(やま)は下(した)の方(ほう)まで雪(ゆき)が積(つ)もっています。

(A) 하늘은 맑고 구름이 하나도 없습니다.
(B) 산 위에는 눈이 남아 있습니다.
(C) 산은 구름에 가려서 거의 보이지 않습니다.
(D) 산은 아래쪽까지 눈이 쌓여 있습니다.

해설 | 저 멀리 눈 덮인 산꼭대기 위로 구름이 걸려 있는 것이 보인다. 따라서 구름이 하나도 없다고 한 (A)는 일단 제외. 정답은 (B)로, 「雪(ゆき)が残(のこ)っています」(눈이 남아 있습니다)라는 표현을 알아듣는 것이 포인트. 구름은 살짝 산꼭대기 부분에 걸쳐 있고, 눈은 산의 상층부에만 있으므로 (C)와 (D)는 틀린 설명이다.

어휘 | 空(そら) 하늘 晴(は)れる (하늘이) 개다, 맑다
雲(くも) 구름 1(ひと)つ 하나 山(やま) 산 上(うえ) 위
雪(ゆき) 눈 残(のこ)る 남다 隠(かく)れる 숨다, 가리다
ほとんど 거의, 대부분 見(み)える 보이다 下(した) 아래, 밑
方(ほう) 편, 쪽 積(つ)もる 쌓이다

10 사물 등장 사진

(A) 飛行機(ひこうき)が下(お)りてきています。
(B) 空港(くうこう)に飛行機(ひこうき)が止(と)まっています。
(C) 工場(こうじょう)で乗(の)り物(もの)の修理(しゅうり)をしています。
(D) 飛行場(ひこうじょう)に売店(ばいてん)がたくさんあります。

(A) 비행기가 내려오고 있습니다.
(B) 공항에 비행기가 서 있습니다.
(C) 공장에서 탈것의 수리를 하고 있습니다.
(D) 비행장에 매점이 많이 있습니다.

해설 | 「空港(くうこう)」(공항)와 「飛行機(ひこうき)」(비행기)라는 단어가 포인트. 공항의 활주로 한쪽에 비행기가 서 있는 사진이므로, 정답은 (B)가 된다. (A)는 비행기가 착륙을 위해 하강하고 있다는 뜻으로 사진과는 거리가 먼 설명이고, 이곳은 공장이 아니며, 매점도 찾아볼 수 없으므로 (C)와 (D)도 틀린 설명이다.

어휘 | 下(お)りる (아래로) 내려오다 止(と)まる 멈추다, 서다
工場(こうじょう) 공장 乗(の)り物(もの) 탈것, 교통기관
修理(しゅうり) 수리 飛行場(ひこうじょう) 비행장
売店(ばいてん) 매점 たくさん 많이

11 사물 등장 사진

(A) 海(うみ)で使(つか)うものが壁(かべ)に立(た)てかけてあります。
(B) 四角(しかく)い形(かたち)の穴(あな)が空(あ)いています。
(C) 床(ゆか)と壁(かべ)は同(おな)じ木(き)で作(つく)られています。
(D) 壁(かべ)にはボートの絵(え)が描(か)かれています。

(A) 바다에서 사용하는 물건이 벽에 기대어 세워져 있습니다.
(B) 네모난 모양의 구멍이 나 있습니다.
(C) 바닥과 벽은 같은 나무로 만들어져 있습니다.
(D) 벽에는 보트 그림이 그려져 있습니다.

해설 | 「壁(かべ)」(벽)라는 명사와 「立(た)てかける」(기대어 세워 놓다)라는 동사가 포인트. 벽에는 튜브와 배를 젓는 노, 즉, 「海(うみ)で使(つか)うもの」(바다에서 사용하는 물건)가 벽에 기대어 세워져 있으므로, 정답은 (A)가 된다. 벽에 난 구멍은 사각형이 아니라 원형이고, 한눈에 보기에도 바닥과 벽은 다른 소재로 되어 있으며, 그림 또한 그려져 있지 않으므로 나머지 선택지는 모두 틀린 설명이다.

어휘 | 海(うみ) 바다 使(つか)う 쓰다, 사용하다
もの(物) (어떤 형태를 갖춘) 것, 물건
타동사+てある ~해져 있다 *상태표현
四角(しかく)い 네모지다, 네모나다 形(かたち) 모양, 형태
穴(あな) 구멍 空(あ)く 나다, 뚫리다 床(ゆか) 바닥
同(おな)じだ 같다 木(き) 나무 作(つく)る 만들다
ボート 보트 絵(え) 그림 描(か)く (그림을) 그리다

12 풍경 및 상황 묘사 사진

(A) 細長(ほそなが)いテーブルが並(なら)んでいます。

(B) 正面に国旗が吊るしてあります。

(C) テーブルがくっ付けてあります。

(D) 荷物は座席の上にあります。

(A) 가늘고 긴 테이블이 늘어서 있습니다.

(B) 정면에 국기가 매달려 있습니다.

(C) 테이블이 붙여져 있습니다.

(D) 짐은 좌석 위에 있습니다.

해설 | 강의실 풍경으로 정면에는 화이트보드가, 그 앞쪽으로는 수강생을 위한 테이블과 의자가 줄지어 놓여 있는 것이 보인다. 선택지 중 이와 일치하는 내용은 '가늘고 긴 테이블이 늘어서 있다'라고 한 (A)뿐이다. (B)의 '국기'는 보이지 않으며, (C)의 「くっ付(つ)ける」(꼭 붙이다, 들러붙게 하다)는 테이블이 간격없이 딱 붙여져 있다는 의미가 되므로 사진과는 거리가 멀다. 또한 짐은 화이트보드 앞의 책상 위에 올려져 있으므로 짐이 좌석 위에 있다고 한 (D)도 틀린 설명이다.

어휘 | 細長(ほそなが)い 가늘고 길다 テーブル 테이블
並(なら)ぶ (나란히) 늘어서다 正面(しょうめん) 정면
国旗(こっき) 국기 吊(つ)るす 매달다
타동사+てある ~해져 있다 *상태표현 荷物(にもつ) 짐
座席(ざせき) 좌석 上(うえ) 위

13 풍경 및 상황 묘사 사진

(A) 植木鉢に植えられている植物です。

(B) 熱帯植物の枝の上にたくさんの鳥が休んでいます。

(C) 枝から無数のロープがぶら下がっています。

(D) 倒れないようにロープに支えられています。

(A) 화분에 심어져 있는 식물입니다.

(B) 열대식물의 가지 위에 많은 새가 쉬고 있습니다.

(C) 가지에서 무수한 밧줄이 늘어져 있습니다.

(D) 쓰러지지 않도록 밧줄에 받쳐져 있습니다.

해설 | 나무는 화분이 아니라 야외에 심어져 있으므로 일단 (A)는 제외. 또한 나뭇가지에 앉아 있는 새들도 보이지 않으므로 (B)도 틀린 설명이다. 정답은 (D)로, 나무가 쓰러지지 않도록 팽팽하게 밧줄로 지지해 놓은 모습이다. (C)의 「ぶら下(さ)がる」(매달리다, 축 늘어지다)는 줄이 늘어져 있는 상태를 말하므로, 사진과는 거리가 먼 설명이다.

어휘 | 植木鉢(うえきばち) 화분 植(う)える 심다
植物(しょくぶつ) 식물 熱帯(ねったい) 열대 枝(えだ) 가지
上(うえ) 위 たくさん 많음 鳥(とり) 새 休(やす)む 쉬다
無数(むすう) 무수, 헤아릴 수 없음 ロープ 로프, 밧줄
倒(たお)れる 쓰러지다, 넘어지다 ~ないように ~하지 않도록
支(ささ)える 받치다, 떠받치다

14 사물 등장 사진

(A) 老人用の夏物が見えます。

(B) バーゲンの商品が販売されています。

(C) 生け花の作品が飾られています。

(D) 植物が地面に置かれています。

(A) 노인용 여름옷이 보입니다.

(B) 바겐세일 상품이 판매되고 있습니다.

(C) 꽃꽂이 작품이 장식되어 있습니다.

(D) 식물이 땅바닥에 놓여 있습니다.

해설 | 「生(い)け花(ばな)」(꽃꽂이)와 「飾(かざ)る」(꾸미다, 장식하다)라는 단어가 포인트. 테이블 위에 세 점의 꽃꽂이 작품이 전시되어 있으므로, 정답은 (C)가 된다. (A)와 (B)는 전혀 엉뚱한 내용이고, (D)는 「地面(じめん)」(지면, 땅바닥)이라는 위치가 잘못되었다.

어휘 | 老人用(ろうじんよう) 노인용 夏物(なつもの) 여름옷
見(み)える 보이다 バーゲン 바겐세일 *「バーゲンセール」의 준말
商品(しょうひん) 상품 販売(はんばい) 판매 作品(さくひん) 작품
植物(しょくぶつ) 식물 置(お)く 놓다, 두다

15 풍경 및 상황 묘사 사진

(A) 車の通行が可能なトンネルです。

(B) 道の中央に電灯があります。

(C) 車はでこぼこ道を通っています。

(D) 道は幅が狭くて渋滞しています。

(A) 차 통행이 가능한 터널입니다.

(B) 도로 중앙에 전등이 있습니다.

(C) 차는 울퉁불퉁한 도로를 지나가고 있습니다.

(D) 도로는 폭이 좁아서 정체되고 있습니다.

해설 | 터널에서 차 한 대가 나오고 있는 것이 보이므로, 정답은 (A)가 된다. 가로등은 도로를 중심으로 양옆에 설치되어 있고, 도로는 포장이 잘 되어 있는 상태이므로 (B)와 (C)는 부적절. 또한 사진에 보이는 것은 차 한 대뿐이므로, 정체를 빚고 있다고 한 (D)도 답이 될 수 없다.

어휘 | 車(くるま) 자동차, 차 通行(つうこう) 통행
可能(かのう)だ 가능하다 トンネル 터널 道(みち) 길, 도로
中央(ちゅうおう) 중앙 電灯(でんとう) 전등
でこぼこ(凸凹) 울퉁불퉁, 들쑥날쑥 *표면에 기복이 있어 편편하지 않은 것 通(とお)る 통과하다, 지나가다
幅(はば) 폭 狭(せま)い 좁다 渋滞(じゅうたい) 정체

7

16 사물 등장 사진

(A) 動物園の看板です。
(B) 無料の入場券です。
(C) 遊園地のポスターです。
(D) 動物の絵が印刷されています。

(A) 동물원 간판입니다.
(B) 무료 입장권입니다.
(C) 유원지 포스터입니다.
(D) 동물 그림이 인쇄되어 있습니다.

해설 | 한 손에 티켓을 들고 있는데 왼쪽에는 기린 그림이, 오른쪽에는 문구와 금액이 표기되어 있다. 선택지 중 이와 일치하는 것은 (D)뿐이다. 오른쪽 아래에 「入場券(にゅうじょうけん)[小人(しょうじん)] ￥100(ひゃくえん)」(입장권[소인] 100엔)이라는 문구가 보이므로 '무료 입장권'이라고 한 (B)는 부적절. (A)의 '간판'과 (C)의 '포스터'도 사진과는 거리가 먼 설명이다.

어휘 | 動物園(どうぶつえん) 동물원 看板(かんばん) 간판
無料(むりょう) 무료 入場券(にゅうじょうけん) 입장권
遊園地(ゆうえんち) 유원지 ポスター 포스터
動物(どうぶつ) 동물 絵(え) 그림 印刷(いんさつ) 인쇄

17 사물 등장 사진

(A) 筆は布に巻いて、仕舞ってあります。
(B) 棒で便せんを押さえています。
(C) 習字の道具が置かれています。
(D) 墨絵が描かれています。

(A) 붓은 천에 감겨서 넣어져 있습니다.
(B) 막대기로 편지지를 누르고 있습니다.
(C) 습자 도구가 놓여 있습니다.
(D) 수묵화가 그려져 있습니다.

해설 | 서예할 때 쓰는 붓, 먹물, 벼루, 종이 등이 보이므로, 정답은 「習字(しゅうじ)の道具(どうぐ)」(습자 도구)가 있다고 한 (C)가 된다. 붓은 천에 감겨 있지 않고, 누름돌 아래에 놓여 있는 종이는 편지지가 아니라 아무것도 그려져 있지 않은 화선지이므로, (A), (B), (D)는 모두 틀린 설명이다.

어휘 | 筆(ふで) 붓 布(ぬの) 천 巻(ま)く 감다
仕舞(しま)う 넣다, 간수하다 타동사+てある ~해져 있다 *상태표현
棒(ぼう) 막대기 便(びん)せん 편지지

押(お)さえる (위에서) 누르다 習字(しゅうじ) 습자, 글씨 쓰기를 배워 익힘, 특히 붓글씨를 연습하는 것을 이름
道具(どうぐ) 도구 置(お)く 놓다, 두다
墨絵(すみえ) 묵화, 수묵화 描(か)く (그림을) 그리다

18 2인 이상 등장 사진

(A) 赤ちゃんを着替えさせています。
(B) 小児科で診察しています。
(C) 赤ん坊を抱き抱えています。
(D) 幼児の手を握り締めています。

(A) 아기 옷을 갈아입히고 있습니다.
(B) 소아과에서 진찰하고 있습니다.
(C) 아기를 끌어안고 있습니다.
(D) 유아의 손을 꼭 쥐고 있습니다.

해설 | 차 옆에 선 한 여성이 아기를 안아 들고 있다. 정답은 (C)로, 「抱(だ)き抱(かか)える」는 '껴안다, 끌어안다'라는 뜻의 동사이다. (A)의 「着替(きが)えさせる」((옷을) 갈아입히다)는 「着替(きが)える」((옷을) 갈아입다)의 사역형으로, 사진과는 거리가 먼 설명이다. 또한 이곳은 소아과가 아니라 외부 주차장이며, 여성은 아이의 손을 잡고 있는 것이 아니라 끌어안고 있으므로 (B)와 (D)도 답이 될 수 없다.

어휘 | 赤(あか)ちゃん 아기 小児科(しょうにか) 소아과
診察(しんさつ) 진찰 幼児(ようじ) 유아, 어린아이
握(にぎ)り締(し)める 꼭 쥐다, 꽉 쥐고 놓지 않다

19 1인 등장 사진

(A) 下半身を投げ出しています。
(B) 肘かけにもたれて、うたた寝をしています。
(C) 手元の生地に刺繍を施しています。
(D) 長袖の女性が頬杖を突いています。

(A) 하반신을 내밀고 있습니다.
(B) 팔걸이에 기대어서 선잠을 자고 있습니다.
(C) 바로 옆에 있는 옷감에 자수를 놓고 있습니다.
(D) 긴소매의 여성이 턱을 괴고 있습니다.

해설 | 「頬杖(ほおづえ)を突(つ)く」(턱을 괴다)라는 표현이 포인트. 긴 소매를 입은 여자가 한 손으로 턱을 괴고 있는 사진이므로, 정답은 (D)가 된다. 여자의 하반신은 가려서 보이지 않는 상태이고, 여자는 눈을 뜨고 카메라를 응시하고 있으므로 (A)와 (B)는 부적절. (C)의 「刺繍(ししゅう)を施(ほどこ)す」(자수를 놓다)라는 표현 역시 사진과는 거리가 먼 설명이다.

어휘 | 下半身(かはんしん) 하반신 投(な)げ出(だ)す 내던지듯 내밀다
肘(ひじ)かけ 팔걸이 もたれる 기대다, 의지하다
うたた寝(ね)をする 선잠을 자다 手元(てもと) 바로 옆
生地(きじ) 옷감 長袖(ながそで) 긴소매 女性(じょせい) 여성

20 사물 등장 사진

(A) 展示品の前に人が群がっています。
(B) ワゴンの中に商品が詰め込まれています。
(C) 書店の店頭に新刊が積まれています。
(D) 書斎いっぱいに書籍が収納されています。

(A) 전시품 앞에 사람이 떼지어 모여 있습니다.
(B) 손수레 안에 상품이 가득 채워져 있습니다.
(C) 서점 앞에 신간이 쌓여 있습니다.
(D) 서재 가득히 서적이 수납되어 있습니다.

해설 | 「ワゴン内(ない)すべて税込(ぜいこみ)100円(ひゃくえん)」(손수레 안 전부 세금 포함 100엔)이라는 문구 아래로 상품이 가득 채워져 있는 손수레가 보인다. 정답은 (B)로, 「詰(つ)め込(こ)む」는 '가득 채우다'라는 뜻의 동사이다. 사진에 보이는 사람은 한 명뿐이므로, 사람들이 떼지어 있다고 한 (A)는 부적절. 또한 새로 나온 책이 쌓여 있다고 한 (C)나 이곳이 '서재'라고 한 (D)도 사진과는 맞지 않는 설명이다.

어휘 | 展示品(てんじひん) 전시품 前(まえ) (공간적인) 앞
群(むら)がる 떼지어 모이다, 군집하다
ワゴン 왜건, (상품 진열용) 손수레 中(なか) 안, 속
商品(しょうひん) 상품 書店(しょてん) 서점
店頭(てんとう) 점두, 가게 앞 新刊(しんかん) 신간
積(つ)む 쌓다 書斎(しょさい) 서재 いっぱいだ 가득하다
書籍(しょせき) 서적, 책 収納(しゅうのう) 수납

PART 2 | 질의응답

21 의문사형 질문

お弁当はいくつありますか。
(A) はい、こちらです。
(B) お昼に食べました。
(C) 5本です。
(D) 全部で7つです。

도시락은 몇 개 있어요?
(A) 예, 이쪽이에요.
(B) 점심으로 먹었어요.
(C) 다섯 자루요.
(D) 전부 해서 일곱 개요.

해설 | 「いくつ」(몇 개)라는 의문사가 포인트로, 도시락이 몇 개 있는지 묻고 있다. (A)는 「どちら」(어디, 어느 쪽)라는 의문사를 사용한 질문에 어울리는 응답이고, (B)는 「お弁当(べんとう)」(도시락)라는 단어만 들었을 때 고를 수 있는 오답이다. (C)의 「~本(ほん)」(~자루, ~개비)은 가늘고 긴 것을 세는 단위로, '도시락'과는 맞지 않는다. 정답은 모두 일곱 개라고 한 (D)로, 「全部(ぜんぶ)で」는 '전부 해서, 통틀어'라는 뜻이다.

어휘 | こちら 이쪽 お昼(ひる) 점심(식사) 食(た)べる 먹다
7(なな)つ 일곱 개

22 예/아니요형 질문

この電車は、東京駅へ行きますか。
(A) はい、行きました。
(B) いいえ、行きません。
(C) いいえ、バスです。
(D) はい、ここです。

이 전철은 도쿄역에 가나요?
(A) 예, 갔어요.
(B) 아니요, 안 가요.
(C) 아니요, 버스예요.
(D) 예, 여기예요.

해설 | 이 전철이 도쿄역에 가는지 묻고 있다. 이 경우 「はい」(예)라는 긍정의 대답 뒤에는 '(도쿄역에) 간다', 「いいえ」(아니오)라는 부정의 대답 뒤에는 '(도쿄역에) 가지 않는다'와 같은 의미의 문장이 와야 한다. 따라서 정답은 (B)가 된다. (A)는 「行(い)きました」(갔습니다)라는 과거형이 아닌 「行(い)きます」(갑니다)라는 현재형을 쓰면 답이 될 수 있다.

어휘 | 電車(でんしゃ) 전철 東京駅(とうきょうえき) 도쿄역
行(い)く 가다 バス 버스 ここ 여기, 이곳

23 일상생활 표현

これは何と言う漢字ですか。
(A) まだカタカナは読めません。
(B) そうですね。辞書で調べてみましょう。
(C) ひらがなで書いてください。
(D) 簡単に終わりますね。

이건 뭐라고 하는 한자예요?
(A) 아직 가타카나는 못 읽어요.
(B) 글쎄요. 사전에서 조사해 봅시다.
(C) 히라가나로 써 주세요.
(D) 간단히 끝나네요.

해설 | 「何(なん)と言(い)う」는 '뭐라고 하는, 뭐라는'이라는 뜻으로, 한자를 어떻게 읽는지 묻고 있다. 한자를 묻는 질문에 대해 '가타카나'에 대해 말하고 있는 (A)와 '히라가나로 써 달라'고 한 (C)는 부적절. 정답은 (B)로, 무슨 한자인지 모르겠으니 사전에서 찾아보자고 말하고 있다.

어휘 | 漢字(かんじ) 한자 まだ 아직 カタカナ 가타카나 読(よ)む 읽다 辞書(じしょ) 사전 調(しら)べる 조사하다, 알아보다 ひらがな 히라가나 書(か)く (글씨·글을) 쓰다 簡単(かんたん)だ 간단하다 終(お)わる 끝나다

24 의문사형 질문

これは誰が撮った写真ですか。
(A) 子供は大きくなりましたよ。
(B) それは叔父が買ったカメラです。
(C) 女の子が生まれました。
(D) 先週、私が撮りました。

이건 누가 찍은 사진이에요?
(A) 아이는 자랐어요.
(B) 그건 작은아버지가 산 카메라예요.
(C) 여자아이가 태어났어요.
(D) 지난주에 제가 찍었어요.

해설 | 「誰(だれ)」(누구)라는 의문사가 포인트. 사진을 찍은 사람에 대해 묻고 있으므로, 적절한 응답은 지난주에 본인이 찍었다고 한 (D)가 된다. (B)는 문제의 「写真(しゃしん)」(사진)이라는 단어를 응용한 오답이고, (A)는 아이의 안부, (C)는 태어난 아이의 성별을 물었을 때 고를 수 있는 응답이다.

어휘 | これ 이것 撮(と)る (사진을) 찍다 子供(こども) 아이 大(おお)きい (나이가) 많다, 어른이 되다 それ 그것 叔父(おじ) 숙부, 작은아버지 買(か)う 사다 カメラ 카메라 女(おんな) 여자 子(こ) 아이 生(う)まれる 태어나다 先週(せんしゅう) 지난주

25 일상생활 표현

髪の毛がだいぶ伸びたわね。
(A) 今から文房具屋に行ってくるよ。
(B) 毎日水をやっているからさ。

(C) 爪を切るのが嫌いなんだよ。
(D) そろそろ床屋に行った方がいいかな。

머리가 많이 자랐네.
(A) 지금부터 문구점에 갔다 올게.
(B) 매일 물을 주고 있으니까.
(C) 손톱을 깎는 걸 싫어한다고.
(D) 이제 슬슬 이발소에 가는 편이 좋을까?

해설 | 머리가 많이 자랐다는 말을 들었을 때 할 수 있는 응답을 생각해 본다. 정답은 (D)로, 「髪(かみ)の毛(け)がだいぶ伸(の)びた」(머리(카락)가 많이 자랐다)라는 표현과 「床屋(とこや)」(이발소)라는 단어를 연결하는 것이 포인트. (A)의 '문구점'은 아무 관련이 없는 장소이고, (B)와 (C)는 문제의 「伸(の)びる」(자라다)라는 동사를 응용한 오답이다.

어휘 | 髪(かみ)の毛(け) 머리(카락) だいぶ 꽤, 상당히, 많이 *정도 今(いま)から 지금부터 文房具屋(ぶんぼうぐや) 문구점 毎日(まいにち) 매일 水(みず) 물 やる (손아랫사람이나 동식물에게 무엇을) 주다 ~さ 가볍게 단정하는 기분을 나타냄 爪(つめ)を切(き)る 손톱을 깎다 嫌(きら)いだ 싫다, 싫어하다 そろそろ 이제 슬슬 동사의 た형+方(ほう)がいい ~하는 편[쪽]이 좋다 ~かな ~일까? *가벼운 의문을 나타냄

26 일상생활 표현

給料をもらっても、ほとんど貯金できないわ。
(A) それじゃ、給料は確かにもらっていないんだね。
(B) 貯金はほとんど車に使ってしまったよ。
(C) 生活に必要なものを買うと、無くなってしまうよね。
(D) 給料はほとんど貯金しているんだね。

급여를 받아도 거의 저금할 수 없어.
(A) 그럼, 급여는 확실히 받지 않은 거구나.
(B) 저금은 대부분 차에 써 버렸어.
(C) 생활에 필요한 걸 사면 없어져 버리지.
(D) 급여는 대부분 저금하고 있구나.

해설 | 급여를 받아도 거의 저금할 수 없다면서 고충을 토로하고 있다. 즉, 급여가 너무 적거나 지출이 너무 많아서 좀처럼 저금을 할 수 없다는 뜻이므로, 적절한 응답은 생필품을 구입하고 나면 남는 돈이 없다고 말하고 있는 (C)가 된다. (A)와 (D)는 문제의 「給料(きゅうりょう)」(급여, 급료), (B)는 「貯金(ちょきん)」(저금)이라는 단어를 응용한 오답이다.

어휘 | もらう (남에게) 받다 ほとんど 거의, 대부분 それじゃ 그러면, 그렇다면, 그럼 確(たし)かに 확실히 車(くるま) 자동차, 차 使(つか)う 쓰다, 사용하다 ~てしまう ~해 버리다, ~하고 말다 生活(せいかつ) 생활 必要(ひつよう)だ 필요하다 買(か)う 사다 無(な)くなる 없어지다

27 일상생활 표현

通勤に地下鉄を使っているんですか。
(A) 雨が降ったら地下鉄ですが、普通は自転車です。

(B) 通勤(つうきん)には便利(べんり)ですが、生活(せいかつ)するには不便(ふべん)です。
(C) 地下鉄(ちかてつ)の定期券(ていきけん)を横断歩道(おうだんほどう)で拾(ひろ)いました。
(D) 地下鉄(ちかてつ)は通勤客(つうきんきゃく)でいっぱいのようです。

통근에 지하철을 이용하고 있는 거예요?
(A) 비가 내리면 지하철이지만 보통은 자전거예요.
(B) 통근에는 편리한데 생활하려면 불편해요.
(C) 지하철 정기권을 횡단보도에서 주웠어요.
(D) 지하철은 통근객으로 가득한 것 같아요.

해설 ┃ 통근 시 교통수단으로 지하철을 이용하는지 묻고 있다. 적절한 응답은 (A)로, 비가 내리면 지하철을 타지만, 평소에는 자전거를 이용한다는 뜻이다. (B)는 주거지역의 편의성에 대한 응답이므로 문제와는 어울리지 않고, (C)와 (D)는 문제의 「地下鉄(ちかてつ)」(지하철)라는 단어를 응용한 오답이다.

어휘 ┃ 通勤(つうきん) 통근 使(つか)う 쓰다, 사용하다
雨(あめ) 비 降(ふ)る (비·눈 등이) 내리다, 오다
普通(ふつう) 보통 自転車(じてんしゃ) 자전거
便利(べんり)だ 편리하다 生活(せいかつ) 생활 ～には ～하려면
不便(ふべん)だ 불편하다 定期券(ていきけん) 정기권
横断歩道(おうだんほどう) 횡단보도 拾(ひろ)う 줍다
通勤客(つうきんきゃく) 통근객 いっぱいだ 가득하다
～ようだ ～인 것 같다, ～인 듯하다

28 일상생활 표현

このテレビ、音(おと)が出(で)なくなる時(とき)があるのよ。
(A) あの話(はなし)は本当(ほんとう)におかしいよな。
(B) 力(ちから)が弱(よわ)いから、出(だ)せないんじゃない(?)。
(C) だからちょっとうるさかったんだね。
(D) 修理(しゅうり)した方(ほう)がいいんじゃない(?)。

이 TV, 소리가 나오지 않게 될 때가 있어.
(A) 그 이야기는 정말로 이상하네.
(B) 힘이 약하니까 낼 수 없는 거 아니야?
(C) 그래서 조금 시끄러웠구나.
(D) 수리하는 편이 좋지 않겠어?

해설 ┃ TV 소리가 나오지 않을 때가 있어서 아무래도 고장 난 것 같다고 말하고 있다. 적절한 응답은 (D)로, 수리하는 편이 좋을 것 같다는 뜻이다. (A)는 전혀 엉뚱한 응답이고, (B)와 (C)는 각각 문제의 「出(で)る」(나오다)와 「音(おと)」(소리)라는 단어를 응용한 오답이다.

어휘 ┃ あの (서로 알고 있는) 그 話(はなし) 이야기
本当(ほんとう)に 정말로 おかしい 이상하다, 비정상적이다
力(ちから) 힘 弱(よわ)い 약하다 出(だ)す 내다
だから 그러니까, 그래서 ちょっと 조금 うるさい 시끄럽다
修理(しゅうり) 수리
동사의 た형+方(ほう)がいい ～하는 편[쪽]이 좋다

29 일상생활 표현

授業(じゅぎょう)が難(むずか)しいから、予習(よしゅう)することにしているの。
(A) 先(さき)にやっておいた方(ほう)がよくわかるね。
(B) よく話(はな)し合(あ)えば、わかると思(おも)うけど。

(C) その方(ほう)が遅(おそ)くならないで済(す)むね。
(D) そうか。復習(ふくしゅう)すればいいんだね。

수업이 어려워서 예습하기로 하고 있거든.
(A) 먼저 해 두는 편이 잘 이해할 수 있겠지.
(B) 서로 잘 이야기하면 이해할 거라고 생각하는데.
(C) 그 편이 늦어지지 않고 끝나겠네.
(D) 그래? 복습하면 되는 거구나.

해설 ┃ 「予習(よしゅう)」(예습)라는 단어가 포인트로, 수업이 어려워서 예습, 즉, 미리 공부를 해 간다고 했다. 적절한 응답은 (A)로, 문제의 「予習(よしゅう)する」(예습하다)를 「先(さき)にやっておく」(먼저 해 두다)로 바꿔 표현했다. (B)와 (C)는 '예습'과는 무관한 내용이고, (D)는 「復習(ふくしゅう)」(복습)가 아니라 「予習(よしゅう)」(예습)라고 해야 맞는 응답이다.

어휘 ┃ 授業(じゅぎょう) 수업 難(むずか)しい 어렵다
동사의 보통형+ことにする ～하기로 하다
～の 가벼운 단정을 나타냄 先(さき)に 먼저
やる (어떤 행위를) 하다 方(ほう) 편, 쪽 よく 잘
わかる 알다, 이해하다 話(はな)し合(あ)う 서로 이야기하다
遅(おそ)い 늦다 ～ないで済(す)む ～하지 않고 끝나다[해결되다]

30 업무 및 비즈니스 표현

今日(きょう)は早(はや)く帰(かえ)りたいんですが…。
(A) 昨日(きのう)、中国(ちゅうごく)から帰(かえ)って来(き)ました。
(B) 本当(ほんとう)に早(はや)く帰(かえ)って来(き)ましたね。
(C) その仕事(しごと)が終(お)わったら、いいですよ。
(D) ずいぶん困(こま)っていました。

오늘은 일찍 귀가하고 싶은데요….
(A) 어제 중국에서 돌아왔어요.
(B) 정말로 일찍 돌아왔네요.
(C) 그 일이 끝나면 괜찮아요.
(D) 몹시 곤란했어요.

해설 ┃ 오늘 일찍 귀가할 수 있는지 조심스럽게 묻고 있는 상황이다. 적절한 응답은 (C)로, 그 일이 끝나면 돌아가도 좋다고 허락하고 있다. 참고로 이때의 「いいですよ」(좋아요, 괜찮아요)는 앞에 「帰(かえ)っても」(돌아가도, 귀가해도)라는 표현이 생략된 형태로 쓰인 것이다. (A)와 (B)는 「帰(かえ)る」(돌아가다)라는 동사를 응용한 오답이고, (D)는 문제와는 전혀 관련이 없는 응답이다.

어휘 ┃ 今日(きょう) 오늘 早(はや)く 일찍, 빨리
帰(かえ)る 돌아가다 동사의 ます형+たい ～하고 싶다
昨日(きのう) 어제 中国(ちゅうごく) 중국
本当(ほんとう)に 정말로 仕事(しごと) 일, 업무
終(お)わる 끝나다 ずいぶん 꽤, 몹시, 퍽
困(こま)る 곤란하다, 난처하다

31 일상생활 표현

1万円(いちまんえん)両替(りょうがえ)したいんだけど、持(も)ってる(?)。
(A) 四角(しかく)い箱(はこ)だったら、ここにあるよ。
(B) 銀行(ぎんこう)に預(あず)けておくのが安全(あんぜん)だと思(おも)うよ。

(C) 5千円2枚でいいなら、あるよ。

(D) 回せば出てくるようになってるよ。

만 엔 (작은 돈으로) 바꾸고 싶은데 갖고 있어?
(A) 네모난 상자라면 여기에 있어.
(B) 은행에 맡겨 두는 게 안전하다고 생각해.
(C) 5천 엔 두 장으로 괜찮다면 있어.
(D) 돌리면 나오도록 되어 있어.

해설 | 「両替(りょうがえ)」((금액이) 큰돈을 작은 돈으로 바꿈, 환전)라는 단어가 포인트. 만 엔짜리를 작은 돈으로 바꾸고 싶은데 잔돈을 가지고 있는지 묻고 있다. 정답은 (C)로, 5천 엔짜리 두 장이라도 괜찮다면 있다고 말하고 있다. (A)와 (D)는 환전과는 무관한 내용이고, (B)는 「1万円(いちまんえん)」(만 엔)이라는 단어를 응용한 오답이다.

어휘 | 동사의 ます형+たい ~하고 싶다 持(も)つ 가지다, 소유하다
四角(しかく)い 네모지다, 네모나다 箱(はこ) 상자
ここ 여기, 이곳 銀行(ぎんこう) 은행 預(あず)ける 맡기다
~ておく ~해 놓다[두다] 安全(あんぜん)だ 안전하다
~枚(まい) ~장 *종이 등 얇고 평평한 것을 세는 말
いい 좋다, 괜찮다 ~なら ~라면 回(まわ)す 돌리다
出(で)る 나오다 ~ように ~하도록

32 업무 및 비즈니스 표현

新人の山口さん、仕事中にゲームしてたんですって。

(A) 本当に、寝る間も惜しんでやってたよ。

(B) 昨日は一日中慌ただしかったからなあ。

(C) まだ若いのに、頼もしいよな。

(D) 仕事をサボってるなんて、とんでもないよな。

신입인 야마구치 씨, 업무 중에 게임하고 있었대요.
(A) 정말로 자는 시간도 아껴가며 했었어.
(B) 어제는 하루 종일 분주했으니까.
(C) 아직 젊은데도 믿음직스럽구나.
(D) 일을 태만히 하고 있다니 어처구니가 없구나.

해설 | 문말에 쓰인 「~って」(~대, ~래)는 남에게 들은 말을 전할 때 쓰는 표현으로, 신입인 야마구치 씨가 업무 시간 중에 게임하고 있었다는 얘기를 전하고 있다. 즉, 맡겨진 업무를 소홀히 하고 딴짓을 하다가 걸렸다는 뜻이므로, 적절한 응답은 그의 업무 태도에 대해서 어이없어 하고 있는 (D)가 된다. 나머지 선택지는 모두 일이 매우 바쁘거나 업무에 열중하고 있는 사람에 대해 보일 수 있는 반응이므로 답이 될 수 없다.

어휘 | 新人(しんじん) 신입 仕事(しごと) 일, 업무
~中(ちゅう) ~중 ゲーム 게임 本当(ほんとう)に 정말로
寝(ね)る 間(ま) 자는 시간 惜(お)しむ 아끼다
やる (어떤 행위를) 하다 昨日(きのう) 어제
一日中(いちにちじゅう) 하루 종일
慌(あわ)ただしい 분주하다, 어수선하다 まだ 아직
若(わか)い 젊다 ~のに ~는데(도) 頼(たの)もしい 믿음직하다
サボる 게을리하다, 태만히 하다 ~なんて ~라니
とんでもない 어처구니없다, 있을 수 없다

33 일상생활 표현

この間教わったんだけど、近道があるのよ。

(A) 時間が短縮できていいね。

(B) 田中さんは本当に仕事が速いね。

(C) たくさんあり過ぎてちょっと面倒くさいね。

(D) それ、逆様になってるんじゃない(?)。

요전에 배웠는데, 지름길이 있거든.
(A) 시간을 단축할 수 있어서 좋군.
(B) 다나카 씨는 정말로 일이 빠르네.
(C) 너무 많이 있어서 조금 귀찮네.
(D) 그거, 거꾸로 되어 있는 거 아니야?

해설 | 「近道(ちかみち)」(지름길)라는 단어가 포인트로, 지름길을 알게 되면 어떤 점이 좋을지 생각해 본다. 정답은 (A)로, 지름길로 가면 시간을 단축할 수 있어서 좋겠다고 말하고 있다. 나머지 선택지는 모두 지름길을 알게 되었다는 말에 대한 반응으로는 어울리지 않는다.

어휘 | この間(あいだ) 요전, 지난번
教(おそ)わる 배우다, 가르침을 받다 ~けど ~인데
時間(じかん) 시간 短縮(たんしゅく) 단축
本当(ほんとう)に 정말로 仕事(しごと) 일, 업무
速(はや)い (속도가) 빠르다 たくさん 많이
동사의 ます형+過(す)ぎる 너무 ~하다 ちょっと 조금
面倒(めんどう)くさい (아주) 귀찮다, 번거롭다 それ 그것
逆様(さかさま) 거꾸로 됨

34 일상생활 표현

風邪気味でちょっと熱っぽいみたい。

(A) 今日はいつもより気温が高かったからな。

(B) 治りかけの時は気を付けないといけないね。

(C) あんまり無理しない方がいいんじゃない(?)。

(D) そんな話、気味が悪くて嫌だね。

감기 기운이 있어서 조금 열이 있는 것 같아.
(A) 오늘은 평소보다 기온이 높았으니까.
(B) 낫기 시작할 때는 조심하지 않으면 안 되는군.
(C) 너무 무리하지 않는 편이 좋지 않겠어?
(D) 그런 이야기, 어쩐지 기분이 나빠서 싫다.

해설 | 「風邪気味(かぜぎみ)」는 '감기 기운', 「熱(ねつ)っぽい」는 '열이 있다'라는 뜻으로, 감기에 걸려서 열이 나는 것 같다고 말하고 있다. 컨디션이 좋지 않다고 말하는 사람에게 해 줄 수 있는 응답으로는 '너무 무리하지 않는 편이 좋지 않느냐'며 걱정해 주고 있는 (C)가 적절하다. (A)는 날씨가 덥다는 말에 대해 할 수 있는 응답이고, (B)는 상처나 병이 회복 중이라는 의미이므로 부적절. (D)도 아프다는 사람의 말에 대한 반응으로는 부적절하다.

어휘 | ちょっと 조금 今日(きょう) 오늘 いつも 평소, 여느 때
~より ~보다 気温(きおん) 기온
高(たか)い (기세·율·도수가) 높다 治(なお)る 낫다, 치료되다
동사의 ます형+かけ ~하기 시작함
気(き)を付(つ)ける 조심하다, 주의하다
~ないといけない ~하지 않으면 안 된다, ~해야 한다

あんまり 너무, 지나치게 無理(むり) 무리 方(ほう) 편, 쪽
そんな 그런, 그러한 話(はなし) 이야기
気味(きみ)が悪(わる)い 어쩐지 기분이 나쁘다 嫌(いや)だ 싫다

35 일상생활 표현

こんなところに置きっぱなしにしてると、忘れるわよ。
(A) 見えないように布かなんか被せておいて。
(B) あっ、それ、わざとそこに置いてるんだよ。
(C) 呑気な性格に見えるけど、そうでもないんだって。
(D) 水平なところに置かないと、倒れちゃうね。

이런 곳에 그냥 내버려두고 있으면 기억이 나지 않을 거야.
(A) 보이지 않도록 천 같은 걸로 씌워 둬.
(B) 아, 그거, 일부러 거기에 둔 거야.
(C) 느긋한 성격으로 보이지만 그렇지도 않대.
(D) 수평인 곳에 두지 않으면 넘어져 버리겠네.

해설 | 「동사의 ます형+っぱなし」는 '~한 채임, ~한 상태임'이라는 뜻으로, 「置(お)きっぱなし」는 '방치함, 그냥 내버려둠'이라는 의미다. 즉, 여기 이렇게 그냥 내버려두면 나중에 생각 나지 않게 된다고 주의를 촉구하고 있는 상황이다. 적절한 응답은 (B)로, 그냥 방치해 둔 것이 아니라 생각한 바가 있어서 일부러 거기에 놔 둔 것이라고 말하고 있다. (A)와 (D)는 문제의 「置(お)く」(놓다, 두다)를 응용한 오답이고, (C)는 전혀 엉뚱한 응답이다.

어휘 | こんな 이런, 이와 같은 ところ 곳, 장소
忘(わす)れる 잊다, 생각 나지 않다, 기억이 나지 않다
見(み)える 보이다 ~ないように ~하지 않도록 布(ぬの) 천
~なんか ~등, ~따위, ~같은 것 被(かぶ)せる 씌우다, 덮다
~ておく ~해 놓다[두다] わざと 일부러, 고의로
呑気(のんき)だ 느긋하다 性格(せいかく) 성격
~って ~대, ~래 水平(すいへい)だ 수평이다
倒(たお)れる 쓰러지다, 넘어지다
~ちゃう ~해 버리다, ~하고 말다 *「~てしまう」의 준말

36 일상생활 표현

夫とは別々に空港へ行きました。
(A) 出かける前に、喧嘩でもしたんですか。
(B) それじゃ、一緒に空港へ行ったんですね。
(C) 夫婦で見学だけしたんですね。
(D) はい、空港へは別々に行くつもりです。

남편과는 따로따로 공항에 갔어요.
(A) 나가기 전에 싸움이라도 한 거예요?
(B) 그럼, 함께 공항에 간 거군요.
(C) 부부끼리 견학만 한 거군요.
(D) 예, 공항에는 따로따로 갈 생각이에요.

해설 | 「別々(べつべつ)に」(따로따로)라는 단어가 포인트. 정답은 (A)로, 남편과 따로 공항에 갔다는 말을 듣고 나가기 전에 싸우기라도 한 거냐며 반문하고 있다. (B)와 (D)는 「空港(くうこう)」(공항), (C)는 「夫

(おっと)」((자신의) 남편)라는 단어를 응용한 오답이다.

어휘 | 出(で)かける 나가다, 외출하다
동사의 기본형+前(まえ)に ~하기 전에 喧嘩(けんか) 싸움
それじゃ 그러면, 그렇다면, 그럼 一緒(いっしょ)に 함께
夫婦(ふうふ) 부부 見学(けんがく) 견학 ~だけ ~만, ~뿐
동사의 보통형+つもりだ ~할 생각[작정]이다

37 일상생활 표현

この週刊誌の記事はあんまり信用できないわ。
(A) 君がこんな記事を信用するなんて、信じられないな。
(B) 事実をかなり大げさに書いているみたいだよね(?)。
(C) これを書いた記者は、みんなの期待に応えたわけだね。
(D) それじゃ、結局その週刊誌の記事は役に立ったわけだ。

이 주간지 기사는 그다지 신용할 수 없어.
(A) 네가 이런 기사를 신용하다니 믿을 수 없군.
(B) 사실을 상당히 과장되게 쓰고 있는 것 같지?
(C) 이걸 쓴 기자는 모두의 기대에 부응한 셈이네.
(D) 그럼, 결국 그 주간지 기사는 도움이 된 셈이다.

해설 | 「信用(しんよう)」(신용)라는 단어가 포인트로, 뒤에 「できない」(할 수 없다)라는 부정표현이 온 것에 주의해야 한다. 즉, 주간지 기사는 그다지 신용할 수 없다고 했으므로, '이 기사를 신용하고 있다'라는 의미의 (A)는 부적절. 적절한 응답은 (B)로, 그 기사를 신용할 수 없는 이유에 대해 말하고 있다. (C)와 (D)는 이와는 반대로 '신용할 수 있는 기사'에 대해 할 수 있는 응답이므로 답이 될 수 없다.

어휘 | 週刊誌(しゅうかんし) 주간지 記事(きじ) 기사
あんまり (부정어 수반) 그다지, 별로 君(きみ) 자네, 너
こんな 이런, 이와 같은 ~なんて ~하다니 信(しん)じる 믿다
事実(じじつ) 사실 かなり 꽤, 상당히
大(おお)げさだ 과장되다 書(か)く (글씨·글을) 쓰다
~みたいだ ~인 것 같다 記者(きしゃ) 기자 みんな 모두
期待(きたい) 기대 応(こた)える 부응하다
~わけだ ~인 셈[것]이다 それじゃ 그러면, 그렇다면, 그럼
結局(けっきょく) 결국 役(やく)に立(た)つ 도움이 되다

38 일상생활 표현

彼はもともと手先が不器用なのかしらね。
(A) うん、彼の発音を聞き取るには苦労するよ。
(B) もともと片手が不自由なんだから、大変だよね。
(C) だから彼に作ってもらえば、間違いないよ。
(D) うん、何度作り直してもきれいに完成できないんだよね。

그는 원래 손재주가 없는 걸까?
(A) 응, 그의 발음을 알아들으려면 고생할 거야.

13

(B) 원래 한 손이 불편하니까 힘들지.

(C) 그러니까 그가 만들어 주면 틀림없어.

(D) 응. 몇 번을 다시 만들어도 깔끔하게 완성할 수 없는 거지.

해설 | 「不器用(ぶきよう)」(손재주가 없음)라는 단어가 포인트로, 그가 원래부터 손재주가 없는 사람인지 궁금해하고 있다. (A)는 손재주가 아니라 '부정확한 발음'에 대한 내용이고, (B)는 문제의 「もともと」(원래)라는 단어를 응용한 오답이다. (C)는 손재주가 좋은 사람에게 할 수 있는 말이므로 역시 답이 될 수 없다. 정답은 (D)로, 몇 번을 다시 만들어도 소용없다며 상대방의 말에 동의하고 있다.

어휘 | 手先(てさき) 손끝, 손재주
~かしら ~일까? *의문의 뜻을 나타냄 発音(はつおん) 발음
聞(き)き取(と)る 알아듣다, 청취하다 ~には ~하려면
苦労(くろう) 고생, 수고 片手(かたて) 한 손
不自由(ふじゆう)だ (신체가) 불편하다
大変(たいへん)だ 힘들다 だから 그러니까, 그래서
作(つく)る 만들다 ~てもらう (남에게) ~해 받다, (남이) ~해 주다
間違(まちが)いない 틀림없다 何度(なんど) 몇 번
동사의 ます형+直(なお)す 다시 ~하다
きれいだ 깨끗하다, 깔끔하다 完成(かんせい) 완성

39 일상생활 표현
この欄(らん)にご氏名(しめい)と現住所(げんじゅうしょ)を書(か)いてください。
(A) 年齢(ねんれい)、職業(しょくぎょう)に関(かん)しては不明(ふめい)です。
(B) 性別(せいべつ)を問(と)わず、参加(さんか)できます。
(C) 来月(らいげつ)引(ひ)っ越(こ)しますから、現住所(げんじゅうしょ)はそちらを書(か)きますね。
(D) 職業欄(しょくぎょうらん)に自由業(じゆうぎょう)と書(か)いてありました。

이 란에 성함과 현주소를 써 주세요.
(A) 연령, 직업에 관해서는 분명치 않아요.
(B) 성별을 불문하고 참가할 수 있어요.
(C) 다음 달에 이사하니까 현주소는 그쪽을 쓸게요.
(D) 직업란에 자유업이라고 쓰여 있었어요.

해설 | 어떤 항목을 써야 하는지를 청취하는 것이 포인트로, 「ご氏名(しめい)と現住所(げんじゅうしょ)」(성함과 현주소)를 써 달라고 부탁하고 있다. (A)의 '연령'과 '직업'은 이와는 무관하고, 성별에 따른 참가 여부를 말하고 있는 (B)도 어울리지 않는 응답이다. 정답은 (C)로, 현주소 란에는 지금 사는 곳이 아니라, 다음 달에 이사할 곳의 주소를 쓰겠다는 뜻이다. (D)는 문제의 「欄(らん)」(란)이라는 단어를 응용한 오답이다.

어휘 | 欄(らん) 란 氏名(しめい) 성명
現住所(げんじゅうしょ) 현주소 書(か)く (글씨·글을) 쓰다
年齢(ねんれい) 연령 職業(しょくぎょう) 직업
~に関(かん)しては ~에 관해서는
不明(ふめい) 불명, 분명치[확실치] 않은 것
性別(せいべつ) 성별 ~を問(と)わず ~을 불문하고
参加(さんか) 참가 来月(らいげつ) 다음 달
引(ひ)っ越(こ)す 이사하다 そちら 그쪽
自由業(じゆうぎょう) 자유업
타동사+てある ~해져 있다 *상태표현

40 일상생활 표현
欧米(おうべい)の影響(えいきょう)で、日本(にほん)も長(なが)い休暇(きゅうか)を取(と)る人(ひと)が増(ふ)えたみたいね。
(A) うん。欧米人(おうべいじん)はしゃべりながら食事(しょくじ)を取(と)るからね。
(B) 必(かなら)ずしも欧米(おうべい)の影響(えいきょう)とは言(い)えないけど、増(ふ)えたことは事実(じじつ)だね。
(C) 確(たし)かに欧米(おうべい)の影響(えいきょう)は服装(ふくそう)に表(あらわ)れているね。
(D) かなり以前(いぜん)から、長(なが)い休暇(きゅうか)の計画(けいかく)を立(た)てていたね。

유럽과 미국의 영향으로 일본도 긴 휴가를 받는 사람이 늘어난 것 같네.
(A) 응. 유럽인과 미국인은 이야기하면서 식사를 하니까 말이야.
(B) 반드시 유럽과 미국의 영향이라고는 할 수 없지만 늘어난 건 사실이지.
(C) 확실히 유럽과 미국의 영향은 복장에 나타나 있네.
(D) 상당히 이전부터 긴 휴가 계획을 세우고 있었지.

해설 | 서구의 영향으로 일본도 긴 휴가를 받는 사람이 늘어난 것 같다고 했다. 즉, 서구의 영향으로 변화된 것은 일본의 휴가 문화로, 전에 비해 일본인들도 긴 휴가를 쓰게 되었다는 뜻이다. 적절한 응답은 (B)로, 서구의 영향 때문인지 아닌지는 확실하지 않지만, 긴 휴가를 쓰는 사람이 늘어난 것만큼은 분명하다며 상대방의 말에 동의하고 있다. (A)와 (C)는 문제의 「欧米(おうべい)」(구미, 유럽과 미국), (D)는 「長(なが)い休暇(きゅうか)」(긴 휴가)를 응용한 오답이다.

어휘 | 影響(えいきょう) 영향 長(なが)い 길다
休暇(きゅうか) 휴가
取(と)る ①받다, 취하다 ②(식사를) 하다, 먹다, 섭취하다
増(ふ)える 늘다, 늘어나다 ~みたいだ ~인 것 같다
欧米人(おうべいじん) 구미인, 유럽과 미국에 사는 사람들을 아우르는 말 しゃべる 이야기하다
동사의 ます형+ながら ~하면서 *동시동작
食事(しょくじ) 식사 必(かなら)ずしも (부정어 수반) 반드시
~とは言(い)えない ~라고 할 수 없다 事実(じじつ) 사실
確(たし)かに 확실히 服装(ふくそう) 복장
表(あらわ)れる (감정·사상 등이 표면에) 나타나다
かなり 꽤, 상당히 以前(いぜん) 전, 이전, 예전
計画(けいかく) 계획 立(た)てる (계획 등을) 세우다, 정하다

41 일상생활 표현
私(わたし)が知(し)っている限(かぎ)りでは、とても真面目(まじめ)な人(ひと)なんだけど…。
(A) そんな知識(ちしき)、何(なん)の役(やく)にも立(た)たないと思(おも)うよ。
(B) 僕(ぼく)はあんまりいい評判(ひょうばん)は聞(き)かなかったよ。
(C) それは面白(おもしろ)い見解(けんかい)だと思(おも)うなあ。
(D) 使(つか)える範囲(はんい)が限(かぎ)られているんだね。

내가 알고 있는 한에서는 매우 성실한 사람인데….
(A) 그런 지식, 아무런 도움도 되지 않는다고 생각해.
(B) 나는 별로 좋은 평판은 못 들었어.

(C) 그건 재미있는 견해라고 생각해.
(D) 쓸 수 있는 범위가 한정되어 있구나.

해설 | 「~限(かぎ)り」(~하는 한, ~범위 내)는 범위의 한계를 나타내는 표현이고, 문말의 「~けど」(~이지만)는 역접의 의미를 나타낸다. 즉, '적어도 내가 아는 바로는 매우 성실한 사람인데'라면서 반신반의하고 있는 상황이다. 적절한 응답은 (B)로, '매우 성실한 사람'이라는 상대방의 말에 대해 반대 의견을 말하고 있다. (A)의 '지식'과 (C)의 '재미있는 견해'는 사람에 대한 평가와는 어울리지 않는 응답이고, (D)는 문제의 「~限(かぎ)り」(~하는 한, ~범위 내)를 응용한 오답이다.

어휘 | 知(し)る 알다 とても 매우, 아주
真面目(まじめ)だ 성실하다 そんな 그런, 그러한
知識(ちしき) 지식 何(なん)の (부정어 수반) 아무런
役(やく)に立(た)つ 도움이 되다 僕(ぼく) 나 *남자의 자칭
あんまり (부정어 수반) 그다지, 별로 評判(ひょうばん) 평판
聞(き)く 듣다 面白(おもしろ)い 재미있다 見解(けんかい) 견해
使(つか)う 쓰다, 사용하다 範囲(はんい) 범위
限(かぎ)る 제한하다, 한정하다

42 일상생활 표현
この会社の求人広告に応募しようと思うのよ。
(A) アイディアが採用されると、100万円もらえるらしいね。
(B) この試験は求人広告に最適だと思うよ。
(C) 今度応募して当選したら、何かご馳走してほしいね。
(D) 待遇や条件などを見ると、いい会社みたいだね。

이 회사 구인광고에 응모하려고 생각하거든.
(A) 아이디어가 채택되면 100만 엔 받을 수 있는 모양이야.
(B) 이 시험은 구인광고에 최적이라고 생각해.
(C) 이번에 응모해서 당선되면 뭔가 대접해 줬으면 해.
(D) 대우나 조건 등을 보니 좋은 회사인 것 같네.

해설 | 이 사람이 응모하려고 하는 것은 「会社(かいしゃ)の求人(きゅうじん)広告(こうこく)」(회사 구인광고)로, 회사의 사원 모집 광고를 보고 시험을 보겠다는 각오를 내비치고 있다. 적절한 응답은 (D)로, 광고의 대우나 조건 등을 보니 좋은 회사인 것 같다면서 상대방의 결심을 응원해 주고 있다. (A)의 '아이디어의 채택 여부', (B)의 '시험', (C)의 '응모 당선'은 모두 정답과는 거리가 먼 응답이다.

어휘 | 会社(かいしゃ) 회사 求人(きゅうじん) 구인
広告(こうこく) 광고 応募(おうぼ) 응모 アイディア 아이디어
採用(さいよう) 채용, 채택 もらう (남에게) 받다
~らしい ~인 것 같다 *객관적 근거에 의한 추측·판단
試験(しけん) 시험 最適(さいてき)だ 최적이다
今度(こんど) 이번 当選(とうせん) 당선
ご馳走(ちそう)する 대접하다
~てほしい ~해 주었으면 하다, ~해 주기 바라다
待遇(たいぐう) 대우 条件(じょうけん) 조건
~みたいだ ~인 것 같다

43 일상생활 표현
この雨、いい加減に止まないかしら。

(A) このままだと、水不足になるだろうね。
(B) 崖崩れや洪水の被害が心配だね。
(C) 乾燥してるから、火災が起きやすいね。
(D) 世界的に不況の波が来ているからね。

이 비, 적당히 그치지 않으려나.
(A) 이대로라면 물부족이 되겠네.
(B) 사태나 홍수 피해가 걱정스럽네.
(C) 건조하니까 화재가 발생하기 쉽지.
(D) 세계적으로 불황의 파도가 오고 있으니까 말이야.

해설 | 문제의 뉘앙스를 파악해야 하는 문제. 「いい加減(かげん)に」는 '적당히, 어지간히'라는 뜻으로, 문제는 '(지금껏 비가 너무 많이 왔으니 이제 그만 그쳤으면 좋겠다'라는 바람에서 한 말이라는 것을 알 수 있다. 적절한 응답은 (B)로, 호우로 인한 피해가 발생하지 않을지 걱정하고 있다. (A)와 (C)는 이와는 반대로 비가 오지 않아 물이 부족하거나 건조한 상태를 가리키므로 답이 될 수 없다. (D)의 「不況(ふきょう)の波(なみ)」(불황의 파도)는 비유적인 표현으로, 역시 문제와는 무관한 내용이다.

어휘 | 雨(あめ) 비 止(や)む 그치다, 멎다
このまま 이대로 水不足(みずぶそく) 물부족
崖崩(がけくず)れ (산비탈·벼랑의) 사태 洪水(こうずい) 홍수
被害(ひがい) 피해 心配(しんぱい)だ 걱정스럽다
乾燥(かんそう) 건조 火災(かさい) 화재, 불
起(お)きる 일어나다, 발생하다
동사의 ます형+やすい ~하기 쉽다[편하다]
世界的(せかいてき)だ 세계적이다 不況(ふきょう) 불황
波(なみ) 물결, 파도 来(く)る 오다

44 일상생활 표현
骨董品の鑑定ができる人を知らないかしら。
(A) 東洋美術が専門の教授なら、知ってるけど。
(B) 自然科学に詳しい人なら、ぴったりだね。
(C) ありきたりの意見は聞きたくないね。
(D) 弁護士に相談するのが一番だよ。

골동품 감정을 할 수 있는 사람 몰라?
(A) 동양미술이 전문인 교수님이라면 알고 있는데.
(B) 자연과학에 밝은 사람이라면 딱이네.
(C) 뻔한 의견은 듣고 싶지 않아.
(D) 변호사에게 상담하는 게 최고야.

해설 | 「骨董品(こっとうひん)」(골동품)이라는 단어가 포인트. 골동품을 감정할 만한 전문지식이 있는 사람을 수소문하고 있으므로, 적절한 응답은 동양미술이 전문인 교수님을 알고 있다고 한 (A)가 된다. 나머지 (B)의 '자연과학', (C)의 '뻔한 의견', (D)의 '법률 상담'은 '골동품'과는 아무 관련이 없는 내용이다.

어휘 | 鑑定(かんてい) 감정 できる 할 수 있다, 가능하다
知(し)る 알다 ~かしら ~일까? *의문의 뜻을 나타냄
東洋(とうよう) 동양 美術(びじゅつ) 미술
専門(せんもん) 전문 教授(きょうじゅ) 교수
~なら ~라면 自然科学(しぜんかがく) 자연과학
詳(くわ)しい 잘 알고 있다, 정통하다, 밝다
ぴったり 꼭, 딱 *꼭 들어맞는 모양

15

ありきたり 흔해 빠짐, 평범함 意見(いけん) 의견
聞(き)く 듣다 弁護士(べんごし) 변호사
相談(そうだん) 상담, 상의, 의논 一番(いちばん) 으뜸, 최고

45 일상생활 표현

彼女は引退(いんたい)したら、手芸(しゅげい)なんかしたいと言(い)ってるよ。
(A) 父親(ちちおや)もリストラされてしまいました。
(B) 今(いま)では皆(みんな)が羨(うらや)むほどの気(き)ままな生活(せいかつ)らしいね。
(C) 引退(いんたい)どころか、休暇(きゅうか)もまともに取(と)れないんだ。
(D) 編(あ)み物(もの)や刺繍(ししゅう)か…、いい暇潰(ひまつぶ)しになりそうだね。

그녀는 은퇴하면 수공예 같은 걸 하고 싶다고 말하고 있어.
(A) 아버지도 구조조정되어 버렸어요.
(B) 지금은 모두가 부러워할 정도의 마음 편한 생활인 것 같군.
(C) 은퇴는커녕 휴가도 제대로 받을 수 없어.
(D) 뜨개질이나 자수라…, 시간 보내기에 좋을 것 같네.

해설 | 은퇴 후의 계획을 파악하는 것이 포인트로, 그녀가 하고 싶어하는 것은 바로 「手芸(しゅげい)」(수예, 수공예)이다. 따라서 적절한 응답은 (D)로, 「手芸(しゅげい)」(수예, 수공예)를 「編(あ)み物(もの)や刺繍(ししゅう)」(뜨개질이나 자수)로 바꿔 표현했다. 나머지 선택지는 모두 문제의 「引退(いんたい)」(은퇴)라는 단어를 응용한 오답이다.

어휘 | 引退(いんたい) 은퇴 ～たら ～하면
～なんか ～따위, ～등, ～같은 것
동사의 ます형+たい ～하고 싶다 父親(ちちおや) 부친, 아버지
リストラ 구조조정, 명예퇴직 *「リストラクチュアリング」의 준말
皆(みんな) 모두 羨(うらや)む 부러워하다 ～ほど ～정도, ～만큼
気(き)ままだ 스스럼없이 자신이 원하는 대로 행동하다
生活(せいかつ) 생활
～らしい ～인 것 같다 *객관적 근거에 의한 추측·판단
～どころか ～은커녕 休暇(きゅうか) 휴가
まともに 제대로 取(と)る 받다, 취하다
編(あ)み物(もの) 뜨개질 刺繍(ししゅう) 자수
暇潰(ひまつぶ)し (무료함을 달래기 위해) 무엇을 하며 시간을 보냄, 심심풀이 동사의 ます형+そうだ ～일[할] 것 같다 *양태

46 일상생활 표현

お世辞(せじ)とわかっても、褒(ほ)められると嬉(うれ)しいですね。
(A) 全(まった)くすぐに煽(おだ)てに乗(の)せられるんだから。
(B) 辛抱(しんぼう)した甲斐(かい)があったね。
(C) 聞(き)いていたら、こっちまで清々(すがすが)しくなったんだ。
(D) そそっかしいんだから、気(き)を付(つ)けないとな。

빈말이라고 알아도 칭찬받으니 기쁘네요.
(A) 정말 금세 부추김에 넘어간다니까.
(B) 인내한 보람이 있었네.
(C) 듣고 있었는데 나까지 후련해졌어.
(D) 덜렁대니까 조심해야 해.

해설 | 「お世辞(せじ)」는 '(비위를 맞추기 위한) 빈말, 겉치레말'이라는

뜻으로, 진심이 아니라는 것을 알고 있지만 칭찬받으니 기쁘다고 말하고 있다. 적절한 응답은 거짓인 줄 알면서도 기뻐하는 상대방의 태도를 지적하고 있는 (A)로, 이때의 「煽(おだ)てに乗(の)せられる」(부추김에 넘어가다)는 「煽(おだ)てに乗(の)せる」(치켜세우다)의 수동형이다. 나머지 선택지는 모두 정답과는 거리가 먼 응답이다.

어휘 | 褒(ほ)める 칭찬하다 嬉(うれ)しい 기쁘다
全(まった)く 정말, 참으로, 실로 すぐに 곧, 바로
辛抱(しんぼう) 참음, 인내 甲斐(かい) 보람 聞(き)く 듣다
こっち 이(쪽) 사람, 나 清々(すがすが)しい 상쾌하다, 시원하다
そそっかしい 덜렁대다 気(き)を付(つ)ける 조심하다, 주의하다

47 일상생활 표현

何事(なにごと)も、損得(そんとく)は考(かんが)えずにやってみた方(ほう)がいいよ。
(A) そうしたら、振(ふ)られるかもしれないよ。
(B) そんなことをするなんて、君(きみ)らしくないね。
(C) 計算高(けいさんだか)いことばかりじゃ、嫌(きら)われるからな。
(D) 最近(さいきん)、人(ひと)に頼(たの)まれることが多(おお)くなったんだ。

무슨 일이든 손익은 생각하지 말고 해 보는 편이 좋아.
(A) 그렇게 하면 차일지도 몰라.
(B) 그런 걸 하다니 너답지 않네.
(C) 타산적이기만 하면 미움을 받으니까.
(D) 요즘 남한테 부탁받는 일이 많아졌거든.

해설 | 무슨 일이든 손익은 생각하지 말고 해 보는 편이 좋다고 조언하고 있다. 적절한 응답은 너무 계산적으로 행동하면 주위로부터 미움을 받는다며 동의하고 있는 (C)로, 문제의 「損得(そんとく)を考(かんが)える」(손익을 생각하다)를 「計算高(けいさんだか)い」(셈속이 빠르다, 타산적이다)로 바꿔 표현했다. (A)와 (B)는 바람직하지 못한 행동을 했을 때 보일 수 있는 반응이고, 부탁받는 일이 많아진다고 한 (D) 또한 어울리지 않는 응답이다.

어휘 | 何事(なにごと) 무슨 일 損得(そんとく) 손득, 손익, 이해 타산
考(かんが)える 생각하다 ～ずに ～하지 않고[말고]
やる (어떤 행위를) 하다
동사의 た형+方(ほう)がいい ～하는 편[쪽]이 좋다
振(ふ)られる (이성에게) 차이다, 퇴짜를 맞다, 거절당하다
～かもしれない ～일지도 모른다 ～なんて ～하다니
君(きみ) 자네, 너 ～らしい ～답다 ～ばかり ～만, ～뿐
嫌(きら)う 싫어하다, 좋아하지 않다, 미워하다
最近(さいきん) 최근, 요즘 頼(たの)む 부탁하다 多(おお)い 많다

48 일상생활 표현

物価問題(ぶっかもんだい)の審議会(しんぎかい)が、政府(せいふ)に対(たい)して物価(ぶっか)の抑制(よくせい)を提言(ていげん)したようね。
(A) そんなことを提言(ていげん)するなんて、もってのほかだよね。
(B) 人件費(じんけんひ)が嵩(かさ)んで、経営(けいえい)を圧迫(あっぱく)しかねないからね。
(C) 物価高(ぶっかだか)がこれ以上(いじょう)続(つづ)くようじゃ、たまらないからね。
(D) それは国民(こくみん)の福祉(ふくし)に反(はん)する行為(こうい)じゃないかな。

물가문제 심의회가 정부에 대해 물가 억제를 제언한 것 같네.
(A) 그런 걸 제언하다니 생각지도 못한 일이네.
(B) 인건비가 늘어서 경영을 압박할지도 모르니까.
(C) 고물가가 이 이상 계속되면 견딜 수 없으니까 말이야.
(D) 그건 국민 복지에 반하는 행위이지 않을까?

해설 | 물가문제 심의회가 정부에 대해 제언한 것은 '물가 억제'로, 이를 통해 현재 물가가 상승하고 있는 상황이라는 것을 짐작할 수 있다. 적절한 응답은 더 이상의 물가 상승은 곤란하기 때문이라고 제언의 이유에 대해 말하고 있는 (C)가 된다. (A)는 문제의 「提言(ていげん)」(제언), (D)는 「政府(せいふ)」(정부)라는 단어를 응용한 오답이고, (B)의 '인건비 상승으로 인한 경영 압박'도 물가 억제와는 직접적인 관련이 없는 내용이다.

어휘 | 物価(ぶっか) 물가 問題(もんだい) (해결해야 할) 문제
審議会(しんぎかい) 심의회 政府(せいふ) 정부
~に対(たい)して ~에 대해 *대상 抑制(よくせい) 억제
提言(ていげん) 제언 ~ようだ ~인 것 같다 そんな 그런, 그러한
~なんて ~하다니 もってのほか 당치도 않음, 생각지도 못한 일
人件費(じんけんひ) 인건비 嵩(かさ)む (비용이) 많아지다, 늘다
経営(けいえい) 경영 圧迫(あっぱく) 압박
동사의 ます형+かねない ~할지도 모른다
物価高(ぶっかだか) 물가고, 고물가
これ以上(いじょう) 이 이상 続(つづ)く 이어지다, 계속되다
たまらない 견딜 수 없다, 참을 수 없다 国民(こくみん) 국민
福祉(ふくし) 복지 反(はん)する 반하다 行為(こうい) 행위

49 일상생활 표현

お金(かね)ってなかなか貯(た)まらないものね。宝(たから)くじでも当(あ)たらないかなあ。
(A) 結局(けっきょく)どんぐりの背比(せいくら)べで、あまり変(か)わらないと思(おも)うな。
(B) あっと言(い)う間(ま)に時間(じかん)が過(す)ぎるね。正(まさ)に光陰(こういん)矢(や)の如(ごと)しだよ。
(C) 何(なに)を言(い)っても馬(うま)の耳(みみ)に念仏(ねんぶつ)で、手応(てごた)えがないよ。
(D) そんな棚(たな)からぼた餅(もち)みたいなこと、期待(きたい)しない方(ほう)がいいよ。

돈이란 좀처럼 모이지 않는 법이지. 복권이라도 당첨되지 않으려나?
(A) 결국 도토리 키 재기라서 별로 차이 없을 것 같은데.
(B) 눈 깜짝할 사이에 시간이 지나네. 정말로 세월은 화살과 같아.
(C) 무슨 말을 해도 쇠귀에 경읽기라서 반응이 없어.
(D) 그런 굴러들어온 호박 같은 건 기대하지 않는 편이 좋을 거야.

해설 | 관용표현에 대한 이해를 필요로 하는 문제. 돈이 좀처럼 모이지 않으니 복권이라도 당첨되었으면 좋겠다는 바람을 말하고 있다. 적절한 응답은 그런 일확천금은 기대하지 말라고 조언하고 있는 (D)로, 이때의 「棚(たな)からぼた餅(もち)」는 '굴러들어온 호박, 뜻하지 않은 행운'이라는 뜻의 관용표현이다. (A)의 「どんぐりの背比(せいくら)べ」는 '도토리 키 재기', (B)의 「光陰(こういん)矢(や)の如(ごと)し」는 '세월은 화살과 같다', (C)의 「馬(うま)の耳(みみ)に念仏(ねんぶつ)」는 '우이독경, 쇠귀에 경읽기'라는 뜻이다.

어휘 | お金(かね) 돈 ~って (서술 제목의) ~이란, ~은
なかなか (부정어 수반) 좀처럼

貯(た)まる (돈·재산 등이) 모이다, 늘다
~ものだ ~인 것[법]이다 *상식·진리·본성
宝(たから)くじ 복권 当(あ)たる (복권 등이) 당첨되다
結局(けっきょく) 결국 あまり (부정어 수반) 그다지, 별로
変(か)わる 바뀌다, 변하다
あっと言(い)う間(ま)に 눈 깜짝할 사이 時間(じかん) 시간
過(す)ぎる (시간·세월이) 지나다 正(まさ)に 바로, 틀림없이, 정말로
手応(てごた)え (언행에 대한) 반응 期待(きたい) 기대

50 일상생활 표현

彼(かれ)は調理師(ちょうりし)向(む)けの講習会(こうしゅうかい)で、見事(みごと)な腕前(うでまえ)を披露(ひろう)したらしいわ。
(A) 彼(かれ)は有名(ゆうめい)な料理店(りょうりてん)で3年(さんねん)ほど修行(しゅぎょう)したらしいからね。
(B) 彼(かれ)の彫刻(ちょうこく)の腕前(うでまえ)は、参加者(さんかしゃ)の中(なか)でも群(ぐん)を抜(ぬ)いているね。
(C) 彼(かれ)は調査員(ちょうさいん)を増員(ぞういん)するために、見習(みなら)いを何人(なんにん)か雇(やと)ったそうだね。
(D) 彼(かれ)の展示会(てんじかい)の企画(きかく)は大当(おおあ)たりで、会場(かいじょう)は来場者(らいじょうしゃ)で満員(まんいん)だったらしいね。

그는 조리사 대상 강습회에서 훌륭한 솜씨를 선보인 것 같네.
(A) 그는 유명한 요리점에서 3년 정도 수련한 것 같으니까 말이야.
(B) 그의 조각 솜씨는 참가자 중에서도 뛰어나지.
(C) 그는 조사원을 증원하기 위해서 견습생을 몇 명인가 고용했다더군.
(D) 그의 전시회 기획은 히트쳐서 행사장은 입장자로 만원이었던 모양이야.

해설 | 「調理師(ちょうりし)向(む)け」(조리사 대상)와 「披露(ひろう)」(피로, 선보임)라는 단어가 포인트. 요리를 직업으로 하는 조리사를 대상으로 한 강습회에서 훌륭한 솜씨를 선보였다면, 그 역시 상당한 실력의 소유자라는 것을 짐작할 수 있다. 적절한 응답은 (A)로, 유명한 요리점에서 3년 정도 수련했기 때문이라고 그 이유를 설명하고 있다. 나머지 선택지의 '조각 솜씨', '견습생 고용', '전시회 기획'은 모두 이와는 무관한 내용이다.

어휘 | 講習会(こうしゅうかい) 강습회
見事(みごと)だ 멋지다, 훌륭하다 腕前(うでまえ) 솜씨
~らしい ~인 것 같다 *객관적 근거에 의한 추측·판단
有名(ゆうめい)だ 유명하다 料理店(りょうりてん) 요리점
~ほど ~정도 修行(しゅぎょう) 수행, (학예·무예 등의) 수련
彫刻(ちょうこく) 조각 参加者(さんかしゃ) 참가자
群(ぐん)を抜(ぬ)く 많은 것 중에서 유독 뛰어나다
調査員(ちょうさいん) 조사원 増員(ぞういん) 증원
동사의 보통형+ために ~하기 위해서
見習(みなら)い 견습, 견습생 何人(なんにん) 몇 명
雇(やと)う 고용하다 품사의 보통형+そうだ ~라고 한다 *전문
展示会(てんじかい) 전시회 企画(きかく) 기획
大当(おおあ)たり (장사·흥행에서) 크게 성공함, 히트침
会場(かいじょう) 회장, 행사장
来場者(らいじょうしゃ) 그 장소에 온 사람, 입장자
満員(まんいん) 만원

51 대화 내용에 대한 이해

女 電話は、何時頃ありましたか。
男 昼ご飯の前ですから、１１時頃です。
女 安田さんという人からですね(?)。
男 そうです。大阪銀行の安田さんです。

여 전화는 몇 시쯤 있었어요?
남 점심 전이니까 11시쯤이요.
여 야스다 씨라는 사람으로부터죠?
남 맞아요. 오사카 은행의 야스다 씨예요.

男の人は女の人に何と伝えましたか。
(A) お昼前に安田さんから電話があった。
(B) 安田さんが昼ご飯に出かけた。
(C) 昼頃、大阪銀行の人が来た。
(D) 安田さんに電話をかけた。

남자는 여자에게 뭐라고 전했습니까?
(A) 점심 전에 야스다 씨에게서 전화가 있었다.
(B) 야스다 씨가 점심 먹으러 나갔다.
(C) 점심쯤 오사카 은행의 사람이 왔다.
(D) 야스다 씨에게 전화를 걸었다.

해설 | 남자의 대화에 주목해야 한다. 남자의 대화를 종합해 보면 점심 시간 전인 11시경 오사카 은행의 야스다 씨한테서 전화가 왔다는 것을 알 수 있다. 따라서 정답은 (A)가 된다. (B)와 (D)는 대화의 「安田(やすだ)さん」(야스다 씨), (C)는 「昼(ひる)ご飯(はん)」(점심(식사))이라는 말만 들었을 때 고를 수 있는 오답이다.

어휘 | 電話(でんわ) 전화 何時(なんじ) 몇 시
~頃(ごろ) ~경, ~쯤 前(まえ) (시간적으로) 전
~という ~라는 人(ひと) 사람 銀行(ぎんこう) 은행
동작성 명사+に ~하러 *동작의 목적
出(で)かける 나가다, 외출하다 かける (전화 등을) 걸다

52 대화 내용에 대한 이해

女 奥さんは、お元気ですか。
男 ええ。先週からは仕事で中国に行っています。
女 忙しいですね。いつまでですか。
男 1か月ぐらいだと言っていました。

여 부인은 잘 지내요?
남 네. 지난주부터는 일 때문에 중국에 가 있어요.
여 바쁘네요. 언제까지요?
남 한 달 정도라고 했어요.

奥さんはどうしていますか。
(A) 中国に新しい会社を作った。

(B) 忙しくて中国に行くことができない。
(C) 出張で中国に行っている。
(D) 1か月ぐらい仕事を休んでいる。

부인은 어떻게 지내고 있습니까?
(A) 중국에 새 회사를 만들었다.
(B) 바빠서 중국에 갈 수가 없다.
(C) 출장으로 중국에 가 있다.
(D) 한 달 정도 일을 쉬고 있다.

해설 | 여자는 남자의 아내의 안부를 묻고 있으므로, 남자의 대화에 주목해야 한다. 남자의 첫 번째 대화에서 「仕事(しごと)で中国(ちゅうごく)に行(い)っています」(일 때문에 중국에 가 있어요)라고 했으므로, 정답은 (C)가 된다. 대화의 「仕事(しごと)で」(일 때문에)를 「出張(しゅっちょう)で」(출장으로)로 바꿔 표현했다. (A)와 (B)는 「中国(ちゅうごく)」(중국), (D)는 「1(いっ)か月(げつ)ぐらい」(한 달 정도)라는 말만 들었을 때 고를 수 있는 오답이다.

어휘 | 奥(おく)さん (남의) 부인 元気(げんき)だ 건강하다, 잘 지내다
先週(せんしゅう) 지난주 仕事(しごと) 일, 업무
忙(いそが)しい 바쁘다 いつ 언제 ~ぐらい ~정도
新(あたら)しい 새롭다 会社(かいしゃ) 회사
作(つく)る 만들다 동사의 기본형+ことができる ~할 수 있다
出張(しゅっちょう) 출장 休(やす)む 쉬다

53 성별에 따른 의견 및 행동 구분

女 まだ10月末ですが、寒いですね。
男 ええ。今年は早く寒くなると言っていましたよ。
女 じゃ、雪も多いですね。早くスキーに行きたいわ。
男 そうですか。私は、暖かいところに行きたいです。

여 아직 10월말인데 춥네요.
남 네. 올해는 일찍 추워진다고 했어요.
여 그럼, 눈도 많겠네요. 빨리 스키 타러 가고 싶다.
남 그래요? 저는 따뜻한 곳에 가고 싶어요.

男の人は何と言っていますか。
(A) 雪が大好きだ。
(B) 早くスキーに行きたい。
(C) 10月なのに暖かい。
(D) 暖かいところに行きたい。

남자는 뭐라고 말하고 있습니까?
(A) 눈을 매우 좋아한다.
(B) 빨리 스키 타러 가고 싶다.
(C) 10월인데도 따뜻하다.

(D) 따뜻한 곳에 가고 싶다.

해설 | 남자의 대화에 주목해야 한다. 두 사람은 추운 날씨에 대해 대화를 나누고 있는데, 남자는 두 번째 대화에서 「暖(あたた)かいところに行(い)きたい」(따뜻한 곳에 가고 싶다)라고 했으므로, 정답은 (D)가 된다. (B)는 여자의 두 번째 대화에 해당하는 내용이므로 부적절. (A)와 (C)는 전반부 대화의 일부분만 들었을 때 고를 수 있는 오답이다.

어휘 | まだ 아직 10月(じゅうがつ) 10월
〜末(すえ) (기간의) 말 寒(さむ)い 춥다
今年(ことし) 올해 早(はや)く 일찍, 빨리
雪(ゆき) 눈 多(おお)い 많다 スキー 스키
동작성 명사+に 〜하러 *동작의 목적
동사의 ます형+たい 〜하고 싶다 暖(あたた)かい 따뜻하다
ところ 곳, 장소 大好(だいす)きだ 매우 좋아하다
명사+な+のに 〜는데(도)

54 대화 내용에 대한 이해

男 隣の部屋の鍵がありませんが。
女 林さんだと思いますけど。
男 いいえ、林さんは持っていないと言っていました。
女 じゃ、石田さんです。林さんの後に石田さんが使いましたから。

남 옆방 열쇠가 없는데요.
여 하야시 씨라고 생각하는데요.
남 아니요, 하야시 씨는 가지고 있지 않다고 했어요.
여 그럼, 이시다 씨예요. 하야시 씨 후에 이시다 씨가 사용했으니까요.

鍵を持っている人は誰ですか。
(A) 女の人
(B) 林さん
(C) 林さんと部屋を使った人
(D) 林さんの後に部屋を使った人

열쇠를 가지고 있는 사람은 누구입니까?
(A) 여자
(B) 하야시 씨
(C) 하야시 씨와 방을 사용한 사람
(D) 하야시 씨 후에 방을 사용한 사람

해설 | 대화를 끝까지 들어야 하는 문제. 전반부의 대화만 들으면 (B)의 '하야시 씨'를 정답으로 고를 수 있는데, 남자는 두 번째 대화에서 '하야시 씨는 가지고 있지 않다고 했어요'라고 했다. 여자는 두 번째 대화에서 「じゃ、石田(いしだ)さんです」(그럼, 이시다 씨예요)라고 했는데, 선택지에는 이런 내용이 없어서 자칫 당황할 수도 있다. 그러나 바로 뒤에 이어지는 대화에서 「林(はやし)さんの後(あと)に石田(いしだ)さんが使(つか)いましたから」(하야시 씨 후에 이시다 씨가 사용했으니까요)라고 했으므로, 정답은 (D)가 된다.

어휘 | 隣(となり) 옆, 이웃 部屋(へや) 방 鍵(かぎ) 열쇠
持(も)つ 가지다 명사+の+後(あと)に 〜후에

使(つか)う 쓰다, 사용하다 誰(だれ) 누구

55 대화 내용에 대한 이해

女 何時頃出かけましょうか。
男 このメールを送ってから行きたいんですが。
女 じゃ、昼ご飯を食べてから行きましょう。
男 そうですね。もう11時半ですからね。

여 몇 시쯤 나갈까요?
남 이 메일을 보낸 후에 가고 싶은데요.
여 그럼, 점심을 먹고 나서 갑시다.
남 그러네요. 벌써 11시 반이니까요.

2人はいつ出かけますか。
(A) 昼ご飯を食べた後
(B) メールを送ってすぐ
(C) メールを送る前
(D) 11時頃

두 사람은 언제 나갑니까?
(A) 점심을 먹은 후
(B) 메일을 보내고 바로
(C) 메일을 보내기 전
(D) 11시경

해설 | 몇 시쯤 나갈지 묻는 여자의 질문에 대해 남자는 '이 메일을 보낸 후에 가고 싶다'라고 말하고 있다. 여기까지만 들으면 (B)를 정답으로 고를 수도 있지만, 이것은 남자의 희망 사항일 뿐이다. 포인트가 되는 것은 후반부의 대화로, 여자가 두 번째 대화에서 「昼(ひる)ご飯(はん)を食(た)べてから行(い)きましょう」(점심을 먹고 나서 갑시다)라고 하자, 남자도 '그러네요. 벌써 11시 반이니까요'라고 동의하고 있으므로, 정답은 (A)가 된다.

어휘 | 何時(なんじ) 몇 시 〜頃(ごろ) 〜경, 〜쯤
出(で)かける 나가다, 외출하다 メール 메일
送(おく)る 보내다 〜てから 〜하고 나서, 〜한 후에
동사의 ます형+たい 〜하고 싶다
昼(ひる)ご飯(はん) 점심(식사) もう 이미, 벌써
半(はん) 반, 30분 2人(ふたり) 두 사람 いつ 언제
동사의 た형+後(あと) 〜한 후 すぐ 곧, 바로
동사의 기본형+前(まえ) 〜하기 전

56 대화 내용에 대한 이해

男 急に涼しくなりましたね。
女 そうですね。やっと夏も終わりましたね。
男 暑かったですね。今年も。
女 ええ、夜も暑くて困りましたよ。

남 갑자기 선선해졌네요.
여 그러게요. 겨우 여름도 끝났네요.
남 더웠죠. 올해도.
여 네, 밤에도 더워서 애먹었어요.

今の季節はいつですか。
(A) 春(はる)
(B) 夏(なつ)
(C) 秋(あき)
(D) 冬(ふゆ)

지금 계절은 언제입니까?
(A) 봄
(B) 여름
(C) 가을
(D) 겨울

해설 | 두 사람 대화에 등장하는 「涼(すず)しい」(선선하다, 시원하다), 「夏(なつ)も終(お)わる」(여름도 끝나다), 「暑(あつ)かった」(더웠다) 등의 표현으로 종합해 볼 때, 지금은 여름이 끝나고 막 가을로 접어든 시기라는 것을 알 수 있다. 따라서 정답은 (C)가 된다.

어휘 | 急(きゅう)に 갑자기 やっと 겨우, 간신히 夏(なつ) 여름
終(お)わる 끝나다 暑(あつ)い 덥다 今年(ことし) 올해
夜(よる) 밤 困(こま)る 어려움을 겪다, 애먹다
季節(きせつ) 계절 春(はる) 봄 秋(あき) 가을 冬(ふゆ) 겨울

57 대화 내용에 대한 이해

女 もう、お子(こ)さんの名前(なまえ)を決(き)めましたか。
男 ええ、「さくら」にしました。
女 へえ、どうしてですか。
男 妻(つま)が好(す)きな花(はな)なんです。

여 벌써 자녀분 이름을 정했어요?
남 네, '사쿠라'로 했어요.
여 허, 왜요?
남 아내가 좋아하는 꽃이거든요.

どのように子供(こども)の名前(なまえ)を決(き)めましたか。
(A) 男(おとこ)の人(ひと)が生(う)まれた季節(きせつ)の名前(なまえ)にした。
(B) 奥(おく)さんが好(す)きな季節(きせつ)の名前(なまえ)にした。
(C) 奥(おく)さんが好(す)きな花(はな)の名前(なまえ)にした。
(D) 男(おとこ)の人(ひと)が育(そだ)てている花(はな)の名前(なまえ)にした。

어떤 식으로 아이의 이름을 정했습니까?
(A) 남자가 태어난 계절 이름으로 했다.
(B) 부인이 좋아하는 계절 이름으로 했다.
(C) 부인이 좋아하는 꽃 이름으로 했다.
(D) 남자가 키우고 있는 꽃 이름으로 했다.

해설 | 남자의 두 번째 대화를 알아듣는 것이 포인트. 남자는 아이의 이름을 '사쿠라'라고 지었는데, 그 이유에 대해 「妻(つま)が好(す)きな花(はな)なんです」(아내가 좋아하는 꽃이거든요)라고 말하고 있다. 즉, 아내가 좋아하는 「さくら(桜)」(사쿠라, 벚꽃)의 이름을 따서 지었다는 뜻이므로, 정답은 (C)가 된다. (A)와 (B)의 '계절'은 아이의 이름과는 전혀 관계가 없고, (D)는 '남자가 키우고 있는'이라는 설명이 잘못되었다.

어휘 | もう 이미, 벌써 お子(こ)さん 자녀분
名前(なまえ) 이름 決(き)める 정하다, 결정하다

~にする ~로 하다 へえ 허 *감탄하거나 놀랐을 때 내는 소리
どうして 어째서, 왜 妻(つま) (자신의) 아내
好(す)きだ 좋아하다 花(はな) 꽃 生(う)まれる 태어나다
季節(きせつ) 계절 奥(おく)さん (남의) 부인 育(そだ)てる 키우다

58 대화 내용에 대한 이해

女 私(わたし)、体重(たいじゅう)が5キロも増(ふ)えちゃったから、運動(うんどう)を始(はじ)めたの。
男 大川(おおかわ)さんはビールが好(す)きだからね。ビールを減(へ)らしたら(?)。
女 そうじゃないのよ。母(はは)と生活(せいかつ)するようになって、ご飯(はん)をたくさん食(た)べちゃうのよ。
男 そう(?)。大川(おおかわ)さんのお母(かあ)さんは料理(りょうり)が上手(じょうず)なんだね。

여 나 체중이 5kg이나 늘어서 운동을 시작했어.
남 오카와 씨는 맥주를 좋아하니까, 맥주를 줄이는 게 어때?
여 그렇지 않아. 어머니와 생활하게 돼서 밥을 많이 먹어 버린단 말이야.
남 그래? 오카와 씨 어머님은 요리를 잘하시는구나.

女(おんな)の人(ひと)の体重(たいじゅう)が増(ふ)えた理由(りゆう)は何(なん)ですか。
(A) 運動(うんどう)しないから
(B) 生活(せいかつ)が規則的(きそくてき)ではないから
(C) ご飯(はん)の食(た)べすぎ
(D) ビールの飲(の)みすぎ

여자의 체중이 늘어난 이유는 무엇입니까?
(A) 운동하지 않아서
(B) 생활이 규칙적이지 않아서
(C) 밥을 너무 먹음
(D) 맥주를 너무 마심

해설 | 여자의 체중이 늘어난 이유는 여자의 두 번째 대화 후반부에 나온다. 「ご飯(はん)をたくさん食(た)べちゃう」(밥을 많이 먹어 버린다)라고 했으므로, 정답은 (C)가 된다. 맥주가 원인일 것이라는 남자의 예상에 여자는 「そうじゃないのよ」(그렇지 않아)라고 부인했으므로, (D)는 답이 될 수 없다.

어휘 | 体重(たいじゅう) 체중
キロ 킬로(그램), kg *「キログラム」의 준말
増(ふ)える 늘다, 늘어나다
~ちゃう ~해 버리다, ~하고 말다 *「~てしまう」의 준말
運動(うんどう) 운동 始(はじ)める 시작하다 ビール 맥주
好(す)きだ 좋아하다 減(へ)らす 줄이다
~たら ~하는 게 어때? *완곡하게 명령하거나 권고할 때 씀
母(はは) (자신의) 어머니 生活(せいかつ) 생활
~ようになる ~하게(끔) 되다 ご飯(はん) 밥, 식사
たくさん 많이 食(た)べる 먹다 お母(かあ)さん (남의) 어머니
料理(りょうり) 요리 上手(じょうず)だ 잘하다, 능숙하다
理由(りゆう) 이유 規則的(きそくてき) 규칙적
食(た)べすぎ 너무 먹음, 과식 飲(の)みすぎ 너무 마심, 과음

59 대화 내용에 대한 이해

男 明日、この部屋を使わせてもらえますか。

女 ええ。昼休み以外なら、いつでも空いていますよ。

男 午後から会社の見学に来る方がいらっしゃるんです。

女 じゃ、お茶でも準備しておきますね。

남 내일, 이 방을 사용할 수 있을까요?
여 네. 점심시간 이외라면 언제든지 비어 있어요.
남 오후부터 회사 견학하러 올 분이 계시거든요.
여 그럼, 차라도 준비해 둘게요.

男の人はいつこの場所を使いますか。
(A) 今日の午後
(B) 明日の昼
(C) 明日の午後
(D) 午前中

남자는 언제 이 장소를 사용합니까?
(A) 오늘 오후
(B) 내일 낮
(C) 내일 오후
(D) 오전 중

해설 | 남자의 대화에 주목해야 한다. 남자가 내일 이 방을 쓰고 싶어하는 이유는 내일 오후부터 회사 견학하러 올 손님이 계시기 때문이다. 따라서 정답은 '내일 오후'라고 한 (C)가 된다.

어휘 | 明日(あした) 내일 部屋(へや) 방
使(つか)う 쓰다, 사용하다 ～(さ)せてもらう ～하다 *겸양표현
昼休(ひるやす)み 점심시간 以外(いがい) 이외 ～なら ～라면
いつでも 언제든지 空(あ)く (자리·방 따위가) 나다, 비다
午後(ごご) 오후 会社(かいしゃ) 회사
見学(けんがく) 견학 동작성 명사+に ～하러 *동작의 목적
来(く)る 오다 方(かた) 분
いらっしゃる 계시다 *「いる」((사람이) 있다)의 존경어
お茶(ちゃ) 차 準備(じゅんび) 준비 ～ておく ～해 놓다[두다]
昼(ひる) 낮 午前(ごぜん) 오전 ～中(ちゅう) ～중

60 대화 내용에 대한 이해

男 杉田さんは英語を教えているそうですね(?)。

女 教えているといっても、英語を使って遊んでいるんですよ。

男 遊びながら勉強するのはいいですね。

女 生徒は小さい子供ばかりですから。

남 스기타 씨는 영어를 가르치고 있다면서요?
여 가르치고 있다고 해도 영어를 사용하며 놀고 있는 거예요.

남 놀면서 공부하는 건 좋네요.
여 학생은 어린 아이뿐이니까요.

女の人は何をしていますか。
(A) 子供との遊び方を教えている。
(B) 遊ばせながら英語を教えている。
(C) 遊びながら英語を習っている。
(D) 小さい子供について勉強している。

여자는 무엇을 하고 있습니까?
(A) 아이와의 노는 법을 가르치고 있다.
(B) 놀게 하면서 영어를 가르치고 있다.
(C) 놀면서 영어를 배우고 있다.
(D) 어린아이에 대해서 공부하고 있다.

해설 | 「教(おし)える」(가르치다)와 「遊(あそ)ぶ」(놀다)라는 동사가 포인트. 남자의 첫 번째 대화를 통해 여자가 영어를 가르치고 있다는 것을 알 수 있는데, 여자는 첫 번째 대화에서 '가르치고 있다고 해도 영어를 사용하며 놀고 있는 거예요'라고 했다. 즉, 아이들이 놀면서 자연스럽게 영어를 익힐 수 있도록 지도하고 있다는 뜻이므로, 정답은 (B)가된다. (C)는 영어를 가르치는 여자가 아니라, 영어를 배우는 아이들에 대한 설명이므로 답이 될 수 없다.

어휘 | 英語(えいご) 영어 품사의 보통형+そうだ ～라고 한다 *전문
～といっても ～라고 해도 使(つか)う 쓰다, 사용하다
동사의 ます형+ながら ～하면서 *동시동작
勉強(べんきょう) 공부 生徒(せいと) 학생
小(ちい)さい (나이가) 적다, 어리다 子供(こども) 아이
～ばかり ～만, ～뿐 동사의 ます형+方(かた) ～하는 방법[방식]
習(なら)う 배우다, 익히다 ～について ～에 대해서

61 대화 내용에 대한 이해

男 席は、窓側でよろしいですか。

女 ええ。一番前の席は空いていますか。

男 窓側ですと、三番目か、一番後ろになりますが…。

女 じゃ、一番後ろにしてください。

남 자리는 창가로 괜찮으세요?
여 네. 맨 앞자리는 비어 있어요?
남 창가라면 세 번째나 맨 뒤가 되는데요….
여 그럼, 맨 뒤로 해 주세요.

女の人が座る席はどこですか。
(A) 窓側ではない一番後ろの席
(B) 窓側の一番前の席
(C) 窓側の三番目の席
(D) 窓側の一番後ろの席

여자가 앉는 자리는 어디입니까?
(A) 창가가 아닌 맨 뒷자리
(B) 창가의 맨 앞자리

(C) 창가의 세 번째 자리
(D) 창가의 맨 뒷자리

해설 | 대화를 끝까지 들어야 하는 문제. 남자가 첫 번째 대화에서 창가 자리를 권하자, 여자는 「ええ」(네)라고 했으므로 (A)는 일단 제외. 그리고 여자가 맨 앞자리가 비어 있느냐고 묻자, 남자는 '창가라면 세 번째나 맨 뒤가 된다'라고 했으므로, (B)도 답이 될 수 없다. 여자의 두 번째 대화에서 '맨 뒤로 해 주세요'라고 했으므로, 결국 여자가 앉는 자리는 (D)의 '창가의 맨 뒷자리'가 된다.

어휘 | 席(せき) 자리, 좌석 窓側(まどがわ) 창가
一番(いちばん) 가장, 맨 前(まえ) (공간적인) 앞
空(あ)く (자리·방 따위가) 나다, 비다
～番目(ばんめ) ～번째 *순서를 나타내는 말 後(うし)ろ 뒤
～にする ～로 하다

62 대화 내용에 대한 이해

男 妹さん、中国語の勉強を始めたそうだね(?)。
女 そうなのよ。先月から…。
男 確か去年は韓国語を習っていて、ソウルを旅行したんだよね(?)。
女 うん。それで、今度は中国に行きたいんだって。

남 여동생이 중국어 공부를 시작했다면서?
여 맞아. 지난달부터….
남 아마 작년에는 한국어를 배우고 있어서 서울을 여행했지?
여 응. 그래서 이번에는 중국에 가고 싶대.

女の人の妹について、正しいものはどれですか。
(A) 去年から中国語を習っている。
(B) 中国を旅行したいと思っている。
(C) 先月から韓国語の勉強をしている。
(D) 韓国に行く予定である。

여자의 여동생에 대해서 맞는 것은 어느 것입니까?
(A) 작년부터 중국어를 배우고 있다.
(B) 중국을 여행하고 싶다고 생각하고 있다.
(C) 지난달부터 한국어 공부를 하고 있다.
(D) 한국에 갈 예정이다.

해설 | 전반부의 대화를 통해 여자의 여동생이 중국어를 배우기 시작한 것은 '지난달부터'라는 것을 알 수 있으므로, (A)는 틀린 설명이다. 또한 남자의 두 번째 대화를 통해 여자의 여동생은 작년에는 한국어를 배워서 서울을 여행했다는 것을 알 수 있으므로, (C)와 (D)도 답이 될 수 없다. 정답은 (B)로, 여자의 두 번째 대화와 일치하는 내용이다.

어휘 | 妹(いもうと)さん (남의) 여동생
中国語(ちゅうごくご) 중국어 勉強(べんきょう) 공부
始(はじ)める 시작하다 품사의 보통형+そうだ ～라고 한다 *전문
先月(せんげつ) 지난달 確(たし)か 아마, 틀림없이
去年(きょねん) 작년 韓国語(かんこくご) 한국어
習(なら)う 배우다, 익히다 ソウル 서울 旅行(りょこう) 여행
それで 그래서 今度(こんど) 이번

동사의 ます형+たい ～하고 싶다 ～って ～대, ～래
予定(よてい) 예정

63 대화 내용에 대한 이해

女 今日は久しぶりだから、ワインでも飲まない(?)。
男 君は飲んでもいいよ。でも、僕はジュースにするよ。
女 あ、ごめん。車で来たのよね。じゃあ、私もそうするわ。
男 ワインはまた今度にしよう。

여 오늘은 오랜만이니까 와인이라도 마시지 않을래?
남 넌 마셔도 돼. 하지만 난 주스로 할게.
여 아, 미안. 차로 왔지. 그럼, 나도 그렇게 할게.
남 와인은 또 다음에 하자.

2人はどうしますか。
(A) 男の人も女の人もジュースを飲む。
(B) 男の人はジュースを飲むが、女の人は何も飲まない。
(C) 男の人も女の人もワインを飲む。
(D) 男の人はワイン、女の人はジュースを飲む。

두 사람은 어떻게 합니까?
(A) 남자도 여자도 주스를 마신다.
(B) 남자는 주스를 마시지만 여자는 아무것도 마시지 않는다.
(C) 남자도 여자도 와인을 마신다.
(D) 남자는 와인, 여자는 주스를 마신다.

해설 | 남자와 여자가 어떤 음료를 마시는지 귀담아 들어야 한다. 처음에 여자가 남자에게 와인을 권했지만, 남자는 주스로 하겠다고 했다. 이 말을 들은 여자는 남자가 차로 왔다는 사실을 인지하고, 「私(わたし)もそうするわ」(나도 그렇게 할게)라고 했으므로, 두 사람 모두 주스를 주문한다는 것을 알 수 있다. 따라서 정답은 (A)가 된다.

어휘 | 久(ひさ)しぶり 오랜만임 ワイン 와인
飲(の)む (술을) 마시다 君(きみ) 자네, 너
～ても[でも]いい ～해도 된다 でも 그렇지만, 그러나, 하지만
僕(ぼく) 나 *남자의 자칭 ジュース 주스 ごめん 미안
車(くるま) 자동차, 차 じゃあ 그럼 また 또
今度(こんど) 이 다음 2人(ふたり) 두 사람

64 대화 내용에 대한 이해

男 それ、かばんと同じ色で素敵ですね。
女 そうですか。これを被らないと夏は暑いですから。
男 たくさん持っているんでしょうね(?)。
女 ええ、かばんや靴に合わせて被りますから。

22

남 그거, 가방과 같은 색이라서 멋지네요.

여 그래요? 이걸 쓰지 않으면 여름에는 더워서요.

남 많이 갖고 있죠?

여 네, 가방이랑 신발에 맞춰서 쓰니까요.

2人(ふたり)は何(なに)について、話(はな)していますか。

(A) かばん

(B) 眼鏡(めがね)

(C) 帽子(ぼうし)

(D) 靴(くつ)

두 사람은 무엇에 대해서 이야기하고 있습니까?

(A) 가방

(B) 안경

(C) 모자

(D) 신발

해설ㅣ여자의 첫 번째 대화에 나오는 「被(かぶ)る」((얼굴·머리에) 쓰다)라는 동사를 알아듣는 것이 포인트. 남자가 '그거, 가방과 같은 색이라서 멋지네요'라고 하자, 여자는 그러나면서 '이것'을 쓰지 않으면 여름에는 덥다고 했다. 즉, 두 사람이 말하고 있는 물건은 머리에 쓰는 것임을 알수 있으므로, 정답은 (C)가 된다.

어휘ㅣ それ 그것 かばん 가방 同(おな)じだ 같다, 마찬가지다
色(いろ) 색, 색깔 素敵(すてき)だ 멋지다 ~と ~하면
夏(なつ) 여름 暑(あつ)い 덥다 たくさん 많이
持(も)つ 가지다, 소유하다 靴(くつ) 신, 신발, 구두
合(あ)わせる 맞추다 ~について ~에 대해서
話(はな)す 말하다, 이야기하다 眼鏡(めがね) 안경
帽子(ぼうし) 모자

65 성별에 따른 의견 및 행동 구분

女 明日(あした)、みんなでデパートに行(い)かない(?)。

男 休(やす)みの日(ひ)ぐらい、家(いえ)でゆっくりしたいよ。

女 じゃ、子供(こども)と一緒(いっしょ)に家(いえ)にいてくれない(?)。

男 うん、いいよ。1人(ひとり)でゆっくり行(い)っておいでよ。

여 내일 다 같이 백화점에 가지 않을래?

남 휴일 정도는 집에서 푹 쉬고 싶어.

여 그럼, 아이와 함께 집에 있어 주지 않을래?

남 응, 좋아. 혼자서 느긋하게 갔다 와.

明日(あした)、男(おとこ)の人(ひと)はどうしますか。

(A) 1人(ひとり)で家(いえ)でゆっくりする。

(B) 1人(ひとり)でデパートに行(い)く。

(C) 子供(こども)と一緒(いっしょ)にデパートに行(い)く。

(D) 子供(こども)と一緒(いっしょ)に家(いえ)にいる。

내일 남자는 어떻게 합니까?

(A) 혼자서 집에서 푹 쉰다.

(B) 혼자서 백화점에 간다.

(C) 아이와 함께 백화점에 간다.

(D) 아이와 함께 집에 있는다.

해설ㅣ남자의 행동에 대해 묻고 있지만, 그 구체적인 내용은 여자의 두 번째 대화에 나온다. 여자가 다 같이 백화점에 가자고 제안했지만, 남자는 '집에서 푹 쉬고 싶다'라며 거절했다. 그러자 여자는 두 번째 대화에서 「子供(こども)と一緒(いっしょ)に家(いえ)にいてくれない(?)」(아이와 함께 집에 있어 주지 않을래?)라고 부탁했고 이에 남자는 흔쾌히 수락하고 있으므로, 정답은 아이와 함께 집에 있는다고 한 (D)가 된다. (A)는 '혼자서'가 아니라 '아이와 함께'라고 해야 맞는 내용이고, (B)는 남자가 아니라 여자의 일정에 해당하므로 답이 될 수 없다.

어휘ㅣ 明日(あした) 내일 みんなで 모두 함께, 다 같이
デパート 백화점 *「デパートメントストア」의 준말
休(やす)み 쉼 日(ひ) 날 ~ぐらい ~정도 家(いえ) 집
ゆっくり 느긋하게, 푹 *「ゆっくりする」- 푹 쉬다
子供(こども) 아이 一緒(いっしょ)に 함께
~てくれる (남이 나에게) ~해 주다 1人(ひとり)で 혼자서
おいで 「来(こ)い」(와라)의 친근한 말씨

66 대화 내용에 대한 이해

女 プレゼントですね(?)。リボンは赤(あか)と緑(みどり)がございますが。

男 リボンじゃなくて、誕生日(たんじょうび)カードを付(つ)けたいんですが。

女 今(いま)あるカードはこの動物(どうぶつ)のだけで、300円(さんびゃくえん)でございます。

男 じゃ、カードも結構(けっこう)です。

여 선물이죠? 리본은 빨강과 녹색이 있는데요.

남 리본이 아니라 생일 카드를 달고 싶은데요.

여 지금 있는 카드는 이 동물 카드뿐이고 300엔이에요.

남 그럼, 카드도 괜찮아요.

男(おとこ)の人(ひと)はプレゼントをどうすることにしましたか。

(A) カードとリボンを付(つ)ける。

(B) 動物(どうぶつ)のカードだけ付(つ)ける。

(C) 赤(あか)いリボンだけ付(つ)ける。

(D) カードもリボンも付(つ)けない。

남자는 선물을 어떻게 하기로 했습니까?

(A) 카드와 리본을 단다.

(B) 동물 카드만 단다.

(C) 빨간 리본만 단다.

(D) 카드도 리본도 달지 않는다.

해설ㅣ여자는 선물을 사는 남자에게 빨강과 녹색 리본 중 어느 것이 좋은지 물었지만, 남자는 '리본이 아니라 생일 카드를 달고 싶다'라고 했다. 그러나 여자가 지금 있는 것은 동물 카드뿐이라고 하자, 남자는 「じゃ、カードも結構(けっこう)です」(그럼, 카드도 괜찮아요)라고 했다. 이때의 「結構(けっこう)だ」(괜찮다, 이제 됐다)는 정중하게 사양하는 의미로, 결국 리본과 카드 모두 달지 않겠다는 뜻이므로 정답은 (D)가 된다.

어휘 | プレゼント 프레젠트,, 선물 リボン 리본 赤(あか) 빨강
緑(みどり) 녹색 ござる 있다 *「ある」(있다)의 정중어
誕生日(たんじょうび) 생일 カード 카드 付(つ)ける 달다
동사의 ます형+たい ~하고 싶다 今(いま) 지금
動物(どうぶつ) 동물 ~だけ ~만, ~뿐
~でございます ~입니다 *「~です」보다 더 공손한 말
赤(あか)い 빨갛다

67 대화 내용에 대한 이해

女 退職後に再就職する人が多いらしいわね。
男 少しでも収入があれば、安心だってことか
　な。
女 と言うより仕事をしている方が落ち着くんじ
　ゃないかしら。
男 確かに、することがなくて退屈しているよ
　り、いいよな。

여 퇴직 후에 재취직하는 사람이 많은 것 같네.
남 조금이라도 수입이 있으면 안심이라는 걸까?
여 그렇다기 보다 일을 하고 있는 편이 안정되는 거 아닐까?
남 확실히 하는 일이 없어서 무료하게 있는 것보다 좋지.

退職者について、何と言っていますか。
(A) 働きに出た方が精神的な安定を感じる人が多い。
(B) 収入がなくても好きなことを続ける人が多い。
(C) 再就職することに不安を感じる人も多い。
(D) 家でのんびりしたいと感じている人が多い。

퇴직자에 대해서 뭐라고 말하고 있습니까?
(A) 일하러 나가는 편이 정신적인 안정을 느끼는 사람이 많다.
(B) 수입이 없어도 좋아하는 것을 계속하는 사람이 많다.
(C) 재취직하는 것에 불안을 느끼는 사람도 많다.
(D) 집에서 느긋하게 있고 싶다고 느끼고 있는 사람이 많다.

해설 | 퇴직자의 재취업 증가 현상에 대해 이야기를 나누고 있다. 정답
은 후반부의 대화를 통해 찾을 수 있는데, 여자가 퇴직 후에 일을 하고
있는 편이 안정될 것 같다고 하자, 남자도 확실히 하는 일이 없어서 무
료하게 있는 것보다 좋다고 여자의 말에 동의하고 있으므로, 정답은 (A)
가 된다. 나머지 선택지는 모두 대화의 일부분을 응용한 오답이다.

어휘 | 退職(たいしょく) 퇴직 ~後(ご) ~후
再就職(さいしゅうしょく) 재취직 多(おお)い 많다
~らしい ~인 것 같다 *객관적 근거에 의한 추측·판단
少(すこ)し 조금 収入(しゅうにゅう) 수입, 소득
安心(あんしん) 안심 と言(い)うより 그렇다기 보다
仕事(しごと) 일, 업무 落(お)ち着(つ)く 안정되다
確(たし)かに 확실히 退屈(たいくつ) 무료함, 따분함
~より ~보다 退職者(たいしょくしゃ) 퇴직자
働(はたら)く 일하다 동사의 ます형+に ~하러 *동작의 목적
出(で)る 나가다 精神的(せいしんてき)だ 정신적이다
安定(あんてい) 안정 感(かん)じる 느끼다 好(す)きだ 좋아하다
続(つづ)ける 계속하다 不安(ふあん) 불안
のんびり 한가로이, 느긋하게

68 대화 내용에 대한 이해

男 説明書、一部変更したから、もう1回頭から
　確認してくれる(?)。
女 なぜ変更したんですか。
男 誤解されそうな表現があったんだよ。
女 じゃ、全体の内容が変わったわけじゃないん
　ですね。

남 설명서, 일부를 변경했으니까 한 번 더 처음부터 확인해 줄래?
여 왜 변경한 거예요?
남 오해받을 것 같은 표현이 있었어.
여 그럼, 전체 내용이 바뀐 건 아니군요.

女の人がすることは何ですか。
(A) 説明書の内容を書き直す。
(B) 誤解されやすい言葉を変更する。
(C) 説明書全体に目を通す。
(D) 誤解されやすい表現を削除する。

여자가 할 것은 무엇입니까?
(A) 설명서 내용을 다시 쓴다.
(B) 오해받기 쉬운 말을 변경한다.
(C) 설명서 전체를 대충 훑어본다.
(D) 오해받기 쉬운 표현을 삭제한다.

해설 | 남자의 첫 번째 대화에 주목해야 한다. 남자는 여자에게 설명서
일부를 변경했으니 한 번 더 처음부터 확인해 달라고 부탁하고 있으므
로, 정답은 (C)가 된다. 대화의 「頭(あたま)から確認(かくにん)する」
(처음부터 확인하다)를 「目(め)を通(とお)す」(대충 훑어보다)로 바꿔
표현했다. 즉, 여자는 변경된 설명서를 검토만 하면 되고, 설명서를 변
경한 것은 남자이므로 나머지 선택지는 답이 될 수 없다.

어휘 | 説明書(せつめいしょ) 설명서 一部(いちぶ) 일부
変更(へんこう) 변경 もう 더
1回(いっかい) 한 번 *「~回(かい)」- ~회, ~번
頭(あたま) 처음 確認(かくにん) 확인 なぜ 왜, 어째서
誤解(ごかい) 오해 동사의 ます형+そうだ ~일[할] 것 같다 *양태
表現(ひょうげん) 표현 全体(ぜんたい) 전체
内容(ないよう) 내용 変(か)わる 바뀌다, 변하다
~わけじゃない (전부) ~하는 것은 아니다 *「~わけではない」의
회화체 표현 書(か)く (글씨·글을) 쓰다
동사의 ます형+直(なお)す 다시 ~하다
동사의 ます형+やすい ~하기 쉽다[편하다]
言葉(ことば) 말 削除(さくじょ) 삭제

69 대화 내용에 대한 이해

男 無理にお願いしたようで、申し訳ありません。
女 いいえ、とんでもないです。
男 じゃ、細かい流れなどは来週ということで。
女 わかりました。お力になれるように、努力し
　ます。

24

남 무리하게 부탁드린 것 같아서 죄송해요.
여 아니요, 천만에요.
남 그럼, 상세한 흐름 등은 다음 주에.
여 알았어요. 도움이 될 수 있도록 노력할게요.

会話(かいわ)の内容(ないよう)と合(あ)っているものは、どれですか。
(A) 女(おんな)の人(ひと)が男(おとこ)の人(ひと)に協力(きょうりょく)してもらえるかどうか尋(たず)ねている。
(B) 男(おとこ)の人(ひと)が女(おんな)の人(ひと)に作業(さぎょう)の流(なが)れを説明(せつめい)している。
(C) 女(おんな)の人(ひと)が男(おとこ)の人(ひと)の依頼(いらい)に応(おう)じている。
(D) 女(おんな)の人(ひと)が男(おとこ)の人(ひと)の要求(ようきゅう)を拒否(きょひ)している。

대화의 내용과 맞는 것은 어느 것입니까?
(A) 여자가 남자에게 협력해 줄 수 있는지 어떤지 묻고 있다.
(B) 남자가 여자에게 작업의 흐름을 설명하고 있다.
(C) 여자가 남자의 의뢰에 응하고 있다.
(D) 여자가 남자의 요구를 거부하고 있다.

해설 | 두 사람의 대화를 통해 남자가 여자에게 무리한 부탁을 했지만, 여자는 흔쾌히 그 부탁을 받아들였다는 것을 알 수 있다. 따라서 정답은 (C)가 된다. (A)는 여자와 남자의 입장이 반대이고, (B)는 남자의 두 번째 대화의 「流(なが)れ」(흐름, 경향)만 들었을 때 고를 수 있는 오답이며, (D)는 정답과 반대되는 내용이다.

어휘 | 無理(むり)だ 무리이다 お+동사의 ます형+する ~하다, ~해 드리다 *겸양표현 願(ねが)う 부탁하다 ~ようだ ~인 것 같다 申(もう)し訳(わけ)ない 면목 없다, 미안하다, 죄송하다 とんでもない 천만에(요) 細(こま)かい 자세하다, 상세하다 ~など ~등 来週(らいしゅう) 다음 주 わかる 알다, 이해하다 力(ちから) 힘, 도움 ~ように ~하도록 努力(どりょく) 노력 協力(きょうりょく) 협력 ~てもらう (남에게) ~해 받다, (남이) ~해 주다 ~かどうか ~인지 어떤지, ~일지 어떨지 尋(たず)ねる 묻다 作業(さぎょう) 작업 説明(せつめい) 설명 依頼(いらい) 의뢰 応(おう)じる 응하다 要求(ようきゅう) 요구 拒否(きょひ) 거부

70 대화 내용에 대한 이해

男 この職場(しょくば)を見(み)ると、若(わか)い力(ちから)はいいなと実感(じっかん)します。
女 逆(ぎゃく)に経験不足(けいけんぶそく)の人(ひと)が多(おお)くて、困(こま)ることもあるんですよ。
男 それなら退職(たいしょく)した年配(ねんぱい)の人(ひと)でも採用(さいよう)したらいかがでしょう。
女 ええ。明日(あした)面接(めんせつ)に来(き)てもらうことになっています。

남 이 직장을 보면 젊은 힘은 좋구나 라고 실감해요.
여 반대로 경험 부족인 사람이 많아서 곤란한 경우도 있거든요.
남 그렇다면 퇴직한 연배가 있는 사람이라도 채용하는 건 어떨런지요?
여 네. 내일 면접하러 오기로 되어 있어요.

女(おんな)の人(ひと)が言(い)っていることは、どれですか。
(A) 若(わか)い力(ちから)をもっと活用(かつよう)した方(ほう)がいい。
(B) 経験(けいけん)の豊(ゆた)かな高齢者(こうれいしゃ)を雇(やと)う予定(よてい)だ。
(C) 退職者(たいしょくしゃ)の中(なか)には若者(わかもの)も混(ま)ざっている。
(D) 能力(のうりょく)の不足(ふそく)は経験(けいけん)で補(おぎな)える。

여자가 말하고 있는 것은 어느 것입니까?
(A) 젊은 힘을 더 활용하는 편이 좋다.
(B) 경험이 풍부한 고령자를 고용할 예정이다.
(C) 퇴직자 중에는 젊은 사람도 섞여 있다.
(D) 능력 부족은 경험으로 메울 수 있다.

해설 | 대화의 후반부에서 정답을 찾을 수 있다. 전반부의 대화에서 이 회사는 젊은 사람들 위주로 구성되어 있다는 것을 알 수 있는데, 그로 인해 활기가 넘치는 반면 경험 부족으로 인한 어려움도 있다고 했다. 이 말을 들은 남자는 경험 부족을 채워 줄 연배가 있는 퇴직자를 채용할 것을 제안했는데, 여자는 '내일 면접하러 오기로 되어 있다'라고 대답했다. 즉, 내일 연배가 있는 퇴직자를 대상으로 한 채용 면접을 실시할 예정이라는 뜻이므로, 정답은 (B)가 된다.

어휘 | 職場(しょくば) 직장 見(み)る 보다 若(わか)い 젊다 力(ちから) 힘, 능력 いい 좋다 実感(じっかん) 실감 逆(ぎゃく)に 반대로 経験不足(けいけんぶそく) 경험 부족 多(おお)い 많다 困(こま)る 곤란하다, 난처하다 それなら 그렇다면, 그러면 退職(たいしょく) 퇴직 年配(ねんぱい) 연배, 지긋한 나이, 중년 採用(さいよう) 채용 いかが 어떠하심 明日(あした) 내일 面接(めんせつ) 면접 来(く)る 오다 ~てもらう (남에게) ~해 받다, (남이) ~해 주다 동사의 보통형+ことになっている ~하게 되어 있다 もっと 더, 더욱 活用(かつよう) 활용 동사의 た형+方(ほう)がいい ~하는 편[쪽]이 좋다 豊(ゆた)かだ 풍부하다 高齢者(こうれいしゃ) 고령자 雇(やと)う 고용하다 予定(よてい) 예정 退職者(たいしょくしゃ) 퇴직자 若者(わかもの) 젊은이 混(ま)ざる 섞이다 能力(のうりょく) 능력 不足(ふそく) 부족 補(おぎな)う (부족을) 채우다, 메우다, 보충하다

71 대화 내용에 대한 이해

女 最近(さいきん)、大学(だいがく)も学生(がくせい)を集(あつ)めるのに必死(ひっし)よね(?)。
男 学生(がくせい)が集(あつ)まらないことには、経営(けいえい)が成(な)り立(た)たないからな。
女 うん、大学(だいがく)の広告(こうこく)もずいぶん派手(はで)になってきたし。
男 競争(きょうそう)が激(はげ)しくて大変(たいへん)だよね。

여 최근 대학도 학생을 모으는 데 필사적이지?
남 학생이 모이지 않고서는 경영이 되지 않으니까 말이야.
여 응, 대학 광고도 꽤 화려해졌고.
남 경쟁이 심해서 힘들겠어.

大学(だいがく)について、何(なん)と言(い)っていますか。
(A) 学生(がくせい)を集(あつ)めるための宣伝活動(せんでんかつどう)が活発(かっぱつ)だ。

(B) 広告費(こうこくひ)をかけすぎて、経営(けいえい)が成(な)り立(た)っていない。
(C) 広告(こうこく)にはお金(かね)を費(つい)やさないようになった。
(D) 競争(きょうそう)が激(はげ)しいため、大学(だいがく)の質(しつ)が上(あ)がっている。

大学에 대해서 뭐라고 말하고 있습니까?
(A) 학생을 모으기 위한 선전활동이 활발하다.
(B) 광고비를 너무 들여서 경영이 되지 않고 있다.
(C) 광고에는 돈을 쓰지 않게 되었다.
(D) 경쟁이 격심하기 때문에 대학의 질이 올라가고 있다.

해설 | 최근 학생 수 부족으로 어려움을 겪고 있는 대학의 실정에 대해 이야기를 나누고 있다. 여자의 첫 번째 대화에 나오는 「必死(ひっし)」(필사, 필사적임)라는 단어가 포인트로, 대학이 화려한 광고 등으로 학생을 모으는 데 매우 적극적으로 나서고 있다는 것을 알 수 있다. 따라서 정답은 학생을 모으기 위한 선전활동이 활발하다고 한 (A)가 된다. (B)와 (C)는 여자의 두 번째 대화에 나오는 「広告(こうこく)」(광고), (D)는 남자의 두 번째 대화에 나오는 「競争(きょうそう)」(경쟁)라는 단어만 들었을 때 고를 수 있는 오답이다.

어휘 | 最近(さいきん) 최근, 요즘 大学(だいがく) 대학(교)
学生(がくせい) 학생, (특히) 대학생 集(あつ)める 모으다
~ないことには ~하지 않고서는, ~하지 않으면
経営(けいえい) 경영 成(な)り立(た)つ (장사 등이) 되다, 유지되다
ずいぶん 꽤, 몹시, 퍽 派手(はで)だ 화려하다 ~し ~고
激(はげ)しい (정도가) 심하다 大変(たいへん)だ 힘들다
宣伝(せんでん) 선전 活動(かつどう) 활동
活発(かっぱつ)だ 활발하다 広告費(こうこくひ) 광고비
かける (돈·시간 등을) 들이다 동사의 ます형+すぎる 너무 ~하다
費(つい)やす 쓰다, 소비하다 ~ようになる ~하게(끔) 되다
質(しつ) 질 上(あ)がる 올라가다

72 성별에 따른 의견 및 행동 구분

男 その傘(かさ)、今(いま)差(さ)していたのに、濡(ぬ)れていませんね。

女 ええ。開発(かいはつ)されたばかりの、すぐ乾(かわ)く布(ぬの)が使(つか)われているからなんです。

男 いいなあ。電車(でんしゃ)の中(なか)で濡(ぬ)れたのを持(も)っていると、他(ほか)の人(ひと)に気(き)を使(つか)いますよね。

女 だから人気(にんき)があって、予約(よやく)しないと買(か)えないんですって。

남 그 우산, 지금 쓰고 있었는데도 젖지 않았네요.
여 네, 개발된 지 얼마 안 된 바로 마르는 천이 사용되고 있기 때문이거든요.
남 괜찮네. 전철 안에서 젖은 걸 들고 있으면 다른 사람에게 신경을 쓰죠.
여 그래서 인기가 있어서 예약하지 않으면 살 수 없대요.

男(おとこ)の人(ひと)はこの商品(しょうひん)について、どう思(おも)っていますか。
(A) 濡(ぬ)れないので、便利(べんり)だ。
(B) 傘(かさ)のわりには高(たか)いと思(おも)う。
(C) 特別注文(とくべつちゅうもん)が必要(ひつよう)で、面倒(めんどう)くさい。

(D) 他(ほか)の人(ひと)が気(き)を付(つ)ける品物(しなもの)である。

남자는 이 상품에 대해서 어떻게 생각하고 있습니까?
(A) 젖지 않기 때문에 편리하다.
(B) 우산인 것 치고는 비싸다고 생각한다.
(C) 특별 주문이 필요해서 귀찮다.
(D) 다른 사람이 조심하는 물건이다.

해설 | 남자의 생각을 묻고 있으므로, 남자의 대화에 주목해야 한다. 남자는 최근 개발된 젖지 않는 우산에 대해서 「いいなあ」(괜찮네)라고 긍정적인 반응을 보이고 있으므로, 정답은 젖지 않아서 편리하다고 한 (A)가 된다. 우산의 가격에 대한 언급은 없고, 예약 구매에 대한 언급을 한 것은 남자가 아니라 여자이므로, (B)와 (C)는 답이 될 수 없다. (D)는 남자의 두 번째 대화에 나오는 「気(き)を使(つか)う」(마음[신경]을 쓰다, 배려하다)라는 표현을 응용한 오답이다.

어휘 | 傘(かさ) 우산 今(いま) 지금
差(さ)す (우산 등을) 쓰다, 받치다 ~のに ~는데(도)
濡(ぬ)れる 젖다 開発(かいはつ) 개발
동사의 た형+ばかり 막 ~한, ~한 지 얼마 안 되는
すぐ 곧, 바로 乾(かわ)く 마르다, 건조하다 布(ぬの) 천
使(つか)う 쓰다, 사용하다 電車(でんしゃ) 전철
持(も)つ 가지다, 들다 他(ほか) 다른 (사람)
人(ひと) 사람 だから 그러니까, 그래서
人気(にんき) 인기 予約(よやく) 예약 買(か)う 사다
~って ~대, ~래 便利(べんり)だ 편리하다
명사+の+わりには ~에 비해서는, ~인 것 치고는
高(たか)い (값이) 비싸다 特別(とくべつ) 특별
注文(ちゅうもん) 주문 必要(ひつよう)だ 필요하다
面倒(めんどう)くさい (아주) 귀찮다, 번거롭다
気(き)を付(つ)ける 조심하다, 주의하다
品物(しなもの) 물건, 물품, 상품

73 대화 내용에 대한 이해

女 竹田(たけだ)さん、何(なに)かあったんでしょうか。課長(かちょう)に呼(よ)ばれていますよ。

男 最近(さいきん)遅刻(ちこく)が多(おお)くて、勤務態度(きんむたいど)がよくないらしいですね。

女 何(なに)か事情(じじょう)でもあるんでしょうか。

男 それが、課長(かちょう)にもはっきり伝(つた)えてなかったみたいなんですよ。

여 다케다 씨, 무슨 일인가 있었던 걸까요? 과장님에게 불려갔어요.
남 최근 지각이 많아서 근무태도가 좋지 않은 것 같더라고요.
여 뭔가 사정이라도 있는 걸까요?
남 그게 말이에요, 과장님에게도 확실하게 알리지 않았던 것 같거든요.

竹田(たけだ)さんについて、どのような話(はなし)をしていますか。
(A) 課長(かちょう)に呼(よ)ばれた理由(りゆう)が不明(ふめい)だ。
(B) 勤勉(きんべん)な人(ひと)だ。
(C) 上司(じょうし)の命令(めいれい)に従(したが)わない。

(D) 遅刻(ちこく)の原因(げんいん)を明(あき)らかにしていない。

다케다 씨에 대해서 어떠한 이야기를 하고 있습니까?
(A) 과장에게 불려간 이유가 분명치 않다.
(B) 근면한 사람이다.
(C) 상사의 명령에 따르지 않는다.
(D) 지각의 원인을 밝히지 않았다.

해설 | 전반부의 대화를 통해 최근 지각이 많아진 다케다 씨가 좋지 않은 근무태도 때문에 과장의 호출을 받았다는 사실을 알 수 있다. 따라서 호출 이유를 모른다는 (A)와 다케다 씨가 근면한 사람이라고 한 (B)는 일단 제외. 또한 (C)와 같은 내용은 나오지 않는다. 정답은 (D)로, 남자의 두 번째 대화와 일치하는 내용이다.

어휘 | 何(なに)か 무엇인가, 뭔가 課長(かちょう) 과장
呼(よ)ぶ 부르다 最近(さいきん) 최근, 요즘 遅刻(ちこく) 지각
多(おお)い 많다 勤務(きんむ) 근무 態度(たいど) 태도
よくない 좋지 않다
〜らしい 〜인 것 같다 *객관적인 근거에 의한 추측·판단
事情(じじょう) 사정 はっきり 확실하게
伝(つた)える 알리다, 전하다 〜みたいだ 〜인 것 같다
理由(りゆう) 이유 不明(ふめい) 불명, 분명치[확실치] 않은 것
勤勉(きんべん)だ 근면하다 上司(じょうし) 상사
命令(めいれい) 명령 従(したが)う 따르다
原因(げんいん) 원인 明(あき)らかにする 밝히다

74 성별에 따른 의견 및 행동 구분

男 退職後(たいしょくご)は、郊外(こうがい)で野菜(やさい)でも作(つく)って暮(く)らせたら楽(たの)しいだろうな。

女 でも、健康(けんこう)に自信(じしん)がないと、野菜(やさい)どころじゃないかもよ。

男 そうだな。病院(びょういん)も少(すく)ないし、タクシーなんてないかも。

女 私(わたし)はまず、自動車(じどうしゃ)の免許(めんきょ)を取(と)らないと。

남 퇴직 후에는 교외에서 채소라도 재배하며 생활할 수 있다면 즐겁겠어.
여 하지만 건강에 자신이 없으면 채소를 기를 상황이 아닐지도 몰라.
남 그러네. 병원도 적고 택시 같은 것도 없을지도.
여 나는 우선 자동차 면허를 따야겠어.

男(おとこ)の人(ひと)はどんな暮(く)らしがしてみたいと言(い)っていますか。
(A) 病院選(びょういんえら)びに困(こま)らない暮(く)らし
(B) 車(くるま)の運転(うんてん)を楽(たの)しむ暮(く)らし
(C) 金(かね)に不自由(ふじゆう)しない暮(く)らし
(D) 野菜作(やさいづく)りを楽(たの)しむ暮(く)らし

남자는 어떤 생활을 해 보고 싶다고 말하고 있습니까?
(A) 병원 선택에 곤란하지 않는 생활
(B) 자동차 운전을 즐기는 생활
(C) 돈에 쪼들리지 않는 생활

(D) 채소 재배를 즐기는 생활

해설 | 남자의 첫 번째 대화에 주목해야 한다. 남자는 퇴직 후에 교외에서 채소를 키우는 삶을 꿈꾸고 있으므로, 정답은 (D)가 된다. 대화의 「野菜(やさい)でも作(つく)って暮(く)らせたら楽(たの)しい」(채소라도 재배하며 생활할 수 있다면 즐겁다)를 「野菜作(やさいづく)りを楽(たの)しむ」(채소 재배를 즐긴다)로 바꿔 표현했다. (A)와 (B)는 대화의 일부분만 들었을 때 고를 수 있는 오답이고, (C)의 경제적인 문제에 대한 언급은 없다.

어휘 | 退職(たいしょく) 퇴직 〜後(ご) 〜후
郊外(こうがい) 교외 野菜(やさい) 야채, 채소
作(つく)る 만들다, 재배하다 暮(く)らす 살다, 생활하다
楽(たの)しい 즐겁다 でも 그렇지만, 그러나, 하지만
健康(けんこう) 건강 自信(じしん) 자신(감)
〜どころじゃない 〜할 상황이 아니다 *「〜どころではない」의 회화체 표현 〜かも (「〜しれない」의 꼴로) 〜일지도 (모른다)
病院(びょういん) 병원 少(すく)ない 적다 〜し 〜고
タクシー 택시 〜なんて 〜등, 〜따위, 〜같은 것 まず 우선
自動車(じどうしゃ) 자동차, 차 免許(めんきょ) 면허
取(と)る 따다, 취득하다 〜ないと(いけない) 〜하지 않으면 (안 된다), 〜해야 (한다) 暮(く)らし 생활
명사+選(えら)び 〜선택 困(こま)る 곤란하다, 난처하다
車(くるま) 자동차, 차 運転(うんてん) 운전
楽(たの)しむ 즐기다 金(かね) 돈
不自由(ふじゆう) (돈에) 쪼들림 명사+作(づく)り 〜만들기[재배]

75 대화 내용에 대한 이해

男 今日大変(きょうたいへん)だったんだ。信号機(しんごうき)の故障(こしょう)で電車(でんしゃ)が止(と)まって。

女 それでどうしたの(?)。すぐ動(うご)かなかったんでしょ(?)。

男 うん、地下鉄(ちかてつ)に振(ふ)り替(か)え輸送(ゆそう)やってたんだけど、すごい人(ひと)で乗(の)れなかったんだ。

女 だから、徒歩(とほ)で来(き)て遅刻(ちこく)したってわけね。

남 오늘 힘들었어. 신호기 고장으로 전철이 멈춰서.
여 그래서 어떻게 했어? 바로 운행하진 않았지?
남 응, 지하철로 대체 수송했는데, 엄청난 사람 때문에 탈 수 없었거든.
여 그래서 걸어서 와서 지각했다는 거구나.

男(おとこ)の人(ひと)について、正(ただ)しいものはどれですか。
(A) 歩(ある)いて来(く)る羽目(はめ)になった。
(B) 振(ふ)り替(か)え輸送(ゆそう)で電車(でんしゃ)で来(き)た。
(C) 地下鉄(ちかてつ)でもまれて来(き)た。
(D) 込(こ)んだ電車(でんしゃ)に何(なん)とか乗(の)ったが、結局遅刻(けっきょくちこく)した。

남자에 대해서 맞는 것은 어느 것입니까?
(A) 걸어오는 처지가 되었다.
(B) 대체 수송으로 전철로 왔다.
(C) 지하철에서 부대껴서 왔다.
(D) 혼잡한 전철에 간신히 탔지만 결국 지각했다.

해설 | 여자의 두 번째 대화에서 「だから、徒歩(とほ)で来(き)て遅刻(ちこく)したってわけね」(그래서 걸어서 와서 지각했다는 거구나)라고 말한 것으로 보아, 남자는 결국 회사까지 걸어왔다는 것을 알 수 있다. 따라서 정답은 (A)가 된다. 남자는 대체 수송이던 지하철에 사람이 너무 많아서 탈 수 없었다고 했으므로, 나머지 선택지는 틀린 설명이다.

어휘 | 今日(きょう) 오늘　大変(たいへん)だ 큰일이다. 힘들다
信号機(しんごうき) 신호기　故障(こしょう) 고장
電車(でんしゃ) 전철　止(と)まる 멈추다. 서다　それで 그래서
すぐ 바로, 곧　動(うご)く 움직이다, (기계가) 작동하다
地下鉄(ちかてつ) 지하철　振(ふ)り替(か)え 대체
輸送(ゆそう) 수송　やる (어떤 행위를) 하다
すごい 굉장하다, 엄청나다　乗(の)る (탈것에) 타다
だから 그러니까, 그래서　徒歩(とほ) 도보, 걷기
遅刻(ちこく) 지각　～って ～라고 하는 , ～라는
～わけだ ～인 셈[것]이다 *부드러운 단정을 나타냄
歩(ある)く 걷다　羽目(はめ) (곤란한) 처지
もまれる (여러 사람들 사이에서) 부대끼다, 시달리다
込(こ)む 혼잡하다, 붐비다　何(なん)とか 어떻게든, 간신히, 그럭저럭
結局(けっきょく) 결국

76 대화 내용에 대한 이해

女 最近(さいきん)は世界中(せかいじゅう)で災害(さいがい)が多(おお)いですね。
男 本当(ほんとう)に。災害(さいがい)の前(まえ)ではいかに人間(にんげん)が弱(よわ)いかを感(かん)じましたよ。無力(むりょく)ですね。
女 ええ、でも、私(わたし)は人間(にんげん)って強(つよ)いなとも思(おも)いましたよ。また立(た)ち上(あ)がるでしょ。
男 そうですね。負(ま)けてばかりはいられませんからね。

여 요즘은 전 세계에서 재해가 많네요.
남 정말로요. 재해 앞에서는 얼마나 인간이 나약한지를 느꼈어요. 무력하죠.
여 네, 그런데 저는 인간이란 강하구나 라고도 생각했어요. 다시 일어서잖아요.
남 그렇군요. 지고만 있을 수는 없으니까요.

人間(にんげん)についての女(おんな)の人(ひと)の意見(いけん)は、どれですか。
(A) 強(つよ)さも弱(よわ)さも併(あわ)せ持(も)っている。
(B) 強(つよ)い人(ひと)のそばにばかり集(あつ)まりやすい。
(C) 弱(よわ)いものを見(み)ると、いじめずにはいられない。
(D) 弱(よわ)い人(ひと)や年寄(としよ)りを助(たす)ける優(やさ)しさを持(も)っている。

인간에 대한 여자의 의견은 어느 것입니까?
(A) 강인함도 나약함도 함께 가지고 있다.
(B) 강한 사람 옆에만 모이기 쉽다.
(C) 약한 것을 보면 괴롭히지 않고는 못 배긴다.
(D) 약한 사람이나 노인을 돕는 상냥함을 갖고 있다.

해설 | 대화의 뉘앙스를 잘 파악해야 하는 문제. 재해 앞에서 아무것도 하지 못하는 인간에 대해 남자는 '얼마나 인간이 나약한지를 느꼈어요'라고 했고, 이에 여자는 「ええ、でも、私(わたし)は人間(にんげん)

って強(つよ)いなとも思(おも)いましたよ」(네, 그런데 저는 인간이란 강하구나 라고도 생각했어요)라고 했다. 즉, 인간은 나약한 존재라는 남자의 말을 인정하면서도 한편으로는 재해를 극복해 나가는 인간의 강한 면을 이야기한 것이므로, 정답은 (A)가 된다. (B)는 인간의 나약한 면, (C)는 인간의 악한 면, (D)는 인간의 선한 면에 대한 설명이므로 정답과는 거리가 멀다.

어휘 | 世界(せかい) 세계
～中(じゅう) 전～, 온～ *공간이나 범위 전체를 나타냄
災害(さいがい) 재해　いかに 얼마나　人間(にんげん) 인간
弱(よわ)い 약하다　感(かん)じる 느끼다
無力(むりょく) 무력　～って (서술 제목의) ～이란, ～란
立(た)ち上(あ)がる (기운을 찾아) 일어서다　負(ま)ける 지다, 패하다
～てばかりはいられない ～하고만 있을 수는 없다
意見(いけん) 의견　強(つよ)さ 강함, 강인함
弱(よわ)さ 약함, 나약함
併(あわ)せ持(も)つ (좋은 성질이나 속성을) 함께 가지다
集(あつ)まる 모이다　동사의 ます형+やすい ～하기 쉽다[편하다]
いじめる 괴롭히다, 못살게 굴다
～ずにはいられない ～하지 않고는 못 배기다
年寄(としよ)り 노인　助(たす)ける 돕다　優(やさ)しさ 상냥함
持(も)つ 가지다, 지니다

77 대화 내용에 대한 이해

男 あの、たった今(いま)カードの紛失(ふんしつ)のことで電話(でんわ)した大山(おおやま)ですが…。
女 はい、カードは使(つか)われる前(まえ)に使用中止(しようちゅうし)にしましたが。
男 私(わたし)の勘違(かんちが)いで、家(いえ)にありました。中止(ちゅうし)を取(と)り消(け)してほしいんですが。
女 一度中止(いちどちゅうし)にすると、支店(してん)に行(い)って再発行(さいはっこう)の手続(てつづ)きが必要(ひつよう)なんですが…。

남 저, 방금 전에 카드 분실 건으로 전화했던 오야마인데요….
여 예, 카드는 사용되기 전에 사용 중지로 했습니다만.
남 제가 착각해서 집에 있었어요. 중지를 취소해 줬으면 하는데요.
여 일단 중지로 하면 지점에 가서 재발행 수속이 필요합니다만….

会話(かいわ)の内容(ないよう)と合(あ)っているものは、どれですか。
(A) 男(おとこ)の人(ひと)はカードの盗難(とうなん)に遭(あ)った。
(B) 電話(でんわ)で、カードの使用中止(しようちゅうし)の取(と)り消(け)しができる。
(C) カードの再発行(さいはっこう)は電話(でんわ)で受(う)け付(つ)けてもらえる。
(D) カードは他人(たにん)に使(つか)われてはいない。

대화의 내용과 맞는 것은 어느 것입니까?
(A) 남자는 카드를 도난당했다.
(B) 전화로 카드 사용 중지 취소가 가능하다.
(C) 카드 재발행은 전화로 접수할 수 있다.
(D) 카드는 타인에게 사용되지는 않았다.

해설 | 남자가 분실했다고 생각한 카드를 찾아서 사용 중지를 취소하려고 전화한 상황이다. 카드는 남자의 집에 있었다고 했으므로 (A)는 틀

린 설명. 카드는 일단 중지하면 지점에 가서 재발급을 받아야 한다고 했으므로, (B)와 (C)도 오답이다. 정답은 (D)로, 카드는 애초에 분실된 적이 없고, 여자의 첫 번째 대화에서도 카드가 사용되기 전에 사용 중지했다고 말했다.

어휘 | あの, あの저 *상대에게 말을 붙일 때 하는 말
たった今(いま) 방금 전
カード 카드, 신용카드 *「クレジットカード」의 준말
紛失(ふんしつ) 분실 電話(でんわ) 전화
使(つか)う 쓰다, 사용하다 前(まえ) (시간적으로) 전
使用(しよう) 사용 中止(ちゅうし) 중지
勘違(かんちが)い 착각, 잘못 생각함 家(いえ) 집
取(と)り消(け)す 취소하다
~てほしい ~해 주었으면 하다, ~하길 바라다
一度(いちど) 한번, 일단 ～と ~하면 支店(してん) 지점
再発行(さいはっこう) 재발행 手続(てつづ)き 수속, 절차
必要(ひつよう)だ 필요하다 会話(かいわ) 회화, 대화
内容(ないよう) 내용 合(あ)う 맞다 どれ 어느 것
盗難(とうなん) 도난 遭(あ)う (어떤 일을) 당하다, 겪다
できる 할 수 있다, 가능하다 受(う)け付(つ)ける 접수하다
~てもらう (남에게) ~해 받다, (남이) ~해 주다
他人(たにん) 타인, 남

78 대화 내용에 대한 이해

男 何やってるの(?)。そんなもので顔中叩いて。

女 こうすると、化粧水なんかが肌に浸透しやすくなるんだって。

男 本当(?)。君のことだから、また安さに引かれて買ったんじゃない(?)。

女 そうなのよ。まあ、値段が値段だから、効果の程はちょっとね。

남 뭐 하고 있어? 그런 걸로 온 얼굴을 두드리고.
여 이렇게 하면 화장수 같은 게 피부에 침투하기 쉬워진대.
남 정말? 네 성격상, 또 싸다고 혹해서 산 거 아니야?
여 맞아. 뭐, 가격이 가격이니까 효과 여부는 좀.

女の人は自分が買った道具について、どう思っていますか。
(A) 値段のわりに効果がありそうだ。
(B) 高いだけのことはある。
(C) 効果はあまり期待していない。
(D) 効果は絶大だ。

여자는 자신이 산 도구에 대해서 어떻게 생각하고 있습니까?
(A) 가격에 비해 효과가 있을 것 같다.
(B) 비싼 만큼의 가치는 있다.
(C) 효과는 별로 기대하고 있지 않다.
(D) 효과는 아주 크다.

해설 | 여자의 두 번째 대화에서 정답을 찾을 수 있다. 여자가 화장하고 있는 모습을 본 남자가 「また安(やす)さに引(ひ)かれて買(か)った

んじゃない(?)。」(또 싸다고 혹해서 산 거 아니야?)라고 묻자, 여자가 수긍하면서 「値段(ねだん)が値段(ねだん)だから、効果(こうか)の程(ほど)はちょっとね。」(가격이 가격이니까 효과 여부는 좀)라고 했다. 즉, 가격이 싼 만큼 효과는 별로 기대하고 있지 않다는 뜻이므로, 정답은 (C)가 된다. (A)와 (D)는 정답과 반대되는 내용이며, 싼 가격에 끌려서 샀다고 했으므로 가격이 비싸다고 한 (B)도 틀린 설명이다.

어휘 | 何(なに) 무엇 やる (어떤 행위를) 하다 そんな 그런
顔(かお) 얼굴 ～中(じゅう) 전~, 온~ *공간이나 범위 전체를 나타냄
叩(たた)く 두드리다 化粧水(けしょうすい) 화장수
～なんか ～같은 것, ~따위 肌(はだ) 피부
浸透(しんとう) 침투 동사의 ます형+やすい ~하기 쉽다[편하다]
～って ~대, ~래 本当(ほんとう) 정말 君(きみ) 자네, 너
また 또 安(やす)さ (값이) 쌈 引(ひ)かれる (마음이) 끌리다
買(か)う 사다 値段(ねだん) 값, 가격 効果(こうか) 효과
程(ほど) 여하, 여부 ちょっと 조금, 좀 自分(じぶん) 자기, 자신, 나
道具(どうぐ) 도구 ～について ~에 대해서
명사+の+わりに ~에 비해서, ~인 것 치고
동사의 ます형+そうだ ~일[할] 것 같다 *양태
高(たか)い (값이) 비싸다
～だけのことはある ～인 만큼의 가치는 있다, ~라고 할 만하다
あまり (부정어 수반) 그다지, 별로 期待(きたい) 기대
絶大(ぜつだい)だ 지대하다, 아주 크다

79 대화 내용에 대한 이해

男 これ、地域ブランドのワインだよ。

女 最近、特産品のブランド化が流行っていますね。

男 消費者のニーズもよく踏まえているし。

女 地域の発展にも繋がって一石二鳥ですね。

남 이거, 지역브랜드 와인이야.
여 최근 특산품의 브랜드화가 유행하고 있네요.
남 소비자의 요구도 잘 고려하고 있고.
여 지역 발전으로도 이어져서 일석이조네요.

2人が話しているのは、どんな商品ですか。
(A) 全国で流行しているブランドのもの
(B) 長年人たちに親しまれてきた食品を利用しているもの
(C) 地域特有のもので、且つ客の要望を満たすもの
(D) 消費者のニーズに合い、保存の利くもの

두 사람이 이야기하고 있는 것은 어떤 상품입니까?
(A) 전국에서 유행하고 있는 브랜드의 물건
(B) 오랜 세월 사람들에게 친숙해져 온 식품을 이용하고 있는 물건
(C) 지역 특유의 물건이자, 동시에 손님의 요망을 충족시키는 물건
(D) 소비자의 요구에 맞고 보존할 수 있는 물건

해설 | 후반부의 내용에서 정답을 찾을 수 있다. 두 사람은 최근 지역 특산품의 브랜드화 현상에 대해 이야기를 나누고 있는데, 남자가 두 번째 대화에서 이런 상품은 소비자의 요구도 잘 고려하고 있다고 하자, 여자도 두 번째 대화에서 '지역 발전으로도 이어져서 일석이조'라고 호

응고 있다. 따라서 정답은 지역 특유의 상품으로 손님의 요망도 충족시키고 있다고 한 (C)가 된다. (A)는 '지역 특산품'과 반대되는 내용이며, (B)와 같은 내용은 나오지 않는다. (D)는 '보존할 수 있는 물건'이라는 설명이 잘못되었다.

어휘ㅣ 地域(ちいき) 지역　ブランド 브랜드　ワイン 와인
最近(さいきん) 최근, 요즘　特産品(とくさんひん) 특산품
ブランド化(か) 브랜드화　流行(はや)る 유행하다
消費者(しょうひしゃ) 소비자　ニーズ 요구　よく 잘
踏(ふ)まえる 고려하다, (이것저것) 궁리하다　〜し 〜고
発展(はってん) 발전　繋(つな)がる 이어지다, 연결되다
一石二鳥(いっせきにちょう) 일석이조
商品(しょうひん) 상품　全国(ぜんこく) 전국
流行(りゅうこう) 유행　もの(物) (어떤 형태를 갖춘) 것, 물건
長年(ながねん) 오랜 세월, 여러 해　人(ひと) 사람
〜たち (사람이나 생물을 나타내는 말에 붙어) 〜들
親(した)しむ 친근하게 느끼다, 가까이하다
食品(しょくひん) 식품　利用(りよう) 이용
特有(とくゆう) 특유　且(か)つ 또한　客(きゃく) 손님
要望(ようぼう) 요망　満(み)たす 충족시키다　合(あ)う 맞다
保存(ほぞん) 보존　利(き)く 가능하다, 할 수 있다

80 성별에 따른 의견 및 행동 구분

男　バーゲン会場(かいじょう)の後片付(あとかたづ)けはアルバイトに任(まか)せても結構(けっこう)ですよ。

女　じゃ、レジを閉(し)めて売(う)り上(あ)げを出(だ)しましょうか。

男　ええ。それと、アンケート結果(けっか)の集計(しゅうけい)もお願いします。

女　それは今(いま)してもらっている最中(さいちゅう)です。

남　바겐세일 행사장의 뒷정리는 아르바이트에게 맡겨도 괜찮아요.
여　그럼, 계산을 마감하고 매출을 정리할까요?
남　네. 그것과 앙케트 결과 집계도 부탁드려요.
여　그건 지금 한창 받고 있는 중이에요.

女(おんな)の人(ひと)がこれから行(おこな)う作業(さぎょう)は何(なん)ですか。
(A) 売(う)り上(あ)げの計算(けいさん)
(B) アルバイトとの打(う)ち合(あ)わせ
(C) アンケート結果(けっか)の集計(しゅうけい)
(D) バーゲン会場(かいじょう)の整理(せいり)

여자가 이제부터 할 작업은 무엇입니까?
(A) 매출 계산
(B) 아르바이트와의 미팅
(C) 앙케트 결과 집계
(D) 바겐세일 행사장 정리

해설ㅣ 여자의 대화에 주목해야 한다. 여자가 첫 번째 대화에서 계산을 마감하고 매출 내역을 정리하면 되는지 묻자, 남자는 그렇게 하라고 했으므로, 정답은 매출을 계산한다고 한 (A)가 된다. (B)는 남자의 첫 번째 대화의 일부분만 들었을 때 고를 수 있는 오답이고, 여자의 두 번째 대화에서 앙케트는 아직 한창 받고 있는 중이라고 했으므로 (C)도 답이 될 수 없다. (D)는 남자가 아르바이트생에게 맡기라고 한 업무이므로 역시 틀린 설명이다.

어휘ㅣ バーゲン 바겐세일 *「バーゲンセール」의 준말
会場(かいじょう) 회장, 행사장　後片付(あとかたづ)け 뒷정리
アルバイト 아르바이트, 또 아르바이트를 하는 사람
任(まか)せる 맡기다　結構(けっこう)だ 괜찮다, 이제 됐다
レジを閉(し)める 금전 출납계를 닫다, 계산을 마감하다
売(う)り上(あ)げ 매상, 매출　出(だ)す 내다
アンケート 앙케트　結果(けっか) 결과　集計(しゅうけい) 집계
お+동사의 ます형+する 〜하다, 〜해 드리다 *겸양표현
願(ねが)う 부탁하다　今(いま) 지금
〜てもらう (남에게) 〜해 받다, (남이) 〜해 주다
最中(さいちゅう) 한창 〜중
行(おこな)う 하다, 행하다, 실시하다　作業(さぎょう) 작업
計算(けいさん) 계산　打(う)ち合(あ)わせ 협의, 미팅, 미리 상의함
整理(せいり) 정리

81~84 파티 안내

来週金曜日のパーティーは、⁸¹クリスタルホテルの中のレストランでやります。レストランは30階にあります。先月、友達と一緒に食べに行きましたが、新しくてきれいでとてもおいしかったです。⁸²パーティーの時間は7時から9時半までです。⁸³お金はパーティーの前の日に私が集めます。⁸⁴パーティーは皆が来てから始めますから、時間に遅れないでください。駅からホテルまで歩いて15分です。バスもあって便利ですから、バスで来てください。5分で着きます。

다음 주 금요일 파티는 ⁸¹크리스탈 호텔 안의 레스토랑에서 합니다. 레스토랑은 30층에 있습니다. 지난달에 친구와 함께 먹으러 갔는데, 새롭고 깨끗하며 매우 맛있었습니다. ⁸²파티 시간은 7시부터 9시 반까지입니다. ⁸³돈은 파티 전날에 제가 모으겠습니다. ⁸⁴파티는 모두가 온 후에 시작하니까 시간에 늦지 말아 주세요. 역에서 호텔까지 걸어서 15분입니다. 버스도 있어서 편리하니까 버스로 와 주세요. 5분이면 도착합니다.

어휘 | 来週(らいしゅう) 다음 주 金曜日(きんようび) 금요일
パーティー 파티 ホテル 호텔 中(なか) 안, 속
レストラン 레스토랑 やる (어떤 행위를) 하다
~階(かい) ~층 先月(せんげつ) 지난달 友達(ともだち) 친구
一緒(いっしょ)に 함께 食(た)べる 먹다
동사의 ます형+に ~하러 *동작의 목적 新(あたら)しい 새롭다
きれいだ 깨끗하다 とても 아주, 매우 おいしい 맛있다
時間(じかん) 시간 ~から~まで ~부터 ~까지
半(はん) 반, 30분 お金(かね) 돈 集(あつ)める 모으다
皆(みんな) 모두 来(く)る 오다 ~てから ~하고 나서, ~한 후에
始(はじ)める 시작하다 遅(おく)れる 늦다
~ないでください ~하지 말아 주십시오, ~하지 마세요
駅(えき) 역 歩(ある)く 걷다 バス 버스
便利(べんり)だ 편리하다 着(つ)く 도착하다

81 パーティーはどこでやりますか。
　(A) ホテルの中にあるレストラン
　(B) 駅のすぐ前にあるレストラン
　(C) ホテルの近くにあるレストラン
　(D) 駅の中にあるレストラン

81 파티는 어디에서 합니까?
　(A) 호텔 안에 있는 레스토랑
　(B) 역 바로 앞에 있는 레스토랑
　(C) 호텔 근처에 있는 레스토랑
　(D) 역 안에 있는 레스토랑

해설 | 첫 번째 문장에서 정답을 찾을 수 있다. 다음 주 금요일 파티는 크리스탈 호텔 안의 레스토랑에서 한다고 했으므로, 정답은 (A)가 된다.

어휘 | すぐ 곧, 바로 近(ちか)く 가까운 곳, 근처

82 パーティーは何時から何時までですか。
　(A) 1時半から4時まで
　(B) 6時から9時半まで
　(C) 7時から9時半まで
　(D) 7時半から9時まで

82 파티는 몇 시부터 몇 시까지입니까?
　(A) 1시 반부터 4시까지
　(B) 6시부터 9시 반까지
　(C) 7시부터 9시 반까지
　(D) 7시 반부터 9시까지

해설 | 숫자 청취 문제. 파티 시간에 대한 언급은 중반부에 나오는데, 파티 시간은 7시부터 9시 반까지라고 했으므로 정답은 (C)가 된다.

어휘 | 何時(なんじ) 몇 시

83 パーティーに行く人はお金をどうしますか。
　(A) パーティーの始まる直前に払う。
　(B) パーティーの前の日に払う。
　(C) この話の後ですぐに払う。
　(D) パーティーの後で払う。

83 파티에 가는 사람은 돈을 어떻게 합니까?
　(A) 파티가 시작되기 직전에 지불한다.
　(B) 파티 전날에 지불한다.
　(C) 이 이야기 후에 바로 지불한다.
　(D) 파티 후에 지불한다.

해설 | 다음 주 금요일에 있을 파티 장소와 시간, 회비, 그리고 교통편에 대해 안내하고 있는데, 회비에 대한 내용은 중반부에 나온다. 「前(まえ)の日(ひ)」(전날)라는 단어가 포인트로, 돈은 파티 전날에 이 사람이 모으겠다고 했다. 즉, 파티 전날에 자신에게 회비를 내 달라는 뜻이므로, 정답은 (B)가 된다.

어휘 | 直前(ちょくぜん) 직전 払(はら)う 지불하다
명사+の+後(あと)で ~후에

84 この人はどうして「時間に遅れないでください」と言いましたか。
　(A) 皆が集まってからパーティーを始めるから
　(B) バスがあまりないから
　(C) 早く帰る人がいるから
　(D) パーティーの時間が短いから

84 이 사람은 어째서 "時間に遅지 말아 주세요"라고 말했습니까?
(A) 모두가 모인 후에 파티를 시작하기 때문에
(B) 버스가 별로 없기 때문에
(C) 일찍 돌아가는 사람이 있기 때문에
(D) 파티 시간이 짧기 때문에

해설 | 후반부에서 정답을 찾을 수 있다. 이 사람이 파티 시간을 지켜 달라고 당부하는 이유는 파티는 모두가 온 후에 시작하기 때문에 한 사람이라도 늦을 경우 시작 시간이 늦어지기 때문이다. 따라서 정답은 (A)가 된다.

어휘 | あまり (부정어 수반) 그다지, 별로　早(はや)く 일찍, 빨리
帰(かえ)る 돌아가다　短(みじか)い 짧다

85~87 중학교 때 친구와의 우연한 만남

この間、15年ぶりに中学生の時の友達に会いました。久しぶりに友達に会えたのは、私が会社に行く時に定期券を落としたからです。85落とした定期券は、誰かが拾って交番に届けてくれていました。お礼を言うために、拾った人の名前と電話番号を教えてもらって電話をしたら、昔、よく一緒に遊んだ雪子ちゃんでした。86彼女は結婚して名字が変わっていたので、私は声を聞くまでわかりませんでした。でも、彼女は定期券を拾った時に私かもしれないと思ったそうです。87そのすぐ次の日に2人で食事をしました。

요전에 15년 만에 중학생 때의 친구를 만났습니다. 오랜만에 친구를 만날 수 있었던 것은 제가 회사에 갈 때 정기권을 잃어버렸기 때문입니다. 85잃어버린 정기권은 누군가가 주워서 파출소에 신고해 주었습니다. 감사의 말을 하기 위해서 주운 사람의 이름과 전화번호를 가르쳐 달래서 전화를 했더니 옛날에 자주 함께 놀았던 유키코였습니다. 86그녀는 결혼해서 성이 바뀌어 있었기 때문에 저는 목소리를 들을 때까지 몰랐습니다. 하지만 그녀는 정기권을 주웠을 때 저일지도 모른다고 생각했다고 합니다. 87그 바로 다음 날 둘이서 식사를 했습니다.

어휘 | この間(あいだ) 요전, 지난번　~ぶりに ~만에
中学生(ちゅうがくせい) 중학생　友達(ともだち) 친구
会(あ)う 만나다　久(ひさ)しぶり 오랜만임
会社(かいしゃ) 회사　定期券(ていきけん) 정기권
落(お)とす 잃어버리다, 분실하다　誰(だれ)か 누군가
拾(ひろ)う 줍다　交番(こうばん) 파출소
届(とど)ける (관청 등에) 신고하다
~てくれる (남이 나에게) ~해 주다
お礼(れい) 감사(의 말)　*『お礼(れい)を言(い)う』 – 감사의 말을 하다
동사의 보통형+ために ~하기 위해서　名前(なまえ) 이름
電話番号(でんわばんごう) 전화번호
教(おし)える 가르치다, 알려 주다
~てもらう (남에게) ~해 받다, (남이) ~해 주다
昔(むかし) 옛날　よく 자주　一緒(いっしょ)に 함께

遊(あそ)ぶ 놀다　~ちゃん (인명 또는 사람을 나타내는 명사에 붙여서) 친근감을 주는 호칭　*『~さん』(~씨)보다 다정한 호칭
結婚(けっこん) 결혼　名字(みょうじ) 성씨, 성
変(か)わる 바뀌다, 변하다　声(こえ) 목소리　聞(き)く 듣다
わかる 알다, 이해하다　でも 그렇지만, 그러나, 하지만
~かもしれない ~일지도 모른다
품사의 보통형+そうだ ~라고 한다　*전문　すぐ 곧, 바로
次(つぎ) 다음　日(ひ) 날　食事(しょくじ) 식사

85 この人はどうして雪子さんに会えたのですか。
(A) この人が雪子さんの定期券を拾ったから
(B) 定期券を買うために駅にいたから
(C) 通勤の時に電車が一緒だったから
(D) 雪子さんがこの人の定期券を交番に届けてくれたから

85 이 사람은 어째서 유키코 씨를 만날 수 있었던 것입니까?
(A) 이 사람이 유키코 씨의 정기권을 주웠기 때문에
(B) 정기권을 사기 위해서 역에 있었기 때문에
(C) 통근 때 전철이 같았기 때문에
(D) 유키코 씨가 이 사람의 정기권을 파출소에 신고해 주었기 때문에

해설 | 이 사람은 15년 만에 중학교 친구와 우연히 재회했다. 두 사람의 만남은 이 사람이 잃어버린 정기권을 우연히 친구인 유키코 씨가 파출소에 신고한 것이 계기가 되었다고 했으므로, 정답은 (D)가 된다. (A)는 정기권의 주인과 그것을 주운 사람이 반대이므로 틀린 설명이다.

어휘 | 買(か)う 사다　通勤(つうきん) 통근, 출퇴근
電車(でんしゃ) 전철　一緒(いっしょ) 함께함, 같음

86 この人はなぜ雪子さんが昔の友達だとわからなかったのですか。
(A) 中学生の時の声とは違っていたから
(B) 結婚して名字が変わっていたから
(C) 初めて聞く電話番号だったから
(D) 電話に出たのが彼女のご主人だったから

86 이 사람은 왜 유키코 씨가 옛날 친구라고 알지 못했던 것입니까?
(A) 중학생 때의 목소리와는 달랐기 때문에
(B) 결혼해서 성이 바뀌었기 때문에
(C) 처음 듣는 전화번호였기 때문에
(D) 전화를 받은 것이 그녀의 남편이었기 때문에

해설 | 후반부에서 정답을 찾을 수 있다. 일본은 결혼 후 보통 아내가 남편의 성을 따라 쓰게 되는데, 유키코 씨도 결혼해서 성이 바뀌었기 때문에 이 사람도 처음에는 그녀가 중학교 친구라는 사실을 몰랐다. 그러나 전화로 목소리를 듣고 나서야 비로소 그녀가 중학교 친구인 유키코라는 사실을 알아차렸다고 했으므로, 정답은 (B)가 된다.

어휘 | 違(ちが)う 다르다　初(はじ)めて 처음(으로)
電話(でんわ)に出(で)る 전화를 받다　ご主人(しゅじん) (남의) 남편

87 この人はいつ雪子さんと会いましたか。

(A) 電話をした日の夜
(B) 電話で話した1週間後
(C) 電話をしたすぐ後
(D) 電話をした翌日

87 이 사람은 언제 유키코 씨와 만났습니까?
(A) 전화를 한 날 밤
(B) 전화로 이야기한 일주일 후
(C) 전화를 한 바로 후
(D) 전화를 한 다음 날

해설 | 마지막 문장의 「次(つぎ)の日(ひ)」(다음 날)라는 표현이 포인트. 이 사람은 유키코 씨와 전화를 한 바로 다음 날 둘이서 식사를 했다고 했으므로, 정답은 (D)가 된다.

어휘 | 夜(よる) 밤 1週間(いっしゅうかん) 일주일 *「~週間(しゅうかん)」- ~주간, ~주일 翌日(よくじつ) 다음 날

88~91 내일 하이킹에 대한 안내

明日はハイキングです。今から持ち物と注意しなければならないことを言います。朝学校に来たら、すぐバスに乗ってください。88バスは朝8時に出ますから、7時45分までに自分のバスに乗ってください。89持ち物は、まず、お弁当と飲み物と地図です。お菓子はこちらで用意しますので、持って行く必要はありません。あと、ペンや鉛筆などの書く物も必要です。明日紙を渡します。90その紙は、歩いている時に見つけた花の名前を書いて、後で出してもらいます。明日は4キロのコースを歩きます。91昼ご飯を食べる場所はバスの中で決めます。

내일은 하이킹입니다. 지금부터 준비물과 주의해야 할 것을 말할게요. 아침에 학교에 오면 바로 버스를 타세요. 88버스는 아침 8시에 출발하니까 7시 45분까지 자신의 버스를 타세요. 89준비물은 우선 도시락과 음료와 지도입니다. 과자는 저희 쪽에서 준비할 테니까 가지고 갈 필요는 없습니다. 그 다음 펜이나 연필 등의 쓸 것도 필요해요. 내일 종이를 줄게요. 90그 종이는 걷고 있을 때 발견한 꽃의 이름을 써서 나중에 제출해 주세요. 내일은 4km 코스를 걷습니다. 91점심을 먹을 장소는 버스 안에서 정할게요.

어휘 | 明日(あした) 내일 ハイキング 하이킹
今(いま)から 지금부터 持(も)ち物(もの) 소지품, 준비물
注意(ちゅうい) 주의
~なければならない ~하지 않으면 안 된다, ~해야 한다
朝(あさ) 아침 学校(がっこう) 학교 来(く)る 오다
~たら ~하면 すぐ 곧, 바로 バス 버스
乗(の)る (탈것에) 타다 出(で)る 나가다, 출발하다, 떠나다
~までに ~까지 *최종 기한 自分(じぶん) 자기, 자신, 나
まず 우선 お弁当(べんとう) 도시락
飲(の)み物(もの) 음료, 마실 것

地図(ちず) 지도 お菓子(かし) 과자 こちら 나, 저, 저희들
用意(ようい) 준비 持(も)つ 가지다 必要(ひつよう) 필요
あと 나중, 그 다음 ペン 펜 鉛筆(えんぴつ) 연필 ~など ~등
書(か)く (글씨·글을) 쓰다 物(もの) (어떤 형태를 갖춘) 것, 물건
必要(ひつよう)だ 필요하다 紙(かみ) 종이
渡(わた)す 건네다, 건네주다 歩(ある)く 걷다
見(み)つける 찾(아내)다, 발견하다 花(はな) 꽃 名前(なまえ) 이름
後(あと)で 나중에 出(だ)す 내다, 제출하다
~てもらう (남에게) ~해 받다, (남이) ~해 주다
キロ 킬로(미터), km *「キロメートル」의 준말 コース 코스
昼(ひる)ご飯(はん) 점심(식사) 食(た)べる 먹다
場所(ばしょ) 장소, 곳 中(なか) 안, 속 決(き)める 정하다, 결정하다

88 何時にどこで集まりますか。
(A) 7時45分に学校の門の前
(B) 7時45分にそれぞれのバスの中
(C) 8時に学校のそれぞれの教室
(D) 8時に学校の隣の公園

88 몇 시에 어디에서 모입니까?
(A) 7시 45분에 학교 문 앞
(B) 7시 45분에 각자의 버스 안
(C) 8시에 학교의 각자 교실
(D) 8시에 학교 옆의 공원

해설 | 시간을 잘 청취해야 하는 문제로, 초반부에서 정답을 찾을 수 있다. 세 번째 문장에서 아침에 학교에 오면 바로 버스에 탑승하라고 했다. 그러면서 버스는 아침 8시에 출발하니까 7시 45분까지 자신의 버스에 타 달라고 했으므로, 정답은 '7시 45분에 각자의 버스 안'이라고 한 (B)가 된다. (A)는 장소가, (C)와 (D)는 시간과 장소가 모두 잘못되었다.

어휘 | 何時(なんじ) 몇 시 集(あつ)まる 모이다 門(もん) 문
それぞれ (제)각기, 각각, 각자 教室(きょうしつ) 교실
隣(となり) 옆, 이웃 公園(こうえん) 공원

89 必ず持って行く物はどれですか。
(A) 飲み物とお菓子とカメラ
(B) 鉛筆と帽子とペン
(C) カメラとペンとお菓子
(D) お弁当と飲み物と地図

89 반드시 가지고 갈 물건은 어느 것입니까?
(A) 음료와 과자와 카메라
(B) 연필과 모자와 펜
(C) 카메라와 펜과 과자
(D) 도시락과 음료와 지도

해설 | 「持(も)ち物(もの)」(소지품, 준비물)라는 단어가 포인트. 내일 하이킹을 할 때 개인이 가져와야 하는 물건은 도시락과 음료와 지도로, 과자는 주최 측에서 준비할 테니 가져올 필요가 없다고 했다. 그리고 펜과 연필도 필요하지만, 종이는 나눠줄 것이라고 했다. 선택지 중 이런 조건을 모두 만족시키는 것은 (D)의 '도시락과 음료와 지도'뿐이다. (A)는 '과자와 카메라', (B)는 '모자', (C)는 '카메라와 과자'가 잘못되었다.

어휘 | カメラ 카메라 帽子(ぼうし) 모자

33

90 歩いている時にすることは何ですか。
    (A) 見つけた花の名前をメモする。
    (B) きれいな花を見つけたら、写真を撮る。
    (C) 珍しい花の名前を覚える。
    (D) 好きな花の絵を紙に描く。

90 걷고 있을 때에 할 일은 무엇입니까?
    (A) 발견한 꽃의 이름을 메모한다.
    (B) 예쁜 꽃을 발견하면 사진을 찍는다.
    (C) 진귀한 꽃의 이름을 외운다.
    (D) 좋아하는 꽃의 그림을 종이에 그린다.

해설 | 후반부에서 정답을 찾을 수 있다. 나눠 주는 종이에는 걷다가 발견한 꽃의 이름을 쓰고 나중에 제출해 달라고 했으므로, 정답은 발견한 꽃의 이름을 메모한다고 한 (A)가 된다. 나머지 선택지도 「花(はな)(꽃)」에 관한 내용이지만, (B)는 '사진을 찍는다', (C)는 '외운다', (D)는 '그림을 종이에 그린다'라고 했으므로, 모두 틀린 설명이다.

어휘 | メモ 메모 きれいだ 예쁘다 写真(しゃしん) 사진
撮(と)る (사진을) 찍다 珍(めずら)しい 진귀하다
覚(おぼ)える 기억하다, 외우다 好(す)きだ 좋아하다 絵(え) 그림
描(か)く (그림을) 그리다

91 バスの中ですることは何ですか。
    (A) 帰る時間を決める。
    (B) どのコースを歩くかを決める。
    (C) どこから歩き始めるかを決める。
    (D) どこで昼ご飯を食べるかを決める。

91 버스 안에서 할 일은 무엇입니까?
    (A) 돌아갈 시간을 정한다.
    (B) 어느 코스를 걸을지를 정한다.
    (C) 어디에서부터 걷기 시작할지를 정한다.
    (D) 어디에서 점심을 먹을지를 정한다.

해설 | 마지막 문장에서 '점심을 먹을 장소는 버스 안에서 정할게요'라고 했으므로, 정답은 (D)가 된다.

어휘 | 帰(かえ)る 돌아가다 時間(じかん) 시간
동사의 ます형+始(はじ)める ～하기 시작하다

92~94 나의 단골 병원

私が通っている病院は、完全予約制で診察が行われている。急病でない限り、当日の受付は行われていない。92予約は前日の午後5時までに電話で行う。この病院では待ち時間はほとんどないに等しい。というのも、93インターネットで診察の進み具合を確認できるシステムがあるからだ。予約番号というものがあり、何番まで診察が終わっているかを確認できる。また待ち時間の表示もある。それを確認してから家を出ればよい。94ただ1つ問題なのは、本数の少ないバスしか交通手段がないことである。それ以外は非常に満足している。

내가 다니고 있는 병원은 완전 예약제로 진찰이 이루어지고 있다. 급한 병이 아닌 한 당일 접수는 하지 않고 있다. 92예약은 전날 오후 5시까지 전화로 한다. 이 병원에서는 대기 시간은 거의 없는 것과 마찬가지다. 왜냐하면 93인터넷에서 진찰의 진행 상황을 확인할 수 있는 시스템이 있기 때문이다. 예약번호라는 것이 있어서 몇 번까지 진찰이 끝났는지를 확인할 수 있다. 또 대기 시간의 표시도 있다. 그것을 확인한 후에 집을 나서면 된다. 94다만 한 가지 문제인 것은 대수가 적은 버스밖에 교통수단이 없는 것이다. 그것 이외에는 대단히 만족하고 있다.

어휘 | 通(かよ)う 다니다 病院(びょういん) 병원
完全(かんぜん) 완전 予約制(よやくせい) 예약제
診察(しんさつ) 진찰 行(おこな)う 하다, 행하다, 실시하다
急病(きゅうびょう) 급한 병 ～ない限(かぎ)り ～하지 않는 한
当日(とうじつ) 당일 受付(うけつけ) 접수
前日(ぜんじつ) 전일, 전날 午後(ごご) 오후 電話(でんわ) 전화
待(ま)ち時間(じかん) 기다리는[대기] 시간 ほとんど 거의, 대부분
等(ひと)しい 마찬가지다, 다름없다 というのも 왜냐하면
インターネット 인터넷 進(すす)み具合(ぐあい) 진행 상태[상황]
確認(かくにん) 확인 システム 시스템 番号(ばんごう) 번호
～という ～라는 何番(なんばん) 몇 번 終(お)わる 끝나다
また 또한 表示(ひょうじ) 표시 ～てから ～하고 나서, ～한 후에
家(いえ) 집 出(で)る 나서다 ただ 다만
問題(もんだい) (해결해야 할) 문제
本数(ほんすう) (나무나 긴 물건의) 대수 少(すく)ない 적다
バス 버스 ～しか (부정어 수반) ～밖에
交通手段(こうつうしゅだん) 교통수단 以外(いがい) 이외
非常(ひじょう)に 대단히, 매우 満足(まんぞく) 만족

92 この病院で診察を受けられる人は、どんな人ですか。
    (A) 他の病院から紹介された人
    (B) 当日の朝9時までに受付をした人
    (C) 前日の午後5時までに予約した人
    (D) 平日であれば誰でも

92 이 병원에서 진찰을 받을 수 있는 사람은 어떤 사람입니까?
    (A) 다른 병원으로부터 소개받은 사람
    (B) 당일 아침 9시까지 접수를 한 사람
    (C) 전날 오후 5시까지 예약한 사람
    (D) 평일이면 누구든지

해설 | 초반부의 내용 문제. 이 사람이 다니고 있는 병원은 완전 예약제로, 급한 병이 아니면 당일 접수로는 진료를 받을 수 없다. 또한 예약은 전날 오후 5시까지 전화로 해야 한다. 선택지 중 이런 조건을 모두 만족시키는 것은 (C)뿐이다. (A)와 같은 내용은 나오지 않고, (B)와 (D)는 모두 완전 예약제를 고수하고 있는 병원의 방침과 맞지 않는다.

어휘 | 受(う)ける (어떤 행위를) 받다 他(ほか) 다른 (것)
紹介(しょうかい) 소개 平日(へいじつ) 평일
誰(だれ)でも 누구든지

93 この<ruby>病院<rt>びょういん</rt></ruby>では、<ruby>待<rt>ま</rt></ruby>ち<ruby>時間<rt>じかん</rt></ruby>をどうやって<ruby>減<rt>へ</rt></ruby>らしていますか。
(A) <ruby>診察<rt>しんさつ</rt></ruby>の<ruby>進<rt>すす</rt></ruby>み<ruby>具合<rt>ぐあい</rt></ruby>を<ruby>病院外<rt>びょういんがい</rt></ruby>から<ruby>確認<rt>かくにん</rt></ruby>できる<ruby>仕<rt>し</rt></ruby><ruby>組<rt>く</rt></ruby>みがある。
(B) <ruby>医師<rt>いし</rt></ruby>たちが<ruby>診察時間<rt>しんさつじかん</rt></ruby>をオーバーしないように<ruby>心掛<rt>こころが</rt></ruby>けている。
(C) <ruby>予約時間<rt>よやくじかん</rt></ruby>が<ruby>近付<rt>ちかづ</rt></ruby>いたら、<ruby>携帯電話<rt>けいたいでんわ</rt></ruby>にメールが<ruby>送<rt>おく</rt></ruby>られる。
(D) <ruby>受付<rt>うけつけ</rt></ruby>から<ruby>支払<rt>しはら</rt></ruby>いまですべてコンピューター<ruby>化<rt>か</rt></ruby>している。

93 이 병원에서는 대기 시간을 어떻게 줄이고 있습니까?
(A) 진찰의 진행 상황을 병원 밖에서 확인할 수 있는 구조가 있다.
(B) 의사들이 진찰 시간을 초과하지 않도록 유념하고 있다.
(C) 예약 시간이 다가오면 휴대전화로 메일이 보내진다.
(D) 접수부터 지불까지 모두 컴퓨터화하고 있다.

해설 | 중반부에서 정답을 찾을 수 있다. 이 사람이 다니고 있는 병원은 대기 시간이 거의 없는 것과 마찬가지인데, 그 이유는 인터넷에서 진찰의 진행 상황을 확인할 수 있는 시스템이 있기 때문이다. 따라서 정답은 (A)가 된다. 본문의 「インターネットで」(인터넷에서)를 「病院外(びょういんがい)から」(병원 밖에서)로 바꿔 표현했다. 나머지 선택지의 진찰 시간이나 메일 서비스, 수납 전산화와 같은 내용은 나오지 않는다.

어휘 | どうやって 어떻게 (해서) 減(へ)らす 줄이다
仕組(しく)み 구조 医師(いし) 의사
~たち (사람이나 생물을 나타내는 말에 붙어) ~들
オーバー 초과 心掛(こころが)ける 유념하다, 명심하다
近付(ちかづ)く (시일 등이) 다가오다
携帯電話(けいたいでんわ) 휴대전화 メール 메일
送(おく)る 보내다 支払(しはら)い 지불 すべて 모두
コンピューター化(か) 컴퓨터화

94 この<ruby>人<rt>ひと</rt></ruby>が<ruby>不満<rt>ふまん</rt></ruby>に<ruby>思<rt>おも</rt></ruby>っていることは<ruby>何<rt>なん</rt></ruby>ですか。
(A) <ruby>診察時間<rt>しんさつじかん</rt></ruby>が<ruby>短<rt>みじか</rt></ruby>いこと
(B) <ruby>病院<rt>びょういん</rt></ruby>までの<ruby>交通<rt>こうつう</rt></ruby>の<ruby>便<rt>びん</rt></ruby>が<ruby>悪<rt>わる</rt></ruby>いこと
(C) <ruby>病院<rt>びょういん</rt></ruby>の<ruby>周<rt>まわ</rt></ruby>りに<ruby>店<rt>みせ</rt></ruby>がないこと
(D) <ruby>薬<rt>くすり</rt></ruby>をもらう<ruby>待<rt>ま</rt></ruby>ち<ruby>時間<rt>じかん</rt></ruby>が<ruby>長<rt>なが</rt></ruby>いこと

94 이 사람이 불만으로 생각하고 있는 것은 무엇입니까?
(A) 진찰 시간이 짧은 것
(B) 병원까지의 교통편이 나쁜 것
(C) 병원 주위에 가게가 없는 것
(D) 약을 받는 대기 시간이 긴 것

해설 | 후반부의 내용 문제. 이 사람은 완전 예약제와 인터넷을 통한 대기 시간 절약 등 자신이 다니고 있는 병원의 서비스에 매우 만족하고 있다. 그러나 한 가지 아쉬운 것은 대수가 적은 버스밖에 교통수단이 없는 점이라고 했으므로, 정답은 병원에 가는 교통편이 나쁜 것이라고 한 (B)가 된다.

어휘 | 不満(ふまん) 불만 短(みじか)い (시간이) 짧다
交通(こうつう) 교통 便(べん) 편, 편의, 편리

悪(わる)い 나쁘다, 좋지 않다 周(まわ)り 주위, 주변
店(みせ) 가게 薬(くすり) 약 もらう (남에게) 받다
長(なが)い (시간적으로) 오래다, 길다

95~97 고향에서 온 상자

<ruby>田舎<rt>いなか</rt></ruby>から<ruby>大<rt>おお</rt></ruby>きな<ruby>箱<rt>はこ</rt></ruby>が<ruby>一箱<rt>ひとはこ</rt></ruby><ruby>届<rt>とど</rt></ruby>きました。<ruby>母<rt>はは</rt></ruby>が<ruby>色々<rt>いろいろ</rt></ruby>な<ruby>物<rt>もの</rt></ruby>を<ruby>詰<rt>つ</rt></ruby>めて<ruby>送<rt>おく</rt></ruby>ってくれたのです。<ruby>箱<rt>はこ</rt></ruby>を<ruby>開<rt>あ</rt></ruby>けた<ruby>瞬間<rt>しゅんかん</rt></ruby>、<ruby>懐<rt>なつ</rt></ruby>かしい<ruby>匂<rt>にお</rt></ruby>いがしました。⁹⁵<ruby>中<rt>なか</rt></ruby>には、<ruby>田舎<rt>いなか</rt></ruby>の<ruby>名物<rt>めいぶつ</rt></ruby>のそばとりんごがたくさん<ruby>入<rt>はい</rt></ruby>っていました。そして、<ruby>一番<rt>いちばん</rt></ruby><ruby>底<rt>そこ</rt></ruby>には<ruby>新聞紙<rt>しんぶんし</rt></ruby>に<ruby>包<rt>つつ</rt></ruby>まれた<ruby>大根<rt>だいこん</rt></ruby>が<ruby>5本<rt>ごほん</rt></ruby>も<ruby>入<rt>はい</rt></ruby>っていました。<ruby>母<rt>はは</rt></ruby>に<ruby>電話<rt>でんわ</rt></ruby>をすると、この<ruby>大根<rt>だいこん</rt></ruby>は<ruby>父<rt>ちち</rt></ruby>の<ruby>畑<rt>はたけ</rt></ruby>で<ruby>採<rt>と</rt></ruby>れたものだとのことでした。⁹⁶<ruby>父<rt>ちち</rt></ruby>は<ruby>退職<rt>たいしょく</rt></ruby>してから<ruby>畑<rt>はたけ</rt></ruby>を<ruby>買<rt>か</rt></ruby>って、<ruby>熱心<rt>ねっしん</rt></ruby>に<ruby>野菜作<rt>やさいづく</rt></ruby>りに<ruby>取<rt>と</rt></ruby>り<ruby>組<rt>く</rt></ruby>んでいるのです。<ruby>私<rt>わたし</rt></ruby>は<ruby>1人<rt>ひとり</rt></ruby><ruby>暮<rt>ぐ</rt></ruby>らしでほとんど<ruby>料理<rt>りょうり</rt></ruby>をしないので、⁹⁷<ruby>大根<rt>だいこん</rt></ruby>は<ruby>1本<rt>いっぽん</rt></ruby>だけ<ruby>取<rt>と</rt></ruby>っておいて、あとはご<ruby>近所<rt>きんじょ</rt></ruby>に<ruby>配<rt>くば</rt></ruby>ろうと<ruby>思<rt>おも</rt></ruby>っています。

고향에서 큰 상자가 한 상자 도착했습니다. 어머니가 여러 가지 것을 채워서 보내 준 것입니다. 상자를 연 순간 그리운 냄새가 났습니다. 95안에는 고향의 명물인 메밀국수와 사과가 많이 들어 있었습니다. 그리고 맨 밑바닥에는 신문지에 싸여진 무가 다섯 개나 들어 있었습니다. 어머니에게 전화를 하니 이 무는 아버지의 밭에서 수확한 것이라고 했습니다. 96아버지는 퇴직한 후에 밭을 사서 열심히 채소 재배에 힘쓰고 있습니다. 저는 혼자서 살아서 거의 요리를 하지 않기 때문에 97무는 하나만 남겨 두고 나머지는 이웃에게 나눠 주려고 생각하고 있습니다.

어휘 | 田舎(いなか) 시골, 고향 大(おお)きな 큰 箱(はこ) 상자
一箱(ひとはこ) 한 상자 届(とど)く (보낸 물건이) 도착하다, 닿다
母(はは) (자신의) 어머니 色々(いろいろ)だ 여러 가지다, 다양하다
物(もの) (어떤 형태를 갖춘) 것, 물건 詰(つ)める (빈틈없이) 채우다
送(おく)る 보내다 ~てくれる (남이 나에게) ~해 주다
開(あ)ける 열다 瞬間(しゅんかん) 순간 懐(なつ)かしい 그립다
匂(にお)いがする 냄새가 나다 中(なか) 안, 속
名物(めいぶつ) 명물 そば 메밀국수 りんご 사과
たくさん 많이 入(はい)る 들다 そして 그리고
一番(いちばん) 가장, 맨 底(そこ) 바닥, 밑바닥
新聞紙(しんぶんし) 신문지 包(つつ)む 싸다
大根(だいこん) 무 本(ほん) ~개 *가늘고 긴 물건을 세는 단위
~も ~이나 電話(でんわ) 전화 父(ちち) (자신의) 아버지
畑(はたけ) 밭 採(と)れる 산출되다, 나다
~とのことだ ~라고 한다 *전문 退職(たいしょく) 퇴직
~てから ~하고 나서, ~한 후에 買(か)う 사다
熱心(ねっしん)だ 열심이다 野菜(やさい) 야채, 채소
명사+作(づく)り ~만들기[재배] 取(と)り組(く)む 힘쓰다, 몰두하다
1人暮(ひとりぐ)らし 혼자서 삶 ほとんど 거의, 대부분
料理(りょうり) 요리 取(と)る 따로 떼에[남겨] 두다
~ておく ~해 놓다[두다] あと 나머지 近所(きんじょ) 이웃집
配(くば)る 나누어 주다, 배포하다

95 箱の中に入っていたものは何ですか。
- (A) 食料品
- (B) 衣料品
- (C) 日用品
- (D) 化粧品

95 상자 안에 들어 있던 것은 무엇입니까?
- (A) 식료품
- (B) 의류
- (C) 일용품
- (D) 화장품

해설 | 초반부의 내용 문제. 고향에서 어머니가 보내 주신 상자 안에는 고향의 명물인 메밀국수와 많은 양의 사과, 그리고 신문지에 싸여진 무가 다섯 개나 들어 있었다고 했다. 즉, 상자의 내용물은 모두 먹거리였다는 뜻이므로, 정답은 '식료품'이라고 한 (A)가 된다.

어휘 | 食料品(しょくりょうひん) 식료품
衣料品(いりょうひん) 의료품, 의류
日用品(にちようひん) 일용품 化粧品(けしょうひん) 화장품

96 この人のお父さんは退職後、何をしていますか。
- (A) 野菜の栽培の仕方を教えている。
- (B) 野菜を扱う市場で仕事をしている。
- (C) 買った畑で熱心に野菜を作っている。
- (D) 母がやっている畑仕事を手伝っている。

96 이 사람의 아버지는 퇴직 후 무엇을 하고 있습니까?
- (A) 채소 재배 방식을 가르치고 있다.
- (B) 채소를 취급하는 시장에서 일을 하고 있다.
- (C) 산 밭에서 열심히 채소를 재배하고 있다.
- (D) 어머니가 하고 있는 밭일을 돕고 있다.

해설 | 후반부에서 정답을 찾을 수 있다. 이 사람이 받은 상자 안의 무는 모두 아버지가 직접 키운 것이라고 했다. 아버지는 퇴직한 후에 밭을 사서 열심히 채소 재배에 힘쓰고 있다고 했으므로, 정답은 (C)가 된다. (A)와 (B)는 「野菜(やさい)」(야채, 채소)라는 단어를 응용한 오답이고, 밭일을 하는 사람은 어머니가 아니라 아버지이므로 (D)도 틀린 설명이다.

어휘 | 栽培(さいばい) 재배 仕方(しかた) 방식, 방법
教(おし)える 가르치다, 알려 주다 扱(あつか)う 다루다, 취급하다
市場(いちば) 시장 仕事(しごと) 일
作(つく)る 만들다, 재배하다 やる (어떤 행위) 하다
畑仕事(はたけしごと) 밭일 手伝(てつだ)う 돕다, 도와주다

97 この人は大根をどうしようと思っていますか。
- (A) 5本とも会社に持って行って、欲しい人に配る。
- (B) 1本だけ隣に住んでいる人にあげる。
- (C) 全部料理して近所の人に配る。
- (D) 1本だけ残して、残りは近所の人にあげる。

97 이 사람은 무를 어떻게 하려고 생각하고 있습니까?
- (A) 다섯 개 모두 회사에 가지고 가서 갖고 싶은 사람에게 나눠 준다.
- (B) 하나만 이웃에 살고 있는 사람에게 준다.
- (C) 전부 요리해서 이웃 사람에게 나눠 준다.
- (D) 하나만 남기고 나머지는 이웃 사람에게 준다.

해설 | 무에 대한 이야기는 마지막 문장에 나온다. 이 사람은 아버지가 직접 키운 무를 다섯 개나 받았지만, 요리를 거의 하지 않기 때문에 이 많은 무를 어떻게 처리해야 할지 고민했다. 그러다가 결국 무는 하나만 놔 두고 나머지는 이웃에게 주려고 생각하고 있다고 했으므로, 정답은 (D)가 된다. (A)는 '개수와 대상'이, (B)는 '개수'가, (C)는 '전부 요리해서'라는 설명이 잘못되었다.

어휘 | 会社(かいしゃ) 회사 持(も)つ 가지다, 들다
欲(ほ)しい 갖고 싶다, 필요하다 隣(となり) 옆, 이웃, 이웃집
住(す)む 살다, 거주하다 あげる (내가 남에게) 주다
全部(ぜんぶ) 전부 残(のこ)す 남기다 残(のこ)り 나머지

98~100 내가 하는 일

私の仕事は、企業からの依頼を受け、条件に見合った優秀な人材を他社から引き抜く、いわゆる「ヘッドハンター」である。今探している人材は、営業部長だ。全国規模で営業展開している企業から、東日本を統括できる人材が欲しい、との要望があったのだ。**98**実務経験が豊かで統率力のある人材を求めているようだ。四方八方を探してやっと「この人」と思う人を見付け、話を持ちかけたが、**99**転職には関心がないようで話が進まない。**100**有能な人材は見つかっても、その人がキャリアアップの転職を考えていない限り、すんなりとその気にさせるのは容易ではない。

내 업무는 기업으로부터 의뢰를 받아서 조건에 걸맞는 우수한 인재를 다른 회사에서 스카우트하는 소위 '헤드헌터'이다. 지금 찾고 있는 인재는 영업부장이다. 전국 규모로 영업 전개하고 있는 기업으로부터 동일본을 통괄할 수 있는 인재가 필요하다는 요망이 있었던 것이다. **98**실무 경험이 풍부하고 통솔력이 있는 인재를 찾고 있는 것 같다. 사방팔방을 찾아서 겨우 '이 사람'이라고 생각하는 사람을 찾아내서 이야기를 꺼냈지만 **99**이직에는 관심이 없는 듯해서 이야기가 진행되지 않는다. **100**유능한 인재는 발견되어도 그 사람이 경력 향상의 이직을 고려하고 있지 않는 한 쉽게 그럴 마음이 되게 하는 것은 쉽지 않다.

어휘 | 仕事(しごと) 일, 업무 企業(きぎょう) 기업
依頼(いらい) 의뢰 受(う)ける 받다 条件(じょうけん) 조건
見合(みあ)う 대응하다, 걸맞다 優秀(ゆうしゅう)だ 우수하다
人材(じんざい) 인재 他社(たしゃ) 타사, 다른 회사
引(ひ)き抜(ぬ)く (외부의 인재 등을) 빼돌리다, 스카우트하다
いわゆる 소위 ヘッドハンター 헤드헌터 今(いま) 지금

36

探(さが)す 찾다　営業(えいぎょう) 영업　部長(ぶちょう) 부장
全国(ぜんこく) 전국　規模(きぼ) 규모　展開(てんかい) 전개
東日本(ひがしにほん) 동일본 *일본의 동쪽 지역
統括(とうかつ) 통괄　欲(ほ)しい 갖고 싶다, 필요하다
要望(ようぼう) 요망　実務(じつむ) 실무　経験(けいけん) 경험
豊(ゆた)かだ 풍부하다　統率力(とうそつりょく) 통솔력
求(もと)める 찾다, 구하다, 바라다　~ようだ ~인 것 같다
四方八方(しほうはっぽう) 사방팔방　やっと 겨우, 간신히
見(み)つける 찾(아내)다, 발견하다　話(はなし) 이야기
持(も)ちかける (말 따위를) 꺼내다, 말을 걸다
転職(てんしょく) 전직, 이직　関心(かんしん) 관심
進(すす)む 나아가다, 진행되다　有能(ゆうのう)だ 유능하다
見(み)つかる 발견되다, 찾게 되다
キャリアアップ 커리어업, 경력 향상
考(かんが)える 생각하다, 고려하다
~ない限(かぎ)り ~하지 않는 한
すんなりと 척척, 순조롭게, 쉽게 *일이 저항없이 잘되는 모양
気(き) 마음　させる 시키다, 그렇게 하다 *「する」(하다)의 사역형
容易(ようい)だ 용이하다, 손쉽다

98 今探(いまさが)している人材(じんざい)はどんな人(ひと)ですか。
(A) マーケティングの知識(ちしき)があり、語学力(ごがくりょく)がある人(ひと)
(B) 経験(けいけん)が豊(ゆた)かで、組織(そしき)を束(たば)ねコントロールする力(ちから)がある人(ひと)
(C) 英語(えいご)が堪能(たんのう)で、海外(かいがい)でのビジネス経験(けいけん)がある人(ひと)
(D) 営業(えいぎょう)の現場(げんば)の第一線(だいいっせん)で働(はたら)く中堅(ちゅうけん)どころの人(ひと)

98 지금 찾고 있는 인재는 어떤 사람입니까?
(A) 마케팅 지식이 있고 어학 실력이 있는 사람
(B) 경험이 풍부하고 조직을 통솔해서 컨트롤할 힘이 있는 사람
(C) 영어가 뛰어나고 해외에서의 비즈니스 경험이 있는 사람
(D) 영업 현장의 제일선에서 일하는 중견에 해당하는 사람

해설ㅣ 이 사람의 직업은 '헤드헌터'로, 기업이 의뢰하면 그 조건에 맞는 인재를 다른 회사에서 스카우트해 오는 일을 한다. 지금은 전국 규모로 영업을 펼치고 있는 기업의 의뢰를 받아, 동일본을 통괄할 수 있는 영업부장에 적합한 인재를 찾고 있다고 했다. 그러면서 기업에서 원하는 것은 '실무 경험이 풍부하고 통솔력이 있는 인재'인 것 같다고 말하고 있으므로, 정답은 (B)가 된다. 나머지 선택지도 일반적인 '영업부장'의 조건이 될 수는 있지만, 지금 찾고 있는 인재상과는 거리가 있으므로 답이 될 수 없다.

어휘ㅣ マーケティング 마케팅　知識(ちしき) 지식
語学力(ごがくりょく) 어학력, 어학 실력　組織(そしき) 조직
束(たば)ねる 다스리다, 통솔하다　コントロール 컨트롤, 통제
力(ちから) 힘, 능력　英語(えいご) 영어
堪能(たんのう)だ 뛰어나다　海外(かいがい) 해외
ビジネス 비즈니스　現場(げんば) 현장
第一線(だいいっせん) (활동의) 제일선　働(はたら)く 일하다
中堅(ちゅうけん) 중견
~どころ (막연히) 정도가 ~에 상당하는 것, ~인 사람들

99 転職(てんしょく)の話(はなし)が進(すす)まない理由(りゆう)は何(なん)ですか。
(A) 企業(きぎょう)が提示(ていじ)している条件(じょうけん)と合(あ)わないから
(B) 見(み)つけた相手(あいて)が具体的(ぐたいてき)な説明(せつめい)を聞(き)く時間(じかん)がないから
(C) 見(み)つけた相手(あいて)が転職(てんしょく)すること自体(じたい)に乗(の)り気(き)ではないから
(D) 今(いま)の仕事(しごと)と業種業態(ぎょうしゅぎょうたい)が異(こと)なるから

99 이직 이야기가 진행되지 않는 이유는 무엇입니까?
(A) 기업이 제시하고 있는 조건과 맞지 않기 때문에
(B) 찾아낸 상대가 구체적인 설명을 들을 시간이 없기 때문에
(C) 찾아낸 상대가 이직하는 것 자체에 마음이 내키지 않기 때문에
(D) 지금 일과 업종 업태가 다르기 때문에

해설ㅣ 후반부에서 정답을 찾을 수 있다. 이 사람은 고생 끝에 기업이 원하는 인재를 찾았지만, 스카우트가 제대로 성사되지 않았다면서 아쉬움을 표시하고 있다. 그 이유는 찾아낸 상대가 이직에는 관심이 없는 것 같았기 때문이라고 했으므로, 정답은 상대가 이직 자체에 마음이 내키지 않기 때문이라고 한 (C)가 된다. 본문의 「関心(かんしん)がない」(관심이 없다)를 「乗(の)り気(き)ではない」(마음이 내키지 않다)로 바꿔 표현했다.

어휘ㅣ 提示(ていじ) 제시　合(あ)う 맞다　相手(あいて) 상대
具体的(ぐたいてき)だ 구체적이다　説明(せつめい) 설명
聞(き)く 듣다　時間(じかん) 시간　自体(じたい) 자체
乗(の)り気(き) 마음이 내킴　業種(ぎょうしゅ) 업종
業態(ぎょうたい) 업태, 영업·기업의 상태　異(こと)なる 다르다

100 この人(ひと)が感(かん)じていることはどれですか。
(A) 限(かぎ)られた人(ひと)だけがキャリアアップできる。
(B) キャリアアップのためには転職(てんしょく)しかない。
(C) 格好(かっこう)な人材(じんざい)が常(つね)に説得(せっとく)に応(おう)じるとは限(かぎ)らない。
(D) 有能(ゆうのう)な人(ひと)は引(ひ)く手(て)あまたである。

100 이 사람이 느끼고 있는 것은 어느 것입니까?
(A) 한정된 사람만이 경력 향상할 수 있다.
(B) 경력 향상을 위해서는 이직밖에 없다.
(C) 유능한 인재가 항상 설득에 응하는 것은 아니다.
(D) 유능한 사람은 와 달라고 하는 사람이 많다.

해설ㅣ 마지막 문장에서 이 사람은 유능한 인재를 찾더라도 그 사람이 이직을 고려하지 않는 한, 그 마음을 돌리기가 쉽지 않다면서 헤드헌터로서의 고충을 토로하고 있다. 따라서 정답은 (C)가 된다.

어휘ㅣ 感(かん)じる 느끼다　限(かぎ)る 제한하다, 한정하다
~だけ ~만, ~뿐　~しか (부정어 수반) ~밖에
格好(かっこう)だ 멋지다, 유능하다　常(つね)に 늘, 항상
説得(せっとく) 설득　応(おう)じる 응하다
~とは限(かぎ)らない (반드시) ~하다고는 할 수 없다, ~하는 것은 아니다
引(ひ)く手(て)あまた 와 달라고 하는 사람이 많은 것

37

101 2자 한자 발음 찾기

지난달에 귀여운 여자아이가 태어났습니다.

해설 | 「先月」은 '지난달'이라는 뜻으로, (B)의 「せんげつ」라고 읽는다.

어휘 | かわいい 귀엽다 女(おんな) 여자 子(こ) 아이
生(う)まれる 태어나다 さんげつ(山月) 산월, 산 위에 뜬 달

102 い형용사 발음 찾기

우리 집 개는 검습니다.

해설 | 「黒い」는 '검다'라는 뜻의 い형용사로, (C)의 「くろい」라고 읽는다. (A)의 「から(辛)い」는 '맵다', (B)의 「くら(暗)い」는 '어둡다', (D)의 「かる(軽)い」는 '가볍다'라는 뜻이다.

어휘 | 家(うち) 집 犬(いぬ) 개

103 2자 한자 발음 찾기

어제 물건이 도착했습니다.

해설 | 「品物」은 '물건, 물품, 상품'이라는 뜻으로, (C)의 「しなもの」라고 읽는다. (A)의 「しょくぶつ(植物)」는 '식물', (B)의 「こづつみ(小包)」는 '소포', (D)의 「しょうひん(商品)」은 '상품'이라는 뜻이다.

어휘 | 昨日(きのう) 어제 届(とど)く (보낸 물건이) 도착하다, 닿다

104 1자 한자 발음 찾기

이 지방은 쌀 생산량이 풍부하다.

해설 | 「米」는 '쌀'이라는 뜻으로, (D)의 「こめ」라고 읽는다.

어휘 | 地方(ちほう) 지방 生産量(せいさんりょう) 생산량
豊富(ほうふ)だ 풍부하다 こ(懲)り 질림 こつ(骨) 요령
こま(駒) (장기의) 말

105 な형용사 발음 찾기

그는 늘 남의 의견을 순순히 받아들이려고 하지 않는다.

해설 | 「素直」은 '순순함, 순진함. 고분고분함, 순수함'이라는 뜻의 な형용사로, (C)의 「すなお」라고 읽는다. 문제에서처럼 「素直(すなお)に」라고 하면 부사로 쓰여 '순순히'라는 뜻을 나타낸다. (A)의 「そっちょく(率直)」는 '솔직함', (B)의 「しょうじき(正直)」는 '정직함', (D)의 「そぼく(素朴)」는 '소박함'이라는 뜻이다.

어휘 | 彼(かれ) 그, 그 사람 いつも 늘, 항상 人(ひと) 남, 타인
意見(いけん) 의견 受(う)け入(い)れる 받아들이다
~(よ)うとしない ~하려고 하지 않다

106 동사 발음 찾기

친한 친구를 기만하다니 용서할 수 없다.

해설 | 「欺く」는 '속이다, 기만하다'라는 뜻의 동사로, (A)의 「あざむく」라고 읽는다. (B)의 「そむ(背)く」는 '어기다, 위반하다'라는 뜻으로 「法律(ほうりつ)に背(そむ)く」(법률을 위반하다)처럼 쓰고, (C)의 「なつ(懐)く」는 '(친숙해져서) 따르다'라는 뜻으로 「人(ひと)に懐(なつ)かない犬(いぬ)」(사람을 따르지 않는 개)처럼 쓴다. (D)의 「おもむ(赴)く」는 '(목적지로) 가다, 향하다'라는 뜻이다.

어휘 | 親友(しんゆう) 친우, 친한 친구 ~なんて ~하다니
許(ゆる)す 용서하다

107 2자 한자 발음 찾기

영국 외무장관이 우리나라를 방문하고 있다.

해설 | 「外相」은 '외상, 외무장관'이라는 뜻으로, (B)의 「がいしょう」라고 읽는다. 「相」은 「真相(しんそう)」(진상), 「諸相(しょそう)」(제상, 여러 모습)처럼 「そう」로 읽는 것이 일반적인데, 「外相(がいしょう)」(외상, 외무장관)와 「首相(しゅしょう)」(수상) 등은 「しょう」라고 읽으므로 주의해야 한다.

어휘 | イギリス 영국 我(わ)が国(くに) 우리나라
訪(おとず)れる 방문하다 がいそう(外装) 외장, 겉포장
かいしょう(解消) 해소 かいそう(回想) 회상

108 명사 한자 찾기

자세한 것은 접수처에서 물어주세요.

해설 | 「うけつけ」는 '접수(처)'라는 뜻으로, 한자로는 (D)의 「受付」라고 쓴다.

어휘 | 詳(くわ)しい 상세하다, 자세하다 聞(き)く 묻다

109 동사 한자 찾기

강도가 내 보석을 빼앗아 갔다.

해설 | 「うばう」는 '빼앗다'라는 뜻의 동사로, 한자로는 (A)의 「奪う」라고 쓴다.

어휘 | 強盗(ごうとう) 강도 宝石(ほうせき) 보석
盗(と)る 빼앗다, 훔치다

110 명사 한자 찾기

십수 년 만에 제자들에게 둘러싸여 감개무량합니다.

해설 | 「かんむりょう」는 '감개무량, 마음속에서 느끼는 감동이나 느낌이 끝이 없음'이라는 뜻으로, 한자로는 (A)의 「感無量」라고 쓴다.

어휘 | 十数(じゅうすう) (접두어적으로) 십수 ~年(ねん) ~년
~ぶりに ~만에 教(おし)え子(ご) 제자
~たち (사람이나 생물을 나타내는 말에 붙어) ~들
囲(かこ)む 둘러싸다, 에워싸다

111 대체 표현 찾기

은행 바로 옆에 우체국이 있습니다.
(A) 앞
(B) 옆
(C) 뒤
(D) 맞은편

해설 | 「となり(隣)」는 '옆, 이웃'이라는 뜻으로, 선택지 중 바꿔 쓸 수 있는 것은 (B)의 「よこ(横)」(옆)가 된다. (A)의 「まえ(前)」는 '(장소·시간의) 전, 앞', (C)의 「うし(後)ろ」는 '뒤, 뒤쪽', (D)의 「む(向)こう」는 '맞은편, 저쪽'이라는 뜻이다.

어휘 | 銀行(ぎんこう) 은행 すぐ 바로
郵便局(ゆうびんきょく) 우체국

112 대체 표현 찾기

오랜만에 만난 친구와 저녁을 <u>먹으려던 참입니다.</u>
(A) 이제부터 먹기 시작합니다
(B) 지금 먹고 있습니다
(C) 이제 곧 다 먹습니다
(D) 마침 다 먹었습니다

해설 | 「동사의 기본형+ところだ」는 '막 ~하려던 참이다'라는 뜻으로, 어떤 동작을 하기 직전의 상태를 나타내는 표현이다. 선택지 중 이와 같은 뜻을 나타내는 표현은 (A)의 「これから食(た)べ始(はじ)めます」(이제부터 먹기 시작합니다)로, 「동사의 ます형+始(はじ)める」는 '~하기 시작하다'라는 뜻이다. 한편 (C)와 (D)에 쓰인 「동사의 ます형+終(お)わる」는 '다 ~하다'라는 뜻으로, 동작의 완료를 나타내는 표현이다.

어휘 | 久(ひさ)しぶり 오랜만임 会(あ)う 만나다
友達(ともだち) 친구 晩(ばん)ご飯(はん) 저녁(식사)
食(た)べる 먹다 これから 이제부터, 앞으로 今(いま) 지금
もうすぐ 이제 곧 ちょうど 마침, 막

113 대체 표현 찾기

밤늦게 혼자서 걸으면 <u>위험하다.</u>
(A) 쓸쓸하다
(B) 엄격하다
(C) 위험하다
(D) 시끄럽다

해설 | 「きけん(危険)だ」는 '위험하다'라는 뜻의 な형용사이므로, 선택지 중 바꿔 쓸 수 있는 い형용사는 (C)의 「あぶ(危)ない」(위험하다)가 된다. (A)의 「さび(寂)しい」는 '쓸쓸하다', (B)의 「きび(厳)しい」는 '엄격하다', (D)의 「うるさい」는 '시끄럽다, 까다롭다'라는 뜻이다.

어휘 | 夜(よる) 밤 遅(おそ)く 늦게 1人(ひとり)で 혼자서
歩(ある)く 걷다

114 대체 표현 찾기

<u>와타나베 씨는 잘 잊어버리니까</u> 또 제출기한을 잊고 있는 거 아니야?
(A) 와타나베 씨니까
(B) 와타나베 씨에 한해서
(C) 와타나베 씨라고 해서
(D) 와타나베 씨뿐만 아니라

해설 | 「忘(わす)れっぽい」는 '잘 잊어버리다, 건망증이 있다'라는 뜻이다. 「동사의 ます형+っぽい」는 '~인 경향이 있다, 잘 ~하다'라는 뜻의 문법표현으로, 밑줄 친 「渡辺(わたなべ)さんは忘(わす)れっぽいから」는 '와타나베 씨는 잘 잊어버리니까'라는 뜻이다. 선택지 중 바꿔 쓸 수 있는 것은 (A)의 「渡辺(わたなべ)さんのことだから」(와타나베 씨니까)로, 「~ことだから」(~이니까)는 어떤 개인의 성격이나 행동 패턴에 근거해 판단을 내릴 때 쓴다. (B)의 「~に限(かぎ)って」는 '~에 한해서, ~만은'이라는 뜻이고, (C)의 「명사의 보통형+からといって」(~라고 해서)는 '앞 문장에 있는 것이 반드시 뒤 문장의 내용을 결정하는 것은 아니다'라는 뜻으로 「お金持(かねも)ちだからといって、幸(しあわ)せとは限(かぎ)らない」(부자라고 해서 행복하다고는 할 수 없다)처럼 쓴다. (D)의 「~に限(かぎ)らず」(~에 한하지 않고, ~뿐만 아니라)는 '앞에서 말한 상황이나 조건을 받아서 그것

만이 아니다'라는 뜻으로, 「あのレストランは週末(しゅうまつ)に限(かぎ)らず、平日(へいじつ)もお客(きゃく)が多(おお)いそうだ」(저 레스토랑은 주말뿐만 아니라 평일에도 손님이 많다고 한다)처럼 쓴다.

어휘 | また 또 提出(ていしゅつ) 제출 期限(きげん) 기한
忘(わす)れる 잊다

115 대체 표현 찾기

개인적인 질문에는 <u>대답할 수 없습니다.</u>
(A) 대답하겠습니다
(B) 대답하게 하겠습니다
(C) 대답할 수 없습니다
(D) 대답하게 하지 않겠습니다

해설 | 「동사의 ます형+かねる」는 '~하기 어렵다, ~할 수 없다'라는 뜻으로, 「言(い)い出(だ)しかねる」(말을 꺼내기 어렵다), 「決(き)めかねる」(결정할 수 없다), 「見(み)るに見(み)かねる」(차마 볼 수 없다)처럼 쓴다. 밑줄 친 「答(こた)えかねます」는 '대답할 수 없습니다'라는 뜻이므로, 선택지 중 바꿔 쓸 수 있는 것은 (C)의 「答(こた)えられません」(대답할 수 없습니다)이 된다.

어휘 | 個人的(こじんてき)だ 개인적이다
質問(しつもん) 질문 答(こた)える 대답하다

116 대체 표현 찾기

아무리 <u>나이를 속여도</u> 얼굴 주름을 보면 들켜 버려.
(A) 잠에 취해 멍해도
(B) 나이를 속여도
(C) 후하게 봐도
(D) 화가 나도

해설 | 「鯖(さば)を読(よ)む」(수량을 속이다, 수량을 속여서 이득을 취하다)에서 「鯖(さば)」는 '고등어', 「読(よ)む」는 '(수를) 헤아리다'라는 뜻으로, 고등어를 세는 데 있어서 서둘러 수를 세고, 그때 숫자를 속이는 경우가 많았던 것에서 나온 관용표현이다. 이때의 「~た[だ]って」(~해도)는 '~ても'의 뜻으로 「동사의 た형+とて」의 준말이다. 후반부의 '얼굴 주름을 보면 들켜 버린다'라는 내용으로 볼 때 「鯖(さば)を読(よ)んだって」는 '나이를 속여도'라는 뜻으로 쓰였다는 것을 알 수 있다. 따라서 선택지 중 바꿔 쓸 수 있는 것은 (B)의 「年(とし)をごまかしたって」(나이를 속여도)가 된다.

어휘 | いくら 아무리 顔(かお) 얼굴 しわ 주름
見(み)る 보다 ~たら ~하면 ばれる 들키다
~ちゃう ~해 버리다, ~하고 말다 *「~てしまう」(~해 버리다)의 준말 寝(ね)ぼける 잠에 취해 멍하다 年(とし) 나이
ごまかす 속이다 甘(あま)い (태도가) 너그럽다, 무르다, 후하다
むっとする (불끈) 화가 나다

117 「そうだ」의 용법 구분

비가 내리기 시작할 <u>것 같습니다.</u>
(A) 오사카에는 사장님이 가신다고 합니다.
(B) 올해 겨울은 따뜻하다고 합니다.
(C) 도쿄는 지금 눈이 내리고 있다고 합니다.
(D) 오늘 밤은 푹 잘 수 있을 것 같습니다.

해설 | 「~そうだ」는 접속 형태에 따라 그 뜻이 달라지는데, 「동사의 ます형·い형용사의 어간·な형용사의 어간+そうだ」는 '~일[할] 것 같다'라는 뜻의 양태를 나타내고, 「품사의 보통형+そうだ」는 '~라고 한

다'라는 뜻의 전문을 나타낸다. 문제의 「~そうだ」는 「降(ふ)り出(だ)す」((비ㆍ눈 등이) 내리기 시작하다)라는 동사의 「ます형」에 접속했으므로, 양태의 용법으로 쓰인 것을 알 수 있다. 선택지 중 이와 같은 용법으로 쓰인 것은 (D)로, 나머지 선택지는 전문의 용법으로 쓰였다.

어휘 | 雨(あめ) 비 大阪(おおさか) 오사카 *지명
社長(しゃちょう) 사장 行(い)かれる 가시다 *「行(い)く」(가다)의 수동형으로 여기서는 존경의 뜻으로 쓰임 今年(ことし) 올해
冬(ふゆ) 겨울 暖(あたた)かい 따뜻하다
東京(とうきょう) 도쿄 *지명 今(いま) 지금 雪(ゆき) 눈
今晩(こんばん) 오늘 밤 ゆっくり 느긋하게, 푹
眠(ねむ)る 자다, 잠자다, 잠들다

118 「出す」의 의미 구분
냉장고에서 우유를 꺼내서 그 컵에 담아 주세요.
(A) 책상 위에 연필만 꺼내세요.
(B) 우체국에 가서 편지를 부치고 올게.
(C) 내일 5시까지 숙제를 제출해 주세요.
(D) 이 팸플릿은 정부가 발행하고 있다.

해설 | 동사 「出(だ)す」는 '꺼내다, (편지 등을) 부치다, (책 등을) 내다' 등의 뜻이 있는데, 문제에서는 '꺼내다'라는 뜻으로 쓰였다. 문제와 같은 의미로 쓰인 것은 (A)로, (B)의 「出(だ)す」는 '(편지 등을) 부치다', (C)는 '(작품 등을) 내다, 제출하다', (D)는 '(책 등을) 내다, 출판하다, 발행하다'라는 뜻으로 쓰였다.

어휘 | 冷蔵庫(れいぞうこ) 냉장고 牛乳(ぎゅうにゅう) 우유
コップ 컵 入(い)れる 넣다, 담다 ~てください ~해 주세요
机(つくえ) 책상 上(うえ) 위 鉛筆(えんぴつ) 연필
~だけ ~만, ~뿐 郵便局(ゆうびんきょく) 우체국
手紙(てがみ) 편지 明日(あした) 내일 宿題(しゅくだい) 숙제
パンフレット 팸플릿, 소책자 政府(せいふ) 정부

119 「ほど」의 용법 구분
얼굴을 보고 싶지 않을 만큼 그를 싫어한다.
(A) 파티에는 30명 정도 모였다.
(B) 오늘 일은 죽을 만큼 피곤했다.
(C) 우리나라는 일본만큼 덥지 않다.
(D) 인간은 나이가 들수록 좋은 얼굴이 된다.

해설 | 문제의 「~ほど」는 '~정도, ~만큼'이라는 뜻으로, 앞에 비교의 기준이 되는 내용이 와서 극한의 정도를 나타낸다. 선택지 중 이와 같은 뜻으로 쓰인 것은 (B)로, (A)는 숫자를 나타내는 말에 접속해 대략적인 수량을, (C)는 「~ほど~ない」(~만큼 ~하지 않다)의 형태로 비교를, (D)는 「~ば~ほど」((~하면) ~할수록)의 형태로 비례를 나타낸다.

어휘 | 顔(かお) 얼굴 嫌(きら)いだ 싫어하다 パーティー 파티
集(あつ)まる 모이다 今日(きょう) 오늘 仕事(しごと) 일
死(し)ぬ 죽다 疲(つか)れる 지치다, 피로해지다
国(くに) 국가, 나라 暑(あつ)い 덥다 人(ひと) 사람, 인간
年(とし)を取(と)る 나이를 먹다 良(よ)い 좋다

120 「ところで」의 용법 구분
지금부터 노력해 봤자 결과는 뻔하다.
(A) 부탁드려 봤자 (상대방이) 들어줄 수 있을 리가 없다.
(B) 최종 주자는 골인한 상황에서 정신을 잃고 말았다.
(C) 이 제품은 산 곳에서 수리를 맡아준다고 한다.
(D) 범인이 진실을 이야기한 상황에서 영화가 끝났다.

해설 | 「동사의 た형+ところで」는 '~해 봤자, ~한들'이라는 뜻으로, 그 일을 시도해도 결과적으로는 별 의미가 없다는 부정적인 뉘앙스를 나타내는 표현이다. 선택지 중 이와 같은 뜻으로 쓰인 것은 (A)로, (B)와 (D)의 「ところ(所)」는 '(어떤 특정한) 시점ㆍ상황', (C)는 '곳, 데, 장소'라는 뜻으로 쓰였다.

어휘 | 今(いま)から 지금부터
頑張(がんば)る 열심히 하다, 노력하다, 분발하다
結果(けっか) 결과 目(め)に見(み)える (「目(め)に見(み)えている」의 꼴로) 결과를 뻔히 알 수 있다
お+동사의 ます형+する ~하다, ~해 드리다 *겸양표현
願(ねが)う 부탁하다
聞(き)く (충고 등을) 듣다, 받아들이다, 들어주다
~てもらう (남에게) ~해 받다, (남이) ~해 주다
~わけがない ~일 리가 없다 最終(さいしゅう) 최종
ランナー 러너, 주자 ゴールイン 골인
気(き)を失(うしな)う 정신을 잃다 製品(せいひん) 제품
買(か)う 사다 修理(しゅうり) 수리
請(う)け負(お)う 책임지고 맡다
~てくれる (남이 나에게) ~해 주다
품사의 보통형+そうだ ~라고 한다 *전문
犯人(はんにん) 범인 真実(しんじつ) 진실
話(はな)す 말하다, 이야기하다 映画(えいが) 영화
終(お)わる 끝나다

121 시제 오용 (D) します → しました

어제는 목욕하고 나서 음악을 들으면서 한자 공부를 <u>했습니다</u>.

해설 | 「昨日(きのう)」(어제)라는 단어가 포인트. 어제의 일과에 대해서 이야기하고 있으므로, 현재형을 쓴 (D)의 「します」(합니다)는 문장과는 맞지 않는다. 이 경우 과거형에 해당하는 「しました」(했습니다)로 고쳐야 한다.

어휘 | 昨日(きのう) 어제　お風呂(ふろ)に入(はい)る 목욕하다
～てから ～하고 나서, ~한 후에　音楽(おんがく) 음악
聞(き)く 듣다　동사의 ます형+ながら ～하면서 *동시동작
漢字(かんじ) 한자　勉強(べんきょう) 공부

122 조사 오용 (C) に → で

야마다 씨가 읽고 있는 잡지는 내 남동생이 역<u>에서</u> 사 온 것입니다.

해설 | (C)의 「～に」(～에)는 무언가가 존재하는 장소를 나타내는 조사로, 문장과는 맞지 않는다. 「駅(えき)」(역)는 뒤에 오는 「買(か)って来(き)た」(사 왔다)라는 행위가 이루어지는 장소에 해당하므로, (C)는 어떤 행위가 이루어지는 장소를 나타내는 조사 「～で」(～에서)로 고쳐야 한다.

어휘 | 読(よ)む 읽다　雑誌(ざっし) 잡지
弟(おとうと) (자신의) 남동생　買(か)う 사다
もの(物) (어떤 형태를 갖춘) 것, 물건

123 표현 오용 (D) 見せました → 言いました

"여기에서는 담배를 피우지 말아 주세요"라고 경리인 사토 씨가 <u>말했습니다</u>.

해설 | (D)의 「見(み)せました」(보였습니다)는 「見(み)せる」(보이다, 보여 주다)의 정중 과거형에 해당하는 표현으로, 앞에 나오는 '여기에서는 담배를 피우지 말아 주세요'라는 여자의 행위와 어울리지 않는다. 문맥상 (D)는 「言(い)う」(말하다) 동사를 활용하여 「言(い)いました」(말했습니다)로 고쳐야 한다.

어휘 | ここ 여기, 이곳　たばこを吸(す)う 담배를 피우다
～ないでください ～하지 말아 주십시오, ～하지 마세요
経理(けいり) 경리

124 조사 오용 (C) を → に

집에서 학교까지는 이 전철을 타고 15분 정도 걸립니다.

해설 | (C) 뒤에 있는 「乗(の)る」(탈것에) 타다)는 조사 「に」를 취하는 동사로, 항상 「～に乗(の)る」(～을 타다)의 형태로 쓰인다. 따라서 (C)의 「～を」(～을)는 「～に」로 고쳐야 한다.

어휘 | 家(いえ) 집　～から～まで ～부터 ～까지
学校(がっこう) 학교　電車(でんしゃ) 전철　～ぐらい ～정도
かかる (시간이) 걸리다

125 부사 오용 (D) たくさん → よく

어릴 때 집 근처에 있던 공원에서 친구와 <u>자주</u> 놀았습니다.

해설 | (D)의 「たくさん」(많이)은 수량이 많거나 충분한 모양을 나타내는 부사로 문장과는 어울리지 않는다. 공원에서 친구들과 논 것은 수나 양이 아니라 빈도에 해당하므로, 「たくさん」(많이)은 「よく」(자주)로

고쳐야 한다.

어휘 | 子供(こども) 아이　時(とき) 때　家(いえ) 집
近(ちか)く 가까운 곳, 근처　公園(こうえん) 공원
友達(ともだち) 친구　遊(あそ)ぶ 놀다

126 표현 오용 (A) 作(つく)って → して

그녀가 부상을 <u>입어서</u> 입원했다는 뉴스를 듣고 깜짝 놀랐습니다.

해설 | '부상을 입다'라는 표현은 「怪我(けが)をする」라고 한다. 따라서 (A)의 「作(つく)って」(만들어)는 「する」(하다)의 て형에 해당하는 「して」로 고쳐야 한다.

어휘 | 入院(にゅういん) 입원　～という ～라는　ニュース 뉴스
聞(き)く 듣다　びっくりする 깜짝 놀라다

127 접속 형태 오용 (A) しよう → する

예습을 할 생각이었지만 너무 놀아서 시간이 없어졌다.

해설 | 「～つもりだ」(~할 생각[작정]이다)는 동사의 보통형에 접속해서 앞으로의 계획이나 의지를 나타내는 표현이다. 따라서 의지형을 쓴 (A)의 「しよう」(하자, 하겠다)는 동사의 보통형인 「する」(하다)로 고쳐야 한다.

어휘 | 予習(よしゅう) 예습　遊(あそ)ぶ 놀다
동사의 ます형+すぎる 너무 ～하다　時間(じかん) 시간
無(な)くなる 없어지다

128 자·타동사 오용 (A) 壊(こわ)していた → 壊(こわ)れていた

자명종이 고장 나 있었기 때문에 늦잠을 자서 회의에 지각해 버렸다.

해설 | (A)의 「壊(こわ)していた」(고장 내고 있었다)에서 기본형인 「壊(こわ)す」는 '부수다, 망가뜨리다, 고장 내다'라는 뜻의 타동사로, 앞에는 목적격 조사인 「～を」(～을)가 와야 한다. 그러나 문제는 앞에 「目覚(めざ)まし時計(どけい)が」(자명종이)라는 표현이 있으므로, (A)는 자동사인 「壊(こわ)れる」(부서지다, 망가지다, 고장 나다)를 써서 「壊(こわ)れていた」(고장 나 있었다)로 고쳐야 한다.

어휘 | 目覚(めざ)まし時計(どけい) 자명종
朝寝坊(あさねぼう)をする 늦잠을 자다　会議(かいぎ) 회의
遅刻(ちこく) 지각

129 표현 오용 (B) で → に

형 결혼식으로 오랜만에 사촌들이 모두 모였습니다.

해설 | 「久(ひさ)しぶり」는 '오랜만임'이라는 뜻의 명사로, 「久(ひさ)しぶりに」의 꼴로 써서 '오랜만에'라는 뜻의 부사가 된다. 따라서 (B)의 「久しぶりで」는 「久(ひさ)しぶりに」로 고쳐야 한다.

어휘 | 兄(あに) (자신의) 형, 오빠　結婚式(けっこんしき) 결혼식
いとこ(従兄弟) 사촌
～たち (사람이나 생물을 나타내는 말에 붙어) ～들
みんな 모두　集(あつ)まる 모이다

130 조사 오용 (C) まで → までに

과장님이 정오 무렵에 보고 싶다고 해서 서류를 12시<u>까지</u> 만들지 않으면 안 된다.

41

해설ㅣ「~まで」와 「~までに」를 구분할 수 있는지 묻는 문제. 「~まで」와 「~までに」는 둘 다 우리말로는 '~까지'로 해석되지만, 그 의미에는 차이가 있다. 예를 들어 「5時(ごじ)まで」(5시까지)라고 하면 「図書館(としょかん)で9時(くじ)から5時(ごじ)まで勉強(べんきょう)した」(도서관에서 9시부터 5시까지 공부했다)처럼 '어떤 동작이나 상태가 계속됨'을 나타내고, 「5時(ごじ)までに」(5시까지)라고 하면 「明日(あした)、5時(ごじ)までに来(き)てください」(내일 5시까지 오세요)처럼 '늦어도 ~까지'라는 최종 기한을 나타내서, 5시 이전에 어떤 동작이 완료됨을 나타낸다. 문제는 12시까지 서류 작성이 완료되어야 한다는 뜻이므로, (C)의 「~まで」는 「~までに」로 고쳐야 한다.

어휘ㅣ課長(かちょう) 과장 お昼(ひる) 낮, 정오경 見(み)る 보다
동사의 ます형+たい ~하고 싶다 言(い)う 말하다
書類(しょるい) 서류 作(つく)る 만들다
~なければならない ~하지 않으면 안 된다, ~해야 한다

131 표현 오용 (D) して → なって

아까부터 누군가가 내 뒤를 밟고 있는 것 같아서 아무래도 신경이 쓰여 견딜 수가 없다.

해설ㅣ(D)의 「気(き)にする」는 '(의식적으로) 신경을 쓰다, 걱정하다'라는 뜻으로, 뒤에 나오는 「~てしかたがない」(~해서 견딜 수가 없다)라는 표현과 어울리지 않는다. 이 경우 자신의 의지와는 상관없이 일어나는 상황을 나타내는 표현이 와야 하므로, (D)는 「気(き)になる」(〈무심코〉 걱정되다, 〈저절로〉 신경 쓰이다)를 써서, 「して」(써서)를 「なって」(쓰여서)로 고쳐야 한다. 참고로 (A)의 「先程(さきほど)」(아까, 조금 전)는 「さっき」(아까, 조금 전)의 격식 차린 표현이고, (B)의 「跡(あと)をつける」는 '뒤를 밟다, 미행하다', (C)의 「どうも」는 '(부정어 수반) 아무래도, 도무지'라는 뜻으로 쓰였다.

어휘ㅣ誰(だれ)か 누군가 ~ようだ ~인 것 같다, ~인 듯하다

132 부사 오용 (A) 間(ま)もない → 間(ま)もなく

곧 상행열차가 도착하오니, 승차하시는 분은 두 줄로 서서서 기다려 주십시오.

해설ㅣ(A)의 「間(ま)もない」는 보통 「~て間(ま)もない」의 형태로 써서 '(~한 지) 얼마 안 되다'라는 뜻을 나타내는 표현으로, 문장과는 맞지 않는다. 문맥상 (A)에는 '시간적으로 멀지 않은 어느 때'를 가리키는 부사가 와야 하므로, 「間(ま)もない」는 「間(ま)もなく」(곧, 머지않아)로 고쳐야 한다.

어휘ㅣ上(のぼ)り列車(れっしゃ) 상행열차
到着(とうちゃく) 도착 致(いた)す 하다 *する의 겸양어
乗車(じょうしゃ) 승차 方(かた) 분 列(れつ) 열, 줄
お+동사의 ます형+になる ~하시다 *존경표현
並(なら)ぶ (나란히) 늘어서다, (줄을) 서다
お+동사의 ます형+ください ~해 주십시오 *존경표현
待(ま)つ 기다리다

133 접속 형태 오용 (C) なる → なり

이번 강연은 정원이 되는대로 신청을 마감하겠습니다.

해설ㅣ「~次第(しだい)」(~하자마자, ~하는 대로)는 동사의 ます형에 접속해서 어떤 동작의 완료와 동시에 다른 동작이 시작됨을 나타내는 표현이다. 따라서 기본형을 쓴 (C)의 「なる」(되다)는 ます형에 해당하는 「なり」(되는)로 고쳐야 한다.

어휘ㅣ今回(こんかい) 이번 講演(こうえん) 강연
定員(ていいん) 정원 申(もう)し込(こ)み 신청

締(し)め切(き)る 마감하다 ~(さ)せていただく ~하다 *겸양표현

134 문법표현 오용 (B) するに → すると

당기 실적으로 보면 대폭적인 이익을 예상할 수 있을 것 같다.

해설ㅣ'당기 실적'은 뒤에 있는 '대폭적인 이익 예상'의 근거에 해당하는 내용이므로, 두 내용 사이에는 어떤 판단의 근거를 나타내는 표현이 와야 한다. 따라서 (B)에는 '~로 보면, ~으로 판단할 때'라는 뜻의 「~からすると」라는 표현이 와야 하므로, 「するに」는 「すると」로 고쳐야 한다.

어휘ㅣ今期(こんき) 금기, 이번 시기, 이번 기간, 당기
業績(ぎょうせき) 업적, 실적 大幅(おおはば)だ 대폭적이다
利益(りえき) 이익 見込(みこ)む 전망하다, 예상하다
동사의 ます형+そうだ ~일[할] 것 같다 *양태

135 어휘 오용 (C) 解答(かいとう) → 解決(かいけつ)

주민과의 대화를 빼고는 기지 문제의 해결은 있을 수 없다.

해설ㅣ주민과의 대화를 통해 얻으려는 것이 기지 문제에 있어서 무엇인지를 생각해 본다. (C)의 「解答(かいとう)」(해답)는 질문이나 의문을 풀이한다는 뜻으로, 문장과는 맞지 않는다. 이 경우 '제기된 문제를 잘 처리하거나 얽힌 일을 풀어냄'이라는 뜻을 나타내는 「解決(かいけつ)」(해결)로 고쳐야 한다.

어휘ㅣ住民(じゅうみん) 주민 対話(たいわ) 대화
~を抜(ぬ)きにしては ~을 빼고는[제외하고는]
基地(きち) 기지, 군대, 탐험대 따위의 활동의 기점이 되는 근거지
問題(もんだい) (해결해야 할) 문제 あり得(え)ない 있을 수 없다

136 문법표현 오용 (D) 上(うえ)で → 上(うえ)に

고급 화장품을 쓰기 시작했더니, 기분 탓인지 피부가 깨끗해진 데다가 주름도 없어졌다.

해설ㅣ(D)의 「~上(うえ)で」(~한 후에, ~한 다음에)는 일의 순서를 나타내는 표현으로 문장과는 맞지 않는다. 문맥상 (D)에는 앞의 조건보다 더한 상황이 추가되었다는 뜻의 표현이 와야 하므로, (D)는 '~인 데다가, ~에 더해'라는 뜻의 「~上(うえ)に」로 고쳐야 한다.

어휘ㅣ高級(こうきゅう) 고급 化粧品(けしょうひん) 화장품
使(つか)う 쓰다, 사용하다
동사의 ます형+始(はじ)める ~하기 시작하다 気(き) 기분
せい 탓 肌(はだ) 피부 綺麗(きれい)だ 깨끗하다
しわ 주름 無(な)くなる 없어지다

137 표현 오용 (B) 就職(しゅうしょく)して → 就(つ)いて

설령 어떤 직업에 종사하고 있더라도 건강관리를 제대로 하는 것은 중요하다.

해설ㅣ(B)의 「就職(しゅうしょく)する」(취직하다)는 「銀行(ぎんこう)に就職(しゅうしょく)する」(은행에 취직하다)처럼 '일정한 직업을 잡아 직장에 나가다'라는 뜻으로, 문장과는 맞지 않는다. 문맥상 (B)에는 '종사하다, 어떤 일을 일삼아서 하다'라는 뜻의 동사가 와야 하므로, (B)는 「就(つ)く」(종사하다)의 て형인 「就(つ)いて」(종사하고)로 고쳐야 한다.

어휘ㅣたとえ~ても 설령[설사] ~라도 どんな 어떤
職業(しょくぎょう) 직업 健康(けんこう) 건강
管理(かんり) 관리 きちんと 제대로, 확실히
重要(じゅうよう)だ 중요하다

138 관용표현 오용 (C) 持ち → 付け

주최자는 학생들이 이 교류를 통해 풍부한 국제 감각을 몸에 <u>익히고</u> 성장할 것이라고 확신했다.

해설 | 전반부의 '이 교류를 통해 풍부한 국제 감각을'과 후반부의 '성장할 것이라고 확신했다'를 자연스럽게 연결해 줄 수 있는 표현을 생각해 본다. 문맥상 중간에는 '(학문·기술 등을) 익히다'라는 뜻을 나타내는 표현이 와야 하는데, 앞에 「身(み)」(몸)라는 단어가 있으므로 「身(み)に付(つ)ける」((기술 등을) 몸에 익히다, 습득하다)라는 표현을 써야 한다. 따라서 (C)의 「持(も)ち」(갖고)는 「付(つ)け」((몸에) 익히고)로 고쳐야 한다.

어휘 | 主催者(しゅさいしゃ) 주최자
学生(がくせい) 학생, (특히) 대학생
~たち (사람이나 생물을 나타내는 말에 붙여) ~들
交流(こうりゅう) 교류 ~を通(つう)じて ~을 통해서
豊(ゆた)かだ 풍부하다 国際(こくさい) 국제
感覚(かんかく) 감각 成長(せいちょう) 성장
確信(かくしん) 확신

139 문법표현 오용 (D) かたい → かたくない

인명에 관련된 그의 직무에 실수는 허용되지 않아서 상당한 정신적인 피로가 있었던 것은 상상하기에 <u>어렵지 않다</u>.

해설 | 인명에 관계된 엄중한 직무를 맡았다면 그로 인해 상당한 정신적인 피로가 있었음을 짐작할 수 있다. (D)의 「かた(難)い」(어렵다, 힘들다)는 「攻(せ)めるにかた(難)い城(しろ)」(공격하기 어려운 성)처럼 쓰는 표현으로, 문장과는 맞지 않다. 문맥상 문말에는 '~하기에 어렵지 않다, 쉽게 ~할 수 있다'라는 뜻의 「~にかた(難)くない」라는 표현을 써야 하므로, (D)의 「かた(難)い」는 「かた(難)くない」로 고쳐야 한다.

어휘 | 人命(じんめい) 인명 ~にかかわる ~에 관련된
職務(しょくむ) 직무 失敗(しっぱい) 실패, 실수
許(ゆる)す 허락하다, 허가하다, 허용하다 ~ず ~하지 않아서
相当(そうとう) 상당, 상당함 心労(しんろう) 심로, 정신적인 피로
想像(そうぞう) 상상

140 관용표현 오용 (C) 起き → 差し

명문 출신을 자랑하던 오만한 말투에 싫증이 나서 그와 절교해 버렸다.

해설 | 전반부의 '오만한 말투'와 후반부의 '절교해 버렸다'를 자연스럽게 연결해 줄 수 있는 표현을 찾는다. 문맥상 중간에는 '싫다, 짜증이 나다'라는 뜻을 나타내는 표현이 와야 하는데, 앞에 「嫌気(いやけ)」(싫은 마음, 싫증)라는 단어가 있으므로 「嫌気(いやけ)が差(さ)す」(싫증이 나다, 지겹다)라는 표현을 써야 한다. 따라서 (C)의 「起(お)き」(생겨서)는 「差(さ)し」(나서)로 바꿔야 한다.

어휘 | 名門(めいもん) 명문 出(で) 출신
鼻(はな)にかける 자랑하다 傲慢(ごうまん)だ 오만하다
口調(くちょう) 말투 絶交(ぜっこう) 절교

PART 7 | 공란메우기

141 적절한 표현 찾기

저는 <u>단것</u>을 좋아합니다.

해설 | 공란 뒤에 「~が好(す)きです」(~을 좋아합니다)라는 표현이 있으므로, 공란에는 명사가 와야 한다. 그러나 선택지에는 명사가 없어서 당황할 수도 있는데, 「甘(あま)い」(달다) 뒤에 형식 명사 「の」(것)를 접속한 (C)의 「甘(あま)いの」(단것)가 명사에 해당하므로, 이것이 정답이다.

어휘 | 私(わたし) 나, 저

142 적절한 표현 찾기

그 남자는 지난주에 레스토랑에서 <u>만난</u> 사람입니다.

해설 | 「先週(せんしゅう)」(지난주)라는 단어가 포인트. 즉, '그 남자는 과거에 만났던 사람'이라는 뜻이므로, 공란에는 과거형이 와야 한다는 것을 알 수 있다. 따라서 정답은 (C)의 「会(あ)った」(만난)가 된다.

어휘 | 男(おとこ) 남자 人(ひと) 사람 レストラン 레스토랑
会(あ)う 만나다

143 적절한 부사 찾기

어제도 더웠지만 오늘은 <u>더</u> 덥네요.

해설 | '어제도 더웠지만 오늘은 ~ 덥네요'라고 했으므로, 공란에는 정도가 한층 심해짐을 나타내는 부사가 들어가야 한다. (A)의 「全部(ぜんぶ)」는 '전부, 모두', (B)의 「もっと」는 '더, 더욱', (C)의 「たくさん」은 '많

이', (D)의 「よく」는 '잘, 자주'라는 뜻이므로, 정답은 (B)가 된다.

어휘 | 昨日(きのう) 어제 暑(あつ)い 덥다 今日(きょう) 오늘

144 적절한 조사 찾기

하야시 씨가 인기가 있는 것은 상냥하기 때문입니다.

해설 | 하야시 씨의 인기 비결은 상냥함 때문이므로, 공란에는 어떤 일의 원인이나 까닭을 나타내는 조사가 와야 한다. 선택지 중 이와 같은 뜻을 나타내는 조사는 (C)의 「~から」(~때문)와 (D)의 「~ので」(~이기 때문)인데, 이 중 「~です」(~입니다)에 접속할 수 있는 조사는 (C)의 「~から」(~때문)로, 「~のでです」와 같은 표현은 쓰지 않는다. 따라서 정답은 (C)가 된다.

어휘 | 人気(にんき) 인기 優(やさ)しい 상냥하다
~のに ~는데(도)

145 적절한 동사 찾기

하루 종일 걸어서 다리가 아파졌습니다.

해설 | 공란 뒤에 「足(あし)が痛(いた)くなりました」(다리가 아파졌습니다)라는 표현이 있으므로, 공란에는 다리가 아픈 원인이 될 만한 동사가 와야 한다. (A)의 「笑(わら)う」는 '웃다', (B)의 「泣(な)く」는 '울다', (C)의 「歩(ある)く」는 '걷다', (D)의 「食(た)べる」는 '먹다'라는 뜻이므로, 정답은 (C)가 된다.

어휘 | 1日中(いちにちじゅう) 하루 종일

146 적절한 동사 찾기

여름이 되면 바다에 <u>수영하러</u> 가고 싶네요.

해설 | 공란 앞의 「海(うみ)」(바다)와 어울리는 동사를 찾는다. (A)의 「帯(お)びる」는 '띠다, 머금다', (B)의 「洗(あら)う」는 '씻다', (C)의 「渡(わた)る」는 '(길을) 지나다, 건너다', (D)의 「泳(およ)ぐ」는 '헤엄치다, 수영하다'라는 뜻이므로, 정답은 (D)가 된다.

어휘 | 夏(なつ) 여름 ~になる ~이 되다
동사의 ます형+に ~하러 *동작의 목적 行(い)く 가다
동사의 ます형+たい ~하고 싶다

147 적절한 부사 찾기

버스가 <u>좀처럼</u> 오지 않습니다.

해설 | 공란 뒤에 「来(き)ません」(오지 않습니다)이라는 부정문이 있으므로, 공란에는 이와 호응하는 부사가 와야 한다. 정답은 (A)의 「なかなか」로, 부정문에 쓰이면 '좀처럼'이라는 뜻을 나타낸다. 반면 「このアニメはなかなか面白(おもしろ)い」(이 애니메이션은 상당히 재미있다)처럼 긍정문과 함께 쓰면 '상당히, 꽤'라는 뜻을 나타낸다. (B)의 「いよいよ」(드디어, 마침내)는 기다렸던 일이 실현되는 시기를, (C)의 「くよくよ」(끙끙)는 심하게 앓는 모양을, (D)의 「いちいち」(일일이, 하나하나)는 '어느 것 하나 빠지는 것 없이'라는 뜻을 나타내는 부사이다.

어휘 | バス 버스 来(く)る 오다

148 적절한 표현 찾기

그 새 게임은 바로 <u>품절</u>이 되었습니다.

해설 | '그 새 게임은 바로 ~이 되었습니다'라는 내용과 어울리는 명사를 찾는다. (A)의 「う(売)りき切(き)れ」는 '품절, 다 팔림', (B)의 「かんぱい(乾杯)」는 '건배', (C)의 「ふ(踏)みき切(き)り」는 '(철로의) 건널목', (D)의 「よやく(予約)」는 '예약'이라는 뜻이므로, 정답은 (A)가 된다.

어휘 | 新(あたら)しい 새롭다 ゲーム 게임 すぐに 곧, 바로

149 적절한 표현 찾기

다음 달에 아기가 태어날 <u>예정</u>입니다.

해설 | 아기가 태어나는 것은 「来月(らいげつ)」(다음 달)라는 미래의 시점이므로, 공란에는 아직 일어나지 않은 일을 뜻하는 명사가 와야 한다. 정답은 (D)의 「予定(よてい)」(예정)로, 나머지 선택지의 「気分(きぶん)」(기분), 「経験(けいけん)」(경험), 「用意(ようい)」(준비)는 문맥상 뜻이 통하지 않는다.

어휘 | 赤(あか)ちゃん 아기 生(う)まれる 태어나다

150 적절한 い형용사 찾기

그는 컴퓨터에 밝으니까 친구에게 존경받고 있습니다.

해설 | 공란 앞의 「パソコン」(컴퓨터)과 공란 뒤의 「尊敬(そんけい)されています」(존경받고 있습니다)라는 내용으로 보아, 공란에는 컴퓨터에 대한 지식이 어느 정도길래 존경을 받는 것인지 그 이유가 될 만한 い형용사가 와야 한다. 정답은 (B)의 「詳(くわ)しい」(정통하다, 잘 알고 있다, 밝다)로, 「彼(かれ)はクラシック音楽(おんがく)に詳(くわ)しい」(그는 클래식 음악에 정통하다[클래식 음악에 대해 잘 안다])처럼 쓴다. (A)의 「うまい」는 '(음식 등이) 맛있다', (C)의 「細(こま)かい」는 '자세하다, 세세하다'는 뜻으로 「説明(せつめい)が細(こま)かい」(설

명이 자세하다)처럼 쓰고, (D)의 「えら(偉)い」는 '위대하다, 훌륭하다'라는 뜻의 い형용사이다.

어휘 | 友達(ともだち) 친구

151 적절한 의태어 찾기

아침부터 아무것도 먹지 않았으니까 배가 <u>몹시</u> 고프다.

해설 | 아침부터 아무것도 먹지 않았으면 배가 매우 고플 것이므로, 공란에는 배가 몹시 고픈 상태를 나타내는 의태어가 와야 한다. (A)의 「ぺこぺこ」는 '몹시 배가 고픈 모양', (B)의 「ぺらぺら」(술술, 줄줄)는 '외국어를 유창하게 말하는 모양', (C)의 「ふらふら」(흔들흔들)는 '걸음이나 마음이 흔들리는 모양', (D)의 「ぶらぶら」(어슬렁어슬렁)는 '목적 없이 거니는 모양'을 나타내므로, 정답은 (A)가 된다.

어휘 | 朝(あさ) 아침 何(なに)も (부정어 수반) 아무것도
食(た)べる 먹다

152 적절한 표현 찾기

TV 뉴스에 <u>의하면</u> 그 사장은 입원했다고 한다.

해설 | 문장 끝에 쓰인 「품사의 보통형+そうだ」는 '~라고 한다'라는 뜻의 전문을 나타내는 표현이다. 즉, 앞에 나온 「テレビのニュース」(TV 뉴스)는 전해 들은 소식의 근거에 해당하므로, 공란에는 정보의 출처나 판단의 근거를 나타내는 표현이 와야 한다. 정답은 (B)의 「~によると」로 '~에 의하면[따르면]'이라는 뜻이다. (A)의 「~について」(~에 대해서)는 「これからの日程(にってい)について相談(そうだん)した」(앞으로의 일정에 대해서 의논했다)처럼 동작이나 관심이 향하는 대상에 대해서 쓰고, (C)와 (D)의 「~たら」와 「~ば」는 모두 '~하면'이라는 가정의 뜻을 나타내는 접속사이다.

어휘 | テレビ 텔레비전, TV *「テレビジョン」의 준말
ニュース 뉴스 社長(しゃちょう) 사장 入院(にゅういん) 입원

153 적절한 표현 찾기

지난주에 다나카 씨의 회사를 <u>방문했</u>습니다.

해설 | 공란 앞의 「会社(かいしゃ)」(회사)와 어울리는 동사를 찾는다. (A)의 「お目(め)にかかる」는 '만나 뵙다'라는 뜻으로 「会(あ)う」(만나다)의 겸양표현이고, (B)의 「見送(みおく)る」는 '배웅하다, 바래다주다', (C)의 「訪(たず)ねる」는 '방문하다', (D)의 「迎(むか)える」는 '(사람을) 맞다, 맞이하다'라는 뜻이므로, 정답은 (C)가 된다. 참고로 「お+동사의 ます형+する」는 '~하다, ~해 드리다'라는 뜻으로 자신을 낮추는 겸양표현이다.

어휘 | 先週(せんしゅう) 지난주 会社(かいしゃ) 회사

154 적절한 동사 찾기

너무 일해서 <u>쓰러지고</u> 말았습니다.

해설 | 공란 앞의 「働(はたら)きすぎて」는 '너무 일해서, 과로해서'라는 뜻으로, 「働(はたら)く」는 '일하다', 「동사의 ます형+すぎる」는 '너무 ~하다'라는 뜻이다. 즉, '너무 일해서 ~ 말았다'라고 했으므로 공란에는 과로했을 때 벌어질 만한 상황을 나타내는 동사가 와야 한다. (A)의 「折(お)れる」는 '꺾이다, 접히다', (B)의 「頑張(がんば)る」는 '열심히 하다, 노력하다, 분발하다', (C)의 「削(けず)る」는 '깎다, (예산 등을) 삭감하다', (D)의 「倒(たお)れる」는 '쓰러지다, 넘어지다'라는 뜻이므로, 정답은 (D)가 된다.

어휘 | ~てしまう ~해 버리다, ~하고 말다

155 적절한 표현 찾기
이 부근은 교통편이 좋고 집세도 싸기 때문에 인기가 있다.

해설 | 공란 뒤의 「安(やす)い」((값이) 싸다)와 어울리는 단어를 찾는다. (A)의 「家賃(やちん)」은 '집세', (B)의 「距離(きょり)」는 '거리', (C)의 「時間(じかん)」은 '시간', (D)의 「通勤(つうきん)」은 '통근, 출퇴근'이라는 뜻이므로, 정답은 (A)가 된다.

어휘 | 辺(あた)り 부근, 근처, 주위 交通(こうつう) 교통
便(べん) 편, 편의, 편리 良(よ)い 좋다 ～ので ～이기 때문에
人気(にんき) 인기

156 적절한 문법표현 찾기
혜택받은 환경에 있으면서도 성적이 오르지 않는 것은 바로 그녀의 노력 부족이다.

해설 | 문제는 '좋은 환경에 있으면서도 성적이 오르지 않는 것은 다름 아닌 그녀의 노력 부족 때문'이라는 뜻이므로, 공란에는 앞에 오는 내용을 강하게 단정적으로 서술하는 표현이 와야 한다. 정답은 (A)의 「～にほかならない」(바로[다름 아닌] ～이다)로, (B)의 「～どころではない」(～할 상황이 아니다)는 무언가 이유가 있어서 그것을 할 상황·상태가 아님을 나타내는 표현으로 「忙(いそが)しすぎて休暇(きゅうか)を取(と)るどころではない」(너무 바빠서 휴가를 받을 상황이 아니다)처럼 쓰고, (C)의 「言(い)い切(き)れない」는 「言(い)い切(き)れる」(단정할 수 있다)의 부정형으로 '단정할 수 없다'라는 뜻이며, (D)의 「～というものではない」((반드시) ～라는 것은 아니다)는 완곡한 부정을 나타내는 표현으로 「数学(すうがく)はただ公式(こうしき)を暗記(あんき)すればよいというものではない」(수학은 그저 공식을 암기하면 된다는 것은 아니다)처럼 쓴다.

어휘 | 恵(めぐ)まれる 혜택을 받다, 풍족하다, 좋은 일·상태·환경 등이 주어지다 環境(かんきょう) 환경
동사의 ます형+ながら ～이지만, ～이면서도 *역접
成績(せいせき) 성적 上(あ)がる 늘다, 오르다
努力不足(どりょくぶそく) 노력 부족

157 적절한 동사 찾기
밖은 춥습니다만, 이 집에는 벌써 봄이 찾아온 것 같네요.

해설 | 공란 앞의 「春(はる)」(봄)와 어울리는 동사를 찾는다. (A)의 「近寄(ちかよ)る」는 '다가가다, 접근하다'라는 뜻으로, 「危(あぶ)ないから近寄(ちかよ)らないでください」(위험하므로 접근하지 마세요)처럼 쓰고, (B)의 「訪(おとず)れる」는 '(계절 등이) 찾아오다', (C)의 「感(かん)じる」는 '느끼다', (D)의 「確(たし)かめる」는 '확인하다'라는 뜻이므로, 정답은 (B)가 된다.

어휘 | 外(そと) 밖 寒(さむ)い 춥다 家(いえ) 집 もう 이미, 벌써
～かのようだ (실제로는 그렇지 않지만 마치) ～인 것 같다[인 듯하다]

158 적절한 い형용사 찾기
조금 이야기가 침울해졌군요. 밝은 화제로 바꿉시다.

해설 | 공란 뒤 문장에 「明(あか)るい話題(わだい)に変(か)えましょう」(밝은 화제로 바꿉시다)라는 내용이 있는 것으로 보아, 앞에서는 이와 반대되는 화제가 나왔다는 것을 알 수 있다. 따라서 공란에는 「明(あか)るい」((분위기 등이) 밝다)와 반대되는 뜻의 표현이 와야 한다. 정답은 (D)의 「湿(しめ)っぽい」로, '축축[눅눅]하다'라는 뜻뿐만 아니라 '음울[침울]하다'라는 뜻도 있다. (A)의 「おめでたい」는 '경사스럽다', (B)의 「騒(さわ)がしい」는 '시끄럽다', (C)의 「力強(ちからづよ)い」는 '마음

어휘 | 話(はなし) 이야기 話題(わだい) 화제 変(か)える 바꾸다

159 적절한 동사 찾기
아이가 갑자기 도로로 뛰어나와서 하마터면 사고를 일으킬 뻔했다.

해설 | 공란 앞의 「事故(じこ)」(사고)와 어울리는 동사를 찾는다. 선택지에는 「起(お)きる」(일어나다, 발생하다)라는 자동사와 「起(お)こす」(나쁜 상태를 일으키다, 발생시키다)라는 타동사가 나와 있는데, 공란 앞의 「事故(じこ)を」(사고를)라는 목적어와 호응하는 동사는 「起(お)こす」(나쁜 상태를 일으키다, 발생시키다)이다. 따라서 공란에 들어갈 표현은 (C)와 (D) 중 하나인데, 공란 뒤의 「～ところだった」(하마터면 ～할 뻔했다)는 동사의 기본형에 접속하므로, 정답은 (C)가 된다.

어휘 | 子供(こども) 아이 いきなり 갑자기 道路(どうろ) 도로
飛(と)び出(だ)す (갑자기) 뛰어나오다

160 적절한 부사 찾기
이 짐을 혼자서 옮긴 거예요? 필시 무거웠을 텐데요.

해설 | 공란 뒤에 「重(おも)たかったことでしょう」(무거웠을 텐데요)라는 추측을 나타내는 표현이 있으므로, 공란에는 추측의 말을 수반하는 부사가 와야 한다. 정답은 (D)의 「さぞ」(틀림없이, 필시, 아마)로, 「さぞ寒(さむ)かっただろう」(틀림없이 추웠을 것이다)처럼 쓴다. (A)의 「あえて」(굳이)는 「この料金(りょうきん)には、サービス料(りょう)が含(ふく)まれていますから、チップをあえて支払(しはら)う必要(ひつよう)はございません」(이 요금에는 서비스료가 포함되어 있으므로 팁을 굳이 지불할 필요는 없습니다)처럼 쓰고, (B)의 「かえって」(오히려, 도리어)는 「薬(くすり)を飲(の)んだが、かえって具合(ぐあい)が悪(わる)くなってしまった」(약을 먹었는데 오히려 상태가 나빠지고 말았다)처럼 쓰며, (C)의 「ずっと」는 '쭉, 계속, 훨씬'이라는 뜻이다.

어휘 | 荷物(にもつ) 짐 1人(ひとり)で 혼자서
運(はこ)ぶ 나르다, 옮기다, 운반하다 重(おも)たい 무겁다, 묵직하다

161 적절한 문법표현 찾기
그는 지진에 대비해서 물을 비롯해 여러 가지 물건을 준비하고 있다.

해설 | 지진에 대비해서 준비할 물건으로는 물 이외에도 여러 가지가 있지만, 문제에서는 '물'을 예로 든 후 나머지는 '여러 가지 물건'이라고 한데 묶어 말하고 있다. 따라서 공란 앞에는 대표적인 명사가 오고 뒤에는 앞에 언급한 명사가 속한 그룹이나 열거의 표현이 와야 하므로, 정답은 (B)의 「～をはじめ」(～을 비롯해서)가 된다. (A)의 「とにかく」(어쨌든)는 '의견이나 일의 성질, 형편, 상태 따위가 어떻게 되어 있든'이라는 뜻으로 「とにかく、自分(じぶん)なりに最善(さいぜん)を尽(つ)くします」(어쨌든 제 나름대로 최선을 다하겠습니다)처럼 쓰고, (C)의 「～どころか」(～은커녕)는 어떤 사실을 부정하는 것은 물론 그보다 덜하거나 못한 것까지 부정하는 표현으로 「今(いま)の状況(じょうきょう)では旅行(りょこう)どころか外食(がいしょく)もできない」(지금 상황으로는 여행은커녕 외식도 할 수 없다)처럼 쓴다. (D)의 「～をもとにして」는 '～을 근거로 해서'라는 뜻으로, 「この小説(しょうせつ)は実話(じつわ)をもとにして書(か)かれたそうだ」(이 소설은 실화를 근거로 해서 쓰여졌다고 한다)처럼 쓴다.

어휘 | 地震(じしん) 지진 備(そな)える 대비하다 水(みず) 물
色々(いろいろ)だ 여러 가지다, 다양하다
物(もの) (어떤 형태를 갖춘) 것, 물건 準備(じゅんび) 준비

162 적절한 문법표현 찾기

그는 올봄에 승진하고 둘째 아이도 갖고 좋은 일 일색이다.

해설 | 문제는 좋은 일만 일어난다는 내용이므로, 공란에 들어갈 적절한 표현은 (C)의「~ずくめ」(~뿐, ~일색)이다.「~ずくめ」는 명사에 접속하여 '온통 그것뿐임'을 나타내는 말로,「黒(くろ)ずくめの服装(ふくそう)」(검정색 일색의 복장),「いいことずくめ」(좋은 일뿐)처럼 쓴다. (A)의「명사·동사의 ます형+気味(ぎみ)」는 '기미, 기색, 경향'이라는 뜻으로,「風邪気味(かぜぎみ)だ」(감기 기운이 있다),「太(ふと)り気味(ぎみ)だ」(살찌는 기미가 보인다)처럼 어떤 상태나 경향이 있음을 나타낸다. (B)의「명사·동사의 ます형+がち」는 '자주 ~함, (자칫) ~하기 쉬움'이라는 뜻으로,「病気(びょうき)がち」(자주 아픔),「休(やす)みがち」(자주 쉼)처럼 쓰며, (D)의「명사+まみれ」는 '~투성이, ~범벅'이라는 뜻으로,「泥(どろ)まみれ」(진흙투성이),「汗(あせ)まみれ」(땀범벅)처럼 쓴다.

어휘 | 彼(かれ) 그, 그 사람 今年(ことし) 올해 春(はる) 봄
昇進(しょうしん) 승진 ~し~고 2人(ふたり) 두 명
~目(め) ~째 *순서를 나타내는 말
子供(こども)に恵(めぐ)まれる 아이를 갖다

163 적절한 문법표현 찾기

고향에 벌써 4년이나 돌아가지 않았으니까 어머니 요리가 그리워서 견딜 수 없다.

해설 | 고향에 가지 않은 지 4년이나 되었다면 어머니의 요리가 무척이나 그리울 것이다. 따라서 공란에는 앞의「懐(なつ)かしくて」(그리워서)를 강조하는 표현이 와야 한다. 정답은 (B)로,「い형용사의 어간+てたまらない」는 '~해서 견딜 수 없다, 너무 ~하다'라는 뜻으로 현재 자신이 매우 그렇게 느끼고 있는 마음 상태를 나타낸다.

어휘 | 国(くに) 고향 もう 이미, 벌써 ~も ~이나
帰(かえ)る 돌아가다 母(はは) (자신의) 어머니
料理(りょうり) 요리 懐(なつ)かしい 그립다
たま(堪)る 참다, 견디다 と(止)まる 멈추다, 서다

164 적절한 접속 형태 찾기

선배는 방과 후 계속 곁에서 면접 연습을 봐 주었다.

해설 |「~きり」는 접속 형태에 따라 그 뜻이 달라진다.「동사의 ます형+きり」는 '계속 ~만 함'이라는 뜻으로 '다른 것은 하지 않고 줄곧 그것만 함'을 나타내고,「동사의 た형+きり」는 '~한 채, ~한 후'라는 뜻으로 상태가 지속됨을 나타내어「海外(かいがい)へ行(い)ったきり、向(む)こうに住(す)み着(つ)いてしまった」(해외에 간 이후 거기에 정착해 버렸다)처럼 쓴다. 문제는 계속 곁에 붙어서 면접 연습을 봐 주었다는 뜻이므로, 공란에는「付(つ)く」(붙다, 달라붙다)의 ます형에 해당하는「付(つ)き」를 써야 한다. 따라서 정답은 (A)로,「付(つ)ききり」는 '계속 곁에 붙어 있음'이라는 뜻이다.

어휘 | 先輩(せんぱい) 선배 放課(ほうか) 방과 ~後(ご) ~후
面接(めんせつ) 면접 練習(れんしゅう) 연습 見(み)る 보다
~てくれる (남이 나에게) ~해 주다 付(つ)ける 붙이다

165 적절한 표현 찾기

어떻게든 해서 그녀의 유례가 드문 재능을 개화시켜 주고 싶다.

해설 | 공란 뒤의「才能(さいのう)」(재능)라는 명사와 어울리는 な형용사를 찾는다. 선택지 각각의 의미를 살펴 보면, (A)의「月並(つきな)み」는 '평범함, 진부함', (B)의「物好(ものず)き」는 '유별난 것을 좋아

함', (C)의「場違(ばちが)い」는 '그 자리에 어울리지 않음', (D)의「類(たぐい)まれ」는 '유례가 드묾, 비길 데가 없음'이라는 뜻이다. 이 중 개화시켜 주고 싶은 재능을 수식하는 말로 적절한 것은 (D)뿐이다. (A)는 정답과 반대되는 의미이므로 부적절하며, (B)도 재능에 대한 묘사로는 어울리지 않는다.

어휘 | 何(なん)とか 어떻게든
開花(かいか) 개화, 성과로서 나타남, 결실함
~たいものだ ~하고 싶다, ~한 걸 *강조, 화자의 강한 바람

166 적절한 문법표현 찾기

직장에서의 괴로운 시련을 견딜 수 있는 것은 가족에 대한 마음이 있기 때문이다.

해설 | 공란에는 가족에 대한 마음이 있음을 강조하는 표현이 와야 한다. 정답은 (D)로,「~ばこそ」(~이기에, ~때문에)는 앞에 나온 원인이나 이유를 강조하는 표현이다. 예를 들면「君(きみ)のことを思(おも)えばこそ、注意(ちゅうい)するのだ」(너를 생각하기에 주의를 주는 것이다)처럼 쓴다.

어휘 | 職場(しょくば) 직장 辛(つら)い 괴롭다, 고통스럽다
試練(しれん) 시련 耐(た)える 참다, 견디다 家族(かぞく) 가족
思(おも)い (소중히 생각하는) 마음, 애정

167 적절한 관용표현 찾기

그 의원의 부주의한 발언이 파문을 일으키고 있다.

해설 | 공란 앞의「不用意(ふようい)な発言(はつげん)」(부주의한 발언)과 공란 뒤의「呼(よ)ぶ」(불러일으키다, 야기시키다)라는 동사와 어울리는 표현을 찾는다. 정답은 (A)의「波紋(はもん)」(파문)으로,「波紋(はもん)を呼(よ)ぶ」라고 하면 '파문을 일으키다'라는 뜻이다. 한편 (B)의「物議(ぶつぎ)」(물의)는「物議(ぶつぎ)を醸(かも)す」(물의를 일으키다)의 형태로「醸(かも)す」(빚어내다, 조성하다)라는 동사를 써야 하므로 답이 될 수 없다.

어휘 | 議員(ぎいん) 의원
不用意(ふようい)だ 부주의하다, 조심성 없다
発言(はつげん) 발언 物騒(ぶっそう) 어수선함, 뒤숭숭함
波風(なみかぜ) 풍파, 고난

168 적절한 い형용사 찾기

오랜 세월 바라고 있던 일로 이직할 수 있었다는데도 뭔가가 약간 부족하다.

해설 | 문맥상 공란에는 '약간 부족하다, 어딘지 아쉽다'라는 뜻의 い형용사가 와야 한다. (A)의「やり切(き)れない」는 '해낼 수 없다, 견딜 수 없다', (B)의「何気(なにげ)ない」는 '무심하다, 태연하다', (C)의「ぎこちない」는 '어색하다', (D)의「物足(ものた)りない」는 '약간 아쉽다, 어딘가 부족하다'라는 뜻이므로, 정답은 (D)가 된다.

어휘 | 長年(ながねん) 오랜 세월, 여러 해
望(のぞ)む 바라다, 원하다 仕事(しごと) 일, 업무
転職(てんしょく) 전직, 이직 ~のに ~는데(도)

169 적절한 문법표현 찾기

부정을 방치하면 세간의 비판에 노출될지도 모른다.

해설 | 선택지는 모두 동사의 ます형에 접속하여 쓰이는 표현이므로, 이 중 뜻이 통하는 표현을 찾는다. (A)의「~かねる」는 '~하기 어렵다,

~할 수 없다', (B)의 「~かねない」는 '~할지도 모른다', (C)의 「~がたい」는 '~하기 어렵다', (D)의 「~ようがない」는 '~할 방법이 없다'라는 뜻이다. 이 중 '부정을 방치하면 세간의 비판에 노출된다'라는 문장과 통하는 것은 (B)의 「~かねない」(~할지도 모른다)로, 좋지 않은 사태가 발생할 가능성이 있음을 추측하는 표현이다.

어휘 | 不正(ふせい) 부정 放置(ほうち) 방치
世間(せけん) 세간 批判(ひはん) 비판 さらす 드러내다

170 적절한 문법표현 찾기

시험까지 앞으로 일주일이다. 이제는 하루라도 헛되이 할 수는 없다.

해설 | 공란 앞의 「一日(いちにち)」(하루)에 접속할 수 있는 것은 (C)의 「~たりとも」뿐이다. 「~たりとも」는 '~일지라도, ~라도'라는 뜻으로, 앞에 '1'이라는 숫자를 포함하는 말이 오는 것이 특징이며 그것이 예외가 아님을 나타낸다. 예를 들면 「一瞬(いっしゅん)たりとも」(한

순간일지라도), 「一滴(いってき)たりとも」(한 방울일지라도), 「1人(ひとり)たりとも」(한 사람일지라도)처럼 쓴다. (A)의 「~どころか」는 '~은커녕'이라는 뜻으로, 「車(くるま)どころかオートバイも買(か)えない」(차는커녕 오토바이도 살 수 없다)처럼 쓰고, (B)의 「~ならでは」는 '~이 아니고는 (할 수 없는)'이라는 뜻으로, 「日本(にほん)ならではの料理(りょうり)」(일본이 아니고는 할 수 없는 요리)처럼 쓴다. (D)의 「~ばかりか」(~뿐만 아니라)는 '~뿐만 아니라'(~뿐만 아니라), 「~のみならず」(~뿐만 아니라)와 같은 뜻으로 「風(かぜ)ばかりか、雨(あめ)まで降(ふ)ってきた」(바람뿐만 아니라 비까지 내리기 시작했다)처럼 쓴다.

어휘 | 試験(しけん) 시험 あと 앞으로
1週間(いっしゅうかん) 일주일 *「~週間(しゅうかん)」- ~주간, ~주
일 もはや 이제 無駄(むだ)にする 헛되이 하다, 낭비하다

PART 8 | 독해

171~174 음악교실

171私は小(ちい)さい時(とき)、とても静(しず)かな子供(こども)で、外(そと)にはあまり遊(あそ)びに行(い)きませんでした。ですから友達(ともだち)がいなくて、母(はは)はいつも心配(しんぱい)でした。それで、172母(はは)は私(わたし)を家(いえ)の近(ちか)くの音楽教室(おんがくきょうしつ)に連(つ)れて行(い)きました。音楽教室(おんがくきょうしつ)ではピアノと歌(うた)を習(なら)うことができますが、私(わたし)は歌(うた)を習(なら)いました。173先生(せんせい)は優(やさ)しい女(おんな)の先生(せんせい)で、若(わか)い頃(ころ)、音楽(おんがく)の大学(だいがく)で歌(うた)を勉強(べんきょう)したそうです。私(わたし)は先生(せんせい)とすぐ仲良(なかよ)くなり、174歌(うた)も大好(だいす)きになりました。音楽教室(おんがくきょうしつ)はとても楽(たの)しかったですから、ほとんど毎日(まいにち)練習(れんしゅう)に行(い)きました。それで、友達(ともだち)もたくさんできました。

171저는 어릴 때 매우 조용한 아이로 밖에는 별로 놀러 가지 않았습니다. 그래서 친구가 없어서 어머니는 항상 걱정스러웠습니다. 그래서 172어머니는 저를 집 근처 음악교실에 데리고 갔습니다. 음악교실에서는 피아노와 노래를 배울 수 있었는데 저는 노래를 배웠습니다. 173선생님은 다정한 여자 선생님으로 젊을 때 음악대학에서 노래를 공부했다고 합니다. 저는 선생님과 바로 사이가 좋아졌고 174노래도 매우 좋아하게 되었습니다. 음악교실은 매우 즐거웠기 때문에 거의 매일 연습하러 갔습니다. 그래서 친구도 많이 생겼습니다.

어휘 | 小(ちい)さい (나이가) 적다, 어리다 時(とき) 때
とても 아주, 매우 静(しず)かだ 조용하다 子供(こども) 아이
外(そと) 밖 あまり (부정어 수반) 그다지, 별로
遊(あそ)ぶ 놀다 동사의 ます형+に ~하러 *동작의 목적
ですから 그러므로, 그래서 友達(ともだち) 친구
母(はは) (자신의) 어머니 いつも 늘, 항상

心配(しんぱい)だ 걱정스럽다 それで 그래서 家(いえ) 집
近(ちか)く 가까운 곳, 근처 音楽(おんがく) 음악
教室(きょうしつ) (기술 등을 가르치는) 교실
連(つ)れる 데리고 가다 ピアノ 피아노 歌(うた) 노래
習(なら)う 배우다, 익히다
동사의 기본형+ことができる ~할 수 있다
先生(せんせい) 선생님 優(やさ)しい 다정하다, 상냥하다
女(おんな) 여자 若(わか)い 젊다 頃(ころ) 때, 시절, 무렵
大学(だいがく) 대학(교) 勉強(べんきょう) 공부
품사의 보통형+そうだ ~라고 한다 *전문 すぐ 곧, 바로
仲良(なかよ)い 사이가 좋다 大好(だいす)きだ 아주 좋아하다
楽(たの)しい 즐겁다 ほとんど 거의, 대부분 毎日(まいにち) 매일
練習(れんしゅう) 연습 동작성 명사+に ~하러 *동작의 목적
たくさん 많이 できる 생기다

171 この人(ひと)は歌(うた)を習(なら)う前(まえ)、どんな子供(こども)でしたか。
(A) 外(そと)であまり遊(あそ)ばない静(しず)かな子(こ)だった。
(B) いつも外(そと)で遊(あそ)ぶ明(あか)るい子(こ)だった。
(C) 明(あか)るくてよく話(はな)す子(こ)だった。
(D) 元気(げんき)で面白(おもしろ)い子(こ)だった。

171 이 사람은 노래를 배우기 전 어떤 아이였습니까?
(A) 밖에서 별로 놀지 않는 조용한 아이였다.
(B) 항상 밖에서 노는 밝은 아이였다.
(C) 밝고 잘 이야기하는 아이였다.
(D) 활력이 넘치고 재미있는 아이였다.

해설 | 첫 번째 문장에서 정답을 찾을 수 있다. 이 사람은 어릴 때 매우 조용한 아이로 밖에는 별로 놀러 가지 않았다고 했으므로, 정답은 (A)가 된다.

어휘 | 明(あか)るい (성격·표정·분위기 등이) 밝다, 명랑하다
よく 잘 話(はな)す 말하다, 이야기하다
元気(げんき)だ 활력이 넘치다 面白(おもしろ)い 재미있다

47

172 この人はどうして音楽教室に行きましたか。

(A) 歌を習いたかったから

(B) ピアノを弾きたかったから

(C) 母が連れて行ったから

(D) 新しい音楽教室ができたから

172 이 사람은 어째서 음악교실에 갔습니까?
(A) 노래를 배우고 싶었기 때문에
(B) 피아노를 치고 싶었기 때문에
(C) 어머니가 데리고 갔기 때문에
(D) 새 음악교실이 생겼기 때문에

해설 | 세 번째 문장에서 정답을 찾을 수 있다. 이 사람이 음악교실에 간 이유는 친구가 없는 것을 걱정한 어머니가 집 근처 음악교실에 데리고 가기 때문이므로, 정답은 (C)가 된다. 즉, 처음 음악교실에 다니게 된 것은 순전히 어머니 때문이었다는 뜻이므로, 노래를 부르고 싶었다고 한 (A)나 피아노를 치고 싶었기 때문이라고 한 (B)는 틀린 설명이다. (D)와 같은 내용도 나오지 않는다.

어휘 | 弾(ひ)く (악기를) 연주하다, 켜다, 치다, 타다
新(あたら)しい 새롭다

173 先生について、正しいものはどれですか。

(A) 若い男の先生だった。

(B) まだ大学生だった。

(C) ピアノが上手だった。

(D) 優しい先生だった。

173 선생님에 대해서 맞는 것은 어느 것입니까?
(A) 젊은 남자 선생님이었다.
(B) 아직 대학생이었다.
(C) 피아노를 잘 쳤다.
(D) 다정한 선생님이었다.

해설 | 중반부에서 정답을 찾을 수 있다. 음악교실의 선생님은 다정한 여자 선생님으로 젊을 때 음악대학에서 노래를 공부했다고 했다. 선택지 중 이와 일치하는 내용은 (D)로, (A)는 '젊은 남자'가 아니라 '여자'라고 해야 맞는 설명이고, 선생님은 젊을 때 대학에서 음악을 공부했다고 했으므로 아직 대학생이라고 한 (B)도 틀린 설명이다. 또한 선생님의 피아노 실력에 관한 언급은 없으므로, (C) 역시 답이 될 수 없다.

어휘 | 若(わか)い 젊다 男(おとこ) 남자 まだ 아직
上手(じょうず)だ 능숙하다, 잘하다

174 この人は音楽教室に行ってどうなりましたか。

(A) ピアノが好きになった。

(B) 歌が大好きになった。

(C) 歌を歌わなくなった。

(D) 先生が嫌いになった。

174 이 사람은 음악교실에 가서 어떻게 되었습니까?
(A) 피아노를 좋아하게 되었다.
(B) 노래를 아주 좋아하게 되었다.
(C) 노래를 부르지 않게 되었다.

(D) 선생님이 싫어졌다.

해설 | 후반부의 내용 문제. 어릴 적 조용한 아이였던 이 사람은 어머니의 손에 이끌려 음악교실에 다니게 되었고 그곳의 다정한 선생님 덕분에 노래를 매우 좋아하게 되었다고 했다. 따라서 정답은 (B)가 된다. (A)는 '피아노'가 아니라 '노래'라고 해야 맞는 설명이고, (C)와 (D)는 본문의 내용과는 반대되는 내용이다.

어휘 | 好(す)きだ 좋아하다 歌(うた)う 노래를 부르다
大好(だいす)きだ 아주 좋아하다 嫌(きら)いだ 싫어하다

175~177 처음 탄 비행기

私は3か月前までは飛行機が嫌いでした。**175**飛行機はいつも揺れていて怖いと思っていたからです。旅行をする時はいつも車や電車だけ利用しましたから、あまり遠くへ行くことができませんでした。去年、小学生の息子が北海道へ野球の試合を見に行きたいと言った時も、**176**主人と息子だけ飛行機で行って私は家にいました。けれども、北海道から帰って来た息子から「飛行機は全然揺れなかったよ」と聞いて、前から行きたいと思っていたハワイに行きたくなりました。

そして1か月前、家族とハワイに行って来ました。飛行機に乗った時、初めは少し怖かったですが、**177**あまり揺れませんでしたから、車や電車と同じだと思ってすぐに怖くなくなりました。今は、家族や友達と飛行機で色々な所に行きたいと思っています。

저는 3개월 전까지는 비행기를 싫어했습니다. **175**비행기는 항상 흔들리고 있어서 무섭다고 생각하고 있었기 때문입니다. 여행을 할 때는 항상 자동차나 전철만 이용했기 때문에 그다지 먼 곳으로 갈 수 없었습니다. 작년에 초등학생인 아들이 홋카이도에 야구 시합을 보러 가고 싶다고 말했을 때도 **176**남편과 아들만 비행기로 가고 저는 집에 있었습니다. 하지만 홋카이도에서 돌아온 아들로부터 "비행기는 전혀 흔들리지 않았어"라고 듣고 전부터 가고 싶다고 생각하고 있던 하와이에 가고 싶어졌습니다.

그리고 한 달 전 가족과 하와이에 갔다 왔습니다. 비행기를 탔을 때 처음에는 조금 무서웠는데, **177**별로 흔들리지 않기 때문에 자동차나 전철과 마찬가지라고 생각하니 곧 무섭지 않게 되었습니다. 지금은 가족이나 친구와 비행기로 여러 곳에 가고 싶다고 생각하고 있습니다.

어휘 | ~か月(げつ) ~개월 飛行機(ひこうき) 비행기
嫌(きら)いだ 싫어하다 いつも 늘, 항상 揺(ゆ)れる 흔들리다
怖(こわ)い 무섭다 旅行(りょこう) 여행 車(くるま) 자동차, 차
電車(でんしゃ) 전철 ~だけ ~만, ~뿐 利用(りよう) 이용
あまり (부정어 수반) 그다지, 별로 遠(とお)く 먼 곳
去年(きょねん) 작년 小学生(しょうがくせい) 초등학생

息子(むすこ) (자신의) 아들 北海道(ほっかいどう) 홋카이도
野球(やきゅう) 야구 試合(しあい) 시합 見(み)る 보다
동사의 ます형＋に ~하러 *동작의 목적
동사의 ます형＋たい ~하고 싶다 主人(しゅじん) (자신의) 남편
家(いえ) 집 けれども 하지만 帰(かえ)る 돌아오다
全然(ぜんぜん) (부정어 수반) 전혀 聞(き)く 듣다
前(まえ) (시간적으로) 전 ハワイ 하와이 そして 그리고
家族(かぞく) 가족 乗(の)る (탈것에) 타다 初(はじ)め 처음
少(すこ)し 조금 同(おな)じだ 같다, 마찬가지다
すぐに 곧, 바로 今(いま) 지금
色々(いろいろ)だ 여러 가지다, 다양하다 所(ところ) 곳, 장소

175 なぜこの人は飛行機に乗りませんでしたか。
　(A) 子供が飛行機が嫌いだったから
　(B) 飛行機は怖いと思っていたから
　(C) 車での旅行が好きだったから
　(D) 今まで旅行が嫌いだったから

175 왜 이 사람은 비행기를 타지 않았습니까?
　(A) 아이가 비행기를 싫어했기 때문에
　(B) 비행기는 무섭다고 생각하고 있었기 때문에
　(C) 자동차로 하는 여행을 좋아했기 때문에
　(D) 지금까지 여행을 싫어했기 때문에

해설 | 두 번째 문장에서 정답을 찾을 수 있다. 이 사람이 비행기를 싫어해서 타지 않았던 이유는, 비행기는 항상 흔들리고 있어서 무섭다고 생각하고 있었기 때문이다. 따라서 정답은 (B)가 된다. 비행기를 싫어한 것은 아이가 아니라 이 사람이므로 (A)는 틀린 설명이다. 또한 그동안 자동차나 전철로만 여행을 했던 것은 비행기를 싫어했기 때문에 어쩔 수 없이 택한 차선책이므로, 자동차 여행을 좋아했기 때문이라고 한 (C)와 여행을 싫어했기 때문이라고 한 (D)도 답이 될 수 없다.

어휘 | なぜ 왜, 어째서 今(いま)まで 지금까지

176 去年の北海道旅行について、正しいものはどれですか。
　(A) 家族みんなで車で行った。
　(B) この人と子供が電車で行った。
　(C) この人だけが電車で行った。
　(D) 主人と子供が飛行機で行った。

176 작년의 홋카이도 여행에 대해서 맞는 것은 어느 것입니까?
　(A) 가족이 다 같이 자동차로 갔다.
　(B) 이 사람과 아이가 전철로 갔다.
　(C) 이 사람만이 전철로 갔다.
　(D) 남편과 아이가 비행기로 갔다.

해설 | 이 사람의 비행기 공포증은 가족과 함께 여행을 가기 힘들 정도로 심한 상태여서, 중반부에 작년에 아들이 홋카이도에 야구 시합을 보러 가고 싶다고 했을 때도 남편과 아들만 비행기로 가고 혼자 집에 남아 있었다고 했다. 따라서 정답은 (D)가 된다.

어휘 | みんなで 모두 함께, 다 같이

177 この人は飛行機に乗ってどう思いましたか。

　(A) 少し揺れるが、他の乗り物と同じだと思った。
　(B) 全然揺れなくて、楽しいと思った。
　(C) もう乗りたくないと思った。
　(D) やっぱりすごく揺れると思った。

177 이 사람은 비행기를 타고 어떻게 생각했습니까?
　(A) 조금 흔들리지만 다른 탈것과 같다고 생각했다.
　(B) 전혀 흔들리지 않아서 즐겁다고 생각했다.
　(C) 이제 타고 싶지 않다고 생각했다.
　(D) 역시 굉장히 흔들린다고 생각했다.

해설 | 후반부의 내용 문제. 이 사람은 비행기가 안전했다고 한 아들의 말을 듣고, 자신도 전부터 가고 싶었던 하와이에 가기 위해 비행기에 탑승했다. 그리고 처음에는 조금 무서웠지만 별로 흔들리지 않아서 자동차나 전철과 마찬가지라고 생각하니 곧 무섭지 않게 되었다고 처음 비행기를 탄 소감을 이야기하고 있다. 정답은 (A)로, 본문의「車(くるま)や電車(でんしゃ)」(자동차나 전철)를「他(ほか)の乗(の)り物(もの)」(다른 탈것)로 바꿔 표현했다. (B)와 (D)는 '별로 흔들리지 않았다'라는 설명과 맞지 않는 내용이므로 부적절. 또한 이번 여행을 계기로 이 사람은 앞으로도 비행기 여행을 하고 싶다고 했으므로, (C)도 틀린 설명이다.

어휘 | 他(ほか) 다른 (것) 楽(たの)しい 즐겁다 もう 이제
やっぱり 역시 すごく 굉장히

178~180 새 안경

安田さんは目がとても悪いので、眼鏡をかけています。眼鏡を取ってしまうとほとんど何も見えないので、寝る時以外はずっとかけています。でも、178この前ドアにぶつかって、眼鏡を壊してしまいました。急いで会社の近くにある眼鏡屋に持って行きました。しかし、眼鏡屋の主人は「この眼鏡を直すのには3週間もかかるし、お金も1万円ぐらいかかりますよ。(1)新しい眼鏡を作った方がいいですよ。179安い眼鏡なら1万円以下で、今日中にできますから」と言いました。180安田さんは、壊れた眼鏡は半年前に作ったばかりだし、形も気に入っているので、できればまた使いたいと思っていました。どうしようかと迷いましたが、やはり眼鏡がないと困るので、(2)残念ですが、新しい眼鏡を作ることにしました。

야스다 씨는 눈이 매우 나쁘기 때문에 안경을 쓰고 있습니다. 안경을 벗어 버리면 거의 아무것도 보이지 않기 때문에 잘 때 이외에는 계속 쓰고 있습니다. 하지만 178일전에 문에 부딪쳐서 안경을 망가뜨리고 말았습니다. 서둘러 회사 근처에 있는 안경점에 가지고 갔

습니다. 그러나 안경점 주인은 "이 안경을 고치는 데는 3주나 걸리고 돈도 만 엔 정도 들어요. (1)새 안경을 만드는 편이 좋아요. 179싼 안경이라면 만 엔 이하로 오늘 중으로 만들어지니까요"라고 말했습니다. 180야스다 씨는 망가진 안경은 반 년 전에 막 만들었고 모양도 마음에 들었기 때문에 가능하면 또 쓰고 싶다고 생각했습니다. 어떻게 할지 망설였는데 역시 안경이 없으면 곤란하기 때문에 (2)아쉽지만 새 안경을 만들기로 했습니다.

어휘 | 目(め) 눈 とても 매우, 아주 悪(わる)い 나쁘다, 좋지 않다
眼鏡(めがね)をかける 안경을 쓰다
取(と)る (모자 등을) 벗다, 풀다 ほとんど 거의, 대부분
何(なに)も (부정어 수반) 아무것도 見(み)える 보이다
寝(ね)る 자다 以外(いがい) 이외 ずっと 쭉, 계속
でも 그렇지만, 그러나, 하지만 この前(まえ) 요전, 일전
ドア 도어, 문 ぶつかる 부딪치다
壊(こわ)す 부수다, 망가뜨리다, 고장 내다 急(いそ)ぐ 서두르다
近(ちか)く 가까운 곳, 근처 眼鏡屋(めがねや) 안경점
持(も)つ 가지다, 들다 しかし 그러나
主人(しゅじん) (가게 등의) 주인 直(なお)す 고치다, 수리하다
かかる (시간이) 걸리다 ~し ~고 お金(かね) 돈
~ぐらい ~정도 新(あたら)しい 새롭다
作(つく)る 만들다 方(ほう) 편, 쪽 安(やす)い (값이) 싸다
~なら ~라면 今日中(きょうじゅう) 오늘 중
できる 만들어지다 壊(こわ)れる 부서지다, 망가지다, 고장 나다
半年(はんとし) 반 년 前(まえ) (시간적으로) 전
동사의 た형+ばかりだ 막 ~한 참이다, ~한 지 얼마 안 되다
形(かたち) 모양, 형태 気(き)に入(い)る 마음에 들다
できれば 가능하면, 될 수 있으면 また 또
使(つか)う 쓰다, 사용하다 동사의 ます형+たい ~하고 싶다
迷(まよ)う 망설이다 やはり 역시 困(こま)る 곤란하다, 난처하다
残念(ざんねん)だ 아쉽다, 유감스럽다
동사의 보통형+ことにする ~하기로 하다

178 どうして眼鏡が壊れましたか。
(A) 会社の人とぶつかったから
(B) ドアにぶつかったから
(C) 会社で落としたから
(D) 子供に引っ張られたから

178 어째서 안경이 망가졌습니까?
(A) 회사 사람과 부딪쳤기 때문에
(B) 문에 부딪쳤기 때문에
(C) 회사에서 떨어뜨렸기 때문에
(D) 아이가 잡아당겼기 때문에

해설 | 초반부의 내용 문제. 눈이 매우 나빠서 안경 없이는 살 수 없는 야스다 씨는 얼마 전에 문에 부딪치는 바람에 안경이 망가지고 말았다고 했으므로, 정답은 (B)가 된다.

어휘 | 落(お)とす 떨어뜨리다 子供(こども) 아이
引(ひ)っ張(ぱ)る 잡아당기다

179 なぜ(1)新しい眼鏡を作った方がいいと言いましたか。

<보기 우측 상단>
(A) 色々な所が壊れているので、直すのが無理だから
(B) 直すのと同じくらいのお金で新しい眼鏡が作れるから
(C) 安田さんの眼鏡は古くて直せないから
(D) 主人には眼鏡を直すことができないから

179 왜 (1)새 안경을 만드는 편이 좋다고 말했습니까?
(A) 여러 군데가 망가져 있어서 고치는 것이 무리이기 때문에
(B) 고치는 것과 같은 정도의 돈으로 새 안경을 만들 수 있기 때문에
(C) 야스다 씨의 안경은 오래되어서 고칠 수 없기 때문에
(D) 주인은 안경을 고칠 수 없기 때문에

해설 | 바로 뒤에 이어지는 안경점 주인의 말에서 정답을 찾을 수 있다. 안경점 주인은 야스다 씨의 망가진 안경은 고치는 데 3주나 걸리고 돈도 만 엔 정도 들지만, 싼 안경이라면 만 엔 이하의 가격에 오늘 중으로 만들 수 있다고 했다. 즉, 수리비나 새로 구입하는 비용이나 별로 차이가 없으므로 새 안경을 살 것을 권유하고 있으므로, 정답은 (B)가 된다. 안경은 고치는 데 시간과 비용이 소요되기는 하지만 그렇다고 아예 고칠 수 없는 상태는 아니므로, 나머지 선택지는 모두 답이 될 수 없다.

어휘 | 色々(いろいろ)だ 여러 가지다 所(ところ) 곳, 데
無理(むり)だ 무리이다 同(おな)じだ 같다 ~くらい ~정도
古(ふる)い 오래되다 동사의 기본형+ことができる ~할 수 있다

180 何が(2)残念ですか。
(A) 眼鏡がないと何も見えないこと
(B) 気に入った眼鏡が見つからなかったこと
(C) 前に使っていた眼鏡がもう使えないこと
(D) 新しい眼鏡を作るのに数日かかること

180 무엇이 (2)아쉽습니까?
(A) 안경이 없으면 아무것도 보이지 않는 것
(B) 마음에 든 안경이 발견되지 않았던 것
(C) 전에 쓰고 있던 안경을 이제 쓸 수 없는 것
(D) 새 안경을 만드는 데 며칠 걸리는 것

해설 | 바로 앞의 문장에서 정답을 찾을 수 있다. 망가진 안경을 고치러 간 야스다 씨는 안경점 주인의 말을 듣고 새 안경을 사기로 했다. 그러나 망가진 안경은 아직 반 년밖에 안 된 데다가 모양도 마음에 들어서 가능하면 고쳐서 쓰고 싶었다며 아쉬움을 표시하고 있다. 따라서 정답은 '전의 안경을 다시 쓸 수 없어서'라고 한 (C)가 된다. 나머지 선택지는 모두 본문 내용 중 일부분을 응용한 오답이다.

어휘 | 見(み)つかる 발견되다, 찾게 되다 もう 이제
数日(すうじつ) 수일, 며칠

181~184 벼룩시장 체험하기

私の家の近くの公園では、1か月に1回、近所の人たちが集まって、家で使わなくなった物を売ったり買ったりしています。私は今までにそ

こで本を買ったことはありますが、まだ自分で売ったことはありませんでした。しかし先月、私も初めて店を出すことにしました。¹⁸¹家の中を探したら、今は使っていない物がたくさんあったからです。¹⁸²子供が小さい時に使っていたおもちゃ、主人がもう読んでしまった本、少ししか着ていない私の洋服、人からもらった皿とコップです。売る品物は、100円から1,000円ぐらいの値段にしましたから、全部売れると1万円ぐらいになるはずでした。しかし、¹⁸³売る時に安くしてしまったので、品物は全部売れたのに、売れたお金は予定の半分でした。でも、¹⁸⁴そのお金で家族とレストランに行って、美味しい料理を食べました。

저희 집 근처 공원에서는 한 달에 한 번 이웃 사람들이 모여서 집에서 사용하지 않게 된 물건을 팔거나 사거나 하고 있습니다. 저는 지금까지 그곳에서 책을 산 적은 있지만, 아직 스스로 판 적은 없었습니다. 그러나 지난달에 저도 처음으로 가게를 내기로 했습니다. ¹⁸¹집 안을 찾았더니 지금은 사용하고 있지 않은 물건이 많이 있었기 때문입니다. ¹⁸²아이가 어릴 때 사용하고 있던 장난감, 남편이 이미 읽어 버린 책, 조금밖에 입지 않은 제 옷, 다른 사람에게서 받은 접시나 컵입니다. 팔 물건은 100엔부터 1,000엔 정도의 가격으로 했으니까 전부 팔리면 만 엔 정도가 될 터였습니다. 그러나 ¹⁸³팔 때 싸게 해 버렸기 때문에 물건은 전부 팔렸는데도 팔린 돈은 예정의 절반이었습니다. 하지만 ¹⁸⁴그 돈으로 가족과 레스토랑에 가서 맛있는 요리를 먹었습니다.

어휘 | 近(ちか)く 가까운 곳, 근처 公園(こうえん) 공원
~か月(げつ) ~개월 ~回(かい) ~회, ~번 近所(きんじょ) 이웃
人(ひと) 사람 ~たち (사람이나 생물을 나타내는 말에 붙어) ~들
集(あつ)まる 모이다 使(つか)う 쓰다, 사용하다
物(もの) (어떤 형태를 갖춘) 것, 물건 売(う)る 팔다
~たり~たりする ~하거나 ~하거나 하다 買(か)う 사다
今(いま)までに 지금까지 そこ 거기, 그곳 本(ほん) 책
동사의 た형+ことがある ~한 적이 있다 まだ 아직
自分(じぶん)で 직접, 스스로 しかし 그러나
先月(せんげつ) 지난달 初(はじ)めて 처음(으로)
店(みせ) 가게 出(だ)す (가게 등을) 내다, 시작하다
동사의 보통형+ことにする ~하기로 하다
探(さが)す 찾다 たくさん 많이 子供(こども) 아이
小(ちい)さい (나이가) 적다, 어리다 おもちゃ 장난감
主人(しゅじん) (자신의) 남편 もう 이미, 벌써
読(よ)む 읽다 少(すこ)し 조금 ~しか (부정어 수반) ~밖에
着(き)る (옷을) 입다 洋服(ようふく) 옷 もらう (남에게) 받다
皿(さら) 접시 コップ 컵 品物(しなもの) 물건, 물품, 상품
~ぐらい ~정도 値段(ねだん) 값, 가격 全部(ぜんぶ) 전부
売(う)れる (잘) 팔리다 ~はずだ (당연히) ~일 [터]이다
安(やす)い (값이) 싸다 お金(かね) 돈 予定(よてい) 예정
半分(はんぶん) 절반 でも 그렇지만, 그러나, 하지만

家族(かぞく) 가족 レストラン 레스토랑 美味(おい)しい 맛있다
料理(りょうり) 요리 食(た)べる 먹다

181 この人はなぜ店を出すことにしましたか。
(A) 物を売るのが面白そうだったから
(B) 夫が前に店を出したことがあったから
(C) 今月からお金が欲しかったから
(D) 使っていない物が色々あったから

181 이 사람은 왜 가게를 내기로 했습니까?
(A) 물건을 파는 것이 재미있을 것 같았기 때문에
(B) 남편이 전에 가게를 낸 적이 있었기 때문에
(C) 이달부터 돈이 필요했기 때문에
(D) 사용하지 않는 물건이 여러 가지 있었기 때문에

해설 | 중반부의 내용 문제. 이 사람은 집 근처 공원에 서는 벼룩시장에서 물건을 산 적은 있지만, 여태까지 판매한 적은 없다고 했다. 그런 이 사람이 가게를 내기로 한 이유는, 집 안을 찾았더니 지금은 사용하고 있지 않은 물건이 많이 있었기 때문이다. 따라서 정답은 (D)가 된다.

어휘 | 面白(おもしろ)い 재미있다
い형용사의 어간+そうだ ~일[할] 것 같다, ~해 보이다 *양태
夫(おっと) (자신의) 남편 今月(こんげつ) 이달
欲(ほ)しい 갖고 싶다, 필요하다

182 この人が売った物はどれですか。
(A) 子供が使っていたおもちゃ
(B) 子供が着られなくなった洋服
(C) 自分で買った1万円ぐらいのお皿
(D) 夫が大切にしている本

182 이 사람이 판 물건은 어느 것입니까?
(A) 아이가 사용하고 있던 장난감
(B) 아이가 입지 않게 된 옷
(C) 직접 산 만 엔 정도의 접시
(D) 남편이 소중히 하고 있는 책

해설 | 중반부에서 정답을 찾을 수 있다. 이 사람은 아이가 어릴 때 사용하던 장난감과 남편이 이미 읽어 버린 책, 조금밖에 입지 않은 본인 옷, 그리고 다른 사람에게서 받은 접시나 컵을 팔았다고 했다. 선택지 중 여기에 해당하는 것은 (A)뿐이다. (B)는 아이가 아니라 이 사람이 입지 않게 된 옷, (C)는 남에게 받은 접시, (D)는 남편이 이미 읽어 버린 책을 팔았다고 했으므로, 모두 틀린 설명이다.

어휘 | 大切(たいせつ)だ 소중하다

183 お金が予定の半分になったのはなぜですか。
(A) 品物の半分はお客さんにあげたから
(B) 品物が全部売れなかったから
(C) お客さんがあまり来なかったから
(D) 売る時に値段を安くしたから

183 돈이 예정의 절반이 된 것은 왜입니까?
(A) 물건의 절반은 손님에게 주었기 때문에

51

(B) 물건이 전부 팔리지 않기 때문에
(C) 손님이 별로 오지 않기 때문에
(D) 팔 때에 가격을 싸게 했기 때문에

해설 | 후반부의 내용 문제. 이 사람은 자신이 팔 물건에 가격표를 매겼는데, 다 팔릴 경우 총 만 엔 정도를 예상했다. 그러나 다 팔고 나서 확인해 보니 금액은 그 절반밖에 되지 않았는데, 그 이유는 팔 때 싸게 해 버렸기 때문이라고 했다. 따라서 정답은 (D)가 된다. 물건은 전부 팔렸다고 했으므로 (A)와 (B)는 틀린 설명이고, (C)의 손님 수도 수익이 절반밖에 되지 않은 이유와는 무관하다.

어휘 | お客(きゃく)さん 손님 あげる (내가 남에게) 주다
あまり (부정어 수반) 그다지, 별로

184 この人は売れたお金をどうしましたか。
　(A) 自分(じぶん)の洋服(ようふく)を買(か)うのに使(つか)った。
　(B) 夫(おっと)にあげた。
　(C) 家族(かぞく)との食事(しょくじ)に使(つか)った。
　(D) 銀行(ぎんこう)に預(あず)けた。

184 이 사람은 팔린 돈을 어떻게 했습니까?
　(A) 자신의 옷을 사는 데 썼다.
　(B) 남편에게 주었다.
　(C) 가족과의 식사에 썼다.
　(D) 은행에 맡겼다.

해설 | 마지막 문장에서 정답을 찾을 수 있다. 이 사람은 「そのお金(かね)」(그 돈), 즉, 물건을 팔아 번 돈으로 가족과 레스토랑에 가서 맛있는 요리를 먹었다고 했다. 따라서 정답은 (C)가 된다.

어휘 | 食事(しょくじ) 식사 銀行(ぎんこう) 은행
預(あず)ける 맡기다

185~188 즐거운 각역 정차 전철 여행

私(わたし)は月(つき)1回(かい)、病気(びょうき)で入院(にゅういん)している父(ちち)を見舞(みま)うために、九州(きゅうしゅう)に行(い)く。185毎回(まいかい)新幹線(しんかんせん)を利用(りよう)すると旅費(りょひ)が高(たか)くなってしまうので、時々(ときどき)、各駅停車(かくえきていしゃ)を使(つか)うことにしている。東京(とうきょう)から九州(きゅうしゅう)までは丸(まる)1日(いちにち)かかるし、何度(なんど)も乗(の)り換(か)えをしなければならない。50代(ごじゅうだい)の私(わたし)にはきつい旅(たび)だが、186毎回(まいかい)とても素敵(すてき)な出会(であ)いがある。187それが各駅停車(かくえきていしゃ)の旅(たび)の(1)_____でもある。
　先月(せんげつ)の旅(たび)でも新(あたら)しい出会(であ)いがあった。東京駅(とうきょうえき)から隣(となり)に乗(の)って来(き)た夫婦(ふうふ)は聞(き)き慣(な)れない言葉(ことば)で話(はな)していた。尋(たず)ねてみると、ベトナムから観光(かんこう)に来(き)たという。私(わたし)の知(し)っているベトナムのピアニストの名前(なまえ)を言(い)うと、とても喜(よろこ)んだ。私(わたし)たちは知(し)っている限(かぎ)りの英語(えいご)でお互(たが)いのことを話(はな)した。188私(わたし)たちは国(くに)は違(ちが)うが同年代(どうねんだい)だったので、

話(はなし)が合(あ)って親(した)しみが湧(わ)いた。言葉(ことば)は通(つう)じなくても会話(かいわ)はできるものだと思(おも)った。

　나는 한 달에 한 번 병으로 입원해 있는 아버지를 문병하기 위해서 규슈에 간다. 185매번 신칸센을 이용하면 여비가 비싸져 버리기 때문에 종종 각역 정차를 이용하기로 하고 있다. 도쿄에서 규슈까지는 꼬박 하루가 걸리고 여러 번 환승을 하지 않으면 안 된다. 50대인 나에게는 힘든 여행이지만 186매번 매우 멋진 만남이 있다. 187그것이 각역 정차 여행의 (1)즐거움이기도 하다.
　지난달 여행에서도 새로운 만남이 있었다. 도쿄역에서 옆에 타고 온 부부는 귀에 익지 않은 말로 이야기하고 있었다. 물어 보니 베트남에서 관광하러 왔다고 한다. 내가 알고 있는 베트남의 피아니스트 이름을 말하자 매우 기뻐했다. 우리는 알고 있는 영어로 서로에 대해서 이야기했다. 188우리는 나라는 다르지만 같은 세대였기 때문에 이야기가 맞아 친근함이 생겼다. 말은 통하지 않아도 대화는 가능한 법이라고 생각했다.

어휘 | 月(つき) (책력 상의) 한 달, 월 ～回(かい) ～회, ～번
病気(びょうき) 병 入院(にゅういん) 입원
父(ちち) (자신의) 아버지 見舞(みま)う 문병하다
동사의 보통형+ために ～하기 위해서
九州(きゅうしゅう) 규슈 *지명 毎回(まいかい) 매번
新幹線(しんかんせん) 신칸센 *일본의 고속 장거리 철도
利用(りよう) 이용 旅費(りょひ) 여비 高(たか)い (값이) 비싸다
時々(ときどき) 종종, 때때로 各駅(かくえき) 각역
停車(ていしゃ) 정차 使(つか)う 쓰다, 사용하다
동사의 보통형+ことにする ～하기로 하다
東京(とうきょう) 도쿄 *지명 ～から～まで ～부터 ～까지
丸(まる) (완전한 상태의) 온통, 꼬박, 고스란히
かかる (시간이) 걸리다 ～し ～고
何度(なんど)も 몇 번이나, 여러 번 乗(の)り換(か)え 갈아탐, 환승
～なければならない ～하지 않으면 안 된다, ～해야 한다
～代(だい) (연령·범위의) ～대 きつい 힘들다 旅(たび) 여행
とても 아주, 매우 素敵(すてき)だ 멋지다 出会(であ)い 만남
先月(せんげつ) 지난달 新(あたら)しい 새롭다 隣(となり) 옆
乗(の)る (탈것에) 타다 夫婦(ふうふ) 부부
聞(き)き慣(な)れる (항상 들어) 귀에 익다 言葉(ことば) 말
話(はな)す 말하다, 이야기하다 尋(たず)ねる 묻다
ベトナム 베트남 観光(かんこう) 관광 知(し)る 알다
ピアニスト 피아니스트 名前(なまえ) 이름
言(い)う 말하다 喜(よろこ)ぶ 기뻐하다
～たち (사람이나 생물을 나타내는 말에 붙어) ～들
～限(かぎ)り ～하는 한, ～범위 내 英語(えいご) 영어
お互(たが)い 서로 国(くに) 국가, 나라 違(ちが)う 다르다
同年代(どうねんだい) 같은 세대 合(あ)う (마음·취미 등이) 맞다
親(した)しみ 친밀함, 친근감 湧(わ)く 솟다, 생기다
通(つう)じる 통하다 会話(かいわ) 대화
できる 할 수 있다, 가능하다
～ものだ ～인 것[법]이다 *상식·진리·본성

185 この人(ひと)はどうして各駅停車(かくえきていしゃ)の電車(でんしゃ)を使(つか)うのですか。
　(A) 急(いそ)ぎの用事(ようじ)ではないから
　(B) 新幹線(しんかんせん)だと運賃(うんちん)が高(たか)いから

(C) 新幹線(しんかんせん)より乗(の)り換(か)えが少(すく)ないから

(D) 新幹線(しんかんせん)より本数(ほんすう)が多(おお)いから

185 이 사람은 어째서 각역 정차 전철을 사용하는 것입니까?

    (A) 급한 볼일은 아니기 때문에

    (B) 신칸센이라면 운임이 비싸기 때문에

    (C) 신칸센보다 환승이 적기 때문에

    (D) 신칸센보다 대수가 많기 때문에

해설 | 두 번째 문장에서 정답을 찾을 수 있다. 이 사람은 한 달에 한 번 아버지의 병문안을 위해 규슈에 간다고 했다. 그러면서 매번 신칸센을 이용하면 여비가 비싸져 버리기 때문에 종종 각역 정차 전철을 이용한다고 했다. 따라서 정답은 (B)가 된다.

어휘 | 急(いそ)ぎ 급함 用事(ようじ) 볼일. 용무
運賃(うんちん) 운임 少(すく)ない 적다
本数(ほんすう) (나무나 긴 물건의) 개수 多(おお)い 많다

186 各駅停車(かくえきていしゃ)の旅(たび)について、どう言(い)っていますか。

    (A) 自分(じぶん)の知(し)らない駅(えき)が発見(はっけん)できる。

    (B) 行(い)く先々(さきざき)で様々(さまざま)な駅弁(えきべん)が食(た)べられる。

    (C) 色々(いろいろ)な人(ひと)と知(し)り合(あ)える。

    (D) 乗車時間(じょうしゃじかん)が長(なが)いので、自分(じぶん)の好(す)きなことができる。

186 각역 정차 여행에 대해서 어떻게 말하고 있습니까?

    (A) 자신이 모르는 역을 발견할 수 있다.

    (B) 가는 곳마다 여러 가지 역 도시락을 먹을 수 있다.

    (C) 여러 사람과 서로 알 수 있다.

    (D) 승차시간이 길기 때문에 자신이 좋아하는 것을 할 수 있다.

해설 | 중반부의 내용 문제. 각역 정차 전철은 시간도 오래 걸리고 환승도 해야 해서 힘들기는 하지만, 매번 매우 멋진 만남이 기다리고 있어서 즐겁다고 말하고 있다. 즉, 각역 정차 전철 안에서 다양한 사람들과 만날 수 있어서 좋다는 뜻이므로, 정답은 여러 사람과 서로 알 수 있다고 한 (C)로, 본문의「素敵(すてき)な出会(であい)がある」(멋진 만남이 있다)와 일치하는 내용이다. 나머지 선택지도 각역 정차 전철을 탈 때 느끼는 즐거움이라고 할 수 있지만, 본문에는 나오지 않는 내용이다.

어휘 | 発見(はっけん) 발견 先々(さきざき) 가는 곳마다. 도처
様々(さまざま)だ 다양하다. 여러 가지다
駅弁(えきべん) (철도) 역에서 파는 도시락 食(た)べる 먹다
色々(いろいろ)だ 여러 가지다. 다양하다
知(し)り合(あ)う 서로 알다 乗車(じょうしゃ) 승차
時間(じかん) 시간 長(なが)い (시간적으로) 오래다. 길다
好(す)きだ 좋아하다

187 (1)_____に入(はい)る最(もっと)も適当(てきとう)な言葉(ことば)はどれですか。

    (A) 懐(なつ)かしさ

    (B) 楽(たの)しみ

    (C) 新鮮味(しんせんみ)

    (D) 心得(こころえ)

187 (1)_____ 에 들어갈 가장 적당한 말은 어느 것입니까?

    (A) 그리움

    (B) 즐거움

    (C) 신선미

    (D) 마음가짐

해설 | 공란 앞에서 '50대인 나에게는 힘든 여행이지만, 매번 멋진 만남이 있다'면서 각역 정차 전철 여행에 대한 기대감을 표시하고 있다. 선택지 각각의 의미를 살펴 보면 (A)의「懐(なつ)かしさ」는 '그리움', (B)의「楽(たの)しみ」는 '즐거움', (C)의「新鮮味(しんせんみ)」는 '신선미', (D)의「心得(こころえ)」는 '마음가짐, 수칙'이라는 뜻으로, 이 가운데 문맥상 어울리는 것은 (B)의「楽(たの)しみ」(즐거움)이다.

188 この人(ひと)はベトナム人(じん)の夫婦(ふうふ)と接(せっ)して、どのように思(おも)いましたか。

    (A) 国(くに)が違(ちが)うとあまり仲良(なかよ)くなれない。

    (B) お互(たが)いの言葉(ことば)はわからなくても親(した)しくなれる。

    (C) 英語(えいご)をもっと勉強(べんきょう)しないと外国人(がいこくじん)と会話(かいわ)はできない。

    (D) 同年代(どうねんだい)でも国(くに)によって考(かんが)え方(かた)が違(ちが)うものだ。

188 이 사람은 베트남인 부부를 만나고 어떻게 생각했습니까?

    (A) 나라가 다르면 별로 사이가 좋아질 수 없다.

    (B) 서로의 말은 몰라도 친해질 수 있다.

    (C) 영어를 더 공부하지 않으면 외국인과 대화는 할 수 없다.

    (D) 같은 세대라도 나라에 따라 사고방식이 다른 법이다.

해설 | 후반부의 내용 문제. 이 사람은 이번 여행에서 베트남인 부부를 만났는데, 영어로 이야기해야 했지만 같은 세대였기 때문에 이야기가 맞아 친근함을 느꼈다고 했다. 그러면서 말은 통하지 않아도 대화는 가능한 법이라고 생각했으므로, 정답은 서로 말은 몰라도 친해질 수 있다고 한 (B)가 된다. 나머지 선택지는 모두 정답과는 반대되는 내용이다.

어휘 | 接(せっ)する 접하다. 만나다 違(ちが)う 다르다
仲良(なかよ)い 사이가 좋다 わかる 알다. 이해하다
親(した)しい 친하다 もっと 더, 더욱 勉強(べんきょう) 공부
外国人(がいこくじん) 외국인 ～によって ～에 따라서
考(かんが)え方(かた) 사고방식

189~192 철도회사의 새로운 서비스

189少子高齢化(しょうしこうれいか)により収入(しゅうにゅう)が減少傾向(げんしょうけいこう)にある各(かく)鉄道会社(てつどうがいしゃ)は、収入源(しゅうにゅうげん)を確保(かくほ)する目的(もくてき)で、構内(こうない)での新(あたら)しいサービス施設(しせつ)の導入(どうにゅう)に意欲的(いよくてき)だ。190構内施設(こうないしせつ)としては商業施設(しょうぎょうしせつ)を始(はじ)め、娯楽施設(ごらくしせつ)や育児施設(いくじしせつ)もあり、利用者(りようしゃ)の(1)_____を得(え)ている。

昨年夏(さくねんなつ)には、JR上野駅(ジェーアールうえのえき)の構内(こうない)に(2)スポーツクラブができた。都内(とない)では最大級(さいだいきゅう)の施設(しせつ)だ。191構内(こうない)からクラブ館内(かんない)に直接(ちょくせつ)繋(つな)がるエレベーター

53

や、ホームからプール施設へ通じる会員特別通路もあり、通いやすさが人気を呼んでいる。現在は、1,000人以上の人が入会待ちをしているほどだ。このスポーツクラブの建設に伴って、構内には飲食店や書店なども新しくできた。上野駅経由で通勤する(3)ある女性会員は、会社帰りに途中下車してスポーツクラブに通う。192「以前、上野駅は単なる通過駅で何もないというイメージでしたが、今では駅の中でご飯を食べたり、買い物をしたり、クラブに行ったりと気軽に利用し、便利さを味わっています」と話す。

189저출산 고령화에 의해 수입이 감소 경향에 있는 각 철도회사는 수입원을 확보할 목적으로 구내에서의 새로운 서비스 시설 도입에 의욕적이다. 190구내 시설로써는 상업시설을 비롯해 오락시설이나 육아시설도 있어서 이용자의 (1)지지를 얻고 있다.

작년 여름에는 JR우에노역의 구내에 (2)스포츠클럽이 생겼다. 도내에서는 최대급의 시설이다. 191구내에서 클럽 관내로 직접 이어지는 엘리베이터나 플랫폼에서 수영장 시설로 통하는 회원 특별 통로도 있어서 편리한 왕래가 인기를 부르고 있다. 현재는 1,000명 이상의 사람이 입회 대기를 하고 있을 정도다. 이 스포츠클럽 건설에 따라 구내에는 음식점이나 서점 등도 새롭게 생겼다. 우에노역 경유로 통근하는 (3)어느 여성회원은 회사에서 돌아오는 길에 도중에 하차해서 스포츠클럽에 다닌다. 192"이전에 우에노역은 단순한 통과역으로 아무것도 없다는 이미지였지만 지금은 역 안에서 밥을 먹거나 쇼핑을 하거나 클럽에 가거나 하는 등 가볍게 이용하고 편리함을 맛보고 있어요"라고 이야기한다.

어휘 | 少子高齢化(しょうしこうれいか) 저출산 고령화
~により ~에 의해 収入(しゅうにゅう) 수입, 소득
減少(げんしょう) 감소 傾向(けいこう) 경향 各(かく) 각
鉄道会社(てつどうがいしゃ) 철도회사
収入源(しゅうにゅうげん) 수입원 確保(かくほ) 확보
目的(もくてき) 목적 構内(こうない) 구내
新(あたら)しい 새롭다 サービス 서비스 施設(しせつ) 시설
導入(どうにゅう) 도입 意欲的(いよくてき)だ 의욕적이다
商業(しょうぎょう) 상업 ~を始(はじ)め ~을 비롯해
娯楽(ごらく) 오락 育児(いくじ) 육아
利用者(りようしゃ) 이용자 得(え)る 얻다
昨年(さくねん) 작년 *去年(きょねん)의 격식 차린 말씨
夏(なつ) 여름 スポーツクラブ 스포츠클럽 できる 생기다
都内(とない) 도내 *「東京都」(とうきょうと, 도쿄도)의 중심 지역(23개의 구(区)로 나뉨). 또 「東京都」(とうきょうと, 도쿄도) 안
最大級(さいだいきゅう) 최대급 館内(かんない) 관내
直接(ちょくせつ) 직접 繋(つな)がる 이어지다, 연결되다
エレベーター 엘리베이터
ホーム 플랫폼 *「プラットホーム」의 준말
プール 수영장 通(つう)じる 통하다 会員(かいいん) 회원
特別(とくべつ) 특별 通路(つうろ) 통로 通(かよ)う 다니다
동사의 ます형+やすさ ~하기 쉬움[편함] 人気(にんき) 인기
呼(よ)ぶ 부르다 現在(げんざい) 현재 以上(いじょう) 이상
入会(にゅうかい) 입회 待(ま)ち 기다림, 대기

~ほど ~정도 建設(けんせつ) 건설
~に伴(ともな)って ~에 동반해[따라]
飲食店(いんしょくてん) 음식점 書店(しょてん) 서점
経由(けいゆ) 경유 通勤(つうきん) 통근, 출퇴근 ある 어느
女性(じょせい) 여성 명사+帰(がえ)り ~에서 돌아감
途中(とちゅう) 도중 下車(げしゃ) 하차
以前(いぜん) 전, 이전, 예전 単(たん)なる 단순한
通過駅(つうかえき) 통과역 何(なに)も (부정어 수반) 아무것도
~という ~라는 イメージ 이미지 ご飯(はん) 밥
食(た)べる 먹다 買(か)い物(もの) 물건을 삼, 쇼핑, 장을 봄
気軽(きがる)だ (마음이) 부담스럽지 않다, 부담 없다
利用(りよう) 이용 便利(べんり)さ 편리함
味(あじ)わう 맛보다, 체험하다 話(はな)す 말하다, 이야기하다

189 各鉄道会社の新しい取り組みについて、正しいものはどれですか。
(A) 業務以外からの収入を得るため、構内施設を建設している。
(B) 高齢者のための福祉施設の建設に意欲的だ。
(C) より良いサービスを目指し、駅員のマナー教育に力を入れている。
(D) 新たなサービスとして、様々な施設の割引を始めた。

189 각 철도회사의 새로운 대처에 대해서 맞는 것은 어느 것입니까?
(A) 업무 이외로부터의 수입을 얻기 위해 구내 시설을 건설하고 있다.
(B) 고령자를 위한 복지시설 건설에 의욕적이다.
(C) 보다 좋은 서비스를 목표로 해서 역무원의 매너교육에 힘을 쏟고 있다.
(D) 새로운 서비스로써 여러 가지 시설의 할인을 시작했다.

해설 | 초반부의 내용 문제. 첫 번째 문장에서 저출산 고령화에 의해 수입이 감소 경향에 있는 각 철도회사는 수입원을 확보할 목적으로 구내에서의 새로운 서비스 시설 도입에 의욕적이라고 했다. 즉, 갈수록 줄어드는 철도 이용객으로 인한 수입 감소를 만회하기 위해 다양한 서비스를 제공함으로써 수입원을 다각화하고 있다는 뜻이므로, 정답은 (A)가 된다. 구내에 설치된 것은 복지시설이 아니라 수익을 위해 마련된 것이므로 (B)는 틀린 설명이고, (C)와 (D)는 본문의 「新(あたら)しいサービス」(새로운 서비스)라는 표현을 응용한 오답이다.

어휘 | 業務(ぎょうむ) 업무 以外(いがい) 이외
福祉(ふくし) 복지 より 보다 目指(めざ)す 목표로 하다, 지향하다
駅員(えきいん) 역무원 マナー 매너 教育(きょういく) 교육
力(ちから)を入(い)れる 힘을 쏟다 新(あら)ただ 새롭다
割引(わりびき) 할인 始(はじ)める 시작하다

190 (1)_____に入る最も適当な言葉はどれですか。
(A) 好意
(B) 支持

54

(C) 感動(かんどう)
(D) 応援(おうえん)

190 (1)_____에 들어갈 가장 적당한 말은 어느 것입니까?
(A) 호의
(B) 지지
(C) 감동
(D) 응원

해설 | 공란 앞의 내용을 통해 정답을 찾을 수 있다. 철도회사가 수익을 위해 마련한 구내시설로는 상업시설을 비롯해서 오락시설이나 육아시설 등이 있다고 했다. 이런 시설들이 역 안에 있다면 이용자에게 어떤 반응을 얻을 수 있는지 생각해 보면, 선택지 중 공란 뒤의 「~を得(え)ている」(~을 얻고 있다)와 호응해서 문장을 자연스럽게 연결할 수 있는 단어는 (B)의 「支持(しじ)」(지지)뿐이다.

어휘 | 好意(こうい) 호의 感動(かんどう) 감동
応援(おうえん) 응원

191 (2)スポーツクラブ(にんき)はなぜ人気がありますか。
(A) 若者(わかもの)たちの間(あいだ)で流行(はや)っているから
(B) 入会(にゅうかい)できる人数(にんずう)に制限(せいげん)がないから
(C) 会員(かいいん)専用(せんよう)の通路(つうろ)の設置(せっち)で、通(かよ)うのが楽(らく)だから
(D) スポーツクラブ内(ない)に飲食店(いんしょくてん)が新(あたら)しくできたから

191 (2)스포츠클럽은 왜 인기가 있습니까?
(A) 젊은이들 사이에서 유행하고 있기 때문에
(B) 입회할 수 있는 인원수에 제한이 없기 때문에
(C) 회원 전용의 통로 설치로 다니는 것이 편하기 때문에
(D) 스포츠클럽 내에 음식점이 새롭게 생겼기 때문에

해설 | 바로 뒤에 이어지는 내용에서 정답을 찾을 수 있다. 스포츠클럽은 구내에서 클럽 관내로 직접 이어지는 엘리베이터나 플랫폼에서 수영장 시설로 통하는 회원 특별 통로가 있어서 다니기 편한 점이 인기의 비결이라고 했으므로, 정답은 (C)가 된다. (A)와 같은 내용은 나오지 않고, 현재 천 명 이상 입회 대기 중이며 부대시설이 인기의 직접적인 비결은 아니므로, (B)와 (D)도 답이 될 수 없다.

어휘 | 若者(わかもの) 젊은이 間(あいだ) (사람과 사람) 사이
流行(はや)る 유행하다 人数(にんずう) 인원수
制限(せいげん) 제한 楽(らく)だ 편하다, 편안하다

192 (3)ある女性会員(じょせいかいいん)は、上野駅(うえのえき)についてどう言(い)っていますか。
(A) 以前(いぜん)から数多(かずおお)くの店(みせ)があり、よく利用(りよう)していた。
(B) スポーツクラブ以外(いがい)はあまり利用(りよう)していない。
(C) 飲食店(いんしょくてん)がもっとできると良(よ)い。
(D) 様々(さまざま)な楽(たの)しみ方(かた)ができ、駅(えき)の印象(いんしょう)が変(か)わった。

192 (3)어느 여성회원은 우에노역에 대해서 어떻게 말하고 있습니까?
(A) 이전부터 수많은 가게가 있어서 자주 이용하고 있었다.
(B) 스포츠클럽 이외는 별로 이용하고 있지 않다.
(C) 음식점이 더 생기면 좋겠다.
(D) 여러 가지 즐기는 법이 생겨서 역의 인상이 바뀌었다.

해설 | 바로 뒤에 이어지는 인터뷰 내용에서 정답을 찾을 수 있다. 구내 스포츠클럽을 이용하고 있는 한 여성회원은 과거 우에노역은 단순한 통과역일 뿐이었지만, 지금은 역 안에서 식사와 쇼핑, 운동을 즐기는 등 다양한 시설을 편리하게 이용하고 있다고 했다. 즉, 그동안은 그저 스쳐 지나가는 전철역의 이미지가 강했지만, 여러 편의시설을 즐길 수 있게 되면서 지금은 복합편의시설로 이미지가 바뀌었다는 뜻이므로, 정답은 (D)가 된다.

어휘 | 以前(いぜん) 전, 이전, 예전
数多(かずおお)くの~ 수많은~ よく 자주 もっと 더, 더욱
様々(さまざま)だ 다양하다, 여러 가지다
楽(たの)しむ 즐기다 동사의 ます형+方(かた) ~하는 방법[방식]
印象(いんしょう) 인상 変(か)わる 바뀌다, 변하다

193~196 구원물자의 효율적인 배분

大災害(だいさいがい)の度(たび)、全国(ぜんこく)から届(とど)く救援物資(きゅうえんぶっし)で多(おお)くの人(ひと)が助(たす)けられる。しかし一方(いっぽう)で、[193]仕分(しわ)けに人手(ひとで)が取(と)られたり、不要(ふよう)な物(もの)が大量(たいりょう)に余(あま)ったりする事態(じたい)が繰(く)り返(かえ)されている。

例(たと)えば災害時(さいがいじ)に、テレビで「新品(しんぴん)の洋服(ようふく)を」と呼(よ)び掛(か)けたにもかかわらず、古着(ふるぎ)が大量(たいりょう)に届(とど)き、やむを得(え)ず焼却処分(しょうきゃくしょぶん)したり、健康器具(けんこうきぐ)やゴルフ用品(ようひん)といった、とても救援物資(きゅうえんぶっし)には思(おも)えないような物(もの)が届(とど)いたりしたこともあった。

新潟県(にいがたけん)は最近(さいきん)発表(はっぴょう)した防災計画(ぼうさいけいかく)の中(なか)で、災害(さいがい)直後(ちょくご)は個人(こじん)からの物資(ぶっし)は原則(げんそく)として受(う)け入(い)れないとしている。個人(こじん)からの物資(ぶっし)は小口(こぐち)で、種類(しゅるい)も量(りょう)もばらばらだ。[194]量(りょう)がまとまらないと公平(こうへい)に分配(ぶんぱい)することができず、ある程度(ていど)集(あつ)まって配(くば)る頃(ころ)には必要性(ひつようせい)が薄(うす)れてくる。そのため災害直後(さいがいちょくご)は、確実(かくじつ)に量(りょう)を確保(かくほ)できて均等(きんとう)に配(くば)れる、企業(きぎょう)からの救援物資(きゅうえんぶっし)を優先(ゆうせん)せざるを得(え)ないという。ある福祉団体(ふくしだんたい)の理事長(りじちょう)は「[196]災害時(さいがいじ)に有効(こう)なのはボランティアとお金(かね)だ。人々(ひとびと)の[195]善意(ぜんい)(1)_____ために、自治体(じちたい)も必要(ひつよう)な援助策(えんじょさく)を明確(めいかく)にすることが大切(たいせつ)だ」と話(はな)す。

대재해 때마다 전국에서 도착하는 구원물자로 많은 사람이 도움을 받고 있다. 그러나 한편으로 [193]분류에 일손이 빼앗기거나 필요 없는 물건이 대량으로 남거나 하는 사태가 반복되고 있다.

例를 들면 재해 시에 TV에서 '신품인 옷'을 호소함에도 불구하고 헌옷이 대량으로 도착해서 어쩔 수 없이 소각 처분하거나 건강기구나 골프용품과 같은 도저히 구원물자라고는 생각되지 않을 듯한 물건이 도착하거나 한 적도 있었다.

　니가타현은 최근 발표한 방재 계획 중에서 재해 직후는 개인으로부터의 물자는 원칙적으로 받아들이지 않는다고 하고 있다. 개인으로부터의 물자는 소량이고 종류도 양도 제각각이다. 194양이 모이지 않으면 공평하게 분배할 수 없어서 어느 정도 모여 배분할 때에는 필요성이 희박해진다. 그렇기 때문에 재해 직후는 확실하게 양을 확보할 수 있고 균등하게 배분할 수 있는, 기업으로부터의 구원물자를 우선해야 한다고 한다. 어느 복지단체의 이사장은 "196재해 시에 효과가 있는 것은 자원봉사자와 돈이다. 사람들의 195선의(1)를 헛되이 하지 않기 위해서 자치단체도 필요한 원조책을 명확하게 하는 것이 중요하다"라고 말한다.

어휘ㅣ大災害(だいさいがい) 대재해　度(たび) 때마다
全国(ぜんこく) 전국　届(とど)く (보낸 물건이) 도착하다, 닿다
救援(きゅうえん) 구원　物資(ぶっし) 물자　多(おお)く 많음
助(たす)ける 돕다　しかし 그러나　一方(いっぽう)で 한편으로
仕分(しわ)け 구분, 분류　人手(ひと)で 일손　取(と)られる 빼앗기다
不要(ふよう)だ 필요 없다　物(もの) (어떤 형태를 갖춘) 것, 물건
大量(たいりょう)だ 대량이다　余(あま)る 남다　事態(じたい) 사태
繰(く)り返(かえ)す 되풀이하다, 반복하다　例(たと)えば 예를 들면
テレビ 텔레비전, TV *「テレビジョン」의 준말
新品(しんぴん) 신품　洋服(ようふく) 옷
呼(よ)び掛(か)ける 호소하다
〜にもかかわらず 〜임에도 불구하고　古着(ふるぎ) 헌옷
やむを得(え)ず 어쩔 수 없이　焼却(しょうきゃく) 소각
処分(しょぶん) 처분　健康(けんこう) 건강　器具(きぐ) 기구
ゴルフ 골프　用品(ようひん) 용품　〜といった 〜라고 하는
とても (부정어 수반) 아무리 해도, 도저히　思(おも)える 생각되다
新潟県(にいがたけん) 니가타현 *지명　最近(さいきん) 최근, 요즘
発表(はっぴょう) 발표　防災(ぼうさい) 방재
計画(けいかく) 계획　直後(ちょくご) 직후　個人(こじん) 개인
原則(げんそく) 원칙　受(う)け入(い)れる 받아들이다
小口(こぐち) 소량, 소액　種類(しゅるい) 종류　量(りょう) 양
ばらばら 제각기 다른 모양　まとまる 한데 모이다, 통합되다
公平(こうへい)だ 공평하다　分配(ぶんぱい) 분배
동사의 기본형+ことができる 〜할 수 있다
〜ず 〜하지 않아서　ある 어느　程度(ていど) 정도
集(あつ)まる 모이다　頃(ころ) 때, 시절, 무렵
必要性(ひつようせい) 필요성　薄(うす)れる 희박해지다
そのため 그 때문에　確実(かくじつ)だ 확실하다
確保(かくほ) 확보　均等(きんとう)だ 균등하다
企業(きぎょう) 기업　優先(ゆうせん) 우선
동사의 ない형+ざるを得(え)ない 〜하지 않을 수 없다 *「〜する」의
경우에는 「〜せざるを得(え)ない」의 형태로 씀
福祉(ふくし) 복지　団体(だんたい) 단체　理事長(りじちょう) 이사장
有効(ゆうこう)だ 유효하다, 효과가 있다
ボランティア 자원봉사자　お金(かね) 돈
人々(ひとびと) 사람들　善意(ぜんい) 선의
自治体(じちたい) 자치단체　必要(ひつよう)だ 필요하다
明確(めいかく)だ 명확하다　大切(たいせつ)だ 중요하다

193 災害時(さいがいじ)の救援物資(きゅうえんぶっし)に関(かん)する問題点(もんだいてん)は何(なん)でしたか。

(A) 災害時(さいがいじ)に相応(ふさわ)しくない物(もの)が送(おく)られて来(き)たこと
(B) 物資(ぶっし)を保管(ほかん)する場所(ばしょ)の確保(かくほ)が難(むずか)しいこと
(C) 食料品(しょくりょうひん)の援助(えんじょ)が多(おお)すぎて食(た)べ切(き)れないこと
(D) サイズの合(あ)わない新(あたら)しい服(ふく)が多(おお)いこと

193 재해 시의 구원물자에 관한 문제점은 무엇이었습니까?
(A) 재해 시에 적합하지 않는 물건이 보내어져 온 것
(B) 물자를 보관할 장소 확보가 어려운 것
(C) 식료품 원조가 너무 많아서 다 먹을 수 없는 것
(D) 사이즈가 맞지 않는 새 옷이 많은 것

해설ㅣ두 번째 문장에서 정답을 찾을 수 있다. 재해를 당한 사람들에게 구원물자는 없어서는 안 될 필수품이다. 그러나 한편으로는 구원물자를 분류하는 데 일손을 빼앗기거나 필요 없는 물건이 많이 남는 사태가 반복되고 있는 점을 지적하고 있으므로, 정답은 (A)가 된다. 본문의 「不要(ふよう)な物(もの)」(필요 없는 물건)를 「相応(ふさわ)しくない物(もの)」(어울리지 않는 물건)로 바꿔 표현했다. 나머지 선택지와 같은 내용은 나오지 않는다.

어휘ㅣ相応(ふさわ)しい 어울리다, 걸맞다, 상응하다
送(おく)る 보내다　保管(ほかん) 보관　場所(ばしょ) 장소
難(むずか)しい 어렵다　食料品(しょくりょうひん) 식료품
多(おお)い 많다　い형용사의 어간+すぎる 너무 〜하다
食(た)べる 먹다　동사의 ます형+切(き)る 완전히[끝까지] 〜하다
サイズ 사이즈, 크기　合(あ)う 맞다　新(あたら)しい 새롭다
服(ふく) 옷

194 新潟県(にいがたけん)が個人(こじん)からの援助(えんじょ)を受(う)け入(い)れない理由(りゆう)は何(なん)ですか。
(A) 被災者同士(ひさいしゃどうし)で奪(うば)い合(あ)いになる恐(おそ)れがあるから
(B) 食料品(しょくりょうひん)などを備蓄(びちく)することを決定(けってい)したから
(C) 量(りょう)が少(すく)なくて被災者(ひさいしゃ)に平等(びょうどう)に行(い)き渡(わた)らないから
(D) 前(まえ)の災害(さいがい)の時(とき)、企業(きぎょう)からの援助(えんじょ)だけで十分(じゅうぶん)だったから

194 니가타현이 개인으로부터의 원조를 받아들이지 않는 이유는 무엇입니까?
(A) 이재민끼리 서로 다투게 될 우려가 있기 때문에
(B) 식료품 등을 비축할 것을 결정했기 때문에
(C) 양이 적어서 이재민에게 평등하게 보급되지 않기 때문에
(D) 이전 재해 때 기업으로부터의 원조만으로 충분했기 때문에

해설ㅣ중반부의 내용 문제. 니가타현이 개인 원조를 받지 않는 이유는, 개인에게 받는 물자는 종류나 양이 다 제각각이어서 공평하게 분배할 수 없으며, 어느 정도 모여 배분하려면 시간이 경과되어 그 물자의 필요성 자체가 희박해지기 때문이다. 따라서 정답은 (C)가 된다.

어휘ㅣ被災者(ひさいしゃ) 이재민, 재해를 당한 사람
〜同士(どうし) 〜끼리　奪(うば)い合(あ)う 서로 빼앗다, 쟁탈하다
〜恐(おそ)れがある 〜할 우려가 있다
備蓄(びちく) 비축　決定(けってい) 결정

行(い)き渡(わた)る 골고루 미치다, 보급되다, 널리 퍼지다
十分(じゅうぶん)だ 충분하다

195 (1)_____に入る最(もっと)も適当(てきとう)な言葉(ことば)はどれですか。
(A) に報(むく)いない
(B) を無駄(むだ)にしない
(C) を当(あ)てにしない
(D) で賄(まかな)う

195 (1)_____에 들어갈 가장 적당한 말은 어느 것입니까?
(A) 를 보급하지 않기
(B) 를 헛되이 하지 않기
(C) 를 기대하지 않기
(D) 로 조달하기

해설 | 공란 앞의 「善意(ぜんい)」(선의)라는 단어와 연결이 자연스러운 표현을 찾는다. 앞서 개인에게 받은 구원물자의 비효율적인 수거와 배분에 대해 지적하면서도 재해 시에 효과가 있는 것은 자원봉사자와 돈이라고 말하고 있다. 따라서 문맥상 뒤에는 이런 사람들의 선의를 헛되이 하지 않기 위한 대책이 필요하다는 내용이 오는 것이 자연스럽다. 정답은 (B)로, 「無駄(むだ)にする」는 '헛되이 하다'라는 뜻이다. (A)의 「報(むく)いる」는 '보답하다', (C)의 「当(あ)てにする」는 '기대다, 기대하다', (D)의 「賄(まかな)う」는 '조달하다, 마련하다'라는 뜻이다.

196 本文(ほんぶん)と合(あ)っているものはどれですか。
(A) 余(あま)った物資(ぶっし)は次(つぎ)の災害(さいがい)のために保管(ほかん)することが重要(じゅうよう)だ。
(B) 災害時(さいがいじ)には現金(げんきん)よりも物資(ぶっし)の方(ほう)がすぐに使(つか)えて有効(ゆうこう)だ。
(C) 新潟県(にいがたけん)では今後(こんご)は救援物資(きゅうえんぶっし)を全面的(ぜんめんてき)に受(う)け入(い)れない方針(ほうしん)だ。
(D) 災害時(さいがいじ)は人手不足(ひとでぶそく)になるため、手伝(てつだ)いの人(ひと)の確保(かくほ)も大切(たいせつ)だ。

196 본문과 맞는 것은 어느 것입니까?
(A) 남은 물자는 다음 재해를 위해서 보관하는 것이 중요하다.
(B) 재해 시에는 현금보다도 물자 쪽이 바로 사용할 수 있어서 유효하다.
(C) 니가타현에서는 앞으로는 구원물자를 전면적으로 받지 않을 방침이다.
(D) 재해 시는 일손부족이 되기 때문에 돕는 사람의 확보도 중요하다.

해설 | 내용 일치 여부를 묻는 문제. 후반부에 보면 재해 시에 효과가 있는 것은 자원봉사자와 돈이라는 내용이 나와 있다. 정답은 (D)로, 본문의 「ボランティア」(자원봉사자)를 「手伝(てつだ)いの人(ひと)」(돕는 사람)로 바꿔 표현했다. 수요와 공급의 미스매치로 인해 남아 버리는 구원물자 때문에 고민이라고 했지만, 그 보관방법에 대한 언급은 없으므로 (A)는 틀린 내용이다. (B)는 정답과 반대되는 내용이고, 니가타현에서 받지 않기로 한 것은 개인이 후원하는 구원물자에만 적용되므로, (C)도 답이 될 수 없다.

어휘 | 重要(じゅうよう)だ 중요하다 現金(げんきん) 현금
〜よりも 〜보다도 すぐに 곧, 바로 今後(こんご) 금후, 앞으로
全面的(ぜんめんてき)だ 전면적이다 方針(ほうしん) 방침
手伝(てつだ)い 도움 大切(たいせつ)だ 중요하다

197~200 캡슐형 내시경

体内(たいない)を映(うつ)し出(だ)す「内視鏡(ないしきょう)」。現在(げんざい)は長(なが)い管(くだ)に付(つ)けて口(くち)から入(い)れるもの、肛門(こうもん)から入(い)れるものなどが広(ひろ)く使(つか)われている。しかし、197これらは腸(ちょう)の壁(かべ)を傷付(きずつ)けたり、再使用(さいしよう)による感染症(かんせんしょう)の恐(おそ)れがある。また、何(なに)よりも長(なが)い管(くだ)を体内(たいない)に入(い)れるため、患者(かんじゃ)に辛(つら)い思(おも)いをさせることが問題(もんだい)であった。

そこで、これらの欠点(けってん)の克服(こくふく)を目指(めざ)して開発中(かいはつちゅう)なのが「カプセル型内視鏡(がたないしきょう)」である。198このカプセルは飲(の)み込(こ)んだ後(あと)、胃(い)や腸(ちょう)の消化(しょうか)のための収縮運動(しゅうしゅくうんどう)により、食(た)べ物(もの)と同様(どうよう)に約(やく)6時間(じかん)かけて胃(い)と腸(ちょう)を移動(いどう)し、最後(さいご)はトイレへ、の使(つか)い捨(す)てだ。カプセルは体内(たいない)を移動(いどう)する間(あいだ)、映像(えいぞう)を体外(がい)に送信(そうしん)し続(つづ)けるが、199電力(でんりょく)は患者(かんじゃ)が着(き)る(1)ベストから電波(でんぱ)で供給(きょうきゅう)される。カプセルから発信(はっしん)する画像(がぞう)はベストに内蔵(ないぞう)した受信装置(じゅしんそうち)に溜(た)まる仕組(しく)みだ。ベストは充電池(じゅうでんち)も備(そな)え、検査中(けんさちゅう)も電源(げん)コード無(な)しで動(うご)き回(まわ)れる。200得(え)られた画像(がぞう)データを連続的(れんぞくてき)にまとめると、腸(ちょう)を縦(たて)に切(き)り開(ひら)いたような6(ろく)から8(はち)メートルの細長(ほそなが)い1(いち)枚(まい)の画像(がぞう)ができ、異常個所(いじょうかしょ)があれば一目(ひとめ)でわかる。昨年春(さくねんはる)から臨床試験(りんしょうしけん)を始(はじ)め、年内(ねんない)の実用化(じつようか)を目指(めざ)している。

체내를 비치는 '내시경'. 현재는 긴 관에 붙여서 입을 통해 넣는 것, 항문을 통해 넣는 것 등이 널리 사용되고 있다. 그러나 197이것들은 장의 벽을 상처 입히거나 재사용에 의한 감염증의 우려가 있다. 또한 무엇보다도 긴 관을 체내에 넣기 때문에 환자를 힘들게 하는 것이 문제였다.

그래서 이 같은 결점 극복을 목표로 해서 개발 중인 것이 '캡슐형 내시경'이다. 198이 캡슐은 삼킨 후 위나 장의 소화를 위한 수축운동에 의해 음식과 마찬가지로 약 6시간 들여서 위와 장을 이동해서 마지막에는 화장실로의 일회용이다. 캡슐은 체내를 이동하는 동안 영상을 체외로 계속 송신하는데, 199전력은 환자가 입은 (1)조끼에서 전파로 공급된다. 캡슐에서 발신하는 영상은 조끼에 내장된 수신 장치에 쌓이는 구조다. 조끼는 충전지도 갖춰서 검사 중에도 전원코드 없이 돌아다닐 수 있다. 200얻어진 영상 데이터를 연속적으로 정리하면 장을 세로로 절개한 것 같은 6에서 8m의 가늘고 긴 한 장의 영상이 만들어져 이상 부분이 있으면 한눈에 알 수 있다. 작년

어휘 | 体内(たいない) 체내　映(うつ)し出(だ)す (영상으로) 비치다
内視鏡(ないしきょう) 내시경　現在(げんざい) 현재
長(なが)い (길이가) 길다　管(くだ) 관　付(つ)ける 붙이다
口(くち) 입　入(い)れる 넣다　肛門(こうもん) 항문
広(ひろ)い 넓다　使(つか)う 쓰다, 사용하다　しかし 그러나
これら 이들, 이것들　腸(ちょう) 장　壁(かべ) 벽
傷付(きずつ)ける 상처 입히다　再使用(さいしよう) 재사용
～による ～에 의한　感染症(かんせんしょう) 감염증
～恐(おそ)れがある ～할 우려가 있다　また 또, 또한
患者(かんじゃ) 환자　辛(つら)い思(おも)いをさせる 힘들게 하다
問題(もんだい) (해결해야 할) 문제　そこで 그래서
欠点(けってん) 결점　克服(こくふく) 극복
目指(めざ)す 목표로 하다, 지향하다　開発(かいはつ) 개발
～中(ちゅう) ～중　カプセル型(がた) 캡슐형
飲(の)み込(こ)む 삼키다　동사의 た형+後(あと) ～한 후
胃(い) 위　消化(しょうか) 소화　収縮(しゅうしゅく) 수축
運動(うんどう) 운동　食(た)べ物(もの) 음식
～と同様(どうよう)に ～와 마찬가지로
かける (돈·시간 등을) 들이다　移動(いどう) 이동
最後(さいご) 최후, 마지막　トイレ 화장실 *「トイレット」의 준말
使(つか)い捨(す)て 한 번 쓰고 그대로 버림, 일회용
間(あいだ) 동안　映像(えいぞう) 영상　体外(たいがい) 체외
送信(そうしん) 송신　동사의 ます형+続(つづ)ける 계속 ～하다
電力(でんりょく) 전력　着(き)る (옷을) 입다　ベスト 조끼
電波(でんぱ) 전파　供給(きょうきゅう) 공급
発信(はっしん) 발신　内蔵(ないぞう) 내장
受信(じゅしん) 수신　装置(そうち) 장치　溜(た)まる 쌓이다
仕組(しく)み 구조　充電池(じゅうでんち) 충전지
備(そな)える 비치하다, 갖추다　検査(けんさ) 검사
電源(でんげん) 전원　コード 코드　無(な)し 없음
動(うご)き回(まわ)る 돌아다니다　得(え)る 얻다
データ 데이터　連続的(れんぞくてき)だ 연속이다
まとめる 정리하다　縦(たて) 세로　切(き)り開(ひら)く 절개하다
メートル 미터, m　細長(ほそなが)い 가늘고 길다
～枚(まい) ～장 *종이 등 얇고 평평한 것을 세는 말
できる 만들어지다
異常(いじょう) 이상, 정상이 아님, 보통과는 다름
個所(かしょ) 개소, 부분　一目(ひとめ) 한눈, 한 번 보는 것
わかる 알다, 이해하다
昨年(さくねん) 작년 *「去年(きょねん)」의 격식 차린 말씨
春(はる) 봄
臨床試験(りんしょうしけん) 임상시험, 약이나 의료기기의 인체에
대한 유효성이나 안전성에 관해 조사하는 시험
始(はじ)める 시작하다　年内(ねんない) 연내
実用化(じつようか) 실용화

197 現在(げんざい)使(つか)われている内視鏡(ないしきょう)はどのようなもので
すか。
(A) 管(くだ)は使(つか)い捨(す)てで清潔(せいけつ)なので、安全上問題(あんぜんじょうもんだい)な
い。
(B) 管(くだ)は細(ほそ)く飲(の)み込(こ)みやすいので、患者(かんじゃ)の負担(ふたん)
にならない。

(C) 患者(かんじゃ)に苦痛(くつう)はないが、他(ほか)の病気(びょうき)を伴(ともな)う可能(かのう)
性(せい)がある。
(D) 患者(かんじゃ)に苦痛(くつう)を与(あた)える上(うえ)、感染症(かんせんしょう)も心配(しんぱい)さ
れる。

197 현재 쓰이고 있는 내시경은 어떠한 것입니까?
(A) 관은 일회용으로 청결하기 때문에 안전상 문제없다.
(B) 관은 가늘고 삼키기 편하기 때문에 환자의 부담이 되지 않
는다.
(C) 환자에게 고통은 없지만 다른 병을 동반할 가능성이 있다.
(D) 환자에게 고통을 주는 데다가 감염증도 걱정된다.

해설 | 초반부의 내용 문제. 현재 사용되는 내시경은 장의 벽에 상처를
입히거나 재사용에 의한 감염증의 우려가 있다고 했다. 따라서 정답은
(D)가 된다. (A)는 '감염증에 대한 우려', (B)와 (C)는 '긴 관을 체내에 넣
어 환자를 힘들게 하는 것이 문제'라는 그 다음 문장과 반대되는 내용
이므로 답이 될 수 없다.

어휘 | 使(つか)う 쓰다, 사용하다　清潔(せいけつ)だ 청결하다
安全上(あんぜんじょう) 안전상　問題(もんだい)ない 문제없다
細(ほそ)い 가늘다　동사의 ます형+やすい ～하기 쉽다[편하다]
負担(ふたん) 부담　苦痛(くつう) 고통　他(ほか) 다른 (것)
病気(びょうき) 병　伴(ともな)う 동반하다
可能性(かのうせい) 가능성　与(あた)える (주의·영향을) 주다
～上(うえ)(に) ～인 데다가, ～에 더해　心配(しんぱい) 걱정

198 「カプセル型内視鏡(がたないしきょう)」はどのようにして体内(たいない)を
移動(いどう)しますか。
(A) 食(た)べ物(もの)を送(おく)るための収縮運動(しゅうしゅくうんどう)に乗(の)って移(い)
動(どう)する。
(B) 検査時(けんさじ)に飲(の)む専用飲料水(せんよういんりょうすい)と一緒(いっしょ)に移動(いどう)す
る。
(C) 内視鏡(ないしきょう)に内蔵(ないぞう)された機能(きのう)によって移動(いどう)す
る。
(D) 体外(たいがい)からの遠隔操作(えんかくそうさ)で移動(いどう)する。

198 '캡슐형 내시경'은 어떤 식으로 해서 체내를 이동합니까?
(A) 음식을 보내기 위한 수축운동을 타고 이동한다.
(B) 검사 시에 마시는 전용 음료수와 함께 이동한다.
(C) 내시경에 내장된 기능에 의해 이동한다.
(D) 체외로부터의 원격조작으로 이동한다.

해설 | 「収縮運動(しゅうしゅくうんどう)」(수축운동), 「移動(いどう)」(이동)라는 단어가 포인트. 캡슐형 내시경의 원리에 대해 묻고 있는
데, 캡슐형 내시경은 위나 장의 소화를 위한 수축운동에 의해 음식과
마찬가지로 약 6시간에 걸쳐 위와 장을 이동해서, 마지막에는 화장실
에서 버려지는 일회용 구조라고 했다. 즉, 캡슐형 내시경은 어떤 조작
이나 자체 기능이 아니라, 인체의 소화기능을 이용해서 움직인다는 의
미이므로, 정답은 (A)가 된다.

어휘 | 乗(の)る (가락에) 맞추다, (가락을) 타다
検査(けんさ) 검사　飲(の)む 마시다　専用(せんよう) 전용
飲料水(いんりょうすい) 음료수　一緒(いっしょ)に 함께
機能(きのう) 기능　遠隔(えんかく) 원격　操作(そうさ) 조작

58

199 (1)ベストの機能ではないものはどれですか。
    (A) 電力を供給する。
    (B) 充電できる。
    (C) 画像を受信する。
    (D) 画像を編集する。

199 (1)조끼의 기능이 아닌 것은 어느 것입니까?
    (A) 전력을 공급한다.
    (B) 충전할 수 있다.
    (C) 화상을 수신한다.
    (D) 화상을 편집한다.

해설 | 캡슐형 내시경에서 영상을 전송받기 위해서는 전력이 필요한데, 그것을 공급해 주는 역할을 하는 것이 바로 '조끼'이다. 이 외에도 조끼는 캡슐에서 발신한 영상을 수신하고, 충전지가 갖춰져 있어서 충전도 가능하다고 했다. 정답은 (D)로, 영상을 수신할 수는 있지만, 편집 기능에 대한 내용은 나오지 않는다.

어휘 | 編集(へんしゅう) 편집

200 「カプセル型内視鏡」について、正しいものはどれですか。
    (A) 使用後、自然に排泄される。
    (B) 腸の画像は横からの断面図である。
    (C) 画像が暗く、異常個所の特定は難しい。
    (D) 実用化にはまだ数年かかる。

200 '캡슐형 내시경'에 대해서 맞는 것은 어느 것입니까?
    (A) 사용 후 자연스럽게 배설된다.
    (B) 장의 영상은 가로에서의 단면도이다.
    (C) 영상이 어두워서 이상 부분의 특정은 어렵다.
    (D) 실용화에는 아직 몇 년 걸린다.

해설 | 후반부의 내용 문제. 캡슐형 내시경은 사용 후 자연스럽게 배설되며, 장을 세로 단면으로 촬영하기 때문에 이상 부분을 즉시 판단할 수 있다. 따라서 (B)와 (C)는 틀린 설명이다. 또한 작년 봄부터 임상시험을 시작해 연내 실용화를 목표로 하고 있다고 했으므로, (D)도 답이 될 수 없다. 따라서 정답은 (A)가 된다.

어휘 | 自然(しぜん)だ 자연스럽다 排泄(はいせつ) 배설
横(よこ) 가로 断面図(だんめんず) 단면도 暗(くら)い 어둡다
特定(とくてい) 특정 難(むずか)しい 어렵다
実用化(じつようか) 실용화 まだ 아직
数年(すうねん) 수년, 몇 년, 여러 해 かかる (시간이) 걸리다

JPT 빈출 어휘 230

□ 001 **空く** (자리·방 등이) 나다, 비다

この席、空いていますか。
이 자리 비었어요?

□ 002 **あいにく** 공교롭게도

この商品はあいにく品切れになりました。
이 상품은 공교롭게도 품절되었습니다.

□ 003 **上がる** (방에) 들어가[오]다

いらっしゃいませ。どうぞお上がりください。
잘 오셨어요. 어서 들어오세요.

□ 004 **遊ぶ** 놀다

子供が水深の浅い川で遊んでいます。
아이가 수심이 얕은 강에서 놀고 있습니다.

□ 005 **頭に来る** 화가 나다

田中さんは彼の発言に相当頭に来ているようだった。
다나카 씨는 그의 발언에 상당히 화가 나 있는 듯했다.

□ 006 **辺り** 부근, 근처, 주위

昨日、この辺りで原因不明の火事があったそうだ。
어제 이 근처에서 원인 불명의 화재가 있었다고 한다.

□ 007 **あちこち** 여기저기

もしあちこち観光されるのでしたら、電車を利用するのが便利ですよ。
만약 여기저기 관광하실 거라면 전철을 이용하는 것이 편리해요.

□ 008 **アップ** 클로즈업, 근접 촬영 *「クローズアップ」의 준말

できるだけ顔をアップで撮ってください。
가능한 한 얼굴을 클로즈업으로 찍어 주세요.

☐ 009 **穴を掘る** 구덩이를 파다

男の人はスコップで穴を掘っています。
남자는 삽으로 구덩이를 파고 있습니다.

☐ 010 **あまり** (부정어 수반) 그다지, 별로

天候不順だけれども、幸い野菜の値段はあまり高くなっていない。
날씨가 고르지 않지만, 다행히 채소 가격은 그다지 비싸지지 않았다.

☐ 011 **いかが** 어떠함

このネクタイはいかがですか。今年流行の柄です。
이 넥타이는 어떠세요? 올해 유행하는 무늬예요.

☐ 012 **異義** 이의, 다른 의견

異議がなければ、みんな賛成と考えてよろしいですね。
이의가 없으면 모두 찬성이라고 생각해도 되겠죠.

☐ 013 **いくら～ても** 아무리 ~해도

いくら頑張っても、どっちみち今日中には終わりそうにないから、もうこの辺で止めよう。
아무리 열심히 해도 어차피 오늘 안으로는 끝날 것 같지 않으니까, 이제 이쯤에서 그만하자.

☐ 014 **いずれも** 모두 다

彼の作品は、いずれも見事なものばかりだった。
그의 작품은 모두 다 훌륭한 것뿐이었다.

☐ 015 **急ぐ** 서두르다

あまり時間がありませんので、急いでください。
별로 시간이 없으니까 서둘러 주세요.

☐ 016 **著しい** 현저하다, 두드러지다

我が国のエネルギー消費量は著しく増加している。
우리나라의 에너지 소비량은 현저히 증가하고 있다.

☐ 017 **一体** 도대체

一体今までどこにいたの(?)。
도대체 지금까지 어디에 있었어?

□ 018 **동사의 기본형+一方だ** ~하기만 하다

都市の人口は増える一方で、住宅問題も深刻になっていく。
도시 인구는 늘어나기만 해서 주택 문제도 심각해져 간다.

□ 019 **いつもなら** 여느 때라면, 평소라면

女 いつもならここで座れるのに、今日はどうしてこんなに込んでるの(?)。
평소라면 여기에서 앉을 수 있는데, 오늘은 어째서 이렇게 붐빌까?

男 さあ、終点でお祭りをやってるからじゃない(?)。
글쎄, 종점에서 축제를 하고 있기 때문이 아닐까?

□ 020 **未だに** 아직도, 아직껏

景気に回復の兆しが見えるとはいえ、雇用問題は未だに厳しい。
경기에 회복 조짐이 보인다고는 하지만 고용 문제는 아직도 심각하다.

□ 021 **今のところ** 지금으로서는

病気の進行を阻止する方法は、今のところない。
병의 진행을 저지할 방법은 지금으로서는 없다.

□ 022 **嫌な顔をする** 싫은 얼굴을 하다, 불쾌한 표정을 짓다

鈴木さんにコピーを頼んだら、嫌な顔をされた。
스즈키 씨에게 복사를 부탁했더니 불쾌한 표정을 지었다.

□ 023 **要る** 필요하다

温泉に行くには、少なくとも2万円は要る。
온천에 가려면 적어도 2만 엔은 필요하다.

□ 024 **명사+の+上** ~한 후

申込書に必要事項を記入の上、代金を添えてお申し込みください。
신청서에 필요사항을 기입한 후, 대금을 첨부해서 신청해 주세요.

□ 025 **嘘をつく** 거짓말을 하다

彼がそんな嘘をつくなんて、到底信じられない。
그가 그런 거짓말을 하다니 도저히 믿을 수 없다.

□ 026 **~うちに** ~하는 동안에

赤ちゃんが寝ているうちに掃除と洗濯をしなきゃ。
아기가 자고 있는 동안에 청소랑 빨래를 해야 해.

□ 027 **うっかり** 무심코, 깜빡

うっかりして、大事な書類を家に忘れて来ちゃった。
깜빡하고 중요한 서류를 집에 (잊고) 두고 와 버렸다.

□ 028 **俯く** 고개를 숙이다

弟は俯いて歩く癖がある。
남동생은 고개를 숙이고 걷는 버릇이 있다.

□ 029 **腕を組む** 팔짱을 끼다

男の人は腕を組んで前方を見つめています。
남자는 팔짱을 끼고 전방을 응시하고 있습니다.

□ 030 **売り上げ** 매상, 매출

今年のA社の売り上げは、不景気の影響で前年を5割以上も下回っている。
올해 A사의 매상은 불경기 영향으로 전년을 50% 이상이나 밑돌고 있다.

□ 031 **得る** 얻다

その話は多くの人の共感を得ることができた。
그 이야기는 많은 사람의 공감을 얻을 수 있었다.

□ 032 **遠慮する** 사양하다

遠慮しないで、どんどん食べてね。
사양하지 말고 많이 먹어요.

□ 033 **大げさだ** 과장되다

あの人は何もかも大げさに言う癖がある。
저 사람은 무엇이든 과장되게 말하는 버릇이 있다.

□ 034 **大声** 큰 소리

彼は教室に入ってくるなり、大声で泣き出した。
그는 교실에 들어오자마자 큰 소리로 울기 시작했다.

□ 035 **おかげ** 덕분

試験に合格できたのは、何と言っても先生のおかげです。
시험에 합격할 수 있었던 것은 뭐라고 해도 선생님 덕분입니다.

□ 036 **厳かだ** 엄숙하다

葬式は厳かに行われた。
장례식은 엄숙하게 행해졌다.

□ 037 **落ち込む** (기분이) 침울해지다

そんなに落ち込んでないで、元気出しなさいよ。
그렇게 침울해하지 말고 힘내요.

□ 038 **お釣り** 거스름돈

レシートと３０円のお釣りです。
영수증과 거스름돈 30엔입니다.

□ 039 **お腹を壊す** 배탈이 나다

昨日、食べすぎてお腹を壊したんですよ。
어제 과식해서 배탈이 났거든요.

□ 040 **帯びる** 띠다, 머금다

空気が湿気を帯びていた。
공기가 습기를 머금고 있었다.

□ 041 **思いやり** 배려심

佐藤部長は思いやりのある上司です。
사토 부장님은 배려심이 있는 상사입니다.

□ 042 **思うように** 생각대로

思うように仕事が進まなくて困っている。
생각대로 일이 진척되지 않아서 애먹고 있다.

□ 043 **思ったより** 생각했던 것보다

その料理はおいしそうに見えなかったけれど、食べてみたら思ったより美味しかった。
그 요리는 맛있어 보이지 않았는데, 먹어 보니 생각했던 것보다 맛있었다.

□ 044 **及び** 및

交通費、宿泊、全食事代及びセミナーホール使用料は会社負担ですが、その他は自己負担となっております。
교통비, 숙박, 전 식사비 및 세미나 홀 사용료는 회사 부담이지만, 그 외는 본인 부담이 되고 있습니다.

☐ 045 **下ろす** (돈 따위를) 찾다

<ruby>銀行<rt>ぎんこう</rt></ruby>のキャッシュカードで、お<ruby>金<rt>かね</rt></ruby>を<ruby>下<rt>お</rt></ruby>ろして<ruby>来<rt>き</rt></ruby>ました。
은행 현금카드로 돈을 찾아왔습니다.

☐ 046 **折る** 접다

<ruby>女<rt>おんな</rt></ruby>の<ruby>人<rt>ひと</rt></ruby>は<ruby>折<rt>お</rt></ruby>り<ruby>紙<rt>がみ</rt></ruby>で<ruby>鶴<rt>つる</rt></ruby>を<ruby>折<rt>お</rt></ruby>っています。
여자는 색종이로 학을 접고 있습니다.

☐ 047 **買い替える** 바꾸다, (다른 것으로) 갈다, 교체하다

女 <ruby>新<rt>あたら</rt></ruby>しいパソコンの<ruby>調子<rt>ちょうし</rt></ruby>、どう(?)。
　 새 컴퓨터 상태, 어때?

男 もう<ruby>最高<rt>さいこう</rt></ruby>、<ruby>買<rt>か</rt></ruby>い<ruby>替<rt>か</rt></ruby>えてよかったよ。
　 정말 최고야, 바꾸길 잘했어.

☐ 048 **かかる** ❶ (시간이) 걸리다

<ruby>報告書<rt>ほうこくしょ</rt></ruby>を<ruby>完成<rt>かんせい</rt></ruby>するには<ruby>少<rt>すく</rt></ruby>なくとも2、3<ruby>日<rt>にさんにち</rt></ruby>はかかる。
보고서를 완성하려면 적어도 2, 3일은 걸린다.

☐ 049 **かかる** ❷ (비용이) 들다

オフィスの<ruby>改造<rt>かいぞう</rt></ruby>には<ruby>大体<rt>だいたい</rt></ruby><ruby>見積<rt>みつ</rt></ruby>もっても<ruby>500万円<rt>ごひゃくまんえん</rt></ruby>はかかる。
사무실 개조에는 대충 어림잡아도 500만 엔은 든다.

☐ 050 **鍵を握る** 열쇠를 쥐다, 어떤 일을 해결하는 데 필요한 가장 중요한 방법이나 요소를 가지고 있다

きっと<ruby>彼<rt>かれ</rt></ruby>が<ruby>今度<rt>こんど</rt></ruby>の<ruby>事件<rt>じけん</rt></ruby>の<ruby>鍵<rt>かぎ</rt></ruby>を<ruby>握<rt>にぎ</rt></ruby>っていると<ruby>思<rt>おも</rt></ruby>われますが。
틀림없이 그가 이번 사건의 열쇠를 쥐고 있을 거라고 생각됩니다만.

☐ 051 **革新** 혁신

<ruby>現代<rt>げんだい</rt></ruby>の<ruby>技術<rt>ぎじゅつ</rt></ruby>の<ruby>革新<rt>かくしん</rt></ruby>は<ruby>実<rt>じつ</rt></ruby>に<ruby>目覚<rt>めざ</rt></ruby>ましい。
현대의 기술 혁신은 실로 눈부시다.

☐ 052 **傘を差す** 우산을 쓰다

<ruby>子供<rt>こども</rt></ruby>たちが<ruby>傘<rt>かさ</rt></ruby>を<ruby>差<rt>さ</rt></ruby>して<ruby>水溜<rt>みずた</rt></ruby>まりで<ruby>遊<rt>あそ</rt></ruby>んでいます。
아이들이 우산을 쓰고 웅덩이에서 놀고 있습니다.

☐ 053 **～かしら** ～일까? *의문의 뜻을 나타냄

<ruby>揺<rt>ゆ</rt></ruby>れてない(?)。<ruby>地震<rt>じしん</rt></ruby>かしら。
흔들리지 않아? 지진일까?

☐ 054 **片付ける** 치우다, 정리하다

食べ終わったらさっさと片付けてよ。
다 먹었으면 빨랑빨랑 치워.

☐ 055 **肩にかける** 어깨에 메다

彼女は重いバッグを肩にかけて歩いています。
그녀는 무거운 가방을 어깨에 메고 걷고 있습니다.

☐ 056 **〜かどうか** 〜인지 어떤지, 〜일지 어떨지

来週、出張するかどうかはっきりわかりません。
다음 주에 출장 갈 지 어떨지 확실하게 알 수 없습니다.

☐ 057 **構う** 상관하다 *보통 부정형으로 씀

ここでたばこを吸っても構いませんか。
여기에서 담배를 피워도 상관없나요?

☐ 058 **〜からといって** 〜라고 해서

忙しいからといって、食事を抜くのは体によくない。
바쁘다고 해서 식사를 거르는 것은 몸에 좋지 않다.

☐ 059 **〜から〜にかけて** 〜부터 〜에 걸쳐서

関東地方でも今夜から明日にかけて南西の風が強く波が高くなりますので、海水浴には注意が必要です。
관동[간토]지방에서도 오늘 밤부터 내일에 걸쳐서 남서풍이 강하고 파도가 높아지므로 해수욕에는 주의가 필요합니다.

☐ 060 **〜からには** 〜한 이상은

一旦引き受けたからには、責任を持ってやります。
일단 떠맡은 이상은 책임지고 하겠습니다.

☐ 061 **〜から〜まで** 〜부터 〜까지

こちらの図書館は、何時から何時まで利用できますか。
이 도서관은 몇 시부터 몇 시까지 이용할 수 있어요?

☐ 062 **絡む** 얽히다, 관계되다

金銭が絡んだ問題なので、慎重に扱うべきだ。
금전이 얽힌 문제이기 때문에 신중하게 다뤄야 한다.

JPT 기출 650+ JPT 빈출 어휘

□ 063 **仮に** 만약, 설사
仮に雨が降ったとしても、試合は予定通りにする。
설사 비가 왔다고 해도 시합은 예정대로 한다.

□ 064 **辛うじて** 겨우, 간신히, 가까스로
その道は極めて狭く、車が辛うじて通れる程度だった。
그 길은 매우 좁아서 차가 간신히 지나갈 수 있을 정도였다.

□ 065 **交わす** 주고받다, 교환하다, 나누다
二人は笑顔で握手を交わした。
두 사람은 웃는 얼굴로 악수를 나눴다.

□ 066 **観衆** 관중
その試合は観衆がまばらだった。
그 시합은 관중이 드문드문 있었다.

□ 067 **聞こえる** 들리다
ピアノに合わせて歌う声が微かに聞こえてきた。
피아노에 맞춰 노래를 부르는 소리가 희미하게 들려왔다.

□ 068 **傷** 상처
女 具合はどう(?)。
상태는 어때?
男 ええ、大丈夫です。血は出たけど、傷は浅かったのですから。
네, 괜찮아요. 피는 났지만 상처는 깊지 않았으니까요.

□ 069 **競う** 경쟁하다, 겨루다
10人の学生がコンテストで技を競った。
10명의 학생이 콘테스트에서 기량을 겨루었다.

□ 070 **きちんと** 깔끔히, 제대로
使ったものは、きちんと整理してから帰ってください。
사용한 물건은 제대로 정리한 후에 돌아가 주십시오.

□ 071 **きっかけ** 계기
スペイン語を始められたきっかけは何ですか。
스페인어를 시작하신 계기는 뭐예요?

67

□ 072　**きっぱり** 딱 잘라, 단호하게

できないようなら、きっぱり断った方がいい。
못할 것 같으면 단호하게 거절하는 편이 좋다.

□ 073　**気に入る** 마음에 들다

新しいオフィスは狭いけど、快適で気に入っている。
새 사무실은 좁지만 쾌적해서 마음에 든다.

□ 074　**気の毒** 딱함, 안됨, 가엾음

お子様のことは誠にお気の毒でした。
자제분의 일은 정말 안됐습니다.

□ 075　동사의 **ます**형+**気味** ~한 기색[기미], ~한 경향

最近、太り気味なので、ダイエットでもしようと思っている。
요즘 살찌는 것 같아서 다이어트라도 하려고 생각하고 있다.

□ 076　**急に** 갑자기

急に予定が変更になってしまった。
갑자기 예정이 변경되어 버렸다.

□ 077　**偶然** 우연

彼が成功したのは、決して偶然ではない。
그가 성공한 것은 결코 우연이 아니다.

□ 078　**薬を飲む** 약을 먹다

風邪を引いた時は薬を飲んで、ゆっくり休むのが一番いいですよ。
감기에 걸렸을 때는 약을 먹고 푹 쉬는 게 가장 좋아요.

□ 079　**崩れる** (날씨가) 나빠지다, 궂어지다

天気予報によると、この週末から天気が崩れるそうだ。
일기예보에 의하면 이번 주말부터 날씨가 나빠진다고 한다.

□ 080　**~くせに** ~인 주제에

彼は実力もないくせに、いつも威張ってばかりいる。
그는 실력도 없는 주제에 항상 뽐내고만 있다.

□ 081　**砕く** 부수다, 깨뜨리다

私はアイスピックで氷を細かく砕いた。
나는 아이스 픽으로 얼음을 잘게 부수었다.

☐ 082 **くだらない** 쓸데없다, 하찮다

くだらない冗談ばかり言っていないで、さっさと仕事をしなさい。
쓸데없는 농담만 하지 말고 빨랑빨랑 일을 하세요.

☐ 083 **口が悪い** 말투가 거칠다

あの人、相当口が悪いらしいわよ。
저 사람, 상당히 말투가 거친 것 같아.

☐ 084 **工夫** 궁리, 고안, 생각을 짜냄

何とか支出を減らす工夫をしなければならない。
어떻게든 지출을 줄일 궁리를 해야 한다.

☐ 085 **悔しい** 분하다

あと1点で合格できたのに、本当に悔しい。
1점 더 받으면 합격할 수 있었는데 정말로 분하다.

☐ 086 **くれぐれも** 아무쪼록, 부디

今後ともくれぐれもよろしくお願いします。
앞으로도 부디 잘 부탁드립니다.

☐ 087 **結構だ ❶** 훌륭하다, 부족함이 없다

先日は結構な物を、どうもありがとうございます。
요전에는 훌륭한 물건을 주셔서 대단히 감사합니다.

☐ 088 **結構だ ❷** (사양의 뜻으로) 괜찮다, 이제 됐다

お茶は今飲んだばかりですから、結構です。
차는 지금 막 마셨기 때문에 괜찮습니다.

☐ 089 **交渉** 교섭

アメリカと粘り強く交渉を続けたところ、交渉がまとまった。
미국과 끈기 있게 교섭을 계속한 결과, 교섭이 성사되었다.

☐ 090 **心掛ける** 유념하다, 명심하다

最近、バランスのいい食事を取るように心掛けている。
요즘 균형이 잘 잡힌 식사를 하도록 유념하고 있다.

☐ 091 **心細い** 불안하다

旅行の経費が2万円だなんて、何だか心細い。
여행 경비가 2만 엔이라니 어쩐지 불안하다.

□ 092 **試みる** 시도해 보다

彼は再び試みることにした。
그는 다시 시도해 보기로 했다.

□ 093 **個性** 개성

本を読むと、作家の個性がわかる。
책을 읽으면 작가의 개성을 알 수 있다.

□ 094 **こだわる** 구애되다

目先の利害にこだわるべきではない。
눈앞의 이해[득과 실]에 구애되어서는 안 된다.

□ 095 **동사의 보통형+ことにする** ~하기로 하다

3人で仕事を分担してやることにした。
셋이서 일을 분담해서 하기로 했다.

□ 096 **동사의 보통형+ことになる** ~하게 되다

田中さんはシンガポールに単身赴任することになった。
다나카 씨는 싱가포르에 단신 부임하게 되었다.

□ 097 **好む** 좋아하다, 즐기다, 사랑하다

大型画面のテレビを好む人が増えているという。
대형화면 TV를 좋아하는 사람이 늘고 있다고 한다.

□ 098 **細かい** 세세하다, 섬세하다

この工芸品は、職人の細かい手仕事で作られた物だ。
이 공예품은 장인의 섬세한 수작업으로 만들어진 것이다.

□ 099 **ごまかす** 속이다

こんな見え透いた小細工で、世間をごまかせるわけがない。
이런 속이 빤히 들여다보이는 잔꾀로 세상 사람을 속일 수 있을 리가 없다.

□ 100 **転がる** 구르다, 굴러가다

ボールが箱から転がり出た。
공이 상자에서 굴러 나왔다.

□ 101 **ごろごろ** 빈둥빈둥

日曜日には家でごろごろした。
일요일에는 집에서 빈둥거렸다.

□ 102 **災害** 재해
さいがい

地下鉄や地下街での安全事故に備えて災害訓練が行われた。
ち か てつ   ち か がい   あんぜん じ こ   そな   さいがいくんれん   おこな

지하철이나 지하상가에서의 안전사고에 대비해 재해훈련이 실시되었다.

□ 103 **栄える** 번창하다. 번영하다
さか

この街は政治の中心地として栄えた。
       まち   せい じ   ちゅうしん ち   さか

이 거리는 정치의 중심지로서 번창했다.

□ 104 **先** 앞날, 장래
さき

新人が入ってきたけど、初日から遅刻をするなんて、先が思いやられる。
しんじん   はい   しょにち   ち こく   さき   おも

신입이 들어왔는데 첫날부터 지각을 하다니 앞날이 걱정된다.

□ 105 **削減** 삭감
さくげん

議会で今年度の予算の削減が議論されている。
ぎ かい   こんねん ど   よ さん   さくげん   ぎ ろん

의회에서 금년도 예산 삭감이 논의되고 있다.

□ 106 **避ける** 피하다
さ

胃のために、辛い物やコーラなどの炭酸類は避けてください。
い   から   もの   たんさんるい   さ

위를 위해서 매운 음식이나 콜라 등의 탄산류는 피해 주십시오.

□ 107 **さすが** (예상·평판대로) 과연

さすが彼女は音楽大学を出ただけあって、ピアノが上手だ。
       かのじょ   おんがくだいがく   で   じょう ず

과연 그녀는 음악대학을 나온 만큼 피아노를 잘 친다.

□ 108 **早速** 당장, 즉시
さっそく

家の近くに新しいスーパーができたので、早速行ってみた。
いえ   ちか   あたら   さっそく い

집 근처에 새로운 슈퍼가 생겼기 때문에 당장 가 봤다.

□ 109 **～ざるを得ない** ~하지 않을 수 없다
え

彼女の要求は不当だと言わざるを得ない。
かのじょ   ようきゅう   ふ とう   い   え

그녀의 요구는 부당하다고 말하지 않을 수 없다.

□ 110 **仕上げる** 완성하다
し あ

この仕事をたった一日で仕上げるとは、私は到底できないわ。
      し ごと   いちにち   し あ   わたし   とうてい

이 일을 단 하루로 완성하다니 나는 도저히 할 수 없어.

□ 111 **強いる** 강요하다
し

読書を強いると、子供は本嫌いになる。
どくしょ   し   こ ども   ほんぎら

독서를 강요하면 아이는 책을 싫어하게 된다.

□ 112 **仕入れる** 사들이다, 매입하다

原料を安価で仕入れた。
원료를 싼값으로 매입했다.

□ 113 **しかも** 게다가

日帰り旅行には軽くて動きやすく、しかもしわになりにくい服が一番です。
당일치기 여행에는 가볍고 활동하기 편하고 게다가 주름이 잘 안 가는 옷이 제일입니다.

□ 114 **直に** 곧, 금방

直に春が来るだろう。
곧 봄이 올 것이다.

□ 115 **동사의 ます형+次第** ~하자마자, ~하는 대로

田中さんが戻り次第、会議の日にちを決め直しましょう。
다나카 씨가 돌아오는 대로 회의 날짜를 다시 정합시다.

□ 116 **占める** 점하다, 차지하다

高齢化社会において、老人の占める割合が大きくなってきている。
고령화 사회에 있어서 노인이 차지하는 비율이 커지고 있다.

□ 117 **しゃがむ** 쭈그리고 앉다

子供は花壇の前にしゃがんで、バラを見ていた。
아이는 화단 앞에 쭈그리고 앉아서 장미를 보고 있었다.

□ 118 **処罰** 처벌

飲酒運転の処罰はもっと厳しくすべきだ。
음주운전 처벌은 좀 더 엄격히 해야 한다.

□ 119 **記す** 적다, 기록하다

彼は細かいことも忘れないように手帳に記す。
그는 사소한 것도 잊지 않도록 수첩에 적는다.

□ 120 **人材** 인재

各種大手企業で、優秀な人材確保を狙った待遇改善の動きが広まっている。
여러 대기업에서 우수한 인재 확보를 노린 대우 개선 움직임이 확대되고 있다.

□ 121 **推進** 추진

計画通りにその政策を推進してください。
계획대로 그 정책을 추진해 주세요.

□ 122 **推測** 추측

これはあくまでも個人的な推測に過ぎないですが。
이것은 어디까지나 개인적인 추측에 지나지 않습니다만.

□ 123 **空く** (빈자리가) 나다, 비다, 한가해지다

今日はラッシュアワーとは思えないほど空いていますね。
오늘은 러시아워라고는 생각되지 않을 만큼 비어 있네요.

□ 124 **ずいぶん** 아주, 많이, 꽤, 몹시, 퍽

昨夜はずいぶん暑かったけど、今朝は涼しいですね。
어젯밤에는 몹시 더웠는데, 오늘 아침에는 시원하네요.

□ 125 **명사+好き** ~을 좋아함

掃除好きの弟の部屋は、いつもきれいである。
청소를 좋아하는 남동생 방은 항상 깨끗하다.

□ 126 **ずっと** 쭉, 계속

先週の日曜日は、何もしないでずっと寝ていました。
지난주 일요일은 아무것도 하지 않고 계속 자고 있었습니다.

□ 127 **ストレスが溜まる** 스트레스가 쌓이다

慣れない仕事で、毎日ストレスが溜まっている。
익숙하지 않은 일 때문에 매일 스트레스가 쌓이고 있다.

□ 128 **澄ます** (귀를) 기울이다

耳を澄まして聞いてみてください。
귀를 기울여 들어 보세요.

□ 129 **正座** 정좌

彼女は正座をしてお茶を飲んでいる。
그녀는 정좌를 하고 차를 마시고 있다.

□ 130 **명사+の+せいで** ~탓에

地球温暖化のせいで春と秋が短くなっている。
지구온난화 탓에 봄과 가을이 짧아지고 있다.

□ 131 **急かす** 재촉하다

女 早く早く!
빨리빨리!
男 急いでるから、そんなに急かさないでよ。
서두르고 있으니까 그렇게 재촉하지 마.

□ 132 **席を外す** 자리를 비우다

吉田はただ今、席を外しておりますが。
요시다는 지금 자리를 비웠는데요.

□ 133 **せっかく** 모처럼

せっかくの休日だったのに、大雨が降って出かけないで家で過ごした。
모처럼의 휴일이었는데 큰비가 내려서 나가지 않고 집에서 보냈다.

□ 134 **是非** 제발, 부디, 꼭

近くへいらっしゃったら、是非お訪ねください。
근처에 오시면 꼭 방문해 주세요.

□ 135 **相談** 상담, 상의, 의논

ちょっとご相談したいことがあるんですが…。
잠시 상의드리고 싶은 일이 있는데요….

□ 136 **早朝** 조조, 이른 아침

意志が弱くて早朝ジョギングは2日で止めてしまった。
의지가 약해서 이른 아침 조깅은 이틀로 그만둬 버렸다.

□ 137 **そびえる** 우뚝 솟다

この建物の両側には、近代的なビルがそびえています。
이 건물 양쪽에는 근대적인 빌딩이 우뚝 솟아 있습니다.

□ 138 **それぞれ** (제)각기, 각각, 각자

人にはそれぞれその人なりによいところがあるものです。
사람에게는 각자 그 사람 나름대로 좋은 점이 있는 법입니다.

□ 139 **そろそろ** 이제 슬슬

もうそろそろ出発しましょう。
이제 슬슬 출발합시다.

□ 140 **損をする** 손해를 보다

不景気の影響で、株が下落して損をした。
불경기의 영향으로 주식이 하락해서 손해를 봤다.

□ 141 **経つ** (시간이) 지나다, 경과하다

いくら辛い別れでも、時間が経てばいい思い出になるものです。
아무리 괴로운 이별이라도 시간이 지나면 좋은 추억이 되는 법입니다.

□ 142 **～っけ** ~였던가, ~였지 *확인

男 山田さんの家、駐車場あったっけ(?)。
야마다 씨 집, 주차장 있었던가?

女 近くの有料駐車場に止めれば大丈夫でしょう。
근처의 유료 주차장에 세우면 괜찮겠죠.

□ 143 동사의 **ます형+つつある** ~하고 있다

環境汚染が深刻になるにつれ、リサイクル意識も高まりつつある。
환경오염이 심각해짐에 따라서 재활용 의식도 높아지고 있다.

□ 144 **手紙を出す** 편지를 부치다

午後、郵便局に行って手紙を出して来た。
오후에 우체국에 가서 편지를 부치고 왔다.

□ 145 **できるだけ** 가능한 한, 되도록

パックツアーは移動が多いので、荷物はできるだけ少なくした方がいいですよ。
단체여행은 이동이 많기 때문에 짐은 가능한 한 적게 하는 편이 좋아요.

□ 146 **伝言** 전언, 전하는 말

山田さんに伝言をお願いします。
야마다 씨에게 전언을 부탁드립니다.

□ 147 **手を繋ぐ** 손을 잡다

女の子たちは手を繋いでいます。
여자아이들은 손을 잡고 있습니다.

□ 148 **電話がかかってくる** 전화가 걸려 오다

夜中の3時に突然電話がかかってきて目が覚めてしまった。
새벽 3시에 갑자기 전화가 걸려 와서 잠에서 깨고 말았다.

□ 149 **どういうふうに** 어떤 식으로

卒論をどういうふうに書くか、まだ考え中です。

졸업논문을 어떤 식으로 쓸지 아직 생각 중입니다.

□ 150 **どうせ** 어차피

どうせ間に合わないのだから、ゆっくり行こう。

어차피 시간에 맞추지 못할 테니까 천천히 가자.

□ 151 **どうにか** 그럭저럭, 그런대로

日常会話ほどでしたら、どうにか話せます。

일상회화 정도라면 그런대로 말할 수 있습니다.

□ 152 **解く** (의문·문제를) 풀다

その事件の謎は、なかなか解けそうにない。

그 사건의 수수께끼는 좀처럼 풀 수 있을 것 같지 않다.

□ 153 **동사의 기본형＋ところだった** 하마터면 ~할 뻔했다

もう少し放っておいたら、大手術になるところだったと言われてしまいました。

조금 더 방치해 두었으면 하마터면 대수술이 될 뻔했다는 말을 듣고 말았습니다.

□ 154 **~どころではない** ~할 상황이 아니다

最近、忙しくてゴルフどころではない。

요즘 바빠서 골프 칠 상황이 아니다.

□ 155 **突然** 돌연, 갑자기

彼はその会合に突然姿を現した。

그는 그 회합에 돌연 모습을 나타냈다.

□ 156 **とにかく** 어쨌든

とにかく、自分なりに最善を尽くします。

어쨌든 제 나름대로 최선을 다하겠습니다.

□ 157 **~とは限らない** (반드시) ~하다고는 할 수 없다. ~인 것은 아니다

いい大学を出たからといって、いい会社に入れるとは限らない。

좋은 대학을 나왔다고 해서 좋은 회사에 들어갈 수 있는 것은 아니다.

□ 158 **苗** 모종

先輩からトマトの苗をもらって、庭に早速植えた。

선배에게 토마토 묘종을 받아서 마당에 바로 심었다.

□ 159 **なかなか** (부정어 수반) 좀처럼

春だというのに、なかなか暖かくなりませんね。
봄이라고 하는데 좀처럼 따뜻해지지 않네요.

□ 160 **동사의 ます형+ながら** ~하면서 *동시동작

男の人はテレビを見ながらビールを飲んでいます。
남자는 TV를 보면서 맥주를 마시고 있습니다.

□ 161 **동사의 ます형+ながら(も)** ~이지만, ~이면서도, ~하면서도 *역접

過ぎたことはもうどうしようもないと思いながら(も)諦めがつかない。
지난 일은 이제 어떻게 할 수도 없다고 생각하면서도 단념이 되지 않는다.

□ 162 **~なければならない** ~하지 않으면 안 된다, ~해야 한다

宿泊料の一万円以外に税金とサービス料も払わなければならない。
숙박료 만 엔 이외에 세금과 서비스료도 지불하지 않으면 안 된다.

□ 163 **似合う** 어울리다

そっちの服よりこっちの方がずっと似合いますよ。
그쪽 옷보다 이쪽이 훨씬 어울려요.

□ 164 **憎い** 밉다, 얄밉다

彼はいつも自分勝手で憎いけど、仕事の実力だけは認める。
그는 항상 제멋대로라서 얄밉지만 업무 실력만큼은 인정한다.

□ 165 **동사의 ます형+にくい** ~하기 어렵다[힘들다]

この道は石が多くて歩きにくい。
이 길은 돌이 많아서 걷기 힘들다.

□ 166 **~にもかかわらず** ~임에도 불구하고

資金不足にもかかわらず、その企画は実現されそうだ。
자금 부족에도 불구하고 그 기획은 실현될 것 같다.

□ 167 **抜ける** 빠지다, 누락되다

この本は6ページ目が抜けている。
이 책은 6페이지째가 빠져 있다.

□ 168 **眠い** 졸리다

昨夜、徹夜してレポートを書いたから、やたらに眠い。
어젯밤에 밤새워 리포트를 썼기 때문에 몹시 졸리다.

77

□ 169 **望む** 바라다, 원하다

人は誰でも幸福を望むものだ。
사람은 누구나 행복을 바라는 법이다.

□ 170 **〜ば〜ほど** 〜하면 〜할수록 *비례

日本語は勉強すればするほど難しいような気がする。
일본어는 공부하면 할수록 어려운 것 같은 생각이 든다.

□ 171 **ばからしい** 어이없다, 어처구니없다

その話はあまりにもばからしくて聞いていられなかった。
그 이야기는 너무나도 어처구니없어서 듣고 있을 수 없었다.

□ 172 동사의 **た형+ばかりだ** 막 〜한 참이다, 〜한 지 얼마 안 되다

この団体は発足したばかりです。
이 단체는 발족한 지 얼마 안 됐습니다.

□ 173 **〜ばかりでなく** 〜뿐만 아니라

山本さんは外国語が堪能であるばかりでなく、仕事熱心で人望がある。
야마모토 씨는 외국어가 능숙할 뿐만 아니라 일을 열심히 해서 인망이 있다.

□ 174 **破棄** 파기

契約を一方的に破棄してはいけない。
계약을 일방적으로 파기해서는 안 된다.

□ 175 **恥ずかしい** 부끄럽다, 창피하다

彼に話しかけたかったのですが、恥ずかしくてできませんでした。
그에게 말을 걸고 싶었지만 부끄러워서 할 수 없었습니다.

□ 176 **〜はずがない** 〜일 리가 없다

あんなにいい人が、人を騙ますはずがない。
저렇게 좋은 사람이 남을 속일 리가 없다.

□ 177 **派手だ** 화려하다

このワンピース、私には派手すぎじゃないですか。
이 원피스, 나한테는 너무 화려하지 않아요?

□ 178 **華々しい** 화려하다, 눈부시다

彼はその分野で、華々しい活躍をしてきた。
그는 그 분야에서 눈부신 활약을 해 왔다.

78

□ 179 　**果たす** 달성하다, 완수하다, 이행하다

権利を主張する前に、まず自分の責任を果たす必要がある。
권리를 주장하기 전에 우선 자신의 책임을 완수할 필요가 있다.

□ 180 　**流行る** 유행하다

今、風邪が流行っていますので、健康管理に気を付けてください。
지금 감기가 유행하고 있으니 건강관리에 주의해 주십시오.

□ 181 　**腹を立てる** 화를 내다

そんなに腹を立てないで、もう少し落ち着いてください。
그렇게 화를 내지 말고 조금 더 진정해 주세요.

□ 182 　**ピクニック** 피크닉, 소풍

男　週末に家族とピクニックに行くんですよ。
　　주말에 가족과 소풍을 가요.

女　そうですか。晴れるといいですね。
　　그래요? 맑으면 좋겠네요.

□ 183 　**髭を剃る** 수염을 깎다, 면도를 하다

毎日髭を剃るのは本当に面倒くさいことである。
매일 면도를 하는 것은 정말 귀찮은 일이다.

□ 184 　**悲惨だ** 비참하다

戦争より悲惨な災害はないと思う。
전쟁보다 비참한 재해는 없다고 생각한다.

□ 185 　**引っ張る** 잡아당기다

そんなに強く引っ張ると、破れてしまうよ。
그렇게 강하게 잡아당기면 찢어져 버려.

□ 186 　**侮辱** 모욕

こんな侮辱は生まれて初めてです。
이런 모욕은 태어나서 처음입니다.

□ 187 　**腐敗** 부패

じめじめした所では何でも腐敗しやすい。
눅눅한 곳에서는 무엇이든지 부패하기 쉽다.

□ 188　踏み切りを渡る (철로의) 건널목을 건너다

踏み切りを渡る時は、十分ご注意ください。
건널목을 건널 때는 충분히 주의해 주십시오.

□ 189　〜ぶりに ～만에

小川さんから3年ぶりに便りがあったんですよ。
오가와 씨로부터 3년 만에 소식이 있었어요.

□ 190　振る 흔들다

彼は別れを惜しみながら手を振った。
그는 이별을 아쉬워하면서 손을 흔들었다.

□ 191　동사의 기본형+べきだ (마땅히) ～해야 한다

事故の深刻さを認識して、問題の解決に臨むべきだ。
사고의 심각함을 인식하고 문제 해결에 임해야 한다.

□ 192　ぺこぺこ 몹시 배가 고픈 모양

2時間も運動したので、お腹がぺこぺこです。
2시간이나 운동했기 때문에 배가 몹시 고픕니다.

□ 193　返却 반환

応募した書類は一切返却しません。
응모한 서류는 일절 반환하지 않습니다.

□ 194　返済 반제, (빚을) 갚음

返済すべき借金がまだ残っている。
갚아야 할 빚이 아직 남아 있다.

□ 195　帽子を被る 모자를 쓰다

前列の二人は帽子を被っています。
앞줄의 두 사람은 모자를 쓰고 있습니다.

□ 196　本音 본심

彼女はなかなか本音を言わない。
그녀는 좀처럼 본심을 말하지 않는다.

□ 197　誠に 정말로, 대단히

事故のため、上下線とも到着が遅れております。お急ぎのところ、誠に申し訳ございません。
사고 때문에 상하행선 모두 도착이 늦어지고 있습니다. 바쁘신데 대단히 죄송합니다.

80

□ 198 **まさか** 설마

まさか無口な彼が大勢の人の前でスピーチをするなんて、夢にも思わなかった。
설마 과묵한 그가 많은 사람 앞에서 연설을 하다니 꿈에도 생각지 못했다.

□ 199 **まっすぐ** 똑바로, 곧장

郵便局へ行くには、この道をまっすぐ行けばいいですよ。
우체국에 가려면 이 길을 곧장 가면 돼요.

□ 200 **まとめる** 정리하다

会議の内容を詳細にまとめてください。
회의 내용을 상세하게 정리해 주세요.

□ 201 **동사의 た형+まま** ~한 채, ~상태로

息子は寝ぼけたまま目覚まし時計を手探りで探していた。
아들은 잠이 덜 깬 채로 자명종을 손으로 더듬으며 찾고 있었다.

□ 202 **まもなく** 곧, 머지않아

まもなく閉店の時間でございます。
곧 폐점 시간입니다.

□ 203 **認める** 인정하다

彼はあらゆる方面で、周りから能力を認められている。
그는 모든 방면에서 주위로부터 능력을 인정받고 있다.

□ 204 **まるで~ようだ** 마치 ~같다 *비유

あの雲はまるで熊のようですね。
저 구름은 마치 곰 같네요.

□ 205 **見通し** 전망, 예측

今度の台風による被害総額は1兆円に上る見通しだ。
이번 태풍에 의한 피해 총액은 1조 엔에 달할 전망이다.

□ 206 **見直す** 다시 보다, 재검토하다

無駄な出費を避けるためにも、定期的に保険の内容を見直すことが必要です。
쓸데없는 지출을 피하기 위해서도 정기적으로 보험 내용을 재검토하는 것이 필요합니다.

□ 207 **実る** (열매를) 맺다

秋になると、りんごをはじめ、たくさんの果物が実る。
가을이 되면 사과를 비롯해 많은 과일이 열매를 맺는다.

□ 208 **～向け** ～대상, ～용

政府は老人向けの福祉施設を増やすと発表した。
정부는 노인 대상 복지시설을 늘리겠다고 발표했다.

□ 209 **むしろ** 오히려

日本橋から横浜へ行くには、車よりむしろ電車の方が便利だ。
니혼바시에서 요코하마에 가려면 자동차보다 오히려 전철 쪽이 편리하다.

□ 210 **夢中になる** 열중하다

話に夢中になって、時間が経つのをつい忘れていた。
이야기에 열중해서 시간이 가는 것을 그만 잊고 있었다.

□ 211 **迷惑をかける** 폐를 끼치다

ご多忙のところ多大なご迷惑をおかけして、申し訳ございませんでした。
매우 바쁘신데 큰 폐를 끼쳐서 죄송했습니다.

□ 212 **目が覚める** 잠에서 깨다

目が覚めると夜は白々と明けていた。
잠에서 깨니 날은 훤하게 밝아 있었다.

□ 213 **滅多に～ない** 좀처럼 ～않다

山本部長は滅多に休まない人で、休日にも仕事のことばかり考えている。
야마모토 부장은 좀처럼 쉬지 않는 사람으로 휴일에도 일만 생각하고 있다.

□ 214 **目の敵** 눈엣가시

何も悪いことをしていないのに、彼は私を目の敵にしている。
아무것도 나쁜 일을 하지 않았는데도 그는 나를 눈엣가시로 보고 있다.

□ 215 **目も当てられない** 차마 볼 수 없다, 눈 뜨고 볼 수 없다

被災地は本当に目も当てられないほどであった。
재해 지역은 정말로 눈 뜨고 볼 수 없을 정도였다.

□ 216 **免許** 면허

一応免許は取ったが、まだ自信がなくて運転はしていない。
일단 면허는 땄지만 아직 자신이 없어서 운전은 하고 있지 않다.

□ 217 **メンバーから外す** 멤버에서 제외하다

大きなミスをして、企画部のメンバーから外された。
큰 실수를 해서 기획부 멤버에서 제외되었다.

□ 218 **もしかしたら** 어쩌면

親戚の結婚式があるので、もしかしたら来週東京に行くかもしれない。
친척 결혼식이 있기 때문에 어쩌면 다음 주에 도쿄에 갈지도 모른다.

□ 219 **もったいない** 아깝다

こんないいチャンスを逃すなんて、もったいないよ。
이런 좋은 기회를 놓치다니 아까워.

□ 220 **文句(を)言う** 불평하다

一人じゃ何もできないくせに文句(を)言うな。
혼자서는 아무것도 못하는 주제에 불평하지 마.

□ 221 **役に立つ** 도움이 되다

昨日の中村先生の講演は、私の研究に非常に役に立った。
어제 나카무라 선생님의 강연은 내 연구에 대단히 도움이 되었다.

□ 222 **家賃** 집세

ここは会社からも近いし、家賃も安くて住みたいですね。
여기는 회사에서도 가깝고 집세도 싸서 살고 싶네요.

□ 223 **横になる** 눕다

食べるなり横になるのは、消化によくないです。
먹자마자 눕는 것은 소화에 좋지 않습니다.

□ 224 **用事** 볼일, 용무

すみませんが、急に用事ができて、約束の時間に間に合いそうにないんです。
죄송한데요, 갑자기 볼일이 생겨서 약속 시간에 맞출 수 있을 것 같지 않거든요.

□ 225 **ラッシュアワー** 러시아워

まだ時間は十分あるから、ラッシュアワーは避けて出かけよう。
아직 시간은 충분히 있으니까 러시아워는 피해서 나가자.

□ 226 **利口だ** 영리하다

その子供は、思った以上に利口であった。
그 아이는 생각했던 것 이상으로 영리했다.

□ 227 **冷房が利く** 냉방이 잘 되다

この部屋、冷房が利いていて涼しいですね。
이 방, 냉방이 잘 되어 있어서 시원하네요.

□ 228 **わくわく** 두근두근

今週の金曜日からヨーロッパへ旅に行くので、もう胸がわくわくします。

이번 주 금요일부터 유럽에 여행을 가기 때문에 벌써 가슴이 두근거립니다.

□ 229 **〜わけではない** (전부) 〜하는 것은 아니다

金持ちが必ずしも幸せだというわけではない。

부자가 반드시 행복한 것은 아니다.

□ 230 **わざわざ** 일부러, 특별히

本日はわざわざ雨の中をお出でいただき、誠にありがとうございます。

오늘은 일부러 비가 오는데도 와 주셔서 대단히 감사합니다.